Löhr, Johann Andreas C.

Die Länder und Völker der Erde

Amerika und Australien

Löhr, Johann Andreas Christian

Die Länder und Völker der Erde

Amerika und Australien

Inktank publishing, 2018

www.inktank-publishing.com

ISBN/EAN: 9783747764947

All rights reserved

Die

Länder und Völker der Erde

oder

vollständige Beschreibung

aller

fünf Erdtheile und deren Bewohner.

Von

J. A. C. Löhr.

Vierter und letzter Band.

Amerika und Australien.

Mit 19 Kupfern und 2 Karten.

Dritte nach dem jetzigen politischen Stand der Dinge
neu umgearbeitete Auflage.

Leipzig, bei Gerhard Fleischer dem Jüngern.
1819.

Inhaltsverzeichniß des vierten Bandes.

)(

)(2

Amerika.

Amerika.

Einleitung.

Viel unbekannter eben so sehr, als viel größer, denn die Theile der alten Welt, ist dieser Erdtheil, dessen allbekannte Entdeckung die Gestalt Europa's vielfältig geändert, und einen mächtigen Einfluß auf die Verfassungen der Staaten, auf die Verhältnisse der Reiche, und schon allein dadurch auf den Stand aller Dinge gehabt hat, daß er, außer Brasiliens Steinen, ungeheure Massen Gold und Silber nach dem an diesen Metallen so armen Europa lieferte, und dadurch den Luxus mit allen seinen Uebeln steigerte; — Uebel, die dadurch ein wenig gemildert wurden, daß er uns außer einer ungeheuern Menge von Fischen, die mehlreiche Kartoffel, und den eigentlichen, Europa's Boden vielfältig angemessenen, lang nicht genug geschätzten Mais *) sandte, gleichsam die Armuth, die immer neben dem Luxus ihre Wohnsitze hat, gegen das Verhungern zu schützen. — Unter den übrigen Naturerzeugnissen, die es uns zusandte, können wir den betäubenden, völlig nutzlosen Tabak wenigstens nicht als Wohlthat betrachten. Als solche aber müssen wir die Quassia, die Chinarinde, das Guajakharz, die Serpentarie und Sassaparille, und manches andere Erzeugniß ansehen, welches der Gesundheit so diensam ist.

---

*) Es gab schon Mais in der alten Welt.

In zwei großen, durch eine zum Theil sehr schmale Landzunge verbundenen Halbinseln, erstreckt sich dieses gewaltige Continent in einer Länge von nahe 2000 deutschen Meilen, und soll einen Flächenraum von 600,000, ja sogar von 675,000, und 753,000 Quadrat-Meilen, mit 24 bis 30 oder (aber weit unwahrscheinlicher) gar mit 125 Millionen Einwohnern begreifen. Die Behrings- oder Cooksstraße trennt es im Norden von Asien, und im Süden gibt die Magelhaens-Straße eine Durchfahrt nach den Inseln der Südsee.

Im Süden sind die höchsten Gebirge, die tief bis Norden hineinziehen, und zwar in drei Hauptketten, deren westliche sich an den Küsten hinzieht, die östliche aber die Apalachen und Alleghanen ausmache, und die mittlere mit dem südamerikanischen Gebirgszuge zusammenhängt.

Ganz anders verhält sich die Natur in dieser neuen Welt, als in der alten. Alles ist hier, unter gleicher geographischer Breite, ganz anders, als dort, und namentlich Alles viel kälter. Unter dem 45sten Grad ist mitten im Sommer noch Frostkälte, und unter 46° gefriert der Weingeist, da unter den nämlichen Graden in Europa angenehmes Klima ist. Und in den südlichern Gegenden ist es unter gleichen Breitegraden bei weitem so heiß nicht, als in Asien oder Afrika. Hier wehen nicht die glühenden Winde, die Vegetation und Leben ersticken; hier sind die ungeheuren brennenden Sandwüsten nicht (sondern statt derselben Moore und Sümpfe), denn die Sandstrecken Guiana's sind nicht nur die einzigen in Amerika, sondern auch viel kleiner, als die der alten Welt; ja, wie man an den in diesem Sande häufig sich aufhaltenden Kaimans sieht, müssen dieselben auch wohl noch zu Zeiten reichliche Feuchtigkeit enthalten.

Eben dieser Ueberschuß von Feuchtigkeit ist ohne Zweifel der Grund, wenn auch nicht gerade der einzige Grund, dieser völlig veränderten Verhältnisse. Wie reich und mächtig sind Amerika's Ströme! Der Maranhon oder Amazonenfluß, der größeste auf Erden, der Silberfluß, oder Rio de la Plata, der Missisippi, der Lorenzfluß, haben ihres Gleichen in der alten Welt nicht! Und seine Seen? In welchen Zahlen und von welchem Umfange sind sie, namentlich im nördlichen Theile vorhanden! — Und seine Regengüsse währen in einigen Strichen, und namentlich links und rechts des Maranhon, zehn Monate, wo sie sich in Strömen herabstürzen, die noch einmal so viel Wasser geben, als die Regen der alten Welt, die unter gleichen Parallelen fallen, und große Ländergebiete überschwemmen.

Um dieser Wasserfülle willen vermuthet man, Amerika sey der jüngste aus dem Wasser geborne Erdtheil, eine Vermuthung, die, wie trüglich sie auch seyn kann, dennoch Viel für sich hat.

Ist das Klima hier so ganz anders, so werden es auch die Erzeugnisse seyn, und in der That sind sie es auch. Außer den zum Theil sehr großen eßbaren Krabben, sind ungeheure Schlangen und Kaimans, beide in unglaublicher Anzahl, nebst andern widrigen Thieren (Eidechsen und Fröschen von ungewöhnlicher Größe u. s. w.), die Bewohner der Gewässer und Sümpfe. Undurchdringliche ewige Wälder ziehen sich überall hin, wiewohl sie, seit der Anbau der Länder sich vermehrt, bei weitem so fürchterlich groß und dicht nicht mehr sind, als bei der Entdeckung dieses Erdtheils sie sich dem staunenden Auge zeigten, wo von Canada bis Florida ein einziges Waldgebiet von mehr als 300 deutschen Meilen Länge sich hinzog, indem es zugleich mancher Orten von dem atlantischen Meere bis zum Missisippi sich ausbreitete.

In der durch die Gewässer verminderten Wärme finden wir denn auch hier nicht die edlern Erzeugnisse der alten Welt, selbst nicht einmal die Kokospalme (wiewohl mehrere Palmenarten vorhanden waren), noch weniger die Gewürzbäume der Molucken und Ceylons Zimmt, wiewohl wahrscheinlich einige ähnliche Bäume vorhanden sind, die aber das Gewürzige in weit schwächerm Maße enthalten. Die Südfrüchte Europa's mußten erst, nebst mehrern andern unserer Obstarten, hieher verpflanzt werden, haben sich aber sehr vorzüglich vermehrt. Dahingegen will es mit dem Weinstock, der doch am Cap und in Madera so herrlich gediehen ist, noch jetzt nicht recht fort. (Wohl möglich, daß es weniger an der Unfähigkeit der Natur, als des Anbauer liege.)

Das ganze Thierreich, hat man behauptet, und nicht ohne Grund, sey hier schwächer und dürftiger [*]. Nicht die Elephanten, die Kameele, nicht das Rhinozeroß, das Flußpferd, die Giraffe, selbst kein Thier aus dem Geschlecht der Pferde fand sich hier, und diese und unsere übrigen Hausthiere mußten erst hieher verpflanzt werden, wo sie denn, wenn auch anfangs sehr kümmerlich, doch mit der Zeit höchst unglaublich, und in einer solchen Menge sich vermehrt haben, daß Heerden von vielen tausend Stück weiden, und über meilengroße Länderstriche sich ausbreiten. Aber, behauptet man, diese Thiere sollen die Kraft und Ausdauer nicht haben, die sie in ihrem Mutterlande hatten; und es leidet wohl keinen Zweifel, daß dies wenigstens einiger Orten der Fall ist, zumal da alle Thiere der neuen Welt, gegen ihre Verwandten in der alten, so weit nachstehen [**]. Der Kai-

---

[*] Die Behauptungen verlaufen sich jedoch wohl etwas zu sehr aus der Bahn; denn selbst der mildere, dem zahmen Schweinefleisch ähnliche Geschmack des Bärenfleisches ist ein Beweis von der schwächern Natur dieses Erdtheils. Löwenfleisch soll wie Kalbfleisch schmecken. — Freilich! Man findet, was man sucht!

[**] Doch sind in Chili die Pferde den Andalusischen an Trefflichkeit und Dauer nicht nachstehend, wo nicht vorzuziehen.

man Amerika's ist zwar in großen Heerden anzutreffen, aber was ist er gegen das mächtige Krokodil des Nils, und was ist die größeste Schlange, die Boiguacu, oder Wasserschlange (oder Schlangenmutter), die sich mit kleinen Thieren behelfen muß, gegen die noch eins so große Riesenschlange, die den Tiger umstrickt, und ihm die Knochen zerbricht? — Und was sind die reißenden, im Gefühl ihrer Ohnmacht schüchternen Thiere Amerika's, der Puma, der Jaguar (Cuguar), der Ozelot und einige ähnliche vielleicht, die man in Reisebeschreibungen unter den Namen Löwen und Tiger genannt findet, gegen ihre mächtigen Namensvettern in Asien?

Selbst die Affen Amerika's, die Sapajous und Sagoins u. s. w, sind größtentheils Schwächlinge, und meistens mit Wickelschwänzen versehen, gleichsam um ihnen die Kraft der Pfoten zu ersetzen (so wird es gedeutet!). — Die Armadillen, die Ameisenbäre und die Faulthiere, größtentheils fast zahnlos, sind keine kraftvolle, kühne und muthige Thiere. — Und die Menschen? Hier gibt es keine wahre Neger mit schwarzer Farbe und Wollenhaar, und größtentheils (?) sind die Völker sanft, d. i. kraftlos — doch möchte Amerika's Schwächlichkeit immer weit weniger auf die Menschen, denn auf die Thiere passen. Ob übrigens die hieher gebrachten Menschen von andern Nationen mehr hier ausarten, als in andern Gegenden, lassen wir unentschieden. —

Die Vögel jedoch, die in einem höhern Elemente leben, geben den Verwandten der alten Welt an Größe und Federpracht nichts nach.

Aber größer und erhabener als nirgends auf der andern Erdhälfte, ziehen sich die Gebirge über Amerika mit ihren unermeßlichen Schätzen hin, von der wurmförmigen Landenge an, bis zur südlichen Spitze, und auf der andern Seite, wiewohl weniger hoch und riesenhaft, bis an die äußersten Enden des Nordens.

Die Ureinwohner sind rostbraun, mit dünnem oder langen Haar, wenigem Bart, breitem Gesicht, hohen Backenknochen, großen Lippen, tiefliegenden langgespaltenen Augen.

Man hat verschiedene Benennungen, um die verschiedenen Mischungen der Nationen zu bezeichnen.

Die Mulatten sind Abkömmlinge von Europäern und Negerinnen, doch vatert es bei ihnen mehr als es muttert, sowohl am Körper als Geiste. — Der Mulatte des 2ten Grades, d. i. der durch einen Europäer und eine Mulattin erzeugte, heißt Terceron, und noch ein Glied weiter, gibt es den Quarteron, welche beide höher geschätzt werden, als die eigentlichen Mulatten. — Die Vermischung der Neger oder Amerikaner mit Mulatten geben Sambas oder Chinos.

Mestizen entstehen durch Zeugungen des Europäers mit dem eigentlichen Amerikaner; und man zählt auch hier, nach dem nämlichen Verhältniß, wie bei den Mulatten, bis zum Octavon hinab, und die sogenannten Castizen machen eins der ersten Glieder dieser Zeugungen und Zählungen. Der Name Creole bedeutet jeden im Lande von europäischen Eltern Erzeugten; ein Name, der selbst Thieren beigelegt wird.

Man will an 500, meistens wenig mit einander verwandte Sprachen zählen, unter welchen die karaibische sehr wohlklingend seyn soll.

Einleitung

zu

den Polargegenden.

Die nördlichste Welt bietet fast lauter furchtbare Scenen dar, und insonderheit große fast unübersehbare Eisfelder, deren Nähe, auch im höchsten Sommer, meilenweit vorher schon der Grönlandsfahrer empfindet, und unglaublich große Eisstücke, die auch der unternehmendsten Kühnheit das Vordringen unmöglich machen, und schon manchem Schiffe den Untergang gebracht haben. — Ein weißer heller Schimmer, der sich an dem Horizont hinaufzieht, entdeckt dem Schiffer schon in der Entfernung die Nähe großer Eisfelder, — eine Erscheinung, die man das Blinken des Eises genannt hat.

Es ist mehr als wahrscheinlich, daß man in ältern Zeiten weit höher nach Norden hinauf hat schiffen können, als in unsern Tagen. Der Grund davon liegt aber in dem Eise, das sich alljährlich vermehrt, und immer weiter nach Süden hinab treibt. Von großen zusammenhängenden Eisländern reißen sich mit erschrecklichem, unter dem Namen Eisbeben bekannten Krachen Stücke los, die eine Quadratmeile enthalten, und durch Strömungen immer weiter nach Süden zu getrieben werden, und oft aufs neue zersplittern. Oft treibt auch der Wind die einzelnen Schollen in ungeheurer Menge zusammen, und so entstehen Eisberge, so werden ganze Buchten und Baien angefüllt, und so wird es begreiflich, warum Cook und Clerke 1778 durch das Eis gehindert wurden, durch

die Behringsstraße vorzubringen, und das Vorgebirge Czutskensee zu umsegeln, welches den Russen
in frühern Zeiten, von den Mündungen der Lena aus,
mehrmals gelungen war.

Die östlichen Küsten Grönlands werden, mittelst des
Treibeises, jährlich mit immer größeren Wällen um-
schanzt, und sind schon jetzt dadurch fast unzugänglich geworden, was sie sonst keineswegs waren.   Einige dänische Seeleute fanden, daß der Eiswall an Grönlands
Ostküste an sechs Meilen dick war. —

Ganze Durchfahrten im Meere müssen, wie sich leicht
einsehen lässet, durch das Eis verstopft werden.   So ist
die ehedem wahrscheinlich offene Durchfahrt vom westlichen Grönlande zum östlichen jetzt durch ein ungeheures
Eisfeld verstopft, dessen Glanz, wie Nordlichtsglanz,
mehrere Meilen weit hinaus in das Meer strahlt, aber
auch über fünf und dreißig deutsche Meilen hält.   Es findet sich in demselben ein Eisgewölbe — Eisbrücke, von
mehr als vier deutschen Meilen Länge, bei der Breite von
einer Meile, und bei einer Höhe von 20 bis 60 Klafter.*) — Von der Höhe dieser Brücke herab, sieht man
überall nur Eisfelder, unter welchen häufig ein entsetzliches Krachen und Donnern hervorbricht, wie ein Kano-
nendonner, welchem dann ein furchtbares Geräusch, wie
das Brausen eines großen Wasserfalls, nachfolgt.   Aus
diesem gewaltigen Eiskanal, der einst wahrscheinlich die
eigentliche freie Durchfahrt bildete, drängen sich, mit dem
Annähern des Sommers, große Eisblöcke hervor, die
sich an das kaum 30 Meilen entfernte Island anlegen.

Von ganz anderer, und viel dichterer Bildung sind
die großen Eisblöcke, die man in den nördlichen Meeren überhaupt findet, und sich von jenem weißern und zer-
brechlicheren Eise schon durch ihre blauen und grünlichen

_____

*) oder von 120 bis 160 Fuß.

19

Farben unterscheiden. Von ihrer größern oder geringern Dichtigkeit hängt es ab, wie mehr oder minder tief sie ins Meer eingesenkt sind. Eisblöcke von 5 und 600 Ellen Dicke sind, nach Ellis Versicherung, stets in der Hudsonsbai vorhanden. Georg Forster will einmal 186 solcher Eisberge vom Mastkorbe aus gezählt haben, zwischen welchen sich große Eisinseln befanden. Man glaubte Gebirge, Thürme, Städte, Schlösser und Kirchen zu sehen. Es mag nicht selten seyn, daß solche Eisblöcke den Grund erreichen; wo sie alsdann fest wie Felsen stehen, und durch die Hitze des Stromes selbst, so heiß derselbe auch in den Polargegenden ist, keine sichtliche Veränderung erleiden. — In der Diskobai bei Grönland stehen schon seit vielen Jahren zwei derselben, unter dem Namen der holländischen Städte: Haarlem und Amsterdam.

Nicht selten, wenigstens an Grönlands Küste nicht selten, treiben, wie bereits erwähnt ist, Strömung oder Sturm diese gewaltigen Eismassen aneinander. Unter krachendem Donner zerbrechen die großen Eisfelsen, und zermalmen Alles, was sich zwischen ihnen befindet, den Wallfisch sowohl, wie das Treibholz, das sich bekanntlich in diesen Gegenden findet, und ihnen so wohlthätig ist. Es wird so heftig aneinander gerieben, daß es in hellen Flammen mit Rauch und Dampf auflodert. Daher ist die Fabel ohne Zweifel entstanden, daß das von Alter trocken gewordene Eis brenne. — Von den Küsten werden beträchtliche Felsenstücke, und zuweilen sogar kleine Inseln fortgerissen.

Wo solche Eismassen sich ansetzen, bringen sie eine gräßliche Kälte, und also für die lebendigen Bewohner Hunger und Elend. Doch führt auch das Treibeis den armen Bewohnern dieser nördlichsten Küsten Wallfische (diesen Götterbissen), Seehunde, Seebäre und mancherlei Seefische zu.

Das Treibholz, dessen so eben gedacht, ist eine andere sehr merkwürdige und nicht sattsam erklärte Erscheinung dieser hohen-polarischen Gegenden. Es ist nicht von einerlei Art, sondern besteht aus Fernambuck, oder Brasilienholz (oder doch sehr ähnlichen Holzarten), aus großen Birken, Edel- und rothen Tannen (Föhren) und mancherlei andern Holzarten. Wahrscheinlich ist es durch der Ströme und Ueberschwemmungen Macht an Amerika's und wohl selbst Asiens Küsten losgerissen; und durch Meeresströmungen diesen holzdürftigen Ländern in reichlicher Menge zugeführt, deren Einwohner ohne dasselbe nicht bestehen könnten.

Der traurige lange Winter dieser Gegenden ist über alle Beschreibung. Nie kommt die Sonne in dieser Jahrszeit über den Horizont hinauf, wiewohl der Winter um etwas dadurch verkürzt wird, daß durch die Brechung der Lichtstrahlen die Sonne schon einige Wochen lang vorher sichtbar wird, ehe sie wirklich über den Horizont hinauf ist, und wieder eben so lange sichtbar bleibt, wenn sie schon unter demselben hinunter ist. Bei heiterer Luft geben Mond und Sterne einen so hellen Schein, daß man ohne Licht arbeiten kann, und in den allerkürzesten Tagen bleibt der Mond immer über dem Horizont.

Sehr viel tragen die Nordlichter zur Erleichterung des Winters bei, durch welche die sonst ewige Nacht fast in hellen Tag verwandelt wird. Kerguelen las dabei einen Brief eben so wohl, als wenn es Mittag gewesen wäre. — Eine leichte Wolke, sagt er, nahm zuerst bogenförmig die Hälfte des Firmaments ein. Elf senkrechte Lichtsäulen, wechselsweise roth und weiß, gingen aus der Wolke bis an den Horizont hinab. — Um Mitternacht verwandelte sich der obere Theil dieser Säulen in feuerfarbige Garben, und aus der Mitte derselben schossen, Raketen gleich, Pfeile hervor. Nach Mitternacht wurden wundersam geordnete Säulen daraus, die ein glän-

zendes Gemisch von Pyramiden, Kegeln, Strahlen,
Garben und Feuerkugeln bildeten.   Allgemach erlosch
dieses Feuer, die Nacht jedoch blieb hell bis zu Ende. —
Selbst die Sterne sollen durch dieses Himmelslicht in ihrem Glanz erhöhet werden, und, durch die wallenden wo-
genden Strahlen desselben, mit größerem Funkeln hindurch scheinen — ja oft soll es seyn, als stehe der ganze
Himmel im Feuer.   Ein Geräusch begleitet, nach unver-
werflichen Zeugnissen, diese Lichter.   Hearne, der es an
der Hudsonsbai hörte, sagte, es sey ein Knistern und
Rasseln gewesen, wie von einer Fahne, die der Wind
hin und her bewegt.   In andern Gegenden hat man dabei ein heftiges Zischen, Platzen und Rollen, und das
wiederholte Knallen des größesten Feuerwerks gehört, so
daß sich selbst Jagdhunde vor Furcht auf die Erde nieder-
legten und nicht fortzubringen waren.

Für die lange Winternacht ist den Polargegenden ein
Ersatz gegeben, in dem langen Tage, der den Sommer
ausmacht.   Ueber den 64ten Grad nördlicher Breite
geht schon im Mai die Sonne nicht mehr unter, und
Hearne konnte um Mitternacht eben so gut, wie am Tage,
auf die Jagd gehen.

Die Wirkung der Sonnenstrahlen war im Junius
noch sehr schwach, im Julius aber, wo der starre Frost
des Bodens einmal aufgelöset ist, wird dieselbe sehr stark.
Die Pflanzen keimen und reifen in kurzer Zeit; die Hitze
wird so arg, daß das Pech an den Schiffen anfängt flüssig zu werden.   Den zehnten Julius, sagt Hearne, welcher damals unter dem 68ten Grad der Breite war, seyen
noch alle Flüsse mit Eis bedeckt gewesen, so daß man
darüber fuhr; aber so bald der Schnee aufgethauet war,
wurde es unerträglich heiß.

Merkwürdig ist die Mitternachtssonne in diesen Polargegenden dadurch, daß sie glanzlos wie der Mond
ist, und ebenfalls wie dieser mit bloßen Augen kann be-

trachtet werden. (So fand auch Robertson, bei seiner im Sommer 1803 gehaltenen Luftfahrt, die Sonne mehr dem Monde im Glanze ähnlich, als er erst zu einer gewissen Höhe gekommen war.) Mit dem kommenden Sommer und Winter gibt es (etwa wie bei uns in manchen Wintern), so dicke Nebel, daß man, aus dem hellesten Licht, in die dichteste Finsterniß versetzet wird, und es fast unmöglich ist, von einem Ende eines Schiffes bis zu dem andern zu sehen.

Merkwürdig ist es auch, daß der untergehenden Sonne sehr öfters ein Lichtkegel nachzieht, der dem Zodiakallicht gleicht, und daß die Brechung der Lichtstrahlen in dem dicken Dunstkreise häufig Nebensonnen hervorbringt, deren man oftmals sechs zählt.

Wie so furchtbar die Kälte dieser Gegend ist, darüber gibt es grausende Zeugnisse, selbst noch diesseits des 60sten nördlichen Breitengrades. Wenn auf dem Fort Churchill, am gleichnamigen Flusse, eine Thür oder Fenster, in dem von Robert Ellis errichteten Hause geöffnet ward, so wurden alle Dünste der Stube sogleich in Schneeflocken verwandelt, und fielen als solche nieder. — Die stärkste Heitzung konnte nicht die Betten vom Eise frei erhalten, und der Athem setzte sich als weißer Reif auf den Betten an.

Die Landseen waren, nach Middleton, 12 F. tief gefroren, und der Brantwein selbst wollte in dem mächtig geheitzten Zimmer nicht flüssig bleiben — er gerann. — Die gewöhnliche Hitzung erwärmte nicht genug; man mußte glühende vier und zwanzigpfündige Kugeln in der langen Winternacht anwenden, und dennoch waren die Bettdecken mit Eis überzogen, und wo Jemand aus dieser Wärme plötzlich hinausging, lösete sich die Oberhaut von Gesicht und Händen gleich ab.

Wie sehr die Kälte dieser starren Eiswelt zugenommen hat, beweisen die Nachrichten von Grönland, die wir zum Theil schön beigebracht haben. Es ist unleugbar, daß einst mehrere Theile von Grönland fruchtbarer waren, als jetzt. Man bauete Weizen, da jetzt kein Gedanke daran ist, irgend eine Getreideart zu erbauen. Vor mehr als vier hundert Jahren bestanden die christlichen normännischen Colonien aus 300 Ortschaften, unter 17 Bisthümern. Mag man nun annehmen, es sey die Ostküste, die jetzt gar nicht mehr bewohnbar ist, oder die noch einigermaßen bewohnte Westküste, so gut angebaut gewesen, um die Einwohner so vieler Ortschaften zu erhalten, jetzt ist kein Gedanke mehr zu einem solchen Anbau, wie er damals gewesen seyn muß *), weder an der einen noch andern Küste.

Welche Erzeugnisse können solche traurige Gegenden bringen? — Die Natur, die gütig für Alle sorgt, hat sie doch nicht unbedacht gelassen. — Hier findet sich das ungeheuerste Thier des Meeres, der Wallfisch, in verschiedenen Arten, in seinem rechten Vaterlande, und gibt nicht nur den einheimischen Bewohnern manches Stück nährender und leckerer Kost, sondern auch den europäischen Seefahrern eine reiche Beute. Mehr noch dienen dem Leben die Robben mit ihren verschiedenen Arten, mit Haut, Sehnen und Fleisch; aber auch das Wallroß ist nicht unwichtig für Esquimaux und Grönländer. — Aber wichtiger als beide ist der Stockfisch, von welchem die Engländer auf ihren Fischereien sonst allein für 6 Millionen Thaler, die Franzosen für 4, und die Holländer und Amerikaner für 3 Millionen fingen. Mehrere Fischarten, mit deren Fang der Bewohner der Polargegenden sich besonders beschäftigt, geben hinlängliche Kost.

In dem höchsten Norden fehlt es freilich an vierfüßigen Thieren. — Nur der Eisbär, der auf Eisschollen

---

*) Ohne Zweifel hatte man auch Stammholz. In Island wenigstens, welches ebenfalls die Normänner bewohnten, findet man verschüttete Wälder, jetzt aber nur noch verkrüppeltes Gesträuch.

an die Küsten getrieben wird; und der Fuchs, namentlich
der Eisfuchs, finden sich noch.   Aber weiter nach Süden
hinunter gibt es den kunstreichen Biber, dessen Pelzwerk
so hoch bezahlt, und dessen Fleisch selbst auch gar nicht
verachtet wird, und die unter das Mäusegeschlecht gehörige Musquah oder Moschusratte, die ihre Wohnungen auf dem Eise und in Morästen erbauet, und deren
Haare wie Biberhaare geschätzt werden. — Schätzbarer
ist das Fleisch der Moschusochsen für die nordamerikanischen Stämme, wiewohl der Geruch desselben allerdings
stark moschusartig ist; und weit mehr nutzbar noch der
Bison, der oft 2000 Pfund schwer wiegt, und dessen
Buckel besonders schmackhaft seyn soll.   Die Haut kann
zuweilen kaum von dem stärksten Menschen gehoben werden; die weichen Haare geben treffliche Wolle, und die
Hörner Gefäße, Pulverhörner u. s. w.   Sie sollen an
einigen Orten in solcher Menge vorhanden seyn, daß man
zuweilen an 2000 Stück erlegt.

Hirsche sind, wiewohl nicht zu aller Zeit, und in
allen Gegenden, in großer Menge vorhanden.   Man
kann zu ihnen das Elennthier mitrechnen, das sich
da und dort eben so wohl findet, als das amerikanische
Rennthier.

Je weiter nach Süden zu — wiewohl darum gar
noch nicht südlich — vermehrt sich die Zahl der lebener-
haltenden Vierfüßler. — Genannt müssen werden die
Bären, welche die Indier so gern jagen, da ihr Fleisch
eine Fest- und Leckerspeise ist; und Wolverene, welches zwischen Bär und Dachs miten inne zu stehen scheint,
und dessen Fell der Haare wegen für Hutmacher sehr geschätzt ist.   Ein Fell gilt, wahrscheinlich der Seltenheit
wegen, gegen zwei Biberfelle. — Sie sowohl, als der
Rakoon (Rakuhn), Wasch- oder Schuppbär, der
auch für den Pelzhandel so wichtig ist, gehören zu den
Bärenarten. — Sonst brachte man viel Felle davon nach
Europa.

Der Hund ist diesen nördlichen Gegenden sehr eigen, und wird, wie in Kamtschatka, zum Lastziehen gebraucht. Er hat aber hier seine Stimme verloren, und bellt nicht mehr, sondern muchst und heult nur noch. — Außer dem bereits erwähnten Eisfuchs finden sich mehrere Arten, selbst die sehr kostbaren blauen, und der Silberfuchs, am häufigsten aber sind der rothe und graue virginische, von welchen, wie von Wölfen, bedeutende Pelzwerke ausgeführt werden.

Wir erwähnen hier nicht mancherlei Arten von Vögeln, weil wir ohnedies ja die wichtigsten Erzeugnisse noch bei jedem Lande besonders angeben müssen, aber zu dieser allgemeinen Ansicht gehört es noch, daß in den nördlichsten Gegenden einige Moosarten, ja selbst einige Arten Schilfrohr zur Erhaltung des Lebens beitragen, indem aus beiden ein nahrhaftes Mehl gewonnen wird, und die erstern auch zu einem gallertartigen Brei gekocht werden. Uebrigens hat die Natur diese Gegenden mit mehrern antiscorbutischen Kräutern, und namentlich mit dem heilsamen Löffelkraut, sehr reichlich versehen.

Wir gehen zur Beschreibung der einzelnen Länder über.

1.

Grönland und Spitzbergen

sind die einzigen uns bekannten Länder an der Baffinsbai — einem großen Meerbusen, der sich bis zu dem
hohen uns ganz unbekannten Norden hinauf erstreckt, und
doch zu 21,000 Q. M. angegeben wird.   Man kennt blos
einige Busen in derselben, als den mit überaus großen
Wallfischen angefüllten Smitssound fast unter dem
78sten Grad nördl. Br., und den Jonessound. —
Die Davisstraße läuft an der Ostküste Grönlands hinauf; die Baffinsstraße läuft westlich.

Grönland,

welches als dänische Besitzung angesehen wird, ist uns nur
an der Westküste, von seinem südlichsten Vorgebirge, dem
Cap Farewell oder Staatenhook an, einigermaßen bekannt.   Ob es im höhern Norden, nach welchem
zu es sich immer mehr und mehr ausbreitet, mit Nordamerika zusammenhange, oder aus lauter einzelnen Inselgruppen bestehe, ist nicht ausgemacht.   Ersteres hält man
für wahrscheinlich.   Die Ostküste ist schon vorher mit
ihren Eiswällen erwähnt.   Es ist begreiflich, daß es, da
es an dem größten Theil seiner Küste mit Eiswällen ver-
schanzt ist, im Innern aus Eisfeldern und Eisbergen bestehet, und über den 65sten Grad hinaus fast nicht mehr
bewohnbar ist *), auch nicht näher untersucht werden

---

*) Denn obwohl sich die mährischen Brüder aus religiösem Eifer
bis zum 72sten Grad, bis Cap Noogsac, angesiedelt haben, so
ist doch die Existenz derselben höchst traurig, und man darf überhaupt wohl annehmen, daß nicht Alles bewohnbar ist, was bewohnt wird.

konnte. Wenn wirklich Wallfischjäger bis 81° 45 Minuten vorgedrungen seyn sollten, so hat das doch unserer
Kenntniß nichts geholfen.

Am Ende Augusts gefriert die See und thauet erst im
Mai wieder. Die strengste Kälte bringt der Nordost-
wind, der über die Eisfelder weht. — Im Norden ist
ein Vulkan, der noch 1783 spie. Heiße Quellen und
Spuren ausgebrannter Vulkane will man mehrerer Orten
bemerkt haben.

So weit man absehen kann, besteht das Land aus
höhern und niedern, mit Eis bedeckten, und überall damit überzogenen sehr steilen Bergen und Felsen, von welchen jedoch schwerlich einer von außerordentlicher Höhe
seyn mag, da nach allgemeiner Bemerkung die Berge um
so niedriger werden, jemehr sie von dem Aequator sich nach
den Polen zu entfernen. — Die Küsten sind durch tiefe,
weit ins Land vordringende Meerbusen, oder Fiorden,
eingeschnitten, und mit einer namenlosen Menge kleiner
Inseln, und mit gefährlichen blinden Klippen besetzt.
Die von den Spitzen der nahe liegenden Felsen herabstür-
zenden Eisglätscher verstopfen ganze Durchfahrten im
Meere, und wenigstens ein großer Meerbusen ist jetzt mit
einem Eisfelde ganz bedeckt (s. vorher). — Mehrere Arme
des Meeres, durch welche Grönland von Westen nach
Osten zerschnitten war, sind jetzt durch Eis ebenfalls ganz
verdämmt. Noch gehen da und dort Strömungen unter
dem festen Eise hervor, und treiben unter furchtbarem
Getöse schwere Schollen Treibeis weit in das Meer. —
Eine Straße unter dem 68sten Breitengrade, die fast an
100 Meilen lang ist, ist völlig vom Eise verstopft.

Man kennt beinahe keine Quellen, und erhält das
Wasser aus geschmolzenem Schnee, welches sich in den
Tiefen sammelt, oft aber im Sommer vertrocknet.

In dieser Eiswelt muß ja alles Leben bereits erstarrt
seyn, oder ist dem Erstarren nahe. Auf gänzen großen

B 2

Flächen erblickt man keinen Baum, und kaum noch etwas Grün, und wie der Mensch hier klein ist, so verkrüppeln auch Thiere und Pflanzen. Fichten und Tannen finden sich gar nicht; einzelne Weiden und Birken und Erlen kriechen dürftig, wie Heidekraut, auf dem Boden hin, und auch die Birken und die Erlen an den Bächen sind nicht viel höher. — Auch brachte ein Pflanzensammler hier nur 76 Pflanzenarten (die cryptogamischen nicht mit= gerechnet) zusammen, da man in Island doch noch 300 Arten, außer 200 Cryptogamisten, zählte. Man nennt im Pflanzenreiche besonders: Wachholder, Johannis= und Brombeeren, Kohl (welcher?), Rüben, Kartoffeln. — Ein Glück, daß es hier unter den Moosen mehrere eßbare Arten gibt. — Daß aber die Natur hier wohlthätig gegen die dem Polarländer furchtbarste Krankheit, gegen den Scorbut, mehrere Arten Löffelkraut in kaum glaublicher Menge, selbst im Lande, ja auf kahlen Felsen wachsen läßt, ist zum Theil schon erwähnt. Alte einfallende Hüt= ten sind ganz damit bedeckt, und es schießen aus einer ein= zigen Wurzel zwölf und mehrere Zweige hervor. Es wird häufig als Gemüse und als Salat genossen, und ist von der kräftigsten Wirkung.

Der Insekten gibt es ebenfalls sehr wenig, und außer denen, die dem Wasser angehören, zählt man nicht mehr als 80 Arten, und unter diesen nur eine einzige Art Schmetterling.

Der Wasservögel sind zwar verhältnißmäßig sehr viele — namentlich der wilden Gänse und Eidergänse, aber von den Landvögeln rechnet man nur 13 Arten, unter welchen sogar noch, leider! Raubvögel, Falken und Adler, erwähnt werden.

Gleich kärglich ist die Zahl der Landthiere — Hunde, hier Lastthiere, die von Muscheln und Moos= beeren leben, Füchse von mancherlei Art, weiße Haasen — und übrigens spricht man auch von kleinen, dem Renn thier ähnlichen Hirschen, oder vielleicht richtiger von hirschähnlichen, hier durch zu große Kälte verkrüppelten Rennthieren.

An Fossilien werden Krystalle, Kupfererz, Asbest in großen Gebirgen, schneidbare Steine (zu Kesseln, Lampen, Töpfen), Steinkohlen und Schwefel genannt.

Die See ist reich an vielen und mancherlei Thieren, und gibt dem Grönländer die Hauptmittel zu seiner Erhaltung; besonders sind außer den früher genannten Robben und Kabljaus noch die Lachse zu erwähnen.

Die dänischen Kolonien theilt man ins nördliche und südliche Inspektorat.

Seit 1721, wo Hans Egede mit etwa 40 Menschen an der Westküste landete, und mit unendlichen Mühseligkeiten mehrere Grönländer zum Christenthum brachte, haben sich hier, besonders durch die unermüdliche und menschenfreundliche Theilnahme der Herrnhuter mehrere Kolonien angesiedelt, von welchen Lichtenfels und Herrnhut die wichtigern sind. Letztere hatte gegen 1770 über 500 christliche Grönländer, einen Betsaal, ein Provianthaus, und trieb auch einige Schafzucht. Friedrichskaab oder Friedrichshoffnung treibt Handel mit Robbenspeck und mit Fellen von diesen Thieren und von Füchsen.

Die Zahl sämmtlicher Grönländer ist durch mehrfällige Blatternepidemie sehr verringert, und im Anfange des jetzigen Jahrhunderts konnte man nur noch 5600 Eingeborne rechnen. Daß die Zahl der Europäer nicht beträchtlich seyn wird, braucht kaum gesagt zu werden. — Fast scheint es seltsam, über Industrie und Handel zu sprechen. Die Eingebornen sind Eskimos und treiben Jagd, Fischerei, bauen Häuser, gärben, haben Jagd und Fischergewerbe, welche ihnen zum Tausch gegen Wollenwaaren, Tabak, Gewehr und Pulver und Blei, Mehl, Brantwein u. s. w. die Mittel darbieten müssen. Die Ausfuhr soll gegen 200,000 Thaler, die Einfuhr 85,000 Thlr. betragen haben. — Wers nicht glauben will, läßts bleiben.

Westlich Grönlands liegen die, durch die Straße Waigats vom festen Lande getrennten Diskoinseln, im Süden aber mehrere andere Inseln, zwischen welchen die Forbishersstraße hingeht. In der Nähe liegt Prinz Wilhelmsland, von dem kein Mensch Mehr weiß, als daß es tiefe Einschnitte hat.

Spitzbergen,

welches Andere nicht zu Amerika rechnen, begreift einige im Osten von Grönland, höher nach Norden hinauf gelegene Inseln, die mit ewigen Eis bedeckt sind, und daher auch keine Vegetation zulassen, wiewohl die Hitze des fünf Monat dauernden Sommers unbeschreiblich seyn soll. Nur einige russische Jäger und Fischer halten sich je zuweilen eine Zeitlang an den Küsten auf. Der längste Tag und die längste Nacht dauern jede 5 Monat. Die Produkte sind die gewöhnlichen der Polargegenden.

2.

Die Länder an der Hudsonsbai.

Dieser große Meerbusen wird zu 14,000 Q. M. Flächeninhalt angenommen. Einige engländische Forts sind, des Pelzhandels wegen, an den Küsten desselben errichtet. — Der südlichere Theil des Busens heißt Jamesbai.

Wie wir vorher diese nördlichen Gegenden im Allgemeinen geschildert haben, so sind auch die an dieser Bai angrenzenden Länder beschaffen. Die Bai selbst hat einen Reichthum an Wallfischen, Seehunden und mancherlei Fischen, aber das Land ist weit und breit rauh und unfruchtbar. Nur mit vieler Anstrengung bieten die Europäer dem kalten Klima Trotz, und nur einzelne Trupps

Indier streifen in den beeiseten öden Fluren um der Jagd willen umher.

Man führt 2 Länder auf, Labrador und Neu Wales.

1) Labrador,

oder Neubrittanien, an der Ostseite des Hudsonsbusens, wird zu 20,000 Q. M. angegeben. Gegen Osten ist es mit Inseln besetzt; die westlichen Grenzen sind unbekannt.

Es ist ein sehr rauhes, furchtbar gebirgiges, ödes Land, dessen Sommer selten vor der Mitte des Julius beginnt, und dessen Winter schon im September wieder eintritt. Die Ostküste ist gegen das Frühjahr mit großen Eismassen besetzt, die die Schifffahrt sehr unsicher machen. Ob dieselben von Grönlands Küsten herabgetrieben werden, lassen wir ununtersucht.

An Flüssen und Quellen fehlt es hier eben so sehr, wie in den meisten andern, bis zum Eismeere und stillen Meer gelegenen Ländern, dahingegen Seen sehr häufig sind.

Bis zu dem 60sten Grade trifft man verkrüppelte Tannen und andere Nadelhölzer in den Thälern, aber die Berge und Felsen sind kahl. Ueber den 60sten Grad hinaus soll alle Vegetation aufhören, und dem armseligen Einwohner bleiben nichts als Wallfischrippen, um sich eine Hütte zu errichten.

Man findet Bären, Wölfe und Luchse, den Dachs und den Fuchs, den Marder, das Stachelschwein und Haasen; Adler, Habichte und Eulen, und nur einige Waldhühner, aber viele Seevögel. — Wie viele Raubthiere gegen die übrigen wehrlosen Thierarten! — Selbst von den Insekten des Landes werden, außer Fliegen, keine erwähnt.

Außer den Esquimaur, die jetzt (denn sonst wohnten sie südlicher) die Seeküsten des nördlichen Theils bewohnen, spricht man noch von Bergbewohnern (Eslopits), die westwärts mehr im Innern des Landes ihre Heimath hätten, und von ihren Bergen herabkämen, um von Canada's Kaufleuten gegen Pelzwerk, Brantwein, Schießgewehr nebst Kraut und Lot und wollene Decken einzutauschen. — Sie sollen die geschwornen Feinde der Esquimaur seyn; die alten unvermögenden Leute ihrer eigenen Nation umbringen, indem sie, wie sie sagen, Niemand unter sich dulden könnten, der nicht mehr seinen Unterhalt erwerben, und auf den mühseligen Wanderungen mit den andern nicht fort kann. Der Sohn schlägt, als eine Art Liebesdienst, den Vater todt! Verschiedene Stämme Indier mögen hie und da an der Küste umherstreifen.

Außer einigen Ortschaften der Eingebornen haben die mährlschen Brüder seit einigen 40 Jahren zwei Missionen, und die Engländer einzelne Faktoreien.

Die nahegelegenen Inseln sind für unsern Zweck des Erwähnens nicht werth.

2) Neu Wales,

an der Westküste der Hudsonsbai, ist bis auf die südlichen Gegenden eben so rauh und kalt, als Labrador. Weingeist wurde durch Kälte zu Oel verdickt; Bier, zwölf Fuß tief in die Erde gegraben, zersprengte die Fässer, weil es Eis wurde, und die Flüsse waren 8 Fuß dick gefroren. — Doch wird im Junius die Hitze sehr unerträglich, wiewohl nicht überall, denn einiger Orten sind die Gewässer auch im Sommer nicht ganz vom Eise frei.

Neu Wales hat an seinen Küsten weit mehr Flüsse und Buchten, als Labrador, aber die Flüsse sind, besonders der felsigen Untiefen und der hohen Wasserfälle wegen, wenig zu beschiffen.

An Thieren, welche Pelzwerk liefern, das weit dicker, als anderswo, und daher sehr geschätzt ist — Bibern, Bären, Wölfen u. s. w., an Hunden, die Lastthiere sind, an Rehen, Rennthieren und Kaninchen, an Wasservögeln, (Enten, Gänsen, Schwanen), an Fasanen, Repphühnern soll das Land sehr reich seyn. — Seen und Buchten sind mit Wallfischen, Kabljaus und Fischen gut versehen.

In den südlichern Gegenden kommen Erdbeeren, Heidelbeeren, Johannisbeeren u. s. w., Gras und Stammholz fort, und man findet Waldungen von Nadelholz, Birken und Weiden. Je weiter nördlich, desto mehr verkrüppelt Alles, oder verliert sich ganz.

Unter den Mineralien nennt man Eisen, Kupfer, Blei, Asbest, Marienglas, Bergkrystall und Labradorsteine, auch Steinkohlen und Schwefelkies.

Das sämmtliche Land wird in einen nördlichen und südlichen Theil eingetheilt.

Die Ureinwohner sind Esquimaux. In dem südlichen Theile haben die Engländer, die sich als Besitzer des Landes betrachten, ihre Etablissements, die aber unter dem Gouvernement von Newfoundland stehen.

Unter andern Forts und Faktoreien, sind das **Fort York** und das **Fort Churchill**, am Flusse gleiches Namens, wohl die wichtigsten. — Von allen diesen Niederlassungen aus treibt die Hudsonsbai-Gesellschaft ihren beträchtlichen Handel mit Biber-, Fischotter-, Marder-, Katzen-, Luchs-, Bären-, Wolf-, Seehundsfellen u. s. w., die sie gegen mancherlei europäische, nützliche und Spiel- und Putzwaaren, eintauschen.

Die Einwohner.

Grönländer und Esquimaux.

Es sind diese Völker (ein Stamm wahrscheinlich) die letzten uns bekannten Bewohner der Erde nach dem

äußersten Norden zu, die zugleich zu den kleinsten Menschen gehören, indem bekanntlich bei großer Kälte Alles
verkrüppelt, der Mensch eben sowohl, als Thiere und
Pflanzen. Selten nur erreicht der Grönländer die Höhe
von 5 Fuß, und die Frau gebärt höchstens alle zwei Jahre.

Der Grönländer ist sehr proportionirlich gewachsen,
und die Schultern sind ziemlich breit, namentlich beim
weiblichen Geschlecht, weil dieses von früher Jugend an
zum Lasttragen gebraucht wird. Er ist zwar ziemlich gewandt, aber nicht stark, der Körper fleischig, und der
Kopf groß, aber Hände und Füße sind klein. Die Augen
sind klein und schwarz und ohne Feuer, die Wangen ausgestopft, der Mund klein und rund, die Unterlippe etwas
dicker als die obere, und die wenig hervorstehende Nase
ist von unbedeutender Größe. Die Farbe der Haut
würde nicht so dunkelgrau seyn, und das Rothe mehr
durchschimmern, wenn sie reinlicher wären, nicht so viel
bei ihren dampfenden Oellampen säßen, und sich fleißi-
ger waschen wollten.

Die Kopfhaare sind von der höchsten Schwärze, und
lang und stark die wenigen Barthaare, aber sie rupfen sie
aus, und leiden auch an keinem andern Theile ihres Körpers ein Haar, wo es auch sitze.

Ihrer Fleischigkeit und ihres Fettes wegen vertragen
sie die Kälte sehr leicht, und in ihren Häusern sitzen sie,
bis auf die Beinkleider, ganz nackt. Cranz sagt, daß,
wenn sie beim Gottesdienst versammelt sind, sie so viel
Wärme ausdampfen, daß man sich bald den Schweiß ab-
wischen müsse, und kaum Athem holen könne.

Wiewohl gesagt ist, daß sie klein und schwach sind,
deshalb sie auch die Normänner Skraelinger (oder
Knirpse) nannten, so sagt doch Cranz, daß sie in Arbeiten,
deren sie gewohnt wären, uns sehr überträfen, und mit
Leichtigkeit bey hohem Wellenschlag ihren Kajak oder

Kahn regieren, obwohl sie in drei Tagen, entweder gar nichts, oder höchstens nur etwas Seegras (Tang) gegessen haben. Und ein Weib trägt ein ganzes Rennthier zwei Meilen weit, oder einen Stein, oder eine Last Holz auf dem Rücken, dessen halbes Gewicht schon einem Europäer aufzuheben unmöglich fallen würde.

Ob es aber eine besondere, diesem Erdstriche angemessene Naturgabe ist, daß sie so trefflich verdauen, möchten wir nicht gern mit Andern behaupten. Der Mensch gewöhnt sich an die Erzeugnisse jedes Klima's, und lernt alles Frische, und selbst das in Fäulniß übergehende, essen.

Der Grönländer isset fast Alles, rohes Fleisch jedoch nur selten und wenig. Den Seehundsthran trinkt er freilich nicht immerdar Becherweise, wie man vorgegeben hat, aber das herabtröpfelnde Seehundsfett saugt er begierig ein.

Die Beeren, Kräuter, Wurzeln und das Seegras reichen zur Erhaltung des Grönländers nicht hin, sondern er jagt sich Rennthiere, die aber sonst häufiger waren als gegenwärtig, und fängt sich Seehunde, die nebst mancherlei Fischen und Seevögeln die vorzüglichsten Nahrungsmittel für ihn sind. Ist ein Thier gefangen, so wird ein kleines Stück Speck oder rohes Fleisch davon abgeschnitten und gegessen, und auch von dem noch warmen Blute etwas getrunken. Zieht eine Frau einen Seehund ab, so gibt sie jeder zusehenden Weibsperson ein Paar Bissen Speck. — Kopf und Schenkel des Seehundes werden im Sommer unter dem Rasen, und im Winter ein ganzer Seehund unter dem Schnee verwahrt, und dieses halb durchfrorne, halb verfaulte Fleisch ist ein Leckerbissen, der unter dem Namen Mikiak hoch geschätzt ist. Die Rippen des Seehundes werden an der Luft getrocknet und aufgehoben, und überhaupt von den größern Fischen, als Lachsen, Kabljaus u. s. w., breite Riemen ausgeschnitten,

die man windtrocken verspeiset. Leckerbissen für Fremde
sind Beeren mit Thran eingemacht. Kleine getrocknete
Heringe dienen statt des täglichen Brodtes, zu welchen
man ein paar Bissen Speck ißt. — Das was in einem
Remnthiermagen sich findet, ist ein köstlicher Bissen, von
welchem man nur dem vertrautesten Freunde etwas zukom-
men lässet. — Frische, faule und halb ausgebrütete Eier,
Kräkebeeren und Angelika, in einen Sack von Seehundsfell geschüttet, und diesen mit Thran angefüllt, gibt für
den Winter ein herrliches Gericht. An eine Hauptmahl-
zeit ist nicht sehr zu denken; jeder ißt, wenn ihn hungert,
doch, wenn der Mann glücklich zur See gewesen ist, und
nach Hause kommt, so gibt es eine tüchtige Abendmahlzeit,
an welcher auch die, die nicht im Fang glücklich gewesen,
Antheil nehmen dürfen. Die Männer essen allein, aber
da die Frauen Alles zubereiten, fehlt es auch diesen nicht,
und noch weniger den Kindern, denn der Mütter größeste
Freude ist es, diesen den Wanst so voll zu pfropfen, daß
sie sich auf dem Boden herumwälzen müssen. — Das gewöhnliche Getränk ist Wasser, und sie sorgen, daß davon
in ihren Hütten ein hinlänglicher Vorrath vorhanden sey.
Sie tragen das Wasser in einem festgenäheten Seehundsfell zu, und werfen Schnee und Eis hinein, damit es frisch
bleibe. (Vergl. Kamtschatka.)

Es läßt sich denken, daß es bei ihnen mit der Reinlichkeit nicht besser aussehen werde, als bei andern rohen
Völkern. Die Gefäße lecken die Hunde aus.

Das Gekochte wird in hölzerne Schüsseln gelegt und
die Brühe getrunken, oder mit Löffeln von Holz oder Knochen ausgeschöpft. Fische und Vögel werden mit der Hand
aus der Schüssel genommen, und mit den Fingern und
Zähnen zerrissen. Größere Stücken Fleisch halten sie mit
den Zähnen, und schneiden, fast wie die Kamtschadalen,
vor dem Munde einen Bissen davon ab. Das, mit dem
Messer vom Munde abgeschabte Fett wird, eben sowohl

wie das, was an den Fingern sitzen blieb, aufgeleckt; ja
selbst den Schweiß streichen sie sich in den Mund. Auch
die Läuse, mit welchen sie reichlich versehen sind, werfen
sie nicht weg.

Wollen sie einen Europäer recht höflich bewirthen, so
lecken sie erst das Stück Fleisch von dem Blute und aller
Unreinigkeit rein, das sich im Kessel daran gesetzt hat.
Wollte Jemand ein solches Stück verweigern, so würden
sie es sehr übel nehmen, und ihn für einen groben Menschen halten.

Sie haben die völlige Sorglosigkeit aller Wilden, und
ist nur für heute genug da, so machen sie sich für den mor-
genden Tag keine Gedanken, wiewohl sie oft in den Fall
kommen, Muscheln, Seegras, ja sogar alte Zeltfelle und
Schuhsohlen, die sie in Thran kochen, essen zu müssen.

Anfangs gewöhnten sie sich nur mit großer Mühe an
die europäischen Gerichte, die sie aber nachmals größtentheils gern aßen, Schweinefleisch ausgenommen, welches
sie sehr verabscheuen, weil sie gesehen haben, was dieses
Thier alles frißt. Löffelkraut, das ihnen doch so wohlthätig seyn würde, essen sie nicht, weil es an Stellen
wächst, wo viel Menschendünger sich gesammelt hat.
Starkes Getränke nannten sie anfangs Tollwasser; nachher stellten sie sich aber oft krank, um einen Schluck
Brantwein zu bekommen. Rauchtabak liebten sie zwar,
sind aber zu arm ihn zu kaufen, dahingegen sie sich ihren
Schnupftabak, an den sie so stark gewöhnt sind, selbst aus
getrockneten Blättern bereiten.

Ein reicher Grönländer gab seinen Freunden ein Mahl.
Zuerst kamen getrocknete Heringe; dann ein gekochter
Seehund, und sodann erst rohe und darauf gekochte Aliker
(eine Art Seevögel). Ein Wallfischschwanz folgte nun als
Hauptgericht, auf welches eigentlich eingeladen war; nach
welchem getrockneter Lachs, und getrocknetes Rennthier-

fleisch aufgesetzt wurden. Als Nachessen und Desert, kamen die schon erwähnten Kräkebeeren (ohne Zweifel mit unsern Heidel- oder Preißelbeeren verwandt), die mit dem Unrath aus dem Magen des Rennthiers, und mit Thran zu einer Art köstlichem Creme gemacht waren.

Die Kleidung sind Pelze von Seevögeln, Seehunden, oder von Rennthieren, die aber schon seit langen Zeiten überaus selten sind. Statt der Nadeln brauchten sie vor ihrer Bekanntschaft mit den Europäern Fischgräten und Vögelknochen, die Messer waren von Stein, und der Zwirn bestand aus gespaltenen Rennthiersehnen. Die Sauberkeit ihrer Näthe und anderer Arbeit würde nicht leicht ein Europäer übertroffen haben.

Die Vogelpelze sind gleichsam die Hemden, und die Federn an denselben werden einwärts gekehrt. Ueber den Unterpelz wird noch eine Art Mönchsrock von Seehundfellen gezogen, den man aber, weil er nirgends eine Oeffnung hat, über den Kopf, etwa wie ein Fuhrmannshemde anziehen muß. Das Rauhe ist auswärts gekehrt, und Saum und Naht sind zierlich mit feinen, weißen und rothen Streifen von Hundsfellen und Leder besetzt. An diesem Rock ist eine Kappe, um bei rauhem Wetter den Kopf zu schützen. Geht es auf die See, so zieht man einen Tuelik oder schwarzen glatten Seehundspelz an, der das Wasser abhält, und trägt darunter auch wohl eine Art Hemde, das von Thier-Därmen gemacht ist.

Die Frauenstracht ist nur darin unterschieden, daß das Oberkleid weiter und länger ist, und auf dem Rücken Platz genug für ein Kind hat, das wegen eines um den Leib gebundenen Riemens nicht durchfallen kann, und, wiewohl völlig nackt, doch hier warm genug sitzt.

Beinkleider, Schuhe und Strümpfe sind durchaus von Seehundsfellen, wiewohl Vermögende sich auch europäischer Kleidungsstücke bedienen.

Die Männer tragen das Haar kurz und abgeschnitten, aber die Weiber schneiden es nur bei der tiefsten Trauer ab. Sie binden es über den Kopf zusammen, und schmücken es auch wohl mit Glasperlen. Das Tättowiren geschieht, indem sie die Haut des Kinnes, der Backen, der Hände und Füße, mit schwarzen Fäden durchnähen. Dieses Fadendurchziehen soll sehr schmerzhaft seyn, und die Mütter verrichten es bei den Töchtern schon in der Kindheit, aus Furcht, sie möchten sonst keine Männer bekommen.

Die Sommerwohnung des Grönländers ist ein Gezelt, aber das Winterhaus besteht aus Steinen, deren Zwischenräume mit Moos ausgefüllt sind. Die Queerbalken des Daches sind mit Heidekraut und Rasen bedeckt, zwischen welchen Erde gestreut wird. Dies friert im Winter zusammen, aber im Sommer läßt es den Regen durch, und muß daher im Herbst wieder reparirt werden.

Ein solches Haus ist, nach den mehrern oder wenigern Familien, die darin wohnen, größer oder kleiner. In jeder Abtheilung des Hauses ist eine Feuerstelle und eine Pritsche, die mit Fellen bedeckt, zum Schlafen und Sitzen für die Familie eingerichtet ist. Jede Familie hat ihre Lampe, die mit Thran unterhalten wird; in dem aus Topfstein (Lavezstein) gemachten Kessel, der über der Lampe hängt, wird gekocht; auch ist über dem Kessel ein Rost, der zum Trocknen der Stiefeln, Kleider u. s. w. dient.

Thür und Schornstein sucht man vergebens. Beides wird durch einen langen Gang am Hause ersetzt, der sich in einen hakenförmig gebogenen Eingang endigt. Die Ausdünstung der Menschen, der Dampf der Thranlampen und der Speisen, und die Gefäße voll Harn, welcher sorgfältig aufbewahrt wird, weil man damit gärbt, machen das Ganze sehr ekelhaft.

Die Paar viereckigen und ellengroßen Fenster dieser Häuser sind aus Seehundsdärmen so gut zusammen genäht, daß kein Wind und Schnee hindurch kann. Unter den Fenstern ist gewöhnlich, den Pritschen gegenüber, eine Bank, worauf Fremde sitzen und schlafen.

Neben dem Hauptgebäude stehen kleine backofenförmige Nebengebäude, die als Vorrathskammern dienen, um Fleisch, Speck, Heringe aufzuheben. Was sie aber den Winter über fangen, wird unter dem Schnee aufbewahrt. So ekelhaft auch Alles scheint, so wird man doch ihnen gestehen müssen, es sey nach Verhältniß (denn zehn Fa en wohnen oft in einem 10 Klafter langen und 2 Klafter breiten Hause) Alles erträglich. Das Jagdgeräthe ist allezeit rein und in guter Ordnung; die guten Kleider sind in zierlich ausgenäheten Ledersäcken aufgehoben, und die Gefäße, die das Wasser aufbewahren, sind nett und mit Beinen oder Knochen zierlich ausgelegt.

Feuer machten sie sonst durch das Aneinanderreiben zweier Hölzer an. Zum Docht in ihren Lampen wird trocknes Moos genommen; zur Jagd auf dem Lande haben sie mit Sehnen umwundene Bogen, und die Pfeile sind mit knöchernen widerhakigen Spitzen versehen. — Sehr künstlich sind die Harpunpfeile, mit welchen der Seehund geworfen wird. Er ist so eingerichtet, daß er von dem Schaft abfährt und mit einem Riemen in Verbindung steht, an welchem eine hohle Blase, oder ein aufgeblasener Seehundsschlauch befestigt ist, welche auf dem Wasser nicht nur schwimmen, und also immer den Ort des Seehunds verrathen, sondern demselben auch das Untertauchen sehr erschweren.

Sie bedienen sich sonst noch verschiedener Arten von Lanzen und Pfeilen, je nachdem die Thiere sind, auf welche Jagd gemacht wird.

Ihre künstlichsten Sachen sind ihre Boote. Das größere oder Weiberboot, Umiak, ist bis 9 Klafter lang, und mit Fischbein und Seehundsleder überzogen; mit 10 oder 12 Ruderbänken und einem aus Därmen genäheten Segel versehen. Es trägt 10 bis 12 Menschen mit allen Zelten und Hausgeräth, ist dabei so leicht, das es 6 Menschen forttragen können; und wiewohl es nach bloßem Augenmaaß erbaut ist, doch so sicher, als kein europäisches Boot.

Der Kajak oder das Männerboot ist viel kleiner, und vorzüglich zum Nachjagen der Seethiere bestimmt. Ein einziger Mann sitzt in dem Boote. Da dasselbe mit Seehundsfellen überzogen ist, die er sich auf das engste um den Leib schnallen kann, so ist er gegen das Eindringen des Wassers geschützt. In einer Hand führt er das Ruder, in der andern den Wurfpfeil, oder Harpun, mit einer Blase, oder auch nur den bloßen eigentlichen Wurfpfeil. Hat ihn ein Sturm oder ein Wellenschlag umgestürzt, so kostet es einen Schlag mit dem Ruder, und er ist wieder aufgerichtet. Sehr übel ist es, wenn der Seehundsfänger sein Ruder verliert. In den meisten Fällen ist dann nicht mehr zu helfen. Ein Europäer kann mit dem Kajak nur höchst langsam und nur bei stillem Wetter ein wenig fahren; mit dem Umiak hingegen kommt er besser zurecht.

Der Grönländer, Innuit nennt er sich selbst, gehört zu den allergutartigsten und furchtsamsten Menschen; er hat aber auch dennoch, wie fast jedes Volk, seinen Nationalstolz. Die Ausländer heißen Kablunaet. Wollen sie einen Europäer loben, so heißt es: Er ist beinahe so gesittet wie wir. „Er fängt an ein Mensch, ein Innuit, zu werden."

Der Grönländer führt ein anständiges und ehrbares Leben, und von Diebstahl, Völlerei, Mord, von Schlägerei u. s. w. kommt nicht leicht etwas vor. Unverheirathete haben selten ein Kind, wohl aber junge Wittwen und verstoßene Weiber, die zwar verachtet werden, aber

Amerika.   C

zuweilen damit ihr Glück machen; indem sie die Kinder an Familien verkaufen, die kinderlos sind, oder von diesen als Mitglied um ihrer Kinder willen aufgenommen werden, oder aber wohl gar um des Kindes willen einen Mann bekommen.

Merkwürdig ist es, wie sehr sich Eltern und Kinder lieben. Was die Kinder wollen, namentlich die Knaben, ist den Eltern recht. Der Jüngling wählt sich seine Braut, die nichts mitbekommt als die Lampe, ihre Kleider und Messer, und aufs höchste einen Kessel; und oftmals auch nicht einmal so viel. Es ist aber auch genug, wenn sie nur zu nähen und hauszuhalten versteht.

Beide Geschlechter sind hier einander so wenig nahe, daß es ein Mädchen für einen großen Schimpf hielte, wenn ihr ein Jüngling im Beiseyn anderer von seinem Schnupftabak anböte. Man schickt daher ein Paar alte Weiber zu der Braut Eltern, die damit anfangen, daß sie den Bräutigam und dessen Haus rühmen, und dann dem Hauptzweck näher rücken. Das Mädchen — denn das gehört hier zur Sitte — stellt sich ganz fremd, will davon nichts hören, reißt den Haarzopf auseinander und läuft fort. Es würde in ein übles Geschrei kommen, wenn es sich nicht sträubte, was es könnte. Die Braut wird daher von dem Freier selbst, oder von einem seiner Freunde mit Gewalt entführt, und die Sitte will, daß sie aus dem Hause des Bräutigams wenigstens noch ein paarmal entläuft; doch muß sie an einen Ort gehen, wo man sie leicht wiederfindet, und dann muß sie noch einige Tage weinen. Ist es ihr jedoch mit ihrer Widerspenstigkeit ein Ernst, so schneidet sie sich die Haare ab, und in diesem Falle ist nichts weiter für den Bräutigam zu machen.

Nur sehr wenige haben zwei Frauen; wer ihrer mehr nimmt, setzt sich dem Gerede aus. Die Ehen werden ziemlich ordentlich geführt; und, wenn der Mann will, leicht wieder getrennt. Er macht der Frau nur ein grämliches Gesicht, fährt weg, und kommt einige Tage nicht wieder. Die Frau weiß, woran sie ist, packt ihre besten Sachen zusammen und geht zu ihren Freunden. Hier führt sie sich zum Verdruß des Mannes desto hübscher auf, damit dieser in eine üble Nachrede komme. Auch wird als Scheidungsakt die Frau wohl oft ganz heimlich abgeprügelt, zumal wenn sie keine Kinder bringt. Man prügelt ihr die Augen braun und blau. (— „Meine Frau kann ich wohl prügeln, sagte ein Grönländer, denn sie ist mein; aber die Magd darf ich nicht schlagen, denn sie gehört mir nicht!") Haben aber Eheleute erst Kinder mit einander, sonderlich Knaben, so sollen solche Trennungen nur selten vorfallen. So lange des Mannes Mutter lebt, hat diese das Hausregiment. Dies gibt oft die Veranlassung, daß eine junge Frau von selbst wieder davon läuft.

Da die Grönländerinnen nicht sehr fruchtbar sind, so vergleichen sie andere Nationen ihrer Fruchtbarkeit wegen mit Hunden, um ihre Verachtung auszudrücken. Die Kinder sind sanft und still. Doch trifft es sich, daß sie bis zum 5ten Jahr hin unbändig sind, und die Mutter kratzen und schlagen, welches diese, zumal gegen Knaben, nicht er wiedern darf, indem die Knaben sogleich als die Herren des Hauses angesehen werden. — Will ein Kind künftig nicht folgen, welches aber selten vorkommt, so sagt es blos: Ich wills nicht thun! und dabei hat es sein Bewenden. Deswegen aber findet man hier nicht leicht ein Beispiel von Rohheit und Undankbarkeit der Kinder gegen alte, abgelebte Eltern.

Ist ein Knabe seiner Glieder mächtig, so gibt ihm der Vater einen kleinen Pfeil und Bogen, und läßt ihn sich damit üben; läßt ihn mit Steinen nach einem Ziel werfen, und mit einem Messer Holz zu Spielsachen schnitzen. Im zehnten Jahre bekommt der Knabe seinen Kajak, mit welchem er sich in allen Wendungen übt, und sich in der

C 2

Jagd der Vögel und Fische zu vervollkommnen sucht. Gegen das sechszehnte Jahr muß er mit auf den See= hundsfang, und hat er den ersten Seehund erlegt, so wird den Nachbarn ein großes Mahl gegeben, bei dem der Jüngling die Geschichte dieser ersten Jagd den Gästen zum Besten gibt.

Im zwanzigsten Jahre verfertigt sich der junge Mensch den Kajak und die andern Geräthe selbst, und heirathet einige Jahre darauf.

Die Mädchen thun bis zum 14ten Jahr nichts, als Tanzen und Singen, außer daß sie etwa ein Kind warten, Wasser holen u. s. w. Aber von nun an müssen sie nähen, kochen, gärben, ein Umiak rudern und selbst Häuser bauen lernen. Ihr Loos ist in spätern Jahren immer hart und drückend, wenn sie nicht Mütter von Knaben sind, die sich ihrer annehmen können. — Da sie meistens weit älter werden, als die Männer, die gewöhnlich schon vor dem funfzigsten Jahre sterben, so gibt es überall mehr Weibs= leute.

Im höhern Alter kommen sie in den Verdacht der He= rerei, und werden zuweilen ersäuft, erstochen oder zer= schnitten.

Die vielen Familien eines Hauses leben friedlicher zu= sammen, als in Europa nur zwei Familien leben kön= nen. — Wird es dem einen Theil zu arg, so zieht er still= schweigend fort. — Alle helfen sich einander, und wer im Winter, wo die Seehunde selten sind, so glücklich ist, einen zu erlegen, gibt allen und auch den armen Wittwen im Hause etwas davon ab, und ladet noch Nachbarn zu Gaste. Aber wie arm und hungrig auch Jemand sey, fordert er doch nichts zu essen; doch ist dies auch kaum nöthig, da Gastfreiheit gegen Bekannte und Unbekannte willig geübt wird.

Was Andern mißfällig ist, suchen sie zu vermei-
ben, ob es schon zu ihren eigensten Gewohnheiten gehörte,
z. B. in Gegenwart der Europäer Läuse mit den Zähnen
zu zerbeißen. — Fahren sie zum Besuch, so bringen sie
an Eßwaaren oder Pelzwerk ein kleines Geschenk mit.
Alles bemüht sich, des angenehmen Gastes Fahrzeug ans
Land zu ziehen, und die mitkommenden Gäste aufzunehmen. Man nöthigt diese, die Oberkleider abzulegen, die
man auf dem Rost trocknet. Die Männer sitzen beisammen, und sprechen vom Wetter und von der Jagd; die
Weiber erzählen sich Geschichten, und heulen den Verstorbenen zu Ehren, und schnupfen dabei fleißig. — Bei
Tische lassen sich die Gäste gern nöthigen, denn sie wollen
nicht für arm und heißhungrig angesehen seyn.

Erzählen sie, welches sehr weitläufig geschieht, so sind
sie sehr lebhaft, und Alles wird nicht nur genau beschrieben,
sondern auch nachgemacht. Die linke Hand ahmt alle
Bewegungen und Sprünge des Seehunds nach; indessen
die rechte, die Bewegungen des Kajaks, das Werfen des
Pfeils u. dgl. m. nachahmet.

Ein Hauptfest feiern sie der Sonnenwende im
Winter; dann vereinigen sich mehrere, und freuen sich
über die Rückkehr der Sonne. Sie putzen sich und bewirthen sich dabei aufs beste. Hierauf tanzen sie nach einer
Trommel, welche aus einem bloßen, mit der Haut einer
Wallfischzunge überzogenen Reif besteht. Beim Tanze
bleibt der Grönländer auf seinem Platze, hüpft und macht
allerlei seltsame Bewegungen mit Kopf und Körper; be-
singt, indem er die Trommel mit einem Stecken schlägt,
den Seehundsfang, der Vorfahren Großthaten (auf der
Jagd) und der Sonne Rückkehr, und die stillsitzenden Zuschauer stimmen ins Chor mit ein. Der Sänger singt
vier Strophen, wovon die zweite und vierte den ewigen
Refrain Amnah ajá, aja ah hu enthalten, mit
welchem auch die Zuschauer am Ende des Verses ins Chor
einstimmen. Z. B.:

Die Sonne kommt zu uns zurück,
Amnah aja, aja ah hu,
Und bringt uns gutes Wetter mit.
Amnah aja, u. s. w.

So lange Eßvorräthe da sind, wird ein solcher Tanz fort=
gesetzt, wobei einer den andern ablöset, und um so mehr
Ehre erwirbt, je mehr er tolle Verdrehungen machen kann.

Das Ballspiel spielen sie beim Mondenschein, und thei=
len sich dabei in zwei Partheien. Jede Parthei sucht den
Ball zu bekommen, und sie werfen ihn mit dem Fuße nach
einem bestimmten Mahl.

Mancherlei gymnastische Spiele sind bei ihnen gang=
bar. Einer schlägt den andern mit der Faust auf den
Rücken, und wer es am längsten aushält, ist Meister
und rühmt sich damit. Oder sie suchen einander mit in=
einandergeschlagenen Fingern überzuziehen; oder haugen
sich an einen am Balken befestigten Riemen mit dem Fuße
fest, und machen andere Seiltänzerkünste. — Auch einige
Glücksspiele haben sie.

Einen auffallenden Beweis von der sanften Gutartig=
keit dieser Menschen gibt die Art, wie sie ihre Zwiste aus=
machen. Es ist da kein Gedanke an eine Rache, die mit
Fäusten geführt wird, und Flüche und Schimpfwörter
scheinen ihnen ganz unbekannt zu seyn; sondern der Be=
leidigte sinnt und dichtet ein Spottlied, welches er so lange
einstudirt und singend und tanzend wiederholt, bis es seine
Hausgenossen, besonders die Weiber, inne haben. Hier=
auf läßt er bekannt machen, er wolle gegen seinen Gegner
singen. Dieser findet sich am bestimmten Tage mit vieler
Begleitung ein. Der Herausforderer singt und tanzt
nach einer Trommel dazu, und seine Begleiter wiederholen
den Satz, und endigen ihn mit dem Refrain Amnah
aja. Die Zuschauer lachen.

Die Vertheidigung erfolgt auf die Weise des Angriffs.
Dann sucht der erste den andern wieder einzutreiben und so

geht es fort. — Derjenige behält in diesem Singduell
Recht, welcher das letzte Wort behält. — Alles, wie
bei uns.

Man rügt auf diese Weise schlechte Streiche und bringt
böse Schuldner zur Zahlung. Eine Publicität, die heil-
sam, und nicht gefährlich ist!

Manchen andern Zug von der Gutmüthigkeit der
Grönländer hat uns der ehrwürdige Bischof dieses Völk-
leins, Hans Egede, aufbewahrt. Obwohl selbst sanft,
konnte er sich nicht ganz von der Despotie der Europäer
entwöhnen, und ließ einen Zauberer oder Angekok (s.
nachher) mit einem Seile züchtigen (welches Recht hatte
er dazu?). Im Aerger darüber, daß der europäische
Missionar seinem Erwerbe nachtheilig war, äußerte dieser,
man solle die Kablunaets (Dänen und alle Europäer)
vertilgen, welches auch leicht seyn würde, ins Werk zu
stellen. Darüber eben ließ ihn Egede mit dem Seil ab-
strafen. — Paul, Egedens Sohn, war drei Tage darauf bei diesem Angekok, weil er es nicht vermeiden konnte,
auf seiner Reise bei ihm einzukehren, wiewohl er dessen
Rache fürchtete. Aber ohne alle Spur von Groll und Erbitterung wurde er gütig bewirthet, und der Angekok trug
Paul auf, dem Vater zu sagen, daß er gern von Gott
höre. Paul setzt hinzu, daß alle Grönländer gern eine
Strafe ertrügen, die sie verdient zu haben glaubten.

Ihre Singstreite beweisen schon, wie sehr ein gutmüthiger Spott auf sie wirkt. Egede meint, sie seyen dadurch eher, als durch Gewalt, zu einem Zweck zu bringen. — In dem Hause eines Mannes wurde von einem
armirten Schiffe gesprochen, welches an der Küste vor Anker gelegen und von zwei Seiten geschossen hätte. Die
Grönländer nannten dieses Schiff Sekkutrok (stark bewaffnet). — „Da sitzt mein Sekkutrok," sagte der Haus-
wirth, auf seine Frau zeigend. „Sie hat, wie das Schiff,

nur Eine Kanone — die Zunge — mit welcher sie ge-
schwind zu beiden Seiten schießt."

Paul wandte sich zur Frau und fragte: ob das wahr
sey? — „Sieh ihn nur an, erwiederte die Frau, ob er
von meiner Kanone den geringsten Schaden an Arm oder
Bein hat. Siehst du wohl, er ist dickhäutig und sie verwundet ihn nicht."

Uebrigens haben diese Menschen nicht nur bei ihren
Jagden, sondern auch bei ihren Ansiedlungen, ingleichen bei
Erbschaften u. s. w. ihre herkömmlichen Rechte, die von
allen respektirt werden. — Die Blutrache ist bei ihnen,
trotz ihrer Sanftheit, ebenfalls nicht unbekannt.

Man kann leicht erachten, wie es um die religiösen
Einsichten dieses Volks gestanden hat, ehe Missionen bei
demselben angelegt waren.

Sie scheinen wohl eine Ahnung vom höchsten Wesen
gehabt zu haben. „Es ist wahr, sagte ein Grönländer,
wir haben von Gott und dem Heilande nichts gewußt.
Aber ich habe wohl darüber nachgedacht (woher Alles ist).
Ein Kajak entsteht nicht von selbst, und der geringste
Vogel ist doch künstlicher, als dieser. — Der erste Mensch
muß nothwendig von einem Wesen erschaffen seyn — das
muß ein mächtiges Wesen seyn! Und als ihr Europäer
herkamt, und uns davon unterrichtet habt, hab' ich gern
daran geglaubt."

Von der Seele des Menschen scheinen sie wunderliche
Gedanken zu haben — als ob man sie zu Hause lassen
könne, und doch auf Reisen frisch und gesund sey; oder
als könne sie ein Zauberer ausbessern, eine verlorne zu-
rückbringen und eine beschädigte mit einer andern gesunden
vertauschen. — Viele Meinungen sind ihnen aber wohl
aus Mangel an Sprachkenntniß und aus Mangel an Ein-
sicht in die bilderreiche Ausdrucksart eines rohen Volks
angedichtet.

Einen Zustand nach dem Tode kennen sie, und meinen, wie die meisten Völker, daß in demselben Alles viel besser sey. Doch sagen sie, der Ort für die abgeschiedenen Seelen sey nicht der Himmel, denn, weil sich dieser immer bewege, so würden die armen Seelen dort gar keine Ruhe haben; sondern der Ort der Seligen sey unter dem Meere, wo Torngarsuk, ihr oberster Gott, mit seiner Mutter wohne. Dort sey ein schöner Sommer, steter Sonnenschein und keine Nacht, gutes Wasser, reiche Jagd und besonders ergiebiger Seehundsfang: ja man finde dort sogar lebendige Seehunde kochend im Kessel. Aber nur arbeitsame Leute, die viel Seehunde und Wallfische erlegt, die viel ausgestanden, im Meer ertrunken, und Mütter, die in der Geburt gestorben sind, kommen hierher; doch erst, nachdem sie fünf Tage lang an einem rauhen Felsen herunter gerutscht sind, der daher auch schon ganz blutig ist.

In den Himmel über uns kämen nur die faulen Leute, und es würden dort die armen Seelen wegen Mangel an Allem ganz mager, und würden insonderheit von Raben geplagt, die sie gar nicht los werden könnten. (Dieser Himmel ist also offenbar die grönländische Hölle.)

Nach Anderer Meinung ist's jedoch im Himmel so gar übel nicht, die Fahrt dahin so leicht, daß die Seele noch denselben Abend im Monde anlangen könne, der ehemals ein Grönländer gewesen sey, könne dort ausruhen und mit den übrigen Seelen Ball spielen und tanzen. Die Seelen stehen im Himmel um einen großen See herum, wo viel Fische und Vögel sind. Läuft der See über, so regnet es; sollten seine Dämme durchbrechen, so würde in der dann entstehenden Fluth Alles auf Erden untergehen.

Unter den vielen Geistern, welche sie glauben, gibt es zwei oberste, einen bösen und einen guten, Torngarsuk. — Zu diesem reisen die Angekoks unters Meer, um ihn über Krankheiten, Wetter und Fang zu befragen.

Nach Einigen hat dieser Gott gar keine Gestalt, nach Andern aber sieht er wie ein großer Bär, oder wie ein großer Mann mit einem Arm; oder aber wie ein kleiner Finger aus.

Den bösen Geist, der keinen Namen hat, denken sie sich als ein weibliches Wesen, welches in einem großen Hause wohne, in welchem alle Seethiere Platz und Stelle hätten, und auf ihrer großen Thranlampe schwömmen die Seevögel.

Sie haben Alles mit ihren Geistern bevölkert, und sprechen von Luft-, Feuer-, Meer- und Berggeistern. Ja, selbst Sonne und Mond sind von einem Geiste bewohnt. Mit allen diesen Geistern kann aber Niemand in Verkehr kommen, als ein Angekok.

Will Jemand ein Angekok werden, so muß er sich erst einen von den Untergeistern zu seinem Torngak oder Diener und Gehülfen zu verschaffen suchen (Spiritus familiaris), muß eine Zeit lang in einer Einöde allein zubringen, und den Torngarsuk um einen Torngak anrufen, der ihn zum guten und bösen Gott hinbringen kann. Einige, die sich von Andern in ihrer Kunst unterrichten lassen, haben es leichter.

Will der Angekok in den Himmel fahren, so trommelt er erst eine Zeit lang, und mattet sich durch tausend Verdrehungen ab; läßt sich dann durch einen Lehrling den Kopf zwischen die Beine, und die Hände auf den Rücken binden, alle Lampen auslöschen, und die Fenster behängen. Das mindeste Geräusch muß vermieden werden, und Niemand darf sich rühren und regen. Er stimmt hierauf einen Gesang an, den alle mitsingen; seufzt dann mit großen Bewegungen und Rasseln, und hat oft viel Mühe, ehe der Torngak kommt. Zuweilen muß seine Seele ausfahren (indessen sein Körper ganz stille ist). Kommt er dann mit dem Torngak wieder, so erhebt er ein großes

Santon in der Nähe eines Grabmals.

Freudengeschrei. Einige sollen sogar eine Art Sausen erregen können, als flögen erst über dem Hause, und dann
im Hause unter dem Dache einige Vögel. Mit dem Angekok und Torngak hebt nun ein Gespräch an, indem die
Stimme des Letztern von draußen zu kommen scheint. —
Das Gespräch ist dunkel und orakelmäßig.

Gilt es in das Reich der Seelen zu reisen, um etwas
zu erfahren, so hält er in diesem Reiche eine Conferenz
mit dem Angekut Poglit, d. i. dem Dicken oder berühmten Weisen, und kommt mit großen Lärmen und
Trommeln von der Reise zurück (denn die Riemen, mit
welchen er gebunden war, hat er schlau losgemacht.) Er
erzählt nun, wie abgemattet er sey, was er unterwegs
gesehen und erfahren habe, gibt jedem durch Anrühren
eine Art Benediktion, sieht, wenn die Lampe wieder angezündet ist, bleich und verstört aus, und kann nicht recht
sprechen.

Hat ein Angekok eine Zeit lang mit Glücke seine Kunst
getrieben, so wird er ein Angekok Poglit, ein vornehmer Zauberer oder großer Wahrsager. Dann liegt er,
aber ungebunden, in einem finstern Hause, und nachdem
er singend und trommelnd sein Begehren zu erkennen gegeben, und ihn Torngarsuk würdig erfunden hat, kommt
ein weißer Bär, und schleppt ihn an einem Zahn in die
See. Hier wird er von dem Bär und von einem Wallroß aufgefressen. Bald wird er wieder ausgespien, und
findet sich wieder in seinem finstern Hause. — Der Geist
kommt aus der Erde wieder hervor, und geht aufs neue
in den Körper über, und der Angekok Poglit ist fertig.

Noch giebts eine Art Gauklerinnen (Hexen), die aber
in schlechtem Ansehen stehen.

Tausenderlei Aberglauben kann freilich bei einem solchen Volke nicht fehlen. Die Wöchnerin darf nicht unter
freiem Himmel essen; aus ihrem Wassergefäß darf Nie-

mand trinken, keiner bei ihrer Lampe einen Span anzünden: Erst müssen die Wöchnerinnen Fische, hernach erst Fleisch essen, aber nur von Thieren, die der Mann gefangen hat. Die übrigbleibenden Knochen dürfen sie ja nicht aus dem Hause werfen.

Mancherlei Amulette, oder Verwahrungsmittel gegen böse Zufälle, hängen sie an, und es scheint, als ob sie dazu Alles tauglich fänden — alte Stückchen Holz, Steine, Schnäbel und Klauen von Vögeln. — Beim Wallfischfang muß Alles reinlich gekleidet seyn, und keine Lampe darf im Zelte brennen. Die Seehundsköpfe müssen ordentlich vor der Thür auf Haufen gelegt, und nicht nur so hingeworfen werden, die Seehundsseelen möchten sonst zornig werden, und die andern Kameraden verscheuchen. In den Mond zu sehen, bringt oft ein Mädchen zu Falle.

Sonne und Mond sind zwei leibliche Geschwister, die einander verfolgten, und bei diesem Verfolg wurde das Verfolgte zur Sonne, das andere aber konnte nicht so hoch hinaus, und wurde zum Mond. — Bei einer Mondfinsterniß verstecken sie Alles, denn sie meinen: der Mond wolle ihnen Eßwaare und Pelzwerk nehmen, und um ihn zu fürchten zu machen, schlagen die Männer auf Kisten und Kasten, und die Frauen kneifen die Hunde in die Ohren, daß sie schreien müssen.

Den Tod scheut der Grönländer. Dem Sterbenden zieht man seine beste Sachen an, und wirft, nachdem er abgeschieden, die übrigen Sachen aus dem Hause. Die Leiche wird entweder zu einem Fenster, oder hinten zum Zelte hinausgeschoben. Eine Frau schwenkt einen angezündeten Span hinter ihr her, und spricht: „Hier ist nichts mehr zu bekommen."

Auf das Grab legt man Steine, und stellt daneben den Kajak, die Pfeile, Messer und Nähzeug und andere Werkzeuge. Zu eines Kindes Grab gehört ein Hundskopf, denn ein Hund wisse sich überall zu finden, und könne das arme Kind führen. Nach der Beerdigung wird im Hause eine laute Klage angestellt, und dann folgt eine Lob= und Klagrede von dem nächsten Verwandten.

„Weh mir, sprach ein Vater, der seinen Sohn ver=
„loren hatte, weh mir, daß ich deinen Sitz ansehen soll,
„der nun leer ist! Es ist vergebens, daß deine Mutter
„deine Kleider trocknen will. Ach, meine Freude ist ins
„Finstere gegangen, und in den Berg verkrochen! Sonst
„ging ich Abends aus und freuete mich; ich streckte meine
„Augen aus, und wartete auf dich. Siehe, du kamst mu=
„thig angerudert mit Jung und Alt, und dein Kajak war
„stets mit Seehunden und Vögeln beladen. Deine Mut=
„ter machte Feuer und kochte; die Mutter ließ davon den
„Leuten vorlegen, und ich nahm mir auch ein Stück.“ —
Noch erwähnt er des Sohns andere Verdienste, und fährt
dann fort: „das ist nun Alles aus. Wenn ich, an dich
„denke, braust mein Eingeweide. Ach, könnte ich weinen
„wie ihr andern, so könnte ich meinen Schmerz lindern!
„Was soll ich mir wünschen? Der Tod ist mir nun an=
„genehm. Doch wer soll Weib und Kind versorgen? So
„will ich denn noch leben, aber meine Freude soll seyn,
„mich aller Freude zu enthalten.“ 2c. 2c.

Wenn ein Redner in seiner Parentation aufhört, so geht das Heulen der Weiber wieder an. — Alle Eßwaa=ren des Verstorbenen werden hingelegt, und von den Gä=sten verzehrt, und so lange der Vorrath dauert, dauern die Besuche derselben. — Wittwen haben auch eine Art Trauer=Tracht, Männer aber nicht; doch drücken einige ihren Schmerz dadurch aus, daß sie sich verwunden. Uebrigens sucht jeder Gast der Wittwe eines Verstorbenen, so lange diese noch nicht ausgeht, heimlich oder öffentlich etwas mit fort zu nehmen, wo nicht die nächsten Verwand=ten stark genug sind, es abzuwehren.

Wir schließen diese Beschreibung mit einigen Zügen, die ein Beitrag zu der Charakteristik dieses Volks sind. Hans Egede's Sohn, Paul, hatte ein lateinisches Buch, welches ihm ein Grönländer stahl, und sich daraus von seiner Frau einen Ueberrock machen ließ, stattlich mit schwarzem und weißem Seehundsfell verbrämt. Natürlich, daß gleich aufs erstemal die Hälfte des Rocks im Kajak hängen blieb. Paul bedauerte sein Buch und äußerte, er hätte gern ein Hembe dafür geben wollen, wenn ers nur behalten hätte. „Ei was, sagte der Dieb, es taugte „ja nichts, es ließ sich ja kaum nähen.

Hans Egede suchte anfangs vielleicht zu eifrig, junge Knaben zum Unterricht im Christenthum zu bekommen, die er einmal als Katecheten brauchen könnte. Der arme gutmüthige Mann hatte sich, da die Zufuhr aus Dänemark fehlte, ein ganzes Jahr mit Schiffszwieback und Mehlbrei behelfen müssen, denn die grönländische Kost behagte ihm nicht. Das bespotteten die Grönländer in ihren Liedern, sie sangen: „Es ist ein fremder Mann übers Meer gekommen, der Knaben stiehlt, und gibt ihnen dicke Suppe zu essen, mit einem Felle darauf (die Haut, welche beim Erkalten sich auf dem Brei ansetzt) und trockne Erde aus seinem Lande." (Schiffszwieback.)

Predigte der Vater, so wollten sie von dem Sohne wissen, ob er schelte, und warum er so lange spräche? — Dann: warum er immer von Pelzen spräche? (Sie verwechselten Kapitel und Kapiteck, welches Pelz heißt.) Einer glaubte, der Priester wolle nicht erlauben, daß der dänische Zimmermann seinen neuen Pelz kaufen solle, über welchen er mit demselben in Handel stand.

Glaubten sie, Egede predige zu lange, so mußte Paul am Arm zeigen, wie lang das übrige Stück noch sey, und sie wollten alsdann die Zeit durch den Raum messen. Sie hielten dann ihren Arm mit der Hand, und merkten genau auf, wo der Vater etwa bei einem Abschnitte inne hielt;

dann schoben sie sogleich die Hand am Arme weiter hinauf. — Sang ihnen Paul zu lange, oder wollte einen
neuen Gesang anfangen, so hielten sie ihm oft den Mund
mit einem nassen Handschuh zu.

Paul fand ein Dotf von etwa 20 Hütten — also ein
sehr großes für Grönland. Darauf waren sie denn nicht
wenig stolz, und fragten: ob er wohl so viele Leute
auf einem Orte beisammen gesehen hätte?
„Wo sind denn die vielen Leute?" fragte Paul.
„Die hier doch nicht? — Da hat ja der König mehr
Schiffe, als hier Leute sind." Jetzt sank ihr Stolz, aber
ihre Neugierde hob sich. „Komm herein, hieß es,
und erzähle uns;" und alle drängten sich ihm zuzu-
hören, und da es im Hause am Platz fehlte, rissen sie von
außen Löcher in die Fenster von Fischhaut.

Die Grönländer lachten Paul aus, wenn er sich zu
vielen ihrer Geschicklichkeiten so ungeschickt stellte, und be-
mitleideten ihn als einen Schwächling, daß er lieber da-
heim beim Vater sitzen, als an ihren Beschäftigungen
Theil nehmen wollte, wozu sie ihn so oft aufforderten.
Aber als er zum erstenmal in einem Kajake mit in See
gewesen war, und sich brav gehalten hatte, freueten sich
alle. Einer lief voraus und rief: „Komm heraus
Pelesse (d. i. das dänische Präst oder Priester), Pelesse soll herauskommen und seinen ruhm-
würdigen Sohn sehen!"

Mit welchen Augen diese rohen Naturkinder, deren einige nach Kopenhagen kamen, Alles mögen betrachtet haben? — Einer, er hieß Pôk, erzählte in seinen Liedern
von den Wundern, die er in der Königsstadt geschauet
hatte. Den runden Thurm nannte er: einen gemachten Berg mit einem Schneckengang, von unten an bis zu oberst. In einer Kirche hatte er eine
Orgel gehört; das drückte er so aus: „Sie singen zu
„großen Pfeifen, die so lang sind wie Zelt-

„stangen, und haben Stimmen, wie alte und
„junge Menschen."

Als Pferde nach Grönland kamen und die Eingebor=
nen in Erstaunen setzten, sagte Pôk: Er habe vielmals
auf solchen großen Thieren mit schönen Ueberzügen und
eisernen Sohlen geritten, und man gebrauche sie dort
in Kopenhagen, wie in Grönland die Hunde vor dem
Schlitten. —

Einmal hatte sich Pôk betrunken, und war sehr in
Sorgen, der große Herr (der König) möchte es erfahren.
Er war sehr froh, als ihm der Großkanzler versicherte,
der große Herr wisse noch nichts, und sprach nun unbe=
fangener mit dem König, der gütig gegen ihn war. Als
ihn einige Augenblicke darauf ein Kammerdiener hart über
seine Trunkenheit anredete, sagte er durch Paul (der den
Dolmetscher machte): „Er sey ja nur ein kleiner unbe=
deutender Herr; der große Herr habe gut mit ihm ge=
sprochen."

Doch genug von einem Volke, dessen wir nur darum
so umständlich Erwähnung gethan haben, weil es ohnedieß
wohl bald erlöschen könnte, indem, wie bei den Kamt=
schadalen, die Volkszahl immer kleiner wird.

Die Esquimaux

sind im Bau, Bildung, Sprache, Charakter und Lebens=
weise fast völlige Grönländer, und unstreitig gleichen Ur=
sprungs mit diesen.

Sie bewohnen die Küsten von dem Theil des Oceans,
den man das Esquimaux=Meer nennt, und fast alle im
höheren Norden mit Grönland zusammen hangenden Län=
der, als die Länder, welche die Baffinsbai, und südli=
cher nach Westen zu die obern Theile der Hudsonsbai ein=
schließen, und sehr viele von den Küsten des nördlichen

Eismeers, und wandern in allen diesen Gegenden bald da und dort hin, aber in dem südlicher gelegenen Labrador mögen sie wohl festere Wohnsitze haben.

Es ist sehr begreiflich, daß diese Nation in den Sommermonaten sich in ihren Hüttenzelten weiter nach Norden begibt, wo sie mit mehr Vortheil den Wallfisch jagt, aber ihre festern Wohnsitze in südlichern Gegenden nimmt.

Man will zwei Stämme oder Racen der Esquimaux unterscheiden — mit welchem Rechte, lassen wir hier dahingestellt seyn. Daß die nördlichen Esquimaux aber (nach Robert Elis), in allem Andern jedoch ihren südlichern Landsleuten gleich, besonders in der Größe ihnen so ungleich und fast völlig zwergartig waren, läßt sich leicht begreifen, da im höhern Norden die ganze Natur immer kleinere Erzeugnisse hervorbringt. Daher sind auch hier in der ungeheuern Kälte die Füchse viel kleiner, und die Hunde haben die Stimme verloren.

Diejenigen Esquimaux, welche Hearne gegen den 70sten Grad der Breite beim Ausflusse des Kupferflusses fand, waren klein, übel gebildet und schwach. Die Hautfarbe war schmutzig kupferroth, jedoch gab es hübsche Frauen unter ihnen. Die Männer hatten sich alle Haare mit der Wurzel aus dem Kopfe gerissen. Alles stimmte aber in Anzug und Sitte mit den Esquimaux an der Hudsonsbai überein, nur daß sich diese aus den Haaren des Bisamthiers Peruquen machen, die zwar als ein Putzstück, hauptsächlich aber als Schutzmittel gegen die Muskiten, gebraucht werden. — Den Sommer bringt man unter Zelten, den Winter in sehr elenden Hütten zu, aber niemals in Höhlen oder Löchern, die mit Vorsatz in die Erde eingegraben wären. Hearne sahe bei den Winterhütten der nördlichen Esquimaux eine große Menge von Knochen, alten Schuhen und Fellen umherliegen. — Die südlicher wohnenden Esquimaux aber sollen (nach

. Amerika.   D

Curtis) allerdings auch in gegrabenen Höhlen leben, welches freilich denn auch eher möglich ist, da der Erdboden hier nicht bis auf 6 und mehrere Fuß tief durchfriert.

Diese südlichern Esquimaux kennen wir etwas mehr, als die nördlichern. Sie sind von mittlerer Größe, und obwohl den Grönländern in Allem, in Hautfarbe, Gesichtsbildung, an Haaren, Dicke des Kopfs, Kleinheit der Hände und Füße, ähnlich, doch wohlbeleibter, als diese. — Um durch den fast ewigen, sehr blendenden, Schnee nicht blind zu werden, haben sie Schneeaugen — zwei schmale, gut aneinandergepaßte Hölzer, in deren Mitte sich zwei schmale, lange Einschnitte befinden, wodurch die Gegenstände gesehen werden.

Die Geräthe der nördlichsten bestanden nach Hearne in steinernen Kesseln und hölzernen Trögen von verschiedener Größe, in Schüsseln, Kellen und Löffeln aus den Hörnern von Büffeln und Bisamthieren. Der Stein zu ihren Kesseln ist von eigner Art, sehr porös, weißgrau und hellklingend, wie Porzellan (vergl. Einleitung). Das Eisen scheint sehr selten, denn in 12 Zelten fanden sich nur 2 kleine Stückchen; das längste, ein Weibermesser, nur anderthalb Zoll lang und einen Viertel-Zoll breit. Mit solchen Messern machen sie alle Holzarbeiten. — Kupfer ist sowohl zu Messern, als Meißeln häufiger, als Eisen.

Ueberall und in Allem wird bei den Esquimaux der Grönländer kenntlich. Die Frau des Esquimaux trägt weite mit Fischbein ausgesteifte Stiefeln, in deren Höhlungen die Kinder Platz haben, welches bei den Grönländerinnen nicht ist; aber das jüngste Kind steckt, wie bei diesen, stets in der Kappe auf dem Rücken. — Statt des Eisens dient, namentlich den nördlicher wohnenden Esquimaux, an Pfeilen und Spießen ein geschärfter Stein.

Die Hauptsachen in der Religion scheinen mit der grönländischen übereinkommend. — Zwei höchste Wesen, ein gutes, welches doch immer das Mächtigere bleibt, und ein böses. — Dem verbrannten Todten wird eine Stange als Grabmal errichtet.

Wiewohl sie, wie die Grönländer, auch mitunter in der Vielweiberei leben, ist doch die Fruchtbarkeit hier nicht stärker, als dort, und in dem großen Labrador nimmt ein Reisender nur 1600 Einwohner an — und vielleicht sind diese noch zu viel.

Weit mehr, als der Grönländer, verzehrt der Esquimaur Alles roh, Fische, Seehunde und Wallfischfleisch, und ein Trunk von Thran ist ein Göttertrank.

Ein nach England gebrachter und dort schon etwas eingewohnter Esquimaur sah, wie aus einem zerstückelten Seehund der Thran ausfloß. Sein Heimweh ergriff ihn dabei; er leckte den Thran auf und rief: Wie lob' ich mir mein liebes Vaterland! da konnt' ich hiermit (mit Thran) doch meinen Magen anfüllen!"

In welche Hungersnoth müssen wohl diese Armen gerathen, da sie, wenn kein anderes Nahrungsmittel da ist, die Nase zum Bluten zwingen, und das Blut einsaugen!

Als einer der Herrnhuter-Missionare, der schon in Grönland lange genug gewesen war, um Grönländisch zu sprechen, 1764 nach Labrador kam, und einem Esquimaur, der schon wieder umkehren wollte, zurief: er möchte zu ihm kommen, er hätte Worte an ihn (wollte mit ihm sprechen), antwortete dieser in gebrochenem Französisch. Der Missionar sagte ihm, er möge in seiner Landessprache sprechen, und seine Landsleute herbeibringen. — Da fuhr er zu den Seinen zurück und rief mit starker Stimme: "Unser Freund ist gekommen." Bei der nachmaligen Zusammenkunft zwi-

schen beiden Theilen war die Freude sehr groß, und es
ergab sich, daß die Sprache der Grönländer und Esquimaux völlig eine und dieselbe sey.

Als der Missionar ans Land stieg, umringten ihn die
Eingebornen, und jeder wollte ihm seine Familie zeigen.
Bei einem zweiten Besuche sagte der Missionar dem Esquimaux, sie möchten seinen Leuten nichts stehlen. Er
antwortete: die Europäer stehlen ja auch. Vor einem
Schreiben, welches ihnen, von Seiten des engländischen
Gouverneurs, der Missionar behändigen wollte, fürchteten sie sich, denn sie meinten, es sey darin etwas leben-
diges. — Sie erschraken, als ihnen der Missionar vom
Tode des Heilandes — etwas zu voreilig — predigte,
gleichsam, als meinten sie, ihnen sey eine Mordthat aufgebürdet. Den Tag darauf mußte der Missionar ihnen
den gestrigen Brief vorlesen, und ein Angetok führte ihn
in sein Zelt, umarmte ihn küssend und sagte: „Noch
sind wir jetzt etwas furchtsam, aber, wenn du übers
Jahr wiederkommst, wollen wir furchtlos mit einander
umgehen."

Einer sang und tanzte ihm vor, indem er die Trommel dazu rührte. Der Gesang hieß: „Unser Freund ist
gekommen, welches uns freut." Der Missionar sang dagegen einen Kirchengesang. Daß er dazu getanzt habe,
sagte er nicht — vielleicht schämte er sich, es zu sagen.

Ein von Labrador mit nach London genommener Es-
quimaux-Jüngling war kaum von dem Missionar von
Schmuß und Ungeziefer gereinigt, so wollte er schon einen
Rock mit Goldtressen haben, und da ihm der Missionar
antwortete, daß ihm dieses sehr wenig helfen würde, die
Sorge selig zu werden, sollte ihn vielmehr beschäftigen, so
entgegnete er: dazu würden ihm die schlechten Kleider
auch nicht helfen, denn seine Landsleute gingen schlecht
genug und stürben doch. Und der König trüge auch
schöne Kleider. — Als der Missionar sagte, er habe kein

Geld, ihm solche Kleider zu schaffen, sprach er: So gehe zum König, und laß dir Geld geben! — Gut, sagte der Missionar, wir wollen gleich gehen; aber wenn der König fragt: was hat Karpik (so hieß er) gelernt? Kann er lesen? schreiben? u. s. w., und ich antworten muß: „Er hat nichts gelernt;" so wird der König sagen, bring' ihn auf ein Kriegsschiff, da soll er einem Officier sieben Jahr dienen, und die Schuhe putzen, bis er etwas lernt." Da fiel er dem Missionar um den Hals und sagte: „Nein, ich will bei dir bleiben und gehorsam seyn."

3.
Die innern unbekannten Länder des nördlichen Amerika.

Nur erst die neuesten Zeiten haben uns, durch Hearne's und Makenzie's mühselige und gefahrvolle mehrjährige Reisen [*]), etwas nähere Bekanntschaft mit diesen ungeheuren Länderstrichen verschafft.

Fängt man nördlich mit den Polarländern an, geht südlich bis zu den fünf großen Seen Oberkanada's hinab, und geht man von Neu-Wales westlich, sowohl bis nach dem Makenziefluße, als bis nach den glänzenden und steinigen Bergen, so hat man die unermeßlichen Länderstrecken, von welchen hier die Rede ist, von deren Erzeugnissen und herumziehenden, wenig zahlreichen Nationen (die wohl größtentheils unter einander verwandt sind) wir so unbedeutende Nachrichten haben.

Dieser große Raum ist mit vielen Seen bedeckt, deren man an 130 zählt; weniger bedeutend sind die Flüsse,

*) Hearne hatte eine Reise von 300 deutschen Meilen durch lauter öde Wüsteneien gemacht.

die zum Theil die Seen verbinden und mehr oder minder
groß sind. Die Flüsse münden in Norden oder in Nord-
osten. (Mehrere, die nach Südosten gehen, bilden die
fünf großen Seen Canada's, deren großer Abzugskanal
der mächtige St. Lorenzfluß ist.)

Unter den Seen sind der Athapuskow, der
Sklavensee und der Winnipig von bedeutendem
Umfang. — Der letztere mag leicht an 700 Q. M. enthalten, und steht durch den Gänsefluß mit der Hudsonsbai, und durch den Winnipigfluß mit dem Obersee in Verbindung. Er sowohl, als der Athapuskow,
vereinigen sich also mit Canada's großen Wasserbehäl-
tern. — Der Sklavensee nimmt über 8 Längen-, und
einiger Orten fast 2 Breitengrade ein. Der Sklaven-
fluß verbindet ihn mit dem Athapuskow. — Wie innig
ist die Verbindung aller großen Gewässer dieser Ländergebiete. Unter den Flüssen aber nennen wir den von
seinem Entdecker also genannten Makenziefluß, der
durch den Athapuskow und Sklavensee strömt, und in
das Eismeer mündet; den Kupferminenfluß (Kupferfluß), dessen Mündung ins Eismeer Hearne entdeckte; den Churchill, der aus dem Clairsee ausgeht,
und in die Hudsonsbai fällt.

Von einigermaßen bedeutenden Gebirgen scheint im
Innern des Landes fast kaum die Rede zu seyn.

An Pflanzen und Thieren ist das Land, seines großen
Flächeninhalts ungeachtet, sehr arm. Man sollte die ver-
schiedenartigsten Produkte vermuthen, und man findet
sie nicht. Man erklärt es sich (s. Einleitung) daraus, daß
diese Länder erst in jüngern Zeiten aus dem Wasser her-
vorgetreten seyen, und der Boden demnach noch für eine
große Mannigfaltigkeit von Thieren und Pflanzen zu un-
tauglich sey. (Eben daher erklärt man sich die Menge
der Seen.) Wir lassen das dahingestellt seyn. Daß
aber das Klima fast überall streng und rauh, und viele

Monate der Boden gefroren ist, erklärt allein schon viel. — Man sollte ein sehr verschiedenartiges Klima vermuthen, allein man würde sich irren; es ist überall, wenn auch nicht überall in ganz gleichem Maaße, streng und kalt. Nur je weiter man nach Westen sich von der Hudsonsbai entfernt, wird die Luft milder, indem die kalten Winde, die von Grönlands Eisfeldern her wehen, nach und nach ihre Kälte verlieren. Daher ist es nach einstimmigen Zeugnissen wahr, daß die Westküste ein weit milderes Klima hat, als die Ostküste unter gleicher Breite.

Man trifft Rennthiere, den Bison und Moschusochsen, viele Büffel, Elenne, da und dort viel Rothwild, Wölfe, mancherlei Arten Füchse, Luchse, den Landbär, Dachse, Haasen und Kaninchen, Biber und Fischotter, Marder und Wiesel. — Des Geflügels an Gänsen, Enten, Kranichen, Repphühnern u. s. w. ist viel. — Der Fischfang ist nicht in allen Wassern reich.

Große und mächtige Wälder von Nadel- und Laubhölzern wechseln mit blachen waldlosen Gegenden ab, wo auf mehrere Tagereisen weit ein dürftiges zum Theil nahrhaftes Moos den kahlen Boden überzieht. Mit dem 68ten Grad hört aller Baumwuchs auf. Die nördlichsten Bewohner dieser Gegenden sind Esquimaux, die aber schwerlich ihren bleibenden Aufenthalt an den eisigen Küsten haben mögen — nur im Sommer sind sie des Fischfanges wegen hier; — verschiedene Stämme Indier ziehen da und dort umher, als Kupfer-, Hasen-, Hundsrippen- und Zänkerindier, Chippewais ꝛc., und unter ihnen die noch fast völlig rohen Nordindier. Die Hudsonsbai-Gesellschaft hat mehrere Faktoreien angelegt, unter welchen Hudsons- und Manshesterhaus, durch den Saskaschawan-Fluß, mit Fort Churchill an der Hudsonsbai in Verbindung steht.

Will man hieher noch sogleich die Länder der tiefer nach Süden zu, bis an Neumexiko und in Luisiana, wohnenden freien Indier rechnen, so hat man wieder große, meistens wenig bekannte, oder ganz unbekannte Länderstrecken. Man will überhaupt die Länder vom 40 bis 72 Grad nördl. Breite zu diesen Gebieten zählen, womit man aber wohl nicht ausreichen dürfte.

Diese Länder zusammen schätzt man an 166,000 Q. M., und so wären sie denn weit größer als Europa.

Daß die Länder der südlicher wohnenden Indier ein milderes Klima und eine reichere Produktion haben werden, als die vorherigen nördlicher liegenden, braucht kaum gesagt zu werden.

Die Apalachen, Alleghanen, das Landeshaupt und Zweige der Kordilleren, sind die Gebirge. Die hieher gehörigen Flüsse sind der Mississippi und Missuri.

Die meisten Indierstämme, welche hieher gehören, sind noch Jagdvölker, einige haben jedoch feste Wohnorte und treiben Feldbau. Zu nennen, als die merkwürdigsten Stämme, sind die Nadowessier oder Sioux, die wieder aus 11 Unterstämmen bestehen; die Assinipolen haben sich von ihnen abgesondert — die Ossagen, Arkansas, die Apalachen vom Mississippi bis zum Ohio wohnend; die Creeks (Krihks), welche 80,000 Köpfe zählen sollen (s. nachher bei der Beschreibung der Völker); die Chaktas, welche 45,000 Krieger zählen sollen; die Cherokesen, in der Nachbarschaft der beiden Carolina's, treiben Ackerbau und Viehzucht, zählen aber nur 12,000 Köpfe, und halten sich Negersklaven. Man findet schon Spinnräder und Webstühle unter ihnen, und auch Goldschmiede. — Die Irokesen (die nur 1500 Krieger zählen, und jetzt Ackerbau, Viehzucht und Weberei treiben, auch 7 Schu-

len für die Kinder haben); die Delawaren, über und
unter den großen Seen den Hauptsitz habend, und in viele
Hauptäste zerfallend, u. a. m. werden noch nachmals erwähnt werden müssen.

Die Völker an beiden Ufern des Missisippi allein
sollen, nach einer darüber gegebenen, aber wohl sehr un-
sichern Tabelle, 8034 Krieger, und überhaupt 42,152
Köpfe betragen; in 25 Dörfern und 1873 Hütten wohnen, und 5414 Feuergewehre besitzen.

4.
Die Nordwestküste von Amerika

enthält nicht gerade ein fest zusammenhangendes Land,
sondern auch viele größere und kleinere Inseln, und ist
ihrer ganzen Länge nach, in welcher sie sich an 600 Meilen, vom Eiscap an bis zu dem Hafen und Mission
San Franzisko ausgedehnt, nur in einigen Punkten
bekannt. — Der Boden ist größtentheils unfruchtbar,
steinig und gebirgig, und das Klima mehr rauh und
strenge, doch nicht so sehr als an der Ostküste unter gleichen Graden.

Der gebirgige mit Wäldern von mancherlei Holzarten bedeckte Boden hat große Erhöhungen. Der Ed-
gecombe oder Jacynto an der Norfolkbai, der
Elias von 16,700 F., der 14,000 F. hohe Schön-
wetterberg sind die höchsten Berge. Vulkanische Gegenden sind auch vorhanden. Der Baien und Busen
sind unzählige. Unter den Flüssen ist der Columbia
wichtig, der bis 20 Meilen aufwärts Schiffe von 300
Tonnen trägt.

Die Zahl der Einwohner von verschiedenen Stämmen, deren manche den Esquimaur ähneln, nimmt man
zu 90,000 an.

Man theilt die ganze Küste in drei Haupttheile — in die nördliche, mittlere und südliche Westküste, deren jede wieder mancherlei Unterabtheilungen hat, deren Aufzählung sehr unfruchtbar wäre, und deren Namen die Karten angeben.

1) Die nördliche Westküste,

deren Berge fast ewig mit Schnee und Eis bedeckt sind, ist der Aufenthalt von mancherlei Thieren, deren Pelzwerk sehr hoch geschätzt ist. Man findet Bären, Luchse, Füchse, Eichhörner, Hirsche, Marder, Wölfe, Hermeline, viele Raub- und andere Vögel, Biber, Seeottern, und selbst das wilde Schaf oder den Argali, und das Meer ist mit den größeren Seethieren, Wallfischen, Wallrossen, Robben u. dgl. reich versehen. Das Pflanzenreich gibt Eichen, Tannen, Pinien, mehrere Beerensträucher, eßbare Wurzeln, und die aus Europa gebrachten Gemüsearten.

Das Eiscap, wo sich ungeheure Eismassen anhäufen, welche die Fahrt zu Asiens gegenüber liegenden Küsten ganz versperren, hat eine solche Kälte, daß den Seefahrern, während des Essens, die wärmsten Speisen gefroren. — Ob die Ufer des Eismeers von hier aus sich bis zu Grönlands nordöstlichen Küsten erstrecken, bleibe dahingestellt. Man nimmt es als wahrscheinlich an.

Das Prinz Wallis-Cap ist die nordwestliche Spitze dieses Erdtheils, und liegt dem Ostcap des nordöstlichen Asiens gegen über, und

die Behrings- oder Cooksstraße, die zuerst Behring und 50 Jahre nach ihm (1778) Cook befuhr, ist bei dem genannten Wallis-Cap nur eine Tagereise breit, und scheidet Asien und Amerika von einander. — In dieser Straße liegen einige mit ein Paar hundert Menschen spärlich bewohnte Inseln.

Man erwähnt noch des Northon-Sund und der Bristolbai, deren kleine dickköpfige Einwohner von Jagd und Fischfang kümmerlich sich hinbringen. Sie mögen den nahegelegenen Asiaten in vielem sehr ähnlich seyn. — Ihre Kleidung, welche die Gestalt von Fuhrmannshemden hat, bestehet, wie ihre Kanots, aus Häuten. Die Haarseite ist nach innen gekehrt, und um den Kopf durchzustecken, ist oben im Hembe ein Loch. — Daß sie sich tättowiren, braucht kaum besonders erwähnt zu werden; aber das ist sehr eigen, daß sie ihren Todten die Köpfe abschneiden, diese in Pelzwerke wickeln, und in einem mit Zähnen und Muschelschalen nett verzierten viereckten Kästchen aufbewahren. — Der Körper kommt in eine länglichte Kiste, beide Kisten müssen bemahlt werden, und werden dann an Pfählen aufgehängt. Wir erwähnen dies, da dessen so wenig ist, sogleich hier, wiewohl es, der Anlage nach, an eine andere Stelle gehört hätte.

2) Die mittlere Westküste oder das russische Amerika

enthält die schmale unfruchtbare Landzunge, welche die Insel Alaschka bildet, nebst der, nur durch eine enge Straße davon getrennten Insel Unimack, und der an Pelzthieren reichen, mit heißen Quellen und feuerspeienden Bergen und einigem Gesträuch und Zwergbirken versehenen Insel Unalaschka. — Mehrere andere in der Nähe liegende Inseln betrachten die Russen auch als die ihrigen, und suchen sich durch Anlegen neuer Etablissements mehr auszubreiten, besonders auf der Insel Kadjack, wo sie ein Fort, Kirche und Schule haben. — Die Freude dürfte jedoch nicht sehr lange dauern, da, wo in diesen nördlichen Gegenden die Russen hingekommen sind, die Einwohner und die Pelzthiere ziemlich abgenommen haben.

Die Einwohner dieser Gegenden haben wir bei den hier benachbarten Theilen Asiens, deren einige bei Willführlichkeit und Ungewißheit der Grenzen bald zu diesem, bald zu jenem Erdtheile gerechnet werden, zum Theil schon erwähnt, und es bedürfen dieselben weder hier, noch nachher, einer besondern Beschreibung, da ihre Art zu leben in den Hauptpunkten immer sich gleich bleibt. — Siehe also Asien. — Das aber muß bemerkt werden, daß man um 1760: 50,000 E. zählte, 1809 aber nur noch 450, — eine Folge des milden russischen Gouvernements.

3) Die südliche Westküste

ist sehr häufig mit vielen Einbuchten versehen, deren Enden nicht genug untersucht sind. — Man kennt nur die äußersten Endpunkte der Küsten, denn die innern Länder sind noch gar nicht untersucht. — Das Klima ist auch hier noch, wie in allen übrigen westlichen Ländern Nordamerika's, weniger rauh, als unter gleichem Grade der Breite an der Ostküste. — Die Produktion der Natur scheint und ist ja auch wahrscheinlich wohl reicher, als in den übrigen vorher genannten Ländern. Fische, namentlich auch Lachse, finden sich in unglaublicher Menge, desgleichen Wallroße, Fischottern u. s. w. An bedeutenden Wäldern scheint es nicht zu fehlen. Eine Art Tannen, (Hemlocks Tanne?) gibt eine eßbare Rinde.

Anzuführen sind die Cooks-Einfahrt, die, wie der Prinz Wilhelms-Sund, nichts ist, als eine tiefe Einfahrt oder Bai. Das Land südlich des Wilhelmsfundes hat noch im Junius seine tief landeinwärts ziehenden Gebirge mit Schnee bedeckt.

Die am Prinz Wilhelmssunde wohnenden Indier sind mit ihren durchschnittenen Unterlippen (der Einschnitt ist so groß, daß die Zunge durchgesteckt werden kann, und daß Europäer, die des Schönheits-

gebrauchs diefer Gegenden unkundig waren, glaubten,
diefe Menfchen hätten zwei Mäuler), und fonft denjenigen
fehr ähnlich, die fo eben bei der mittlern Weftküfte angeführt find. — Merkwürdig ift es, daß diefe Menfchen,
ganz gegen die Gewohnheit wilder, namentlich in diefen
Gegenden wohnenden wilden Völker, nach dem Zeugniß
mehrerer glaubwürdigen Reifenden, fo reinlich find, be-
fonders beim Effen.

Zu dem Nepean-Sund gehören die Königin
Charlotten-Infeln, die Prinz Royal-Infeln
und die Dixons-Straße.

Der Nootka- (Nutka) Sund, oder Königs
Georgs-Sund, ift auch nur eine von Cook entdeckte,
und von den Engländern zum Pelzhandel benützte Einfahrt. — Die Bewohner derfelben verdienen nachher ihre
eigene Stelle. Mit demfelben gehn die engländifchen
Befitzungen an. Er gehört zu der

Infel Quadra oder Vancouver, welche durch
zwei Kanäle, deren einer unter dem Namen Juan de
Fukas Einfahrt aufgeführt wird, gebildet wird.
Sie foll 1730 Q. M. halten. Der Strom Columbia,
der in neueften Berichten vielfältig erwähnt wird, ift an
diefer Küfte.

Das Cap blanco und Cap Mendocino find
noch zu nennen, aber nicht zu befchreiben; denn auch hier,
wie an der ganzen Weftküfte, wiffen wir leider nur allzu
wenig. — Aber die Nachkommen wollen auch etwas zu
entdecken übrig behalten.

———

Von den Bewohnern des Nutkafundes und
der benachbarten Gegenden können wir nur einige hieher
gehörige Züge beibringen.

Der Kapitän Meares fand auf der am Nutkafunde
liegenden Infel Wicananifch eine fchmaufende Gefell-

schaft. In einem großen Gebäude (s. nachher) waren verschiedene Feuer, neben welchen große hölzerne Gefäße mit Fleischbrühe standen. Große Scheiben von Wallfisch lagen schon bereit, um hineingeworfen zu werden, und sie durch ebenfalls hineingeworfene glühende Steine zu kochen. Mit einem Werkzeuge, das statt einer Zange diente, wurden die Steine hineingelegt. Die Feuer waren in der Mitte des Gebäudes. Rings umher an den Wänden lagen große Haufen von Fischen, und dicht dabei Seehundsfelle mit Thran gefüllt, damit die Gäste dieses Göttertranks nicht entbehren möchten. Als die Europäer ankamen, waren die Gäste — lauter Männer — schon mitten im Schmause. Jeder hatte ein großes Stück Wallfisch und eine kleine mit Thran oder Fleischbrühe gefüllte Schüssel vor sich. Eine Seemuschelschale diente statt des Löffels.

Man schlang Alles gierig hinunter, die aufwartenden Diener füllten die Schüsseln, und die zwar anwesenden, aber nicht mitessenden Weiber zupften Baum-Bast, um sich mit demselben, statt der Servietten, abzuwischen. Selbst dreijährige Kinder thaten ihr Möglichstes, den Erwachsenen im Schlingen nachzueifern. — Die Frauen waren, da es ohne Zweifel ein großer Festtag war, im Gesicht mit rothen Farben bemalt, welches nach einigen Tagen der Fall nicht war, wo Männer und Frauen untereinander aßen.

Man sieht schon aus diesem Anführen, daß die Weiber hier in keiner bessern Achtung stehen, als bei so vielen andern Wilden. Die Weiber müssen sogar bei einigen hierher gehörigen Nationen die schlafenden Männer bewachen, damit diese nicht vom Feinde überfallen werden. — Doch scheinen die Weiber nicht überall so willig sich unterdrücken zu lassen. Denn ein Weib, welches ein Stammoberhaupt, das den Handel gern allein getrieben hätte, abhalten wollte, an des Kapitän Douglas Schiff zu

kommen, schlug mit einem Ruder das Oberhaupt zu Boden, und bearbeitete es damit so, daß es halb tobt da
lag; ja, das Weib stieg in den Kahn des Oberhaupts,
und zerfleischte mit ihrem Messer den Schenkel desselben.
Die Männer waren müßige Zuschauer; nur Douglas
brachte sie von dem Manne ab.

So wie viele Wilde, prunken sie mit den Kleidungsstücken, die sie zufällig von Europäern erhalten haben.
Eine alte Frau hatte sich in ein Paar Schuhschnallen ver-
liebt, und da sie dieselben erhielt, trug sie die Schnallen
in den Ohren und that sehr groß damit. Die wie Hemden aussehenden Kleider sind für die Männer aus Seeot-
terfellen, und für die Weiber aus den Fasern der Nes-
seln, gemacht. Sie reichen bis auf die Knöchel. Ein
Mantel, der ebenfalls wie ein Hembe aussieht, kommt
darüber. Die kegelförmigen aus Baumbast gemachten
Mützen sind wasserdicht, werden unter dem Kinn mit
Riemen befestigt, und an der Außenseite mit Vögeln und
andern Thieren bemalt. Die langen schwarzen Haare
hangen unter der Mütze den Rücken hinab.

In die durchbohrten Ohren- und Nasenknorpel steckt
man lederne Riemchen, Borsten vom Stachelschwein,
kleine Stückchen Kupfer; am liebsten aber Metallknöpfe.
Arm- und Fußbänder trägt man sowohl aus Metall, als
aus Leder, welches mit Korallen und Muschelwerk besetzt
ist.

Man bemalt sich mit rothem Oker, und die Männer
auch mit einer schwarzen Farbe, die mit einem goldglän-
zenden Sande bestreut wird. Zur Schönheit gehört eine
breite Stirn und vorstehende Augenbraunen, daher die
Mütter ganz jungen Kindern den Kopf mit breiter Binde
vielmals umwickeln. Die Nase muß platt seyn, die
Nasenlöcher weit, die hochgeschätzten, bei den Frauen
in Knoten geschlagenen, Kopfhaare lang; das Barthaar
der Männer — ganz alte ausgenommen — wird ausgerissen.

Man hat eine eigene Art Waffenrock aus Elennhaut, der, wie ein Hemde, bis an die Füße hinabreicht, und stark genug ist, alle Pfeile und Speere aufzufangen. Am Halse ist er mit lauter Franzen ausgezackt, überall mit Figuren bemalt und mit ledernen Troddeln besetzt. Ein Bärenfell bedeckt diesen Anzug. — Der Kopf wird mit Federn und mit der Haut von Schwimmvögeln geschmückt — ein Hauptschmuck, wenn Fremde kommen, und auch die Tracht der Fürsten bei einigen Stämmen. Zu dem Jagdanzuge gehören eine Menge Larven. So wird bei der Seeotterjagd die Larve einer Seeotter vorgenommen.

Mehrere Bewohner von Amerika's Nordwestküste, z. B. die Bewohner der Charotteninseln, führen für ihre Jagdreisen, Rollen von Birkenborke nebst Pfählen (Stangen vielmehr wohl?) und einigen Brettern, auf den Kähnen mit, um sich an jedem beliebigen Platze davon Sommerwohnungen zu errichten. Winterwohnungen sind aber hier, im Nutkasunde und in der ganzen Nachbarschaft, viel dauerhafter, aus starken Balken und Bohlen erbauet.

In der Nähe des Nutkasundes bestand ein ganzes Dorf aus 11 großen Häusern. (Eine Menge kleiner dienten nur als Küche, Fische zu trocknen und zu räuchern.) Vier der größern Häuser waren auf Gerüsten erbauet (in einigen Gegenden 25 Fuß über der Erde), und hielten 100, ja 120 Fuß Länge bei 40 Fuß Breite. Vier bis fünf Heerde zum Trocknen oder Kochen der Fische fanden sich in der Mitte des Gebäudes. Der innere Raum war durch Cedernbohlen in Verschläge getheilt, die vielleicht zu Schlafstellen für die verschiedenen Familien dienen mochten, und über der Schlafstelle standen in Kisten die Kostbarkeiten der Familie. Der gemeinschaftliche Raum in der Mitte blieb groß genug, und es waren darin Stangen zum Fischtrocknen angebracht.

Mitten im Dorfe war ein Gebäude von 50 Fuß Länge und fast eben so viel Breite. An jedem Ende desselben standen vier senkrechte Pfeiler, von welchen die beiden mittlern drittehalb Fuß Durchmesser hatten und in groteske menschliche Figurrn ausgeschnitzt waren. An der einen Ecke stellten diese Figuren zwei Menschen vor, die Hände auf den Knieen; auf der andern Seite zwei andere Figuren, mit den Händen auf den Hüften. Pfosten, Pfeiler und Figuren waren roth und schwarz angestrichen. — Mehrere Gebäude fanden sich in diesem Dorfe, von 20 Fuß Länge und 8 F. Breite, und so fest aus Cederbalken in einander gefügt, als wären sie aus einem Stück verfertigt. Mit mehrern wunderlichen Figuren, jedoch auch mit Thierfiguren, waren dieselben bemalt. — Waren sie vielleicht Opferhäuser? — Das von Meares beschriebene Prachtgebäude auf Wicananisch war überall 20 Fuß hoch, rings umher mit tüchtigen Planken besetzt und mit Brettern belegt, die für den Eingang des Lichts oder für den Ausgang des Rauchs konnten hinweggenommen werden. Die Hauptbalken bestanden aus drei ungeheuern Bäumen, auf riesenmäßigen, aus Holzklötzen geschnitzten Figuren ruhend.

Das vollkommenste Gebäude dieser Art vielleicht, war wohl das, was Marchand auf der Cloakbai an den Charlotteninseln fand. — Ein länglicht Viereck von 50 F. Länge bei 38 F. Breite, von 6 bis 10 behauenen Stämmen getragen, zwischen welchen der Raum mit drei bis vier Zoll dicken, behauenen, genau in einander gefugten Bohlen ausgesetzt war. In den an 7 Fuß hohen Wänden waren einige Fenster (Oeffnungen) und im Gipfel ein Loch zu Licht und Rauch. Eigentlich hatte das Gebäude zwei Stockwerke, aber das eine unter der Erde liegende war nicht sichtbar und hatte etwa 5 Fuß Tiefe. Man stieg auf einigen in dem Füllmud angebrachten Stufen in dieses Stockwerk hinunter. Die Eingangsthür

Amerika. E

war nur 3 Fuß hoch, und 2 Fuß breit, durch eine
Schwelle über anderthalb Fuß vom Boden erhöhet, und
sahe wie ein großes, weit aufgerissenes Maul aus, das
in einem Baumstamme angebracht und mit einer zwei Fuß
langen Nase versehen war. Ueber dieser Maultbüre steht
eine geschnitzte Menschengestalt in der Lage eines saugen-
den Kindes, und über dem grotesken Säugling erhebt
sich die Riesengestalt eines Mannes mit einer zuckerhut-
ähnlichen Müße, die fast eben so hoch ist, als die Figur
selbst.

An verschiedenen Theilen des Gebäudes waren Figuren von Eidechsen, Kröten, Menschenarmen, Schenkeln,
eingeschnitzt. Es war eine Winterwohnung, aber vielleicht zu einem besondern Gebrauche bestimmt.

Den Todten beerdigt man einiger Gegenden erst,
scharrt ihn dann aus und verbrennt ihn, hängt aber die
großen Knochen in Baumrinde gewickelt an Pfähle.
Kleine Kinder hängt man in einem länglichten Kasten an
Bäume und beerdigt sie nach einiger Zeit. Auf der
Charlotteninsel stellt man die Leiche 10 F. hoch auf Brettern. Andere befestigen auf vier Pfählen einen künstlichen, fest verschlossenen Sarg, der zwei Fuß über der
Erde steht.

Die schreckliche Sitte, Kriegsgefangene zu fressen,
ist auch in diesen Gegenden, deren Bewohner von sanfter
Gemüthsart zu seyn scheinen, dennoch auch zu Hause.
Da und dort scheint man die Gefangenen und Sklaven
erst recht eigentlich zu mästen, ehe man sie schlachtet.

Anmerk. Ob die Kaluschen an der südlichen Westküste,
ein eigener Völkerstamm (zu 4000 Köpfen) oder nur ein
russischer Gesammtname mehrerer hieher gehöriaen Völker-
stamme, und ob die von Meares erwähnten Tschinkis
aner mit darunter begriffen sind, wäre vergeblich hier
auszumachen zu wollen.

5.

Brittisches Nordamerika

enthält Newfoundland, Neuschottland, Neubraunschweig und das brittische Canada, eine
ländermasse, die an 40,000 Quadrat-Meilen geschäzt
wird.

1) Newfoundland oder Terre neuve

ist eine Insel, die dem großen Busen gegenüber liegt,
welche der mächtige Lorenzfluß bei seiner Mündung bildet. Man schäzt ihren Flächeninhalt auf 2090 Quadrat-Meilen.

Im Jahre 1789 rechnete man auf 26,000 (18,000)
Einwohner auf dieser Insel, die größtentheils Engländer
waren, denn die Ureinwohner, die Esquimaux, sind
meistentheils eingegangen. — Sie heißen hier Mick-
macks.

Das Klima ist überaus viel rauher, als man es nach
den Breitengraden vermuthen sollte, unter welchen die
Insel liegt. In dem langen Winter ist die Kälte nicht
selten so groß, daß man nicht ohne Lebensgefahr das Zimmer verlassen darf. Im Junius noch sind die Küsten
mit unübersehbar großen Eismassen umringt; dagegen
steigt im Julius die Hitze im schnellen Wechsel bis zum
Unerträglichen. Der größte Theil des Landes liegt unter
einem beständigen Nebel, der jedoch keinen besonders
nachtheiligen Einfluß auf die Gesundheit haben soll. Dagegen haben die Nord- und Westküsten einen immerdar
heitern Himmel.

Wer kann wissen, wie das Innere des Landes aussieht? Es soll viel Berge, Sümpfe und Moräste enthalten; aber auch viel Seen und Flüsse, höchst rauh und
unfruchtbar, und der Boden nur mit Moos überzogen

E 2

seyn, welches denn freilich nicht unwahrscheinlich ist.
Nur die Ufer der Flüsse haben eine größere Fruchtbarkeit,
und man baut an denselben Mais, Gerste, Hafer, Kartoffeln u. s. w.

Die Wälder, die von verschiedenen Baumarten sind,
sind der Aufenthalt von Bären, Wölfen, Füchsen, Katzen,
Rothwild — Hunde werden auch hier noch zum Ziehen
abgerichtet. Der europäischen Hausthiere, Pferd, Rind
und Schaf, sind sehr wenige. — Wildes Geflügel soll
in Menge vorhanden seyn — den größern Reichthum
liefert das Wasser an Bibern, Ottern, Lachsen, Forellen,
Schaalthieren, an Wallfischen, Robben, Seeottern, und
vor allen Dingen an Kabljau's, welches der Haupt-
schatz dieser Erdgegend ist, dessen alsbald besonders erwähnt werden soll. Die Pflanzenwelt mag hier sehr
dürftig seyn — aber freilich ist sie auch unbekannt.

Neufoundland gegenüber liegt die große Fisch-
bank, nur durch wenige Meilen von derselben getrennt. — Ein ungeheures Sandland, das sich zwischen
Nord und Süd an 140, ja vielleicht an 180 Seemeilen *) erstreckt, und in seiner größesten Breite an 60 dergleichen Meilen enthält, und, gering gerechnet, an sechs-
tehalbtausend Quadratm. Flächeninhalt haben muß. —
Doch mag es wohl seyn, daß diese große Sandmasse
mancherlei Veränderungen in ihrem Umfang und Flächeninhalt durch Meeresfluthen und Wellenstärke unterworfen ist. Sie liegt größtentheils so tief unter Wasser,
daß die größesten Kauffahrer darüber hin seegeln können,
doch verändert sich auch diese Tiefe des Wassers, oder
vielmehr die Höhe der Bank, gar vielfältig. — Die
Fadentiefe ist aber gewöhnlich auf der Bank selbst von
20 bis 50, und außerhalb derselben von 60 bis 90 Faden. —

*) 20 Seemeilen gehen auf einen Grad, und sind 15 geographischen
Meilen gleich.

Die Witterung auf dieser Bank ist selten leidlich. Ewige Stürme walten hier, und ein sehr dicker kalter Nebel, welchen selten nur ein Sonnenstrahl zu durchdringen im Stande ist. — Aber gerade dies scheint das rechte Element für den Kabljau oder Stockfisch zu seyn, der hier sich, um seinen Laich abzusetzen, in unsäglicher Menge versammelt, und die Gelegenheit zu einem so überaus reichen Fang gibt.

Es gibt hier überhaupt eine große Gruppe von Sandbänken, unter welchem diese aber bei weitem die größeste ist. Sie ziehen sich von Neuschottland bis nach der großen Bank bei Neuland hinauf, und sind mehr oder minder einträglich für die Fischerei, z. B. Browns-Bank; Myladys Mola-, Pourpoise-Bank, Banquereau-, Grän- und Whale-Bank; ostwärts der großen liegen Jacquet- und Flämisch-Bank.

An der Fischerei auf der großen Bank haben, außer England, welches den Hauptgewinn bezieht, auch andere Nationen, namentlich Frankreich und die vereinigten Nordamerikaner Antheil.

Wenn die Fische den Laich abgesetzt haben, fallen sie gierig über den Köder (Heringe, Sandaale, junge Kabljaue, rothe Tuchstückchen) am Angel her, da sie während der Begattungszeit in Netzen gefangen werden. — Eine einzige 40 F. lange Schaluppe kann in einem Tage, wenn es gut geht, fünf bis zehn Zentner Fische fangen. Kopf und Eingeweide werden wieder ins Meer geworfen; die Leber gibt einen Thran, der dem Thran von Wallfischen weit vorgezogen wird. Man salzt die Fische ein, spült sie ab, trocknet sie an Pfählen, und läßt sie, wenn sie etwa 8 Tage getrocknet sind, noch 4 Tage im Haufen schwitzen.

Man nimmt an, daß Englands Fischfang an dieser Bank (sonst) an 15,000 Matrosen beschäftigt, und über

6 Millionen Thaler einträgt. Sie senden 46 Mill. Kabljaus nach England. — Die Fischerei der Franzosen betrug vor der Revolution an 4 Mill. Thaler; und alle
übrigen Nationen fingen für mehr als 2 Millionen. —
(Die Beträchtlichkeit des Fanges überhaupt ergibt sich
noch mehr, wenn man weiß, daß Norwegen an seinen
Küsten, wo doch nur ein dürftiger Fang ist, blos gegen
16 Schiffsladungen Rogen oder Eier ausführte, und daß
zu einem Pfund Rogen über 40,000 Eier gehören.)

Es ist wohl hier der Ort zu ein Paar Worten über
den reichen Wallfischfang der bisher beschriebenen nördlichen Gegenden. — Außer 109 holländischen und deutschen Schiffen, rüsteten die Engländer allein an 200
Schiffe für diesen Fang aus (50 Schiffe, die in die
Südsee gehen, nicht mitgerechnet), und beschäftigten 8000
Matrosen dadurch. Im J. 1701 fingen die Holländer
2073 Wallfische, welche 67,317 Fässer Speck gaben.
Diese Nation hatte in 46 Jahren an 33,000 Fische gefangen, und dadurch 84 Millionen gewonnen.

Die einzigen erwähnenswerthen Orte sind: Placentia,
welches einen Hafen und eine Rhede hat, und etwa 60 bis 80
Häuser. Sie liegt am östlichen Cap Race, wohin man von
London aus in 20 Tagen segelt, da die ganze Weite des Wegs
nur 511 Meilen beträgt.

St. Johns hat ebenfalls einen Hafen und eine gleiche
Häuserzahl.

Die Franzosen besitzen 2 kleine Inseln.

2) Neuschottland und Neubraunschweig,

ehemals unter dem Namen Akadien begriffen, rechnet
man zu 1847 Q. M., und das hiehergehörige Cap
Breton zu 112 Q. M.; beide mit 50,000 (100,000)
E., die größtentheils europäischen Ursprungs sind, denn
die Zahl der Ureingebornen ist nicht der Rede werth.

Das Meer bildet viele Baien, und die Küsten liegen
im immerwährenden Nebel, wiewohl im übrigen Lande

heiter Himmel und heitere luft herrscht. Obwohl die
Winter streng sind, so ist doch sonst das Klima sehr gemäßigt, und der Sommer zuweilen sehr warm.

Das land ist im Innern nicht sehr gebirgig. — Die
Flüsse St. Lorenz und St. John, der Clybe
und der Croix machen die Grenze gegen die vereinigten
Staaten. Fruchtbarer und unfruchtbarer Boden wechseln hier, und der erstere ist an einigen Orten so reich,
daß man Ochsen von 1600 Pfund hat.

Die Erzeugnisse des Thierreichs sind die nämlichen,
welche in den vorigen ländern erwähnt wurden. Das
Pflanzenreich aber hat beträchtliche Wälder aller Art,
selbst von Zuckerahornbäumen. Mancherlei europäische
Garten- und Feldfrüchte werden mit Vortheil erbauet;
und das Innere der Erde gibt Eisen und Steinkohlen.

In dem eigentlichen Gouvernement Neu-
schottland ist das, erst vor etwa 60 Jahren angelegte H a-
l i f a x, mit 1000 H. und 12,000 E., der Hauptort. Die
Häuser sind von Holz, die Straßen breit und gerade, und die
Bai Chebukto hat Platz für 40 Kriegsschiffe.

Liverpool oder Luneburg hat 9000 E., und ebenfalls einen geräumigen Hafen.

Das Cap Breton ist durch eine Meerenge von Neuschottland getrennt, und soll kaum 1000 E. haben. Es hat
zum Stockfischfang eine bequeme Lage, und ist reich an Wal-
fangen, und die Produkte sind mit denen des Hauptlandes
einerlei. — Seine Steinkohlengruben sind vortrefflich.

Im Gouvernement Neubraunschweig liegt die
Stadt Shelburne, die erst 1771 erbaut ist, und in 3000
Häusern etwa 12,000 E. zählte, jetzt aber fast ganz verlassen ist.

Anmerk. Die Bermudischen Inseln s. bei Westindien.

3) Canada.

Weit besser kultivirt ist Canada, als die vorhin aufgeführten länder, und diese Kultur muß steigen, wenn
noch mehr Wilde, die frei sind, und einen großen Theil
des landes einnehmen, mehr und besser, als bisher, den

Ackerbau zu betreiben anfangen. — Aber freilich muß
es in einem Lande, das weit über 30,000 Q. M. enthält,
viel zu kultiviren geben, da die Zahl der Einwohner, die
man nicht über 170,000 bis 180,000 anschlagen kann,
mit den großen Länderstrichen in gar keinem Verhältniß
stehet. Nach Andern sind 300,000 E. (wovon ⅔ auf
Untercanada kommen, unter welchen 1/10 sogenannte
Wilde), aber wie wenig ist auch das für solchen Flächenraum! — Die beiden Hauptstämme der Wilden sind die
Chippewais und die Mohawks. Der Neben-
stämme sind mehr und mancherlei. (Wie es mit den
Wilden steht? — 1763 war die Zahl zweier Indierstämme 67,400, und 1808 nur 2000.)

Ob dieses Land, weil es mit dem wärmern Frankreich
unter gleichen Breitengraden liegt, dieselbe Milde des
Klima's durch die Länge der Kultur erlangen werde, wollen wir nicht entscheiden. Daß es durch dieselbe aber
viel gewinnen müsse, ist wohl wahrscheinlich, und nach
den Bemerkungen einiger Europäer hat die Kälte schon
seit dem letzten Jahrhundert beträchtlich abgenommen.

Bis jetzt ist hier die Winterkälte noch außerordentlich
groß, und an 6 Monate anhaltend, und nur mit Raketen
oder Schneeschuhen kann man über dem überaus tiefen
Schnee fortkommen. — Zuweilen soll der feurige Madera
dort gefrieren, ja sogar der Brantwein gerinnen. Man
benutzt diese Kälte, indem man große Gruben macht, und
läßt Geflügel und Fische zu Hunderten auf dem Boden
einfrieren, die man denn zu seiner Zeit öffnet, und wenn
man im kalten Wasser das Eis aus den Thieren hat aus-
ziehen lassen, so soll man eine sehr zarte und schmackhafte
Speise daran haben *).

Der Winter beginnt hier im Oktober mit trübem
Himmel und vielem Schnee. Der December ist hell und

---

*) Wogegen sich doch wohl einige Bedenklichkeit erheben ließen

heiter, und bringt den strengsten Frost. Aber im April fängt es gewöhnlich an, rasch und schnell zu thauen, und der Schnee ist bald verschwunden, aber das Eis der Ströme, was mit Donnerknall aufbricht, schmelzt nur langsam. — Das Aufgehen des Eises auf dem mächtigen St. Lorenzfluß gibt einen furchtbaren schönen Anblick. Mit einem dem groben Geschütz ähnlichen Knall, sprengt das anschwellende Wasser das Eis, und dieses strömt tobend den Fluß hinab. Wird es aufgehalten von Inseln und Untiefen, so thürmen sich die Schollen im Fluß in die Höhe. Zuweilen treibt der Wind dieselben in eine große Masse zusammen. Trifft diese längs der Küste einen Felsen, so ist das Krachen entsetzlich. Bei so großer Gefahr wagen sich dennoch einzelne kühne Schiffer mit ihren Kähnen über den Strom, indem sie den Kahn selbst über die Schollen hinziehen.

Feld und Wald sind schon im Mai völlig grün. Schnell reifen die Früchte des Gartens und Feldes, und die in diesem Monat gesäete Saat gedeihet im Julius-Ende zur reichen Erndte. Die Hitze des Julius ist aber so groß, daß das Thermometer an 84 Grad, und an einzelnen Tagen bis 100 Grad Fahrenheit steigt.

Mehrere Gebirge durchziehen das Land in der Richtung von Norden nach Südost. — Nördlich macht das Gebirge Landshaupt oder Landeshöhe die Grenze. Südöstlich findet sich ein Strich der Apalachen oder die blauen Berge, die nach Westen zu mit dem endlosen Gebirge zusammenhängen, welches nur ein Stück von dem Alleghanygebirge ist.

Beinahe überall ist das Land von Gewässern begrenzt, denn in Süden sind die berühmten 5 Seen, in Norden die Hudsonsbai, östlich der atlantische Ocean, und westlich der Winipeg, Regen- und Holzsee, so daß man dieses Land wie eine große Insel betrachten kann, die, bei höherm Stand der Kultur, überall mit Leichtigkeit fremde Produkte erhalten, und die ihrigen wieß verhandeln können.

Der Obersee, welcher zu 1800 Q. M. geschätzt wird, ist rings von Felsen und Höhen umgeben, und enthält mehrere Inseln, namentlich die Königsinsel. Vierzig Flüsse fallen in den See, dessen Wasser so hell ist, daß man bis auf den Grund sieht. Im Sturm gehen seine Wellen so hoch wie Meereswellen. Er ist überaus fischreich, und seine Forellen sollen zuweilen 50 Pfund wiegen.

Durch die Straße Maria, die sein Abfluß ist *), ist er mit dem Huronsee verbunden, der ebenfalls an Inseln reich ist, und an 760 Q. M. angenommen wird. Nordwärts hängt mit diesem der See Nipissing, westwärts der zu den großen Seen gehörige 750 Q. M. enthaltende Mischigan, durch die Straße Mischillimakinack zusammen, der auf dem Gebiete der vereinten Staaten liegt. Auch verbindet die Straße Detroit den Huronsee mit dem Erie, den man zu 600 Q. M. berechnet hat, und dessen westliche Inseln fast durchaus Klapperschlangen in einer furchtbaren Menge enthalten. — Der durch seinen Fall berühmte sogenannte Fluß Niagara verbindet diesen See wieder mit dem 580 Q. M. großen Ontario, aus welchem dann, als Abzugskanal sämmtlicher genannter und mehrerer Gewässer, der St. Lorenzfluß austritt.

Sämmtliche genannte Seen haben, den Winipeg dazu gerechnet, über 5000 (4300) Q. M. Flächeninhalt.

Wir haben des Niagara gedacht. Der unter diesem Namen bekannte Kanal ist nicht über 7 teutsche Meilen lang, und hat die große Berühmtheit nur dem gewal-

*) Es soll aber kaum der zehnte Theil des hereinstürzenden Wassers abfließen; wo das Uebrige bleibe, weiß auch hier, wie bei so vielen andern angeführten Seen, Niemand. Welche herrliche Aufgaben für den denkenden echten Geologen!

tigen Sturz seiner Wassermasse über einen Felsen herunter zu verdanken.

Es erstreckt sich nämlich von dem großen Alleghanygebirge, welches Nordamerika's größesten Theil durch-
schneidet, ein Seitenast zwischen die Seen Erie und
Ontario hin, und streicht queer durch den Niagara.
Hierin liegt der Grund des großen Falles.

Bald nachdem der Niagara aus dem Erie see getre-
ten ist, ist er schon sehr tief und an 900 F. breit: In
der Mitte seines Laufs, in der Gegend des Forts Chippewai, oberhalb Queentown, wird der bisher ruhig
und still dahinfließende Strom reißend und gewaltig, sowohl weil der Fluß Chippewai sich in ihn ergießt,
als auch, weil er in Felsen eingeengt wird. Kurz vor
seinem Sturze wird er durch zwei in seinem Bette liegende Felseninseln dreifach getheilt, und so entstehen drei
Fälle, deren größester an der brittischen Seite des Flusses,
an der nordwestlichen, und unter dem Namen des Huf-
eisenfalles bekannt ist. Zwar ist seine Fallhöhe nur
142 F., da die Höhe der beiden andern 160 F. beträgt.
Aber gerade weil er 18 Fuß niedriger ist, drängt sich
die größere Wassermasse durch ihn herunter, zumal da
er auch bei weitem der breiteste Fall ist, und an 600
Yards (etwa 1800 F.), nach dem Augenmaße, geschätzt
wird. Die Insel, welche diesen Fall von dem nächsten
trennt, wird zu 350 Yards, der mittlere Fall
zu 5 und die dann folgende Insel zu 30 Yards angenommen; hierauf folgt der Slooper Fall (der an Fort
Slooper liegt) welcher auf 350 Yards Breite angenommen wird. Die sämmtliche Breite beträgt demnach an
4000 (nach Andern sogar 5000) F.

Die Wassermassen, welche donnernd und brausend so
mächtig auf den Boden herabstürzen, daß die Erde in
der Nähe zu beben scheint, betragen nach Welds Angabe,
einer wahrscheinlichen Berechnung zufolge, in jeder Mi-

nute an 672,000 Tonnen. Große Dampfwolken steigen von dem Hufeisen, und, wiewohl schwächer, von dem Slooperfalle auf, und erheben sich so hoch, daß sie bei heiterer Luft 10 deutsche Meilen gesehen werden. Das Donnern und Brausen hört man bei stiller Luft auf acht Meilen, und in jedem Falle auf 4 Meilen.

Den herrlichsten Anblick des Falles hat man von einem Felsen — dem Tafelfelsen, wo man die beiden Hauptfälle, und die Tiefe, in welche sie hinabstürzen, übersieht. Furchtbar erhaben ist der Anblick im Winter, wo sich im Grunde des Falles das Eis aufthürmt, wundersame Gestalten bildet, und an den Zacken und Spitzen der Felsen große Eissäulen herabhängen.

Alles wird zerschmettert, was sich dem Sturze nähert, ganze Schaaren starkrudernder Wasservögel, die sich vergebens bestreben aufzufliegen, Bäten, Hirsche und Fische retten sich noch weniger, denn selbst die festesten und stärksten Baumstämme werden wie Rohrstäbe zerbrochen und zersplittert. — Die Besatzung des Forts Niagara lebt einen Theil des Jahrs von den Thieren, die hier ihren Tod fanden. — Von der faulenden Masse soll nach Welds Angabe ein abscheulicher Gestank entstehen.

Unterhalb des Sturzes dauert das Toben und die Unruhe noch einige Zeit, und erst bei Queentown ist der Fluß wieder ruhig.

Es ist in Frage zu stellen, ob nicht einmal, da die Macht des Sturzes von den Kalkgebirgen, über welche er hinbrauset, große Bruchstücke abreißt, und in Seitenwänden und Boden große Vertiefungen bildet, ein Zeitpunkt eintreten könne — müsse — wo sich plötzlich das Wasser des Erie in den Ontario ausgießen könnte? Welche Ueberfluthungen alsdann!

Der St. Lorenzfluß oder Kataraqui tritt gleich mit großer Macht aus dem Ontario hervor, und umfaßt so stracks einige Inseln — die Insel Wolf oder die große Insel, und die kleine Insel Howe, die eben sowohl durch den Stoß des Stromes erzeugt seyn mögen, als die bald darauf folgenden kleinen Tausendinseln (Mille Isles). Er fließt hierauf in unbedeutender Breite zwölf Meilen fort und schließt häufig kleine Inseln ein, bis er auf einmal den großen Franciskussee, und durch den Eintritt des bedeutenden aus dem Nipisingsee kommenden Ottowa's (oder Utawa) die großen Inseln Jesus und Montreal bildet. Beide, der Lorenz und Ottowa, vereinigen sich im Herabsturz über große Felsen. — Von Nord und Süden her fallen jetzt eine kaum zu zählende Menge Flüsse in denselben, von welchen der Sorel oder Richelieu (wodurch der See Champlain mit dem St. Lorenz verbunden wird), der Franzfluß, der Maskinage, der Saquenay und der St. Maurice zu nennen sind.

Durch die Einigung mit diesen Flüssen, sonderlich mit dem Sorel, wird der Hauptstrom erweiterter, und bildet den großen See Peter (St. Pierre), der an vier Meilen lang und an 6 breit ist, und viele Inseln umfaßt. Die Wirkungen, welche Ebbe und Flut auf den Lorenz äußern, endigen sich erst fast an 100 Meilen von seinem Ausfluß.

Von Montreal an sind die Ufer des gewaltigen Stromes mit Ortschaften besetzt, und die Wohnhäuser stehen nun an beiden Ufern so dicht aneinander, als machten sie längs des Stromes ein einziges fortlaufendes Dorf aus, bis derselbe Quebeck, Canada's Hauptstadt, erreicht, in deren Nähe sich die beiden Flüsse, Montmorency und la Chaudière, in 2 Fällen herabstürzen, und mit dem Lorenz vereinigen. Des erstern Sturz geht über einen 240 Fuß hohen Felsen und zerstiebt in feinsten Dunst. Der breitere und malerische Fall des andern ist nur halb so hoch. Von der Hauptstadt an erweitert sich der Strom bis zur Breite von drei Meilen; mitten in demselben liegt die große Insel Orleans, und immer mehr und mehr verbreitet er sich nach und nach zu 15, ja zuletzt, bei den Siebeninseln, bis zu 21 geographischen Meilen, und nimmt immer noch mehrere Flüsse auf, und mündet, 20 Meilen breit, bei 200 Klaftern Tiefe, indem er die große Insel Anticosti einschließt.

Alle Seen und mehr als 100 Flüsse des nördlichen Amerika's werden durch ihn verbunden. Er ist über 70 Meilen selbst für Linienschiffe, und noch 10 Meilen weiter für Kauffahrer schiffbar, umschließt so viele fruchtbare Inseln und hat eine Menge Hafen und Landungsplätze.

Der Boden ist meistentheils fruchtbar, und hat reiche Triften, wiewohl es an sandigen Ebenen und morastigen Gegenden auch nicht fehlt. — Die Küste von Obercanada erstreckt sich an 200 Meilen.

Am fruchtbarsten und mildesten ist der westliche Theil, und seine Erzeugnisse sind mit denen von Pennsylvanien und Virginien einerlei. Unser Hausvieh gedeihet reichlich und trefflich. — Alles Wild der nördlichen Gegenden Europa's, Bären, Hirsche, Luchse u. s. w., aber auch noch Büffel, Beutelthiere, Bisamratten und Moschusratten, Biber, Fischottern, Krokodile, sind häufig genug. Die Ausbeute der Fischereien, sowohl im Meere, als in Seen und Flüssen, ist höchst ergiebig; dasselbe Land- und Wassergeflügel, was Europa's Erde trägt, ist hier in viel reicherer Menge. — Die ungeheuern Waldungen geben Wallnußbäume (Hikkern?) und den Zuckerahorn, und mehr noch Eichen; Buchen, Akazien, Eschen, Pappeln und alle Holzarten Deutschlands; besonders sind die Nadelhölzer zum Schiffbau von preiswürdigster Güte. — Die Baumwollenstaude gedeiht an mehrern Orten eben sowohl, als unsere Gartengewächse, nebst mehrern sehr schätzbaren Wurzeln und Kräutern, nament-

lich der Ginseng (f. China); Weizen, aber nur Som-
merweizen, wird in reicher Menge erbaut. Von Win-
tersaat weiß man hier noch nichts. Auch der Tabaksbau
ist einiger Orten nicht unbedeutend, sehr geringfügig aber
der Obstbau, der sich aber nächst dem Bau der Gemüse-
gewächse Europa's zu heben anfängt. — Auch an den
nutzbarsten Mineralien, an Eisen, Kupfer, Blei, Schwefel und Steinkohlen, ist das Land nicht arm.

Das katholische Bekenntniß ist das vorherrschende.
Es hat seinen Bischof zu Quebeck, unter welchem 180
Pfarrer stehen. — Mit dem Unterricht steht es noch so
tief, daß, wer lesen und schreiben kann, schon viel
bedeutet.

Man verfertigt etwas Linnen- und Baumwollenzeug,
Leder zu eigenem Bedürfnisse, Ahornzucker; eine einzige
Schmiede und Gießerei ist vorhanden, es ist aber leicht
zu erachten, daß hier, und in allen Fabrikartikeln, England aushelfen muß.

Der Handel mit den Wilden betrifft blos Pelzwerk,
welches dann meistens nach Europa und China kommt.
Uebrigens wird Mehl, Weizen, Leinsamen, Potasche,
Fischbein, Thran und vor Allem viel Nutz- und Schiffs-
holz ausgeführt. — Der Verkauf der Pelzwerke an die
Hudsonsbaigesellschaft, der sonst bedeutender war, ist
schwerlich mehr so hoch, als die letztern Angaben.
(16,000 Marderfelle, 5000 Wolfs-, 4000 Biber-,
3000 Fuchs-, 2000 Seottern-, 1000 Katzen- und 500
Bärenfelle.) — 1810 war die Ausfuhr 1,062,000 Pf.
Sterling, und die Einfuhr 972,000 Pf. Neuschottland und Neubraunschweig sind mit in dieser Angabe begriffen.

Welch ein Land kann Canada werden!

Das ganze Land, welches 1763 von Frankreich an
England abgetreten wurde, ist in Ober- und Unter-

Canada abgetheilt, und der größte Theil der europäischen Einwohner sind in Abkunft, Sitten und Sprache Franzosen.

Das Land hebt sich, insonderheit seit des klugen Gouverneurs Simcoes Anstalten, immer mehr. Man hat nicht nur aus den nordamerikanischen Staaten viele neue Anbauer erhalten, sondern während der Revolution in Frankreich haben sich auch viele Royalisten hierher begeben. — Und wer weiß, was in allerneuesten Zeiten in Europa vorgehen kann, das für Amerika überhaupt und für Canada besonders sehr von Folgen werden könnte! — In Amerika's vereinigten Staaten fangen die Ländereien schon an, sehr theuer zu werden; aber in Canada gibt die engländische Regierung jedem neuen Kolonisten 200 Morgen (Acres) Land umsonst, und fordert vor der Hand keine unmittelbare Abgabe von ihnen.

Die Provinzen werden fast, wie England selbst, regiert, und, wie in den vereinigten Staaten, so herrscht auch hier völlige Religionsfreiheit, und die französischen Klöster und Geistlichkeit sind im völligen Besitz alten Eigenthums und Rechts.

Simcoe hat neue Ortschaften und Landstraßen angelegt. Die Dundas-Straße, die in der Mitte des Sees Erie anfängt, läuft an den Ontario hin, wird an 100 Meilen betragen, wenn sie fertig seyn wird, und Canada mit den vereinigten Staaten verbinden.

Nur nah am Lorenzflusse ist das Land in gutem Anbau — im Innern waltet Wald und Wildniß der alten Urnatur.

Quebeck, die erste Stadt des Landes und die Hauptstadt von Untercanada, liegt am Lorenz auf hoher Landspitze. Hundert Linienschiffe haben Raum in dem Bassin, das der Strom vor der Stadt bildet. Der unten am Hafen liegende Theil hat enge, dunkle Gassen, ungesunde Luft und ist größtentheils nur von Schiffsfahrern und Kaufleuten bewohnt — die obere Stadt begreift das Schloß des Statthalters, das Versamm-

...haus der Regierung, mehrere Kirchen und Klöster, und
zählt in 2000 Häusern 14,000 Einwohner.

Die Umgebung der Stadt ist romantisch. — Die Felsenmassen, die Ströme, die weglosen Wälder, die Berge und Seen, Städte und Dörfer, und die angebauten Ebenen, die man von einigen hohen Punkten übersicht, verwirren fast die Sinne. — Der eine Meile breite Strom, den man von der obern Batterie bis zu der Insel Orleans erblickt, bringt die Schiffe dicht unter die Füße des Sehers. Sein südliches Ufer ist mit hohen Bäumen besetzt und mit vielen Bäien und Vorgebirgen versehen, da das gegenüberliegende Ufer dicht mit Häusern besetzt ist, hinter welchen sich eine lange Kette Berge erhebt.

Trois Rivières (weil hier der Maurice in drei Armen in den Lorenz mündet, also genannt) hat ein Dritthalbhundert Holzhäuser mit etwa 1200 Einwohnern. — Die Urselinerinnen machen in ihrem Kloster mancherlei Putz, Spielzeug und Arbeitskörbe aus Birkenrinde. Ein Hospital ist mit diesem Kloster verbunden. — Der Handel, der hier mit den Indiern in Pelzwerk getrieben wird, ist wohl nicht unbedeutend.

Montreal, auf einer Insel im Franziskussee, die an 6 M. lang ist bei 2 M. Breite, hat an 1200 Häuser, wovon die kleinere Hälfte von Stein ist, und in welchen 12,000 Einwohner sich aufhalten. Das Leben der Stadt rührt größtentheils vom Handel mit Pelzwerk her. — Man rechnet 6 Kirchen und unter 5 Klöstern ist eins für Kranke, ein anderes aber für Erziehung junger Mädchen bestimmt.

Unbedeutend sind die Städte Sorette, Kingston und Niagara, deren keine über 100 Häuser hat; und mehrere Forts, als Chippewai, Erie u. s. w. sind nur gegen unvermuthete Angriffe der Wilden angelegt, die auch noch jetzt nicht ganz unbeachtet bleiben dürfen.

———————

Eine eigene Art Ortschaften — Paroisen — entstehen durch die Ansiedlungen der Europäer, deren jeder einen Platz von 4 Morgen Länge und 30 bis 40 Morgen Tiefe empfängt (s. vorher). Man brennt den Wald, wie in andern Gegenden auch geschieht, nieder, um ihn urbar zu machen. Mehrere solcher einzelnen Ansiedlungen haben eine Kirche gemeinschaftlich, und der Besitzer einer Wohnung hat seine sämmtlichen Grundstücke in der Nähe derselben — Wald, Feld, Wiese, Garten. Man baut die Häuser nur von einem Stock, mit einer Stube, und

Amerika. F

es in zwei Theile — die östlichen und westlichen Staaten. Die Gebirge gehen von den Mündungen des St. Lorenz bis zu Meriko's Meerbusen, und das Land an den beiden Seiten der Gebirge zieht sich in mäßiger Abdachung dahin. — Es gehören zu diesem Berggürtel die Alleghany-Berge, oder die Gebirge ohne Ende, die von Georgien bis Pennsylvanien strecken, von welchen südöstlich die blauen Berge, und noch südlicher die Apalachen laufen. Die Ausdehnung dieser Gebirge in der Länge ist zwar sehr bedeutend, aber die Höhe der einzelnen Bergrücken ist wenigstens nicht außerordentlich, — und die höchsten, die weißen Gebirge in Neu-Hampshire, sind noch nicht volle 8000 Fuß über die Meeresfläche erhoben, ja selbst Berge von 4000 Fuß sind schon selten. — In einer Länge aber von mehr als 250 D. M. laufen 5 bis 6, ja da und dort sogar 12 Gebirgsreihen neben einander hin. Diese Kettengebirge messen 20, 30, ja 40 D. M. Große Thäler von mehrern tausend D. M. Flächeninhalt sind zwischen den Gebirgen eingeschlossen.

Diese großen Gebirgsmassen sind die Wasserbehälter für die vielen Flüsse, welche das östliche und westliche Gebiet der Freistaaten bewässern. — Die östlichen, nach dem atlantischen Meere zu liegenden 16 Staaten — die erstern Stamm- oder Urprovinzen, sind allein durch mehr als 28 Ströme bewässert, und die entgegengesetzte Richtung des Gebirges sendet an 40 zum Theil sehr beträchtliche Flüsse in das westliche Gebiet.

Der gewaltige Ohio allein nimmt an 40 zum Theil schiffbare Flüsse auf, bevor er sich mit dem Mississippi vereinigt. — Er entsteht selbst aus der Vereinigung zweier bedeutender Ströme, des Alleghany und Monongahela; mit Recht heißt er der schöne Fluß, wegen seiner sanften Strömung und seines klaren Wassers. — Auch ist er für das 18,000 D. M. betragende westliche Gebiet der Staaten der Hauptfluß für den Handel. —

Sein ganzer Lauf mag an 240 Meilen betragen. — Der Connecticut, welcher aus Canada von den weißen Bergen kommt, hat einen Lauf von einigen hundert Meilen, und fällt mit einer Mündung von vier Meilen Breite ins Meer. — Während seines Fortströmens nimmt er an fünfhundert Flüsse und Bäche auf. — Vierzig Meilen vor seinem Austritt ins Meer wird er zwischen zwei steilen Gebirgen so eingeengt, daß er kaum 15 Fuß Breite hat. Es soll Muth dazu gehören, das wilde Rauschen und Toben des beengten Stroms nur anzuhören, der in Jahrhunderten noch nicht Macht gehabt hat, die Felsenwände zu erweitern, obwohl er Bäume und Eisschollen mit einer so furchtbaren Macht durchführt, daß die erstern wie vom Blitz zersplittert werden und das Eis in Staub zerstiebt. Dies ist jedoch nur bei niedrigem Wasserstande der Fall, wo die Stromenge einen Zickzack mit sehr scharfen Winkeln bildet. — Unterhalb der Stromenge sind die Wiesen meilenweit mit zersplittertem Holze überdeckt. Zur Zeit hoher Fluth ists aber möglich, Holzstämme und große Mastbäume durchzuflößen, die dann mit Blitzesschnelle dahin schießen. — Das unnatürliche Zusammenpressen des Stroms verändert ganz die Natur des Wassers, denn es scheint ein durchaus dichter Körper geworden zu seyn, indem Eisen und Blei eben so wenig untersinken, als das leichteste Holz, und mit keinem Brecheisen wäre man im Stande, sich in den Fluß einzuzwängen.

Der Hudsonfluß (Northfluß) läuft, bei sehr verschiedener und wechselnder Breite, mit dem vorigen in gleicher Richtung. Der Mohawk-Fluß verbindet ihn mit dem Ontario. Er mündet mit 10 kleinern und vier größern Flüssen in einer Bai, oder in einem Sunde, der 28 Meilen lang und an mehrern Orten 5 Meilen breit ist, und ist der größte aller hier einfallenden Flüsse. Die Handelsstadt Neuyork liegt auf einer Insel, die durch ihn hervorgebracht ist.

40 F. langen und 12 Fuß breiten Fahrzeugen hinab, die man nach der Ausladung verkauft, indem man den Strom aufwärts kleinere Fahrzeuge braucht. Zur Zeit der Ueberschwemmung kann man mit ziemlich großen Fahrzeugen auf diesem Strom fahren.

Uebrigens ist der Mississippi durch seine Fischerei, und dadurch, daß er vom März bis Juni zur Bewässerung der Reißfelder gebraucht wird, den Anwohnern sehr wichtig.

Von den Seen muß der Champlain genannt werden, der mit dem Hudsonsflusse verbunden, einen großen Handelsweg für die nördlichen Freistaaten eröffnen würde. Er ist 17 Meilen lang und 3 Meilen breit, und überaus tief, und steht mit dem 7 M. langen Georgensee in Verbindung.

Die Küste dieses hier zu beschreibenden Theils von Nordamerika ist, wie sich schon aus der Beschreibung der Flüsse ergiebt, voller Busen, Buchten und Baien, und freilich auch voller unzähliger Sumpf- und Morastgegenden. — Zwischen dem Staate Maine und Neuschottland ist die große, zehn Meilen weite Foundy-Bay, in deren Busen sich der St. John (weiter oberwärts Clyde genannt) ergießt. — In die Bai Passaquamidi fällt der St. Croix, und in die Penobscot der gleichnamige Fluß. — Die bei weitem wichtigern Baien sind bereits angeführt.

Man hat eine Verbindung der Staaten mit dem stillen Meere gesucht. Man hat dahin von dem Punkt aus, wo sich Mississippi und Missouri vereinen, 600 Meilen. Aber der Wasserweg ist durch große Strecken Landweg unterbrochen, um von einem Fluß in den andern zu kommen. — Dennoch! —

Wie gelegen ist diese Küste für einen großen Welthandel, von den nördlichsten Staaten an bis zu den südlichsten!

Daß in einem Lande von so großer Ausdehnung das Klima sehr verschieden seyn werde, ist nicht einmal nöthig anzuführen. — Was über dem Hudsonsfluß liegt, hat gleich rauhes Klima mit dem angrenzenden Canada; aber die nächst südlicher gelegenen Provinzen haben, bei sehr strengen Wintern, glühende Sommer — aber freilich wechseln beide Temperaturen nur allzusehr, und keine hält lange an. — In den südlichsten Gegenden verschwindet allgemach der Winter ganz.

Im Ganzen ist es auch von diesen Ländern wahr, was schon früher von den nördlicher gelegenen gesagt ist, nämlich daß je westlicher die Länder liegen, dieselben unter gleichem Breitengrade desto milder sind. — Geht man von der Küste aus nach Westen zu, so nimmt zwar anfangs die Kälte merklich zu; aber ist man auf die Spitze der alleghanischen Gebirge gekommen — die höchste Gegend zwischen dem Mississippi und dem Meer — so ist es von nun an gerade umgekehrt, und Alles wird, je westlicher, desto milder, und Vieles gedeihet ohne alle Kultur, was östlich sehr gepflegt werden muß. — Thiere und Pflanzen, und der Frühling und die Erndte treten immer früher und früher ein. — Es ist blos die große Gebirgskette, welche diesen Unterschied in der Temperatur hervorbringt. — Des Regens strömt hier doppelt so viel herab, als in der alten Welt unter gleichen Graden, und verwandelt Sümpfe in Seen von mehrern Hundert englischen Meilen Umfang. (Ueberhaupt ist die Oberfläche der Gewässer in den Freistaaten wohl an 3000 Q. M., die mächtigsten Ströme nicht mit eingerechnet.) Der Thau fällt stärker und gewaltiger, und die Temperatur von Philadelphia war zu Franklins Zeit wie die zu Petersburg und Stockholm, die um 20 Grad nördlicher liegen. Das Reunthier findet sich hier schon gegen den 50sten Breitengrad, in Europa aber erst gegen den 60sten. Das nämliche Verhältniß findet sich mit ähnlichen andern Thieren. Daß das Klima

auf." Seltsam ist, daß das Wasser dieses Bruchs nie fault, nicht übel riecht, und die Anwohner gesund sind, und ziemlich alt werden. — Ein Feuer, welches 1782 in diesem Bruch entstand, und 4000 Morgen Bäume in 12 Stunden in Asche legte, gab durch seine Wolken von Dampf und Asche, durch die Flammen und Blitze, die an 100 F. in die Höhe fuhren, durch das Brausen der Flammen und Krachen der Bäume, ein furchtbares Schauspiel. Man will den Wiederschein des Feuers auf 90 Meilen im Umkreise gesehen haben.

Zwei andere Sümpfe in Nordkarolina halten der eine über 500,000 Morgen, und der andere, der drei Seen einschließt, noch weit mehr. — Höchst merkwürdig ist der große Sumpf in Georgien, der 60 Meilen Umfang hat, und in der nassen Jahrszeit einer See gleicht, die mehrere fruchtbare Inseln umschließt.

Wie verschiedenartig, und zum Theil wohl unbekannt, mögen die Erzeugnisse dieser weitläuftigen Länder seyn. Die wilden Vierfüßler sind mit denen von Canada einerlei, nur daß wir hier noch der Tigerkatze, oder des Jaguars (Puma), erwähnen müssen, den man von Canada an bis nach Patagonien hinab findet, und des Stinkthiers oder Skunks, welches sattsam bekannt ist. — Ochsen und Hirscharten weiden in ganzen großen Heerden; unsere eingebrachten Hausthiere haben sich hie und da herrlich vermehrt, und werden selbst von einigen wilden Nationen gebraucht. Im J. 1809 gab man 3½ Mill. Stück Rindvieh und 1,300,000 Pferde an.

An allen Arten Geflügel ist das Land sehr reich; aber die schönen Stimmen unserer Sangvögel fehlen ganz. Die sanften Töne des Spottvogels, einer Drosselart, sind das einzige, was dort Sangartiges gehört wird. Des jagdbaren Land- und Wasser-Geflügels ist eine unbeschreibliche Menge vorhanden. Enter und Truthühner finden sich in südlichen Gegenden in Heerden von 5000, und mehrere sind oft 10 Pfund schwer. Die Papagaien sind in den nämlichen Gegenden ebenfalls keine Seltenheit. An Amphibien hat das Land einen nur allzu großen Ueberfluß, der bei der großen Masse feuchter Gegenden jedoch nicht zu bewundern ist. — In den südlichen Gegenden findet sich schon der Krokodil (Alligator — Kaiman) zum Theil in furchtbarer Menge. An Schlangen, die Klapperschlange vorzüglich mit gemeint, zählt man 20 Arten. — Unter den Fröschen erwähnt man den brüllenden, der mit seiner Ochsenstimme die andern eben so sehr an Stimme als an Größe übertrifft (Ochsenfrosch). Schildkröten sind in den Gewässern, aber auch auf dem Lande und in Sümpfen sehr häufig. Die Meeresküsten aber liefern in südlichen Staaten die meisten.

Nicht glaublich ist der Reichthum an Fischen, und namentlich an Lachsen, an Makrelen, deren man schon zu mehr als 18,000 Tonnen nach Westindien ausgeführt hat, an verschiedenen Karpfenarten, und auch an Heringen, deren noch bedeutend ausgefahren wird.

Eine unzählige Menge Insekten überdeckt in manchen Provinzen das Land, unter welchen die lästigen Musketen und die große Vogelspinne, die den Kolibri bestrickt, eben sowohl genannt werden müssen, als die erst vor noch nicht 140 Jahren aus Europa eingebrachten Bienen, die sich in den nördlichen und mittlern Staaten, in welchen sie jetzt sich noch allein finden, so unglaublich vermehrt haben, daß 1790 an 250,000 Pfund Wachs ausgeführt wurden. Auch der Seidenwurm hat sich im Norden und Süden sehr ausgebreitet.

Groß und mannichfaltig ist das Reich der Pflanzen, und bei weitem noch nicht in allen einzelnen Arten entdeckt. Welch eine Menge von Holz, an welchem man schon vor einem Viertelsjahrhundert 270 Arten zählte! Trefflich brauchbar sind so viele Arten Nadelhölzer. — (die Weymuthskiefer, die weit über 100 Fuß hoch wird, nebst,

ten über 1 Million Tonnen, für welche 63,600 Matrosen erforderlich waren.   Mehl und Brodt werden für
8 bis 10 Mill. Thaler ausgeführt. Die Gesammtaus-
fuhr rechnet man jetzt 104 Mill. Dollars. — Die Haupt-
bank zu Philadelphia hat ein Kapital von 50 Mill. Dollars, und überdies gibt es viele Landbanken. Der innere
Handel wird durch Posten nnd Landstraßen, deren man
immer mehr anlegt, und durch Fultonsche, von Dampfmaschinen getriebene Schiffe, befördert, und man denkt
ernstlich auf Anlegung mehrerer Kanäle.

Die Amerikaner sind ein Gemisch von Deutschen, Eng-
ländern und Franzosen, oder von einer Vermischung dieser
Nationen abgestammt *).   Einen andern beträchtlichen
Theil machen, namentlich und am meisten in den südlichen
Staaten, die Neger **), denen auch hier die schwersten
Arbeiten, ohne Rücksicht auf die große Hitze, aufgebürdet
werden. Man spricht meistens engländisch und deutsch.

Der Ureinwohner rechnet man 2 bis 300,000, Chippewais, Irokesen, Kreeks, Apalachen, Chäktas, Arkansas, Sioux oder Nadowessier u. a. m.

Es gibt eine Menge religiöser Sekten, die alle gleiche
Duldung genießen.   Wir erwähnen hier nur die Zitter-
quaker, die ehelos leben, sich einen Oberalten wählen und
überaus einfach an Sitten sind. Bei ihrem Gottesdienst
sieht man zu Zeiten ganze Reihen beiderlei Geschlechts in
sonderbares Zucken und Zittern gerathen. — Die Tun-
ker oder Dümpler, eine deutsche Sekte, feiern den
Sonnabend, tragen Bärte, essen nur bei ihren Liebes-
mahlen Fleisch, und leben meistens ehelos. Sie führen
ihren Namen davon, daß sie ihre Kinder bei der Taufe
ganz ins Wasser eintauchen. Hier und da entstehen auch

*) Von den in neuester Zeit Eingewanderten sind Viele nach Eu-
    ropa zurückgekehrt.   Viele Leser werden sich dabei wohl an Frank-
    lins Warnungen erinnern.

**) Sie sind jetzt in den nördlichen Provinzen für frei erklärt.

Fanatiker, die nicht selten einen bedeutenden Anhang finden. Es ist nicht noth, der Presbyterianer, Quaker, Mennoniten, Juden ꝛc. zu erwähnen — wohl aber das, daß sich vom Präsidenten des Kongresses an bis zum untersten Polizeidiener Niemand in die Religionsangelegenheiten mischen darf. — Man will 63 Sekten rechnen. — Man hat 40 Bibelgesellschaften, 5 Universitäten, 25 Collegien. In Journalen und Zeitungen, welche hier die Hauptleserei ausmachen, sind gegen 80 Druckereien beschäftigt. 1816 erschienen 300 Zeitungen, worunter 8 deutsche.

Die Volksmenge dieser Staaten mit Genauigkeit zu bestimmen, ist beinahe unmöglich. Von 80,000 eingewanderten Kolonisten waren im Jahr 1751 schon eine Million vorhanden, 1793 fanden sich 4 Mill., und im Jahr 1800 war die Zahl der Einwohner auf 6,100,000 gestiegen, worunter 877,000 Sklaven waren. Daß man jetzt schon von 8 Millionen Bevölkerung sprechen will, ist doch wohl zu früh, obschon große Ländergebiete hinzugekommen sind. Die bestimmtere Angabe ist 7,290,000.

Bei dieser steigenden Bevölkerung steigt auch der Preis der Grundstücke, wiewohl noch unbebauter Acker in großer Menge vorhanden ist. In Pennsylvanien galten sonst 100 Morgen (Acres) in den entferntesten Gegenden kaum ein Paar Thaler, und in den näher gelegenen Gegenden noch nicht vierzig Thaler; dahingegen jetzt ein einziger Acker in der Nähe von Philadelphia 120, ja wohl gar zuweilen 300 Thaler kosten kann.

Man berechnete, daß um 1794 die sämmtlichen Staaten 2,200.000 Morgen Land zu verkaufen hatten — eine Kleinigkeit gegen das, was mehrere einzelne Eigenthümer zu verkaufen haben. Mancher Gutsbesitzer besaß damals noch über 600,000 Morgen verkäufliches Land, und blos im Genesee-Gebiet hatte ein Kommissar einer Londoner Gesellschaft 6 Millionen Morgen zu ver-

Amerika.   G

kaufen. Ein gewisser Maxwell in Nordkarolina hatte
1761 einen Strich von 33,000 Morgen für 3000 Thaler
gekauft — da er das Land besahe, reuete ihn der Handel, und empfing auch sein Kaufgeld zurück. — 1772
war diese große Pflanzung so im Werth gestiegen, daß sie
für das Gebot von 132,000 Thaler nicht verkauft wurde.

Die Regierungsverfassung verbindet 25 von
einander unabhängige Provinzen und Gebiete zu einem
Ganzen, durch einen Generalkongreß, der sich aus
den Abgeordneten sämmtlicher Provinzen bildet, dessen
beide Abtheilungen, der Senat und das Haus der
Repräsentanten, die gesetzgebende Gewalt
ausmachen. — Neben diesem Kongreß besteht die voll-
ziehende Gewalt, deren Präsident Chef aller Land-
und Seetruppen ist, der den Generalkongreß zusammen
berufen, Gesandte ernennen, begnadigen, und sogar unter
Beistimmung von zwei Drittheilen Senatoren Traktate
mit fremden Mächten abschließen darf. — Die Gerechtig-
keitspflege für alle Staaten läuft in einen obersten Ge-
richtshof zusammen. Jede einzelne Provinz hat übrigens ihr Ober- und Unterhaus besonders; einige
Staaten haben auch noch ihren Gouverneur.

Die Staatsverwaltung ist sehr mild, und kostete sonst
für das Innere nur 266,000, und für die auswärtigen
Angelegenheiten nur 68,000 Dollars. Die größeste Einnahme war im J. 1807, und betrug etwas über 16 Mill.
Dollars; die Berechnung der Einnahme für 1816 ergab
47 Mill., und der vermuthliche Ueberschuß 9 Mill. Doll.,
die Schuld 110 Mill. — Die einzelnen Staaten haben
ihre besondern Finanzen. Das Militär erfordert 4½ M.
Dollars, die Marine aber 3,890,000 Dollars. — Zur
Landwehr gehört alle Mannschaft von 16 bis 40 Jahren. Sie soll 1809: 2,290,000 betragen haben (?);
der Friedensfuß der Armee beträgt jetzt etwas über
10,000 Mann. Die Marine hat 4 Linienschiffe, 25 Fre-

gatten, 15 Sloops von 16 bis 24 Kanonen. Man hat seit dieser Zeit die Marine sehr vermehrt, und fährt noch immer damit fort.

Anmerk. Die mit = bezeichneten Staaten gehören zu den 13 ältesten.

Maine, 1267 Q. M., 230,000 E.*), ist die nördlichste Provinz sämmtlicher Staaten, sehr gebirgig und mit mächtigen Wäldern versehen. Die wenig untersuchten Berge sind Fortsetzungen der in Neuhampshire angrenzenden Schneegebirge. Unter seinen vielen Flüssen ist der mächtige St. John, der näher nach seiner Quelle zu der Clyde heißt.

Die Städte York mit einem Hafen und 3000 E. — Falmouth mit 4000 E. — Portland, eine Hafenstadt mit 3000 E., sind zu erwähnen.

= Neu Hampshire wird von den blauen Bergen, und nordwärts von den fast immer mit Schnee bedeckten weißen Bergen, durchzogen. Unter den einzelnen Bergen soll der Washington 10,000 Fuß hoch seyn. An Flüssen, Seen, Sümpfen fehlt es nicht, und am Connecticut liegen die fruchtbarsten Ländereien. Man rechnet das Land zu 1560 Q. M. mit 214,000 E. in 151 Kirchspielen.

Portsmouth, mit 1200 hölzernen Häusern und großem Hafen, ist die größeste Stadt und ist offen. An Kirchen, Schulen, Vergnügungsorten (Privatbühnen u. s. w.) fehlt nicht.

Vermont, 414 Q. M., ist einer der neuesten Staaten, mit einer Bevölkerung von 217,000 Seelen, und

Bennington mit 4000 Einwohnern der Hauptort, der Sitz der Regierung aber ist Rutland mit 1400 E.

= Massachusets, 766 Q. M., an 500,000 E.

Die Stadt Boston hat an 30,000 Einwohner, unter welchen 7000 dienstwillige Mädchen seyn sollen, welches wohl

*) Die Angaben der Bevölkerung sind hier und im Folgenden nach dem Jahre 1810 genommen.

G 2

etwas zu viel ist, und gehört zu den Städten des ersten Ranges in Nordamerika. Sie hat viele Manufakturen, arbeitet in allen Arten Waaren, hat einen lebhaften Handel, 17 Kirchen, mehrere Schulen, eine Akademie der Wissenschaften, mehrere Druckereien, und ihr großer mit einem Leuchtthurm versehener Hafen faßt 700 große Schiffe. Das als Vorstadt angesehene Cambridge, mit mehr als 2000 Einwohnern, hat eine Universität, Bibliothek, Sternwarte und andere Gelehrten-Einrichtungen.

Salem, mit 8000 E., hat 5 Kirchen, Buchdruckereien, wichtige Schiffswerfte und beträchtliche Rumbrennereien und Segeltuchmanufakturen.

In Lynn sind die 2300 E. größtentheils Schuhmacher, die zuweilen 170,000 Paar, meistens Frauenzimmerschuh von Stoffen, verfertigen. Ipswich, mit fast 5000 E., verfertigt viele Sp.tzen.

Mehrere Städte, deren Bevölkerung selten über 2000 steigt, treiben Stockfischfang, Viehzucht, Seiden-, Baumwollen- und Linnenweberei. Buchdruckereien sind in mehreren Städten. — Der Viehstand in dieser Provinz nebst Maine betrug 1784 schon an 650,000 St., worunter an 300,000 Stück Rindvieh war. — Der Landbau ist noch nicht bedeutend, aber Aepfel werden in unsäglicher Menge gebaut, um Cyder (Obstwein) daraus zu bereiten. — Rumbrennereien sind über 60; an den Flüssen viele Sägemühlen, auch Papiermühlen. — Thranbrennereien, Eisengießereien und selbst eine Glashütte finden sich.

☞ Neu-York hat auf 2470 Q. M. nicht mehr als 900,000 Einwohner, und ist an Wald, Fischereien und besonders an Mineralien sehr reich. Auch Naphtha-quellen finden sich. Seit 12 Jahren sind an 145 Ortschaften angelegt.

Die Hauptst. Neu York soll in 4000 Häusern an 90,000 (100,000) Einwohner haben, mit Universität, Gelehrten- und Wohlthätigkeitsanstalten, Fabriken aller Art, 30 Buchhändlern und Buchhändlermesse u. dgl. m. Im Hafen derselben liegen zuweilen an 400 Schiffe.

Albany hat 4000 Häuser und bedeutende Glashütten. Hudson, mit 5000 Einwohnern, ist ein ganz neuer Ort und sehr industriös auf seinen Schiffswerften, und in seinen Segeltuchmanufakturen und Thransiedereien.

Man baut alle deutsche Getreidearten und auch Obst sehr häufig; die stärkste Viehzucht ist auf der 44 Q. M.

großen Insel Long Island. — Die Ausfuhr ist mit denen der übrigen Staaten ziemlich gleich.

= Connecticut hat gleiches Klima und Beschaffenheit mit dem vorigen Staate, 260 Q. M. und über 250,000 Einwohner.

Harfort, mit 500 H. und wohlgebauten Straßen, treibt starke Handlung und große Brantweinbrennerei, hat Schnupftabaksmanufaktur, Glockengießerei, Buchdruckerei.

New-London, mit fast 5000 E., macht viel Hüte und Töpfe. Middletown, mit 2200 E., treibt Schiffahrt und Handlung.

Man rechnet in diesem Staate auf 300 (wahrscheinlich nicht so gar bedeutende) Bibliotheken und mehrere Buchdruckereien.   Man hat sehr bedeutenden Landbau, denn blos das Kornland beträgt ⅛ des Ganzen; Obst wird in so großer Menge gebaut, daß Cyder das gewöhnliche Getränk ist.   Unter den übrigen Gartenerzeugnissen ist besonders der Bau der Zwiebeln sehr beträchtlich. — Man hat starke Viehzucht, und führt vieles, und daneben auch viel Pökelfleisch aus. — Eisenwaaren werden auch in bedeutender Menge ausgeführt — Gußwaaren, Anker, Nägel, Draht.   Auch an Wachs, Papier, Leinwand, Talg, Häuten, Pelzwerke und Potasche findet nach den übrigen Staaten, Westindien und den brittischen Besitzungen Nordamerika's, mancherlei Ausfuhr Statt.

= Rhode Island ist auf dem kleinen Raum von 80 Q. M. mit 70,000 E. bevölkert.

Die Hauptst. Newport hat 6000 Einw. und einen vorzüglichen Hafen, eine Akademie und Bibliothek.   Providence hat 5000 Einwohner und macht viel Baumwollenzeug, Segeltuch, Seile und Taue.

Der kleine Staat bauet auf seinem wenig fruchtbaren Boden nicht hinlänglich Getreide, hat aber desto bedeutendere Viehzucht.   Man webt viel Leinwand, brennt Brantwein und Rum, siedet Zucker und treibt lebhafte Handlung.

= New Jersey mit 800,000 Einw. — Die Witterung ist mild. Die Viehzucht wird stark getrieben, besonders Schweinezucht, der Bienenstand ist stark. Man baut vorzüglich viel Weizen und noch mehr Obst.

= Pennsylvanien hält 2150 Q. M. mit 600,000 Einw., und wird durch die mächtigen Flüsse Delaware, Susquehannah und Ohio bewässert; der fruchtbarste Boden wechselt mit sehr unfruchtbarem. — Die Witterung ist überaus veränderlich, der Winter strenge, der Sommer heiß, Stürme sind nicht selten. Der größte Theil des Landes ist noch Wald, und daher voll von allen Arten Wild. — Die Klapperschlangen sind einiger Orten noch sehr häufig.

Philadelphia, die größte Stadt aller vereinten Staaten, ist, wie der ganze Staat, von dem ehrwürdigen Wilhelm Penn begründet, hat 10,000 (13,000) H., und wahrscheinlich weit über 60,000 (130,000) Einwohner, und würde noch mehr haben, wüthete nicht das gelbe Fieber so furchtbar. Unter so vielen Kirchen sind 2 Deutsch-Lutherische und 1 Deutsch-Reformirte — Schulen sind für alle Glaubensgenossen vorhanden — Akademien, Buchdruckereien (135 Pressen), die 15 Zeitungen lieferten, und 2 Bibliotheken. Es fehlt an keinerlei Art guter Anstalten und Fabriken. Der Seehandel ist überaus lebhaft, und 1796 liefen 1625 Schiffe ein und eben so viel aus. Am beträchtlichsten ist die Ausfuhr des Mehls. — Sie war seit 1790 der Sitz des Generalkongresses, bis die große indirekte Central- und Bundesstadt Washington an den Ufern des Potomak erbaut zu werden anfing.

Lancaster hat 5000 E. und ansehnliche Manufakturen in Wolle, Baumwolle, Hüten und mancherlei Fabriken in Eisen, Schneidemühlen u. s. w. Ephrata oder Dunkerstown ist der Hauptsitz der Dümpler. Warwik ist eine Niederlassung der mährischen Brüder, desgleichen Bethlehem. Der Feld- und Gartenbau ist nicht unbedeutend, bedeutender aber die Viehzucht. Man läßt hier, wie in mehrern Staaten, das Rindvieh noch häufig frei in Wäldern umherlaufen, und hält vorzüglich viel Pferde und Schweine. Die Ausfuhr des Staats ist bedeutend.

= Delaware, ein kleiner Staat von 65 Q. M. mit etwa 60,000 Einw.

Wilmington ist die größte Stadt mit 5000 Einwohnern. Die Betriebsamkeit ist mit der in Philadelphia dieselbe.

= Maryland hat 524 D. M. mit 380,600 Einw., worunter aber über 100,000 Sklaven sind. Der Susquehannah und Potomak sind die größten Flüsse. Die blauen Berge, die Alleghanen streichen durch, und das Klima ist mild, aber abwechselnd. Hier sind nicht mehr die dichten und großen Wälder der andern Staaten. — Die Viehzucht könnte viel stärker seyn, wenn mehr Sorgfalt darauf gewendet würde. Der Ackerbau trägt viel ein, aber am meisten baut man Tabak, welcher stark ausgefahren wird. Sehr reich ist das Land an Metall und Steinkohlen.

Baltimore, mit 26,000 E., hat eine lebhafte Betriebsamkeit in Tauen, Tabaksmühlen u. s. w. Sie gehört zu den ersten Handelsstädten der Freistaaten.

Washington, im Distrikt Columbia, der zum Theil zu Pennsylvanien gehört, ist auf einer von 2 Armen des Potomaks gebildeten Landzunge belegen, und hat fast 3 Meilen Umfang. Das Haus für die Sitzungen des Kongresses liegt am höchsten Punkte der Stadt. — Die Straßen sind 100 bis 160 Fuß breit, die Häuser einstweilen nur von Holz. Die Stadt ist noch wenig bevölkert, und hatte 1801 nur 1000 E., 1814 aber, wo sie die Engländer eroberten und viel darin zerstörten, an 8000 E. — Obwohl sie an 50 Meilen vom Meere entfernt liegt, soll sie doch die Hauptniederlage aller Waaren sämmtlicher Provinzen werden, und ihr Hafen ist auch in der That für große Schiffe zugänglich.

Wissenschaft und Kunst blühet noch nicht so in diesem Staate, wie in den übrigen.

= Virginien hält 5300 D. M. mit 974,000 Einwohnern, wovon die Hälfte Negersklaven sind. — Das Klima ist mild, die Witterung wechselnd. Der Boden an den Flüssen ist sehr reich und überall tragbar. Im Pflanzenreiche erwähnen wir des Erbsenbaums, der 12 bis 16 Zoll lange Schoten trägt, die honigsüß sind. Unter den Mineralien erwähnen wir aber der Naphthaquelle, die sich am Kanhawayflusse, 1½ M. oberhalb der Einmündung des Elennthierflusses (Elk River) findet. Ein Dunst steigt unaufhörlich aus einer Oeffnung, welcher mit einer Fackel angezündet werden kann, und dann eine Feuersäule von 18 Zoll Durchmesser und 4 bis 5 Fuß Höhe bildet, welche zuweilen 3 Tage, zuweilen aber auch kaum 20 Minuten, brennt, und deren Geruch völlig wie Steinkohlen ist.

Eine andere Naturmerkwürdigkeit ist die Felsenbrücke, etwa 10 Meilen von den blauen Gebirgen, die über einen Riß in einem Berge geht, der durch eine mächtige Naturkraft von oben bis unten auf 2 Meilen auseinander gesprengt ist. Der Spalt ist da, wo der Berg am höchsten ist, an 300 F. breit. Der Brückenbogen, der über diesen Riß geht, besteht aus einer dichten Steinmasse, und scheint aus einem Stücke zu seyn. Auf einer Seite kann man sich ohne Gefahr dem Rande der Brücke nähern, und senkrecht hinab sehen, indem der Felsen eine natürliche Brustwehr bildet, auf der andern aber nicht, zumal da die Brücke dort abschüssig herunter geht. Die höchste Höhe der Brücke ist 213 Fuß; die Dicke des Bogens 40 Fuß und die ganze Spannung 90 Fuß. Ein kleiner Bach rauscht über Felsenstücke zwischen den Spalt hin.

Richmond ist die Hauptst. mit 4000 E. Bei York ist eine große Muschelbank; Muscheln und Schneckenschalen liegen zu Millionen mit hohem Sand bedeckt durcheinander.

Man wohnt in Virginien häufig abgesondert in seinen Plantagen. Zu jedem Behuf hat man ein besonderes schlecht gebauetes mit den andern Gebäuden nicht zusammen hängendes Haus, z. B. eins zum Schlafen, eins zur Küche, eins zum Wohnzimmer. So ist es auch in den übrigen südlichen Gegenden.

Der Dismal Swamp ist ein großer Bruch, in welchem sich Bären u. s. w., aber auch entlaufene Neger aufhalten, die selbst sogar Ackerbau und Viehzucht treiben, ohne daß man ihnen beikommen kann.

Man betreibt Landbau und Viehzucht zu gemächlich, sonst könnte die reiche Ergiebigkeit noch bedeutender seyn. Die Pferde sind höchst vortrefflich, und der Tabak, den

man vorzüglich baut, gilt für den beſten in Amerika, und
man verkauft davon zuweilen an 130 Mill. Pfund. Man
bezahlt auch, aus Mangel an baarem Gelde, die Abgaben
in Naturalien, und namentlich in Tabak. So hat z. B.
ein Prediger 16,000 Pf. Tabak zum Beſold.

= Nord Carolina 1760 Q. M. 550,000 E.,
worunter 133,000 Neger.

Der Flüſſe ſind genug. Der Alligator Swamp
iſt von ungeheurem Umfang, und es halten ſich in der That
Alligatoren darin auf. Klima und Produkte ſind mit denen in Virginien ziemlich gleich. Inſekten ſind in ungeheuren Schwärmen vorhanden, aber auch die nützlichen
Bienen.

Unter den, ihrer Größe nach, ſehr unbedeutenden Orten,
deren Häuſer ſehr einzeln und zerſtreuet ſtehen, nennen wir
Edenton mit 100 Häuſern, und die Hauptſt. Hilsborough.
Man wohnt mehr auf ſeinen Plantagen. — Salem, Betha-
nien und Bethabara ſind Orte der Brüdergemeinden.

Reiß und Mais werden in großer Menge gebaut, auch
Tabak und Indigo. Man bereitet viel Terpentin, Theer
und Pech. Die Viehzucht iſt groß, alles Vieh aber läuft
frei herum.

= Süd Carolina, 1138 Q. M. mit 415,000
E., worunter 146,000 Neger.

Der größte Theil beſtehet aus ungeheuren Wäldern,
die alle Holzarten Nordamerika's enthalten. An mancherlei Mineralien fehlt es nicht.

Charlestown, mit 12,000 Einwohnern, von welchen
Neger und Mulatten den größern Theil ausmachen, iſt die
Hauptſt., in welcher, da ſich viele reiche Pflanzer darin auf-
halten, viel Luxus herrſchet. Sie hat mehrere öffentliche ſchöne
Gebäude, z. B. Börſe; Georgetown hat aber ſeiner
Lage wegen den bedeutendern Handel.

Reiß iſt die allgemeinſte Nahrung. Tabak und Indigo werden nächſt dem am meiſten gebauet, aber mit dem
Weinbau will es noch nicht recht fort. Auch ſind die Manufakturen ſehr unbeträchtlich.

= Georgien, 936 Q. M. mit 250,000 E., ist mit vielen von den Apalachen kommenden Flüssen bewässert. Das Klima ist überaus heiß. Man soll Eier im Sande sieden können. Oft blühen die Bäume im Februar, im Mai erndtet man schon, und im December findet man noch blühende Rosen. Frost und Schnee dauern nicht lange. Der Boden an den Küsten hin ist bei weitem nicht so fruchtbar, als tiefer landeinwärts.

Der größte Theil bestehet aus Wald. Man findet selbst eine Art Palmen, edle Früchte, wilde Weinstöcke, Maulbeeren, Baumwolle, und häufig auch die merkwürdige Fliegenfalle der Venus, oder die Dionaea muscipula.

Die Hauptst. Savanna hat 120 Häuser.

Die neuen Staaten, außer dem schon aufgeführten Vermont, sind:

Tennessee, 4208 Q. M., 270,000 E. (1792 nur 8700), meistentheils aus den alten Staaten eingewandert. Man hat einige kleine Ortschaften.

Kentucky, 3730 Q. M., 400,000 E. Die Hptst. ist Lexington.

Ohio, 2800 Q. M., 230,000 E. Marietta ist der Hauptort. Es giebt mehrere Kolonien der Herrnhuter und auch eine Schweizerkolonie.

Indiana, wird, wenn man die Gebiete der Illinesen und Michigan dazu rechnet, zu 21,000 Q. M. mit 90,000 E. angenommen.

Orleans, 1005 (2700) Q. M. mit 76,000 (??) Einw.

Es ist in der That nur ein abgerissener Theil Louisiana's. Neu-Orleans ist die Hptst.

Louisiana oder Missouri, mit dem Gebiet Mississippi, wird zu 46,000 Q. M. geschätzt, mit etwa 60,000

C. Die meisten Gebiete sind wohl noch im Besitze der freien Indier, der Sioux, Arkansas, Missurier u. s. w. Wir beschreiben sogleich Louisiana, als ein Ganzes.

7.

Louisiana

oder

Orleans und Louisiana.

Das jüngste Land der Freistaaten, welche es im Jahre 1803 von Frankreich für 14 Millionen Dollars kauften, ist in seinen Grenzen so wenig bekannt, daß selbst der Kongreß von 2 Seiten, der nördlichen und westlichen, die Grenzen nicht bestimmen konnte, daher denn alle Angaben von Flächeninhalt des sehr großen Landes sehr vergeblich sind. (Es sind neuerdings über die Grenzen wieder mit Spanien Differenzen entstanden. Verblieben den Amerikanern, wie behauptet wird, nur das Land, wie es 1763 angenommen wurde, aber keineswegs die nachmals angelegten Kolonien, so wäre das, was die Amerikaner jetzt Louisiana nennen, ein Land von 75 M. Länge und 25 M. Breite.)

Große Gebirge, der mächtige Mississippi, der Missouri, der Akaksas und mehrere Ströme ziehen durchs Land, und an den Küsten sind große Sümpfe und Moräste.

Das Klima ist bei einem Lande, das sich weit über 200 Meilen in die Länge von Nord gegen Süd hinzieht, begreiflicherweise sehr verschieden. Ober-Louisiana oder der nördlichere Theil hat gemäßigte und gesundere Luft. Der südliche untere Theil, welcher unverhältnißmäßig kleiner ist, ist sehr schwül und ungesund, und soll so abwechselnde Temperatur haben, daß man heute einheizt, und

morgen schwitzt, soll auch bei weitem weniger fruchtbar
seyn, dennoch ist gerade er der viel bedeutendere Theil,
welcher beinahe 100,000 E. zählt (worunter aber an
40,000 Neger sind), indessen das große Nordgebiet noch
nicht 7000 Köpfe zählen soll *). Auch die in demselben
umherziehenden Eingebornen sind kaum der Rede werth,
und eine Vermehrung derselben läßt sich wenigstens eben
so wenig erwarten, als von allen übrigen Wilden, die
mit europäischen Blattern und Brantwein in traurige Bekanntschaft kommen, und sich zu keiner festen Lebensart
entschließen wollen.

Was aus einem Lande muß werden können, welches
fast in jeder Richtung bewässert werden kann, solche Ströme für einen höchst großen Handel, und für so viele edle
Produkte Klima, Boden und Raum hat, ist ohne Mühe
zu erachten.

Der Reichthum des Landes unter der Erde scheint
höchst beträchtlich. Man findet silberhaltiges Blei, Eisen,
Kupfer ic., treffliche Salpetergruben sind schon eröffnet —
und ein ungeheurer Salzstock liegt unter dem 38sten Breitengrade, da wo der kleine Kanses sich in den Mississippi
ergießt. Es ist ein großer Salzfelsen, der über 36 Meilen Länge und an 9 Meilen Breite halten, und durchaus
ohne Baum und Strauch, kahl und nackt dastehen soll. —
Man will auch einige Edelsteine gefunden haben, und
Marmor kann da und dort gebrochen werden.

Ungeheure Waldungen bedecken das Land. Man
findet schon hier die kostbaren Hölzer des südlichen Amerika nebst andern diesem Erdtheil angehörigen Erzeugnissen, den Mahagoni- und Eisenbaum, Cacao und Vanille,
Färbehölzer, einige Palmen, Erbsenbäume; man spricht
von Gewürznägelein-, Zimmt- und Kampherbäumen, die

*) Alle Abweichungen der Angaben verantwortet Vf. nicht. — Im
dem jetzt Louisiana genannten Lande sollen überhaupt nur 21,000
Nordamerikaner leben.

den ostindischen vielleicht nahe kommen. — Leider ist das Land zu wenig untersucht, doch aber wohl schwerlich zu zweifeln, daß auch hier die ganze Flora von Südgeorgien und Florida sich finden werde. — Europa's edleres Obst gedeiht hier gern, soll aber sehr rauh schmecken. — Der Zucker und die Baumwolle sind die einträglichsten Produkte, und ein französischer Morgen Zuckerrohr gibt an 1200 Pfund Zucker, und 50 Gallons (200 Kannen oder Quartier) Rum. 1802 führten die Plantagen über 1½ Mill. Pfund in die vereinten Staaten ein. Baumwolle erbauet man an 60,000 Centner, und auch der Indigo-Bau ist nicht ganz unbedeutend.

Daß sich die meisten Thiere der benachbarten Länder hier finden werden (Bären, große Füchse, Rehe, Kaninchen, unsere Hausthiere und viel Federwild), läßt sich erachten. Wir lassen es aber dahingestellt, ob sich die Cochenille antreffen läßt, in Florida ist sie gewiß. Schlangen, Krokodile, Kröten und Frösche finden sich in ungeheurer Zahl. Eine kleine Art Krebse ist, da sie Alles wie Ratten unterwühlen und 8 Fuß hohe Erdhaufen aufwerfen, eine Landplage, die durch die unterwühlten Dämme große Ueberschwemmungen veranlaßt. — Eine Spinne mit rothem After soll überaus giftig seyn.

Man rechnet an 800 Plantagen in Louisiana, die an Landerzeugnissen, Peltereien, Metallen, Holz u. s. w. an 2,200,000 Dollars Werth liefern. — Besonders bedeutend muß einmal der Reißbau werden, da die Bewässerung der Pflanzungen so überaus leicht ist.

Die jetzigen Plantagen liegen blos noch am Mississippi.

In Orleans nennen wir das schon blos mit dem Namen erwähnte

Neu-Orleans, welches eigentlich nach alter Grenze zu Florida gehörte. Es liegt an der Ostseite des Mississippi. Seine Häuser sind meistens von Backsteinen, und die jetzige Bewohnung beträgt 12,000 mit dem Militär. — Da und dort liegen noch einzelne Forts an dem Ufer des großen Hauptstroms. — Die St. Mobile ist zu nennen.

Unweit Neu-Orleans, in einer Bucht der merikanischen Meerbusens, liegt die Insel Bakataria, wo sich ganz neuerdings wieder Freibeuter, eine Art Flibustier, versammeln, den Raub zu theilen und sich zu neuen Zügen zu rüsten.

Im jetzt allein sogenannten Louisiana liegen

Neu-Madrid mit 1300 E., St. Genevieve mit 1300 E., und Louis oder Pansore mit 550 E.

8.

F l o r i d a.

Wir erwähnen dieses Land hier sogleich im Ganzen, obwohl es gewöhnlich unter dem spanischen Nordamerika aufgeführt wird, wo es mit der Insel Kuba, das General-capitanat Havannah, ausmacht. Allein die Freistaaten haben das Land zwischen dem Mississippi und Perdido genommen (1300 Q. M.), und Westflorida hat sich für erklärt. Niemand beinahe erkennt die spanische Oberherrschaft an; Ostflorida haben die Freistaaten einstweilen im Depot, wahrscheinlich um es nie wieder herzugeben.

Man rechnet das Land zu 3100 *) Quadratmeilen Flächenraum mit etwa 15,000 Europäern. Die Apalachen haben hier ihren Anfang. Große Sandsteppen, Sumpfgegenden und baum- und strauchlose grasbewachsene Ebenen (Savannahs) mit daraus entquellenden Bächen sind im Innern. Die Savannah Alatschua hält 30 deutsche Meilen Umfang.

Der Apalachikola, durch welchen das Land in Ost- und Westflorida getheilt wird, kommt aus Tennessee's südlichem Gebirge. — Der große, schon mehrmals erwähnte St. John oder Johannesfluß fließt von Süd nach Nord

*) Nach Abzug dessen, was jetzt die Freistaaten besitzen, 1805 Q. M.

ins atlantische Meer. Der St. Maryfluß macht die Grenze gegen Norden und der Mississippi gegen Westen.

Mehrere Seen und Sümpfe finden sich. Unter den erstern ist der 4 Meilen haltende Georgssee der größere, welcher 3 Inseln einschließt, die mit schöner Waldung besetzt sind, welche Bären, Wölfe, Katzen, Hirsche und die Holzratte (ein eignes Thier, das sich ein festes Häuslein von trocknen Holzzweigen baut), Eichhörner, Opossums, viel Geflügel, und namentlich Truthühner, beherbergen.

Der östliche Theil scheint viel unterirdisches Wasser zu haben, welches bald da und bald dort furchtbar hervorbricht und neue Quellen macht. In verschiedenen Gegenden enthalten trichterförmige Erdgruben von 40 bis 800 Fuß im Durchmesser in einer Tiefe von 20 Fuß ein wohlschmeckendes Wasser, aus lebendiger Quelle, welches eben eine solche Vertiefung gebildet zu haben scheint.

Diese Vertiefungen aber sind nicht nur mit dem hellsten Wasser angefüllt, sondern auch mit den schmackhaftesten Fischen besetzt — aber auch nicht selten mit Alligators. Eine derselben, welche den Namen Alligatorloch hat, dient den Seekühen oder Manatis zum Aufenthalt und heißt deshalb auch Manati-Spring (Quell). Eine Reihe Hügel schließen dieses große Becken ein, welche mit den größesten und herrlichsten Bäumen besetzt sind. Durch die auf dem hellen Wasser schwimmenden Geflechte einer eigenen Art Blumen (s. nachher), die gleichsam kleine Blumeninselchen bilden, wird das Ganze bezaubernd.

Ein anderes großes Becken, groß genug, um für einige Schaluppen Platz zu haben, findet sich in der Nähe des langen Sees, welchen der Johannesfluß bildet. Es sprudelt die Quelle mit großer Macht hervor, und wiewohl das Wasser mineralisch und vitriolhaltig, und von mephitischem Geruch ist, ist es dennoch vollkommen durchsichtig und beherbergt eine Menge von Fischen und überdies noch eine Menge Alligators.

Es ist merkwürdig, daß sich noch in unsern Zeiten plötzlich solche große Wasserbecken hier bilden. Eben das große Alligatorloch bildete sich unter den Augen eines Engländers, der zu den Krihks reisen wollte. Er hört hinter seinem Rücken ein entsetzliches Brausen, wie das Brausen eines Orkans; er wendet sich um und sieht große Wasser aus der Erde hervorbrechen, und während die Erde bebte, eine weite Ebene überschwemmen. Mehrere Fuß hoch sprangen die neuen Quellen, und bildeten, nachdem sie einige Tage, wie ein starker Waldstrom, sich ergossen hatten, dann das tiefe und weite Becken.

Das Klima ist heiß, und trotz seiner Veränderlichkeit wird es als sehr gesund beschrieben; einiger Orten ist es jedoch noch im März so rauh, daß man gern ein Kaminfeuer ertrug.

Reich und fruchtbar ist die Natur in diesem Lande, dessen Erzeugnisse zum Theil noch manches Neue enthalten. Unter den Thieren, die im Ganzen mit denen in Louisiana und benachbarten Ländern dieselben sind (Rothluchse, Katzen, Füchse, Eichhörner, Rehe, Bären, Biber, Seeottern), ist ein völlig schwarzer Wolf. In furchtbarer Menge finden sich besonders Alligators, die zum Theil an 23 Fuß lang und von der Dicke eines Pferdes sind. Ein Kanal zwischen dem kleinen See und Johannesfluß war so voll von diesen Ungeheuern, daß sie denselben wie eine Brücke bedeckten. Sie verschlangen hier mit entsetzlicher Gier eine unglaubliche Menge großer Lachse, die in zahllosen Schaaren ankamen.

Mehrere Arten Palmen, die Kohl- und Fächerpalme, die Magnolie, der Wachsbaum, die Papayen, die immer grüne Eiche von 6 Fuß Durchmesser im Stamme, deren Früchte ein wohlschmeckendes Oehl geben, die zweizeilige,

80 Fuß hohe Cypresse, welche zu Kähnen und Brettern
sehr tauglich ist, wechseln mit ganzen Hainen von Orangen und mit vielen andern Bäumen ab, und die Königs-
palme (Yucca gloriosa) mit ihren schönen Blumen dient
als Befriedigung für die Pflanzungen und Gärten. —
Ein nutzbares, langhariges Schmarotzermoos (Spanierbart
Tillandsia usneoides) hängt hier von den Bäumen herab, und verbindet dieselben oft unter einander. Durch
eigene Schwere und durch Stürme fallen ganze Wagen-
ladungen von diesem Moose ab. Es dient aber dasselbe
als nützliches Futter fürs Vieh; man verfertigt haltbare
Taue daraus, und man polstert damit fast so gut, wie mit
Pferdehaaren, Stühle, Matratzen u. s. w.

Auch das Gewässer hat manche Merkwürdigkeit. Die
Muschelblume und auch die schwimmende Seeblume bilden
oftmals große grüne schwimmende Inseln auf dem Wasser.
Ihre Wurzeln und Blätter sind so dicht in einander ver-
schlungen, daß auch ein scharfes und geübtes Auge eine
Insel zu sehen vermeinen könnte. Mancherlei auf ihren
Raub lauernde Thiere, Krokodile, Schlangen, Fischottern,
Frösche, aber auch Krähen, Dohlen, Reiher u. s. w. hal-
ten sich in und auf denselben auf.

Uebrigens hatten die lieblichsten Früchte Griechenlands
und Kleinasiens schon einmal in Florida ein liebliches Gedeihen, denn ein D. Turnbull hatte 1500 Griechen zu-
sammengebracht, die sich 16 Meilen südlich von Augustin am Muskitoflusse ansiedelten, und die Pflanzstadt
Neu = Smyrna nannten. Aber in den Kriegen der
Freistaaten gegen das Mutterland ging die schöne Kolonie
zu Grunde, die es in kurzer Zeit im Wein= und Seiden-
bau weit gebracht hatte.

In Ostflorida ist St. Augustin die Hauptstadt, welche
etwa 2000 Einwohner hat, und durch das Fort St. John
geschützt ist. Die nach spanischer Sitte mit plattem Dach ge-
bauten Häuser sind alle mit Gärten versehen, welche mit Orangenbäumen besetzt sind. St. John liegt am gleichnamigen

Amerika.   H

Fluſſe, und St. Marco an der Bai Apalache. — Die Kolonien liegen 12 bis 50 Meilen weſtlich von der Hauptſtadt zer-
ſtreut umher.

Penſacola iſt der wichtigſte Ort in Weſtflorida, und
liegt auf einer Inſel. Er treibt Handel mit Vanille, Indigo,
Cacao, Saſſafras, Holz, Häuten und Perlen. In der Nähe
liegt das Fort Mobile, deſſen ſchon bei den Freiſtaaten erwähnt iſt.

An der Oſtküſte liegt die an Brittanien abgetretene Inſel
Amelia, die 13 Meilen lang, 3 M. breit, ſehr fruchtbar und
mit einem tauglichen Hafen verſehen iſt.

———

Wir gehen jetzt zu den Bewohnern der bisher aufgeführten großen Länderſtrecken über.

———

Die Nordindier*).

Man verſteht unter dieſer Benennung diejenigen ſehr
rohen Indier, die den Esquimaux zunächſt wohnen.
Hearne's und auch Makenzie's Reiſen haben uns vorzüglich mit denſelben bekannt gemacht**). Der Raum,
auf welchem ſie umherſtreifen, mag leicht an 30,000
Quadratmeilen betragen, unter welchen ſich ſehr große,
oft 10 und mehr Meilen lange und breite, blos mit Moos
überzogene Flächen befinden, unter welchem einige Arten,
wie verſchiedene isländiſche Moosarten, durch Kochen zu
einem nahrhaften Gallert werden, welches dieſem Jagd-
volke, dem aber oft das Wildpret und häufig jedes andere
Nahrungsmittel mangelt, ſehr zu Statten kommt.

Der Nordindier iſt, trotz des kalten Himmels,
unter dem er lebt, von mittelmäßiger Größe und wohlge-

———

*) Man pflegt überhaupt wohl die freien Bewohner der großen hie-
her gehörigen Länderſtrecken in die Nordindier (als Kupfer-,
Zänker-, Haſen-, Biber-Indier), und in die Südindier (Na-
doweſſier, Chippiwäer, Kniſtenos u. ſ. w.) zu theilen.

**) Makenzie ſcheint doch viel ſanftere Völkerſchaften gefunden
zu haben, als Hearne.

bauet; die Haut kupferfarben und glatt, das Kopfhaar
schwarz und hart. Die sparsamen Haare am Bart und
übrigen Theilen des Körpers reißen nur einige wenige aus,
die übrigen lassen sie wachsen. — Stirn und Augen sind
klein und die Backenknochen hervorstehend. Das Kinn
ist groß und die Nase eine Habichtsnase.

Die Backen werden bei allen Nordindiern mit drei bis
vier parallellaufenden Strichen tättowirt.

Die Nordindier sind ein Jagdvolk im strengsten Wort-
sinne; denn nirgends haben sie sich mit einer Ortschaft,
Dorf oder Flecken angesiedelt; sondern wandern Sommer
und Winter umher, und schlagen, wo sie einige Zeit oder
auch nur zu Nacht bleiben wollen, ihre Zelte auf, welche
aus Stangen bestehen, die mit Hirschfellen überzogen
sind. Eben aus diesen Fellen bestehen auch ihre Kleidungen. Nirgends haben sie auch irgend ein Thier (den
Hund ausgenommen) sich zum Hausthier angezogen, selbst
das Rennthier nicht.

In Gegenden, die den Polarländern so nahe liegen,
sind, wie bei vielen beschriebenen Völkern des nördlichen Asiens, wie bei Grönländern und Esquimaur, auch
hier die Schneeschuhe für den langen Winter unentbehr-
lich, eben sowohl, als die Schlitten, welche schmal sind,
und dazu dienen, daß die wenigen Geräthe und die Beute
der Jagd darauf fortgezogen werden.

Die Schneeschuhe sind hier von Weiden gemacht und
werden, um sie zu befestigen, mit Riemen von Hirsch-
leder durchzogen. Ein Gefäß von Birkenrinde gehört zu
jedem Haushalt. Es vertritt die Stelle eines Kessels,
unter welchem freilich kein Feuer gemacht werden darf,
weil der Kessel verbrennen würde; aber man macht es
hier, wie bei andern Nationen — man macht Steine
glühend, wirft sie in das Wasser, womit der Kessel angefüllt ist und kocht auf diese Weise das in den Kessel ge-
legte Fleisch. Außer dem Kessel bedarf der Nordindier

H 2

die Flinte, die er von den Europäern schlecht genug bekommt, oder nach alter Sitte des Bogens und der Pfeile,
um sich Wildpret, sein kostbarstes und gemeinstes Nahrungsmittel, zu verschaffen.

Da er in so ungeheuern Räumen zu 100 Meilen um-
herstreift, so muß er freilich über Flüsse setzen, und deswegen gehört das Boot, oder vielmehr der Kahn, zu
den Geräthschaften einer Familie, welches oft 5 und mehrere Meilen weit zu Lande getragen werden muß, aber
auch dazu durch seine Leichtigkeit sehr geeignet ist. Es hat
die Gestalt eines Weberschiffs, und wird zum Tragen über
Land mit einem Riemen über die Schulter gehängt.

Wie bei den Kamtschadalen, so ziehen auch hier im
Winter die Hunde die Schlitten nebst dem Gepäck (die
Hunde werden früh am allermeisten zum Tragen, jedoch
aber auch zum Ziehen des Gepäcks, aber keineswegs zur
Jagd, angelehrt); aber mehr noch, als sie, werden die
Weiber zu diesem Behuf gebraucht.

Der Nordindier zieht bald den Hirschen, Moschus-
und Bisamochsen, bald den Zügen der Vögel oder der Fische nach. — Zum Fischfang verweilt man an irgend einem fischreichen See. Man feuert oft 50mal auf eine
Heerde Büffel, ohne daß sie getroffen werden. Auch
Elenne, Bären und Wölfe gehören zu den Jagden des
Nordindiers. — Große Treibjagden stellt man an, indem
man große Bezirke mit Pfahlwerk einzäunt und mit den
Zweigen in der Nähe stehender Bäume durchflechtet. In
den größeren Kreisen sind engere einbezirkt, und im inner-
sten Kreise sowohl, als am Eingange des Pfahlwerks,
wird das Wild erlegt, und wiewohl Vieles entkommt,
doch zuweilen in solcher Menge, daß man nur die Zunge
und das Fett benutzt.

Bei dieser Unbesonnenheit, ohne Noth Thiere zu erlegen, auch die junge Brut der Vögel blos aus Muthwillen
zu tödten, kommen sie um so mehr in die äußerste Hungers-

noth, da nicht zu allen Zeiten und in allen Gegenden Wild anzutreffen ist. Es war gar nicht selten, daß Hearne mit seinen Nordindiern drei, ja sogar fünf Tage hungern mußte, so lange, daß, wenn wieder frisches Wild erlegt war, die ersten Ausleerungen nach der Verdauung nur mit heftigen Schmerzen geschehen konnten. Gleichwohl, wenn Hearne über ihre unnöthigen Verwüstungen ihnen Vorhaltung that, sagten sie, daß des Wildes und der Vögel nur um so mehr würden, je mehr sie derselben so zwecklos umbrächten. — Und doch verstanden sie die Kunst, Fische gut am Feuer, und das in Riemen geschnittene Fleisch von vierfüßigen Thieren am Feuer oder in der kalten Luft zu dörren, und letzteres, wenn es trocken genug geworden ist, zwischen zwei Steinen zu Pulver zu schlagen und auf Reisen mit sich zu führen *). Aber das Glück und das Unglück dieser und der meisten andern Wilden ist die gedankenloseste Unbesorgtheit, denn, ohne eigentlich von einer Versorgung für die Zukunft etwas zu wissen, leben sie Alle nur für heute, unbekümmert, nicht sowohl um den folgenden Tag, sondern am Morgen unbekümmert um das Bedürfniß des Abends.

Wie erfinderisch aber dennoch auch die Noth die Menschen dieser rauhen Himmelsgegenden macht, darüber erzählt uns Hearne einen erzählenswerthen Fall.

Als er im Januar 1772 von der Mündung des Kupferflusses zurückkehrte, ging er über den großen zugefrornen Athapuskow-See nach Hause. Seine Indier und Begleiter fanden auf ihren Jagdstreifereien die Spuren eines fremden Schneeschuhes, denen sie nachfolgten, und in einer kleinen Hütte eine einzige junge Frau antrafen, die ganz allein war. Sie brachten das Weiblein, das zum Glücke die Sprache der Aufsuchenden verstand, mit zu den Zelten, und es ergab sich, daß es zu den westlichen Hundsrippenindiern gehörte, deren einige

*) Sie nennen dieses Pulver Pemmican.

im Sommer 1770 von den Athapuskowindiern gefangen genommen waren.   Die Frau hatte versucht, wieder nach ihrer Heimath zu entkommen, war aber durch die
vielen Krümmungen der Seen und Flüsse im Wege ganz
irre geworden, und hatte sich nun die kleine Hütte erbauet,
in welcher sie vom Herbst an gegen die Kälte Schutz
suchte.

Seit sieben Monaten hatte sie keinen Menschen gesehen,
und sich blos dadurch ernährt, daß sie Repphüner, Eich-
hörnchen und Kaninchen in Schlingen fing, auch einige
Biber und Stachelschweine tödtete. — Sie hatte nicht
Mangel gelitten; sie war gesund, wohl bei Leibe (embon-
point) und — nach Hearne's Zeugniß, eins der schönsten
indischen Weiber, die er in diesen nördlichen Gegenden gesehen hatte.

Sie hatte bei ihrer Flucht von ihren Feinden nur wenige Hirschsehnen mitnehmen können, und da diese zu
Schlingen und zum Nähen der Kleider verbraucht waren,
so ersetze sie dieselben mit Sehnen von Kaninchenbeinen,
die sie künstlich zusammenflocht.   Die Kaninchenfelle gaben ihr warme Winterkleidung, die sie mit viel Nettigkeit
und Geschmack verfertigt hatte.

Sie hatte sich aus Weidenbast schon mehrere hundert
Klaftern Schnüre, wie Bindfaden geflochten, um daraus
im Frühjahr Fischnetze zu machen.   Auf ihrer Flucht hatte
sie ein etwa gegen 6 Zoll langes Stück Eisen mit davon
gebracht, woraus sie sich ein Messer gearbeitet hatte, und
eine halbe eiserne Pfeilspitze vertrat die Stelle eines Pfrie-
men.   Sie hatte sich mit diesen Werkzeugen ihre Schneeschuhe, und manche andere Sachen verfertigt. — Feuer
schaffte sie sich dadurch, daß sie zwei schwefelhaltige (?)
Steine an einander rieb und schlug, und den Funken in
dem Zunder auffing.   Da aber dieses sehr mühsam war,
so unterhielt sie ihr Feuer den ganzen Winter über.

Die Athapuskowindier *), die uns so wenig bekannt sind, hatten des Nachts die Hundsrippen= (Dog ribbed) Indier **) überfallen, und alles in den Zelten ermordet, auch ihren Gatten und Eltern, sie selbst und drei andere junge Weiber ausgenommen. Ein junges, kaum fünf Monate altes Kind hatte sie in einem Bündel Kleider verborgen, und unentdeckt mitgenommen. Aber die Weiber der Athapuskows untersuchten das Bündel, fanden das Kind, und eine derselben erwürgte es. Bei solchen Unmenschen wollte die junge Frau nicht bleiben, obwohl der Mann, der sich ihrer annahm, sie als seine Frau überall behandelte.

Der Nordindier ist im Stande die ekelhaftesten Dinge zu genießen und manche derselben sind ihm sogar ein Lecker= bissen. So sahe Hearne mit Schaudern, die Gebärmut= ter einer Elennkuh roh verzehren, welche, wie auch die Zeugungstheile der Hirsche, und die eben erst geworfenen Hirsch= oder Büffelkälber, bei ihnen als Lecker=bissen gelten.

*) Wir erwähnen ihrer hier noch mit ein Paar Worten. Sie ge= hören zu den Südindiern, die in einem üblen Ruf bei den Reise= beschreibern stehen. Sie sollen keinen Begriff von Blutschande haben, und öffentlich, zumal in der Trunkenheit, schamlose Un= zucht treiben. Väter beschlafen die Töchter, und verheirathen diese dann an die Söhne: und Brüder vermischen sich mit den Schwestern, und Niemand findet etwas liebels darin. Die Wei= ber bitten ihre in den Krieg ziehenden Männer oder Freunde, ih= nen einen Sklaven mitzubringen, damit sie die Freude haben, den= selben hinzumartern; ja sie begleiten ihre Männer in den Krieg, und morden, wie diese, Weiber und Kinder. Eine junge Dame (so nennt sie Hearne) von 16 Jahren, wünschte einen Sklaven, um ihn zu morden. Da ihr Hearne deswegen befahl die Faktorei zu verlassen, zog sie selbst mit in den Krieg.

**) Es ist nicht der Rede werth, was wir von diesen Indiern wissen. Diese Frau sagte: ihr Stamm wohne soweit nach Westen, daß sie niemals Eisen oder anderes Metall zu sehen bekämen Ihre Aexte und Eismeßel machten sie aus Hirschgeweihen; die Messer aus Steinen und Knochen; die Pfeilspitzen aus Schieferstückchen, und Biberzähne wurden zu Holzarbeiten gebraucht. Zwar hatten sie wohl öfters von den nützlichen Werkzeugen gehört, mit welchen die östlichen Stämme von den Europäern versorgt wurden, aber aus Furcht vor den Athapuscows wären sie nicht näher gekommen, indem diese Sommer und Winter unter ihnen Blutbäder an= richteten.

Selbst das Ungeziefer in den Kleidern wird, nicht etwa nur zur Zeit der Noth, sondern aus Lüsternheit, als nied=liche Leckerspeise verzehrt.

Ein seltsames Gericht bestehet aus den Kräutern und Moosen, die sich, nur erst halb verdauet, in den Magen der Hirsche finden. Sie kochen dieselben in Wasser zu Mus, setzen Blut und fein zerschnittenes Fett dazu, welches zuvor, damit es nicht in Klumpen bleibe, von Männern und Knaben gekauet wird, und schütten es wieder in den Magen, damit es einige Tage darin bei langsamen Feuer gähre. Dann wird es als ein köstliches Gericht verzehrt.

Wenn die Hungersnoth groß wird — und wie oft sie es wird, haben wir schon vorher gesehen — müssen die Felle, aus welchen die Kleider gemacht sind, Knochen, die so weit verbrannt werden, daß man sie zerpulvern kann, und selbst sogar das Fleisch der erschlagenen schwächern Landsleute, als Nahrungsmittel dienen.

Man muß es zur Ehre dieser Wilden, die uns als die schrecklichsten, gräßlichsten Menschen geschildert werden, und wirklich höchst gefühllose und grausame Naturen seyn mögen, ausdrücklich erwähnen, daß wer bei ihnen, wenn auch durch die höchste Noth gezwungen, Menschenfleisch gefressen hat, allgemein verabscheuet wird und selbst seines Lebens nicht sicher ist! — So tief liegt der Abscheu gegen Mord in der menschlichen Natur. Indessen schaudern sie nicht davor, arme schwache Eskimaur zu ermorden. Mehrere schlossen sich an Hearne's Reisegesellschaft an, blos um Eskimaur zu tödten, und führten es aus. Zur Nacht überfielen sie die Unbesorgten, und stießen sie mit ihren Speeren frohlockend nieder. Hearne's bringendste Fürbitte konnte ein junges Mädchen nicht retten. Sie fragten ihn höhnisch, ob er sie etwa zur Frau wollte? Ihr Haß soll daher rühren, daß sie alle Eskimaur für Zau=berer halten, die ihnen Jagd und Fischfang verderbten, und den Ihrigen den Tod anzauberten.

Den Charakter und manche Sitte dieser Wilden mögen einzelne Züge schildern.

Hearne hatte mit seinen Indiern nichts zu essen, aber nur einer dieser Indier gab sich Mühe, etwas zu fangen, denn er war ein vortrefflicher Jäger, der Jahre lang eine zahlreiche Familie versorgt hatte (was bei ihnen ein großes Lob ist). Tage lang verfolgte er seine Jagd, indessen die andern im Zelte lagen und schliefen oder Tabak rauchten. Mehrere Tage lang waren sie ohne Hülfe geblieben, als um Mitternacht der fleißige Jäger anlangte, welcher diesmal ungewöhnlich lange ausgeblieben war, und das Blut, und einige Stücke Fleisch von zwei erlegten Hirschen mitbrachte.

Das machte die Schläfer schnell wach, und im Umsehen hatten sie einen großen Kessel Suppe mit Blut, Fett und klein geschnittenem Fleische angesetzt, und bald eine stärkende Mahlzeit gehalten. Am andern Morgen wurden die erlegten Hirsche geholt und noch mehr Rothwild erlegt, mit welchem sich die Gesellschaft, die nur aus sechs Personen bestand, wohl eine Weile bei ordentlicher Einrichtung hätte erhalten können. Aber jetzt wurde Tag und Nacht unaufhörlich gegessen, und man sahe sich so wenig nach andern Nahrungsmitteln um, daß man sogar um die aufgestellten Fischnetze unbekümmert blieb, daher denn viel schöne und große Fische verdarben.

Wenn man diesen Menschen vorstellt, daß sie sich ja überäßen, und krank von so vielem Fressen würden, was sie wirklich so oft werden, so antworten sie, das sey ja gar nicht möglich, denn ein Thier wisse ja wie viel ihm dienlich sey, und höre dann auf, warum sollte es denn der Mensch nicht wissen, und also davon krank werden?

Immer wollten die Nordindier etwas von Hearne haben, wo sie ihn auch trafen, und wiewohl sie sahen, daß er von Waaren ganz entblößt war, forderten sie doch so

von ihm; als führe er das ganze Waarenlaager der Com=
pagnie (die ihn auf Entdeckungen ausgesendet hatte) mit
sich; ja sie wurden beißend, wenn er nicht geben konnte,
was er nicht hatte, und meinten, er möchte wohl nur so
eine Art Bedienter bei der Compagnie seyn, und keiner
von den vornehmen Herren und Beamten.

In einer sehr traurigen Lage, wo Hearne durch die
Treulosigkeit eines Indiers einen großen Theil seines Pul=
vers, und durch einen Unfall seinen Quadranten verlor,
kamen verschiedene Nordindier, und plünderten ihn nebst
seinen Gefährten fast rein aus. Es kamen Abgeordnete
derselben zu ihm ins Zelt, deren Anführer sich zu ihm
setzte, und ihn bat, ihnen sein S k e i p e r t o g a n *) zu
leihen, damit sie eine Pfeife rauchen könnten. Nachdem
sie mehrere Pfeifen geraucht hatten, fragten sie nach meh=
rern Waaren, die Hearne nicht hatte. Dann legte einer
die Hand auf Hearne's Mantelsack und fragte, ob ihm die=
ser gehöre! und ohne die Antwort abzuwarten, nahm er
Alles mit Hülfe der Gefährten heraus, und breitete es aus.
Jeder wählte sich, was ihm gefiel, und da ihnen Alles ge=
fiel, behielt er nichts als den Mantelsack. — Doch da sie
bedachten, daß er auf seiner Rückreise zur Fattorei ein
Messer brauchte, das Fleisch zu zerschneiden, einen Pfrie=
men, die Schuh zu flicken, und eine Nadel, die Kleider
auszubessern, so gaben sie ihm diese Stücke großmüthig
zurück, mit Bedeuten, daß er das als eine nicht gemeine
Gunst anzusehen habe. — Auch von zwei Barbiermessern
gaben sie ihm auf sein Bitten eins zurück, und um ganz
großmüthig zu seyn, erlaubten sie so viel Seife, als er
zum Waschen und Barbieren für nöthig hielt.

Ihn hatten sie kühnlich ausgeplündert, aber nicht so
die ihn begleitenden Südindier, um keinen Krieg zwischen

*) Ein kleiner Beutel, Stahl, Feuersteine, Tabak, Pfeife und
faules Zunderholz enthaltend, und oft sehr nett mit Glaskorallen,
Kielen vom Stachelschweine, Seehundshaaren u. s. w. besetzt.

beiden Völkern zu veranlaffen, ſondern ſie ſchwaßten ihnen
Alles ab, was die Südindier beſaßen, die hier Hearne's
Begleitung machten, und der Wegweiſer, ſelbſt ein Nord=
indier, konnte die Plünderei nicht hindern, ſondern ſchien
mit Großmuth und guter Art zu geben, was er zu behal=
ten nicht im Stande war.

Was die Weiber hier gelten, ergibt ſich aus Mato=
nabbi's Aeußerungen, der ein großer Anführer der Süd=
indier war — und daß ſie es bei den Nordindiern nicht
beſſer haben, läßt ſich dreiſt annehmen. — Das Unglück,
welches Hearne auf einer frühern Reiſe nach dem Kupfer=
grubenfluſſe gehabt hatte, ſchreibt Matonabbi blos dem
Umſtand zu, daß ſie keine Weiber mitgenommen hätten.
„Denn wenn alle Männer, ſagte er, ſchwer beladen ſind,
ſo können ſie weder weit genug auf die Jagd gehen, noch
ſchnell genug reiſen; und haben ſie einmal Glück in der
Jagd, wer ſoll das Erlegte fortbringen? Die Weiber
ſind zur Arbeit geſchaffen, und eine von ihnen zieht oder
trägt ſo viel als zwei Männer. Sie ſchlagen die Zelte
auf, verfertigen uns die Kleider, und halten uns des
Nachts warm, und auf Reiſen ſind ſie gar nicht zu ent=
behren. Sie thun Alles und koſten doch wenig; da ſie
immer kochen müſſen, können ſie in kümmerlichen Zeiten
ſich allenfalls davon erhalten, daß ſie die Finger ab=
lecken." (Sie werden ſich indeſſen doch nicht hungern
laſſen, da ſie die Lebensmittel tragen und gleichſam im
Beſchluß haben *).

Gegen ſeine Weiber iſt der Nordindier ſo hart, daß er
ſie nicht nur zu Laſtthieren erniedrigt, ſondern ſie ſelbſt
unter den Schmerzen des Gebärens verhöhnt, ſo wie er
auch die Erzählungen von dem Angſtgeſchrei und den fürch=
terlichen Zuckungen eines unter heftigen Schmerzen Ster=

*) Doch müſſen ſie ſich ſehr in Acht nehmen, daß ihre Veruntreuung
nicht entdeckt wird, ſie wird hart gezüchtigt, und ein Mädchen,
das heimlich genaſcht hätte, würde nimmer einen Mann be=
kommen.

benden nicht nur mit Freude anhört, sondern auch viel=
leicht mit großem Vergnügen nachmacht, zum Gelächter
für die andern.

Eins der Weiber quälte sich 52 Stunden in Geburts=
schmerzen, und gleich nachdem sie entbunden war, reisete
man weiter, und die Wöchnerin mußte ihren Säugling
auf dem Rücken mit fortschleppen, die übrige Last, die sie
bis an die Knie in Schnee und Wasser zu tragen hatte,
nicht zu rechnen.   Niemand kümmerte sich um sie. —
Nur einen Tag zog eine andere Frau ihren Schlitten.

Matonabbi war der Sohn eines Nordindiers und
einer südindischen Sklavin, und nicht nur in Prinz Walles=
fort erzogen, sondern auch in England gewesen, er lebte
jedoch nachmals nur unter seinen Landsleuten, und war
einer der schönsten und stärksten Männer seiner Nation,
ja selbst, wie Hearne sagt, der freundlichste und verstän=
digste Indianer, den er je gesehn hätte, und stand auch
bei seiner Nation in großer Achtung, indem er viel wußte;
allein er gestand, daß ihm das Christenthum viel zu hoch
für seine Begriffe sey, so wie er auch von dem, was die
Südindier von einem Leben nach dem Tode glaubten, sich
nicht überzeugen könne.   Da er den Engländern in Prinz
Williamsfort sehr nützlich war, und Muth und Geschick=
lichkeit bei verschiedenen sehr wichtigen Unterhandlungen
bewiesen hatte, so wurde er zum Oberhaupt aller Nordin=
dier erklärt.

Aber die Natur und Art seiner Landsleute verleugnete
Matonabbi nicht.   Er hatte sich nach und nach 7 Wei=
ber gekauft, von welchen die meisten von der Größe eines
Grenadiers waren, worauf er sich viel zu Gute that, und
wiewohl er sich sonst sehr mäßigen konnte, kannte er doch
keine Grenze mehr in seiner Wuth, wenn er einmal lei=
denschaftlich geworden war.

Er hatte, nach einem unter den Nordindiern gar nicht
seltenen Verfahren, einem Manne dessen sehr hübsche Frau

mit Gewalt genommen. Diese Frau aber entlief ihm wieder, und wollte lieber Einem rüstigen Manne, als einem solchen angehören, der bereits mit sieben Weibern versorgt war. Der beraubte Mann, der von dem Räuber übel gesprochen hatte, kam in die Nähe desselben. Ganz kaltblütig nahm Matonabbi aus einem Bündel ein neues langes Messer, ging in das Zelt des Beraubten, faßte ihn ohne Weiteres beim Kragen, und gab ihm drei zum Glücke nicht tödtliche Stiche, würde ihn aber gewiß ermordet haben, wäre nicht Hülfe gekommen. Als er in sein Zelt kam, mußten ihm seine Frauen Wasser bringen, um das Blut abzuwaschen. Mit vieler Selbstgenügsamkeit fragte er den Engländer: glaubt ihr, daß ich es hätte anders machen können?

Um die Weiber ringen sie (wiewohl auch um jedes andere Eigenthum) — das Faustrecht ist hier, wie überall, das erste. — Dieses Ringen bestehet darin, daß sie einander bei den Haaren herumziehen. Es ist nicht selten der Fall, daß, ehe der Kampf beginnt, sich mancher heimlich die Haare abschneidet, und die Ohren mit Fett schlüpfrig macht; können beide einander nicht bei den Haaren zerren, so umfassen sie sich den Leib, und suchen sich zu Boden zu werfen.

Nie nehmen die Zuschauer bei solchen Raufereien Parthei; selbst die nächsten Verwandten nicht, die höchstens einen nützlichen Rath ganz öffentlich ertheilen, besonders dem Theil, welcher der schwächere ist, und doch seine Geliebte nicht aufgeben will, den Rath abzustehen.

Es war im Kampf um jene geschickte und hübsche Hundsrippeninbierin, daß auch Matonabbi sich unter die zehn andern Mitkämpfer stellen wollte. Eine seiner Frauen unterstand sich, ihm vorzuwerfen, daß er ja nicht einmal die übrigen sieben bestreiten könne, und dies brachte ihn so auf, daß er das arme Weib erschlug.

Es ist wohl bemerkenswerth, daß nur wenige Männer mit ihren Frauen unzufrieden sind, wiewohl diese im 30sten Jahre völlig abgelebt, alt und runzelvoll werden, und für ihre Männer keine Schönheit mehr haben, als die bis auf den Gürtel herunterhängenden häßlichen Brüste. Sie hätten oft in solchen Kämpfen Gelegenheit, derselben los zu werden, ohne es zu benutzen. (Freilich die Schönheit entscheidet hier nicht allein, sondern auch die Geschicklichkeit im Arbeiten, und die Kraft zu ziehen und zu tragen,) Junge Frauen, die oft durch solche Kämpfe von einem widrigen Manne erlöset wurden, gingen mit Freuden, wiewohl sie, der Sitte zu Liebe, sich stellen mußten, als wären sie sehr betrübt; aber oft fiel die junge Frau, oder das Mädchen, auch einem Manne zu, den es vielleicht haßte; dann folgte sie dem neuen Gebieter mit so vielem Widerstreben, daß sie dieser mit Gewalt fortschleppte, ihr die Kleider vom Leibe riß und sie ganz brutal behandelte.

Bei aller Rohheit dieser Nordindier sollen sie jedoch, nach Hearne's Zeugniß, die menschlichsten unter denjenigen Völkerschaften seyn, die die Hudsonsbai bewohnen, bei welchen die größte Beleidigung nichts weiter zur Folge hätte, als daß sie, wie oben gemeldet, mit einander ringen; denn der Mörder steht im allgemeinen Abscheu. Nur, wenn Jemand sein Weib erschlagen sollte, so wird wenig daraus gemacht.

Matonabbi erhing sich im Jahre 1782, als er hörte, daß seine Freunde, die Engländer, das Fort an die Franzosen verloren hätten.

Ein anderer Nordindier, Moses Northon, war Gouverneur vom Fort Churchhill, aber von wilder und heuchlerischer Gemüthsart. Allen predigte er Enthaltsamkeit, hielt sich aber selbst einen Harem von sechs jungen Indietinnen und lüsterte nach allen Mädchen und Frauen, die ihm gefielen, und im Fall Vater oder Gatte ihm dieselben

verweigerten, schaffte er diese mit Gift aus dem Wege,
unter dem Vorwande, daß er große Kenntnisse in der Arz-
neikunst besitze. Seine Eifersucht ging so weit, daß er
seine Mädchen des Nachts selbst einschloß und beim geringsten Verdachte sie vergiftete. — Auf seinem letzten Kran-
kenlager hatte ein Engländer die Hand einer seiner Frauen
ergriffen. Er schwur, ihn niederzuschießen, sobald er
wieder gesund sey — er starb aber zwei Minuten darauf.

Sehr unglücklich sind die alten Leute. Sobald einer
nicht mehr arbeiten kann, wird er selbst von seinen Kindern vernachlässigt und erhält von den Speisen nur die
elendesten und schlechtesten, und sind die Abgelebten nicht
mehr im Stande, den andern auf den Wanderungen zu
folgen, so läßt man sie allein zurück, wo sie dann gewöhnlich vor Hunger sterben müssen.

Sie sind immer habgierig und betrügerisch. Kommen
sie in die engländische Faktorei, so stellen sie sich lahm und
blind, und betteln, sagen, zumal, wenn ein neuer Gouverneur angestellt ist, daß sie alle alte Schulden schon bezahlt hätten, und bringen selbst Zeugen bei. Doch machen
sie sich wenig aus Brantwein, und um so weniger, je ent-
fernter sie von der Faktorei wohnen. Auf ihre Weiber
sind sie sehr eifersüchtig, und die Mädchen dürfen von ihrem 8ten oder 9ten Jahre an mit den Knaben auch das
unschuldigste Spiel nicht mehr spielen. Doch ist die Sitte,
ihre Weiber auf eine Nacht zu vertauschen, bei ihnen üblich. Sie gilt als ein Freundschaftsbündniß, und dem
Ueberlebenden liegt die Pflicht auf, die Kinder des Gestorbenen zu ernähren.

Wie die Ehen geschlossen werden, haben wir gesehen.
Die Scheidung, die wegen Ausschweifungen, häufiger
aber noch vorgeblicher Ungeschicklichkeit wegen, erfolgt, ist
eben so einfach. Es gibt eine tüchtige Tracht Prügel und
einen Stoß zum Hause hinaus, wobei der Frau gesagt
wird, sie könne zu ihrem Liebhaber oder zu ihren Aeltern
gehen.

Nach der Niederkunft hält sich die Frau vier bis fünf Wochen in einem besondern Zelte auf, während welcher Zeit auch der Vater sein Kind nicht sieht, denn, sagen sie, die Kinder sähen in den ersten Wochen noch so garstig und dicktöpfig aus, und man könnte sie darüber haßen lernen. Wiegen kennen sie nicht. Die Mütter nehmen die Kinder auf den Rücken und stopfen ihnen blos etwas Moos zwischen die Beine.

Von einer Achtung, die den Todten gebührt, scheinen sie wenig zu wißen und die Todten bleiben unbeerdigt. Doch zerreißen die nahen Verwandten ihre Kleider. Sie halten ein Trauerjahr. Die Trauer aber besteht im Abschneiden der Haare und in einem unaufhörlichen widrigen Geheule, in welches oft andere mit einstimmen, und zu dem die Weiber am meisten verpflichtet sind.

Von einer eigentlichen Religion haben sie noch keine Begriffe, wiewohl sie mancherlei Aberglauben und Sagen haben. Es habe, erzählen sie, zuerst ein Weib auf der Erde gelebt und sich von Beeren genährt. Ein hundähnliches Thier fand sich in ihrer Höhle ein und that sehr freundlich. Des Nachts verwandelte es sich in einen schönen Mann und das Weib ward schwanger. Ein Mann wurde geboren, der mit seinem Kopfe bis in die Wolken reiche, und die damals unförmliche Erde ebnete. Dann zeichnete er mit seinem Spazierstocke alle Seen, Teiche und Flüße ab und füllte sie mit Waßer. Den Hund zerriß er nun. Die Gedärme, die er in Seen und Flüße warf, wurden zu Fischen; aus dem aufs Land gestreueten Fleische wurden allerlei Thiere; und aus den in die Höhe geworfenen Hautstücken allerlei Vögel.

Sie haben mancherlei Sagen von Feen und Geistern, welche ihnen erschienen und Luft, Meer, Erde bewohnen. Auf Träume halten sie auch sehr viel, und namentlich auf ihre Zauberer, die ihnen Lieder singen und lange Reden halten, sowohl an Thiere, als an Geister. Das Nord=

licht nennen sie Rothwild, und sagen, dort sey Rothwild in Menge. So weit jedoch haben sich ihre Vorstellungen noch nicht gehoben, daß sie sich Hoffnung machten,
auch einmal von diesem Rothwild zu essen.

Anmerk. Die Kupferindier, welche am Kupferfluß
wohnen, sind diesen so eben beschriebenen Stämmen sehr
ähnlich.

Die Knisteneaux

sind ebenfalls auf einem großen Strich Landes ausgebreitet, und wohnen zwischen der Hudsonsbai und Canada.
Sie wohnen südlicher als die vorigen, und scheinen viel
mehr gebildet als diese. Sie sind mittelmäßig groß, gut
gebauet, kupferfarbig und tragen das schwarze Kopfhaar
sowohl unbeschnitten, als auf vielfältige Weise verschnit-
ten. — Von den Nationen, die man Südindier nennt,
machen sie den beträchtlichsten Theil aus.

Weiber und Männer haben ziemlich einerlei Tracht,
nur daß die erstern sich mit europäischen Waaren putzen,
und auch wohl tättowiren. Ein Paar dicke, bis an die
Hüften hinaufgehende Strümpfe, ein Leibgürtel nebst breitem Lederstreifen, und ein dicht anschließendes Gewand
sind die Hauptbekleidungsstücke, über welche sie zu Zeiten
noch einen Mantel tragen. Den Kopf bedeckt ein Stück
Pelz, das oft mit einer Quaste geziert ist. Auch sind
ihnen Schuhe und Pelzhandschuhe nicht unbekannt.

Was wir vorhin bei Gelegenheit der Nordindier von
der Unkeuschheit der Südindier überhaupt gesagt haben,
gilt von diesen insonderheit. Die eheliche Treue wird
nicht hochgeachtet; man tauscht die Weiber um, man bietet
sie dem Gaste an. Doch darf sich das Weib nicht gegen
den Willen des Mannes Preis geben, ohne Gefahr, daß
ihr nicht die Haare, oder gar die Nase dafür abgeschnitten
werden. Blutschande und unnatürliche Wollust sind

Amerika. I

ihnen gar nicht fremd. Die Weiber sollen unter allen indischen Nationen, die artigsten seyn.

Man rühmt den milden Karakter, die Gastfreiheit und die Großmuth dieser Nation; nur zu häufige Genuß hitziger Getränke verdirbt aber viel Gutes.

Das Loos der Weiber ist entweder noch härter, als bei allen benachbarten Nationen, oder diese selbst sind empfindlicher dagegen, daher man denn Mütter findet, die die neugebornen Töchter morden *).

Ihre Todten beerdigen sie mit Feierlichkeit, indem sie erst mit vieler Feierlichkeit rauchen und schmausen, und dann die Leiche in ihren besten Kleidern in ein mit Zweigen bedecktes Grab legen. Man hält Wehklagen, und bei wichtigen Todesfällen zerfetzt man sich Arme und Schenkel. Der Leichnam bedeutender Krieger wird auf ein hohes Gerüst gelegt, und zuweilen opfern sich, wie in Asien und Afrika, die Frauen des verstorbenen Mannes selbst auf. Das ganze Eigenthum des Verstorbenen wird vernichtet, und alljährlich ein Fest zum Andenken der Todten mit Lobreden gefeiert.

Die Knisteneaux verehren Gott als den großen Herrn des Lebens, und bringen ihm große Opfer; ihre kleinen Hausgötzen aber bestehen in geschnitzten zolligen Bildern, die in rothes oder blaues Tuch eingewickelt, und mit einer Kriegsmütze bedeckt werden, die mit Federn, oder auch mit Stacheln vom Stachelschwein geschmückt ist. Im Frühling und Herbst feiern sie große Feste, wobei, wie bei andern Festen, geraucht und geschmauset, und mancher abergläubische Gebrauch beobachtet wird. Bei diesen großen Festen werden aber auch weiße Hunde geschlachtet. Auch bringt jeder von seinem Eigenthume Opfer; diese Opfer liegen auf einem besondern Platze. Bedarf ein Reisender etwas von dem Daliegenden, mag er

*) Sie treiben aber überhaupt auch Kinder ab.

es nehmen, wofür er nur etwas von geringerm Werthe
dafür hinlegt; aber ohne Noth etwas zu nehmen, wird
für gotteslästerlich gehalten. Kriegsversammlungen werden gehalten, wenn sie erforderlich sind, und es wird
dabei sehr feierlich aus der herumgehenden großen Pfeife
geraucht, und löblich ist es, daß, wer mit dem andern
aus der heiligen Pfeife geraucht hat, nun nicht mehr gegen
ihn einen Groll im Herzen haben darf.

Uebrigens sollen sie in der Arzneikunde manche tüchtige Kenntniß haben, wenden aber freilich auch viel Zaubereien an.

Ein Gastmal eines Oberhaupts dieser Nation beschreibt uns Mackenzie.

Zuvörderst läßt das Oberhaupt sein Gastmal ankündi-
gen und schickt, statt Einladungskarten, kleine Stückchen
Holz oder Stacheln an die gewünschten Gäste, welche zu
bestimmter Zeit mit einer platten Schüssel und mit einem
Messer versehen, ankommen, und sich zu beiden Seiten
des Oberhaupts setzen, von welchem sie singend empfangen werden. Ja, während des ganzen Mahls unterhält
dieses die Gäste damit, daß es singt und ein Tambourin
dazu schlägt, oder aber mit einer Klapper seinen Gesang
begleitet. Die Ehre bei einem solchen Mahle besteht darin, daß man bald fertig sey — wer seine Portion am
ersten verzehrt hat, wird als der König des Festes angesehen und mit großer Auszeichnung behandelt. Ist Jemand nicht im Stande, Alles allein zu verzehren, so bittet
er einen seiner Freunde darum, welcher ihm dann zwar,
wo er es vermag, diesen Dienst erzeigt, aber nicht umsonst, sondern gegen ein Geschenk von Pulver und Blei.
Von der Mahlzeit schüttet man etwas von Speise und
Trank auf den Boden oder ins Feuer. — Oft ist so viel
Essen da, daß es für eine Woche genug gewesen wäre;
gleichwohl muß in einem Tage Alles verzehrt seyn. Doch
fangen einige schon an, den Ueberfluß mit nach Hause zu

J 2

nehmen. — Die von einem solchen Mahle übrig bleibenden Knochen werden verbrannt.

Andere Völkerschaften,

die in neuern Zeiten etwas bekannter geworden, sind:

die Zänkernation

oder Deguthi Dinich, die sich anfangs sehr feindselig gegen Mackenzie benehmen zu wollen schienen, aber hinterher viel gutmüthiger waren, und nicht nur, nach Sitte so vieler Wilden, namentlich dieser Gegenden, den Europäer nicht bestahlen, sondern auch mit Tanzen und Springen ihn unterhielten.

Die mannshohen Hütten waren von Treibholz erbauet und mit Weidenzweigen bedeckt, aus welchen auch die Lagerstätten bereitet waren. Für ihre Wintervorräthe hatten sie Höhlen oder Keller in die Erde gegraben. Jagd und Fische sind ihr Haupternährungsmittel. Vornehmen Verstorbenen werden Bogen und Speer und Ruder als Grabmal gestellt.

Sie wohnen an dem Flusse, der von seinem Entdecker Mackenzie den Namen hat.

Die Hasenindier

wohnen südlicher als die vorigen, aber an demselben Flusse, in einer Gegend, wo sich außer schwarzen Füchsen, Moschusratten, Murmelthieren auch viel Hasen finden, die ihnen hauptsächlich zur Nahrung und Kleidung dienen.

Weiter gegen das Südmeer hin traf Mackenzie

die Slouakas Dinais-Indier oder Roth-fischmänner,

welchen letztern Namen sie wohl von einer Art rothen Karpfen haben mögen, die ihnen nebst gewöhnlichen Arten dieser Fische hauptsächlich zur Nahrung dienen. Sie werden als reinlicher, gesitteter und viel bequemer lebende Menschen beschrieben, als die übrigen Indier sind. Die Männer unterziehen sich weit mehr den Hausgeschäften, und die Weiber werden besser behandelt. Ihre Häuser haben sie mit rothen Hieroglyphen bemalt. Die Todten werden verbrannt; die übrigbleibenden größern Knochen in eigene Rollen Baumrinde gewickelt und an besondern Pfählen aufgehängt. Fast jedes Haus hatte ein solches Todtendenkmal. Bei diesen Indiern fand Mackenzie einen Stamm von

Naqui Dinais-Indiern,

die hierher gereiset waren. Es waren große, wohlgestaltete, sehr reinliche Leute, hatten aber nicht, wie die andern Indier, schwarze, sondern grauröthliche Augen; der Weiber Haar hing schön vom Wirbel geflochten herab, und war mit Glaskorallen geziert. Sie handeln viele Waaren an der Seeküste gegen Peltereien ein, und waren gegen den Engländer sehr höflich und zuvorkommend.

Die Lachsindier,

längs einem bis zum Südmeere hingehenden Flusse hin wohnend, haben ihren Namen von einem dem Lachs sehr ähnlichen großen Fisch, Dilly, der ihre hauptsächlichste Nahrung ausmacht und den sie darum freilich sehr werth halten, den sie aber auch in gut ausgedachten Lachsfängen oder Fischwehren in Menge zu fangen wissen, und dadurch ihren Unterhalt um so mehr sichern, da ein solcher Fang Sache des ganzen Stamms ist und nur unter der Anord-

nung eines von ihnen selbst dazu erwählten Oberhauptes
Statt findet.

Der Lachsindier ist bei mittlerem Wuchs fleischig und
nicht übel gebildet. Das runde Gesicht hat kleine graue
Augen; der Kopf ist keilförmig, weil er den Kindern frühzeitig mit ledernen Riemen umwickelt wird, hat hohe
Backenknochen und dunkles Haar, welches Einige gekämmt
über die Schultern herabhangen lassen, Andere in Zöpfe
flechten, die Weiber aber, ganz gegen die Sitten der andern Nationen, kurz tragen. Die Haut ist zwischen oliven-
und kupferfarben.

Lachs ist, wie gesagt, das Hauptnahrungsmittel. Er
wird geröstet, getrocknet; ja, man weiß durch den Zusatz
von mancherlei Beeren, die hier sehr häufig sind, feinere
Gerichte daraus zu machen.

Die Männerkleidung ist ein Mantel und eine Mütze,
worüber zur Regenzeit eine Matte getragen wird, und
Schuhe von Elennshaut. Die Weiber haben den Mantel
los oder mit einem Gurte um den Leib befestigt und tragen
auch eine Schürze. Ihre Mütze sieht wie ein umgekehrter
Napf. Eine Frau mit durchbohrter Unterlippe fand sich
auch.

Die Vielweiberei ist üblich und die Keuschheit steht
nicht sehr in Achtung, aber die Weiber werden dennoch
nicht übel behandelt und die Männer verrichten die gröbern
Arbeiten. Für die Säuglinge wird große Sorge getragen
und die Mütter tragen sie in einem eigenen mit Moos aus-
gepolsterten Gestelle überall mit hin.

Die Waffen waren Bogen, Pfeile, Wurfspieße und
Speere, um Seeottern, Seekälber und große Fische zu erlegen. Aexte von Eisen, auch Hämmer und hölzerne Keile
fanden sich bei ihnen. Da sie wenig Jagd haben, so tauschen sie von benachbarten Bergbewohnern die nöthigen
Häute ein, unter welchen sich auch die Felle des Argali

fanden. Die Canots, welche 15 Mann tragen, und mit welchen sie sehr gut umzugehen wissen, sind aus Cedernholz, werden mit Figuren von Fischen bemalt, und Hinter- und Vordertheil sind mit Zähnen von der Sceotter ausgelegt.

Sie haben Hütten und größere Gebäude. Die letztern stehen auf Pfählen, und man steigt, statt der Leiter, auf einem Balken hinauf, in welchem, wie in Kamtschatka, Einschnitte eingehauen sind. Diese Häuser waren 100 bis 120 F. lang und 40 breit. Gäste erhalten in diesen Häusern den Ehrenplatz auf einer Matte. Mackenzie will sie für Tempel halten, und sagt, daß sich bei ihnen Spuren von dem Glauben an ein höchstes Wesen fänden. Einige solcher Häuser hatten kein schlechtes Schnitzwerk und waren mit mancherlei Figuren bemalt.

Der Charakter dieser Indier scheint überaus sanft und gutmüthig zu seyn, so wie auch ihre Sprache von der der andern Indier sehr verschieden war. Sie nahmen Mackenzie mit vieler Freundlichkeit und Gastfreiheit auf und bewirtheten ihn ehrenvoll in ihren großen Häusern. Das Oberhaupt hing ihm seinen eigenen, sehr kostbaren Mantel von Seotterfell um, und außer Gerichten von Lachs, setzten sie ihm noch einen Leckerbissen vor — Kuchen von 15 Zoll Länge und 10 Zoll Breite, bei der Dicke von einem halben Zoll, die aus der innern Rinde der Hemlockstanne zeitig im Sommer ausgeschnitten und in eine Form gepreßt waren. Man aß sie, mit dem Fette von Lachs getränkt, welches Mackenzie rein und süß fand. — Da er sich zur Ruhe begeben wollte, bot ihm das Oberhaupt dringend seine Bettgenossin an.

Verstorbene ehren sie durch lautes Wehklagen und schneiden sich deshalb die Haare kurz ab. Auch errichten sie ihnen Denkmale.

Bei dem Lachsfang waren sie sehr abergläubisch, und der Engländer durfte mit keinem eisernen Kessel Wasser schöpfen, welchen der Fisch nicht vertragen konnte, sondern man mußte sich der hölzernen bedienen. Auch durfte er seine Meßinstrumente nicht aufstellen, vor welchen man sich sehr zu fürchten schien.

Die Einwohner in und in der Nachbar= schaft von Canada, und an den Grenzen der Freistaaten.

Es sind der an Sitte, Gebrauch und Lebensweise ver= wandten Nationen mehrere, die sehr vereinzelt und in dürf= tiger Zahl die großen Landstrecken Canada's und der an= grenzenden Länder bewohnen, und noch immer mehr und mehr an Zahl abnehmen, bis sie endlich werden erloschen seyn — ein Schicksal, welches fast alle wilde Völker= schaften trifft, neben und unter welchen die Europäer zahl= reich und mächtig werden. — Besonders sind Rum und andere starke Wasser die Hauptmittel, die Gesundheit zu vergiften, indem zu gleicher Zeit der Europäer nicht nur seine Krankheiten (Blattern u. s. w.) mitbringt, sondern auch durch seinen Handel die Unterhaltungsleichtigkeit sol= chen umherstreifenden Nationen nimmt.

Die eigentlichen ersten Stammbewohner des nördli= chen Amerika's — wer kann sie aus so vielen Nationen herausfinden? Man nennt 45, man nennt 70, man rechnet sogar 140 Völkerschaften im gesammten nördlichen Amerika, Rechnungen, die alle gleich trüglich sind und deren Beurtheilung außer unserm Zweck liegt. Es kommt dazu, daß sich die Stämme vielfältig von einander trennen und ihre Wohnplätze verändern. — Ob unter allen die= sen Völkern die Delawaren die Urnation ausmachen, bleibt mithin auch dahingestellt. Sie selbst rühmen sich, ein sehr mächtiges Volk gewesen zu seyn, daß sich von der

Seeküste so weit nach Süd und Ost verbreitet gehabt hätte, und die andern Stämme gestehen ihnen ein hohes Herkommen und Alter zu und beehren sie mit dem Namen Großväter. Den Bund der fünf Nationen nannten sie Oheime. Auch hatten sie und der Bund der fünf Nationen von allen Nationen Massachusets an bis zum Mississippi, und zwischen Canada's Seen und dem Ohio, allein das Recht, eine allgemeine Versammlung der Stämme zusammen zu rufen, so wie denn auch ihre Sprache sehr weit ausgebreitet ist. — In neuern Zeiten wollten die fünf Nationen die Uebermacht an sich reißen, aber die Delawaren stellten sich ihnen an der Spitze eines andern Bundes entgegen.

Im Bunde der unter dem Namen Irokesen so bekannten 5 Nationen (oder 6 Nationen, weil späterhin noch eine Nation hinzutrat), sind die Senekas und die Mohawks die bekanntesten.

Die Huronen, die am Huronsee wohnten, waren einst mächtig, aber seitdem ihre Feinde sie fast ganz aufgerieben haben, so gut als erloschen zu betrachten. Sie wohnen nur noch in einigen kleinen Dörfern um Quebeck und um den Eriesee nicht in Gezelten, sondern in Häusern.

Die Tschippewäer bestehen aus sehr vielen Stämmen, und wohnen am Obernsee, vorzüglich zwischen diesem und dem See Michigan. Sie sollen sich sehr weit nach Westen hin erstrecken, fast bis an das Südmeer zu den unbekannten Atnahs hin. Die zu ihnen gehörigen Monsonier sollen an 6000, und die Nigepones an 4000 Krieger stellen können. Sie sollen eine vorsichtige, furchtsame, aber plumpe und träge Nation seyn, deren Farbe schwärzlich ist. Sie erlegen nicht sowohl als jagen die Thiere, von welchen sie leben, sondern vielmehr fangen sie dieselben in Schlingen. In den meisten Stücken sind sie der Beschreibung gleich, welche wir von den andern

Indiern liefern werden, nur daß sie viel sanfterer Gemüthsart sind, was sie aber doch nicht hindert, ihre abgelebten Greise mit kaltem Blute todtzuschlagen; auch lieben sie die starken Getränke nicht so sehr, wie die andern Nationen.

Der canadische Indier ist von mehr als mittelmäßiger Größe, schlank und wohl gewachsen und weiß sich recht gut zu tragen. Sein Körper ist sehr muskulös und stark und die Gliedmaßen sind nett gebaut. Im Allgemeinen sind sie kupferfarbig; doch sind einige viel heller und fast mit den Bewohnern des südlichen Frankreichs von einerlei Farbe, indessen andere sich der Schwärze der Neger nähern sollen. Viele haben behauptet, ihre natürliche Farbe sey nicht von der unsrigen sehr verschieden und werde nur durch das Einschmieren der Haut, und dadurch, daß sie immerdar den Sonnenstrahlen ausgesetzt wären, viel dunkler. Sie würden weiß geboren, und gäben sich nur zu viel Mühe, eine schwarze Haut zu bekommen. Bei aller Wahrscheinlichkeit dieser Behauptung verdanken sie doch wohl meistentheils ihre Farbe der Natur, indem die Unterschiede der Stämme in diesem Stücke immer dieselben bleiben und die Kinder den Aeltern an Farbe gleich sehen.

Auf dem Gesicht des Indiers ragen die Backenknochen hervor; seine Augen sind klein und schwarz; die gebogene Habichtsnase ist spitz und der Mund mit schönen Zähnen besetzt.

Außer den schwarzen langen Haupthaaren reißen sie alles übrige Haar am Körper aus; ja die Männer schonen sogar des Bartes, und junge Stutzer selbst, bis auf eine Stelle am Hinterkopf, wo eine lange Locke stehn bleibt, der Haare an Augenbraunen und Wimpern nicht. Diejenigen, welche in der Nähe der Europäer wohnen, winden einen platten Eisenbrath spiralförmig zusammen und fassen dann zwischen den Windungen viele Haare auf einmal, die sie mit einem herzhaften Ruck ausreißen. Die ent-

fernter wohnenden Indier bedienen sich zu dem nämlichen
Behuf zusammengebogener Hölzer, oder aber auch nur
zweier Holzstückchen statt der Zangen.

Die Sqaws, oder die Weiber, sind kleiner, haben
höher hervorstehende Backenknochen, rundere Gesichter
und sind in ihren Manieren sehr unlieblich. Ihr Gang
ist wackelnd, wie bei den Gänsen, und mit den Füßen
gehn sie einwärts. Je älter, desto dicker und fetter werden sie auch. In ihrer Jugend sollen sie nicht unschön
seyn, aber im dreißigsten Jahre sind sie schon bis zur Wi-
drigkeit verblüht, die Augen eingefallen, die Stirn runz-
lich und die Haut welk und schlaff, welches aber dadurch
begreiflich genug wird, daß die Frauen hier eben sowohl,
wie bei den meisten andern rohen Völkern, die Lastthiere
sind, denen alle schwere Arbeiten aufgebürdet werden, und
daß sie, so lange sie unverheirathet sind, ohne Anstoß sich
Jeglichem, der ihnen gefällt, hingeben dürfen. *). Da
dies zu früh geschieht, so muß es freilich sehr üble Wirkungen haben. — Wie der Zustand hiesiger Frauen
ist? — Eine Frau, welche zwei Weiße Holz holen sah,
konnte vor Erstaunen nicht zu sich selbst kommen, daß
Männer thäten, was sich nicht schicke zu thun, und hielt
es für ein großes Aergerniß. Sie hieb mit ihrer Axt eine
tüchtige Tracht Holz ab und brachte sie den Weißen; —
und einem angesehenen jungen Indier, der sich mit der
Eichhörnchenjagd ergötzte, folgten 3 Frauen und holten
ihm die Pfeile wieder.

Es reißen sich aber die Frauen das Haupthaar nicht
aus, sondern sie pflegen es und sind stolz darauf, es so

*) Bei den Rabowessiern wurde eine Frau sehr hoch verehrt.
Sie hatte in ihrer Jugend ein sogenanntes Reißfest gegeben.
Vierzig Krieger waren gebeten, und sie bewirthete dieselben mit
Reiß und Wild. Nach dem Schmause hatte jeder der Gäste, einer
nach dem andern, hinter einem Schirm den Genuß einer andern
Art; denn sie selbst war hinter dem Schirm — Alle waren aber
ein solches Weib erstaunt und warben um ihre Hand. Einer der
vornehmsten Anführer bekam sie zur Frau und sie wurde seit dieser
Probe allgemein verehrt.

lang als möglich zu haben. Sie schlagen es hinten auf
eine eigene, sehr nette Weise auf, und scheiteln es vorn
auf der Stirn, und bei hohem Putz wird der schmale
Streif Haut zwischen den Haaren roth bemalt, welches
gegen die Schwärze der Haare nicht übel absticht. soll —
sie verstehen also auch Koketterie.

Die Sinne des Indiers sind überaus scharf. Ihr
Auge, ungeachtet des langen Schnees, der ihren Ländern
eigen ist, und ungeachtet des Rauchs in ihren Hütten oder
Zelten, ist dennoch unübertrefflich; denn wo selbst der
Scharfsichtige keine Spur sieht, entdecken sie, selbst im ab=
gefallenen Laube oder auf weichem Grase, die Fährte eines
Wildes oder den Fußstapfen eines Menschen, und wissen,
von welchem Stamm derselbe ist. Ihr Geruch ist so fein,
daß sie lange zuvor ein Feuer riechen, ehe man es gewahr
wird. Der Feinheit ihres Geruchs wegen haben sie vor
allen starkriechenden Sachen einen großen Abscheu, z. B.
vor Moschus. Daß sie auch feinhörig sind, läßt sich leicht
erachten. Sich auf unbetretenen Wegen von einigen hun=
dert Meilen durch Wald und Ebene zu finden, und selbst
im Nebel den Sonnenstand anzugeben, nach welchem sie die
Zeit bestimmen, ist nicht selten bei ihnen. Aber wie
nöthig ist das auch bei einer Lebensart, wo der Hausvater
oft zuerst der Jagd, und dann des Pelzwerks wegen funf=
zehn Monate auf Reisen ist. — Aber die Einfachheit ihrer
Lebensweise, ihre beständigen Anstrengungen auf Reisen
und Jagden, zu welchen sie von Kindheit auf gewöhnt
werden, verhelfen ihnen zu dieser Schärfe der Sinne so=
wohl, als zu vieler körperlicher Geschicklichkeit, auf welche
sie, wie die meisten rohen Nationen, Alles setzen.

Frühzeitig wird hier der Mensch zu allen Arten Ab=
härtung erzogen, welches freilich auch eben nicht zur Ver=
mehrung der Volkszahl beiträgt. Wie bei unsern alten
Vorfahren, wird das kaum geborne Kind sofort in kaltes
Wasser getaucht, und dann, eingeschlagen in eine Thier=

haut oder in ein Tuch, auf ein Bret gebunden, welches
mit Moos gepolstert ist, auf welchem es die Mutter während des Wanderns mit sich herum trägt (das Band, an
welchem das Bett befestigt ist, geht um die Stirn), und
mit welchem sie es, während ihrer häuslichen Verrichtungen, oder wenn das Kind unruhig ist, an einen Baum
hängt, und, ähnlich unsern Wiegen, hin und her schwingt.
Gebogene Reife werden, wie häufig bei unsern Wiegen,
über das Bett gespannt, um etwas darüber zu hängen,
was das Kind gegen Muskiten u. s. w. schützen kann. Bei
den Mohawks sind die Kinder von den Füßen bis an
den Kopf so bewickelt, daß sie sich nicht rühren können. —
Die weiblichen Kinder müssen frühzeitig gewöhnt werden,
die Füße einwärts zu setzen, weil es die Sitte des Landes
schön findet. Manche Indierinnen bedienen sich einer
Hängematte, welche zwischen zwei Bäumen befestigt und
hin und her geschwungen wird.

Sobald bei diesen Völkern die Kinder nur ein wenig
kriechen können, läßt man ihnen allen Willen. Sie kriechen dann, wie junge Hunde, überall hin, ohne daß es
ihnen Jemand hindert, in den Schnee, in Pfützen, in
Schlamm. Die Mädchen bekommen in frühern Jahren
etwas, was einer Bekleidung ähnlich sieht, viel später die
Knaben. Die letztern werden zuweilen an fünf Jahre
gesäugt.

Die Erziehung ist sehr einfach. Die Kinder bleiben
sich selbst überlassen und werden auf keine Weise von den
Aeltern beschränkt, viel weniger hart behandelt, oder gar
durch Schläge zurecht gewiesen. Nur ein Gefühl ihrer
Unabhängigkeit und Großheit (man verzeihe mir den Ausdruck) sucht man ihnen beizubringen. — Knaben erhalten
sehr frühzeitig Bogen und Pfeil; sie kämpfen mit einander
und der Ueberwundene fühlt den Sieg des Gegners lange
und schmerzlich. Die Väter sprechen zu den Söhnen von
den Großthaten der Ahnen und feuern ihren Muth, ihren

Ehrgeiz und (die Folge davon) ihre Rache gegen die Feinde
ihres Stammes oder Hauses bei jeder Gelegenheit an. —
Selbst dem Mädchen, wiewohl zur Dienstbarkeit ihr Geschlecht bestimmt ist, sucht man für Unabhängigkeit und
Ehre ein tiefes Gefühl einzuprägen *). Die höchste
Strafe, welche Mütter den Töchtern anthun, ist das An-
sprengen mit Wasser.

Eine Mutter weinte über die Unart der Tochter, die
nach der Ursache der Mutterthränen fragte. „Du entehrst
mich," sagte die Mutter, und dieses einzige Wort war
hinreichend, die Besserung der Tochter zu bewirken. —
Einer andern Tochter spritzt die Mutter Wasser ins Gesicht.
„Du sollst keine Tochter mehr haben," sagt das
Mädchen, und ging hin und erhing sich. So gewaltig
wirkt hier das Gefühl für Ehre.

Rekig, ein angesehenes Oberhaupt der Ottowäer,
war mit seinem etwa zweijährigen Sohne bei einem europäischen Mahle. Nach dem Essen wurden Pfirsichen her-
umgegeben. Der Knabe nahm sich von einem dargereich-
ten Teller voll eine Pfirsiche mit vieler Artigkeit, biß aber
hinein. Zornig sah ihn der Vater an und verwies ihm
leise seine Unanständigkeit. Er hätte die Pfirsiche schälen
sollen, wie er den Herrn ihm gegenüber hätte thun sehen.
Jetzt schälte der Knabe. — Es kam Portwein. Der arme
Junge trank und machte ein saures Gesicht dazu. „Ich
verzweifle, sprach der Vater, daß du ein tüchtiger Mann,
oder ein tapferer Krieger, wirst werden, da du das nicht
gut findest, was dir so freundschaftlich gegeben wird."
Und der Knabe trank den Rest in seinem Glase mit an-
scheinendem Vergnügen.

Die Hauptbeschäftigungen des jungen Knaben sind
Vorübungen zum Krieg, und daher außer häufigen Waf-

---

*) Bei einigen Nationen ziehen sogar die Frauen mit in den Krieg
und ermuntern die Männer zum Streit (fast also, wie bei den
alten Deutschen, welchen überhaupt diese Naturmenschen von so
vielen Seiten ähnlich sind).

senübungen auch Uebungen im langen Fasten und im frei-
willigen Ertragen sehr empfindlicher Schmerzen.   Man
sieht Knaben, wie sich die Arme aneinander binden und
glühende Kohlen dazwischen legen lassen.   Wer ohne eine
Schmerzensmiene, diese Feuersqual am längsten erträgt,
wird am lautesten gepriesen.   Um seiner Jagden, um seiner Kriege willen,   muß der Indier sich zum Ertragen aller
Beschwerden,   und namentlich des Hungers,   gewöhnen.

Die Jagd ist immer noch das Haupterhaltungsmittel
der canadischen Indier, und der Pelzhandel mit Europäern
das Mittel,   mancherlei Waaren einzutauschen.   Es hat
Mühe gekostet,   einige Stämme zum Feld- und Ackerbau
und zur Viehzucht zu bringen,   und ihre Oberhäupter nehmen selbst durch ihre Reden ihre Stämme gegen die fried-
liche Beschäftigung ein,   weil die Weißen sie nur durch
diese Lebensart festbannen wollten, um sie desto sicherer
zu unterdrücken.   (Ob die Oberhäupter Unrecht haben —
lassen wir dahingestellt seyn.)   Doch Viele haben begriffen, welche sichere Erhaltung ihnen durch den Ackerbau
gewährt wird.

Mais ist stets die Hauptnahrung,   nebst Kartoffeln,
Pastinaken und mancherlei Rüben, die, wie der Tabak,
von mehrern Indiern jetzt gebauet werden.   Der Mais
wird geröstet und gestampft,   und dient so allein schön zur
Nahrung,   lieber aber noch als Sagamite, d. i., als
ein mit Wasser oder Brühe zu Brei gemachter Mais.   Auch
Obst ziehen die Irokesen in Gärten.   Unreifer Mais mit
Bohnen und Bärenfleisch ist bei ihnen ein Hauptgericht.
Das Fleisch wird niemals roh gegessen. — Ein Hauptnahrungsmittel ist aber,   besonders für ihre Reisen, der
aus dem Saft des Zuckerahorns bereitete Zucker,   welchen
sie ganz allein als eine eigentliche Speise genießen.   Die
Nadowessier haben auch einen Strauch,   dessen Rinde sie
im Frühjahr als Nahrungsmittel benutzen. — Es versteht
sich jedoch,   daß man bei Keiner dieser Nationen an ei-

gentliche Eßzeiten denken darf. Jeder ißt, wenn ihn hungert. — Sie haben Viehzucht, aber meistens nur Schweine und Pferde. Die letztern ziehen eigentlich nur südlicher wohnende, nicht recht hierher gehörige Stämme *). Kühe halten nur sehr Wenige der Milch wegen.

Wenn auch Viele den Ackerbau und die damit verbundene firirtere Lebensart scheuen, so sehen doch ihre klügern Oberhäupter wohl ein, wie viel von dieser Beschäftigung abhängt.

„Mit der wachsenden Bevölkerung der Weißen" (sagte die kleine Schildkröte, ein Anführer der Miamis) „ist es eine seltsame Sache. Kaum sind zwei Men-„schenalter (160 Jahre **) vorüber, als sie unsern Boden „betraten, und nun bedecken sie denselben schon wie Fliegen „und Wespenschwärme, während wir Eingeborne darauf „so dünne gesäet bleiben, wie Hirsche."

„Aber freilich — ihr Weißen habt auch Mittel zu fin-„den gewußt, auf einem Fleck, nicht größer als eine Hand, „eine reichliche Nahrung zu sammeln. Aus einem Raume, „20 mal so groß, als diese Stube (wo er sprach) zieht ein „Weißer Nahrungsmittel für ein ganzes Jahr. Dazu „nimmt er noch etwas Land mit Gras und Kräutern und „zieht sein Vieh darauf, das ihn mit Milch und Butter „versieht."

„Wir rothen Menschen aber brauchen ein ungeheures „Gebiet, denn der Hirsch, den wir tödten, und der uns „kaum auf zwei Tage erhält, hat ein groß Stück Land „nöthig, um zu seiner Größe auszuwachsen. Und wenn „wir zwei- oder dreihundert Hirsche erlegt haben, ist es „gerade eben so gut, als ob wir alles Gras und alles Ge-„hölz verzehrten, wovon diese lebten."

*) Siehe die Ureinwohner Louisiana's und Westflorida's nachher.

**) Von unserer Art, Generationen zu berechnen, wußte freilich die kleine Schildkröte nichts.

„So ists denn gar nicht zu verwundern, daß uns die
„Weißen vom (atlantischen) Meere immer weiter nach
„dem Mississippi hinaufgedrängt haben. Sie breiten sich
„wie Oehl aus, und wir schmelzen wie Schnee zusammen;
„und fangen wir es nicht bald anders an, so können die
„rothen Menschen nicht länger bestehen."

Diejenigen Indier, welche mit europäischen Kaufleuten verkehren, kleiden sich nicht mehr in Pelze oder Felle,
sondern vertauschen dieselben gegen wollene Decken und
Zeuge. Nur die Mokassins oder Schuhe sind noch von
Elenns-, Hirsch- oder Büffelleder gemacht. Sie schlies-
sen sehr genau und werden mit einem Riemen unter dem
Knöchel befestigt. Eine schmale Klappe hängt über diesen
Riemen einige Zolle herab, und ist bei festlichen Gelegenheiten eben so, wie auch die Naht des Schuhes, mit Korallen oder Bändern, oder mit Stacheln vom Stachelschweine besetzt. — Eine Art Beinkleider, die fest an-
schließt, fängt oberhalb des Schuhes an und geht bis an
den halben Schenkel hinauf. Sie sind ebenfalls von Tuch
gemacht, und für den Staat mit Korallen und Bändern
besetzt. Damit sie nicht herabfallen, werden sie mit
Schnüren an eine um den Bauch gehende stärkere Schnur
befestigt. — Manche lassen sich diese Beinkleider von den
Sqaws, welche hier die Schneider sind, am Leibe nähen,
so daß sie dieselben gar nicht auszziehen können, sondern
sie so lange tragen, bis sie in Lumpen zerfallen.

An einer andern Schnur hängen zwei kleine Schürzen,
jede etwa einen Quadrat-Fuß groß, eine vorn, die
andere hinten, und an beide befestigt, geht ein Stück Tuch
zwischen den Beinen hindurch — dies ist das Kleidungs-
stück, woran die Sqaws den meisten Putz anbringen.
Gehn sie zu Felde, so legen sie noch eine Art Gürtel um,
an welchem der Tabaksbeutel, das Skalpiermesser und
andere Kleinigkeiten gehängt werden. Im Winter oder
bei einem Besuch werfen sie noch ein kurzes Hemde mit

Amerika.   K

weiten Aermeln über, welches meistens von gröbem Kat-
tun gemacht ist, der recht grelle und altmodige Muster hat.
Ueber diesem Hembe wird eine Decke von einem großen
Stück Tuch, zuweilen aber auch wohl eine Art Ueberrock
getragen.

Die Frauen gehn fast wie die Männer, nur daß sie,
statt des Tuchs zwischen den Beinen, ein oft 3 Ellen langes Tuch um die Mitte des Leibes haben, welches bis auf
die Knie, bei manchen vom Hals bis auf die Knie reicht,
und für welches sie Dunkelblau und Grün am liebsten wählen — zwei Farben, die überhaupt am meisten beliebt
sind. Ueber die kurzen, bei Wohlhabenden oftmals feinen
und unten mit ledernen Knöpfen besetzten, oftmals ledernen Hemden tragen sie im Sommer nichts. Zum Putz
sind dieselben mit einem silbernen Stift oben am Halse zu-
gesteckt, welches, wie der Kopf an einem Nagel, ein etwa
groschengroßes Plättchen hat. Die von Bärenfett glänzenden Haare hangen alsdann, so lang sie sind, herab,
und sind so häufig mit Bändern geschmückt, daß eine junge
Sqaw wohl für 30 Thaler Bänder im Haare hatte.
Die Reichsten haben die Haarstrehlen oftmals zwischen
Silberplatten gefaßt *).

Wenn sie können, so tragen die Frauen silberne Armbänder und mehrere Paare Ohrringe. Sie durchlöchern
daher den Ohrrand an mehrern Stellen. Die Männer
aber machen einen langen Schnitt, wodurch der Säum
des Ohrs bis auf die beiden äußersten Enden vom Ohre
abgetrennt wird. Dann hängen sie schwere Gewichte hinein, damit der Rand so tief als möglich herabhange; auch
hängt er manchem wirklich bis auf die Schulter herunter.
Der Ohrrand wird, damit er halte, mit Messingdraht
umwunden, welches aber bei den Gesträuchen, durch welche

---

*) Die Frauen auf der Westseite des Mississippi haben die Haare in
zwei Zöpfe geschnitten, die 3 Zoll lang und armsdick sind, und an
beiden Ohren herabhängen.

sie auf der Jagd müssen, und bei ihren Händeln in der
Trunkenheit doch nicht viel hilft. Sie hangen aber nicht
sowohl Ringe, als vielmehr runde oder eckige Silberplatten
in die Ohren, welche nach verschiedenen Mustern durch-
löchert sind. Manche Stämme bleiben immer bei einem
und demselben Muster.

Einige Männer, jedoch nur wenige, tragen auch
Ringe im Nasenknorpel; und angesehene Krieger und
Oberhäupter ein Schild vor der Brust, welches aus Silberstücken oder aus Muscheln besteht. Ein sehr beliebter
Schmuck ist eine Schnalle oder Armband von Silber mit
rothgefärbten Büffelhaaren besetzt, über dem Ellenbogen
getragen. Keiner trägt es, der sich nicht im Kriege ausgezeichnet hat. — Wie sonderbar zuweilen ihr Putz aussehen mag, ergibt sich daraus, daß einmal ein Indier eine
Amsel vor die Schaam gebunden hatte.

Zum Staat, und wenn es in den Krieg geht, bemalen
sie sich auch, und im letztern Falle binden sie auch wohl
schwarze Wasserschlangen, denen sie zuvor die Giftzähne
ausgerissen haben, um den Leib und lassen sie daselbst sterben. Ueberhaupt sehen sie für den Fall des Krieges darauf, als Teufel gleichsam, furchtbar zu erscheinen. —
Schwarz und Roth, im Kriege noch Weiß, sind zum Bemalen die Lieblingsfarben. Manche malen das ganze
Gesicht schwarz, und nur den Fleck zwischen Nase und
Lippe roth; Andere haben auf dem schwarzen Gesicht nur
unter jedem Ohre einen rothen Fleck; Andere ein rothes
und schwarzes Auge. Am gemeinsten ist es, das Gesicht
mit Holzkohle zu schwärzen, und mit den Nägeln gleich-
laufende Wellenlinien hineinzuziehen; ja sie führen kleine
Spiegel, um Alles mit der möglichsten Genauigkeit zu
machen, und bringen Stunden lang mit ihrem Putze
hin.

Uebrigens tättowiren sie sich mancherlei Figuren, besonders von Thieren ein, und ein irokesisches Oberhaupt

K 2

hieß wegen seiner ganz schwarz gebeizten Brust nur der schwarze Prinz.

Wegen ihrer Wohnungen oder Kabanen geben sie sich sehr wenig Mühe. Denn wiewohl dieselben nach Verschiedenheit der Völkerschaften sehr verschieden sind, sind sie doch alle ein wenig zu einfach. Einige zwar sind, wie schlechte Hütten, aus Balken zusammengeschlagen, die meisten aber sind aus Pfählen und Baumrinde gemacht und tragbar. — Einige Pfähle, auf welchen die größern Stücken Borke mit Bast befestigt werden, machen das Gerippe der Hütte. Bei den Delawaren haben die Wohnungen ein spitzes Dach, bei den Irokesen ein gewölbtes. Einigen Hütten fehlen die Thüren; man stellt daher vier derselben zusammen, und unterhält in der Mitte zwischen denselben ein gemeinschaftliches Feuer. — Im tiefen Winter birgt man sich selbst unter dem Schnee, indem man denselben mit Flechtwerk unterstützt, so, daß der fest gefrorne Schnee das Dach bildet und eine Hütte gibt, in der man sich warm befindet. Die Nadowessier aber leben beständig unter Zelten, die mit Häuten bedeckt sind. — Das Zelt eines Oberhaupts derselben, welches Carver sahe, hatte 40 Fuß im Umfang.

Eine gewisse Regelmäßigkeit bei der Anlage der Dörfer darf man nicht suchen; doch gibts in den meisten Dörfern ein großes Carbet oder Rathhaus. Mehrere Dörfer sind auch mit Pallisaden umgeben. — Es ist um so weniger an eine feste Ordnung zu denken, da die meisten Stämme nur ein herumziehendes Nomadenleben, namentlich der Jagd wegen, im Winter führen, und diese haben auch die schlechtesten Hütten oder Zelte, in welchen sie nicht einmal nothdürftig gegen Regen und Schnee geschützt sind.

Wie die Wohnungen selbst, so auch der Hausrath; Pritschen oder Bänke, oder aber auch wohl Lagerstätten von Tannenreisig gehen innerhalb der Hütte rings umher, und ein Feuer brennt in der Mitte.. Werden Bärenfelle oder andere Häute über die Lagerstätten oder Bänke hergebreitet, so hat man ein Bette, wie man es hier zu haben pflegt, indem man sich mit der Wolldecke zudeckt, die am Tage das Kleid ausmacht.

Hat man übrigens einige Schüsseln, die man aus Ahornholz macht, einige Töpfe, die man metallen von Europäern kauft, und in entferntern Gegenden aus Stein verfertigt, einige Löffel, die aus einem buchsbaumähnlichen Holze geschnitten werden, so hat man ziemlich Alles, was man bedarf, wenn es nur nicht an Messer, Beil und Feuerstahl fehlt, welche nicht alle Nationen unmittelbar von den Europäern kaufen können. — An Reinlichkeit ist aber hier keinesweges zu denken, und die Hunde allein waschen Schüsseln und Töpfe auf. Doch gibt es seit dem Umgange mit Europäern da und dort einige Vornehme, die auf Nettigkeit in Zelt, Kleidung und Speise halten.

Das Tomahawk ist das Beil und die Streitaxt des Indiers. Es ist ein leichtes Beil, das ihnen so viel werth ist, daß sie es im Gefecht sorgfältig zu behalten suchen. Gilt es, so werfen sie damit und treffen auf dreißig Schritt den Feind unfehlbar. Einige befestigen an dem Griff des Tomahawks eine Schnur, damit sie sowohl damit schleudern und werfen, als auch dasselbe zurückziehen können. Auch pariren sie mit demselben Hieb und Stich des Degens aus. Sehr beliebt sind diejenigen Tomahawks, bei welchen an der Rückseite ein Pfeifenkopf angebracht ist, zu dessen Gebrauch der ausgehöhlte Griff die Stelle des Pfeifenrohrs vertritt. Aus solchen Pfeifen raucht der Indier am liebsten, und sie bitten einen Fremden darum, sie ein Paar Züge aus solchen Pfeifentomahawks thun zu lassen eben so dringend und innig, wie Kinder um ein Spielzeug bitten.

Ihre Kanots machen sie aus Birkenrinde. Die Hauptkähne fassen 10 bis 12 Personen.

Hin und wieder haben einige Indier angefangen, sich ein wenig mit Feld- und Ackerbau und mit Viehzucht abzugeben, vorzüglich diejenigen, welche sich zum Christenthum gewendet haben; die meisten aber sind ihrem ursprünglichen Erwerb, der Jagd, getreu geblieben, und streifen Monate lang durch die Wälder umher, um Pelzwerk zu bekommen, das sie den Europäern gegen andere Waaren austauschen.

Im Springen und Wettrennen dürften Canada's Wilde wohl noch zu übertreffen seyn, aber schwerlich an Stärke und Ausdauer. Sie tragen mehrere Tage hinter einander, täglich 7 Meilen weit und oft Tage lang ohne Nahrung, eine Last von 70 Pfund. Ohne Last legten junge Indier in einem Tage 16 Meilen zurück, und schienen am Orte ihrer Ankunft so wenig ermüdet, daß sie noch umher gingen und nach Allem fragten. — Zum Tragen haben sie eine Art Gestell, fast wie unsere Glaser, wenn sie Glasscheiben über Land tragen.

Wie genau sie beobachten, darüber giebt es mehrere Zeugnisse. Ein Ort, durch den sie einmal gegangen, ein Gesicht, das sie nur wenige Augenblicke aufmerksam betrachtet haben, wird ihnen nie unkenntlich, und ihr Gedächtniß ist dabei so treu, daß Reden, die vor vielen Jahren in öffentlichen Versammlungen gehalten wurden, ihnen nicht fremd wurden.

Bei Vermessungen der Grenzen der Länder, die man ihnen abgekauft hat, haben sie oft gegen die Instrumente der Landmesser Recht behalten und verbesserten die Fehler derselben mit dem Ausdrucke: „Bruder, das kleine Ding (das Meßinstrument) lügt." Wenn die Regierung eines nordamerikanischen Freistaates ein Stück Land von ihnen erkaufen will, so wird das zu behandelnde Stück auf einer Karte entworfen, in welche sie sich sogleich zu finden und deren Fehler sie genau anzugeben wissen. Nach der Karte bezeichnen sie die Grenzen des abgetretenen Stücks, indem sie längs der Grenzlinien Bäume einkerben, oder Pfähle oder Steine setzen. — Bei solchen Käufen werden förmliche Kaufbriefe, an welchen die genaue Karte der Gegend befestigt ist, verfertigt und von beiden kontrahirenden Theilen unterzeichnet. Die indischen Oberhäupter unterzeichnen mit den Umrissen des Thiers, dessen Namen sie tragen — einer Schlange, eines Hahns, Bärs, tollen Hundes u. s. w.

Ein Europäer zeigte einem jungen Senekaindier die Karte von Neu-York, und, nachdem er demselben den Punkt, an dem sie sich eben befanden, und sein Dorf gezeigt hatte, begriff er Alles sogleich, benannte sodann alle Seen und Flüsse mit der größesten Genauigkeit, selbst die über 40 Meilen von seinem Dorfe entlegenen.

Sie zeichnen auch Karten mit Kohlen auf Birkenrinde, wo sie zwar roh, aber doch richtig, die verschiedenen Punkte angeben.

Eine Gesellschaft Indier blieb auf dem Wege nach Philadelphia in Staunton über Nacht. Nächsten Morgens brach der eine Theil der Reisenden früher auf; die später Reisenden wurden von mehrern Einwohnern dieser Stadt zu Pferde begleitet. Einige Meilen folgte man der Heerstraße, als nun plötzlich die Indier davon ablenkten, und, ohne einen Weg zu haben, seitswärts in den Wald drangen. Als man sie freundschaftlich davon abmahnte, meinten sie, sie wären nicht unrichtig und die früher Abgereiseten hätten sicher denselben Weg genommen. In der That erreichten sie durch das Dickicht ihre Vorausgegangenen. Ihre Richtung nach Philadelphia traf genau mit der Richtung, die der Kompaß zeigte. — Selbst, was noch weit schwieriger ist, auf Seen fahren sie viele Meilen weit, und kommen genau an dem Punkt der Küste an, wohin sie gewollt haben. Die Missionare mußten sich dies ehedem nicht anders zu erklären, als daß sie einen eigenen Instinkt dafür annahmen. (Galls Ortssinn kannte man damals nicht; aber es wäre auch durch diesen, wo nicht gerade nur eben so, doch um wenig besser erklärt.)

Unsere Indier sind nicht ohne mancherlei Talent und natürlichen Verstand. Ihre Weiber verfertigen nicht nur Schuhe, sondern auch andere Arbeiten und Kleidungsstücke mit vieler Kunst. Die Männer arbeiten das Hausgeräth, die Bogen und die Tomahawks sehr sauber, und auf ihren Pfeifenköpfen und Pulverhörnern sind sehr richtig mit bloßen Messern ausgeschnittene Figuren. Ihre Arbeiten von den Stacheln des Stachelschweins würden überall beliebt seyn, zumal da sie dieselben mit den schönsten glänzenden Farben färben, von denen viele noch unbekannt sind. — Sie sind bedachtsam, lassen bei allen Verhandlungen niemals den Hauptzweck aus den Augen und überlegen erst Alles. Sagt man ihnen Uebertreibungen, so antworten sie: „Bruder, wir zweifeln nicht, daß du dasjenige für wahr hältst, was du erzählst, aber nur uns kommts unglaublich vor.“

Ein schwedischer Missionar hatte die Oberhäupter am Susquehanna versammelt, sie im Christenthum zu unterrichten, und sprach vom Sündenfall durch den Genuß des verbotenen Apfels, von Christo, seiner Menschwerdung, seinem Leiden u. s. w. — Einer der Oberhäupter erwiederte:

„Es ist sehr gut, was du uns da sagst. Es ist „schlimm, Aepfel zu essen, man sollte lieber Cyder (Aep„felwein) daraus bereiten. Wir sind dir aber sehr ver„bunden, daß du so weit herkommst, uns Dinge zu er„zählen, die du von deiner Mutter gehört hast. — Wir „wollen dir nun aber auch sagen, was wir von unsern „Müttern gehört haben.“

„Unsere Vorfahren lebten anfangs vom Fleisch der „Thiere, und wenn die Jagd schlecht war, geriethen sie in „Hungersnoth. Zwei junge Jäger hatten einen Hirsch „erlegt und machten Feuer an, denselben zu braten. Da „stieg ein schönes Weib aus den Wolken herab und setzte „sich auf jenen blauen Bergen. Die Jäger hielten es für

„anständig, ihm das beste Stück der Jagd, die Zunge,
„anzubieten, wovon es mit vielem Wohlgeschmack kostete.
„Es sagte: diese Höflichkeit soll euch belohnt werden.
„Kommet nach dreizehn Monaten wieder hierher, und ihr
„werdet finden, was Euch und Eure Kinder ernähren
„wird. — Und die Jäger fanden zu der bestimmten Zeit
„da, wo seine rechte Hand die Erde berührt hatte, den
„Mais (ein Hauptnahrungsmittel der Indier), und zu
„der linken standen Bohnen, und wo es gesessen hatte, war
„die Tabakspflanze aufgeschossen.

Aergerlich sagte der Missionar, was sie da erzählten,
sey eitel Tand und Lüge. Die beleidigten Indier erwie-
derten: „Bruder, es scheint, deine Mutter habe dir keine
„gute Erziehung gegeben. Wir haben deinen Geschich-
„ten geglaubt, warum versagst du den unsrigen deinen
„Glauben?"

Ihre Reden sind bilderreich, aber oft voll Nachdruck.
Einige Oberhäupter des Bundes der 5 Stämme, die an
den König Georg waren gesandt worden, wurden nach
ihrer Rückkunft gefragt, wie viele Wohnungen wohl London enthalte? Sie antworteten: „Kannst du die Bäume
„des Waldes zählen?" Und als jener weiter fragte: wie
viel Einwohner es denn zähle? war die Antwort: „Kannst
„du die Blätter zählen?" *)

Will ein junger Indier bei einem Vater um die Tochter werben, so sagt er: „Vater, ich liebe deine Tochter.
„Gib sie mir, damit die zarten Wurzeln ihres Herzens
„sich so mit den meinen verschlingen, daß der stärkste
„Wind, der bläf't, sie niemals umwerfen kann."

Will ein Oberhaupt seine Krieger zum Kriege anfeuern,
so heißt es: „Die Knochen Eurer im Kriege gebliebenen

---

*) Solche Aeußerungen scheinen uns so sinnreich. — Aber gebt auf
Eure Kinder Acht; sie sprechen fürwahr nicht anders. „Vater,
„in deinem Wein ist Abendlichtschein!" sagte mein jüngstes nicht
vierjähriges Kind, um die hellen Lichter im dunkelrothen Wein
auszudrücken.

„Landsleute liegen unbedeckt — ihre Geister schreien. —
„Wir müssen die Mörder aufsuchen. — Folgt dem Triebe
„Eurer Tapferkeit; salbt Euer Haar; bemalt Euer Ant-
„litz; füllt Eure Köcher; lasset die Wälder von Euren Ge-
„sängen wiederhallen; tröstet die Geister der Getödteten
„und gelobet ihnen Rache!"

Ein Wilder, den man fragte, ob er wohl wisse, woraus der Rum gemacht werde, antwortete: „Das starke
„Wasser muß ein Extrakt aus Zungen und Herzen seyn;
„denn, wenn ich es getrunken habe, spreche ich, daß es
„ein Wunder, ist, und ich fürchte mich vor nichts."

Die Grundzüge von dem Charakter des Indiers werden sich aus Folgendem ergeben.

Sie halten sich für das erste Volk der Erde, welches
die Welt erobern könnte, wenn es sonst nur wollte; und,
wo sie Jemand einen Rath geben, und es wird derselbe
nicht befolgt, so nehmen sie es sehr übel, weil der Rath
von ihnen kommt.

Ihr Sinn für Freiheit geht so weit, daß sie die
Neger, weil sie nicht wissen, wie diese Armen in Sklave-
rei gekommen sind, blos darum hassen, weil sie Sklaven
sind, und wo sie eines derselben habhaft werden können,
ihn niederschlagen. Einem Herrn waren zwei Negersklaven
ven entflohen. Er wurde mit zwei zuverlässigen Indie-
nern einig, daß sie ihm dieselben aufsuchen sollten. Der
Eine von den Indianern war kaum einige hundert Schritte
fort, als er umkehrte und den Herrn fragte: ob er ihm
erlauben wolle, die Neger zu skalpiren, falls sie nicht mit
umkehren wollten? Dies wurde abgeschlagen, denn sie
hätten sonst auf jeden Fall beide Neger getödtet. — „Gut,
sagte der Indianer, so sey nur nicht böse, wenn ich wenigstens Einen skalpire", und da ihm dieses nicht zuge-
standen wurde, hatte er keine Lust zu gehen. Der grausame Europäer erlaubte ihm dann, den einen Neger zu
skalpiren, damit er den andern wieder erhielte. —

Einen schönen großen Neger, der im Kriege zum Ge=
fangenen gemacht war, wollte sein Herr von der Indie=
nerin loskaufen, der er zugefallen war, und bot ein gro=
ßes Lösegeld. Sie achtete nicht darauf, und, da man wei=
ter in sie drang, nahm sie ganz kalt ein großes Messer
und durchstach den Gefangenen. „Nun könnt ihr euern
Neger hinnehmen“, sagte sie. Der Unglückliche rang
lange mit dem Tode, bis ein Krieger ihn mit dem Toma=
hawk von seinen Qualen erlösete.

Eben, weil sie freie Leute sind, schlägt niemals ein
Vater seinen Sohn, auch hören die erwachsenen Söhne
nicht auf Rath und Wunsch des Vaters, er müßte denn
sehr alt seyn, indem das Alter bei ihnen hoch geehrt wird.

Die Neugierde anderer roheren Völker scheinen sie
nicht zu haben; nur, wovon sie den Nutzen einsehen, das
zieht ihre Aufmerksamkeit auf sich. — Einige Irokesen,
die in Paris waren, gingen vor Allem, was sie sahen,
sehr gleichgültig vorüber, bis sie an eine Kochbude kamen.
In Philadelphia zieht nichts mehr ihre Aufmerksamkeit
auf sich, als die Schiffe, und nichts gefällt ihnen unter
allen Vergnügungen so sehr, als die Bereiter= und Seil=
tänzerkünste, da sie körperliche Gewandtheit und Stärke
über Alles schätzen. Aber selbst bei dem, was ihnen ge=
fällt, nehmen sie eine gewisse Gleichgültigkeit an, eben
sowohl, wie dann, wenn sie nach langer Abwesenheit aus=
gehungert und abgezehrt nach Hause kommen, sich erst
schweigend, ohne ein Wort, ohne einen Ausbruch der
Freude, an die gewohnte Stelle setzen und ihre Pfeife rau=
chen. So allgemach wird denn dem Wiederangekomme=
nen erzählt, was vorgefallen, und er erwiedert auf die
angenehmsten, wie auf die unangenehmsten Dinge nicht
mehr, als ein Paar trockne, kurze Worte. Sagt man
ihm, sein Sohn habe im Kriege Ehre erworben, so heißt
es: „es ist gut!“ und sagt man ihm, daß ihm ein Sohn
gestorben ist, so heißt es: „es thut nichts!“ — und doch
lieben sie ihre Kinder unbeschreiblich.

Es gehört bei ihnen zu einem anständigen Betragen, selbst da nicht geradezu zu widersprechen, wo sie etwas nicht glauben, wie sich aus dem, was oben erzählt ist, schon abnehmen läßt. Sie leben einträchtig und still untereinander, und lautes Zanken und Lärmen hört man bei ihnen nie. Nur die Liebe zu unsern starken Getränken macht sie zu ganz andern Menschen, als sie sonst sind. Wein schätzen sie nicht sehr, wohl aber Brantwein und Rum, durch welche sie auch sehr verderbt worden sind, wie sie denn das auch selbst laut und unverholen einmal durch eine ihrer Deputationen vor dem Kongreß äußerten *). Sie verleugnen ihren ganzen Karakter, um zu starkem Getränk zu gelangen; sie kriechen und schmeicheln, werden hinterlistig und niedrig, und, erhalten sie, was sie wünschen, so kennen sie nicht mehr Ziel, noch Maaß.

Die Indier, mit welchen der Pelzhändler Long zu thun hatte, und unter denen er herumzog, soffen oft drei und vier Tage hintereinander. Es war ganz gewöhnlich, daß mehrere dabei todt geschlagen und andere dabei verwundet wurden. Denn, so bald sie anfingen, berauscht zu werden, wird bei ihnen das Andenken an alle kleine Beleidigungen wieder lebendig, die sie vergessen zu haben scheinen, und ihre Rachlust erwacht. Zwar, da sie ihren bösen Muth kennen, wenn sie berauscht sind, so geben sie zuvor Einem unter ihnen ihre Messer und Tomahawks, und dieser muß bei Ehre versprechen, nüchtern zu bleiben, was er denn auch meistentheils hält. Wenn diese Vorsicht nicht gebraucht ist, so entwenden ihnen die Sqaws, wo irgend möglich, die Waffen. Doch wird nicht immer

*) „Vater," sagte der Redner zum Präsident Jefferson, „es „wird Alles nichts helfen, wenn nicht der versammelte große Rath „der 16 Feuer (16 Freistaaten) verordnet, daß kein Mensch starke „Getränke an seine rothen Brüder (die Indier) verkaufe. — Va„ter! auf den Feldern ist die Einfuhr dieses Gifts verboten, aber „nicht in unsern Städten, wo manche um desselben willen nicht „nur ihr Pelzwerk, sondern selbst Schiefgewehre und Lagerdecken „verkaufen, und nackt zu ihren Familien heimkehren."

Unheil damit abgewendet; denn, wie Long Augenzeuge
war, so wurden dennoch einmal binnen 4 Tagen bei einem
Saufgelage, 2 Knaben und ein Oberhaupt getödtet und
6 Männer verwundet.

Wie sie jeden Vorwand ergreifen, und wie artig sie
betteln können, um des Rums willen, erfuhr Weld, der
sein Gepäcke von einigen Wilden durch einen großen Wald
tragen ließ. Ehe sie aufbrachen, sagten sie, er möchte
ihnen doch erst etwas von dem köstlichen Wasser geben,
welches er besäße, ehe er abginge, damit sie ihre Augen
damit waschen und den Nebel des Schlafs vertreiben könnten, welcher noch über ihnen hinge, und sie also desto sicherer den Weg durch den dicken Wald treffen möchten.

Ihre Begierde nach Brantwein wird oft wüthend.
Der Pelzhändler Shaw hatte ihnen nach ihrem Bedünken
nicht Brantwein genug gegeben, der bei allem ihrem Handel die Hauptsache war, und sie schlossen ihn in seinem
Hause *) ein und stimmten schon Schlacht- und Todtengesänge an, so ernstlich war's gemeint! Longs Entschlossen-
heit rettete den Mann. Denn dieser, der die Indianer
kannte, ließ die Thür öffnen. Die Indianer traten ein,
aber Long hatte mitten ins Zimmer hin ein offenes Pul-
verfaß gesetzt, auf welches er die Mündung eines aufge-
spannten Schießgewehrs gerichtet hatte.

„Kommt her!“ rief er ihnen furchtbar zu. „Wer
„von Euch alten Weibern (das größte Schimpfwort für sie)
„ist ein braver Krieger? Wir wollen heute zusammen ster-
„ben!“ — Mit Entsetzen liefen sie davon und schrien:
„Der Herr des Lebens hat dem Biber (diesen Namen hat-
„ten sie Le Long gegeben) große Stärke und Muth ver-
„liehen!“

*) Die Pelzhändler bauen sich ganz eigentliche Häuser für den Win-
ter. Longs Haus war 50 F. lang und 20 breit. Den Rum ver-
dünnen diese Händler so viel als möglich. Long mischte, wie es
andere Europäer auch thun, noch Opium darunter, damit die wil-
thenden Menschen desto eher in Schlaf kamen.

Sie sind übrigens freigebig und gastfrei, wie ihnen Weld das Zeugniß gibt, und haben sie einem Fremden Schutz versprochen, so verleitet sie nichts, ihr Wort zu brechen (was jedoch manche Ausnahme leiden möchte). Unter einander unterstützen sie sich bereitwillig, und wer übrig hat, hilft dem Mangel des Nachbars gern ab. Sie haben keinen Begriff davon, wie man für sich allein Reichthümer sammeln kann, und zusehen, daß Andere darben oder verschmachten. Die meisten Güter betrachten sie als ein Gemeingut des Stammes, und die Oberhäupter, von demselben Geist beseelt, sind oft die dürftigsten unter ihnen, und, wo Andere jagen und fischen, müssen sie ihre Zeit dem Gemeinwesen aufopfern.

Die Rachsucht ist die allgemeine Eigenschaft aller Indier, und zwar ist es die Blutrache des Morgenländers, die hier ebenfalls vom Vater auf den Sohn erbt. Keine Beleidigung darf vergeben werden, die ausgenommen, die einer dem andern in der Trunkenheit zugefügt; denn für diese trägt der böse Geist des Wassers alle Schuld. Aus Rachsucht tragen sie einem Feinde Jahrzehende lang die zugefügte Beleidigung nach, ja, man hat mehrere Fälle, daß sie an 30 Meilen und darüber gereist sind, um einen von der Nation zu erschlagen, welcher ihr Feind angehörte, wenn sie seiner selbst nicht habhaft werden konnten.

Wie es mit ihren Begriffen von dieser Rache stehe, ergibt sich aus einem Vorfall. Durch Zufall hatte ein Indier einen andern getödtet. Der Bruder des letztern ging in die Kabane des Mörders, und, da er sahe, daß dieser noch junge Kinder hatte, sagte er: „obgleich meines Bruders Blut Rache schreit, so werde ich doch, da deine Kinder noch so jung sind und ihre Mutter nicht versorgen können, taub gegen diese Stimme bleiben;" und lebte friedlich mit dieser Familie. Aber da der älteste Sohn den ersten Hirsch erlegt hatte, trat er in die Hütte. „Nicht länger kann ich dir Frist geben, sagte er, mein Bruder

fordert laut dein Blut; dein Sohn kann die Deinen ernähren; du mußt deine Schuld bezahlen."

„Ich bin bereit, antwortete der Mörder, und danke
für deine Nachsicht;" und als Weib und Kind laut weinten, verwies der Vater diese Weichlichkeit dem Sohn.
„Weintest du um den Hirsch, den du tödtetest? Und war-
„um willst du nun auch weinen, da ich bereit bin, willig
„zu leiden, was aufs Gerechteste unsere Sitte fordert?"

Einiges von dem Karakter der Indier sieht man an
dem Kapitain Brandt, einem Oberhaupt der Mohawks.

Er war in Neuengland erzogen und wußte Griechisch
und Latein und verstand sein Christenthum, dem er so
warm anhing, daß er das Evangelium Matthäi und die
Liturgie der engländischen Kirche in die Sprache der Mohawks übersetzte. Als der amerikanische Krieg ausbrach,
verließ er seine Schule, wiewohl seine Studien lange noch
nicht beendigt waren, und stieß mit einem ansehnlichen
Korps der Seinen zu der engländischen Armee, zeichnete
sich aus und wurde königlicher Kapitain mit halbem Sold.

In einem hitzigen Gefecht bekam er einen Schuß in
die Ferse. Die Amerikaner wurden jedoch geschlagen, und
ein Offizier mit 60 Mann gefangen. Dieser Offizier
hatte seinen Degen übergeben und war in unbesorgter Un-
terredung mit dem Obersten Johnson. Brandt schleicht
heran und schlägt mit einem Schlage seines Tomahawks
den Offizier darnieder. Man macht ihm die bittersten
und heftigsten Vorwürfe, die er ruhig anhört, und nichts
darauf antwortet, als: „Mein Fuß that mir so weh, und,
in Wahrheit, nun haben meine Schmerzen nachgelassen."

Dieser Mann, der etwa 12 Meilen vom Niagarafluß
wohnte, nahm jeden Fremden sehr gut auf und bewirthete
ihn europäisch; aber seine Neger hatten es unmenschlich,
und doch wagte es keiner zu entlaufen, denn er schwor,

ihnen in diesem Falle, so weit möglich, nachzusetzen und sie zu skalpiren. Man wußte, daß er Wort hielt.

Seinen Sohn ermordete er mit eigener Hand — denn er soll ein Taugenichts gewesen seyn, der seinen Vater umbringen wollte, gewaltthätig in das Zimmer des Vaters drang, und Händel mit diesem suchte. Brandt stieß ihn nieder und freuete sich, daß er seine Nation von einem Schurken befreit habe.

Ihre Kriege sind größtentheils wohl Kriege der Rache, und werden mit äußerster Grausamkeit geführt. Häufig werden dieselben erst angekündigt *), was aber nicht immer der Fall zu seyn scheint. — Ihre alten Waffen waren Bogen und Pfeil; jetzt wissen sie mit Schießgewehr gut umzugehen, aber der Tomahawk und das Skalpiermesser sind noch immer in großem Ansehen. Der erstere ist bereits beschrieben; das letztere ist ein großes Messer, um dem niedergeschlagenen Feinde die Haut des Hirnschädels rund um die Schläfe herum einzuschneiden, und dann, indem der Sieger seinen Fuß auf den Hals des Niedergestreckten setzt, und die Haare desselben um die linke Faust wickelt, diese Haut abzuziehn, wobei der Sieger oft mit den Zähnen nachhilft. — Manche lebendig Skalpirte sind, trotz dieser furchtbaren Operation, doch am Leben geblieben, und trugen statt der Kopfhaut eine silberne oder lederne Kappe. Manche schneiden nur ein Stück aus der Haut des Hinterkopfs und zwar aus der Stelle, wo der Indier einen einzelnen Streif Haare stehen läßt. Dieses heißt der kleine Skalp. Alle solche Skalpe sind Ehrenzeichen des Siegers. Sie werden ausgestopft, getrocknet und aufgehängt. Der Werth, den sie auf einen solchen Skalp setzen, ist unglaublich, und sie werden nicht wenig entrüstet, wenn man ihnen denselben abhandeln will, selbst, wenn man das Kostbarste dagegen bietet.

*) Ein Sklav überbringt dem befehdeten Volke eine Art mit rothem Stiele nebst Spieß und Pfeil.

167

Ein Mohawk und ein Tschippiwäer prahlten mit ihren Heldenthaten, und forderten sich heraus, den ansehnlichsten Skalp nach einer bestimmten Zeit zu bringen und bei der Versammlung der Stämme vorzulegen. — Der Mohawk legte einen Skalp vor, der aus der Haut vom Kopfe und Nacken eines Mannes bestand, mit seinem Moose ausgestopft, mit Hirschsehnen genau zusammengenähet und mit Augen versehen war. Die Versammlung nannte den Besitzer einen großen Krieger. — Aber sein Gegner sagte verächtlich: „das ist ein alter Weiberskalp!" und ließ von seinen Sohne den von ihm selbst verfertigten Skalp herbringen. Es war eine ganze Mannshaut, mit Dunen ausgestopft und künstlich zusammengenäht.

Ihm gab die Versammlung den Preis; aber nach Beendigung derselben hatte der Ueberwundene dem Ueberwinder aufgelauert und erschlug ihn.

In ihren Kriegen suchen sie, trotz ihres hohen Ehrgefühls, den Feind, besonders des Nachts, zu beschleichen, eine Sitte, die fast bei allen amerikanischen Wilden herrschend ist. Sie meinen, es sey Narrheit, sein Leben ohne Noth Preis zu geben. Kommt es aber zu einem offenen Gefecht, so geht es nach einigen Salven in das wüthendeste Handgemenge über, welches mit unbeschreiblicher Anstrengung und Tapferkeit verbunden ist. — Jeder kennt sein entsetzliches Schicksal.

Die Sieger skalpiren alle Getödteten oder auf den Tod Verwundeten. Die Gefangenen — vielfältig versprechen die Indier ihren Weibern, einen dergleichen mitzubringen, oder werden von diesen selbst dazu aufgefordert — werden hart gebunden und des Nachts an eingeschlagenen Pfählen befestigt, und sie müssen auf der Erde ausgestreckt ruhen. Einer der Sieger ist allezeit mit einem der Gefangenen zusammengebunden, so daß nicht leicht einer entkommen kann, wovon es jedoch auch Beispiele giebt. Selbst eine

Amerika.   8

Frau, die ein herumstreifender Haufe von Indiern nebst ihrem Knaben gefangen fortführte, machte sich los und erschlug des Nachts alle ihre schlafenden Feinde, skalpirte die Erschlagénen und brachte die Siegeszeichen ihren Landsleuten.

Wenn die Sieger den Gefangenen ins Dorf eingebracht haben, so muß dieser durch eine Reihe von Weibern und Kindern sich führen lassen, die ihn mit Steinen werfen und mit Stöcken schlagen.

Bald darauf wird Rath gehalten, welches Loos den Gefangenen treffen soll. Einige werden dem Hause des Lebens oder der Gnade bestimmt, d. i. sie bleiben am Leben, man nimmt sie statt der erschlagénen Söhne und Väter in die Familien auf, und sie werden genau so gut behandelt, wie diese Gebliebenen, und vertreten sogar als Ehegatten deren Stelle. Bei Einführung der Gefangenen ins Dorf dürfen sogar die Frauen unter denselben auswählen, wen sie an Mannes oder Sohnes Statt aufnehmen wollen. Andere, und besonders berühmte Krieger, werden dem Hause des Todes geweiht, und die Oberhäupter bestimmen den Todestag, der aber dem unglücklichen Opfer verborgen bleibt. Bis zu demselben geht dem Gefangenen nichts ab. Ungewöhnlich gut beköstigt man ihn, damit er feist werde; ja, man gibt ihm auch einstweilen ein Mädchen zur Frau, und dieses betrachtet ihn als wahrhaften Ehemann in allen Stücken, und nach seinem Tode klagt sie erst über ihn, ehe sie von seinem Fleische mit ißt.

Am Todestage ist ein starker Pfahl im Dorfe errichtet, um welchen herum brennende Holzstöße liegen. „Dein Schicksal erwartet dich!" sagt ein Krieger zu dem Gefangenen. „Es ist gut!" spricht dieser gleichgültig, und schreitet mit stolzer Miene zum Scheiterhaufen.

Das Streben der Sieger geht nun darauf hin, durch die ersonnensten qualvollsten Martern dem Opfer laute

Klagen und Schmerzgeschrei zu entlocken; dieses aber
höhnt und spottet ihrer, nennt sie alte Weiber, die nicht
einmal einen Krieger zu martern verständen, rühmt sich,
wie er die Gefangenen von ihrer Nation ganz anders ge=
martert hätte, und wie viel der Ihrigen er umgebracht
habe. — Dies erfordert sowohl die Ehre des Unglückli=
chen, als der heimliche Wunsch, durch dies Alles einen sei=
ner Feinde so sehr zu erbittern, daß dieser ihn in der Wuth
und im Zorn todtschlage. Der Gebundene raucht jedoch
mit dem Schein der Ruhe seine Pfeife.

Was jedoch diese Menschen zu ertragen vermögen,
würden wir geradehin für eine Fabel halten, würde es
uns nur von Einem Reisebeschreiber berichtet, wäre
es auch der glaubwürdigste; aber es sind ihrer so viele,
und der Nationen sind mehrere in beiden Amerika's, die
ähnlich sich betragen.

Sieht der Gefangene den Marterpfahl, an den er mit
einem langen Strick gebunden wird, und den Scheiterhau=
fen, so hebt er seinen Helden= und Todtengesang an. —
Hingehn werde er und sterben, aber als ein tapferer
Mann, und seine Feinde sollten es dahin nicht bringen,
daß er klage und seinen Stamm entehre. — Zu den großen
Kriegern seines Stammes gehe er.

Ist er an den Pfahl gebunden, und gerade nur so weit
vom Feuer der Scheiterhaufen entfernt, daß es ihm zwar
schmerzlich, aber nicht tödtlich wird, so fangen Knaben
und Weiber die Martern an. Die erstern schießen Pfeile
auf ihn ab, am liebsten auf die empfindlichern Theile des
Körpers, wo der Pfeil zwar heftig schmerzt, aber ohne
tief einzudringen. Die Weiber durchstechen ihm die Haut
mit Messern, prügeln ihn und martern ihn mit Feuer=
bränden. — Aber was sind diese Martern gegen die übri=
gen? Man reißt ihm die Nägel von Händen und Füßen;
zerquetscht ihm die Finger und Zehen zwischen Steinen,
und löset wohl einige Glieder derselben ab; man schneidet

L 2

ihm große Stücken Fleisch aus und brennt die blutenden
Wunden oder reibt sie mit Salz; man spießt ihn mit klei=
nen Holzstücken, und sucht die allerempfindlichsten Stellen
des Körpers dazu aus — aber der Gemarterte bleibt
kalt und gleichgültig, höhnt und spottet der Henker, die
über Alles ein Freudengebrüll wüthend erheben, singt der
Vorfahren Thaten, und stopft, vielleicht mit einem seiner
Daumen oder Finger, seine Pfeife nach.

Einige sehr merkwürdige, wiewohl nicht unbekannte
Fälle müssen hier dennoch ihre Stelle haben.

Ein Irokesen=Anführer wurde von den Huronen nebst
einem seiner Kameraden gefangen. — Dem letztern ver=
wies er beim langsamen Feuertod seinen Kleinmuth. Er
selbst blickte die Huronen verächtlich an. Einer der
Feinde wurde darüber wüthend, zerschnitt dem Irokesen
die Kopfhäute und riß sie ihm stückweise herab. Ohne
Klage oder Seufzer sank er ohnmächtig hin und wurde
für todt gehalten. — Aber er erhebt sich und bringt mit
einem Feuerbrande auf seine Feinde ein und fordert sie
heraus. Sie fallen über ihn her, und ein Fehltritt bringt
ihn aufs Neue in die Gewalt seiner Henker, die ihn sinn=
reicher als zuvor martern, und ihn nun auf die glühenden
Kohlen werfen und todt glauben. Aber mit einem Feuer=
brand steht er wieder auf und läuft auf das Dorf zu, um
es in Brand zu stecken. Man holt ihn ein, haut ihm
Hände und Füße ab und wirft den Rumpf in die Kohlen=
glut. Aber auf Knien und Ellenbogen schleppt er sich
noch gegen seine Feinde mit furchtbar drohenden Geberden
hin. — Ein Hurone that ihm Gnade und schlug ihm den
Kopf ab.

Ein alter gefangener Muskoger Krieger (Le Long
erzählts) höhnte seine Sieger, die Schawanesen, wäh=
rend aller Martern. Da man, um diese Martern zu ver=
stärken, Flintenläufe glühete, sagte er, er wisse es besser,
wie man einen Krieger peinigen müsse, und wolle es ihnen

zeigen, falls man ihn losbinden und ihm einen glühenden Flintenlauf geben wolle. — Voll Erstaunen und Neugier wurde ihm sein Wunsch gewährt. — Er faßte das glühende Rohr, schwenkte es gegen seine Feinde, die zurückwichen, entfloh und kam mit seinem schwerverwundeten Körper glücklich davon.

In neuern Zeiten wird wohl nur selten noch ein Gefangener geschlachtet — man verkauft sie jetzt lieber gegen Rum, Flinte, Pulver und Blei. Auch ißt man bei diesen Wilden Nordamerika's wohl nur sehr selten der Feinde Fleisch, was sonst so köstlich schmeckte, daß selbst die Mütter den Säuglingen mit dem Blute der Feinde den Mund beschmierten. — Einer Indierin brachte ihr Mann einen gefangenen Engländer, dem sie sogleich einen Arm abhieb und mit dem rinnenden Blute ihre Kinder tränkte. „Ich füttere sie mit Menschenspeise," sagte sie zu dem Missionar, der ihr Vorwürfe darüber machte, „denn ich will Krieger aus ihnen ziehen."

Wir erwähnen noch der Sitten und Gebräuche, und der Religion und Regierungsform dieser Völker.

Bei Heirathen werden wenig Umstände gemacht; doch gibt es wohl bei einigen Stämmen Hochzeittänze. Die Irokesen verloben ihre Kinder schon im Alter von 4 Jahren; doch wird die wirkliche Verheirathung in spätern Jahren nicht allemal vollzogen. — Wie man hier um eine Frau anhält, ist schon oben erwähnt worden. Hier ist indessen noch zu bemerken, daß, wenn der Vater einwilligt, der Bräutigam in ein Schwitzbad geht und dann bei der Braut eine Pfeife raucht. Er hat etwa 100 Zoll lange Stückchen Holz, die er von sich wirft. So viel deren die Braut in einem Birkennapf fängt, so viel Geschenke muß er dem Schwiegervater geben, außer dem Mahl, das er den Verwandten ausrichten muß. Dagegen empfängt er von dem Schwiegervater einen Biber-

rock, ein Kanot und eine Flinte. Doch leidet dies nach
Verschiedenheit der Stämme manche Abänderungen. Bei
einigen muß der Bräutigam den Bräuteltern Geschenke
machen. Werden diese angenommen, so ist man eins.
Die ältern Gäste, die Zeugen bei der Heirath sind, erhalten ein Stückchen von einem in vier Theile zerbroche-
nen Stock, die Jeder aufhebt. Trennen sich beide Eheleute nachmals, so bringen die Zeugen ihre Stückchen Holz
wieder und verbrennen dieselben. Bei den Nadowessiern
dient der Bräutigam ein Jahr lang um die Braut im Hause
des künftigen Schwiegervaters. — Bei andern Stämmen kommt der Bräutigam des Nachts in die Hütte der
Geliebten leise geschlichen, wenn Alles im Schlafe liegt,
und zündet in der glühenden Asche der Hütte ein Hölzchen
an, welches er der Begehrten vorhält. Bläst sie es aus,
so ist er dadurch ihr Ehemann und genießt sogleich der
Rechte desselben. — Bei andern Stämmen zupft der her-
eingeschlichene Freier das schlafende Mädchen dreimal bei
der Nase, aber mit Anstand. Monate lang setzt er das
fort. Sobald es ihm die letzte Gunst bewilligt, ist es sein.

Die junge Frau bleibt bei einigen Völkern bis zur ersten Niederkunft im elterlichen Hause; bei andern errichtet sich das neue Paar seine eigene Wohnung. — Uebrigens ist auch hier das Weib das Lastthier und so wenig
geachtet, daß die Nadowessier nicht mit ihren Frauen in
einer Hütte beisammen leben, wenn diese unrein sind, und
selbst nicht einmal Feuer bei ihnen anzünden. — Untreue
in der Ehe ist selten und wird bei den Frauen mit Haar-,
Nasen- und Ohrabschneiden, und selbst mit dem Tode bestraft. — Der Indianer darf zwar mehrere Frauen haben, begnügt sich aber mehrentheils mit einer, da die Erhaltung mehrerer ihm bei seinem herumstreifenden Leben
zu schwer fallen würde. Doch sollen einige Oberhäupter
an 14 Frauen besitzen. Daß einige Nationen Buhlerin-
nen haben, die sich in den Wäldern aufhalten, und daß

eine Frau; die sich badet, für eine Metze gehalten wird, verdient bemerkt zu werden.

Die Gebräuche bei. Beerbigungen sind nicht bei allen Völkern dieselben. — Bei den Radowessiern nimmt der sterbende Krieger ruhig Abschied und befiehlt, seinen Trauerrednern ein Mahl zu geben. Gleich, nach- dem er gestorben, bemalt man ihn, zieht ihn an, wie er lebend angekleidet war, setzt ihn aufrecht und stellt seine Waffen neben ihn. Bei einigen Nationen, wo wahr- scheinlich die Mühseligkeiten auf den Wanderungen für einen Alten nicht zu überstehen wären, gibt der Sohn dem abgelebten Vater mit der Streitkolbe den Gnaden= und Todesstreich; ja, der Vater soll sogar den Sohn darum bitten!

Eine Rede, die Carver uns aufbehalten hat, ist diese: „Noch sitzest du unter uns, Bruder! dein Körper hat noch „seine gewöhnliche Gestalt, aber er kann nicht mehr han- „deln. Aber wohin ist dein Athem, der noch vor kurzem „Dampf empor blies zum großen Geist? Warum schwei- „gen deine Lippen, die so nachdrücklich und gefällig spra- „chen? Warum sind deine Füße ohne Bewegung, die schnel- „ler waren, als das Reh des Gebirges? Warum hangen „diese Arme ohnmächtig, die die höchsten Bäume erklimm- „ten und den stärksten Bogen spannten? Ach, jeder Theil „des Gebäudes, das wir bewunderten, ist wieder so unbe= „seelt, als vor 300 Wintern. — Doch wir betrauern „dich nicht, als wärst du für uns verloren; deine Seele „lebet noch im großen Lande der Geister bei den Seelen „deiner vorangegangenen Landsleute. Wir zwar sind zu- „rückgeblieben, deinen Ruhm zu erhalten, aber einst fol- „gen wir dir nach. Aus Achtung wollen wir dir jetzt den „letzten Liebesdienst erweisen. Damit dein Körper nicht „auf der Ebene den Thieren des Feldes und den Vögeln „der Luft zum Raube werde, wollen wir ihn zu den Kör- „pern der Vorfahren legen, und hoffen, daß dein Geist

„mit ihren Geistern speisen und bereit seyn werde, die un-
„strigen zu empfangen, wenn wir in dem großen Lande
„der Seelen anlangen.‟

Einige Nationen haben einen gemeinschaftlichen, oft
weit entfernten Begräbnißplatz, der in einer großen Höhle
b. steht, und zu welchem die Leichname zu gewissen bestimmten Zeiten des Jahrs hingebracht werden; andere haben
neben jedem Dorfe einen Todtenacker; andere legen ihre
Todten zwischen zwei Betten, den Kopf nach Osten, wohin sie wollen, und hängen neben dem Grabe die Werkzeuge auf, mit welchen er sich im Leben am meisten beschäftigte, z. B. Waffen für den Krieger, eine Kalebasse
oder Schildkrötenschale für einen Arzt und Zauberer; andere haben Erdwälle, in welche sie ihre Todten aufrecht
hinstellen.

Heulen und Wehklagen sind hier bei allen Beerdigungen üblich; aber nur die Weiber schreien, nie die Männer.
Die Nadovessier aber zerritzen sich Arme und Beine, und
ihre Frauen streuen bei ihren häufigen Besuchen der Gräber, unter Klageliedern, abgeschnittene Haarlocken darauf.
Eine Frau verlor ihren kleinen Sohn, und der Vater zer-
stach sich so sehr mit Pfeilen, daß er am Blutverlust starb.
Die Mutter wurde heiter, indem der Kleine nun doch Jemand im Lande der Seelen habe, der für ihn sorgen und
Unterhalt schaffen könne. Alle Abend klagte sie an dem
Baum, wo Vater und Sohn begraben waren, und pries,
was aus dem Sohne würde geworden seyn, wär' er am
Leben geblieben — welch ein Krieger und Jäger!

Bei den Nantikoks werden mehrere Monate nach
der Beerdigung die Leichen wieder ausgegraben, die Gebeine gereinigt, getrocknet, in neue Leinwand gewickelt,
und nun zu Ehren der Seelen, die sich noch in der Nähe
der Gräber befinden, ein großes Mahl gefeiert. Jede
Verletzung der Gräber gilt für eine Beleidigung der
Nation.

Bei andern Nationen wird für dieses Leichenmahl ein
eigenes Oberhaupt oder Anführer gewählt, der die aus
den verschiedenen Dörfern Eingeladenen paarweise zum
Begräbnißplatze hinführt, wo in stiller Feierlichkeit die
Leichen aufgedeckt und laute Klagelieder erhoben werden.
Feste und Gastmale, selbst Spiele und Kämpfe werden
den Abgeschiedenen zu Ehren gehalten, aber die Klaggesänge hören darum nicht auf. Am Tage darauf bringt
die ganze Versammlung die Todten in eine eigends dazu
errichtete Halle, wo man Geschenke für sie hinsetzt. Zuletzt werden die Gebeine im feierlichen Aufzuge zu der gros-
sen Grube gebracht, die das allgemeine Grab ist, und ordentlich niedergelegt. Die Klaggesänge ertönen, die Gebeine werden mit neuem Pelzwerk bedeckt, die Grube mit
Baumrinde, Steinen und Erde zugefüllt, und zum Andenken nimmt jeder etwas Erde mit nach Hause. Es muß
ausdrücklich bemerkt werden, daß bei einigen Stämmen
die Oberhäupter das Skalpiermesser, die Streitkolbe und
die nöthigen Farben, sich zu bemalen, mit ins Grab bekommen, auch einige Holzstückchen, sich auf dem Wege
nach dem Lande der Seelen Feuer anzumachen, desgleichen einen Becher von Birkenborke, um zu trinken.

Höchst merkwürdig sind bei diesen Völkern die Tänze,
deren man Hochzeits-, Todten-, Jagd-, Skalpier-, Kriegs-
und Friedenstänze, und überhaupt 10 bis 12 Arten hat.
Wir können hier nur des Kriegstanzes erwähnen,
welcher der bekannteste ist, und mit welchem der Kriegsgesang — eine Art rauhes Recitativ, verbunden ist. Hier,
wie an so vielen Orten, beginnen die Tänze erst mit Einbruch der Nacht. Die Häupter und Krieger bemalen sich
gerade so, als wären sie zu Felde. In der Nähe eines
großen Feuers, um welches die Krieger alle im Kreise
sitzen, steht ein Pfahl. Nach einer Pause steht eins der
ersten Häupter auf, erzählt im Gesang, welche Thaten
es gethan, wie viele es skalpirt habe, und macht Bewe-

gungen dazu, als ob jetzt Alles wirklich vor sich ginge, und am Ende jeder Merkwürdigkeit gibt es dem Pfahle mit seiner Keule einen Schlag. — So singt einer nach dem andern, worüber oft vier Nächte vergehen, innerhalb welcher Niemand schlafen darf. Eine eigends dazu bestellte Person außerhalb des Kreises sucht Jeden zu ermuntern, der einschlafen will. Mit Anbruch des Tages wird ein Bär oder ein Reh gebraten, und Jeder holt sich ein beliebiges Stück. Hat nun Jeder seine Thaten erzählt, so stehen alle auf, und es beginnt ein furchtbarer Tanz. Alle werfen sich in gräßliche Stellungen, schwenken Keulen und Messer, stimmen in den Kriegsgesang ein und endigen Alles mit einem gräßlichen Geheul. Bei einem solchen Kriegstanz der Irokesen war das Geheul erschrecklich, und der Kriegsschmuck höchst abentheuerlich. Einige trugen Ochsenhäute mit den Hörnern daran, Andere hatten ihre Häute mit Federn geschmückt, Viele waren ganz nackt, und Einer — trieb ihn ein dunkles Gefühl der Scham, oder war er ein Genie in der Kosmetik (Kunst des Putzes) — hatte, um nicht ganz nackt zu seyn, eine Amsel vor den Leib gebunden.

Bei einem andern Tanz, aber keinem Kriegstanz, dem Weib zusahe, machten drei ältliche Männer die Instrumentisten und Sänger. Der eine schlug eine kleine Trommel, die aus einem Stücke eines hohlen Baumes bestand, die andern klapperten mit ihrem trocknen, mit Erbsen oder Steinen gefüllten Kürbiß dazu und sangen. — Etwa 20 Sqaws stellten sich in einen Zirkel, die Arme einer um den Nacken der andern geschlagen, und bewegten sich mit kleinen engen Seitenschritten um ein Feuer.

Es ist eine große Auszeichnung, wenn sie die Frauen mit zu ihren Tänzen ziehen, aber es ist höchst selten. — Nachdem bei dem eben erwähnten Tanze die Frauen getanzt hatten, kamen wohl an 50 Männer und tanzten allein. Ihr Tanz war nicht sehr von dem Frauentanz

verschieden. Einer ging dicht hinter dem andern mit kleinen Schritten im Kreise ums Feuer herum. Der beste
Sänger und Tänzer war der Anführer des Tanzes. Als
die Runde einmal gemacht war, machten sie größere
Schritte und stampften heftig mit den Füßen. Bei der
britten oder vierten Runde sprangen sie mit beiden Füßen
zugleich, wandten sich nach dem Feuer hin und bückten
sich. Dann gingen sie mit Seitenschritten um dasselbe
herum. Nachdem sie so mehr als zwanzigmal die Runde
gemacht hatten, stampften Alle, der Haupttänzer vorzüglich, wüthend auf den Boden, und der Tanz war aus. —
Ein anderer, der nach wenigen Minuten anfing, war
auch nicht anders.

Ueberhaupt ist in ihren Tänzen keine große Verschiedenheit. Den Hauptunterschied macht etwa noch der Gesang; indem bei einigen Tänzen alle Tänzer die Melodie
singen, bei andern aber nur der Chor mit seinen Refrains
einfällt, nebst der eigentlichen Musik, die drei alte Männer unter einem Baume sitzend machen.

Diese eben erwähnten Tänze sind die alltäglichen, die
einiger Gegenden fast Nacht vor Nacht getanzt werden.
Die Tänze einiger Nationen sollen viel interessanter seyn,
aber wir kennen sie gar nicht *).

Es ist hier der Ort, ihrer Flöte (Pfeife) Erwähnung
zu thun, die man in einigen Gegenden findet. Sie ist
8 bis 9 Fuß lang und hält in gerader Linie 8 bis 9 Löcher
und ist unserer Klarinette am meisten ähnlich, aber es
versteht unter den Indiern keiner eine ordentliche Melodie
darauf zu blasen — es sind einige wenige melancholische
Töne, die ewig darauf wiederholt werden.

Sie haben übrigens mancherlei Spiele; am leiden-
schaftlichsten spielen sie mit Ball und Würfel, und ganze

---

*) Eine besondere Art Tanz siehe im Anhang zu der Beschreibung
dieser Nationen.

Dörfer gegen einander. Oftmals setzen sie Alles, selbst Waffen und Kleid, aufs Spiel. — Ihre Würfel sind schwarz und gelb gefärbte Pflaumenkerne, und ihre Bälle meistentheils Ballons, die vieler Orten blos mit den Füßen geschlagen werden.

Es hätte anderswo eine Stelle haben können, aber es ist auch hier am rechten Orte, des Wampums und des Kalumets Erwähnung zu thun.

Wampum soll eigentlich eine Seemuschel bedeuten, aber man versteht jetzt einen Gürtel oder eine breite, lederne, mit Korallen besetzte Schnur darunter, die aus einer Muschel (der Venusmuschel) geschnitten sind. Es dienen diese Schnüre als Denkzeichen, und bei jeder bedeutenden Gelegenheit wird eine dergleichen niedergelegt. Nach welchen Regeln dabei verfahren wird, weiß man nicht, aber es ist gewiß, daß sie sich bei allen ihren Verhandlungen auf ihre Wampums berufen und beziehen, wie bei uns auf ein schriftliches Dokument. Die mit violetten Korallen besetzten Schnüre werden für die kostbarsten gehalten. Die Frauen zieren die Wampums mit allerlei Figuren, die aber auf die Sache Bezug haben; sie sind also eine Art Hieroglyphen. — Nur bei einem Kriegswampum darf die rothe Farbe mit angebracht seyn.

Das Kalumet, oder die große Friedenspfeife, ist bei allen friedlichen Verhandlungen mit andern Nationen im Gebrauch, und es wird aus derselben geraucht. Sie ist etwa 4 Fuß lang, das Rohr von schwarzem leichten Holze, der Kopf an 3 Zoll hoch, aber mehr als doppelt so weit und aus einem rothen Marmor gemacht, der von den entfernten Gebirgen des Mississippi gebracht wird. Er wird mit weißer Farbe überstrichen, da die rothe sich zu friedlichen Verhandlungen nicht schickt. Das Rohr ist gewöhnlich mit Figuren bemalt oder mit Bändern umwunden, an welchen Korallen sitzen, oder aber mit gefärbten Stacheln und bunten Federn geziert.

Bei der Aufnahme zum Waffenbruder gibt es harte Proben. Die Chippiway und Wässe- indier nahmen Le Long auf. Erst wurde ein großes Gastmal bereitet — Hundefleisch in Bärenfett geschmort, welches nach ihren Begriffen der höchste Leckerbissen für Je- dermann ist. Dann wurde der Kriegsgesang angestimmt, Sie sangen: „Herr des Lebens! sieh uns gnädig an; wir „wollen aufnehmen einen Waffenbruder, der Verstand zu „haben scheint, dessen Arm Stärke zeigt und der bereit „seyn wird, sich dem Feinde entgegen zu stellen."

Gibt unter dem Gesange der Kandidat kein Zeichen der Furcht, so behandelt man ihn mit Achtung und setzt ihn auf ein Biberfell. Eine Kriegspfeife, die schon bei allen Waffenbrüdern Reihe herum gegangen, wird ihm ge- schenkt und um den Nacken ein Wampumgürtel gehängt. Ist die Pfeife die Reihe herum gegangen, so wird ein Zelt zum Schwitzen errichtet. Sechs Stangen laufen oben in einer Spitze zusammen und werden mit Decken und Fellen behangen. Nur für drei ist Platz darin. Nackt geht der Aufzunehmende mit zwei Oberhäuptern hinein. Heiße Steine werden in die Hütte gelegt und mittelst Zederbü- scheln mit Wasser besprengt, welches in einem Napfe von Birkenrinde enthalten ist. Dies gibt ein Dampfbad zum allerheftigsten Schweiß. In der stärksten Ausdünstung springt der Einzuweihende aus dem Zelte ins Wasser. Kommt er aus dem Bade, so wird ihm eine Decke überge- worfen, und alsdann wird in der Hütte des Oberhaupts die Hauptweihe vorgenommen. Das Oberhaupt nimmt nämlich einen Stecken, den es in eine mit Wasser gemachte Auflösung des Schießpulvers eintaucht und damit Figuren auf den Körper des Einzuweihenden vorzeichnet. Jetzt nimmt das Oberhaupt Nadeln, die in Mennige eingetaucht werden, und ritzt und punktirt damit in die vorgezeich- neten Umrisse. Für die stärkern Züge aber wird mit scharfen Flintensteinen ins Fleisch geschnitten. In die

Stellen, in welche keine Mennige gekommen ist, wird Schießpulver eingerieben, so daß also eine Abwechselung von roth und blau entsteht.

Diese Operation dauert zwei bis drei Tage, und die verwundeten Theile werden erst mit einem gewissen unbekannten Holz gebrannt und täglich mit einem Wasser gewaschen, welches auf ein ebenfalls unbekanntes Kraut gegossen ist. Unter der Operation singt die Versammlung den Kriegsgesang und schüttelt die Klappern, vielleicht, das Wimmern des Kandidaten nicht zu hören. — Das Ganze endigt sich damit, daß der neu Aufgenommene einen neuen Namen bekommt. Le Long erhielt den Namen Amick oder Biber.

Merkwürdig ist es, daß sie von dem höchsten Wesen, welches sie den großen Geist, den Herrn des Lebens, nennen, ziemlich geläuterte Begriffe zu haben scheinen.

Ihre Zauberer und Aerzte, die in der Wundarzneikunst sehr geschickt sind, und selbst innerliche Krankheiten durch Tränke von Kräutern, mehr aber noch durch oben erwähnte Schwitzbäder, mit Glück heilen, sind zugleich Priester bei denjenigen Nationen, die sich dergleichen bedienen. Höchst ähnlich sind sie im Anzug und Benehmen mit den Schamanen Asiens, und verjagen durch gräßliche Verzerrungen, Klappern, Geschrei und Geheul nicht nur die bösen Geister von dem Kranken, sondern geben auch bei wichtigen Angelegenheiten (Kriegen) über die Zukunft Nachricht.

Daß der Wilde sehr religiös seyn könne, davon giebt Carver einen rührenden Beweis. Ein junger Prinz (so nennt er ihn) der Winnebagoer war weit gereist, um an dem Wasserfall von St. Anton den großen Geist anzubeten. Er warf seine schöne Pfeife, seine Arm und Halsbänder und seine Ohrringe als Opfer in den Fluß, und er

ſchlug ſeine Bruſt, ſtreckte heftig die Arme aus und war
in gewaltiger Bewegung. — Beim Eingang in den Ober-
ſee iſt ein Felſen. Le Long ſagt, daß die Tſchippiwäer
hier allezeit ſtill halten und Tabak und andere Sachen als
Opfer ins Waſſer werfen.

Bei jeder wichtigen Gelegenheit rufen ſie den großen
Geiſt an, wiewohl einige Völker, die aber vielleicht nicht
hierher gehören, annehmen, daß dieß nicht nöthig ſey,
denn der ſey ohnedies ſo gut, daß er Niemand etwas zu
Leide thue; aber mit dem böſen Geiſt müſſe man es nicht
verderben und ihn durch Opfer begütigen*). — Wie gereinigt bei ihnen die Begriffe von demſelben vor vielen
andern Völkern ſind, zeigen einige ihrer Lieder und Gebete. — Beim Anfang der Jagden heißt es bei den
Tſchippiwäern: „Ich will aufſtehn vor der Sonne
und den Hügel beſteigen, um zu ſehen, wie das neue Licht
die Dünſte verjagt und die Wolken vertreibt. Großer
Geiſt, verleihe mir Glück! Und iſt die Sonne hinunter,
dann leuchte mir Mond, mich nach meinem Zelte mit Wild
beladen ſicher zurückzufinden.''

Sie glauben an gute und böſe Untergötter, und machen ſich von ihnen Manitos oder Wakons geſchnitzte
Bilder von Holz, die einen Menſchenkopf vorſtellen, welchen ſie überall mit ſich führen. — Bei ihren Opfern wird
aber der Manito wie ein vollſtändiger Menſch abgeformt
und an einen Pfoſten des Hauſes geheftet. Doch ſcheint
es, als ob bei einigen Nationen die Otter- und Marderfelle die Stelle der Götzen verträten. Gewiß betrachten
ſie auch mehrere Thiere als ihre Totams oder Schutzgötter, nur daß nicht Alle einen und denſelben Totam
haben.

*) Die kriegeriſchen Schawaneſen ſollen ſich jedoch wenig um
die böſen Götter, und vielleicht überhaupt um die Götter nicht
kümmern.

Sie haben mehrere Opferfeste — große und kleine.
Es sind Feierlichkeiten, die von großen Versammlungen
angestellt und mit Schmaus, Tanz und Gesang mehrere
Tage begangen werden. Man bringt den Göttern eine
Art Speisopfer, z. B. Fleisch, Mais, Tabak u. f. w.

Einem Knaben war im Traum ein großer Raubvogel
erschienen und hatte gesagt, daß er Fleisch von ihm haben
wolle. Wenn dies einem Knaben im Traume geschieht,
so muß nun dieser den ersten Hirsch, oder den ersten Bär,
den er schießt, der Gottheit opfern. Ein Alter des Stam=
mes macht den Direktor aller Anstalten, und ladet viele
Gäste in ein sehr langes Haus, in welchem drei Feuer
brennen. Am mittlern Feuer hängt das Fell des erlegten
Thieres, dessen Fleisch die beiden andern braten und kochen.
Zwölf gerade Stöcke werden in einen Kreis gesteckt, und
mit wollener Decke behängt, auch zwölf im Feuer geglü=
hete Steine in einen Kreis gerollt, und jeder Stein wird
einer eigenen Gottheit geweihet. Der größeste dem großen
Gott im Himmel, der zweite dem Gott des Tages, der
Sonne, der dritte der Nachtsonne (dem Monde), der vierte
der Erde, der fünfte dem Feuer, der sechste dem Wasser,
der siebente dem Hause oder der Wohnung, der achte dem
Mais und die noch übrigen vier den Weltgegenden.

Der Alte nimmt hierauf eine hohle Kalebasse, in wel=
cher Maiskörner klappern, tritt mit dem Knaben, der die
erste Weihe empfängt, in den Kreis, wirft eine Hand voll
Tabak auf die glühenden Steine, und während der Rauch
aufsteigt, klappert er und ruft den Namen einer der Gott=
heiten, und spricht:

„Es weiht dir dieser Knabe einen schönen fetten
„Hirsch (Bock) und einen Brei. Erbarme dich seiner
„und gib ihm und seiner Familie Glück!"

Brennt der Tabak, so klatscht der Alte mit den Händen,
und setzt sich, nachdem derselbe verbrannt ist, mit den
Gästen zum Mahl an die beiden äußersten Feuer, indessen

beim mittlern Feuer, bei dem das Opferfell hängt, zwei
Männer ſtehen, die unter Klappern des Knaben Traum
abſingen, und von einem Ende des Hauſes bis zum andern tanzen.

Am Ende der Feierlichkeit nimmt der Alte das Opferfell, richtet Kopf und Geweihe (die immer daran bleiben)
nach Norden, hält es empor auf ſeinen Armen, und ein
ſeltſamer heller Laut beſchließt das Ganze.

Daß ſich Sekten in ihrer Religion befinden, iſt begreiflich, und mag von Alters her ſchon ſo geweſen ſeyn;
aber daß in dieſen Sekten manche Neuerungen ſich ereignen,
mag wohl durch chriſtliche Miſſionäre veranlaßt ſeyn. —
Die Stifter der Sekten geben Offenbarungen und Reiſen
in den Himmel vor (und das ſcheint bei den aſiatiſchen
Nationen uralt), theils aber fordern ſie von ihren Be-
kennern Reinigungen und Büßungen, um zum Reiche der
guten (frommen) Seelen zu gelangen (und das mag ganz
neu ſeyn). Um zu dieſer Reinigung zu gelangen, mußten
bei Einigen Brechmittel, bei Andern Prügel, angewendet werden (ohne Zweifel als Zucht- und Ermahnungs-
mittel).

Höchſt merkwürdig iſt es, daß faſt überall, wo ein
wenig Religion hervorblickt, der Menſch auf Träume
ſo viel hält, und bei unſern Indiern iſt dieſes Halten
größer und ſtärker, als ſchwerlich irgendwo, wiewohl es
ſo offenbar iſt, daß viele ſolcher Träume von der Schlau-
heit nur vorgegeben ſind, um Abſichten zu erreichen. —
Könnten wir nur die Geſchichte ſolch einer einzigen
Nation vom Entſtehen derſelben an genau und vollſtändig haben — das wäre eine Geſchichte der Menſchheit,
wahrer und lehrreicher, als wir eine beſitzen.

Alles, was ein Anderer geträumt, iſt ihnen eine un-
erläßliche Pflicht zur Erfüllung des Traums. Wie dieſelben benutzt und wie ſie angewendet werden, wird ſich aus
Amerika.   M

den nachstehenden Erzählungen ergeben. — Bei jeder
wichtigen Angelegenheit sucht man Träume zu bekommen,
durch welche der Totam oder der Schutzgeist anzeigen soll,
was zu thun oder zu lassen sey. Dabei wird vorher streng
gefastet, wodurch (was aber freilich sehr zu untersuchen
stände) die Phantasie gespannt und so die Träumensfähig-
keit befördert würde. (Vielleicht ist eher das Gegentheil
wahr, als die Behauptung. Den Grund von diesen und
von so vielen andern Dingen sollten wir erst suchen, statt
ihn ein wenig voreilig anzunehmen.)

Einem Indier hatte geträumt, er besäße die schon verheirathete Frau eines andern, die mit ihrem Ehegenossen
in der innigsten Zärtlichkeit lebte. — Das Traumrecht
unterdrückte selbst die Gefühle der wärmsten Liebe, und
der Ehemann trat, wiewohl mit Schmerzen, seine Frau
an den Träumer ab, nach dessen Tode aber beide getrennte
Theile wieder glücklich vereinigt wurden.

Nie ißt, nie jagt der Indier das Thier, das er zu
seinem Totam oder Schutzgeist sich gewählt hat. Einem,
der den Bär zu seinem Totam gewählt hatte, träumt, er
sähe einen Trupp Rehe an einem Orte. Er geht beim Er-
wachen an den Ort hin, und fürwahr, er trifft ein Rudel
dieser Thiere, von welchen ihn träumte, schießt darunter
und trifft, o Unglück! einen Bär. Voll Entsetzen sank er
darnieder und lag eine Zeit ohne Bewußtseyn, fürchtend,
den Herrn des Lebens erzürnt zu haben. — Auf dem
Rückweg begegnet ihm ein anderer Bär, der ihn nieder-
reißt, tüchtig durchwalkt und zerkratzt. Als der Indier
nach Hause gekommen war, erzählt er: Der Bär habe
ihn gefragt: „warum er denn seinen Totam geschossen?"
Darauf habe er erwiedert: „Er habe es ja nicht gewußt,
als er auf den Rudel feuerte, daß sein Totam darunter
sey. Er sey sehr darüber betrübt, und der Bär möchte
doch Mitleid mit ihm haben!" Hierauf habe ihn denn
der Bär entlassen, mit der Warnung, künftig behutsamer

zu seyn und allen Indiern den Vorfall zu erzählen, damit ihre Totams künftig sicher wären und der Herr des Lebens nicht über sie ergrimmen müsse.

Dem Engländer William Johnson bekam das Träumen eines Oberhaupts der Mohawks ganz gut. — Das Oberhaupt hatte öftere Träume gehabt, daß William es mit Rum und Tabak beschenkt habe, und der Engländer wußte zu gut, daß sich da nichts anders machen ließ, als dem Träumer seinen Traumwunsch gewähren, wenn er nicht Alles verderben wollte. Aber es träumte zuletzt das Oberhaupt sogar auf des Engländers schönen, mit Tressen besetzten rothen Gallarock und — erhielt ihn. Aber der Engländer wußte sich zu entschädigen und fing auch an zu träumen. Er sagte dem Mohawk, er habe geträumt, ihm sey von dem Indier ein Stück Land geschenkt, sich ein Haus darauf zu erbauen. „Bruder, sagte freundlich das Oberhaupt, hast du es wirklich geträumt, so muß ich es dir geben." Der Engländer betheuerte, daß er fürwahr also geträumt habe, und bezeichnete nun den Landstrich, auf den es ankam — ein Strich des schönsten Landes, fast 2 M. des Mohawkflusses entlang. Er erhielt sein Traumland in der Wirklichkeit, aber das Oberhaupt sagte: „Bruder, wir wollen nicht mehr gegen einander träumen (ihr gewöhnlicher Ausdruck im ähnlichen Falle), denn ich habe nur ein besetztes Kleid bekommen, du aber ein großes Bette, worin die Vorfahren oft geschlafen haben." *)

Manche Stämme in Canada feiern alljährlich ein Fest zu Ehren ihrer Träume, das sie Onnonhouarori (das Fest der Tollheit) nennen, wo es mehrere Tage wild durcheinander geht, mit Lärmen, Schreien, Rasen u. s. w. Es läuft Jeder von Hütte zu Hütte, erzählt aller Welt seinen Traum und nimmt, was ihm im Traum gegeben

*) Mancherlei Zweifelsfragen bei dieser Geschichte werden dem Leser von selbst beifallen.

warb, oder forbert die Lösung des Traums. Dabei wird
nach Möglichkeit gegessen und getrunken. Nach Beendigung der Raserei soll jeder wiederbekommen, was ihm im
Traum von Andern abgenommen wurde.

Was die **Regierungsform** dieser Völker betrifft,
so ist an Könige und Fürsten, wiewohl sich einige Reisende
dieser Namen bedienen, hier nicht zu denken, und noch
weit weniger an eine Erblichkeit der Würden. Ihre
Oberhäupter sind durch Wahl bestimmt, und mögen bei
einigen Nationen mehr, bei andern weniger Gewalt haben. Der **Sachem** oder **Chief** der Delawaren ist nur
der erste Mann unter seiner Nation, und sorgt, wie jeder
andere, selbst für seinen Unterhalt, und da er oftmals
Fremde bewirthen muß, so kommen ihm darin die andern
mit Lebensmitteln zu Hülfe. Er wird aus seinem eigenen
(nie aus einem verwandten) Stamme gewählt, und hat
seine Räthe, die theils aus versuchten Kriegern, theils
aus erfahrnen Alten bestehen, und überhaupt sollen alle
wohlhabende Hausväter als seine Stützen und Gehülfen
anzusehen seyn. ——

Zwistigkeiten kann der Sachem zwar schlichten, aber
Zwangsmittel sind nicht in seiner Gewalt, sondern blos
Vorstellungen der freundschaftlichsten Art, blos Ueberre-
dungen stehen ihm zu Gebote; nur bei Unordnungen, die
durch Trunk entstehen, darf er etwas mehr Gewalt gebrauchen; auch darf er den Gebrauch starker Getränke ver-
bieten, welches er aber selten thut. Ueberall muß das
Oberhaupt nachsichtig seyn, denn sonst würden es sehr
viele Hütten verlassen und sich andere Wohnplätze suchen.

Alle gemeinschaftliche Unternehmungen einer Nation
sind Sache des Raths. Das Oberhaupt redet dabei nicht
selbst, sondern hat seinen Sprecher. Der Rath kann
zwar durch den Sachem Frieden schließen, aber um Krieg
zu erklären, ist die Einwilligung der **Kapitäne** oder

Kriegshäupter erforderlich, die dagegen an Abschlies-
sung des Friedens keinen Antheil haben.

Aehnlich den Delawarischen sind die Einrichtungen
der andern Nationen Canada's. Die Irokesen oder sechs
Nationen bilden 6 verbündete Republiken, deren jede ihr
Oberhaupt hat. Jede Nation zerfällt dann wieder, wie
fast bei allen Indiern, in Stämme, wiewohl der Name
„Stamm" von Europäern auch gleichbedeutend mit Nation gebraucht wird, welches auch in dieser Beschreibung
mehreremale geschehen ist. Jeder Stamm wählt sich den
Namen eines Thieres, z. B. Adler, Schlange, Büffel,
Wolf, Schildkröte ꝛc. (Wappen gleichsam.) Seine allgemeine Versammlung, oder sein großes Feuer, hält
der Bund zu Onondago, und hier wird Alles verhandelt,
was den ganzen Bund angeht.

Bei einigen Völkerschaften scheint nur das Kriegs-
oberhaupt durch Wahl erhoben zu werden; das andere
Oberhaupt (Friedensoberhaupt) ist, was es ist, durch
Erbrecht *). Unterwürfigkeit können auch die letztern
nicht erwarten, und scheinen auch keine Ansprüche darauf
zu machen, indem sie wohl wissen, daß ihre Stammge-
nossen alle sich für freie Leute halten (wie sie denn freier
sind, als irgend ein Mann in Europa). Der Anführer stellt
daher nur vor: Er glaube, dies oder das müsse geschehen — er glaube; und dann gibts einen Wetteifer, der
unglaublich ist, zumal, wenn der Anführer, wie doch anzunehmen steht, einer der Aeltesten ist, die, wie bereits
erwähnt worden, in hohem Ansehen stehen (und denen die
Jüngsten die besten Leckerbissen der Jagd darbringen).

*) Den scheinbaren und wirklichen Widerspruch so vieler hieher ge-
hörigen Dinge suche man nicht sowohl in der Beschreibung des
Verfassers, der mit Absicht diese Widersprüche nicht gemildert
hat, sondern in der Unkenntniß, oder doch im Mangel an genauer
Kenntniß von diesen Nationen sowohl, als in der Verschiedenheit
ihrer Sitten und Gewohnheiten.

Einige Völkerschaften schränken doch, nach Carver, die Erbfolge in der That auf die Verwandtschaft, und, seltsam genug, sogar auf die weibliche Linie ein, und der Schwestersohn folgt statt eigener Söhne. Bei Rathsversammlungen (etwas anderes, als bei den Delawaren) hält bei den Nadowessiern zuerst das erste Oberhaupt seine Rede; dann folgen die übrigen und jeder sagt seine Meinung. Der allgemeine Beifall Aller ist ein Beschluß zur Ausführung. Junge Leute hören bei den Rathsversammlungen nur zu, dürfen aber nicht mitsprechen.

Anhang.

An der Westseite des Missisippi gibt es einen Tanz *), der mit der Aufnahme in einen Bund zusammenhängt, und Pawatanz genannt wird. Man hält ihn zur Zeit des Neumonds auf einem Platze, und zwar ganz gegen die Gewohnheit, des Mittags. Zuerst erschienen Oberhäupter, die mit den besten Kleidern angethan waren; dann kam der Hauptkrieger, schön bemalt und im Gefolge von 15 bis 20 Kriegern. Der reiche Pelzrock hing bis auf die Erde hinab. Und nun erschienen sogar Frauen, die zu der Gesellschaft oder zum Bunde gehörten. Zuletzt kam ein vermischter Haufen.

Ein Anführer eröffnete nun in einer Rede, daß einer der jungen Männer aufgenommen seyn wolle, fragte, ob Jemand etwas einzuwenden habe, und da sich nichts dergleichen fand, stellte er den Kandidaten in die Mitte, ihn ermahnend, daß er sich als Mann und als Indier benehmen möchte. Vier Oberhäupter hatten sich neben ihn hingestellt. Der Kandidat mußte jetzt niederknien. Zwei der Oberhäupter oder Anführer faßten ihn bei den Armen,

---

*) Wir erwähnen dieses sonderbaren Tanzes und Bundes deswegen hier, da das, was wir über die Tänze der Wilden gesagt haben, noch in frischem Andenken ist.

ein dritter stand hinter ihm, um ihn aufzufangen, und der vierte 12 Schritt vor ihm. Dieser sagte: Er selbst (der Redner) sey bereits von dem Geiste besessen, welchen der Kandidat auch zu bekommen wünsche und erhalten solle. Dieser Geist würde ihn (den Kandidaten) todtschlagen, aber auch sogleich wieder beleben. Es wäre eine schreckliche Gemeinschaft mit diesem Geiste, aber eine nothwendige, wenn man ein Mitglied der Gesellschaft seyn wolle.

Der Redner war wie von einem Geiste sehr mächtig ergriffen; starke Bewegungen wirkte der Geist, die Gesichtszüge veränderten sich sehr, der Körper zuckte, und jetzt warf der Redner dem Kandidaten etwas in den Mund — es schien wie eine kleine Bohne — worauf dieser wie todt hinfiel, gleichsam wie ein vom Schlage Getroffener. Der hinter ihm stehende Anführer fing ihn auf, und legte ihn mit Hülfe der beiden andern als einen todten Mann auf die Erde hin.

Als Todter liegt er da. Die Oberhäupter reiben seine Glieder, sie schlagen ihn gewaltig auf den Rücken, die Zuschauer staunen, zweifeln, harren; aber der Redner redet fort, beruhigt die Zuschauer und ermahnt sie, nicht zu zweifeln, denn der Todte werde schon wieder aufleben, nur seine Organe habe der große Geist gefesselt. Nach einigen Minuten und nach vielen heftigen Rückenstößen fängt der Neuaufgenommene an, zuckend, erbrechend, stillend, Spuren vom Leben zu zeigen, und als er nun gar erst die Bohne von sich gegeben hatte, war er bald wieder hergestellt.

Jetzt nahmen ihm die Ordenshäupter die Kleidung ab, zogen ihm neue dagegen an, und hierauf stellte ihn der Redner der Bundesgesellschaft als ein geweihtes Mitglied vor, ermahnte die Verbündeten, demselben allen Beistand zu lasten, und der Neuaufgenommene wurde ermahnt, der ältern Ordensbrüder Rath bescheiden aufzunehmen und zu befolgen.

Alle, die innerhalb der Schranken waren (denn die profanen Zuschauer standen außerhalb derselben) schloßen jetzt einen Kreis um das neue Mitglied, und der große Krieger (erste General) sang ein Lied von den großen Thaten der Vorfahren. Hierauf begann ein Tanz der Verbündeten, der mit Gesang begleitet war, und in dessen Chor die Frauen einfielen. Die meisten Tänzer hatten ein aufgeblasenes Fell mit hölzerner Röhre. Sobald dasselbe gedrückt wurde, pfiff es, und wurde es pfeifend Jemand vorgehalten, so fiel dieser sogleich todt nieder. Es lagen 3 oder 4 Männer und Frauen da, die aber bald sich wieder aufrafften und wieder mittanzten. — Der Schluß der Feierlichkeit machte ein Gastmahl, das meistens aus köstlichem Hundefleisch bestand, welches der Kandidat hatte besorgen müssen.

Die Urbewohner der südlichen Gegenden in und an den Freistaaten, namentlich in Louisiana und Florida.

Da der von der Jagd lebende Indier so weite Länderstrecken durchzieht, so ist es natürlich, daß manche Nationen auch hier noch wohnen, die bereits unter den vorhin beschriebenen mit einbegriffen sind. Wir laßen uns aber hier nur noch auf die Beschreibung einiger wenigen Völkerschaften ein, um so mehr, da aus der Verwirrung so vieler Völkernamen (f. oben) (es wollte Jemand nur allein in Louisiana 150 verschiedene Nationen berechnen) und aus der Ungewißheit ihrer Wohnplätze eben so wenig herauszukommen, als auch die Bekanntschaft mit den meisten so äußerst gering, und wahrscheinlich die Beschreibung derselben kaum der Mühe werth ist, da, bis auf geringfügigere Einzelnheiten, dieselben untereinander alle so ähnlich sind.

Wir haben es demnach hier nur mit den vorzüglich
Louisiana und Florida bewohnenden Creeks (Krihks),
die aus Muskogulgen oder Oberkrihks und Si-
minolen oder Niederkrihks bestehen, und mit den
Tsaktas und Tschikasas, mit Cherokesen (Tschirokesen) und mit einigen wenigen andern, kaum dem
Namen nach bekannten Völkern zu thun — Nationen, die
wahrscheinlich alle einerlei Ursprungs sind, und von welchen uns in neuesten Zeiten Bartram die sichersten Nachrichten gegeben hat, die aber auch schon so weit in ihrer
Kultur vorgerückt sind, daß er uns Verzeichnisse ihrer
Städte und Ortschaften hat geben können, welches denn
einigen Feldbau voraussetzt, der in der That auch vorhanden ist.

So erwähnt er denn als Ortschaften der Tschirokesen
unter mehrern andern der (sogenannten) Stadt Sinica
am Flusse Keowe in einer schönen Lage zwischen Hügeln
und Ebenen, mit dem Versammlungshause, dem Hause des
Oberhaupts und den Häusern der Kaufleute (aus den Freistaaten) und etwa 500 Einwohnern. — Ferner der St.
Cowe am Tenassi mit 100 Häusern, die aus Baumstämmen gebauet sind, welche durch Einkerbungen an den
Enden in einander gefügt, und kann inwendig, wie aus-
wendig, mit Thon beworfen werden, der mit trocknem
Grase vermengt ist. Kastanienborke oder breite Schindeln
geben die Bedachung. (Eine Bauart, die offenbar den
Europäern abgelernt ist!)

Das Versammlungshaus in dieser Stadt ist eine 30 F.
hohe Rotunde, stehend auf einem Hügel, der von uralten
Zeiten her, wie mehrere andere dieser Gegenden, mühsam
zusammengetragen war *). Dieses Gebäude ist aus lau-

*) Man betrachtet diese 20 Fuß hohen Hügel als Ueberbleibsel einer
ehemaligen höhern Kultur, wie die am Ohio, unweit Marietta,
liegenden, 10 F. hohen Wälle, die regelmäßige Festungswerke vielen geschienen sind, und zum Theil 300 F. im viereckten Umfange
halten. — Man hat längs des Missisippi in ganz flachen Gegenden

ter Baumstämmen aufgeführt, und eine große Thür läßt das Licht ein und den Rauch hinaus. Rings herum ziehen sich amphitheatralische Bänke in zwei oder drei Reihen, auf welchen Matten liegen, von Eichen- von Eschenholz geflochten. In der Mitte ist ein das Dach tragender Pfeiler, in dessen Nähe das Feuer angezündet wird, bei dem die Musikanten sitzen, und um welches fast alle Abende getanzt wird.

Es wurde den Abend, als Bartram gegenwärtig war, ein Ballspieltanz probirt, weil man am andern Tage gegen eine andere Stadt Ball zu spielen hatte. In einer langen Rede eröffnete das Oberhaupt die Siege der Stadt Cowe in diesem Spiel, welches er empfahl. Hierauf wurde gesungen und dazu gespielt. Ein Chor von Mädchen, in langen weißen Röcken, mit Korallenschnüren, Armbändern und andern Bändern, trat paarweise ein, antwortete mit leisen tiefen Tönen der Musik und stellte sich in einem Halbzirkel in zwei Reihen, die den Rücken einander zukehrten. Bald nachher kamen lustig und munter, mit Raketen oder Ballhölzern, unter durchbringendem Geschrei, ein Haufen junger Männer, gut gekleidet, angemalt, mit Armbändern, Wampumschnüren, bunten Schuhen und hohen Federbüschen geschmückt, und stellten sich den Mädchen gegenüber. Gesang und Tanz der Jünglinge und Mädchen begann mit mancherlei Wechsel und eben so großer Genauigkeit als Geschwindigkeit.

Mancherlei andere Spiele und Tänze, besonders in Beziehung auf Jagd und Krieg, sind auch hier *n) und aus

Der sämmtlichen Städte oder so wenig heraustram aufführt, sind drei und . schaft mit den meisten . einlich die Beschreibung der Erdhügel von . werth ist, da, bis auf geringfügi. ren Alter auzen dieselben untereinander an den Wuchs den Bäumen . der Baumart kennt. Man schätzt dieses Alter auf 900 Jahre und drüber.

Der Muskogulgen Städte werden fünf und
funfzig aufgeführt, wovon Uche (Enchée) an 1500 E.
haben und eine der schönsten unter allen indischen Städten
seyn soll, deren Häuser nett und geräumig, von hölzernen
mit rothem Mörtel an beiden Seiten überzogenen Wänden
gebaut und mit einem Dache von Cypressenborke oder
Schindeln bedeckt sind. — Die St. Apachucla ist dem
Frieden geweiht, und es darf in ihr kein Menschenblut ver-
gossen werden, dahingegen in Coweta sich die Häupter
oder Mikas des gesammten Bundes versammeln, Krieg
beschließen und Kriegsgefangene oder Verbrecher hinrichten lassen.

Die Tschirokesen wohnen etwa an 60 Meilen
nordwestlich von Charlestown in Ost-Maryland, und sollen vor mehr als einem halben Jahrhundert weit reicher
an Zahl (6000 Krieger) und Städten gewesen seyn, als
jetzt, wo sie vielleicht nicht mehr 1500 Krieger zählen.

Sie sind ein starker und fester Schlag Menschen, gewandt, ihre Weiber hübsch und zart, und die Farbe heller,
als bei andern rothen Nationen. Eben so schön sind die
Weiber der Muskogulgen, nur sind die Männer nicht
ganz so groß und stark, wie bei den Tschirokesen.

Die Tschirokesen sind ernst und behaupten Vorsicht
und Würde in ihrem Betragen, sind aber bei aller Be-
dachtsamkeit dennoch sehr menschenfreundlich und besonders
gastfrei. Ueberall wurde Bartram gern aufgenommen
und nöthig bewirthet. Mit Unwillen leiden sie die Abhän-
hohe Rotun-hen weit mächtigern Muskogulgen, die ihnen
Zeiten her, wie m..fühl für Freiheit und Gerechtigkeit sehr
zusammengetragen war

*) Man betrachtet diese 20 Fuß hohen Hügel für den Feldbau und
   ehemaligen höhern Kultur, wie die am Ohio, Bohnen, Gärten
   ... 10 F. hohen Wälle, die regelmäßige I.
   und Wiesen, und ..... und anderes
   Vieh. — Aus den Blättern der Cassine Yapou be-

reiten sie durch Aufguß ein starkes Getränk, und nennen daher dieses Gewächs den geliebten Baum.

Wie sie ihre Häuser bauen, und wie ihre Versammlungshäuser aussehen, ist bereits erwähnt und nur noch zu bemerken, daß jegliches Haus in drei Zimmer abgetheilt ist, deren jedes seine Thüre hat, daß nicht weit von dem Wohnhause ein kleines kegelförmiges Haus steht, das Heißhaus genannt, weil es besser gegen die Kälte schützt, und daß ihre Ortschaften durch Heerstraßen mit einander verbunden sind, bei welchen man jedoch an keine europäische Heerstraßen denken muß.

In manchen Stücken, die hierher noch gehören könnten, sind sie mit den Krihks, die sofort beschrieben werden sollen, fast völlig gleich.

Die Muskogulgen (Muskohgen) oder Krihks (Creeks) *) sind eine stolze, kräftige und dem äußern Ansehen nach heldenmäßige Nation, und sehr kriegerisch, wiewohl großmüthig gegen die Unterworfenen, gerecht (nach ihren Begriffen und Herkommen) liebreich gegen Weib und Kind und sehr gastfrei, sind flüchtig und lebhaft, und wiewohl am weitesten östlich des Mississippi von den Kolonien entfernt, doch civilisirter, als die nächstanwohnenden Völkerschaften, woran M'Gillivray (ein Schotte von väterlicher und ein Krihk von mütterlicher Seite) vielen Antheil gehabt hat, seitdem er ihr Oberhaupt und Anführer wurde. Er selbst war auf europäische Weise gebildet.

Kommt ein Mann in eine andere Stadt und wünscht Lebensmittel, Ruhe oder Unterhaltung, so geht er ins erste beste Haus und spricht: „Ich bin gekommen." Wirth oder Wirthin antworten: „Das ist gut!" Speise und Trank sind stracks bereit; der Fremde ißt, trinkt, raucht,

*) Von den kleinen Flüßchen also benannt, womit ihr Land bewässert ist.

plaudert und steht endlich auf und sagt: „Ich gehe!" und die Antwort heißt: „Das thust du." Er geht dann in ein anderes oder in das Versammlungshaus, wo sich immer Leute finden, die entweder am Tage plaudern, oder des Nachts tanzen.

Die mit den Muskogulgen verbündeten Nationen widerstehen, wie sie selbst, noch dem Brantwein. Ein junger Indier sahe die Auftritte und Thorheiten betrunkener Weißen in seiner Stadt. Er schlug an seine Brust und sahe lächelnd zum Himmel auf. — Auch dürfen die Weißen, die mit Handelswaaren kommen, keineswegs und einen Tropfen Brantwein in ihre Städte bringen — man zerschlägt ihnen die Fässer und läßt den Geist der Raserei auslaufen.

Sie sind tapfere Krieger, die ihre Tomahawks zu gebrauchen wissen, und sich nicht nur die Tsacktas, sondern auch die Tschirokesen, die Tschikasas, die Natsches, die Alanses und mehrere kleinere Stämme von sich abhängig und mit sich verbündet gehabt haben, die zusammen an 20 Völkerschaften betragen. Ihre Kriegstapferkeit berechnen sie ebenfalls nach der Menge der Skalps. Sonst verbrannten sie die Kriegsgefangenen.

Die Regierungsform der angesehensten dieser Völker ist einfach. Die bejahrten Oberhäupter, Krieger und andere hoch angesehene Männer, bilden eine Versammlung, an deren Spitze ein von ihnen selbst gewählter Mico oder König, wie die Europäer ihn nennen, steht, der alle Zeichen der tiefsten Ehrfurcht empfängt; ohne eine Alleingewalt zu besitzen. Außer der Versammlung geht er mit allen Andern ganz vertraulich um, und sie desgleichen mit ihm. Seine Kleidung, seine Wohnung hat keine Auszeichnung, deren er auch keine sonst an seinem Körper trägt; er ißt, trinkt und tanzt mit den übrigen.

Merkwürdig ist die geheimnißvolle Wahl des Mico der Muskogulgen. Er ist König, ohne daß Jemand sa-

gen kann, wie oder wann er König geworden ist; aber er
ist es. — Bei den Berathungen in der Rotunde, oder
auf einem öffentlichen Platze und überall hat er nur Eine
Stimme. Bei gemeinschaftlichen Angelegenheiten sämmt=
licher Stämme läßt er die Versammlung berufen, nimmt
von fremden indischen Nationen, oder von den Freistaa=
ten, oder von Spaniern, Audienz an, und kann über den
öffentlichen Schatz, d. i., das Kornmagazin, disponiren
(welches doch eine bedeutende Macht ist), wohin ein Je=
der, der einen Acker besitzt, von seiner Ernte einen be=
stimmten Theil als Abgabe abliefert.

Der nächste nach dem Mico ist der Oberkriegsanfüh=
rer oder Tastanegy, dessen Stimme in Kriegsangele=
genheiten vorzüglich gilt, und der das Heer anführt, wo=
bei ihm der Mico, auch wenn dieser mit zu Felde zieht,
nichts einzureden hat.

Jeder Stamm hat seine Priester (Aerzte, Beschwö=
rer), unter welchen einer der Oberpriester ist, der in
Verbindung mit den Geistern steht, in allen Angelegenhei=
ten großen Einfluß hat, und ohne dessen Rath man nie
Krieg anfängt. Man hat Fälle, daß das Heer plötzlich
nach seinem Rath umkehrte, wiewohl es schon an 50 Mei=
len gemacht hatte, und nur noch eine Tagereise vom Feinde
entfernt war — aber freilich, er kann auch Regen oder
Dürre voraussagen, welches keine Kunst ist, da er ja selbst
regnen oder nicht regnen lassen kann; kann Krankheiten
heilen, böse Geister rufen und vertreiben, und Donner und
Blitz gebieten.

Schon hieraus kann man schließen, wie ungegründet
die Behauptung Einiger seyn muß, daß diese Nationen
ohne alle Religion wären. Sie beten sogar den großen
Geist an, der den lebendigen Athem gibt und nimmt,
glauben an einen Zustand der Seelen nach dem Tode, wo
der tüchtige brave Krieger und Jäger in ein schönes, war=
mes, an Holz, Wiesen, Gewässer und Wildpret reiches
Land kommt.

Zu dem Religiösen bei ihnen gehört es doch wohl, daß sie nach der Sonne zu Tabak rauchen und beim Wiederkehren des Neumondes große Freude äußern. — Wie beschämt ist er *) unter dem Schleier, sagen sie, daß er die Paar Nächte bei der Sonne geschlafen hat.   Er will sein Gesicht nicht sehen lassen.

Die Priester bereiten bei verschiedenen Gelegenheiten und namentlich beim Erndtefeste, bei wichtigen Staatsangelegenheiten und Vorbereitungen zum Kriege **) Reinigungstränke.

Wir dürfen hier nicht übergehen, was Bartram erzählt, da er in der Muskogulgenstadt Otasse am Fluß Tallapuse war; denn es scheint religiöser Art zu seyn — auf jeden Fall ist es merkwürdig.

Er wurde bei den alten Oberhäuptern auf dem öffentlichen Platze eingeführt; und begab sich Abends in Gesellschaft hier sehr zahlreicher Kaufleute, in die große Rotunde, wo Oberhäupter und alte Krieger versammelt waren, und wo man Tabak rauchte und Cassine trank (ein Aufguß auf Blätter und junge Sprossen der Cassine). Weiber und Jünglinge dürfen bei harter Ahndung sich nicht dem Bezirk der Rotunde nahen, die so groß war, daß mehrere hundert Personen darin Platz hatten, die täglich von eigends dazu bestellten Leuten rein gefegt und mit dem nöthigen Rohr zum Brennen und Leuchten versehen wird.

Ein eigener Aufseher befiehlt den Dienern, das schwarze Getränk (eben die Cassine) zu brauen, welches in einem Pavillon, 20 oder 30 Schritt der Thür der Rotunde gegenüber, geschieht.   Bündel von trocknem Rohr werden gebracht und gespalten, in Stücke gebrochen und

---

*) Eigentlich: ist sie; denn nur in deutschen Zungen allein ist der Mond ein Mann.

**) Ein für allemal! Alle nordamerikanische und selbst südamerikanische Völkerschaften haben zum Theil sehr harte Vorbereitungen bei Jagd, Krieg und andern wichtigen Angelegenheiten.

rings um den großen Pfeiler mitten in der Rotunde auf-
geschichtet.

Am Abend kommen die Mitglieder der Versammlung
und nehmen ihre Sitze der Ordnung nach. Die Rohr-
schilfen werden angezündet *) und geben ein mildes, aber
hinlängliches Licht. Die Sitze der Veteranen unter
Oberhäuptern und Kriegern sind der Thür gegenüber in
drei hinter und über einander erhabenen Abstufungen.
Die Weißen und die rothen Männer verbündeter Städte
sitzen ihnen links, aber durch eine Reihe Pfeiler von ihnen
abgesondert. — An der Spitze sitzt der Mico und der Tastanegy links neben ihm, hinter ihm die vornehmsten,
nach diesen die jüngern Krieger.

Sind Alle in Ordnung, so kommen zwei Männer, sehr
große Muschelschalen tragend, welche mit der schwarzen
Cassine angefüllt sind. Mit festem gemessenem Schritte,
die Augen in die Höhe gerichtet, leise und angenehm singend, nähern sie sich. Sind sie den Sitzen des Königs
oder der Weißen nahe, so stehen sie still und setzen ihre
Muscheln auf ein Tischchen oder Dreifuß hin und nehmen
sie stracks wieder auf, nähern sich, indem sich ihre Wege
durchschneiden, der Eine dem Vornehmsten der weißen
Leute, der Andere dem König, und überreichen diesen die
Schalen. Sobald dieselbe an den Mund gebracht wird,
stößt der Ueberbringer zwei Töne aus und hält damit so
lange an, als der Athem hält und so lange muß denn auch
getrunken, oder jedoch die Schale an den Mund gehalten
werden. Diese Töne werden lang und feierlich gehalten,
klingen fast wie: a — hu — ojah; a — lu —
jah (Halleluja?) und erregen, sagt der Beschreiber,
religiöse Gefühle! — Auf gleiche Weise wird mit der
ganzen Versammlung verfahren, so lange Trank und Licht

*) Bartram — ohnedies da und dort ein wenig zu geschmückt in
   seiner Erzählung — will uns eine geheimnißvolle Art des An-
   zündens abmerken lassen. Er habe Niemand gesehen, der das
   Feuer anzündete — freilich, wenn er nicht recht Acht gehabt hat!

(das Rohrlicht nämlich) vorhalten, und daß dazu geraucht wird, versteht sich von selbst. Der Tabak ist im Felle eines jungen Jaguars, einer wilden Kaße, in der Haut einer Schlange und am liebsten in dem Felle eines solchen Thieres, das das Wappen der Familie des Königs ausmacht, befindlich und wird, nebst der großen oder der Königspfeife, zu des Königs Füßen niedergelegt. Auch zu den Füßen der vornehmsten Weißen ist ein Fell mit Tabak befindlich — die Felle gehen Reihe herum, damit Jeder stopfe. Die ersten Züge aus der großen Pfeife thut der König, blasend den Rauch nach der Sonne, oder (wie man glaubt) nach dem großen Geiste hin, dann nach den vier Weltgegenden und zuletzt nach den weißen Leuten. Die große Pfeife erhält nun der vornehmste Weiße, dann der Kriegsanführer und dann geht sie Reihe herum zu allen Anwesenden. Hierauf raucht Jeder aus seiner eigenen Pfeife.

Sie haben auch ein eigenes Haus, worin die heiligen Sachen, der Arzneitopf, die Klapper, ein Rosenkranz von Vögelklauen und das Calumet, oder die große Friedenspfeife, aufbewahrt werden. Dieses Haus macht, nebst drei andern, worin man sich zum Plaudern oder Schmausen zu allen Zeiten versammelt, ein großes Viereck. Die Pfeiler der Wände sind mit mancher Malerei und Schnitzwerk verziert, z. B. Männern in lächerlichen Stellungen, oder mit Thierköpfen und Thieren mit Menschenköpfen, und die Pfeiler der vordern Seite stellen gefleckte, sich in die Höhe hebende Schlangen vor, denn die Otassel gehören zu dem Stamme der Schlange.

Zu manchen Zeiten werden allgemeine Fasten angestellt; z. B., wenn eine Seuche aufgehört hat; man nimmt Arznei, namentlich bedient man sich eines stark abführenden und zugleich blutreinigenden Mittels und ißt 7 oder 8 Tage nur eine magere Wassersuppe und etwas Kornmehl.

Nach alter Sitte pflegen sie abgelebte Alte durch einen Schlag mit dem Tomahawk umzubringen, und selbst die von Bartram dagegen erzählte Geschichte beweist es gerade.

Der älteste Anführer der Stadt Muclasse war stockblind, und ließ sich von drei jungen Leuten in die öffentliche Versammlung führen, wo ihn allezeit ein freudiges Willkommen empfing. „Ihr liebt mich," sprach der Alte eines Tages zu der Versammlung, „aber ich tauge „nichts mehr, ich kann nicht mehr sehen und weder den „Rehbock, noch den Bären, erlegen. Ich bin Euch zur „Last und habe lange genug gelebt. Mich verlangt, die „Krieger meiner Jugend im Lande der Geister zu sehen. „Hier (indem er seine Brust entblößte) hier ist das Beil, „nehmt es und schlagt zu."

Einstimmig sagten Alle: „Wir wollen nicht, wir können nicht, wir brauchen dich noch."

Zum Kriege läßt der Tastanegy alle Oberhäupter durch eine rothe Keule einladen. Eine gewisse Zahl kleiner Holzpflöcke bestimmt, wie viel Tage noch bis zur Versammlung hin sind.

Man beobachtet im Kriege die strengste Mannszucht und Niemand darf ohne Befehl des Anführers essen oder trinken. Die Armee marschirt Mann vor Mann und der Nachfolgende tritt in die Fußstapfen des Vorangehenden, damit man den Feind über die Anzahl täusche. Der letzte bedeckt die Spur mit Gras.

Morgens und Abends gibt der Tastanegy das Zeichen zum Aufbrechen und zum Lagern. In der Schlacht befindet er sich im Mittelpunkt und vertheilt die Truppen dahin, wo es nöthig ist. Kommt er in Gefahr, so stürzt Alles zu seiner Rettung herbei, und fällt er, so skalpirt ihn der nächste Krieger, damit der Feind sich nicht mit dem Skalp rühmen könne.

Ist ein Krieg glücklich beendigt, so wird der Tasta= negy im Triumph eingeholt. Die beiden ältesten Ober= häupter heben ihn vom Pferde und entkleiden ihn ganz, zwei andere reichen ihm Baumblätter und Bast, woraus er sich einen neuen Gürtel macht. Seine Kleider werden zerrissen, jedes Oberhaupt eignet sich ein Stückchen davon zu und trägt es als Amulet in einem Säckchen an sich.

Uebrigens fechtet man am liebsten nackt, weil man glaubt, die Wunden heilten wegen der darin zurückblei= benden Leinewand weit schwerer.

Man trägt ein in Falten gelegtes Hemde von Leine= wand, und umschlingt die Hüften mit einem Stück blauem Tuch, dessen oft mit Korallen besetzte Enden bis auf die Knie herabhangen. Oberhäupter tragen auch wohl einen Schultermantel von Scharlach mit Goldfransen, Glöckchen oder mit rothen Flamingofedern besetzt. Vornehme ha= ben auch oft einen silbernen Halbmond auf der Brust, der am Halse mit einem Bande befestigt ist. Die bis zur Wade reichenden Stiefeln sind von Tuch, und der Schuh oder Stillipica von weichen Rehfellen.

Auf dem Kopfe läßt man nur einen vom Scheitel nach dem Nacken zu laufenden, zwei Zoll breiten, aber gegen das Ende zu immer breiter werdenden Haarstreif stehen. Einzelne Büschel dieses Streifs steckt man in silberne Röh= ren oder Spulen, und verziert denselben auch mit Silber= platten. Sie tragen ein 4 Zoll breites Diadem um den Kopf, welches mit Steinen, Korallen, Schnüren und Sta= cheln vom Stachelschweine besetzt ist. Der Ohrrand wird abgelöset, mit Silberdrath umwunden, damit er nicht so leicht bei den schweren Sachen reiße, die man hineinhängt, und welche denselben bis auf die Schultern hinabziehen.

Die Weiber tragen eine Jacke, die sie mit Spitzen oder Korallen besetzen, einen Rock bis auf die Mitte des Beins und Halbstiefeln. Das in Flechten geschlagene und auf dem Scheitel mit einer silbernen Nadel befestigte Haar

N 2

wird mit vielen, bis zur Erde herabhangenden Bändern
geschmückt.

Seltsam und bemerkungswerth ist es, daß sich hier nur
die leichtfertigen Mädchen schminken.

Junge Priester tragen einen weißen Mantel, und als
Zeichen der Weisheit eine ausgestopfte Eule, mit Augen
von Glaskorallen, statt Federbusch auf dem Kopfe. — Die
Eule gilt also hier, wie zu Athen. — Sie treten mit
vielem Ernst und leise vor sich Hymnen singend einher.

Daß sie die meisten Stoffe zu ihren Kleidern von Eu=
ropäern kaufen, braucht kaum gesagt zu werden. Die
Frauen spinnen und weben jedoch Gürtel, Kopfbinden,
und verfertigen Schuhe, Fransen und Spitzen.

Tanz und Musik sind auch hier zu Hause. Trommel, Klapperkürbiß und eine kreischende Flöte sind die
Instrumente der Krihks. Bei ihren Tänzen haben sie
Kriegs-, Trink- und Liebeslieder. Die letztern sollen sehr
wollüstig seyn.

Mehr als diese Nation zeichnen sich in Dichtkunst und
Musik die Tschaktas aus, deren Städte unter einander
wetteifern, sich in Erfindungen neuer Lieder und Tänze zu
übertreffen. Sie scheinen vorzüglich mehrere elegische Lieder und Tänze zu haben. So hieß es in einem ihrer
Lieder:

> Die Menschen müssen alle sterben,
> und keiner weiß, wie bald;
> doch kommt einmal die Zeit,
> so kann der Ausgang fröhlich seyn.

Der Festtage scheinen diese Nationen in jedem Mo=
nate wenigstens einen zu haben. Das Fest der ersten
Früchte oder der Ernte, welches das neue Jahr anzufan-
gen scheint, ist das vorzüglichste; selbst die Aussaatszeit
scheint eine Art Fest zu geben.

Ein eigener Aufſeher gibt auf dem Kinkhorn, oder
Schneckentrompete, ein Zeichen. Alles eilt nun mit
Grabſcheit und Hacke ins Feld und bebauet den geſamm-
ten Acker der Ortſchaft mit Mais, Bohnen, Melonen,
Kürbiſſen, Kartoffeln. Das Eigenthum einer jeden Familie iſt durch einen ſchmalen Grasrain von den benachbarten Stücken abgeſondert. — Bei dem Erntefeſte haben alle Einwohner einer Stadt ſich ſchon mit neuen Töpfen,
Pfannen u. ſ. w. verſehen, denn die alten werden nun zerſchlagen, alle abgenutzte und veraltete Sachen und Kleider
geſammelt, die ganze Stadt mit ihren Häuſern wird gereinigt und gefegt, und alles Alte mit Feuer verbrannt,
ſelbſt die noch übrigen Vorräthe von Lebensmitteln.

Jetzt nehmen ſie Arznei und faſten drei Tage, nachdem
vorher alle Feuer ausgelöſcht ſind. Während dieſer Zeit
dürfen ſelbſt verbannte oder geflüchtete Uebelthäter ſtraf-
los wiederkehren. Am vierten Morgen zündet der Ober-
prieſter durch Reiben zweier Holzſtücke ein neues Feuer an,
wodurch dann jede Wohnung mit neuem Feuer verſehen
wird. Hierauf holen die Weiber neues Korn und neue
Frucht vom Felde, bereiten es ſorgfältig zu und bringen
es nebſt Getränk zum Verſammlungsorte, wo alle Welt
ſich in neuer Kleidung befindet. Tanz und Geſang endigen das Feſt.

Die Früchte ſeines Feldſtücks bringt Jeder in ſeine
Scheuer, legt aber zuvor (doch iſt es kein Muß) einen
Theil davon in die große, mitten in der Pflanzung ſtehende Königsſcheuer — woraus der öffentliche Schatz entſteht — (ſ. vorher), aus welchem im Nothfall Jeder fordern darf, und welcher für die Zeit des Mangels, für
Aushülfe benachbarter Städte, deren Ernte nicht gerathen,
und für die Krieger beſtimmt iſt, die zu Felde ziehen.

Die Ehen werden anfangs nur auf ein Jahr ge-
ſchloſſen, doch iſt Eheſcheidung ſelten, zumal, wenn erſt

ein Kind ist gezeugt worden. Nach dem Jahre wird die Ehe gleichsam erneuert.

Des Bräutigams Antrag ist sehr einfach. Der Bräutigam steckt in Gegenwart seiner Freunde vor der Hütte der Geliebten ein Rohr in die Erde. Steckt das Mädchen ein Rohr daneben, so heißt das: Ja. Man wechselt als Dokumente die Röhre aus und hält die Hochzeit mit einem Gastmal. Die ganze Stadt bauet dem neuen Paare eine Wohnung, welche das Werk eines Tages ist.

Vielweiberei ist erlaubt, aber die Erstgeheirathete ist die Gebieterin der andern Frauen — die Großfrau.

Ehebruch wird mit Ohrenabschneiden gestraft, und ist sehr selten; Mord mit dem Tode. Hurerei, Diebstahl ꝛc. ziehen so viel Spott und Schande nach sich, daß sich der Verbrecher selbst verbannt. Daraus werden denn Landstreicher, die vom Rauben und Morden leben.

Die Todten werden in ihrer eigenen Wohnung unter der Stelle, wo sie als Leichname lagen, in ein mit Cypressenrinde ausgelegtes Grab, in sitzender Stellung, nebst Waffen und Pfeife, beerdigt. Die Großfrau wählt von den nachgelassenen Habseligkeiten, und den Rest vertheilen die übrigen Frauen und Kinder unter sich.

Die Tschaktas sind wichtig genug, um manche ihrer Eigenthümlichkeiten besonders anzuführen. Sie heissen Flachköpfe, weil sie dem Kopf der jungen Kinder eine flache Form geben, indem dem in der Wiege liegenden Kinde der Vorderkopf mit einem Beutel mit Sand beschwert wird, indessen der Hinterkopf auf dem festen Holze der Wiege ruht. Dieses und das fortwährende allmählige Drücken gibt flache Köpfe. Es ist bewundernswerth genug, daß diese Gewaltsamkeit nicht dumme Menschen macht, denn die Tschaktas werden für eine kluge Nation gehalten. — Ob diese Sitte dazu dient, um der Jagden willen die Augen weiter hervorzutreiben und schärfer zu sehen, untersuchen wir nicht.

Die Tschaktas wohnen etwa vom 34sten bis 37sten Breitengrade. Die südlichen sollen sehr faule Menschen seyn, die vom Betteln leben und den europäischen Kolonisten stets zur Last fallen, aber die nördlichen sind tapfer und arbeitsam, und ihr Land ist viel besser, als das der andern Indier, angebaut.

Eine Ehebrecherin bringt der Mann vor die Versammlung, zieht ihr die Jacke aus und stellt sie völlig nackt hin und sagt: „Jetzt lauf!" Erreicht sie einen zum Ziel gesteckten Pfahl, ohne von den jungen Leuten eingeholt zu werden, die ihr nachsetzen, so ist sie frei; wird sie eingeholt, so muß sie sich allen nachsetzenden Männern Preis geben.

Kranke, welche sie nach dem Ausspruche des Priesters für unheilbar halten, überfallen und erdrosseln sie. Gleich nach dem Tode eines Menschen errichten sie in einem Haine, nahe an der Ortschaft ein 20 F. hohes Gerüst, worauf die Leiche, mit leichtem Gewand bedeckt, gelegt wird. Sobald sich das Fleisch von den Knochen ablösen läßt, nehmen die Priester das Fleisch, — man sagt mit den Nägeln — ab, wobei alle Anwesenden heulen und jammern. Das abgelöste Fleisch bleibt auf dem Gerüste zum Verbrennen, die Knochen aber werden in Tücher gehüllt, in Kisten gelegt, und zu dem allgemeinen Begräbnißplatze des Stammes gebracht. Ein Todtenmal von gekochtem Fleische beschließt die Cerimonie, zu welcher Reiche oftmals drei Pferde schlachten.

Ob von solchen pyramidenförmig auf einander gestellten und mit Erde überdeckten Kisten jene obenangeführten Denkmale entstanden seyen, bleibe dahingestellt.

Uebrigens sollen diese, wie alle übrige hierher gehörige Nationen aus Mexiko eingewandert seyn.

Die Chicasas (Tschikasas), nördlich der vorigen, zwischen dem Tenassi und Missisippi, mögen höchstens noch

800 Krieger stellen können. Sie haben noch treffliche Pferdezucht.

Die Natches, sonst so mächtig und berühmt, beste- hen vielleicht nicht mehr aus 150 Kriegern, und wohnen in einem Winkel Westfloriba's. Sie verehrten die Sonne, und ihre Oberhäupter hielten sich, wie die Inkas, für Ab- kömmlinge derselben. — Dem Oberhaupt mußten sonst seine Günstlinge nachfolgen in den Tod. Jeder bekam eine betäubende Pille und einen künstlich verschlungenen Strick um den Hals, dessen Enden zwei starke Männer ge- faßt hatten. Ein Todtentanz begann, der vermöge der Pillen in wahnsinnige Fröhlichkeit überging. Plötzlich wurden die Stricke zugezogen und die Tanzenden waren erwürgt.

Mächtiger, als beide vorige Nationen, sind die Akaufes, aber sehr unbekannt. Sie sollen ein schöner und großer Schlag Menschen seyn, blondhaarig und blauäugig.

Die Panis, Padukas, Missuris, Cabeda- quis, nebst mehrern andern Völkerschaften — wer weiß außer ihrem Namen etwas von ihnen? —

Wahrscheinlich werden die meisten dieser Völkerschaf- ten in kurzer Zeit verschwunden seyn, trotz dem, daß die Vaccination bei einigen derselben anfängt in Gang zu kom- men; denn die Gründe der verminderten Bevölkerung lie- gen doch nicht in Blattern und Brantwein allein.

Spanisches Nordamerika.

Das gesaminte spanische Amerika enthält 265,000 (250,000) Q. M. mit 13 Mill. (15½ Mill.) E., wovon auf den nördlichen Theil etwa 103,000 Q. M. mit ohngefähr 7,300,000 E. (9 Mill. E.) kommen. Sämmtliche Besitzungen werden von Cap Franzisko an gerechnet bis zum Fort Maulin, der nördlichsten Spitze der Insel Chiloe gegenüber. Die Länge derselben beträgt 1300 Meilen.

Wir behalten zu Abtheilung dieser Ländermassen eine natürlichere, und darum weniger veränderliche, als gewöhnlich politische zu seyn pflegen, zumal hier, wo im Norden und Süden seit 1810 Alles in Gährung ist, und neuen Formen nachtrachtet. Man will sich durchaus neue und freiere Konstitutionen geben, und Spanien wird das schwerlich zu hindern im Stande seyn. Man bildet Congresse, man will Freiheiten des Gewissens und der Presse, das Volk will sich selbst repräsentiren. In Neumexiko soll die bewaffnete Macht 30,000 Mann betragen, die sich auf keine entscheidende Schlacht einlassen. Sie erhalten von den Freistaaten Waffen und Munition. Altmexiko erließ 1815, und also 5 Jahr nach dem ersten Aufstande, seine Erklärungen an alle Nationen. Caracas hat sich 1811 mit noch 6 Provinzen vereinigt, die sich vereinte Provinzen nennen, und eine Landmacht von 30,000 Mann haben. In Karthagena und mehrern Hauptstädten der Länder herrschen die Royalisten. In Neugranada sind mehrere Provinzen beim Mutterlande geblieben. Der Congreß bestand 1814 aus 12 Provinzen. — In Peru sind nur einige Provinzen frei. — Chile machte 1814 einen Vertrag mit dem spanischen Gouverneur. Buenos Ayres erklärte sich 1810 unabhängig, und mehrere Provinzen am Platastrom folgten nach, erklärten die Inquisition, die Folter, den Erbadel für aufgehoben, alle seit 1813 Geborne sklavenfrei, und alle Indier in ihren Staaten nicht nur tributfrei, sondern in allen Rechten den andern Staatsbürgern gleich. — Sie haben eine Mannschaft von 22,000, worunter selbst ein Corps Frauen. Die den spanischen Schiffen gefährlichen Kaper und Kriegsschiffe von Buenos Ayres sind meistens in nordamerikanischen Häfen ausgerüstet. Die Heere, welche Spanien seit 1815 gegen die ungehorsamen Töchter sendet, haben wenig ausgerichtet.

Folgende Abtheilung ist nach dem politischen Stand der Dinge vor 1810, und mag um der Liebhaber willen hier eine Stelle haben.

I. **Nordamerika.** 1) Generalcapitanat Havanna enthält Florida und Kuba, 4144 Q. M., 692,000 E.; 2) Generalcapit. Puerto Rico, mit 1010 Q. M., 439,000 E.; Vicekönigr. Neuspanien, mit 42,600 Q. M. und 6½ Mill. E., enthält die Intendantschaften Meriko, Puebla, Vera Cruz, Oaraca, Yucatan, Valladolid, Guadalaxara, Zacatecas, Guanaruato, Potosi, Alt- und Neucalifornien, Königr. Neu-Leon und Kolonie Neusantänder; — ferner Intendantsch. Neu-Biscaya oder Durango, Sonora und die Prov. Cohahuila, Texas und Neumeriko; 4) Generalcapit. Guatimala, 15,040 Q. M., 1,200,000 E., enthält die Intendantsch. Guatimala, Chiapta, Soconusko, Vera Paz, Honduras, Nicaragua, Costa Rica, Veragua und Panama.

II. **Südamerika.** Königr. **Neugranada,**
64,000 Q. M., 1,600,000 E., mit den Provinzen
Choco, Carthagena, St. Martha, Rio de la
Hacha, Popayan, Neu-Granada, Quito,
Landsch. Mainas; 2) Generalcapitan. Caracas,
12,900 Q. M., 900,000 E., mit den Provinzen Be-
nezuela oder Caracas, Maracaibo, Neu-An-
dalusien oder Cumana, span. Guiana, Barinas;
3) das Königr. Peru, 21,600 Q. M., 1¼ Mill. E.,
mit der Intendantsch. Lima, Truxillo, Guamancha,
Cusco, Arequipa, Tarma, Guantajaya und
Huanca Belica; 4) das Generalcapitan. Chile,
10,400 Q. M., 750,000 E., mit 15 Provinzen und
den Inseln Fernandez, Chiloe und einigen unbewohnten; 5) Königr. Rio de la Plata, 52,000
Q. M., mit 990,000 E., mit den Provinz. Südperu,
Tucaman, Ost-Chili oder Cujo und span. Paraguay. Letzteres besteht aus dem Gouvern. Paraguay
und Buenos Ayres, welches die Provinz La Plata
in sich faßt.

Patagonien oder Magelhaens Land rechnet
Spanien auch zu seinen Besitzungen, ebensowohl auch das
Feuerland und die Malouinen oder Falklands-
inseln.

9.

Neumexiko und Neunavarra *)

ist uns mit seinen großen und weiten Landschaften fast völlig unbekannt, wiewohl die Spanier seit drittehalb Jahr-

---

*) Mit Kalifornien wird es von Einigen zu 50,000 Q. M. gerechnet,
wovon aber das Meiste wohl freien Indierstämmen gehört. Sämt-
liche Einwohner nimmt man nur zu 390,000 an, und wer weiß,
ob nicht noch diese Angabe zu hoch ist.

hunderten ihre Missionen und Presidiös (eine Art
schlechtgebauetér und wenig besetzter Forts) dort haben.

Es sind größtentheils, Neunavarra ausgenommen,
ungeheure Ebenen, die bald nur aus fast todtem Land,
bald aber aus dem fruchtbarsten Boden bestehen, und ein
angenehmes, sehr heiteres Klima haben, das im Sommer,
mit Ausnahme der südlichsten Gegenden, nicht zu heiß, und
im Winter sehr erträglich ist. Sie liegen westlich und
südwestlich des Adayes, der es von Louisiana scheidet,
nach Altmexiko hin, und werden von vielen Flüssen durchschnitten, die sich in die anliegenden Meere ergießen, unter welchen der Rio Colorado und Rio Bravo
oder Norte sehr bedeutende Ströme sind, deren Ursprung
man nicht kennt, denn man weiß nicht einmal mit Gewißheit, wie weit die Missionen der Spanier den Bravofluß
hinaufgehen.

Von den wahrscheinlich sehr zahlreichen Erzeugnissen dieses Himmelsstrichs kennt man nur wenige. ——
Man findet den Buckel- oder Bisonochs in solcher Menge,
daß eine Jagdgesellschaft selten ohne die Beute von 1500
bis 2000 Stück zurückkommt. Selbst der nördlicher lebende Moschusochse soll sich da und dort finden und ebenfalls das wilde Schaf — wahrscheinlich dem Argali ähnlich. Die meisten Thiere Louisiana's werden sich ohne
Zweifel wohl auch hier aufhalten. — Die Viehzucht, welche man treibt, ist leicht, und mancher Einzelne besitzt an
6000 Stück, Pferde, Kühe, Maulthiere und Schafe, die
nur zuweilen in große Verzäunungen eine Zeit lang eingetrieben werden, sonst aber wild herumlaufen und herrlich
gedeihen.

Man fängt die größern Thiere mit Schlingen, und
ein Pferd oder ein Rind steht in der Kolonie St. Antonio
mit einem Paar Schuhe in gleichem Werth. In manchen
Gegenden finden sich auch Bären, deren Fleisch als sehr
schmackhaft geschätzt wird — Hirsche und Rehe, man-

cherlei Arten Stinkthiere; ganze Heerden wilder Truthä-
ner, große Züge von Kranichen und viel anderes Geflügel
findet sich da und dort, und läßt sich in den menschenleeren
Gegenden, wo es mit der List des Menschen keine Bekanntschaft gemacht hat, leicht berücken. Selbst der weiße
Reiher ist so zutraulich, daß er sich den Lastthieren auf
den Rücken setzt.

Das Reich der Pflanzen bildet da und dort große Wälder, unter welchen manche blos dornige Bäume enthalten;
aber man trifft auch den Chinarindenbaum, ganze Waldungen von Kastanien und eine Art Mispeln (nach de
Pages Zeugnisse), unsere Garten- und Baumfrüchte,
den wilden Weinstock, den Ginseng und das langhaarige,
bei Florida erwähnte Moos (Spanierbart von den
Franzosen genannt).

Es läßt sich erachten, daß Länder, in welche Mexiko's
reiche Gebirgsadern hineinstreichen, nicht am mancherlei
unterirdischen Schätzen arm seyn werden, wiewohl dieselben bis jetzt nicht gesucht sind. Manche Nachrichten be-
sagen, es seyen Gold, Silber, Krystalle und andere Edelsteine in Menge vorhanden. Aber worauf gründen
sich diese Nachrichten? — Jedoch von einem Theil dieser
Landschaften sind dieselben sehr glaubwürdig.

Die in Cinaloa und Sonora oder Neunavarra
angesiedelten Spanier hatten endlich im Jahr 1771 die
Indier unterjocht, von welchen sie immerdar waren beun-
ruhigt worden. Bei diesem Anlaß wurden manche unbekannte Gegenden mehr untersucht, und so fand man, bei
Cineguilla in Sonora, eine Ebene von 14 Meilen
Umfang, in der man nur einen halben Fuß tief zu graben
nöthig hatte, um Gold zu finden. In kurzer Zeit waren
1000 Mark Gold (also 500 Pfund) durch wenige Arbeiter
gefunden. Man fand nachmals eine Goldstufe von mehr
als 8 Pfund.

Gleich nach dieser Entdeckung ließen sich über 2000 Europäer, und als nachher noch mehr Minen entdeckt wurden, noch mehrere in dieser Gegend nieder.

Man kann übrigens leicht erachten, wie verschiedenartig die Produkte, nach der Gegenden Verschiedenheit seyn werden.

An Ortschaften ist in diesen ungeheuern Länderstrecken kaum etwas zu erwähnen. Die einzigen sind:

Santa Fé, die Hauptstadt, nicht weit von den Quellen des Rio Norte, mit 3600 E., wo ein Gouverneur und ein Bischof sich aufhalten. Die Stadt soll gut und regelmäßig gebaut seyn, und der Gouverneur 600 Reiter halten. — Albuquerque wird zu 6000 E. und Taos zu fast 9000 E. angegeben.

Sartillo soll ziemlich groß und gut gebauet und sehr reinlich seyn, mit breiten Straßen, schönen Kirchen und öffentlichen Plätzen, ist aber nur mäßig, nicht allein mit Spaniern, sondern auch Indiern, bevölkert. Die hier angesessenen Indier heißen Trascalteguas. Andere Indier kommen aus fernen Gegenden her und bringen Pferde und Felle, wogegen sie Alles eintauschen, was sie zur Kleidung und sonst bedürfen. In den Gärten der Stadt wachsen Feigen, Trauben, Aepfel und die meisten Arten europäischer Früchte.

De Pages reisete aus Louisiana ohne weitere Begleitung, als der eines Negers, nach Acapulco, von wo aus er mit der berühmten Manilaflotte nach Frankreich zurückkehrte. Er schiffte sich auf dem Missisippi in Neuorleans ein, ging aus diesem Fluß in den rothen Fluß und kam durch verschiedene Indierstämme, die aus dem Besitz des größern Theils dieser großen Landschaften keineswegs schon vertrieben oder unter der Europäer Herrschaft gebracht sind. Diese braven Leute nahmen ihn so gut auf, als sie nach ihrer Armseligkeit konnten. Die Spanier haben hier, wie in andern Gegenden, ihre Missionen und Presidios, die aber freilich nicht so nahe beisammen liegen, als in Deutschland die Dörfer, denn manche liegen an 200 Meilen von einander entfernt — Sie sowohl, als die Indier, backen aus Maismehl eine Art dünner Kuchen (Tortillas), welche, nebst etwas an der Sonne ausgedörrtem Ochsenfleisch, das vorzüglichste Nahrungsmittel dieser Gegenden ausmachen, und daher auch Pages einziger Proviant waren.

Die spanischen hiesigen Soldaten verwildern in ihren unermeßlichen Wildnissen mit der Zeit beinahe ganz. Sie sollen, wie überall im ganzen spanischen Amerika, den Missionen zum Schutz dienen und erhalten dafür täglich 1 Piaster. Sie tragen eine ärmellose Weste, Beinkleider ohne Naht, die wie Ueberziehhosen zugeknöpft werden, lederne Strümpfe und Schuhe, aus welchen Streifen herausgeschnitten sind, damit die Luft einen Zugang habe, und beim Reiten einen Mantel, der fast wie ein Meßgewand aussieht, aber weder Hemde noch Hut. Ein hirschlederner Harnisch, ein Schild, ein langer Haudegen und ein Karabiner sind ihre Waffen.

Die Tegas, Teguas in Neunavarra (Ticas) rühmt Pages als eine schöne, große, tapfere und doch gutmüthige Nation und als sehr geschickte Reiter, die mitten im vollen Lauf noch ihr Gewehr abfeuern und damit zu treffen verstehen. — Sie leben in einem schönen fruchtbaren Lande, fern von Strömen, und bauen, ihrer wandernden Lebensart ungeachtet, viel Mais. Ein Stück Tuch um die Mitte des Leibes ist ihre ganze Bekleidung.

Die Strecke von St Antonio bis nach Lareda betrug 80 Meilen. Auf diesem großen Raum waren eben die angeführten Wälder mit stachligen Bäumen und die daselbst genannten Stinkthiere. Lareda liegt am Rio grande, der diesen Namen — der große Fluß — wohl zu verdienen scheint, da er nach dem Mississippi der größte seyn soll, der in den mexikanischen Meerbusen fällt.

Eben so viel Meilen waren es von Lareda bis Sartillo. Er hatte die Bergwerke von Sierra und Laiguana zu seiner Linken gelassen, war durch drei Dörfer der Indier gegangen und erblickte nun zu seiner Rechten den merkwürdigen

Caldera, ein an allen Seiten so steiles Gebirge, daß es wie senkrecht zugehauen aussieht. Nur ein einziger Weg führt auf die flache, weide= und quellenreiche Ebene hinauf, in welche sich oben das Gebirge endigt und wohin man vie= les Vieh bringt, das, weil der Weg hinauf mit einem Hause versperrt ist, nicht entlaufen kann.

Wie viel Merkwürdiges mag in diesen Gegenden ver= borgen seyn!

10.

Californien,

welches ehedem vielleicht mit dem gegen über liegenden Lande von Amerika mag zusammen gehangen haben, und nur durch eine gewaltige Revolution ist losgerissen worden, bildet eine Halbinsel zwischen dem stillen Meere und dem großen Meerbusen, welcher Mare Vermejo oder Schar= lachmeer genannt wird und mit sehr vielen Inseln von ver= schiedener Größe besetzt ist. Man nimmt die geradlinige Länge gegen 200 Meilen, indessen die Breite selten über 30 Meilen hinausgeht und höchstens an 40 Meilen be= tragen kann, und einzelne Stellen, namentlich gegen die Mitte zu, kaum 15 Meilen betragen mögen.

Die südlichste Spitze ist das Cap Lucas; aber wie weit das Land sich nördlich hin erstreckt, ist zur Zeit nicht zu bestimmen, da die spanischen Missionen, die bis gegen Neu= Albion hinaufgehen, wohl noch nördlicher hinaufge= führt werden können, oder vielleicht schon geführt sind. Man pflegt übrigens die Grenze zwischen dem südlichen und nördlichen Theile mit dem Flusse Colorado anzunehmen.

Die ganze eigentliche Halbinsel ist ein kümmerliches Felsenland, durch welches sich von St. Lucas an eine Ge=

birgskette hinzieht, deren einzelne Punkte zuweilen sehr
hoch werden. Alles ist todt und öde, die Berge sind asch-
farbig und mit wenig Erde bedeckt, kein beträchtlicher
Fluß vorhanden (denn nur 6 Bäche will man auf der Insel angeben, die alle nahe am Meere entspringen, aber
es nicht alle erreichen), und Regen, außer vom Junius
bis zu Ende Oktobers, nie vorkommend. Wälder, ja
Bäume sogar, die weitästig und belaubt da ständen, und
Kühle und Schatten gewährten, sind nicht da, und der
Wanderer muß meilenweit umher suchen, ehe er im fast
versiegten Bach nur eine Vertiefung findet, wo er mit
übelm Wasser seinen Durst stillt, oder sonst eine Regen-
pfütze mit grünfauligem Wasser antrifft! Und, o wie
oft hat er vom Glück zu sagen, eine solche gefunden zu
haben!

Die Berge, deren höchste ziemlich an 5000 F. reichen sollen, sind zum Theil in einiger Tiefe feucht und
weich, und man kann mit Aexten Stücke heraushauen. Es
läßt sich leicht denken, daß solche Berge keine taugliche
Steine zum Baumaterial liefern. In einigen der Berge
findet man scheinbar marmorartige Blöcke — eigentlich
fest an einander gebackene versteinerte Meermuscheln; andere Berge scheinen ein einziger im Feuer verschmolzener
Kiesel, andere enthalten große Haufen Steine, glatt, wie
wenn sie durch Kunst polirt wären, und das Ganze ist
eine wundersame Mischung von Krusten und Decken,
von denen man nicht sagen kann, was sie sind. Welche
Aufschlüsse ließen sich hier von einem scharfsinnigen Natur-
kenner erwarten!

Aber auch die tiefern Gegenden sind steinig und öde,
denn die ganze Insel ragt wie ein Felsen aus dem Meere
hervor.

Ein so unfruchtbarer Boden bringt nicht so viel hervor,
als die Missionen und die Soldaten der Presidios haben
müssen, um leben zu können, wiewohl da, wo ein Sumpf

Amerika.   O

nahe iſt, Reiß, Mais, Baumwolle, Orangen, Trauben, Oliven u. ſ. w. gebauet werden. Man muß die nöthigen Bedürfniſſe zuführen. Doch, über die eigentliche
Halbinſel nördlich hinaus, wird Alles fruchtbarer und
milder.

Die Hitze iſt außerordentlich, doch weniger auf der
Weſtküſte, welche durch Winde erfriſcht wird. In der
größeſten Glut, von dem Julius bis in den Oktober, geht
friſches Fleiſch in einem halben Tage in völlige Fäulniß
über; nirgends ſieht man einen Grashalm, und iſt in der
zweiten Hälfte des Jahrs durch Regen etwas Grün ſchnell
hervorgelockt, ſo verbrennt es doch bald wieder.

Das ſüdliche Californien oder Altcalifornien hat faſt
nichts, als einige Dorn= und Diſtelgewächſe (Cactus),
unter welchen eine Art — die ſogenannte Fackeldiſtel —
eine Höhe von 40 F. erreicht, und einen mannsſtarken
Stamm hat. Die Stacheln deſſelben ſind wie die ſtärk-
ſten Nähnadeln, und fällt ein Blatt — ein Balken von
20 F. Länge und 1 F. Breite — auf einen Menſchen herab, ſo würde es ihn ſchmerzlich tödten. Die Frucht dieſes
Gewächſes hat ein ſehr angenehmes Fleiſch. Andere Arten deſſelben ſind für die armſeligen Californier noch nützlicher, und wenn die Erndte dieſer Früchte kommt, mäſten
ſie ſich ſo gut darin, daß ſie beinahe unkenntlich werden.
Auch die dickſten dieſer Bäume ſind übrigens ſo weich, daß
man ſie mit einem Hiebe durchhauet. Der Weizen in
Altcalifornien ſoll 30 ja 160fältig tragen. Man ſpricht
von Mais, Roggen (?), Pinien, Eichen, Buchen, Ulmen,
Birken, Eſchen.

Unter den vierfüßigen Thieren der eigentlichen Halbinſel wird faſt allein nur der Tage (Tague) erwähnt, von
dem es nicht gewiß iſt, ob es eine Art Argali oder ſonſt
ein Thier iſt.

Je weiter nach Norden zu, deſto mehr reiche Weiden,
Eichen= und andere Waldungen, ſchöne Garten= und Obſt-

früchte, trefflicher Weizenbau, Hirsche, Hasen, Bären, Wölfe, Füchse, Stinkthiere und mehrere Arten aus dem Katzengeschlecht, und namentlich den Cuguar (Jaguar) oder sogenannte americanische Tiger. Die Missionen unterhalten auch im südlichen Theile viele Pferde des Reisens wegen, aber auch alle übrige gewöhnliche Hausthiere Europa's, die aber, der dürftigen Nahrung wegen, sehr klein bleiben. In nördlichen Gegenden aber, wo Ochsen und Schafe in großen Heerden in der Wildniß weiden, verhält sich dies anders.

Des Geflügels soll sehr viel seyn. Man spricht sogar von einer Art Löffelgänsen und selbst von Kolibris, von Rebhühnern, die zu Hunderten sich beisammen halten, von Pelikanen, Cormorans und von allen Raubvögeln Europa's.

Mancherlei uns noch unbekannte Fische mögen wohl in den Meeren vorhanden seyn. — Auch Perlen findet man am Meerbusen auf Bänken, die nicht über 3 Klafter unter dem hellen Wasser stehen. Ein Dutzend armer Spanier beschäftigt ich mit dieser Fischerei, deren reiner Ertrag an ein Paar tausend Gulden geschätzt wird.

Man erwähnt selbst Klapperschlangen, Skorpionen, häßliche Spinnen, Kröten, Wespen, Heuschrecken und Ameisen in ungeheuern Schaaren.

Eine Art Thon wird steinhart an der Luft — eine Wohlthat zum Bauen — Bergwerke hat man zwar da und dort angefangen, auch einiges Silber gefunden, aber mit schlechter Ausbeute, wiewohl schon an 400 Bergleute beschäftigt wurden.

Die Ortschaften sind entweder Missionen, deren man 15 in Altcalifornien und 10 in Neucalifornien rechnet, oder Presidios. Jede Mission besteht aus zwei Geistlichen, die ein eigenes Haus bewohnen, in dessen Nähe die Magazine für Nahrungsmittel, Kleidun-

D 2

gen u. f. w., die Arbeitshäuser zur Verfertigung der Dek-
ken und Tücher, worin die bekehrten Indier gekleidet werden, nebst der Kirche sich befinden. Alles ist aus Backsteinen gebaut und mit Stroh gedeckt. Dicht daneber
liegt denn das Dorf der Indier, bestehend aus elenden
4 F., höchstens 10 F. hohen, und 6 F. Durchmesser ha-
tenden Hütten, welche aus mit Weiden durchflochten
Stangen gemacht sind, die mit Laub und dürrem Gr-
oder Binsen überlegt werden, in der Spitze eine Oeffn
und einen kaum zum Einkriechen hinreichenden Eing s
haben. Bei jeder Hütte ist ein Platz für Küchengewöse,
Hühnerzucht u. f. w. In einigen Gegenden trifft ign
auch kleine viereckige, aber ebenfalls schlechte Häuse

Wie traurig bevölkert das Land seyn mag? — In
allen Missionen fanden sich 1767 nur 12,000 Meschen.
Ein Missionar war fast 400 Stunden gereiset, un hatte
nur 13 Dörfchen getroffen, die von Indiern bewohnt
waren. Auf Altcalifornien mögen 4 bis 5000 von dieser
Menschenzahl kommen. Nach anderer Angabe hat Altcalifornien 9000 E. auf 2626 (½) Q. M., und Neucalifornien 15,000 E. auf 765 Q. M.

Die Missionen führen die Aufsicht über die Indier, die
nach einem mit der Glocke gegeben Zeichen zur Kirche,
zur Arbeit, zum Gebet, zum Essen, sich einfinden müssen,
welches in einem Brei von geröstetem und ohne alle Zu-
that bereitetem Gerstenmehl besteh, wovon jede Familie
ihre bestimmte Portion bekommt. — Die Männer pflü-
gen, graben u. f. w., die Weiber besorgen den Haushalt,
spinnen und weben Wolle, rösten Gerste und mahlen sie
auf Handmühlen.

Die Presidios oder militärischen Posten liegen am
Meere, da, wo Landungsplätze sind, und bestehen aus
einem länglichtviereckten Erdwall, der eine Kirche mit den
Gebäuden für die Soldaten in sich schließt, welche sich für
den jährlichen Sold vo. 217 Piastern Alles selbst verschaf-

sen müssen, und daher Viehzucht und Getreidebau treiben,
sich auch häufig mit den Eingebornen verheirathen. —
Die Gebäude haben keine Fenster, und der Soldaten mögen in einem Presidio an 30 seyn. Die sämmtliche Zahl
der Soldaten mag sich etwa auf 300 — sämmtlich Kavallerie — belaufen. Ihre Bestimmung ist der Schutz
der Missionen.

In Altcalifornien erwähnt man

St. Joseph del Cabo, am Vorgebirge Lucas, als
die wichtigste Mission, wo man von der Fahrt von Manilla
nach Acapulco anhält, um Erfrischungen einzunehmen.

Loretto, ein Presidio am Meerbusen.

In Neucalifornien sind außer den 10 Missionen
4 Presidios, worunter

Monterey, am Fuß des Gebirges St. Lucia, welches
mit Eichen, Pinien und Rosensträuchen bewaldet seyn soll, der
wichtigste Ort vielleicht im ganzen Lande ist, und 63 Mann Besatzung hat, die allerlei Gewerbe treiben. Der Gouverneur
von ganz Californien hat hier seinen Sitz. Man gibt dessen
Bevölkerung zu 700 E., St. Clara aber zu 1300 und St.
Franzisco zu 800 an. — Es sind sämmtlich Ortschaften und
keine Städte.

Da und dort gibt es Pueblos oder Dörfer für alte
ausgediente Soldaten, die nicht Lust haben, ins Vaterland
zurückzugehen, und daher ein Stück Land und Geräthschaften zum Anbau desselben erhalten. Diese sind es, welche
reichlich Getreide bauen.

Von den Eingebornen

läßt sich nur wenig sagen. Sie selbst nennen sich Mon-
quis; die südlichen besonders heißen Edu, auch Peri-
cues, die zahlreichern nördlichen Caymones oder Qut-
moes, und wo ihrer nur 1000 einmal zu einer Mission
gehören, so theilen sich auch diese wenigen noch in zehn
und noch mehr Stämme.

Die Californier werden allgemein, nicht blos von
den Missionaren, sondern von allen Reisenden, als äußerst

stumpfsinnige Menschen geschildert, die in ihrer ursprünglichen Eigenthümlichkeit auf dem dürftigen Boden hungrig
und kümmerlich da und dort umherstreifen. Die Missionen thun Alles, um sie diesem elenden Leben zu entreis-
sen — ob sie dieselben übrigens auch, wie in Neumexiko
häufig geschehen, eben so zur Bekehrung mit Schlingen
eingefangen haben, wie die Ochsen zum Verkauf, wollen
wir nicht erörtern. — Die Menschengestalt wäre wenigstens zu achten!

　Der Californier ist von mittlerer Größe, und der im
nördlichern Lande häßlich an Bau und Gesicht. Die südlichen haben vorzüglich schwarze Zähne und straffes, kohl-
schwärzes Haupthaar, aber sehr wenig Bart. Die an der
Nase liegenden Augenliederwinkel sind nicht zugespitzt, sondern bogenförmig rund. — Die Nation trägt sich sehr
gerade und ist sehr gelenkig und gewandt. Sie sind besonders tüchtige Fußgänger, und heben mit den Zehen fast
so fertig, wie wir mit den Fingern, Steine, Holzstückchen
u. s. w. auf.

　Ihre Sprache ist höchst dürftig, und für alle geistige
und abgezogene Begriffe haben sie kein Wort, denn sie
haben keine Vorstellung davon; ja sie haben keinen Ausdruck für Tod, Wetter, Kälte, Hitze, Regen, Freund,
Jungfer, Friede, Ehe u. s. w., geschweige denn für Gott.
Man kann also denken, welch ein Geschäft die Bekehrung
solcher Menschen seyn müsse *). — Der Anfang des Va-
terunsers heißt nach ihrer Hauptsprache:

　„Unser Vater, gebogene Erde (Himmel) du bist!"
Den Missionar nennen sie: „der sein Haus im Norden
hat;" den spanischen Hauptmann: „wild" oder „grausam;" den Wein: „böses Wasser." Der Californier

*) Verf. überläßt es den Lesern was solche Bekehrungen, so unter-
　　meint und mühsam sie seyn mögen, bewirken sollen. Die Missio-
　　nare sind freilich Gesandte, aber schwerlich haben sie den rechten
　　Weg.

kaum nur bis 6 zählen, manche gar nur bis 3; was darüber ist, heißt viel oder unzählbar.

Sie sind eben so faul, als unreinlich und zur Undankbarkeit, zum Trug und Diebstahl geneigt: In den Miß-
sionen müssen die Männer häufig mit Stockschlägen, die
Weibspersonen aber mit der Ruthe, zum Arbeiten angehalten werden. — Die Missionare haben auch am liebsten Kinder, Mädchen und Frauen in die Missionen aufgenommen. Die erstern nicht blos, weil sie am leichtesten
zu ziehen sind, sondern auch gleichsam als Geißel, weil
diese blödsinnigen Menschen, die oftmals die Paters ermordeten, doch große Liebe zu ihren Kindern haben.

Sie stellen sich zuweilen todtkrank und lassen sich vom
Pater die letzte Oelung geben, um nur nicht zu arbeiten.
Einer wollte sogar einen Sterbenden spielen; da er aber
nie einen Sterbenden beobachtet hatte, ahmte er dem sterbenden Vieh durch Hervorstrecken der Zunge u. dergl. nach.
Eben um ihrer Faulheit willen sind sie auch so unflätig,
und sie essen nicht nur ihr Ungeziefer, sondern die Körner
der Fackeldistel oder der Pitahajas im Wortverstande
zweimal.

Sonst führten sie häufige Kriege mit Bogen und Pfeil,
mit welchen sie auch die Hirsche erlegen. Die Unbekehrten haben noch keine Hütten, sondern schlafen im Freien
oder in einer Höhle. Ein scharfer Stein vertritt die Stelle
des Messers, ein spitzes Holz oder Knochen dient zum Aus-
graben der Wurzeln, eine Thierblase zum Wassergefäß,
eine Schildkrötenschale als Wiege und Korb, und ein Rän-
zel von einem Thierfelle, oder ein aus Aloefasern gestrick-
tes Netz, befaßt ihr ganzes Geräth.

Alles, was sich zermalmen läßt, gilt als Nahrungsmittel — Wurzeln und Blätter, Schlangen, Eidechsen
und Mäuse u. s. w. An eine Kochkunst ist kein Gedanke.
Für den Unterhalt ihrer Kinder sorgen sie auch nur so
lange, als bis diese Wurzeln graben und Mäuse fangen
können.

Ihre Kleidung sind ein Paar Felle um die Lenden oder ein Schurz von Binsen. Zu Zeiten bemalen sie sich auch roth und gelb. Ehedem waren die Nasenknorpel durchbohrt, um Holz hineinzustecken — jetzt nur noch die Ohren. Die Getauften tragen flanellene Hemden. Die wollenen Zeuge weben die Weiber selbst, und sie sind sehr gut gewebt; nur sind sie nicht gewalkt.

Sie sind sehr feig, und vor ein Paar elenden Soldaten flieht ein ganzer Haufe.

Auch dieses Volk, wiewohl ohne allen Begriff von Gott, hat dennoch Zauberer, die, wie überall, auch Aerzte sind. Diese sind bei ihren Beschwörungen und Krankenheilungen mit großen Mänteln von Menschenhaaren bekleidet, und haben eine ungeheure Peruque von demselben Material. Sie verstehen Blut zu lassen und zu schröpfen, welches mit scharfen Steinen geschieht.

Es ist merkwürdig, daß die Californier so mancherlei Aehnlichkeit mit den Südinsulanern haben, z. B. bei Krankheiten und beim Absterben eines Verwandten, ein Glied von dem kleinen Finger der rechten Hand ablösen, oder mit Heulen und Weinen den Kopf mit scharfen Steinen zerfetzen. Auch haben sie Morais oder Begräbnißplätze für ihre Todten, um welche sie lange klagen und als Trauer den Leib schwarz bemalen. — Ein Paradies sollen wenigstens einige Wilden mitten im Meere angenommen haben, wo die Auserwählten sehr kühl sitzen. (Man sieht, daß sie den Brand ihrer Sandwüsten wohl empfinden.) Die Hölle sey in Bergklüften.

Sonst heiratheten sie mehrere Weiber und selbst zwei Schwestern zugleich. Der Ehebruch war selten.

Gott weiß, sagt ein Missionar, wie viel tausend Meilen ein Californier, der 80 Jahr alt geworden, umhergestreift hat. Viele verändern wohl in einem Jahr an 100mal ihr Nachtquartier. Wo sie die Nacht überfällt,

nehmen sie ihr Lager; und ihre schwarzbraune abgehärtete
Haut dient statt Rock und Mantel. — Und doch ist dieses armselige Volk gesund und stark; es lebt sein Leben
unter Plaudern, Lachen und Scherzen dahin, unter welchem es einschläft, und mit welchem es aufwacht.

Auch Spiele haben sie. Einer nimmt ein Stückchen
Holz in die Hand und verbirgt mit tausend Grimassen, wo
das Holz ist. Der Andere paßt auf. Wer es erräthet,
bekommt eine Glasperle. Die Unbekehrten spielen auch
wohl um die Gunst der Weiber.

Die Bekehrten werden von den Missionaren in scharfer Zucht gehalten, und, in Abwesenheit der Männer, die
Weiber und Mädchen über 9 Jahr, die nun schon einen
Gürtel tragen, eingeschlossen. Sie täuschen dennoch ihre
Aufseher und kommen dann, wenn es entdeckt wird, in
den Stock. Die entlaufenen Männer werden tüchtig durch-
geprügelt. Man holt sie mit einem Paar Soldaten mitten
aus einem Haufen ihrer Landsleute heraus, zu welchen
hin sie geflüchtet sind. *)

11.

Altmexiko oder Neuspanien. **)

Dieses köstliche und an allen Arten Schätzen sehr reiche
Land ist in seinem großen Flächenraum noch nicht bestimmt. Man gibt 36,000 Q. M., aber auch noch weit
mehr, mit fast 6 Mill. Einwohnern an. Es mögen aber
wohl Namenverwechslungen, oder Unbestimmtheiten, ob-
walten.

*) Alle Betrachtungen über diese Beschreibung, deren sehr viel wer-
den könnten, muß der Verf. den denkenden Lesern überlassen.
**) In neuerer politischer Sprache wird unter Neuspanien weit
mehr begriffen, wir aber bleiben bei alter Weise, und verstehen
Mexiko darunter.

Das ganze Land wird von dem mächtigsten Gebirge der Erde, den hohen Cordilleras, durchzogen, deren Gipfel zum Theil mit ewigem Schnee bedeckt sind und die, einer großen Zahl nach, aus furchtbaren Vulkanen bestehen. Sie theilen das ganze Land in zwei ungleiche Theile, von welchen der tiefere östliche sumpfig und ungesund und häufigen Ueberschwemmungen ausgesetzt ist.

Die Vulkane haben je und je furchtbare Verheerungen in diesen Erdgegenden angerichtet. Noch im Jahre 1760 wurde in der Provinz Meckocoan in einer Nacht ein Vulkan von 1500 F. Höhe aus dem Boden emporgehoben, an dem noch in neuesten Zeiten an 2000 Dampflöcher im Gange waren. Dies ist der jetzige Berg Yuruio. Einige dieser Vulkane speien Salmiak, andere Schlamm und Wasser.

Merkwürdig ist die große Strömung im Meerbusen von Mexiko, der vielleicht durch das Eindringen des Weltmeers von Osten her entstanden seyn mag. Die durch die Umschwingung der Erde und durch die stets wehenden Ostwinde anwachsende Wassermasse hat sich einen Abfluß verschaffen müssen, und ihn zwischen Ostflorida und Cuba, und weiter hin durch die Bahamainseln, erhalten. Dadurch entsteht eine mächtige Strömung von Süden nach Norden, die sich bis Terre-Neuve nördlich fortsetzt, und sich durch ihren viel schnellern Lauf, durch ein indigblaues Wasser und durch die viel sauere Temperatur sattsam vom übrigen Seewasser unterscheidet. Sie ist unter dem Namen, der Golfstrom, den Seefahrern bekannt und nicht selten auch gefährlich.

Unter den großen Flüssen, die auf dem Rücken der Cordilleren entspringen, fließen viele in den Meerbusen, einige münden aber auch ins stille Meer. Unter den vielen und bedeutenden Landseen verdienen der Nicaragua und der Chapallan vorzüglich genannt zu werden. Der erstere fängt wenige Stunden von der Südsee an,

227

geht durch das Land durch und ergießt sich mit dem Fluß St. Juan ins Meer.

Klima und **Boden** sind unübertrefflich. Die Hitze des erstern wird durch die Seeluft, durch Westwinde und den nächtlichen Thau gemäßigt. Die Erscheinungen unserer Winter sind hier unbekannt. Der hiesige Winter besteht in den kühlen Nächten vom November bis Februar, die dem Europäer so angenehm sind. An gewaltigen Stürmen und Gewittern und an Erdbeben fehlt es aber freilich auch nicht. — Am wenigsten fruchtbar ist die östliche Küste — aber auf dem übrigen Boden erntet man verschiedene Früchte in einem Jahre zwei und dreimal. Manche Ebenen liegen über 6000 F. und mehr über der Meeresfläche.

Wilde Thiere, eine Art Wölfe, den Cuguar und Oze-lot, wilde Katzen und Hunde; auch Hirsche, Hasen, Faulthiere, Ameisenbäre, Stachelschweine, Meerkatzen u. s. w. bewohnen Wald und Ebene, und die europäischen Hausthiere haben sich in unglaublicher Anzahl vermehrt, denn mancher Landeigenthümer hat an 5000 Stück Rind-vieh und an 40,000 Schafe, und ein treffliches Pferd gilt nur 15 Thaler.

Die ganze Naturgeschichte der Säugthiere liegt hier noch sehr im Dunkeln. Es mögen mancherlei Thiere des nördlichen und südlichen Amerika's sich finden und manche Arten, die noch kein Reisender beschrieben hat.

Der Vögel sind, von den großen Geiern und Adlern und andern Falkenarten an bis zu dem kleinen Kolibri, sehr viele, meistens prächtig gefiederte, unter welchen eine Menge von Papagaien, der Spottvogel (eine Drosselart, die die Stimmen anderer Vögel nachkünstelt) u. a. m. sich finden.

Daß diese warmen Gegenden ihre Schlangen, Eidech-sen u. s. w., und die Gewässer eine große Fischmenge, aber

auch Kaimans, enthalten, ist nicht noth zu sagen. Besonders häufig ist an der Küste Manta *) eine noch nicht
hinlänglich beschriebene Art Rochen, der sich auf die Per-
lenfischer im Meere herabsenkt, diese Unglücklichen mit
seinen flügelartigen flachen Seiten, wie mit einem Mantel,
umwickelt und erdrückt.

Unter den übrigen Seethieren erwähnen wir der Pur-
purschnecke an den Küsten von Guatimala, die an Größe
und Häuserbau unsern Gartenschnecken gleich kommt. Die
Indier zwingen dieses Thier durch einen Druck, den fär-
benden Saft von sich zu speien, und setzen es dann wieder
an seinen Ort (Andere tödten aber auch die Schnecken).
Die Farbe ist anfangs sowohl, als die damit gefärbten
Faden, milchig, dann grün und endlich purpurroth, und
ihrer Seltenheit wegen so theuer, daß nur die reichsten
Leute damit gefärbte Kleider tragen können.

Wichtiger für den Reichthum des Landes ist die Cochenille, die hier eigentlich zu Hause ist und auf mehrern
Arten Cactus oder Nopal, namentlich auf der bekannten
indischen Feige lebt.   Man legt weitläuftige Pflanzungen
Nopal an, trägt die trächtigen Weibchen auf die Blätter
der Pflanzen, und macht den Thierchen sogar kleine Nester
von Heu oder Moose.   Die Mütter bevölkern nun die
ganze Pflanzung.   Man sammelt jährlich dreimal, und
der Ertrag dieser Sammlungen mag leicht an 1 Million
Pfund hinaufgelaufen seyn, welche eine Einnahme von
mehr als 9 Millionen Thaler geben.

Merkwürdig ist eine Sumpffliege im mexikanischen
See, die ihre Eier in ungeheurer Menge an die Binsen
legt, welche man abnimmt und als eßbaren Caviar verbraucht.

*) Die Küste heißt Manta, aber der gefährliche Rochen führt selbst
diesen Namen, da er schwimmend einem ausgebreiteten wollenen
Mantel ähnlich sieht.

Neger der Goldküste.

Die bedeutenden Erzeugnisse des Pflanzenreichs sind überaus mannigfaltig, zumal da die Europäer nicht nur die edelsten Früchte ihres Erdtheils, sondern selbst Ostindiens Cocospalme, hierher gebracht haben, welche sämmtlich aufs köstlichste gedeihen, so wie auch unser Weizen sehr guten Ertrag gibt.

Man findet mehrere Färbehölzer, den Gummi, Guajak, Jalappen und Kalebassen und den seiner kostbaren Frucht wegen hochgerühmten Aquacatebaum, den Manguei, den Chinabaum. — Man baut Wein, Reiß, Baumwolle, Tabak, Indigo, Roucou, Manihot, Zuckerrohr; Ananas finden sich in Menge. Der Cacaobaum erreicht in 5 Jahren seine Vollständigkeit, und gibt jährlich an 3 Pfund Bohnen. Wie stark muß der Anbau dieses Baumes seyn, da die Provinz Meriko allein jährlich an 100,000 Zentner Bohnen liefert. Auch die Einnahme von der Vanille ist nicht unbedeutend. Beide Gewächse wachsen aber auch in angrenzenden Ländern Südamerika's.

Manche Seltenheiten des hiesigen Pflanzenreichs sind uns entweder zu wenig bekannt, oder zu umständlich zu beschreiben.

Ein Hauptprodukt hiesiger Länder, und schon in Neumexiko sehr wohlthätig, ist die amerikanische Aloe — eine Agave, die man hier zu Verzäunungen braucht, wozu sie, ihrer großen Stachelblätter wegen, taugt, nicht zu rechnen, daß ihre duftenden schönen Blumen 3 Monat dauern, aus deren Blättern man Garn und Zwirn, selbst zu Hemden, und aus deren Blumenstielen man Balken und Sparren zu Häusern macht, indessen die dürren Blätter auch als Schindeln und die Stacheln als Nägel dienen. — Aus einem unter der Blätterkrone abgehauenen Stamm gewinnt man in 6 Monaten 2000 Pfund Saft, der, in Gährung gebracht, den leichten Aloewein gibt, wovon Meriko allein an 64 Millionen Pfund verbraucht.

Die Eingeweide der Erde enthalten nicht nur Edelsteine, sondern der Diamant selbst soll je zuweilen vorkommen. Entschieden aber ist der Reichthum edler und unedler Metalle. Die Bergwerke einzelner Privatbesitzer geben zuweilen über eine Million Thaler Ausbeute. Man hat eine Nachricht, der zufolge von 1745 an in 20 Jahren fast 154 Millionen Ausbeute an Gold und Silber erhalten wurden. — Auch die Reichthümer an Quecksilber sind nicht unbedeutend, wiewohl nicht mehr so groß, als einst.

Mexiko wurde sonst durch einen königlichen Statthalter regiert.

Man hat bisher das Land in 3 große Provinzen oder Audiencias, in Guadalaxara, Mexiko und Guatimala, abgetheilt.

Kommt man von der Seite von Neumexiko, so liegt am Fuße des Gebirges der ansehnliche Ort Nostra Senora di Guadelupe, von welchem aus eine Wasserleitung und eine 100 F. breite Chaussee zur Hauptstadt führt, die keine Meile weit entfernt ist. Von den drei andern Weltgegenden her führen ähnliche Straßen zur großen Hauptstadt. — Kommt man von Vera Cruz nach dieser Stadt, so erheben noch 40 franz. Meilen von derselben entfernt, die rauhen Gebirgsreihen, durch Annäherung oder Entfernung von einander, liebliche Thäler, durch welche ein gut unterhaltener Weg zur Hauptstadt führt.

Diese Hauptstadt Mexiko ist eine der ersten Städte der Welt, und liegt noch an demselben Platze der ehemaligen Stadt, auf den Inseln eines großen Morastes, in einem Thale, das durch hohe Gebirge eingefaßt und von den beiden großen Seen von Chalco und dem Salzsee Tezuco umschlossen ist, die ein Hufeisen bilden und durch einen Kanal zusammenhangen. Diese Seen sind nebst mehrern kleinern durch die Menge der Flüsse und Flüßchen gebildet, die von den Gebirgen herabkommen. Die beiden großen Seen halten etwa 18 Q. M. Fläche, nehmen aber immer mehr ab, seitdem man mit dem Aufwand von mehr als 6 Mill. Thalern das ganze Gebirge Sincog durchbrach und den Seen, deren Ueberschwemmungen verheerend werden konnten, einen Abzug in den Montenmafluß verschaffte.

Die Stadt ist zuerst bei ihrer Eroberung 1521 zerstört, dann nach der Verwüstung durch Ueberschwemmung des Jahrs 1629 auf einem höhern Grunde erbaut, bei dessen Legung Tausende

Wohnung eines Negers in Senegambien.

235

der armen Eingebornen ihr Leben zusetzten. Sie liegt, ein völliges Viereck, längs des Sees; ist mit vielen Kanälen durchschnitten und die Häuser ruhen auf Pfahlwerk.

Ihr Umfang von 3 deutschen Meilen, ihre schnurgeraden, rechtwinklich durchschnittenen Straßen, ihre netten, wiewohl nicht hohen Häuser, ihre Bevölkerung mit 150,000 Menschen (größtentheils Neger, Mulatten, Mestizen), (andere Angaben = 57,000 Eingeb. 63,000 Weiße, 69,000 Farbige *); die herrlichen Auen, das milde Klima, die großen Seen, die hohen mit Schnee bekränzten Gebirge, die umliegenden zahlreichen Dörfer der Indier. — Alles macht die Stadt schön und interessant.

Der Palast des Vicekönigs, der Sitz des Erzbischofs, die Universitätsgebäude, die 20 Kirchen, deren prächtigste der Dom ist, die Münze, worin man jährlich 14 Mill. Piaster prägt, die Menge der Klöster (55) und der Gasthöfe, in welchen sich aber, wie im Mutterlande, der Reisende selbst Meubles und Lebensmittel schaffen muß, die schon angeführte Wasserleitung, die alle Häuser versorgt, und sehr angenehme Spaziergänge, müssen erwähnt werden, eben sowohl, als die öffentliche Bibliothek, die Bergbauschule, der botanische Garten, die Akademien der Künste, aber auch die nicht mehr bestehende menschenfeindliche Inquisitionsanstalt, wo innerhalb vier Mauern von unten auf zu heizende Oefen angelegt waren, auf welche die Juden zum langsamen Verbrennen geworfen wurden.

Ein solches Schauspiel gehörte sonst eben so zu den Vergnügungen, als Hahnen- und Stiergefechte, bei welchen große Wetten gemacht werden, und als ein hohes Kartenspiel. — Silber wird selbst zum Beschlagen der Kutschenräder verwendet. — Die Pracht der Kirchen, deren Dächer und Balken zum Theil mit Gold überzogen sind, ist vorzüglich groß, und in der silbernen Lampe des Doms haben drei Leute, die sie reinigen, zu gleicher Zeit Platz. Die äußern Verzierungen daran, Löwenköpfe u. s. w., sind von massivem Gold. Eine ganze Straße hat lauter Gold- und Silberarbeiter, eine andere lauter Seidenhändler. Die Tabaksfabrik beschäftigt 7000 Menschen. Die Münze ist eine der bedeutendsten in der Welt.

Welch ein Reichthum muß in einer Stadt zusammenfließen, die der Centralpunkt des Handels zwischen Amerika, Ostindien und Spanien ist. Schnüre von Perlen und Edelsteinen trägt selbst der Mittelstand an Hut und Arm. Alles, nur der Sklav nicht, kleidet sich in Seide. Aber die höchste Armuth und die liederlichste Ausschweifung stehen dicht neben dieser Ueppigkeit, wie überall, so auch hier.

Merkwürdig sind die schwimmenden Gärten auf den Seen. Ein Geflecht von Weiden und zähen Wurzeln bedeckt man mit

*) 1813 und 14 starben 25,000 an einer Seuche.

pflanzt es mit Blumen und Geſträuch und herr-
.n, die täglich durch Fahrzeuge zur Stadt gefahren
uf größern Gärten hat man auch einen ſchattenreu
n oder eine Hütte gegen Sturm und Regen. Ein
Kähne oder Boote bringen den Garten auf jede be-
Stelle des Sees. Manche derſelben ſind an 300 Fuß

Mauern und Thore hat die große Stadt nicht, aber ein
Fort, das ſie deckt. Landhäuſer und Paläſte liegen in Menge
nebſt mehrern Klöſtern umher.

Acapulco, nur ein Flecken an der Südſee, mit 4000 E.,
aber mit einem unübertrefflichen, für mehrere 100 Schiffe geräumigen Hafen, den ein Fort mit 42 Kanonen deckt. Der
hintere Theil iſt mit hohen, zum Theil vulkaniſchen Gebirgen
bekränzt, daher auch die Erdbeben hier faſt alltäglich ſind. Die
Einwohner ſind größtentheils Neger, und die Häuſer elende
Hütten. — Aber welch ein Leben und welch ein Reichthum ſind
in dieſer Stadt zur Zeit der Meſſe, wo die alte und neue Welt
ihre Reichthümer gegen einander austauſchen, und wo man an
9000 E. rechnet.

Es kommt nämlich jährlich im December die große Manila
Galiote von 1200 Tonnen, und bringt oſtindiſche Waaren, namentlich Waaren von den Philippinen — Gewürze, Perlen,
Goldſtaub, ſeidene und baumwollene Zeuge. Bei einer ſolchen
Hin- und Herfahrt verdient der Kapitän an 40,000, ein ge-
meiner Matroſe aber oft an 1000 Piaſter. Zu gleicher Zeit
kommt auch ein Schiff aus Lima mit Silber, Queckſilber,
Cacao — ohne was andere Kauffahrer bringen. So entſteht
denn hier auf 4 Wochen ein lebhaftes Verkehr, nach welchem
wieder eine Todesſtille eintritt.

Queretaro, 35,000 E., worunter an 12,000 Indier.
Sie hat ſchöne Gärten mit den herrlichſten Früchten Europa's
und Amerika's, und verfertigt Tuch und Cigarren.

Tlascala, eine große ſchöne Stadt mit 70,000 (22,000)
Einwohnern, wo ungemein viel Arbeiten in Zeug, Gold, Ge-
wehren u. ſ. w. gefertigt werden. — Als Hauptpunkt der Be-
triebſamkeit iſt aber das nahliegende Puebla de los an>
los noch wichtiger, wiewohl es nur 10,000 (68,000!) Einwohner hat. Hier findet ſich die einzige Glashütte des Reichs,
nebſt Tuch, Zeug- und wichtigen Hutmanufakturen. Sie liegt
zwiſchen hohen Gebirgen. — St. Cholula, 16,000 E.

Vera Cruz liegt zwiſchen unfruchtbarem Triebſand, der
nach Norden, und zwiſchen Moräſten, die nach Weſten hin
ſich finden; und die Küſte iſt mit Baumſtämmen, die der Miſ-
ſiſippi herbeitreibt, beſetzt. Von den Sandwirbeln, die der
Wind von Norden her herbeiweht, werden oft alle Häuſer
durchdrungen und das Athmen um ſo mehr erſchwert, da der

Sand trocknes Salz mit sich führt. Die Stadt ist schlecht ge=
baut, auch nicht groß und hat höchstens 8000 (16,000) E., die als
eben so träg als stolz geschildert werden; auch lebt man hier sehr
eingezogen; — kirchliche Aufzüge, der Besuch eines Kaffeehau=
ses und Stiergefechte sind die einzigen Unterhaltungen. Aber
es sammeln sich hier alle Schätze des mildern Amerika's, und
die Reichthümer Mexiko's werden von hier aus in die alte Welt
verfahren, so wie die Waaren der letztern von hier wieder in
die neue Welt geben. Alle zwei Jahre ist die Stadt besonders
lebhaft, weil dann (sonst) die spanische Flotte aus Cadix kömmt
und Europa's Waaren bringt, und zur Rückfracht amerikanische
mitnimmt. Diese Messe dauert zuweilen ein halbes Jahr,
und der größte Theil der jährlichen Ausfuhr (ohne Gold und
Silber an 4½ Mill. Thaler angenommen) geht wohl von hier
aus. Die europäischen Waaren gehen von hier nach Xalapa
und von dieser Stadt aus durch ganz Mexiko. Die Gebäude
der Stadt sind von Madreporen.

Auf der großen Halbinsel Yucatan liegt Fran=
cisco di Campeche an dem Busen gleiches Namens, eine
schlechte, wiewohl von Stein erbauete Stadt, die auch nur
6000 E. hält, nicht mitgerechnet das von 1000 Indiern be=
wohnte Dorf, welches die Vorstadt bildet; aber der bedeutende
Handel mit dem bekannten Farbeholze macht die Stadt wich=
tig. Die Hauptstadt Merida de Yucatan enthält 28,000
Einw. — Die Gewässer an der östlichen Küste dieser Insel bil=
den die Hondurasbai. Einst, vielleicht noch jetzt, waren
hier viele Engländer angesiedelt, das Holzfällen zu betreiben —
einzelne Holzfäller hatten sich im Anfang der Entdeckung ein
Vermögen von mehr als 150,000 Thaler erworben.

Im Süden dieser Bai liegt die ziemlich menschenleere
Landschaft Honduras, und dicht an der Campechebai
die Landschaft Tabasco, von woher der erste Tabak kam.

Nicaragua, am bekannten gleichnamigen See.

Guatimala lag zwischen zwei Vulkanen, wären Einer
große Wasserströme, wie der Andere Feuerströme, ausspie, und
also äußerst gefährlich. Im Jahre 1773 tobten beide Berge
mit Feuer und Wasser furchtbar, auch drang das Meer beim
Erdbeben über die Ufer ein. Nach 7 schrecklichen Tagen öffnete
sich ein Schlund und die Stadt mit 40,000 Einwohnern sank
in den Abgrund. — Neu Guatimala liegt 4 Meilen von der
alten Stelle.

Anmerk. Das ganze Generalcapitanat Guatimala ent=
hält an 16,000 □. M. mit 1,200,000 Einw.

Amerika. P

Die Einwohner

nach ihrer Zahl zu schätzen, ist wohl ein sehr mißliches
Wagstück; doch spricht man von 2 Millionen Indiern
und von 1 Million Spaniern und Abkömmlingen von Spaniern — und übrigens Mulatten, Mestizen und Negern.
Auch die letztern sollen häufig freie Leute seyn, wie denn
überhaupt die Sklaven in dem spanischen Amerika ein viel
milderes Loos haben, als die in westindischen Kolonien.
Für 250 bis 500 Thaler, welche zu erwerben meistens
nicht schwer fallen kann, soll sich der Neger loskaufen
können.

Der Spanier lebt hier stolz, herrisch und prächtig, und
die armen Indier sind despotisch unterdrückt, um so mehr,
da sie überaus sanfte, und, wie es scheint, auch weichliche
Menschen sind. Sie müssen oft 8 Meilen von ihren Dörfern Frohndienste thun. Sie sind von angenehmen mit-
telmäßigem Wuchs, fast olivenfarbig, die Weiber aber,
die viel weißer sind, fast durchgängig schön, mit dunkeln
Augen und glänzend schwarzen, langen, festen Haaren.
Ihre Sinne sollen sehr scharf seyn und ihr Alter oft an
100 Jahre hinaufreichen.

Züge von Herzensgüte, von Gerechtigkeit und Gastfreundschaft sollen nicht selten unter ihnen vorkommen,
wiewohl es bei einem unterdrückten Volke, das argwöhnisch gemacht ist, auch an Lug und Trug nicht ganz fehlen
wird. Auch in neuesten Zeiten, vor der Revolution, hatte
der harte Druck noch nicht aufgehört, mit welchem diese
Armen geängstigt werden, zumal von den Unterbedienten,
die in ihrer tiefen Unwissenheit *) noch immer zum Theil

*) Wir lassen es dahingestellt, ob die Unwissenheit der Geistlichen
und Oberbeamten noch heutiges Tages so ganz arg ist, wie in
vormaligen Zeiten, wo der Oberrichter, der zwei entgegengesetzte
Fälle auf ganz gleiche Weise entschied, aufmerksam darauf gemacht, bei allen Heiligen schwur, er wolle die lutherischen Engländer, die Hunde, alle verbrennen lassen, kämen sie wieder nach
Neuspanien; denn sie hätten ihm die Bücher des Papst Just-

Mexikaner.

in dem Wahne stehen, als ob die Indier noch von alten Zeiten her Gold und große Schätze verborgen hielten, da sie doch oft nicht einmal von einem Goldstück einen Begriff haben und in mancher ansehnlichen Dorfschaft ein Goldstück gar nicht zu verwechseln ist.

Mit den kärglichsten und schlechtesten Nahrungsmitteln fristen diese Unterdrückten in einem so reichen Lande ihr Leben, wiewohl sie höchst treu und arbeitsam sind und die beste Pflege verdienten. Hätte sie die ewige Güte nicht mit den bei Californien beschriebenen Fackeldisteln und ähnlichen Cactusarten und mit der Agave versehen, deren geistiger Saft (die Pulche) sie zuweilen aufheitert, wie wollten sie bestehen? — Die Aemter, die ihnen in den Ortschaften als Alkaden (Richter) aufgetragen werden, verrichten sie mit hoher Treue und Gewissenhaftigkeit, wiewohl sie nichts davon haben, und ihnen hier in ihrem eigenen Lande, in welchem sich alle Thiere so unglaublich vermehren, ein Huhn so etwas Köstliches ist, daß die ganze Familie Theil daran nimmt, wo Jemand so glücklich ist, eins zu erhalten. Sie sind nicht ungeschickt zu Künsten, und vor allen zeichnen sich darin die Indier der Provinz Chiapta aus, welche sogar Maler und Tonkünstler haben.

Nicht alle Indier sind gleich sehr unterjocht. Noch leben in Gebirgen und in unzugänglichen Gegenden Stämme, die sich nicht unterdrücken lassen und den Spaniern oft zeigen, daß sie noch keineswegs die unbestrittenen Herren dieser Länder sind. Die Spanier selbst haben ihnen den Namen der tapfern Indier (Iudianos bravos) beigelegt.

---

nian gestohlen, aus welchen er die zweifelhaften Fälle entscheide. — Die Geistlichen dort waren dem Spiel, Trunk, Fluchen u. s. w ergeben, trugen unter den Kutten pomeranzenfarbige Strümpfe und Beinkleider und schürzten sich hoch auf, daß Jeder ihren Anzug sähe. — Vielleicht bessern die neuesten Zeiten Vieles. Vielleicht! Doch steht der Ausgang erst abzuwarten.

P 2

Auch die ältern Mexikaner bestanden aus verschiedenen Nationen, die unter dem Kaiser von Mexiko standen und oft ihm nur mit Widerwillen unterworfen waren, da er, fast wie ein Sultan des Morgenlandes, ziemlich despotisch regierte. Die Mexikaner waren kein rohes Volk mehr, als sie von den Spaniern unterjocht wurden, sondern ein ziemlich kultivirtes, dessen Kaiser seine Paläste, seinen prächtigen Hofstaat (selbst Hofnarren, wie man vorgibt) und große Einkünfte aus Bergwerken, Salzbrunnen, Abgaben und Geschenken hatte. — Unter den Regenten standen die Caziken als Vasallen, und die höchsten unter denselben wählten jedesmal den Monarchen, wobei sie zunächst auf kriegerische Tapferkeit sahen. — Diese Vasallen waren von verschiedenem Rang, und von ihnen hing das Volk ab, dessen unterste Klasse nicht besser wie Sklaven waren, die Ackerbau trieben und ohne Weiteres von ihrem Herrn getödtet werden durften. Andere den Hausdienst versehende Sklaven hatten es nicht viel besser.

Eine Art Zeichenschrift — durch Abbildung der Gegenstände — Eintheilung des Jahrs in Tage (366), Botenposten, die aus allen Theilen des Reichs als Schnelläufer die Nachrichten an den Hof brachten, verschiedene Gewerbe (Maurer, Weber, Goldarbeiter) waren schon vorhanden; man verstand auch Brücken, Boote und Häuser zu bauen, und das Land war nicht schlecht bevölkert und angebauet.

Der Regent ging in prachtvoller Kleidung, die Vornehmen wickelten sich in einen Mantel, das niedrige Volk ging fast ganz nackt, und die Frauen und Mädchen trugen eine Art Hemden. Mit Federn der Vögel machte man sich einen bunten Kopfputz, und der ganze Körper wurde mit Farben bemalt.

Sklavinnen — die ausgesuchtesten Mädchen — buken den Caziken ihr Maisbrod, und dienten ihnen begreiflicher Weise auch noch anderweitig. —

Die Maler ſetzten ganze Gemälde von Vogelfedern aufs Künſtlichſte zuſammen.

Bei dem Hauptfeſte der Götzen Quentzalkoal in Cholula waren merkwürdige Tänze und Spiele üblich. Auf einem eigenen kleinen Platze wurde vor dem Tempel des Götzen eine kleine Bühne errichtet, zierlich aufgeputzt und mit Baumzweigen geſchmückt. Rings umher zogen ſich Bogen von Blumen und Federn, mit Kaninchen, Vögeln und andern kleinen Sachen behängt. Das Volk kam Nachmittags zuſammen, und die Spiele zu Ehren des Götzen nahmen den Anfang. Die Spieler ſtellten mancherlei Perſonen vor, Taube, Lahme, Huſtende, Blinde und Krüppel, und was ſonſt zur Beluſtigung des Volks tauglich ſchien. Alle ſuchten die übernommene Rolle zu behaupten, jammerten, klagten, derſelben gemäß und verlangten Hülfe von dem Götzen. Wie auf unſern Bühnen, gaben auch hier die Tauben lauter verkehrte Antworten, die andern huſteten beſtändig u. ſ. w.

Andere Schauſpieler ſtellten Käfer, Kröten, Eidechſen und andere Thiere vor, und alle machten zur Beluſtigung des Volks ihre Rollen ſo natürlich, als möglich. Knaben, im Dienſte des Tempels, ſtellten Schmetterlinge oder buntgeſiederte Vögel vor, nach welchen die Prieſter Thonkugeln warfen, an denen die Schlingen zum Fang der Vögel befeſtigt waren. Die poſſierlichen Stellungen, die daraus entſtanden, dienten zur Beluſtigung der Zuſchauer.

Ein großer Tanz, welcher im Freien, oder unter dem Vorhofe des Tempels, aufgeführt wurde, beſchloß das Feſt. Im Mittelpunkt des Tanzes ſtand die Muſik, um welche ſich, nach den Ständen, die Tänzer in verſchiedenen Kreiſen drehten; denn jeder Stand hatte ſeinen eigenen Kreis. Die Großen (der hohe Adel) bildeten den erſten, engſten Kreis um die Muſik; ſie konnten ſich alſo in gravitätiſchen Schritten bewegen, wenn der äußerſte Kreis ſich in Ga-

lopp setzen mußte. — Zum Glück wurde dieser von der Ju=
gend, der mittlere Kreis aber vom Mittelstande gebildet. —
Hörner, Pfeifen und Trompeten von Seemuscheln, nebst
den beiden einander sehr ähnlichen Arten mexikanischer
Trommeln, deren eine aus einem 3 Fuß hohen, walzen=
förmigen, inwendig ausgehöhlten Kloße bestand, über
dessen Höhlung eine Rehhaut gespannt war, machten die
Musik aus. Aeußerlich war diese Trommel mit mancher=
lei Schnitzwerk und Malerei verziert. — Der Gesang be=
gleitete die Instrumente. Die Musik fing zuerst in ern=
sten Tönen an, und der Gesang stimmte leise ein (dahinge=
gen bei andern öffentlichen Lustbarkeiten, d. i. Tänzen,
zwei zuerst einen Vers vorsangen, und dann das ganze
Chor einstimmte). Allgemach wurde die Musik lebendi=
ger, der Gesang schwoll an, und alle Bewegungen wur=
den freudiger und stärker, je nachdem es der Inhalt des
Gesanges wurde.

Die Zwischenräume zwischen den verschiedenen Kreisen
waren mit tanzenden Possenreissern und Lustigmachern
gefüllt, die die Kleidungen und Eigenheiten fremder Völ=
ker oder auch wilder und zahmer Thiere nachahmten.

Die verschiedenen Parthien der Tänzer löseten sich ab,
je nachdem die eine oder die andere müde ward.

Die Mexikaner hatten verschiedene Tänze für den
Gottesdienst, Krieg und Jagden, und diese ernsteren
Tänze tanzten selbst die Könige in ihrem prächtigsten
Staate mit. In der einen Hand hielt man einen Fächer
von schönen Vogelfedern, und die andere schüttelte takt=
mäßig das Ajacaptli, ein kleines Gefäß von runder
oder rundlicher Gestalt, in welchem kleine Steine zum
Klappern waren. Der gemeine Mann verkleidete sich bei
den Tänzen immer in Thiere und hatte dazu eigene Klei=
dungen aus Häuten oder Federn.

Wiewohl die meisten dieser Tänze seit Spaniens Ty=
rannei unter dem unterdrückten Volke abgekommen sind,

soll doch noch einiger Orten ein artiger, künstlich ver-
schlungener Tanz üblich seyn. Es wird nämlich ein
Baum oder Pfahl von etwa zwanzig Fuß Höhe in der
Erde befestigt, und an dessen Spitze so viel lange und
bunte Stricke gebunden, als Tänzer vorhanden sind.
Jeder Tänzer ergreift einen Strick, und Tanz und Musik
heben an. In großer Künstlichkeit gehen des Tanzes
Bewegungen so lange fort, bis sich aus den Stricken ein
Netz am Pfahl gebildet hat, dessen schöne Ordnung sich
durch die verschiedenen Farben der Stricke sattsam kenntlich macht. Sind durch ihre Verschlingungen die Stricke
so kurz geworden, daß sie die Tänzer nicht mehr mit ausgebreiteten Armen erreichen können, so fangen sie an wieder zurückzutanzen, und was sich vorher durch Tanz ver-
flocht, löset sich im Tanz wieder auf und der Pfahl wird
frei.

Der höchste Götze der Merikaner war der Bitzli-
putzli, der im prächtigen Tempel verehrt wurde, wo zu
seinem Dienst viele Priester angestellt waren. Wenn
diesen Gott hungerte, so hungerte ihn nur nach Menschenfleisch. Es wurde dann ein Krieg angefangen, und
die gemachten Gefangenen, deren oft einige Tausend
waren, sämmtlich geopfert. Ein eigener Priester, der
Töplitzin, ließ die Unglücklichen, einen nach dem andern,
auf einen großen Stein legen, und von den andern Priestern halten, stemmte ihm die linke Faust auf die Brust,
schnitt ihm sodann mit einem scharfen Kiesel den Leib von
unten bis oben auf, riß ihm das Herz heraus, und hielt
es dampfend gegen die Sonne. Hierauf wurde das Gesicht des Götzenbildes unter dem Gemurmel geheimniß-
voller Gebete mit dem Herzen gerieben. Der übrige Körper des Getödteten gehörte dem, der ihn gefangen genommen hatte, und wurde von ihm und seinen Freunden
gefressen.

Höchst merkwürdig ist, daß auch bei diesem Volke,
wie bei den Römern, Vestalinnen sich fanden — reine,

unbefleckte Jungfrauen, die mit beim Tempeldienst gebraucht wurden. Sie konnten aber ihren Gelübben wieder entsagen.

Auch ist es nicht unwerth zu erwähnen, daß es bei den Merikanern vier Orden gab. Drei derselben hatten als Ordenszeichen die Bilder von Adlern und von den (sogenannten amerikanischen) Tigern und Löwen (Cuguar), welche am Halse oder auf der Brust getragen wurden. Der jüngste, aber höchste aller vier Orden bestand in einem rothen Bande und rothen Schnuren, welche in die Haare geflochten wurden. Nur die Grandes oder Pairs des Reichs konnten diesen Orden tragen, und je mehr der Schnüre waren und je länger dieselben, desto größer war die Tapferkeit des Ordensgliedes gewesen.

Südamerika.

Südamerika.

Das ganze Südamerika würde ein eigenes Kontinent ausmachen, hinge es nicht mittelst der Erdenge Darien, oder Landenge von Panama, mit dem nördlichen Amerika zusammen.

Das spanische Südamerika, welches man zu 162,000 (188,000) Q. M., mit gegen 6 Millionen (6¼ Mill.) Einw. annimmt, begreift eine ungeheure Länderstrecke, die in die drei Reiche

Neugranada, Peru und Rio de la Plata

vertheilt ist.

Zu Neugranada rechnet man jetzt außer der Terra Firma, welche auch öfters zu Nordamerika gezogen wird, auch das spanische Guiana und die Provinz Quito. Zu Peru auch Chili; und zu Rio de la Plata das südliche Peru, das östliche Chili und die Provinzen Paraguay und Tukuman, Eintheilungen, die denen, welche die Natur gemacht hat, wohl nicht glücklich entsprechen, wie das der Fall mit den politischen Begrenzungen so häufig ist. (S. oben.)

Man nimmt das spanische Südamerika zu 162,000 (188,000) Q. M., mit gegen 6 Millionen (6¼ Mill.) Einw. an.

Die ungeheure Bergkette der Andes oder Cordilleras (Cordilleras de los Andes), die von der südlichsten Spitze Amerika's zu streichen anfängt, und sich bis in die nördlichsten Gegenden dieses Erdtheils fortsetzt, verbreitet sich hier östlich in mehrern hohen Gebirgsästen. Man rechnet an 12 Berge, die an 15 bis 18,000 Fuß hoch und also die höchsten Berge der Erde sind, unter welchen als der Hauptriese der Chimborasso von 20,000 F. hervorragt. Viele der Berge sind vulkanisch, und obwohl (wie der Kotopari) mit ewigem Schnee bedeckt, werden sie dennoch von Zeit zu Zeit durch ihre Feuerauswürfe furchtbar.

Es ist kein Wunder, daß sich an solchen Gebirgen so gewaltige Ströme erzeugen, wie der Orinoko, der eine ganze Flußwelt bildet, und der Maranhon oder Amazonenfluß, der nach einem Lauf von fast 1000 M. mit so gewaltiger Mündung ins Meer strömt, daß er sein süßes Wasser über 18 Meilen noch im Meere behält, und der gewaltige Silberfluß oder Rio de la Plata. Der Maranhon ist ohne Zweifel der größeste Fluß der Erde, und mit dem Orinoko in Verbindung. Beide Flüsse setzen zu gewissen Jahrszeiten das Land so weit umher unter Wasser, daß der Orinoko, dessen natürliche Breite noch keine Meile ist, dann 25 Meilen breit zu seyn scheint.

Daß in einem mit solchen Gebirgen durchzogenen Erbstrich, und bei solchen Unterschieden der Breite, das Klima höchst verschieden seyn müsse, ist nicht noth zu erwähnen. Auf den Gebirgen, wie in den südlichsten Spitzen, herrscht die strengste Kälte; die übrigen Gegenden haben eine Wärme, die der vielen und großen Flüsse und Seen wegen stets feucht ist. — Die reichsten und herrlichsten Erzeugnisse bringt Boden und Klima hervor, sowohl zu Lande, als zu Wasser, und besonders ist im Schoose der Gebirge ein Ueberfluß edler Metalle.

1.

Neugranada.

1) Terra firma

macht einen großen, oder vielmehr den größten und zwar nördlichen Theil von Neugranada, und wird auf 45,000 Q. M. Flächeninhalt angeschlagen.

Die Landenge von Panama oder Darien, auch Terra firma im engsten Sinne genannt, ist gegen die Wellen des einwühlenden Oceans nur noch durch die dichten festen Gebirgsketten der Cordilleren geschützt, welche der See Trotz bieten, sonst würde ein Durchbruch des atlantischen Oceans in die Südsee längst erfolgt seyn, und beide große Weltmeere dadurch in unmittelbare Verbindung treten, was ohne Zweifel im Laufe der Zeiten auch noch einmal bevorsteht. — Ob die Fläche der Südsee wirklich um 20 F. niedriger steht, als der nördliche Ocean *), und ob bei eintretendem Durchbruch wirklich so große Verheerungen Statt finden würden, als man annimmt, lassen wir dahingestellt; was aber nicht zweifelhaft ist, ist, daß der Welthandel eine ganz andere Richtung nehmen, und eine unübersehbare Menge Erleichterungen und Abkürzungen erhalten müßte, wenn hier eine schiffbare Durchfahrt entstände. Und sie könnte Statt haben, da die an keinem Orte über 12 oder 15 Meilen breite Erdenge über dem 11ten Breitengrad beim See Nicaragua, das eigentliche Land gerechnet, wodurch es von der Südsee getrennt ist, kaum 4 Seemeilen Breite hält, und ohnedieß noch durch

---

*) Es haben sich Behauptungen gefunden, die den niedrigen Stand der Südsee zu 60 Fuß angaben, aber aus welchen Gründen?

den Fluß Partida vom Südmeer bis zum See Nicaragua durchschnitten ist, auf der andern Seite aber,
der Johannesfluß von diesem See ins atlantische Meer
führt. — Auch gibt es in andern Gegenden der Erdenge
Flüsse, denen nur dürfte nachgeholfen werden, um eine Verbindung beider großen Weltmeere zu Stande zu bringen.

Das Klima dieser Erdenge ist allgemein als höchst
tödtlich verrufen, und war besonders um Porto bello so
gescheuet, daß keine Europäerin an diesem Orte niederkommen wollte. Schiffe, die sich in dem Hafen eine Zeit
lang verweilen mußten, hatten meistens ein Drittheil
der Mannschaft verloren.

Der Grund davon liegt in den zu ungeheuern Waldungen und in dem Regenfall, der sich vom December bis
Mai in Strömen aus den Wolken ergießt, indem zugleich,
unter furchtbarem Geschrei der Tiger und Affen, der Donner
von allen Seiten her kracht. Die dichten Wälder hindern
die Ausdünstung, und so entstehen Sümpfe und Seen, in
welchen Schlangen, Muskitos und anderes Ungeziefer ein
recht angemessenes Brutnest finden, und so große Ueberschwemmungen, daß die Einwohner die Höhen suchen oder
wohl gar sich auf Bäumen aufhalten müssen. — Die
Kröten in Porto bello halten nach einer Regennacht die
öffentlichen Plätze und Straßen so besetzt, daß man keinen
Schritt fort kann, ohne einige zu zertreten. — Man kennt
überhaupt nur zwei Jahrszeiten, Sommer und Winter.
In allen Provinzen fällt ohngefähr eine gleiche Quantität
Regen, aber allezeit Gußregen, wo in einer Stunde mehr
Wasser herabfällt, als bei uns in 6 Stunden, wodurch
ausgetrocknete Bäche zu reißenden Strömen werden, und
wo daher, namentlich in den Ebenen nordwärts des Orinoko, Alles überfluthet wird.

Es ist sehr merkwürdig, daß vor dem Jahre 1792
diese Regen mit furchtbaren Gewittern vergesellschaftet
waren, aber von diesem Jahre an bis 1804 kein einziges

Gewitter gekommen ist, wogegen die Erdbeben, wovon man seit den siebziger Jahren keine Spur hatte, häufig verspürt wurden und 1797 Cumana schrecklich heimsuchten.

Die Gebirge dieser Ländergegenden sind die Andes, zum Theil immerdar mit Schnee bedeckt; manche sind Vulkane. Die Küsten sind häufig sumpfig, und die Llanos sind Ebenen, die in der Regenzeit meistens überschwemmt werden, und sich von den Küsten von Caracas bis an die Waldungen Guiana's erstrecken. Man schätzt sie auf 14,000 Q. M.

Unter den Seen und Flüssen führen wir nur einige an,

Der See Maracaibo, der mittelst einer vier Meilen langen und 1 M. breiten Meerenge mit dem Busen von Venezuela zusammenhängt, und dessen Ufer sehr unfruchtbar sind, hat die Gestalt einer liegenden Wasserflasche, deren Hals nach Norden ins Meer stößt. Er hat bis 25 M. Länge und 15 M. Breite, und ist wahrscheinlich durch die von 3 Weltgegenden hereinströmenden Flüsse entstanden. Er trägt die größesten Schiffe, und hat die Eigenheit, daß Ebbe und Fluth in ihm weit stärker sind, als auf den benachbarten Seeküsten. Eine unerschöpfliche Grube von Erdpech findet sich an seiner Nordostseite. Die ganze Gegend ist des Nachts von phosphorischen Flammen erhellt, die wie Blitze durcheinanderfahren, namentlich bei schwüler Witterung.

Dieser See ist mit 4 von Indiern bewohnten Dörfern versehen (sonst waren ihrer weit mehr), deren Hütten auf Pfählen von Eisenholz ruhen, welches im Wasser unverweslich ist. Die Indier fangen sich die wilden Enten genau so, wie bei China beschrieben ist.

Der an seinen Ufern so fruchtbare See Valencia, 6 Stunden vom Meere, ist an 14 Stunden lang und vier Stunden breit. An 70 Flüsse ergießen sich in ihn, und doch hat der See keinen Abfluß, und hat dennoch seit ein-

gen Jahren sehr abgenommen. Ohne Zweifel die Folge
eines unterirdischen Abflusses, der sich mit der Zeit seine
Oeffnung erweitert hat.

An Flüssen ist das ganze Land überaus reich, und
fast jedes Thal hat seinen Fluß, wiewohl freilich nur die
wenigsten etwas schiffbar sind. Alle innerhalb der Gebirgskette befindlichen Flüsse strömen von Süd gen Nord
ins Meer, und treten nur sehr selten ein wenig über; dahingegen die auf dem südlichen Rücken der Gebirge entsprun-
genen über unermeßliche Ebenen hin alle in den Orinoko
fließen, und ungeheure Ueberschwemmungen verursachen.

Unter den unmittelbar ins Meer fallenden Flüssen ist,
wie gesagt, keiner von großer Bedeutung, und die meisten
sind nur auf einige Stunden schiffbar, den Yuracuy ausgenommen, der mittlere Schiffe trägt und dem Binnenhandel sehr zuträglich ist.

Die Produkte dieser Gegenden sind mit denen der
vorher beschriebenen und nachher noch zu beschreibenden
Länder fast ganz einerlei, nur daß die Vegetation üppiger
und die Thierwelt in der Zahl der Individuen reicher ist,
als vielleicht an irgend einem andern Orte auf Erden.
Ananas, Zuckerrohr, mehrere Arten Pfeffer, Cacao, Gummibäume, Balsambäume und u. s. w. wachsen in Menge
wild. Mais und Reiß gedeihen, nicht aber europäisches
Getreide, für welches es zu heiß ist.

Besonders müssen bemerkt werden die um Panama
vorzüglich häufigen Perlmuscheln. Man rechnet 43 Inseln, neben welchen die Perlen gefischt werden. Viele
Europäer halten sich eigene Neger für diesen Fang, die
aber gute Taucher seyn müssen, und denen als Belohnung
die über die bestimmte Zahl gelieferten Perlen zufallen. —
Eine Fischerei, die wegen der Haien, Rochen (Manta s.
oben) und Dintenfische sehr gefährlich ist. — Gürtel und
Strumpfbänder besetzt man in Panama mit Perlen. So
gemein sind dieselben dort.

Eine Art Eidechsen, von den Spaniern Mattos genannt, verdient besonders erwähnt zu werden, da sie von
diesen und von den Indiern für einen großen Leckerbissen
gehalten wird.

Eine Art Floh, die Chike oder Nigua, wohnt im
Staub oder Sand, und nistet sich ganz unvermerkt in die
Fußsohle, oder zwischen Fleisch und Nagel der Zehen, ein,
und legt seine Eier hinein. Anfangs wird das gefährliche
Thier durch ein leises Jucken verrathen, und dann muß
man es durch einen Indier herausziehen lassen, wenn man
nicht die heftigsten Schmerzen leiden und das Glied durch
Brand verlieren will.

Unter den Bäumen verdienen, außer einem rothen und
gelben Ebenholze, besonders noch der Manchinell = und
Mahotbaum angeführt zu werden. Der erstere, dem
Apfelbaum gleich, mit dem er auch ähnliche Früchte trägt,
ist seines fürchterlichen Gifts wegen bekannt, und die Indier vergiften ihre Pfeilspitzen mit dessen Safte. Bloße
Regentropfen, die von den Blättern herabfallen, sollen
Blasen auf der Haut ziehen, und Narben, wie Blattern,
hinterlassen. — Das Gift einer darin eingetauchten Pfeilspitze behält an anderthalb Jahrhunderte seine tödtliche
Kraft. Ein bedeutendes Heilmittel dagegen soll die kleine
Bohne von Carthagena seyn — die Frucht einer Binde-
weide (Bejuco), wenigstens dient sie gegen den Schlan-
genbiß als längst bewährtes Mittel. — Der zweite Baum,
der Mahot, dient wegen seiner Fasern zu den feinsten Ge-
weben. In den großen Lanos oder Ebenen finden sich
auch da und dort die Fächerpalmen oder Mauritias.

An Salz ist vorzüglich die nördliche Küste von Venezuela reich, wo sowohl Meersalz gewonnen, als Steinsalz gegraben wird, vorzüglich zu Araya, welches alles
übrige in Amerika übertrifft. — Der Gold = und Silberbergwerke sind bei weitem so viel nicht mehr als sonst, wiewohl die in den Provinzen Veragua und Panama noch
höchst ergiebig sind. Die meisten gingen zu Grunde, als

Amerika.   Q

sich die Bewohner Dariens dem spanischen Joche entzogen. — Ob sie seit 1785 wieder völlig unter demselben stehen, wie vorgegeben wird, kann hier nicht entschieden werden.

Welch ein Land muß Terra firma werden, wenn einmal die Wälder werden gelichtet und Abzugskanäle für Sumpf und Morast geöffnet seyn!

Wir bemerken in Terra firma (im weitern Sinne genommen):

Porto bello mit etwa 130 großen hölzernen Häusern und mit einem sehr vortrefflichen und geräumigen Hafen. Es ist, trotz seiner Ungesundheit, doch, des Handels wegen, einer der wichtigsten Plätze auf Erden, indem die Galionen, welche die Beute Peru's an Gold und Silber nach Spanien bringen, nach Carthagena gehen, wo sie die Ankunft der Frachtschiffe von Peru abwarten, und dann hierher kommen wodurch der kleine Ort in die lebendigste und volkreichste Messe verwandelt wird, so daß eine mittelmäßige Stube nebst Kammer auf 40 Meßtage oft mit 1000 Pesos bezahlt wird. Die Gold- und Silberkisten nebst Chinarinde, Cacao, Vigognewolle u. s. w. werden von Panama aus zu Lande hierher gebracht. Mehrere Züge Maulthiere, jeder aus hundert Stück bestehend, tragen die Kisten. Nach vollendeter Messe gehen die Galionen über Carthagena nach der Havana, wo sie sich mit der Flotte, die ähnliche Reichthümer in Vera Cruz geladen hat, vereinigen und wieder nach Cadix zurückkehren: (Die gesammte Reise dieser Galionen fordert zwei Jahre.)

Der größere Theil des Handels soll sich neuester Zeit zu Vera Cruz befinden.

Panama liegt an der entgegengesetzten Küste, mit 6000 Häusern von einem Stockwerk, mit geraden Straßen, und mit einem Gouverneur und Bischof. Sie ist die Niederlage aller aus Peru kommenden Waaren und Schätze, denn ihr Hafen ist vortrefflich.

Carthagena, mit bedeutendem Hafen, breiten gepflasterten Straßen und Häusern von Stein (die bei dem gewaltigen Regen sehr nöthig sind, welcher die Straßen in Ströme verwandelt), hat 25,000 Einw., von welchen kaum 4000 Spanier sind — die übrigen sind, wie in Porto bello, Indier, Neger, Mulatten u. s. w. Der Handel zwischen den innern Gegenden und zwischen Europa hat hier einen Hauptsitz. Die Perlenfischereien in der Nähe sind beträchtlich.

Santa Martha mit 3000 E., die in Schilfhütten wohnen, welche mit Palmblättern bedeckt sind.

Popayan, an der Südsee, am Fuße zweier Vulkone deren einer geschwefeltes Wasserstoffgas ausdampft, liegt in einer gebirgigen, aber an Gold sehr reichen Provinz, welches häufig nur durch Koschen erhalten wird. Die Pflanze Cuca, welche die Einwohner so gern kauen, wie die Hindus den Betel, wächst so häufig, daß sie einen starken Handelsartikel ausmacht. Die Stadt selbst soll 20,000 E., größtentheils Neger und Mulatten, haben. Die reichen Bergwerke ziehen immer mehr Einwohner herbei, und der Bischof soll 600,000 Thlr. Einkünfte beziehen.

Trurillo, mit 7600 E., liegt zwischen Bergen, baut vorzüglichen Weizen, zieht vorzüglich treffliche Hammel und verkauft viel Zuckereingemachtes.

Caracas, in der gleichnamigen Landschaft, die auch Venezuela genannt wird, heißt auch St. Jago de Leon, ist befestigt, hat 40,000 (50,000) E., und erbauet Cacao in unglaublicher Menge. Jährlich wurden 110,000 Centner desselben nach Spanien ausgeführt. Sie liegt zwischen zwei Gebirgen und wird durch ein Flüßchen mit Wasser versehen. Die gepflasterten Straßen sind geradlinig, und unter den Häusern gibt es manche tüchtige. Sie hat eine Universität, und ist der Sitz des Generalkapitans und eines Erzbischofs. Ballspiele und Komödien gehören zu den Vergnügungen. Die Kleider, Spitzen und Tapetenvorrath der Mutter Gottes haben viel Geld gekostet.

Santa Fé de Bogota, in der am Orinoko gelegenen Provinz Neugranada, liegt, schön gebaut, am Ufer eines Sees. Sie hat 18,000 E., und Vicekönig, Erzbischof und zwei Universitäten haben ihre Sitze in derselben. Die hiesige Münze prägt jährlich fast 2,300,000 Piaster, meistens in Gold.

Vier Stunden von dieser Stadt macht der Bogotafluß einen höchst senkrechten Wassersturz von 681 pariser Fuß.

Noch manche andere Orte wären zu nennen, die aber großentheils gar nicht für Städte gelten, weil sie keinen Cabildo oder Stadtrath haben. Wir erwähnen jedoch noch in der Provinz Venezuela

Goayre, 5 Stunden von Caracas, auf allen Seiten von Gebirgen umringt, dient fast nur als Hafen für die Hauptstadt Caracas. Der Einwohner sind 6000, und eine Kompagnie, von Caracas aus, macht die Besatzung.

Porto Cavello, eine Hafenstadt mit fast 8000 E., die sich großentheils mit Handel und Schifffahrt beschäftigen. Der Hafen ist der beste in diesem Theile Amerika's, aber die Sümpfe verpesten die Luft, daher denn die Sterblichkeit groß ist.

Q 2

Valencia, 10 Stunden von Porto Cavello, mit 3000 E., größtentheils Creolen aus den besten Familien Spaniens, und daher so faul, daß ein Platzkommandant bei scharfer Strafe befehlen mußte, daß jeder Einwohner eine Quantität Lebensmittel erbauen solle. Sonst bestand ihr ganzes Thun im Nichtsthun und bei dem bittersten Mangel mit dem Degen durch die Straßen zu schlendern, oder auf einem Faulbette zu liegen.

Am Ufer des Sees Valencia (s. vorher), befinden sich die berühmten Thäler von Aragoa, worin einige Dörfer liegen. — Maracay, mit fast 9000 Einwohnern, die aber nichts von dem faulen Stolz der übrigen Spanier wissen. Die ganze Gegend umher enthält die reichsten Pflanzungen von Indigo, Baumwolle, Kaffee u. s. w. Diese Thäler dehnen sich 15 Stunden lang aus, haben eine Menge Wasserwerke zur Bewässerung, und sind mit sogenannten Kolonialprodukten überdeckt. — La Victoria, auch noch ein Dorf mit 8000 E. nebst noch 5 andern eben so industriösen und mit 3000 bis fast 6000 E. bevölkerten Dörfern liegt auch in diesem Thal.

Die Stadt Coro, mit 10,000 E., heißt auch Venezuela oder Klein-Venedig, weil sie auf Pfählen und Inseln erbaut ist. Carora, mit 6000 E.; die Stadt Barquimiseta. mit 12,000 (15,000 E.), reichen Viehweiden, Cacao- und Kaffeepflanzungen; Tocujo mit 12,000 E., die den besten Weizen erbauen, und schöne Schafheerden haben, wo aber die Einwohner (Creolen) so melancholisch sind, daß sie sich beim geringsten Ueberdruß den Hals abschneiden; die Städte Guanare mit 12,000 (20,000) E.; Calabolo mit 5000 E., del Pao und mehrere andere, die sich theils von Viehzucht, theils mehr von Pflanzungen nähren, nennen wir nur.

In der Provinz Cumana (Andalusien) hat die Stadt Barcellona unermeßliche Ebenen mit unglaublichen Viehheerden, die jetzt durch Räuber so vermindert sind, daß die Stadt mit ihren 14,000 Einwohnern selbst großen Mangel leidet. Die Provinz ist sehr fruchtbar, hat Goldminen und Perlenfischereien und enthält an 100,000 E. Die Stadt wurde vor mehr als 20 Jahren durch ein Erdbeben verwüstet, und ist die älteste Stadt auf Terra firma. Eine Merkwürdigkeit der hiesigen Gegenden ist es, daß die dürre Ebene von Cumana, nach einem Regen, wenn der Sonnenstrahl darauf fällt, einen Bisamgeruch verbreiten soll, wie er in diesen Gegenden den Jaguars und kleinern Tigerkatzen, dem Geier, dem Krokodil, den Vipern und Klapperschlangen, und noch andern Thieren eigen ist.

Noch erwähnen wir der Stadt Maracaibo, am See gleiches Namens (s. oben), die ursprünglich zur Provinz Venezuela gehört. in einer ungesunden, glutheißen Gegend, wo die Gewitter schrecklich sind, und wo es, das unangenehme

Waſſer des Sees ausgenommen, kein Trinkwaſſer giebt. Relche fangen das Regenwaſſer in Ciſternen auf. Die Stadt hat 24,000 Einwohner, worunter 5000 Sklaven, und ſind gute Seeleute, zum Handel und Militairdienſt. Die unermeßlichen Savannahs umher, ſind mit Heerden bedeckt. Man rühmt die Frauen dieſer Stadt, deren ſchuldloſe und einzige Unterhaltung die Muſik iſt; man tadelt die Männer als trügeriſch und treulos.

2) Guiana.

Anſtatt das große Land unnatürlich zu zerſtückeln, nehmen wir es lieber mit dem ehemaligen holländiſchen und franzöſiſchen Antheil zuſammen.

Es liegt zwiſchen den beiden mächtigen Flüſſen Maranhon und Orinoko in einer Ausdehnung von 120 Stunden an der Küſte hin. Der ſüdlichſte Theil deſſelben gehört den Portugieſen, und liegt an der linken Seite des Amazonenfluſſes. Es iſt bis auf die beiden am Amazonenfluſſe liegenden Forts Macapa und Para uns völlig unbekannt.

Die genannten Flüſſe ſowohl, als andere, unter welchen wir noch den Cachipur, den Oyapock, den Camopi und den Eſſequebo nennen, ſetzen das Land unter Waſſer, zumal in der Regenzeit, die vom November bis zu Ende des Mai währt, und die ungeheuern und undurchbringlichen Wälder machen alles Austrocknen unmöglich.

Die beiden größten Flüſſe verdienen eine nähere Angabe, jedoch kann hier nur für den Orinoko die ſchickliche Stelle ſeyn, dahingegen der Maranhon weiterhin ſeinen Platz finden wird.

Die Quellen des Orinoko ſind auch wohl heutiges Tages noch unbekannt, wiewohl Einige ihn aus dem See Parima, Andere ſüdweſtlich von Santa Fé de Bogota entſtehen laſſen, Andere (und dieſe Annahme gilt jetzt als die richtige) in dem Ibirenoko genannten Gebirge, nordweſtlich vom See Parima.

Sein Lauf beträgt, von den Gebirgen an, an 500 Stunden, und vielleicht noch mehr. Schon in den ersten hundert Stunden, wo er von Nord gen Süden geht, hat er so viel Flüsse aufgenommen, daß er zu den ersten Flüssen der Erde gehört. Er fließt hierauf von Ost nach West, auf welcher Strecke er mit dem Amazonenfluß durch den Rio Negro in Verbindung gesetzt wird, indem dieser letztere Fluß mit einem mächtigen Arme des Orinoko in Verbindung steht, mit dem Casiquiari.

Von seiner Quelle bis zum Lande der Atures, fließt er nur durch Gegenden, die von wilden Indiern bewohnt sind. Nachdem er noch mancherlei Richtungen erhalten hat, behält er seine letzte Richtung nach Osten bis zur Mündung.

Die Saltos de Atures sind Wasserfälle, wo über unzerstörbare Felsen sich der Fluß schäumend und donnernd herabstürzt.

Unterhalb dieses Wasserfalls und etwa 62 Meilen von St. Thomas stürzt sich nach einem Lauf von 150 Stunden der von Süden kommende Meta hinein, der für das Königreich Santa Fé und für das spanische Guiana sehr wichtig werden kann, da er schiffbar ist.

Ein anderer mächtiger Fluß, den der Hauptstrom aufnimmt, ist der Apure, dessen Lauf 170 Stunden beträgt, und über 30 Meilen schiffbar. An den Ufern desselben weiden große Heerden von Rindern und Pferden, und besonders von Maulthieren, die hier zu Landreisen am meisten gebraucht werden. Nach seinem Eintritt geht der Orinoko zwischen den Provinzen Cumana und Venezuela bis ins Meer.

Nach dem Eintritt des Apure sinds noch 80 Stunden bis St. Thomas in Guiana, und das Flußbett überall mit Inseln und Klippen bedeckt, welches die Schifffahrt sehr erschwert, — Es würde zu weitläuftig und theils auch unmöglich seyn, alle übrigen einströmenden Flüsse aufzuführen — man rechnet ja ihrer an 300.

Vierzig und sechzig Stunden vor seinen Mündungen bildet er eine ungezählte Menge Inseln. . Dieser Mündungen sind mindestens funfzig, und nur sieben davon sind schiffbar. Wehe dem, der in eine falsche Mündung einliefe: Wo er nicht Schiffbruch litte, so würde er sich in eine Menge von Kanälen zwischen den Inseln verirren, die nach allen Richtungen zugehen, und vor Hunger umkommen, oder von den wilden Garaunos, die diese Inseln bewohnen, umgebracht werden. Selbst diese Garaunos, die doch beständig auf Kanälen schiffen, verirren sich oft. Die südlichste und nördlichste Mündung sind 60 Stunden weit von einander entfernt, und die erstere ist die schiffbarste und trägt Schiffe von 300 Tonnen.

Bei St. Thomas hat der Fluß noch im März, wo der Wasserstand noch am niedrigsten ist, eine Tiefe von mehr als 200 Fuß bei 18,000 Fuß Breite. In der Regenzeit schwellt er um mehr als 60 Fuß an. Er mündet mit solcher Gewalt ins Meer, daß man sein Wasser auf funfzehn Meilen vom Seewasser unterscheidet.

Vom April an bis zu Ende Augusts steigt der Fluß regelmäßig, bleibt im September in gleicher Höhe und fällt dann wieder, welches bis Ende Februars dauert, wo die Schildkröten aus dem Fluß kommen, und ihre Eier in den Ufersand legen, welches zugleich die Zeit ist, wo die Indier von allen Seiten kommen, und diese Thiere und deren Eier sammeln.

Unter den Fischen im Orinoko ist der noch nicht zweipfündige Caraibe hier besonders zu nennen, der seinen Namen daher hat, weil er alle Thiere anfällt, ob sie lebend oder todt sind, und selbst den Reitern, die durch einen Arm des Orinoko reiten, sehr gefährlich wird.

Unter den Seen wird der Parima genannt, den aber noch kein Europäer gesehen hat; eben so wenig, als die Stadt der Indier, die an demselben liegen soll, deren Einwohner als höchst streitbar und deren Dächer als golden beschrieben werden — Fabeln, die in ältern Zeiten abentheuerliche Züge veranlaßt haben — die bekannten Fabeln vom El Dorado oder Goldland.

Als unser Humbold 1800 aus dem Rio Negro in den Orinoko zurückfuhr, wollte er bis an den Parima vordringen und Alles an Ort und Stelle untersuchen, allein ein Stamm kleiner Indier, höchstens 4 Fuß 2 bis 4 Zoll, die Guaykas-Indier, hinderten ihn daran. Doch erfuhr er, der Parima- oder Dorado-See sey von geringem Umfang und sehr unbeträchtlich tief. — Zu seiner Zeit werden wir ja wohl von dem berühmten Reisenden selbst etwas Näheres davon hören.

Der Boden, so weit er bekannt ist, mag höchst fruchtbar seyn, wiewohl freilich der gute Boden mit unfruchtbaren Landstrichen abwechselt. Besonders wird die Güte des spanischen Guiana gerühmt, und doch ist dasselbe so wenig bebauet, daß nur hier oder da einmal ein Europäer zu treffen ist, die hier völlig vereinzelt, aber auch beinahe verwildert sind.

Der spanische Antheil ist westlich und östlich vom Orikono begrenzt, von dem brittischen Antheil meistens durch den Essequebo getrennt. In Südosten soll eben der Sumpfsee Parima liegen, einen gleichnamigen Fluß aufnehmen, und mehrere vereinigte Flüsse dem Negro zusenden.

Der Antheil Spaniens enthält von den Mündungen des Orinoko bis zu den portugiesischen Grenzen eine Strecke von 200 Meilen, mit einer Breite von 40 bis nahe 80 Meilen, mit höchstens 34,000 (52,000) Einwohnern, unter welchen die freien, oder unter Missionen stehenden Indier den bei weitem größesten Theil ausmachen. Die Caraiben, die in diesen Gegenden wohnen,

und allein 18 Stämme ausmachen, haben aber noch ihr
Land und ihre Freiheit behauptet, und sind weder bekehrt
noch unterjocht worden. — Ueberhaupt ist ganz Guiana
nur im eingebildeten Besitz der Europäer, denn der bei
weitem größeste Theil des Landes ist und bleibt noch in
den Händen freier Indierstämme, die eher den Europäern
gefährlich werden könnten, als diese zur Zeit ihnen.

Die Indier im spanischen Guiana, die bekehrt seyn
sollen, werden wir schon kennen lernen (s. nachher). Es
ist schon viel, wenn einer derselben nur einige Lebensmittel
neben seiner Hütte erbauet. In dem überaus fruchtbaren
Oberguiana (welches zwischen dem Caronifluß, dem
Meere und den Flüssen Orinoko und Essequebo liegt), gibt
es nur einige elende, wenigstens 30 Stunden südlich von
der Hauptstadt St. Thomas liegende Zucker= und Baum=
wollen=Plantagen u. s. w. — Wie es mit dem ganzen
spanischen Antheil stehet, ergibt sich am klärlichsten daraus,
daß der Ertrag des gesammten Zehenden im Jahr 1803
für 4000 Piaster verpachtet war. Doch waren die ze=
hentfreien Viehheerden der Kapuziner, die man auf
50,000 Stück rechnet, nicht mit einbegriffen. Man er=
baut Cacao, Zucker, Baumwolle, Farbehölzer, Vanille,
Ananas, Bananen, Cocos, Manihot, Reiß, Mais,
Kaffee.

Es steht aber nicht bloß die Hitze des Klima's und die
Trägheit der Bewohner dem bessern Anbau entgegen, son=
dern auch des Landes Eigenthümlichkeit, daß natürlich
nicht nur keine fahrbare Straßen hat, sondern auch von
einer zahllosen Menge Flüsse durchschnitten ist, über welche
keine einzige Brücke führt, nicht zu gedenken, daß ein
Schiff von den Mündungen des Orinoko bis St. Thomas
zu gelangen über 20 Tage braucht.

Die Hauptstadt des spanischen Antheils ist

St. Thomas de Guiana mit etwa gegen 7000 Ein=
wohnern, die sich größtentheils mit Viehzucht und zum Theil auch

mit Tabaksbau beschäftigen. Ein Gouverneur und ein Bischof haben ihre Sitze hier. Unter den Missionen-Dörfern ist St. Antonio.

Das französische Guiana mit der daran liegenden Insel Cayenne

ist durch den Maronifluß vom niederländischen Antheil geschieden, außer welchem es vom Sinnamary, dem Approuage, dem Cayenne, Oyapock und am südlichsten vom Arauari durchzogen wird.

Der nördliche ebnere Theil hat meistens nur unfruchtbaren Boden; der gebirgsvollere Süden aber ist in seinen Anhöhen zum Anbau sehr geeignet. Das Innere ist Wildniß.

Acht Monate des Jahres regnet es im heißen Klima unaufhörlich, und da das Wasser geringen Abfluß hat, und die so niedrigen Küsten häufig überschwemmt sind, wird die Luft höchst ungesund, und in der That war Cayenne sehr zu einem Deportationsort geeignet, für Leute, die man gerade nicht todtschlagen, und doch auch nicht am Leben lassen wollte. — Die rothe Krankheit, eine Art Aussatz, welcher freilich die Folge von Ausschweifungen ist, aber in einer andern Erdgegend schwerlich so bösartig werden möchte, geht in einen langsamen Brand über, bei dem, fast wie beim Aussatz des Morgenlandes, die Glieder ohne Schmerz abfallen. Man kann dem Kranken mit Nadeln tief in Arme und Füße stechen, er fühlts nicht. Eiterbeulen sind mit der traurigen Krankheit verbunden und leider ist sie auch ansteckend. — Eine Art Starrkrampf ist bei Kindern sehr häufig und mehrentheils tödtlich; Fußgeschwüre kommen alltäglich vor, und wird nicht bald dazu gethan, so ist der Tod damit verbunden. Ein kleines Insekt (Chique ohne Zweifel?), einer Nadelspitze groß, schlägt zwischen Haut und Fleisch sein Nest auf, und wird es nicht sogleich herausgeholt, als man ein Jucken verspürt, so wird es ebenfalls tödtlich.

Der Agouty ist ein rother Wurm, der sich zu Tau=
senden auf jedem Kraute findet, und sich so tief in die Haut
einzwingt, daß er des Sommers gefährliche Geschwulst
mit unerträglichem Jucken verursacht. Mehrerer anderer
Zufälle von stechenden Thieren nicht zu erwähnen.

Unübersehbare Wälder von einer wilden Art Pflau=
men und andere sehr nutzbare Holz= und Gewächsarten,
Harzbäume, deren Harz zum Theil zu Lichtern dienet, und
herrliche Kräuter finden sich häufig. Aller Wachsthum
tropischer Pflanzen ist üppig. Den Cacao halten einige
nicht ohne Wahrscheinlichkeit für heimisch. Andere spre=
chen von Palmen, vom Zimmt= und Muskatbaum und
vom Bananenbaum, die nebst dem hierher gebrachten
Brodbaume sehr gut fortkommen sollen. Die häufigen
Ananas werden 2 Fuß hoch und sind vor der Reife so
ätzend, daß eine hineingesteckte Messerklinge binnen drei
Tagen zerfressen ist. — Die für Färbereien so wichtige
Orleansstaude (Roucou) giebt hier drei Ernten, und we=
der Insekten und Würmer, noch Regengüsse, schaden der=
selben. Bindweiden (Bejukkos), eine Art Lianen, womit
man die Dachsparren zusammen bindet, sind überall. Für
Zucker, Kaffee, Indigo und Baumwolle sind Boden und
Klima weit mehr geeignet, als benutzt. Die Wilden bauen
Manihot, Bataten, Mais, der baumhoch wird, Färbe=
pflanzen und manche uns unbekannte Gewächse.

Affen bevölkern die Wälder und besetzen die Bäume
in großen Schaaren, und betäuben das Ohr mit unauf=
hörlichem Geschrei; Wildpret aller Art (Affen mit dazu
gerechnet) ist da; Armadille, wilde Schweine, mehrere
Arten Tiger, Hirsche, Esel, Ameisenbäre, Heere von
Vögeln überall. Daß aber in einem Erdstrich, wo Feuch=
tigkeit und Wärme herrschend sind, und wo daher oft fri=
sches Fleisch so selten ist, daß ein Schiffsjunge einmal in
kurzer Zeit 20 000 Livres (5000 Thaler) mit Fang und
Verkauf von Ratten verdiente, wo Eisen in kurzer Zeit

schwarz wird und in Schuppen zerfällt, es nicht an Ungeziefer fehlen wird, die in beiden ihr Brutnest finden, läßt
sich erachten.   Klapperschlangen, Kröten, Muskitos sind
überall, und die Häuser sind mit allen Arten Ungeziefer
erfüllt.   Eine Art häßlicher großer Spinnen machen einen
schwarzen Faden, so groß, wie eine Lianenranke.   Pitou, der an einem solchen Faden zog, sagt, die Spinne
habe ihm mit den Füßen so groß, wie ein Menschenkopf,
geschienen.   Sie hatte ihr Gewebe an drei Bäumen befestigt, und die Querfaden so künstlich mit den Zweigen
verflochten, daß sich kleine Vögel darin fingen.   Der Biß
dieser Spinnenriesin bewirkte Schläfrigkeit und tödtliche
Fieber.

Die lichtscheue, armsdicke Raspelschlange, die einsam
in finstern Wäldern lebt, rollt sich in einen Kreis zusammen, in dessen Mittelpunkt der Kopf sitzt.   In dieser Lage
springt sie auf eine Fackel los, die ihr des Nachts zu nahe
kommt und löscht dieselbe aus und tödtet auch wohl den
Fackelträger.   Sie bringt lebendige Jungen, indem sie
sich am Felsen reibt, kriecht sogleich hinter den Neugebornen her, und was nicht gut fort kann, wird gefressen. —
Sie soll die kleinern Thiere eben so in ihren Rachen zau-
bern, wie die Klapperschlange.

Weiße Ameisen (ohne Zweifel Termiten) zerbeißen
Alles.   Ihre Stöcke, bei welchen die arbeitenden Ameisen Alles mit Gummi zukleben, und wobei sie sich, in
Reih und Glied stehend, die Baumaterialien zureichen,
sind so groß, daß zwei Neger erforderlich sind, einen derselben fortzutragen, und so fest, daß man sie kaum mit
einem Hammer zerschmeißen kann.   Die junge Nachkom-
menschaft im Stocke geht auf Entdeckungen aus und eta-
blirt sich da, wo sie es besser findet. — Eine rothe Ameise
wandert in Zügen und zehrt alle Insekten auf.

Die Ravecks, von Maikäfergröße, mit hellbrau-
nen, glänzenden Flügeldecken, zernagen Alles, was sie

in Kisten und Kasten finden, und lassen einen süßlichen Moschusgeruch nach sich. Ihre gebornen Feinde sind eine Art Spinnen, die unter diesen Käfern und den weißen Ameisen gewaltige Niederlagen anrichten.

Man rechnet die Einwohner auf 10,000 Wilde, 8000 Neger und 1200 Weiße. Der indischen Völkerschaften gibt man an 50 an.

Die Niederlassungen sind zur Zeit nur noch an den Küsten und an den Ufern der Flüsse, als: St. Paul, Oyapock, Sinamari. Ueberhaupt sollen der Pflanzungen 50 seyn, die aber sehr wenig liefern (1788: 210 Zentner Cacao, nicht 1000 Zentner Baumwolle, 150 Zentner Kaffee, 60,000 Zentner Zucker, 50 Zentner Indigo), obwohl das Land sich an 60 Meilen in der Länge, und noch etwas mehr ins Innere erstrecken soll.

Die Insel Cayenne an der Mündung des gleichnamigen Flusses ist eine 9 Meilen lange, meistentheils ebene, nur mit kleinen Hügeln durchschnittene, sehr sumpfige Insel, auf welche drei Viertheile des Jahrs der Regen in Strömen herabschießt.

Die Produkte sind nicht noch besonders anzuführen, da man leicht denken kann, daß sie mit denen in den übrigen Theilen Guiana's gleich sind.

Der Hauptort Cayenne ist zwar ein wenig befestigt, aber höchst schlecht gebauet, und hat meistens elende Lehmhütten zu Häusern. Die Straßen sind in der Regenzeit undurchdringliche Moräste, die Einwohner als höchst liederlich verschrien.

Das holländische oder niederländische Guiana macht, nebst dem brittischen, den nördlichsten Theil Guiana's aus, und ist in seinen innern Wildnissen und Produkten gänzlich unbekannt, aber die besetzten Striche sind durch holländische Industrie ziemlich gut bebauet. Nach Westen zu wird es gebirgig, aber die niedrigen Küsten sind großen Ueberschwemmungen ausgesetzt, und die daran liegenden Savannen stehen fast beständig unter Wasser. Die Pflanzungen müssen durch Dämme und Schleusen geschützt werden. Die Holländer haben blos die Kolonie Surinam im Frieden behalten, die 1811: 52,000 Neger und 5102 weiße und farbige E. enthielt. Man rechnet 400 Pflanzungen, die 1770 über 24 Mill. Pf. Rohzucker, 15¼ Mill. Pf. Kaffee, an 1 Mill. Pf. Baumwolle, eben soviel Cacao — zusammen mit noch einigen Artikeln für 8 Mill. Gulden (holländisch) lieferten, überdieß aber noch Vanille, Gummi, Indigo und Tabak.

Die Flüsse sind der Essequebo, der einen Lauf von 90 deutschen Meilen hat, der Demerary, welcher weit herauf für große Schiffe fahrbar ist, der Berbice, der aus dem Innern kommt, und schiffbar ist, nur nicht in der versandeten Mündung, der Corentin, Surinam und der Maroni, an deren Ufern die Pflanzungen liegen.

Der Januar bringt hier Regen und der Februar Trockenheit, die große Regenzeit aber währt vom März bis Ende Augusts, wo dann bis Ende Decembers die große trockne Zeit anhält.

Im Allgemeinen bringt die Natur hier dieselben Erzeugnisse, wie in den vorhin beschriebenen Theilen Guiana's. Man erbauet in den Pflanzungen fast alle Kolonialwaaren.

Die Caraiben, die Ureingebornen, mögen immer noch ziemlich zahlreich seyn. Sie wohnen am weitesten westlich, und seit langer Zeit mit den Europäern in Frieden. — Die Maronneger oder Buschneger, die sich auch ins Innere zurückgezogen, wo sie ihre Dörfer haben, und ihre Pflanzungen bauen, können sich vielleicht auf 6000 und drüber (man gibt sogar 20 000 an) belaufen. Es sind Neger, die durch die Barbarei ihrer Herren genöthigt waren, sich in die Wälder und Gebirge des Innern zu flüchten, wo sie bald eine eigene Republik

bildeten, die den Pflanzungen der Holländer höchst gefährlich wurde, und die gegen alle gegen sie ausgeschickte
Truppen in ihren unbekannten und verwachsenen Wildnissen hinlänglich gedeckt waren. Man mußte am Ende
Frieden mit ihnen schließen, und sie in ihrer Freiheit lassen,
ja ihnen sogar jährlich Geschenke an Waffen, Geräthen
und Kleidungen gewähren, die sie trotzig einfordern, wenn
solche nicht zu rechter Zeit abgeliefert werden. — Leicht
möglich, daß mit der Zeit noch der unterdrückte Afrikaner,
Besitzer und Herr dieses Theils von Amerika wird, zumal,
da der Negersklaven vor 20 Jahren auf der Kolonie Surinam allein an 70,000 waren, und aller übrigen freien
Leute, 1500 Mann regelmäßiger Truppen mit eingerechnet, nicht über 4000.

Die Kolonie am Flusse Surinam ist sehr gut
angebauet. Man hat die ungeheuern Waldungen gelichtet, Kanäle gezogen, Gärten, Terrassen und Lustplätze
angelegt, und baut in den Pflanzungen, Zucker, Kaffee *),
Indigo, Baumwolle, vieler Erdgewächse und Früchte,
z. B. Bataten, die blos zum eigenen Verbrauch dienen,
nicht zu gedenken. Man findet Vanille, Ingwer, Pi-
stazien, Tamarinden und viele Arten Harz- und Gummibäume, die sämmtlich ohne Kultur wachsen. — Die Viehzucht wird stark betrieben. Man rechnete sonst an 16,000
Stück großes Vieh, der Schafe, die hier gut gedeihen,
nicht zu erwähnen. Man hat die Savannen mit breiten
Graben umgeben, und auf diese Weise den Heerden Trift
und Wasser geschafft, und ihnen auch Ställe gebauet.

Anstatt ein Land zu bedüngen, setzt man es 6 oder
7 Jahr unter Wasser, indem man die Abzugsgräben verstopft. Ist das Wasser wieder abgelassen, so werden zur
neuen Pflanzung neue Gräben in andern Richtungen, als
die vorigen, gezogen.

*) Der hiesige Kaffee ist von Java hergebracht. In Surinam machte
man den ersten Versuch mit Verpflanzung dieses Gewächses.

Die Plantagen liegen größtentheils längs der Flüsse, und manche bedürfen 300 Neger zum Anbau, um über 300,000 Pf. Kaffee, oder eine halbe Million Pf. Zucker zu produciren. Es sind hier schöne Gärten, Alleen von Orangen, herrliche Lustgänge und Kanäle, die die verschiedenen Pflanzungen untereinander verbinden.

Der Hauptort ist die Stadt Paramaribo am Suriname, welche ganz nach holländischer Art gebauet ist, und eben so nett und reinlich als holländische Städte gehalten wird. Die zwei Stock hohen Häuser sind von Holz und Brettern und bemalt. Statt des Fensters dienen Laden, und die mit Alleen von Tamarinden und Orangen besetzten Straßen werden äußerst reinlich gehalten, und des Nachts erleuchtet. Es gibt hier auch ein Rathhaus, eine lutherische Kirche, eine Börse, ein Militärhospital und zwei Armenhäuser.

Seelandia (Zeeland) ist ein Fort an der Mündung des Surinams, und daneben auch der Palast des Gouverneurs mit einem prächtigen Garten. Gegenüber liegt das Fort Amsterdam an der andern Seite des Flusses.

Savana ist ein Judendorf, an 20 Meilen oberhalb Paramaribo am Suriname. Sie haben hier ihre Synagoge.

Die nun folgenden Kolonien bilden das engländische, im Frieden 1814 erlangte Guiana.

Die Kolonie am Berbicefluß liegt westlich der vorigen, und führte 1778 über anderthalb Mill. Pf. Kaffee, 130,000 Pf. Cacao, und 240.000 Pf. Baumwolle aus, nebst einer nicht unbeträchtlichen Quantität Zucker. — An Ortschaften sind

das Fort Nassau am Berbice und Neu Amsterdam mit seinen Paar Häusern zu nennen.

Die Kolonien am Essequebo liegen am nördlichsten. Der Boden ist vortrefflich, die Wälder unermeßlich, und das Klima gesunder, als in den vorigen Kolonien.

Man rechnet hier und in der nächstfolgenden Kolonie 1200 Weiße gegen 20,000 Neger (im J. 1780).

Das Fort Kyk overall und Neu Middelburg sind zu nennen.

Die Kolonie am Demerary gewann 1778 vier Mill. Pfund Kaffee, 230,000 Pfund Baumwolle, 2000 Oxhoft Zucker nebst Cacao, und den beim Zuckersieden aus den Abgängen und Ueberbleibseln erhaltenen Syrup und destillirten Rum.

Das Fort auf Borselleneiland ist anzuführen.

Ueberhaupt haben seit dem engl. Besitz diese Kolonien gewaltig an Produktion gewonnen. Man rechnet sie zu 510 □. M. 250,000 E., ohne 10,000 in Wäldern und Gebirgen sich aufhaltende Maronneger, die ihre Ortschaften haben und Geschenke bekommen müssen. Auch die Karaiben und andere Wilde haben Ortschaften.

Die Einwohner

der eigentlichen Landenge und der nächst angrenzenden Länder sind uns wenig bekannt, und neuere Nachrichten fast gar nicht vorhanden, wenigstens nicht so viel, daß Vergleichungen möglich wären.

Es sind mehrere Völkerstämme, die sich hier aufhalten, und unter ihren Kaziken oder Oberhäuptern stehen. An Zahl sind sie wohl sehr schwach. Die Männer gehören zu den größesten, denn sie sind zwischen 5 und 6 Fuß hoch, gut gebildet und von starkem Knochenbau. Die kleinen, wohlbeleibten Weiber erhalten sich lange, ehe sie veralten. Beide Geschlechter haben ein rundes Gesicht, große lebhafte Augen, die aber grau sind, hohe Stirn, kleinen Mund, dünne Lippen, schöne Zähne. Das Haupthaar ist lang und schwarz und mittelst des eingeriebenen Oels glänzend; auch wird es mit einem kammähnlichen Holze vielfältig gekämmt. Alles übrige Haar, selbst am Barte, wird ausgerissen — ein Geschäft, das die Weiber mit Holzstäbchen verrichten. Die Farbe dieser Indier ist dunkelorangengelb.

Amerika. R

Für gewöhnlich gehen die Männer ganz nackt. Nur ein einziges gebogenes Blatt verbirgt das Schamglied, dessen Entblößung sie sorgfältig zu verhüten suchen; denn in der That soll die Schamhaftigkeit beiden Geschlechtern eigen seyn. Das weibliche Geschlecht trägt Schürzen, die bis zum Knie und tiefer noch hinabhängen. Im hohen Staate aber, wenn ein Oberhaupt gewählt, eine Hochzeit gefeiert wird u. s. w., tragen die Männer eine Art Hemde oder Fuhrmannskittel von Baumwolle, von schwarzer oder weißer Farbe.

Ein Engländer sahe einst eins der vornehmsten Oberhäupter, begleitet von 300 Männern, umherziehen. Die Schwarzbekleideten gingen vor ihm her, die mit weißen Kleidern folgten ihm. Jeder trug einen Speer von der Farbe seines Kleides.

Wie alle Völker halten auch diese auf Putz und Zierrath. Die Weiber tragen einen goldenen Ring im durchbohrten Nasenknorpel, die Männer aber ein Goldblech, welches mit seinen beiden zusammengebogenen Enden sich an den Knorpel fest anklemmt. Beim Essen wird dieser Schmuck abgelegt. Hals- und Armbänder von Glaskorallen, oder, nach ursprünglicher Sitte, von Thierzähnen und Muschelschalen, sind eben so gangbar, als das Färben der Haut, die sie mit Figuren von rothen, blauen und gelben Vögeln bemalen, wobei statt des Malerpinsels ein an einem Ende in Fasern zerkauetes Holz dient. Damit die Farben länger sich halten mögen, reiben sie dieselben mit Oehl ab. Wer eitel ist, zeichnet erst die Umrisse der ihm gefälligen Figuren auf den Körper, ritzt dann die Haut mit Dornen bis aufs Blut auf und reibt die Farben mit der Hand ein. Dies bleibt unauslöschlich. — Die Weiber machen am meisten Gebrauch von dieser Art Putz, und wissen ihn am geschicktesten anzuwenden.

Ihre Häuser oder Kabanen schlagen sie, wie die meisten rohen Völker, am liebsten am Ufer der Flüsse auf.

Sie veränderten sonst ihren Wohnort öfters, um den Spaniern unentdeckt zu bleiben. Ein Dorf ist aber auch leicht abgebrochen, denn die Hütten bestehen nur aus starken in die Erde geschlagenen Pfählen, mit Flechtwerk dazwischen, welches mit Erde oder Thon beworfen wird. Das Dach darauf ist mit Baumblättern gedeckt, und hat oben einen Ausgang für den Rauch. Jedes Mitglied der in der Hütte wohnenden Familie hat seinen eigenen Hamack (Hängematte). Rings um die Wohnungen her bauet man Cassave, Yams, Bataten, Mais und Bohnen, und bewahrt den Erntevorrath in einem zur allgemeinen Sicherheit der Ortschaft erbaueten Hause auf. Dieses Haus stellt eine Art Fort vor. Seine Wände sind 10 F. hoch, 130 F. lang und an 25 breit, und hat eine Menge kleiner Oeffnungen, um Pfeile auf den Feind zu schießen. Jede Seite hat einen eigenen Eingang, der im Fall eines Angriffs stark verrammelt wird.

Zweierlei Art starker Getränke bereiten sie. Die Chicacopah aus Maismehl, und die Misla aus dem Safte der frischen Platanen. Wie in der Südsee bei der Kawa, so wird hier das Maiskorn, der bessern Gährung wegen, die es durch die Vermischung mit Speichel erhält, erst gekauet, aber von alten Frauen.

Das weibliche Geschlecht scheint sich hier einer glücklichern Lage zu erfreuen, als bei so vielen Wilden. Zwar muß das Weib auch schwere Arbeit thun, pflanzen, Getränk bereiten, Gepäck auf Reisen tragen; aber die Männer übernehmen eben so schwere Arbeit, und fällen die Bäume, um eine neue Pflanzung anzulegen, reinigen diese, gehn auf die Jagd, um Vorräthe ins Haus zu schaffen, flechten in müßigen Stunden Körbe und Netze, und behandeln die Frauen mit Achtung und Liebe. — Auf den Jagden thun ihnen ihre Hunde treffliche Dienste, vorzüglich dadurch, daß sie das Pecari oder hiesige wilde Schwein so lange stellen und an Ort und Stelle zu halten wissen, bis der Jäger kommt und es erlegt.

R 2

Ehebruch und Nothzucht einer Jungfrau werden entsetzlich bestraft. Der erstere mit dem Tode, die letztere, indem dem Verbrecher ein stachliger Stab in dem schuldigen Gliede umgedrehet wird, worauf meistens ein höchst schmerzlicher Tod folgt. Die Vielweiberei ist aber üblich.

Die Väter übergeben mit feierlichen Reden und Tänzen die beiden Brautleute einander, und blasen dazu auf Flöten, unter welchen sich auch die Panflöte (Papagenopfeifchen) befindet. Die Hochzeit dauert mehrere Tage, und die Gäste bringen dem angehenden Ehepaare Geschenke, hauen die Bäume zur neuen Pflanzung nieder, stecken Maiskörner, und errichten die Hütte für das junge Paar. Dann trinkt man tüchtig Chicacopah, räumt aber klüglich zuvor Aexte, Messer u. s. w. aus dem Wege.

Ein Volk, das schon so weit ist, ist sicher nicht ohne alle Religion, welcherlei Art dieselbe auch seyn möge. Ihre Priester, Zauberer, Aerzte, scheinen mancherlei nützliche Kenntnisse zu haben. Ein Engländer war durch Unvorsichtigkeit seines Landsmanns schwer am Knie verwundet. Die Indier (unter welchen er mehrere Monate zubrachte, und uns diese hier mitgetheilten Nachrichten geben konnte) suchten Kräuter, verwandelten sie durch Kauen in einen Brei, den sie um das verwundete Knie schlugen, verbanden dieses mit Platanenblättern und beendigten die Kur sehr glücklich.

Die Art der hiesigen Zauberer, zur Ader zu lassen, ist seltsam genug. Ganz nackt setzt sich der Patient auf einen Stein. Der Zauberer oder Arzt hat einen kleinen Bogen, von welchem er kleine, dicht neben der Spitze mit Federn ringsum besetzte Pfeile auf Arm oder Fuß abschießt (die Federn verhindern das zu tiefe Eindringen der Spitzen) und jedesmal ein Paar Tropfen Bluts hervorlockt — eine Operation, die so lange dauert, bis genug Blut fort ist. Nach jedem hervordringenden Blutstropfen, springen und gestikuliren Aerzte und Zuschauer vor Freuden.

Jener erwähnte Engländer, selbst ein Wundarzt, er-
bot sich, der Frau des vorerwähnten Oberhaupts, Lacenta,
die sich dieser schmerzlichen Operation unterwerfen sollte,
leichter vom Blute zu helfen. Lacenta willigte ein. Da
aber aus der mit der Lanzette geöffneten Ader das Blut
hervorsprang, war er vor Schrecken und Erstaunen außer
sich, und schwor bei seinen Zähnen (welches ihr unbräch-
licher Eid ist), den Engländer mit dem Spieß zu durchbohren, wenn es unglücklich abliefe. Es lief glücklich ab,
und alle Darier betrachteten den Engländer von nun an
als einen Gott, fielen vor ihm nieder, küßten ihm die
Hände, trugen ihn auf allen Reisen in einem Hamack,
und der Cazike, dessen Gefangener er war, gab ihm seine
Freiheit wieder.

Diese Völkerschaften sollen sehr gutmüthig seyn, und
nur, wenn man sie mißhandelt, rachsüchtig. Den Spaniern, die ihnen höchst verhaßt sind, haben sie genug zu
schaffen gemacht. — Es ist wohl möglich, daß sie ehedem
Menschenopfer gebracht, und Menschenfleisch gefressen haben; jetzt scheint nichts mehr von dieser alten Rohheit
übrig zu seyn.

Daß sie nicht ganz stumpfsinnig sind, zeigen schon die
bisherigen Angaben. — Auf Reisen wissen sie sich sehr
gut zu finden, und verstehen bis auf 100 zu zählen, wobei sie sich nach unserm Zahlensystem richten, indem sie die
ausgebreiteten Hände einmal, zweimal oder dreimal zu-
sammenschlagen, um 10, 20 oder 30 auszudrücken. —
Ihre Sprache ist weit leichter, als die mexikanische.

Merkwürdig sind auf dieser Erdenge die häufiger, als
irgendwo vorkommenden ausgearteten Schwächlinge, die
Albinos oder Kakerlaken, die man, sehr ungeschickt,
weiße Neger hat nennen wollen, da sie doch in der
That von den hiesigen Amerikanern abstammen. Sie haben zwar die Todtenfarbe des weißen Papiers, wie die
weißen Neger, aber ihr Haupthaar ist nicht, wie bei die-

sen, kurz, kraus und wollig, sondern, obwohl weiß, dennoch bis auf 8 Zoll lang und nur gekräuselt, der Leib aber
mit weißen zarten Dunen besetzt.

Diese Menschen sind kleiner und schwächlicher, als die
andern Bewohner dieses Landstrichs; die weißen Augen-
brauen sind lang und sichelförmig, und nur bei sehr be-
wölktem Himmel erträgt das matte Auge das Tageslicht.
Des Nachts, und namentlich beim Mondenlicht, zeigen
sie viel Lebhaftigkeit und Sehkraft.

Sie sind, ungleich der Sitte Afrika's, hier wenig
geachtet, und wo sie ja zuweilen Kinder erzeugen, sind
diese gewöhnlich wie die übrigen Landsleute, an Farbe,
Bau und Kraft. Nur bleibt es merkwürdig, daß diese
überall so seltenen Menschen hier so häufig vorkommen.

Die übrigen Urbewohner von Terra firma.

Wie überall, können es auch hier nur dürftige Bruchstücke seyn, die wir geben, denn wer kennt die Völkerstämme alle, wer hat ihre Gegenden durchstrichen, und
ihre Sitten, Lebensweise und Anlagen oder Kenntnisse
und Künste genau erforscht!

Es sind Menschen mit schmaler Stirne, kleinen Augen,
spitzer Nase, großem Mund und aufgeworfenen Lippen.
Der dicke Kopf hat ein breites Gesicht, und ist mit schwarzen, langen, glänzenden Haaren besetzt. Die Farbe,
verschiedentlich nach den Ländern nüancirt, ist größtentheils kupferfarben, und die Größe geht von 4½ Fuß bis
6 Fuß. Der Bart ist dünnhaarig, und die dicken muskulösen Glieder taugen dennoch nicht zur Ausdauer.

Sie werden als faul, lügenhaft, verschlossen und
dumm, und die an den Küsten wohnenden als grausame
Menschenfresser beschrieben.

Ewig lebten diese Stämme mit einander in Krieg, den
sie mehr aus Rachsucht, denn aus Lust zur Beute führten,

daher sie auch Alles umbrachten und verzehrten. Ihre
Dörfer waren elende Hütten, ihre Waffen vergiftete
Pfeile, Köcher, Bogen und eine Keule. Nur die Caraiben allein griffen den Feind von vorn an, und waren so
muthig, daß sich keine andere Nation wagte, in ihr Land
einzufallen.

. In ihrer Religion ist der Gedanke an eine Fort-
dauer überall ausgedrückt. Viele Nationen nehmen nur
ein böses Urwesen an — oder vielmehr, sie verehren
dieses wohl nur allein aus — Furcht!

Zauberer, d. i. Priester und Aerzte, hier Piachen
genannt, sind in großem Ansehen. Sie werden von angesehenen Veteranen in ihrer Kunst unterrichtet, und haben sie die Anfangsgründe ihrer Wissenschaft erlernt, und
zwei Jahre hindurch einsam und in großen Höhlen, im
Dickicht der dichtesten Waldungen eingeschlossen zugebracht,
wo sie sogar ihre Eltern nicht sehen, und nicht was Leben
gehabt, essen durften, so waren sie fertig. (Von den Proben der Aerzte dieser Erdgegenden wird noch die Rede bei
nachher vorkommenden Völkerschaften seyn.) Nachts gingen die alten Piachen zu ihren Schülern, und ertheilten
ihnen Unterricht, und wenn die Zeit kam, so wurden sie
in die Zunft aufgenommen, und konnten Geister beschwö-
ren, und, was dem gleich ist, Kranke heilen und die Zukunft voraussagen. — Wie bei allen andern Wilden wurden auch hier bei dem Kranken, neben den Kräutern und
Wurzeln oder Hölzern, die verordnet wurden, wunderliche
Grimassen gebraucht, an dem leidenden Theil des Körpers geleckt und gesogen, und dieser stark gerieben, und
dazwischen murmelnd und dann wieder laut gesprochen,
damit der böse Geist den Kranken verließe. Half Alles
nichts, so rieb der Piache mit einem ihm allein bekannten
Holz des Kranken Mund, fuhr ihm bis in den Hals hinab, damit er Alles von sich gab, was er im Magen hatte,
schrie und heulte, und verdrehete seinen Körper furchtbar
dabei. Würde nun ein starker Schleim ausgebrochen, so

sammelten ihn die Umstehenden, und warfen ihn mit den Worten: „wir werfen dich weg, Teufel, wir werfen dich weg!" — zum Hause hinaus. Genas der Kranke, so bekam der Piache Alles, was da war; starb er, so hatte das Schicksal die Schuld — doch heimlich gab man wohl die Krankheit den heimlichen Zaubereien der Piachen selbst die Schuld, nur hatte man nicht den Muth, etwas dagegen zu sagen.

Daß sie weissagten, ob das Jahr fruchtbar oder unfruchtbar, reich oder arm an Fischfang seyn würde, ob Sonnen- und Mondfinsternisse kämen u. s. w., verstehet sich, und dafür genossen sie, außer einer Menge Vorrechten auch das, die erste Nacht bei jedem neu verheiratheten Mädchen zu haben (jus primae noctis).

Der abgeschiedenen Seele werden auch hier Lebensmittel mit ins Grab gegeben, und der Leichnam wurde mit denselben entweder in seiner Hütte beerdigt, oder am Feuer getrocknet, und hernach in den Wohnungen aufgehangen. Es versteht sich, daß man den Verstorbenen sehr zu beweinen und seine Thaten zu rühmen pflegte; ja die Angesehenen feierten den Todestag des Verstorbenen, und alle Freunde und Verwandte brachten dazu Essen und Trinken mit. Ja man grub den Leichnam (die Knochen?) selbst wieder aus, damit er dem lärmenden, wilden Feste mit beiwohnen möchte.

Mit den Mondfinsternissen ists hier, wenn auch nicht gerade in der Art der Aeußerung, wie bei andern beschriebenen Nationen. Die Männer übten sich in den Waffen, hieben aus allen Kräften Holz, oder verrichteten eine schwere Arbeit, indessen die Frauen in die Hausthüre traten und jämmerlich schreiend, daß sie sich bessern und arbeiten wollten, Mais in die Luft warfen. Nach vorübergegangener Finsterniß wünschte man sich Glück, und es begann ein Tanz mit Schmausen, Trinken und allen Ausschweifungen.

Noch ists bis auf den heutigen Tag bei ihnen so, wie, es ehedem war. Zu faullenzen und sich zu berauschen, ist ihr höchster Genuß. Den Brantwein, den sie sich leicht schaffen können, ziehen sie ihren ehemaligen geistigen Getränken vor, die von ihren Frauen durch Gährung aus Ananas bereitet wurden. Die Faulheit der Männer geht weiter, als bei andern Wilden, denn sie fühlen sich äußerst unglücklich, wenn die von der Frau gepflanzte Ernte mißrathet und sie nun auf Jagd und Fischfang ausgehen müssen, wiewohl oft die Beute eines Tages auf eine Woche Unterhalt gibt.

Thätiger und gebildeter, als die meisten der hieher gehörigen Nationen, sind die am obern Theile des Orinoko's wohnenden Otomachen (Otomachier), und waren es früher, ehe noch die Missionare ihre Bildung besorgten. Die Oberhäupter wiesen mit Tagesanbruch jedem seine Arbeit an; der Ernteertrag wurde in gemeinschaftlichen Magazinen bewahrt, und von den Oberhäuptern nach Bedürfniß vertheilt; die Arbeiten nach der Arbeit hielt man ebenfalls in Gemeinschaft; man badete sich dann im Flusse, und tanzte mit Einbruch der Nacht bis zur Mitternacht, wo sich Jeder niederlegte. (Von welchen Einrichtungen jetzt wenig oder gar nichts mehr übrig seyn soll!)

Die Gewohnheit, eine gewisse mit Fett (meistens mit Kaimansfett) getränkte Erde zu essen, findet noch heutiges Tages bei den Otomachen Statt, und man hebt die Stükken Erdbrodt für die Zeit des Mangels auf, wiewohl Depons sagt, daß man mehr aus Geschmack als aus Bedürfniß sich dieser Speise bediene. — Jagd und Fischfang machen allerdings bei den meisten am Orinoko wohnenden Indiern das Hauptmittel des Unterhalts; doch mehr noch die Schildkröten und deren Eier, von welchen schon vielfältig die Rede gewesen ist, und welche man beide am Feuer trocknet (außer den Eiern, welche zum Oehl bestimmt sind).

Der Sohn heirathet, wen er will. Die Tochter muß nehmen, wer ihr vom Vater bestimmt ist, von welchem der Eidam sie mit Wildpret, Fischen oder mit bestimmten Arbeiten erwerben muß. — Die Hochzeit besteht in Tanz, Essen und tüchtigem Trinken, das sich mit völliger viehischer Völlerei endigt.

Alle geladene Verwandte und Freunde bringen so viel Materialien mit, als zu einer Hütte für das angehende Paar nöthig ist, und die Frauen bringen Fische, Früchte und Getränke, die zu der Hochzeit nöthig sind. Ist unter Tanz und Musik die Nacht gekommen, so wird das junge Weib dem Manne überliefert und Alles hat ein Ende.

Während des Tanzes singen die alten Frauen der jungen Mitgenossin ihr Schicksal vor: „Ach Kind, wie viel Qual und Kümmerniß bereitest du dir! Hättest du es gewußt, du hättest nicht geheirathet! — Ach Tochter, wie hast du dich getäuscht! Du wirst keinen Augenblick ohne Senfzer und Thränen verleben! — Die Schmerzen der Niederkunft werden nichts seyn gegen die Tyrannei deines Mannes!"

In der That, der Frauenstand ist ein Jammerstand. Nicht Schwangerschaft, nicht das Säugen eines Kindes, erledigt von Arbeiten oder mildert sie nur. Während die Männer im Hamack liegen und ihren Cigarro rauchen und Brantwein trinken, ist die Frau in Regen und Sonnenglut bei der Arbeit, darf übrigens kein Wort mit dem Manne sprechen, und muß bei der Mahlzeit desselben, von ihr selbst erworben und bereitet, so lange fern stehen, bis dieser fertig ist, um die Ueberbleibsel zu verzehren. Nur bei den Otomachen haben die Frauen ein etwas besseres Loos und dürfen selbst an den Lustbarkeiten der Männer mit Antheil nehmen, so wie auch hier nur eine Frau genommen wird.

Höchst seltsam ist bei dieser letzterwähnten Nation der Gebrauch, daß ein junger Mann eine alte Frau, und ein alter Mann ein junges Mädchen, heirathen muß, um, wie sie sagen, nicht zwei Thoren zusammenzubringen. Bei ihrer Einrichtung könne doch der eine Theil dem andern zurecht helfen.

Der Vater verhätschelt sein Kind (Knaben), so lange es jung ist; sobald es sich aber seinen Unterhalt erwerben kann, bekümmert er sich nicht weiter um dasselbe. Dafür liebt der heraufgewachsene Sohn niemals den Vater, den er oft tödtlich haßt, wohl aber die Mutter.

Eine Bekleidung, wenn man nicht das Bemalen des Körper dafür nehmen will, kennt man nicht. Säuglinge an der Mutterbrust werden täglich zweimal frisch bemalt, und ankommenden Fremdlingen muß gastfreundlich die durch Schmutz und Staub verderbte Malerei abgewischt und frische aufgetragen werden. Die gewöhnliche Farbe ist roth; aber an Festtagen nimmt man noch mehrere, und die Männer stecken auch einige Federn in die Haare und hängen etliche Gold- und Silberstücken in Ohr und Nasen.

Viele dieser alten Ureinwohner sind freilich durch die Missionen der Spanier zahm geworden, aber viele, namentlich in den südwestlichen Theilen Guiana's, behaupten ihre alte Unabhängigkeit und Sitte. Sie kommen allenfalls zu den Missionaren und hören scheinbar zu; haben sie aber ihre kleinen Geschenke bekommen, so ziehen sie sich ins Innere des Landes zurück, wohin ihnen, der Wüsten, Seen, Flüsse und Berge wegen, nicht leicht Jemand zu folgen die Lust hat.

Zu diesen freien Nationen gehören vorzüglich die Garaunos, deren Wohnplätze auf den Inseln des Orinoko in der Mitte des christlichen Gebietes sind. Man rechnet ihre Zahl auf 8000. Sie bringen Fische und Hangematten in die nächsten christlichen Ortschaften zum Verlauf, wo dann die Missionaren die Gelegenheit ergreifen, ihnen das Evangelium zu predigen, wiewohl bis jetzt ohne allen Erfolg. Sie beunruhigen übrigens die spanischen Besitzungen nicht.

Für die wildesten aller Indier hält man die Goahiros, die einen Strich von 15 Meilen längs der Küste und eben so tief landeinwärts zwischen Maracaibo und Rio de la Hacha wohnen. — Sie hatten schon einige Außendinge vom spanischen Christenthum angenommen, als ein unverständiger Pater einen Indier geißeln ließ, der die Nächte zu einer jungen Indierin schlich. — Die Beleidigten ergriffen die Waffen, ermordeten alle Einwohner des Dorfs, in welchem der Vorfall sich zutrug, leiden seit dieser Zeit keinen Missionar und keinen andern Spanier (Schleichhändler ausgenommen) in ihrem Lande, machen den Spaniern unendlich viel zu schaffen, und lassen sich den Frieden mit ihnen theuer bezahlen.

Sie führen alle ihre Streifzüge zu Pferde aus und sollen 14,000 Krieger stellen, welches aber damit durchaus nicht paßt, daß ihre ganze Völkerzahl nur 30,000 ausmachen soll.

Nach der Stadt Rio de la Hacha im Königreich Santa Fé kommen sie truppweise mit ihren Weibern, die außer den Kindern noch ungeheure Lasten tragen, und tauschen meistens Brantwein gegen ihr Vieh ein. Mehr Verkehr haben sie mit den Engländern in Jamaika, von denen sie mancherlei bekommen, Munition und Zeuge, wofür diese von ihnen Pferde, Maulthiere, Ochsen und Perlen nehmen.

Die Sitte sich zu bekleiden, haben sie erst von den Spaniern angenommen. Die Frauen haben eine Art bis über die Knie gehenden Rock, der den rechten Arm nackt läßt. Die Männer haben ein kurzes Hemd, Hosen, die bis auf den halben Schenkel gehen und einen kurzen, über die

Ein Caraibe aus Surinam.

Schultern zurückgeschlagenen Mantel. Ohren, Nasen und Arme sind mit Federn, Goldstückchen u. s. w. verziert.

Mit dem Christenthum der bekehrten Indier mag es jämmerlich aussehen *). Es ist ein guter Christ, der so weit gekommen, daß er Mord, Blutschande, Ehebruch, Besoffenheit und Abgötterei für Todsünden durch sein "Ja" oder auch wohl nur durch ein Zeichen erklärt.

In der Beichte soll er knien, aber nach den ersten Augenblicken huckt er auf seine Fersen nieder, leugnet seine Sünden, schimpft auf die, die sie dem Pater hinterbracht haben, und nur mit Mühe wird es dahin gebracht, daß er ein vorgesprochenes Bekenntniß seiner Reue nachmurmelt.

Bei dem Gottesdienste, bei welchem sie halbnackt auf dem Boden liegen, macht ihnen das Glockengeläute, der Gesang, die Musik und das Gepränge einen Spaß, und erhält ihre Neugier aufmerksam, aber alles Uebrige ist ihnen zuwider, und sie, die alles Ermahnens ungeachtet vor Zaubermitteln sich fürchten, verlachen dieselben so sehr, daß man denjenigen für einen Pinsel hält, der im Ernste Ehrfurcht vor den heiligen Gebräuchen hat. Merkwürdig genug sinds gerade die alten Weiber, die die Predigten persifliren und kritisiren.

"Wenn Gott so gut ist, wie Er (der Pater) sagt, warum gibt er uns nicht zu essen, ohne daß wir arbeiten? — Ist Er selbst in der Hölle gewesen? Hat Ers gesehen? Wer hats Ihm gesagt? — Er hat gut Schwatzen von der Enthaltsamkeit! Aber warum übt Ers nicht selbst?

Doch genug, um diese Indier und ihre Führer zugleich kennen zu lernen.

———————

*) So wie mit ihrer ganzen Lage, was auch Depons darüber rühmt, wie weise und menschlich sie von der spanischen Regierung behandelt würden. — Auch mögen die gesetzlichen Vorschriften leicht milder seyn, als deren Ausführung durch tyrannische Beamte.

Bewohner Guiana's.

Die Urbewohner insonderheit sind uns nur wenig bekannt, da man in diesem Lande gar nicht weit hat vor-
bringen können, und die entferntern Nationen nie, weder
zu den Europäern, noch zu den neben diesen wohnenden
bekehrten Indiern kommen. Man nennt verschiedene
Stämme, aber was hilft es? Was uns dient, wird vorkommen. — Es sind zwar unvollständige, aber zum Theil
sehr interessante Nachrichten, welche wir von den verschiedenen Nationen dieser Gegenden haben. — Daß manche
vorhin schon erwähnte Nationen auch hier wieder vorkommen müssen, wird niemand befremden.

Eine Hauptnation, der hier nur erwähnt werden
sollte, sind die Caraiben, die aber an einem andern
Orte nachher ihre Stelle erhalten. Andere Nationen sind
die Galibiis, die Otomachier, die Saliven,
die Arrowaukas, die Guaraunier, die Tamanachier, Maipurer u. a. m., deren Stammunter-
schiede und Territorien anzugeben wohl schwerlich jemand
einfallen möchte, da man blos im französischen Guiana an
50 solcher Stämme zählen will *). Wir geben, was
wir haben.

Die Farben spielen vom Dunkelbraunen ins Röthliche
und bei Vielen ins Schwärzliche, ohne jedoch mit den Negern Aehnlichkeit zu haben, deren Farbe sie verabscheuen.
Am bräunlichsten sind die Anwohner des Orinoko, am
lichtesten die Bewohner der innern Waldungen und Berge. — So bald sie sich an Bekleidung gewöhnen, werden sie alle weißer, so wie sie denn auch die weiße Farbe
sehr hoch halten.

Groß und stark gebauet sind insonderheit die Otomachier und sogar die Weiber haben eine tiefe Mannsstimme.

---

*) Wie stark solche Stämme oder Nationen sind? Die Tamana-
chier hatten auf einer Strecke von mehr als hundert Meilen
3 Dörfer mit höchstens 100 Seelen.

Nur die Weiber der Saliven (sie wohnen am mittkern Orinoko) haben eine Weiberstimme. Wie bei allen soge= nannten Wilden ist auch hier Jeder gerade und ungebrech= lich, und ein Buckliger oder Lahmer erregt ihr Gelächter: und wird wie ein Wunderthier betrachtet *)..

Man reißt sich die dünnen Barthaare und alles übrige Haar am ganzen Körper aus, wo es auch sitzt, scheert sich das Haupt bis auf einige Haarbüschel — oft nur bis auf einige Haare; so kann sie kein Feind beim Schopf fassen. Federn um den Kopf dienen statt der Mützen. Die Berg= bewohner machen sich Halsbänder von den Zähnen der Tiger, Krokodile und anderer Thiere, putzen sich, wohl vorzüglich gegen den Geruch des Wildes, mit wohlriechen= den Wurzeln oder mit den Beeren der Vanille.

Durchbohrte Ohren, deren Löcher so weit erweitert werden, daß zuletzt eine Citrone durchginge, und die bis auf die Schultern herabhangen, sind gewöhnlich. Dünne Holzhalsbänder, mit silbernen Plättchen überlegt, sind ein Staat, mit welchem sie sich viel wissen. — Die Putzliebe der Frauen zeigt sich allenthalben. Die Schürzen oder Camizas, welche die Männer blos von Baumwolle tra= gen, flechten die Frauen aus Haarschnüren, die an schön gearbeiteten Binden um den Leib befestigt werden. Die= ses ist ihre einzige Bedeckung. Die Anständigkeit wird dennoch zwischen beiden Geschlechtern beobachtet. — Die zum Christenthum bekehrten Männer tragen ein grobes Gewand von Wolle, wie ein Sack aussehend, ein Paar Beinkleider und einen aus Palmblättern selbstgeflochte= nen Hut.

Die ersten bekleideten Europäer, die diese Menschen sahen, schienen ihnen so furchtbar, daß sie in die Wälder flohen; und als die Missionare die Weiber der Salivas

*) Kein Wunder, daß Gebrechliche bei allen Wilden Amerika's so selten sind. Man bringt sie gleich nach der Geburt um.

zur Kleidung bereden wollten, sagten diese: „Nein, es geht
nicht an, wir schämen uns, bekleidet zu seyn."

Der Leib wird bemalt, was sie als ursprüngliche Klei-
bung betrachten. Trifft man sie unbemalt, so sind sie
eben so verlegen, wie wenn man Jemanden bei uns nackt
träfe. Mit Kugeln von einer rothen Farbe (Roucou) wird
der Leib für alltäglichen Gebrauch einfarbig bemalt. Davon stinken sie sehr, zumal, da die Farbe mit Schildkrö-
tenöhl bereitet wird. Aber bei Feierlichkeiten malt man
die eine Hälfte des Gesichts roth, die andere gelb, Leib
und Füße roth, die Beine aber schwarz. Ja sie haben
Stempel aus Thon gebacken, mit welchen sie, wie mit
einer Form, allerlei seltsame Figuren auf Brust und Lenden drücken. Dies ist eine von den Caraiben angenom-
mene Sitte.

Bei den Galibiis, welches die zweite Hauptnation
dieser Gegenden und den Caraiben sehr ähnlich zu seyn
scheint, ists mit dem Bemalen nicht genug, sondern die
Haut wird durch Aufritzen so fest und dicht, daß auf Wegen durch Wälder und stachliges Gesträuch des Europäers
Kleider schon lange zerrissen sind, ehe der Wilde nur etwas von einer Verletzung an seinem Körper gefühlt hat.

Einige Nationen tragen Papagaienfedern in den durchbohrten Wangen, Andere Ringe in der Nase; Andere tättowiren sich mit schwarzen Cirkellinien, die von einem
Ohr übers Kinn zum andern gehen. Manche lassen sich,
wenn sie in den Krieg gehen wohen, mit dem Saft einer
Pflanze schwarze Streifen auf den Körper einzeichnen, die
nie wieder vergehen. — Bei mehrern Stämmen gehören
Aufsätze von den schönsten Vogelfedern zum Putz, nebst
einem schönen grünen Stein, dem Jade oder Nephrit,
den sie länglich zu schneiden und zu durchbohren wissen,
und der dann höher, als Gold, im Werthe steht. Man
findet große Verschiedenheiten unter diesen Steinen, und
manche derselben sind kieselhart. Wahrscheinlich sind

dieſe aus dem Innern kommenden Steine gar nicht von einerlei Art.

Diejenigen Wilden, unter welchen der nach Cayenne verwiesene Pitou lebte, namentlich die Familie, in welcher ſich der Franzoſe aufhielt, ſchienen (nach ſeiner wohl mitunter etwas zu ſchönen Schilderung) ſehr treffliche Menſchen zu ſeyn. Sie ſind gaſtfrei, ſagt Pitou, und als Freunde ſehr gutmüthig; aber argwöhniſch, leicht gereizt, und dann unverſöhnlich rachſüchtig, im Rauſche, den ſie ſehr lieben, wüthend. Um ihre Rache zu befriedigen, iſt ihnen jedes Mittel, das ſie anwenden können, gleich; ihre Keule oder Boutou, oder Pfeil und Bogen, oder aber Gift, von welchem ſie beſondere Kenntniſſe haben. Um die Rache auszuführen, verſtellen ſie ſich ſehr, und ſind äußerſt freundlich und herzlich, und man iſt von ihnen oft ſchon vergiftet, ehe man das Geringſte befürchtet hat. Wir werden davon nachher ein Beiſpiel geben, wir wollen nur zuvor erſt einige einzelne Hauptpunkte von dieſen Völkern ausheben.

Will eine Mutter niederkommen, ſo läßt ſie ſich mit keiner Miene, mit keinem Zucken ihres Geſichts etwas merken. Jede Aeußerung von Schmerz iſt ſchimpflich. Sie entfernt ſich an einen einſamen Ort, badet das gewöhnlich leicht angekommene Kind in einer friſchen Quelle, und bringt es in einer Viertelſtunde.

Bei mehrern Stämmen findet ſich auch hier die ſonderbare Sitte, daß der Mann ſtatt der Frau die Wochen halten muß, wenigſtens bei der erſten Niederkunft. Einen Monat lang muß der Mann in hinaufgezogener Hängematte aushalten, welches ihnen bei ihrer Bequemlichkeitsliebe wohl ganz gut dünken würde, wäre es nicht zugleich mit einer ſtrengen Diät verbunden. Ein wenig Caſſave und etwas Waſſer iſt der einzige Unterhalt, der ihnen erlaubt wird. Würde der Mann etwas anderes, z. B. ein Stück Hirſch- oder Schweinswildpret genießen,

Amerika. S

so würde das zwar nicht ihm, aber doch dem Kinde großes Unheil bringen, und der Knabe würde gewiß kein tapferer abgehärteter Krieger werden. Ja die Frau macht oft dem Manne die bittersten Vorwürfe, wenn dem Kinde etwas fehlt, und behaupten, daß er sich schlecht aufgeführt habe.

Sind seine Wochen um, so ist damit noch nicht Alles geschehen; aus der Hängematte zwar wird er entlassen, aber frelangirt muß er doch zuvor erst werden, d. h. mit spitzen Fischzähnen oder scharfen Kaninchenzähnen an verschiedenen Stellen des Körpers geprickelt und geschröpft. Auch wird er vielleicht statt dessen mit der Peitsche tüchtig durchgehauen; ja bei manchen Stämmen werden beide Arten Bedienung vereinigt. Auch damit ist noch nicht ganz aus, sondern nun muß der gewesene Wöchner auch noch einige Wochen bei einem alten angesehenen Indier wirkliche Sklavendienste thun, höchst strenge Diät halten und sich Alles gefallen lassen. Erst, wenn dieses Alles überstanden ist, wird ein großes Trinkgelag gegeben, und nun erst kehrt der Mann zu seiner vorigen Ordnung und Lebensweise zurück, zufrieden, damit nun Alles gethan zu haben.

Die Erziehung macht hier geringe Mühe. Spielend und durch Zusehen erlernt der Knabe die Hütten oder Carabets (Carbets) bauen, Fische fangen und mit Bogen und Pfeil umgehen. Der Knabe begleitet frühzeitig den Vater, das Mädchen die Mutter zu allen Verrichtungen. Doch die erstern braucht der eifersüchtige Vater auch — denn eifersüchtig sind sie außerordentlich — um die Mutter zu beobachten und Alles, was sie gethan, sich wieder erzählen zu lassen.

Auch bei diesen Völkern gelangt der Jüngling nur durch harte Proben zu der Ehre, in die Zahl der Krieger aufgenommen zu werden. Der Vater ergreift einen großen lebendigen Raubvogel, und schlägt ihn auf den Rücken

des Jünglings todt, ohne daß dieser den mindesten Klagelaut hören lassen darf. Hiernächst wird demselben mit
scharfen Knochen oder Zähnen der Rücken zerfleischt, und
des beträchtlichen Blutverlusts ungeachtet muß dieser mehrere Tage lang fasten; und wahrscheinlich sind diese Proben nicht die einzigen, denen er sich unterwerfen muß.
Ist Alles vorbei, so ist er nun ein Mann, ein Krieger, und
erhält als solcher einen Ehrennamen.

Bei einigen Nationen ist es ein großes Unglück, Zwillinge zu gebären, von welchen, wo nicht alle beide das Leben verlieren, doch gewiß Einer umgebracht wird, und
nur den andern erkennt der Vater als sein Kind. Solche
Mütter, welche Zwillinge bringen, wären wie die Mäuse,
und die Frauen werden für solches Unglück öffentlich mit
Ruthen gepeitscht. Die Mütter tödten daher gewöhnlich
heimlich ein Zwillingskind und verscharren es.

Die körperliche Geschicklichkeit dieser Indier ist sehr
bedeutend, auch verstehen sie sich auf mancherlei Kräfte
der Pflanzen. Pitou sagt: dieses Volk (bei dem er sich
aufhielt) hat das Auge eines Adlers, das Ohr eines Blinden, die Füße des Hirsches und die Gelehrigkeit des Hundes. Auch Geschicklichkeiten besitzen sie in Verfertigung
von Backsteinen und Töpfen, sonderlich aber im Korbflech-
ten. Zu den Töpfen nehmen sie einen sehr guten Thon
und feingesiebte Asche. Sie verstehen denselben nicht nur
einen guten Glanz zu geben, sondern verfertigen auch Gefäße von mehrern Eimern, in welchen sich das Trinkwasser gut aufbewahren läßt. Von ihren Körben behauptet
ein Reisender, daß sie die Korbflechtereien Europa's, selbst
die feinsten, weit überträfen. Sie werden daher theuer
verkauft; denn damit und mit ihren Töpfen, wie mit
mancher andern Waare, treiben sie einen Tauschhandel
mit den Europäern, der nicht unbedeutend ist. — Sie
kennen Kräuter, mit welchen sie die Hunde einreiben, damit auf der Jagd das Wild keine Witterung von ihnen

S 2

habe; sie wissen mit Kräutern die Fische zu betäuben; sie reiben damit die Angelschnur, oder aber streuen dieselben oben aufs Wasser aus; auch kennen sie Kräuter, die Wuth gefährlicher Schlangen abzuhalten und den Biß derselben zu heilen, eben so auch Gegengifte von großer Wirkung. Diese Kenntnisse sind jedoch Geheimnisse.

Man lernt viel von dieser Völker Sitten und Gebrauch nach Pitou's Erzählungen. Dieser Franzose hielt sich bei dem Indier Hyroua auf, den er als einen gastfreien und einsichtsvollen Mann beschreibt, der auch über die höhern Gegenstände der Religion sehr gut zu sprechen wußte (falls nicht der Franzose ihn verschönert hat, wie ich fast fürchte). Mit Pitou war er auf der Jagd, und hätte ihn beinahe ins Wasser geworfen, weil dieser ein Paar Haasen (keineswegs wohl unsere Haasen) unter einen dem Hyrouka oder bösen Gott geweihten Strauch gelegt hatte.

Es war sein Glück, daß es eben da donnerte, da der Wirth den Gast mit der Kraft eines Löwen zum Strom fortriß. „Tamouzy (der gute Gott) ist dir gnädig, sagte der Wilde, sonst würde ich dich haben umbringen müssen, weil du Hyrouka's Baum entweiht hast."

Er belehrte den Franzosen, daß sie zwei Urwesen (wie die alten Perser) annähmen, ein gutes, den Tamouzy, und das böse Prinzip Hyrouka. Nur vor dem letztern, sagte der Indier, demüthigen wir uns, weil es böse und mächtig ist.

Er ging mit dem Franzosen nach seinem Dorfe. Dieser wollte die Ausbeute der Jagd mitgenommen wissen. „Nein, sagte Hyroua, dieses ist der Frauen Sache." Pitou zweifelte, ob die Frau den Weg finden werde, aber sein Wilder belehrte ihn, daß daran gar nicht zu zweifeln sey, knickte da und dort auf dem Heimwege einige Zweige leicht und lose ein, nahm einige der kleinsten Zweige von

dem und jenem Baum mit, und übergab diese nebst weni=
gen Worten Anweisung seiner Frau, der Liebe. Diese
ging sogleich, und in wenigen Stunden war die Beute der
Jagd im Carbet, zur großen Verwunderung des Franzosen.

Während der Abwesenheit der Mutter erzählte der
kleine Ywam, Hyroua's Sohn, was zwischen der Mut=
ter und dem Makayabo, einem Freunde des Vaters,
während der Abwesenheit des letztern vorgegangen sey.
Wie schuldig oder unschuldig es war, läßt sich aus dem
Bericht des Franzosen nicht entnehmen, aber es ist bereits
angeführt, wie argwöhnisch eifersüchtig diese Indier sind,
und es würde hier viel zu weitläuftig seyn, hierüber ein=
zelne Fälle anzuführen.

Hyroua gibt ein großes Mahl — eben von dem Er=
legten seiner Jagd, und Makayabo ist auch bei dem Mahle.

Da Alles versammelt ist, wendet sich der eifersüchtige
Ehemann an den vermeintlichen Liebhaber.

„Du hast meine Frau erwartet, sagt er, und ihr seyd
einverstanden mit einander. Wir müssen deshalb mit
einander aufs Reine kommen — Du verstehst mich."

Jetzt ergriff der Ankläger sein Boutou (eine Keule
aus sehr festem Holz, etwa 2 Fuß lang und 1 Zoll dick,
schmal in der Mitte und an beiden Seiten gegen 4 Zoll
breit. Bei den Franzosen ist sie unter dem Namen Kopf=
brecher oder Casse-tête bekannt, ein Name, den sie
wegen des Gebrauchs im Kriege empfangen hat).

Ein Kampf begann zwischen Ehemann und Liebhaber,
ein Kampf, bei welchem Füße und Fäuste und Zähne mit
als Waffen gebraucht wurden. Man wirft den Boutou
weg, man packt einander, würgt sich, hebt sich in die
Höhe und wirft sich nieder, triefend von Schweiß und
Blut. Dreimal erneuert sich auf diese Weise der Kampf,
als der Ehemann von seinem stärkern Gegner einen so

kräftigen Schlag empfängt, daß er niederstürzt, unfähig, weiter zu kämpfen.

Die Frau des Niedergesunkenen geht jetzt auf den Sieger los, haut ihn in den Arm und spaltet ihm sogleich den Kopf so sehr, daß er todt niedersinkt.

Ein großes Geschrei und allgemeines Händeklatschen bezeugen dem Weibe den Beifall der Männer, die alle auf einmal, als ob es verabredet wäre (es war ja durch die Sitte sattsam verabredet), ihre Boutons nahmen, und die Frauen damit nicht etwa mit Schonung, sondern aus Leibeskraft, durchbläueten (russische Liebesbeweise). Die Frauen schienen diese Zärtlichkeit sichtlich gern zu haben; aber Pitou verstand sie übel. Einer Frau hatte der Mann den Kopf blutig geschlagen, und er fürchtete, sie möchte ganz darauf gehen, und entriß sie der Rohheit des Mannes. Wüthend nahm die Frau den Bogen und schoß den Befreier schmerzhaft auf die Schulter. „Schlägt er mich, rief sie schäumend, so thut er es, weil er mich liebt." Alle Weiber waren gegen Pitou, der sich nun, wohl weniger der Frauen, als der Männer wegen, hier nicht mehr sicher hielt und seinen Weg nach dem Flusse zu nahm, um wieder nach den französischen Kolonien überzusetzen.

Dieselbe Frau kommt aber nach einigen Stunden und hat ihn aufgefunden. Sie hat die glücklichen Männer so tüchtig mit Cichery (ihr starkes Getränk) bedient, daß sie alle im tiefsten Schlafe des Rausches sind und bittet ihn, indem sie ihm zärtlich die Hand drückt, zurückzukommen. „Fremdling, du fliehst uns, aber sey nur unbesorgt, sagt sie, Niemand wird dir etwas thun, sobald du nur nicht uns in unsern Liebkosungen, noch in unsern Schlägen, stören willst. (Pitous Betrachtungen, wie es in Europa auf andere Manier doch wohl dasselbe sey, sind wohl sehr geringfügig, ohne ganz unwahr zu seyn.)

Hyroua und die Gäste haben den Rausch ausgeschlafen, und nun begab sich Jeder in den Suwa, ein langes Gebäude, oder vielmehr eine bedeckte Halle, welches zugleich der allgemeine Versammlungsort und der Platz für die Leichen ist. Hier lag die Leiche des Erschlagenen, der zum Unglück ein naher Verwandter des großen Zauberers oder Oberpriesters, des Nächsten nach dem König oder Kaziken, war. — In ein großes Ochsenhorn blies Hyroua und das ganze Dorf nebst dem König kamen im Suwa zusammen.

Ein Todtengericht begann. Hyroua sprach: „Mein Weib, mein Canot, meine Pfeile und mein Boutou sind mein einziges Eigenthum. Makayabo hat meine Gefährtin nehmen wollen. Mein kleiner Ywam hat es mir hinterbracht. Ich schwöre es beim Tamouzy und Hyrouka. Ich will einschlafen und unter Hyrouka's Macht gegeben werden, wenn ich dich, o König, betrüge.

Im Namen des Getödteten nahm dessen Bruder das Wort und sagte, indem er den Leichnam des Erschlagenen hielt:

„Ich kam von der Jagd, Liebe begegnete mir, und ich half ihr durch den Strom. Früher, als ich, ging sie zu ihrer Hütte. — Dies ist mein ganzes Verbrechen.“

Der König stand auf und entschied: „Ich weiß genug. Makayabo hat Liebe überfallen. Tamouzy wird ihn richten, und er soll nicht unter uns (nicht unter dem Suwa) schlafen dürfen. (Sein Leichnam wurde in den Wald geschleppt, und den Raben, oder vielmehr Aasgeiern vorgeworfen, welches diesen Indiern furchtbar schrecklich scheint.) Sein Canot und seine Pfeile gehören dem Bruder.

Wenige Tage nach diesem Vorfall kam eine Deputation von dem Ytaraunes, die die furchtbaren Androyos besiegt hatten, und nun dieser Völkerschaft Freundschaft und Frieden versprachen. Die Abgesandten erhielten einen Pfeil, einen künstlichen Bogen und eine Tigerhaut,

an welcher noch die Zähne der Kinnlade hingen, zum Geschenk.

Ein feierlicher Tanz wurde veranstaltet, bei dem die
Musik sehr eintönig war. Ein dickes fußlanges Rohr
dient als Clarinette und Fagot. Lianen über Bogen gespannt, machen die Saiteninstrumente, und wenn sie zwischen zwei Pfeilern gespannt werden, sogar das Violon-
cello. Häute über Reifen gezogen, waren die Tambou-
rins. In die Reifen waren Löcher gebohrt, in welchen
statt der Schellen Korallen hingen.

Es war der Suwa, der Platz zu diesen Feierlichkeiten,
der Muskiten wegen, rings umher mit Feuern umgeben.
Essen und berauschendes Getränk waren da.

Mitten im Freudenfeste erschallt das Schreckensge-
schrei: die Androyos sind da. Es fruchtete kein Widerstand gegen sie, wie wüthend auch gefochten wurde. Der
König der Nation und Lisbe's Mann und kleiner Sohn
blieben (wogegen sie selbst den Mörder des Kindes schrecklich tödtete). Die Sieger bewiesen sich als wahrhaftige
Menschenfresser, und wühlten wie wüthende Thiere mit
dem Kopfe in den Leibern der Erschlagenen.

Wir erzählen hier nicht, wie Lisbe und Pitou, mit
Hyroua's Vater und Töchtern über den Strom flüchteten,
wie Lisbe in wenigen Tagen Pitou's Weib wurde; wie
beide den Leichnam Hyroua's suchten, um denselben zu
beerdigen, welches diesen Wilden eine so heilige Pflicht ist;
wie derselbe auf die Schlachtstäte durch Hyroua's treuen
Hund, den Aram, der mit zwei Pfeilschüssen verwundet,
auf des Herrn Leiche lag, entdeckt ward, und wie der
Hund auf der Stelle, wo sein Herr blieb, sich hinlegte
und starb. Aber was wir erzählen, ist Folgendes:

Ydoman, Lisbe's Sohn, der sich auch wiedergefunden, und der eine Großmuth gegen Pitou in einer gefährlichen Nacht bewies, die dem edelsten Europäer hohe Ehre

gemacht hätte, ging zu den Bunbesfreunden, den Ptaraunes. Sie kamen und trösteten, und hatten innerhalb 14 Tagen heimlich die verwüsteten Kabarets oder Hütten wieder erbaut. — Man zog wieder ein, und Lisbe's blinder und abgelebter Schwiegervater wurde mit zärtlicher Sorgfalt zu dem vorigen Platz, auf einem Palankin, über den Strom hinübergetragen.

Im neuen Dorfe ward der Sohn des erschlagenen Kaziken zum neuen König erwählt. Dieser und sein Bruder warben um die Hände von Lisbe's Töchtern und erhielten sie. Die Hochzeit sollte gefeiert werden, sobald der große Zauberer, der Schwager Makayabo's, der dessen Schwester Barka zur Frau hatte, alles Nöthige würde veranstaltet haben.

Es wurden den Tag vor dem Hochzeitabend nicht nur diese Bräute erst für den Frauenstand, sondern auch einige Jünglinge zu Pyayes (Pyacis) oder Zauberern geweiht. Der große Zauberer saß auf einer Hängematte, und ließ jeden zu Weihenden von vier Indiern herbeiführen, und mit scharfen Kieseln auf Arm, Hüften und Rücken Figuren einzeichnen. Eine Operation, bei der das Blut stromweise floß, bei der aber die Kandidaten nicht einmal seufzen durften, sonst wären alle vorher bestandenen Proben an Fasten und an ausgestandenen Schmerzen vergeblich gewesen, und sie wären abgewiesen worden. Es wurde diese Operation zum drittenmal an ihnen vorgenommen (denn 2 ähnliche hatten sie schon ehemals erlitten), wobei sich der Kandidat nur von rohen Kräutern nährte, die er aber nur in geringer Quantität zu sich nahm. Die Kieselsteinzeichner bearbeiteten ihn zwei Stunden lang, und man feierte dann ein Fest auf seine Kosten, wobei ihn Jedermann freundlich zunöthigte, auch zu nehmen, wobei er aber nichts andres als rohe Kräuter genießen durfte; und während man Cichery (das aus Manihot bereitete Getränk) trank, mußte er mehrere Kannen Tabakssaft trinken.

Den beiden Bräuten wurden die Zähne spitzig gefeilt,
und der Busen schmerzhaft tättowirt. Nackt, blutend und
betäubt standen die armen Lämmer da, und nun band ih=
nen die Mutter noch eine Binde um die Hüfte, mit linsen=
großen Ameisen, die furchtbar bissen.

Bei dem Feste, wobei die starken Getränke in großer
Menge bereitet waren, schmeichelte Barka der Lisbe
mit vielen Liebkosungen. Die erste hatte die großen Ge=
fäße oder Coujus mit dem Getränke selbst gefüllt, und
die Prinzen und ihre Bräute nebst der Lisbe tranken mit
Lust, nur der Franzose entschuldigte sich mit Unpäßlich=
keit — und das rettete ihn, denn das Getränk war vergif=
tet, und Lisbe und Töchter starben unter heftigen Schmer=
zen; die beiden Prinzen wurden durch das Gegengift eines
andern Pyaye gerettet, Barka wurde des Vergiftens über=
führt, und trotz der Verwünschungen des großen Zauberers
zum Tode geführt. Dieser mußte selbst mit seinem Sohn
in einem Canot entfliehen. Man fand bald darauf ihre
Leichen neben dem von Wellen zerschmetterten Canot. —
Der Franzose begab sich wieder zu seinen Landsleuten.

Vieles in dieser Geschichte, was Sitten und Gebräuche
dieser Völker betrifft, wird durch das, was wir im Fol=
genden noch beibringen wollen, klarer und vollständiger
werden.

Die Könige und Kaziken einiger dieser Völker scheinen
mehr Macht zu haben, als die Oberhäupter bei andern
Nationen, und eine mehr monarchische Verfassung scheint
Statt zu finden. Hyroua vertheidigte ihre Verfassung sehr
geschickt gegen Pitou's Einwürfe, fast mit Gründen, die
kaum ein Europäer besser hätte angeben können. Bei an=
dern Völkern will die königliche Gewalt wohl gar nichts
sagen. „Nun? sagte lächelnd der König der Tama=
nachier zu den Frauen, wollt ihr nicht einmal den
großen Platz (im Dorfe) vom Grase reinigen?" Die Ant=
wort war: „Mir thut der Kopf weh," oder wohl gar:

„ich will nicht!" Der König zuckte die Achseln und ließ
es bewenden. —

Außer dem gemeinschaftlichen Suwa, deſſen vorher
erwähnt iſt, und der auf hohen Pfoſten ſteht, auf
ſchlechten Leitern beſtiegen wird, und ohne Zweifel eine
Art Verſammlungshaus iſt, hat jeder noch ſeine niedrige
mit Palmblättern bedeckte Hütte. Es iſt übrigens wohl
möglich, daß die Berichte älterer Reiſebeſchreiber nicht
ganz grundlos ſind, nach welchen manche Völker im In=
nern von Guiana auf Bäumen wohnten, ohne Zweifel
wohl nur zu den Zeiten der Ueberſchwemmungen, die in
dieſer Gegend, wie wir oben geſehen haben, ſo plötzlich
und mächtig eintreten, und vielleicht auch noch, um ſich
gegen Tiger zu ſchützen.

Ackerbau mögen wohl die meiſten dieſer Nationen be=
treiben. Manihot wird wohl am meiſten angepflanzt, aus
welchem ſie Brod bereiten, welches nebſt Schildkröten,
Krabben, Obſt, Fiſchen und Wild das Hauptnahrungs=
mittel iſt. Nie bebauen ſie ein und denſelben Fleck Lan=
des zweimal hinter einander; ſie können auch nicht wohl,
da ſie ihre Wohnungen alljährlich verändern.

Des Mannes Werk iſt, außer Krieg, Jagd und Fi=
ſcherei, auch die Verfertigung eines Kanots, welches er
durchs Ausbrennen eines Baumſtamms macht. Er ſchießt
mit dem Bogen, und auch, wie mehrere Kanadiſche In=
dier, mit dem Blaſerohr das Wild. Wie ſie die Fiſche
zu betäuben, und die Witterung des Wildes zu täuſchen
verſtehen, iſt bereits erwähnt.

Der Zuſtand des Weibes iſt auch hier ſehr trau=
rig. Selten erfreut es ſich von ſeinem Herrn und Ty=
rannen eines freundlichen Blicks. Nur was, faſt mehr
Beluſtigung als Arbeit iſt, verrichtet dieſer, Jagd und
Fiſchfang, wie eben geſagt iſt; daß er etwa einmal ein
wenig Hausgeräth macht, iſt eine ſeltene Ausnahme.

Tage lang ruht er in seinem Hamack oder Hängematte, und unterhält sich mit Gesprächen, kämmt sich die Haare, und reißt sich die Barthaare aus; besieht sich in einem Stückchen Spiegel, indessen die Frau das Land gräbt, für den Unterhalt der Familie sorgt, und den Mann speiset, aber nicht mit ihm essen darf, selbst bei feierlichen Gelegenheiten nicht immer. Ja an allem Vergnügen des Mannes, ist es dem Weibe nimmer erlaubt Antheil zu nehmen, welcherlei Art dasselbe auch sey. Die Männer benutzen sogar (vielleicht nur aus Eifersucht) die Furchtsamkeit der Frauen, um sie von ihren nächtlichen Tanzbelustigungen abzuhalten. Schlangen, sagen sie, kämen aus den Wäldern, und fräßen alle Weiber auf (wie wunderbar stimmt hier Amerika mit Afrika überein!) Auch bringen sie auf großen Rohrflöten furchtbare Töne hervor, um das Schreckliche des Vorgebens zu vermehren. Ein Missionar entdeckte einmal ganz öffentlich den Betrug der Männer, worüber diese sehr ungehalten waren, zuletzt aber doch selbst lachen mußten.

Die Frauen fühlten ihr Elend wohl. Eine derselben setzte einem Missionar den ganzen Umfang der Noth, unter der ihr Geschlecht seufzt, mit vieler Beredtsamkeit auseinander. Dieses Gefühl ist oft so stark, daß Mütter oftmals sogleich nach der Geburt, ihre weiblichen Kinder tödten, und behaupten, ihnen dadurch die größte Wohlthat erwiesen zu haben.

Ganz einzig vielleicht sind die Sitten mancher der hiehergehörigen Nationen beim Heirathen, und das Mädchen kann hier eben so gut, als der Jüngling den ersten Antrag thun. Liebt es einen Jüngling, so bietet es ihm Holz an, um des Nachts neben seiner Hängematte (der Schlafstäte) Feuer anmachen zu können (gegen Muskiten), und einen Trank. Nimmt er beides an, so ist eben dadurch die Ehe geschlossen; das Mädchen geht und holt ihre Hängematte, und hängt sie neben der seinigen auf. Ge-

wöhnlich' werden die Töchter in ihrer Wahl von den Müttern, oder von den nächsten Anverwandtinnen geleitet, die
besonders darauf sehen, ob der junge Mann ein geschickter
Jäger oder Fischer ist. — Andere Gebräuche kennt man
hier nicht.

Die Heirathsitten der Otomachier sind schon vorher angeführt.

Bei verschiedenen Indiern heirathet man nahe Ver-
wandtinnen, und oft wird schon die Heirath da bestimmt
abgeschlossen, wenn die Mädchen kaum einige Jahre alt
sind. — Bei andern Nationen sehen, wie im nördlichen
Asien, die Schwiegerväter den künftigen Tochtermann,
wie eine Art Knecht an, der für sie jagen und fischen, das
Holz auf dem Platz abhauen müsse, wo etwa Feld angelegt werden soll, und noch sonst für den Unterhalt sorgen
müsse. Das Anhalten um eine Frau ist kurz: „Ich neh-
me deine Tochter!" sagt der Jüngling zum künftigen
Schwiegervater, und wenn dieser einwilligt, antwortet
er! „Nimm sie nur! Ich habe sie nicht in
Händen!"

Bei den Krankheiten der Ihrigen sollen sie ziemlich gleichgültig seyn, aber bei dem Tode derselben in lautes Klagen und Weinen ausbrechen. Die Weiber dringen
an das Lager des Verstorbenen, einige schütteln die Hängematte, in der die Leiche liegt, andere ringen die Hände,
und scheinen in Verzweiflung.

Durch Klagelieder und Thränen erleichtern sie den
Schmerz. Die eine klagt singend, daß sie den Versorger
verlor; die andere rühmt ihn, wie viel Wild er erlegt
hat u. s. w. Am meisten klagen Mütter über ihre Kinder;
und lange Zeit, wenn sie, bei der Rückkunft vom Felde,
dieselben nicht mehr in der Hütte finden, dauern die Klagelieder, an deren Schluß sie gewöhnlich den Namen des
Verstorbenen mehrmals wiederholen, bald in höhern,

bald in tiefern Tönen. Die Männer sitzen bei diesen Klagen still, und scheinen zu seufzen.

Bei den Otomachiern klagen nicht nur die Verwandten, sondern die ganze Nation (wohl nur Dorfschaft) versammelt sich mit Tagesanbruch zu dem Wehklagen. — Bei dieser Nation findet die Sitte Alles zu zerstören, was einem geliebten Verstorbenen gehört, vorzüglich Statt. Die Bananen, der Mais, der Manihot, die für denselben gepflanzt sind, werden herausgerissen. „Was soll ich damit? sagte ein Oberhaupt zu seinem Missionar; da diejenige nicht mehr lebt, für welche ich das Alles gepflanzt hatte? Ich mag ein solches trauriges Andenken nicht behalten."

Die Arten den Todten zu bestatten, sind überaus verschieden. — Natürlich, da die Nationen es sind. Einige verbrennen den Todten in seiner Hütte, und pulvern die Gebeine desselben, um sie mit hinunter zu trinken. Andere beerdigen ihn in seiner Hängematte, nebst den Waffen in seiner Hütte, und wenn der traurige Akt vorüber ist, kommt der fröhliche, eines Trinkgelages. Dieses ist die gebräuchlichste Bestattungsart. — Andere, und namentlich die Garqunos, binden den Todten mit Binsen oder Baststricken, an einen am Ufer stehenden Baum, und werfen den Leichnam in den Fluß. In wenigen (man sagt schon am zweiten) Tagen, haben gefräßige Fische schon das Fleisch von den Knochen genagt. Man nimmt nun das Gerippe, legt es in einen mit farbigen Glasstücken ausgeputzten Korb, und hängt diesen an die Decke der Hütte. — Einige Nationen legen ihre Todten in Höhlen, und wälzen große Steine vor die Oeffnung, um die Leichname gegen wilde Thiere zu schützen. Wenn nun die Zeit das Fleisch von den Knochen gelöset hat, nimmt man diese, und hebt sie in irdenen Gefäßen, oder in Körben von Palmrinde auf, und setzt sie in eine Grotte, oder selbst in den Hütten bei. Bei Pitou's Nation setzte man Speisen auf die Matten der Leichen von Lisbe's Töchtern. Die Mädchen, im festlichen Schmucke, tanzten um dieselben, und ähnliche Chöre bildeten die Jünglinge um Ybomaü, den sie mit Blumen bekränzten. Die Alten gingen langsam um die Leichen Lisbe's und deren Vaters. Die Trauermusik war einfach, und der Surwa war der Begräbnißplatz. Vor der Beerdigung fragte man die Leichen nochmals, warum sie nicht bleiben wollten? Man legte sie dann in ihre Canots, und ihre Pfeile, Boutous und Corallen zu ihnen hin. Todtengesänge erzählten das Lob der Verstorbenen. Die Gräber wurden zugeworfen; Libationen von den Anwesenden auf denselben gebracht; des Abends die Todtenklage, und des Nachts ein Schmausfest gehalten.

Einige Nationen lassen in der Trauerzeit die geschornen Haare lang wachsen, und sobald diese gewachsen sind, ist die Trauerzeit zu Ende, andere schneiden die Haare dann erst ab, welches immer Anlaß zu einem Feste gibt; bei welchem Alle ohne Ausnahme als geladen angesehen werden, um zu trinken, zu tanzen, und zugleich den Todten zu beklagen. — Aber Essen, Trinken und Tanzen machen die Klage bald vergessen.

———

Malouet fuhr auf einer Piroque den Fluß Apruage in Cayenne hinauf. Die Eingebornen führten das Fahrzeug. Bei Stille des Meeres und der Luft (er fuhr an der Küste hin, um in den Fluß zu kommen), stürzten sich plötzlich alle Indier ins Meer.

Leichenblaß sagt der Dolmetscher: seyd getrost Herr; sie werden Euch retten. Wovon? wußte Malouet nicht, denn er sah keine Gefahr. — Die Indier schwammen mit der einen Hand, und hielten mit der andern das Fahrzeug. — Das Brausen einer einzelnen Woge wälzte sich plötzlich längs der Küste, wie das Brausen eines

Stroms über die ruhige Meeresfläche daher. Furchtbar
tobte dieser Wasserberg, und stürzte sich über die Piroque,
die aber die Indier im Gleichgewicht erhielten, und ehe
Malouet sich besann, schon wieder einsaßen, und das
Wasser ausschöpften.

Diese von Natur düster ernsten Menschen lachten laut
über des Europäers Schrecken, und besonders über seine
Verlegenheit, wegen der eingeweichten Kleider. — Sie
hatten nichts, was Bekleidung heißen konnte, und fühlten ihre Ueberlegenheit. — Da ihnen Malouet Alles anbot, was er geben konnte, forderten sie etwas Tasia, und
da der Franzose noch etwas Geld hinzuthat, nahmen sie
es zwar, aber ohne sich viel daraus zu machen. (Diese
Woge, die man nur an diesen Küsten Amerika's trifft,
sind eine Art Vorläufer von Springfluthen, und heißen
bei den Indiern Prororoka.)

Unter den Indiern am Apruage herrschte eine furchtbare Dysenterie, und ein Oberhaupt und zwei seiner
Frauen konnten sich nicht mehr aufrecht erhalten. Malouet
wollte sie in ein Hospital (der Franzosen) bringen lassen,
wo sie Pflege erhalten würden. „Es ist uns, antwortete
das Oberhaupt ernst und gleichgültig, ganz einerlei, ob
wir hier oder in Eurem Fort sterben, wohin noch ohnedies der Weg beschwerlich ist." — Auf Malouets Erwie-
berungen sagte er: „Gut, fragt die Kranken! wollen
sie, so will auch ich." Aber die kranken Weiber sagten:
„Gebt Euch keine Mühe! es ist uns gleichviel, ob wir
hier oder dort bei Euch sterben." — In der That starben
auch alle innerhalb drei Wochen. Keiner wollte weder
Diät halten noch ein Mittel brauchen.

───────

Wie es mit der Bekehrung dieser Indianer stehen
mag, sieht man aus den Nachrichten mehrerer Reisenden,
namentlich der Väter, die die Missionen besorgten. Die
Väter mußten die Indianer durch Geschenke an sich ziehen,

dmit sie Sonntags in die Kapelle kamen, und sich am
Ende taufen ließen. Das Hauptmittel, die Bekehrung
zu bewirken, war Tafia, und sobald die Missionen diesen
nicht mehr austheilten, kamen die Indier nicht mehr zur
Kirche.

Die Missionare ergrimmten, schickten ihre Soldaten
aus, und wollten die Indier in die Tempel treiben lassen,
aber diese widersetzten sich. Oberhäupter und Deputirte
kamen zu Malouet nach Cayenne.

Sobald diese in dem Audienzsaal sich in den Spiegeln
erblickten, fingen sie an laut aufzuschreien, tanzten, nä-
herten sich dem Spiegel, sprachen mit dem Bilde darin,
betasteten das Glas, und wollten, wie die Rothkehlchen,
sehen was dahinter wäre. Aber da sie keinen Aufschluß
des Räthsels fanden, lagerten sie sich ernsthaft und gleichgültig auf den Boden hin, hefteten mit Unzufriedenheit
ihren Blick auf Malouet, und trugen endlich ihre Klagen vor.

,,Wir sind gekommen dich zu fragen, was du von uns
willst? Warum hast du uns Weiße geschickt, die uns
plagen? Sie haben mit uns einen Vertrag gemacht, den
sie zuerst gebrochen haben. Wir sind eins geworden mit
ihnen, für eine Flasche Tafia zu ihnen zu kommen (in die
Kapelle), sie singen zu hören, und auf den Boden nieder-
zukinen, und wir haben uns allezeit eingefunden, so lange
sie ihr Wort hielten. Sie haben uns den Tafia entzogen, und wir sind ruhig geblieben. Nun senden sie Soldaten, die uns hinführen sollen. Das wollen wir
nicht! — Sie wollen uns, wie die Weißen, säen und
arbeiten lehren; das wollen wir auch nicht! Wir können
dir zwanzig Jäger und Fischer geben, wenn du jedem
monatlich drei Piaster zählst. Ist dir das recht, so sind
wir dazu erbötig; wo nicht, so gehen wir mit unsern
Karbets an einen andern Fluß.''

Amerika. T

Dies war keine bloße Drohung. Sämmtliche diese Nationen sind geneigt, um der geringsten Ursache willen ihren Wohnplatz zu ändern. Malouet suchte sie zu beruhigen, und ließ ihnen die Absicht der Missionare, die wohl etwas täppisch zu Werke gegangen seyn mochten, zwar erklären, aber die Antwort war ein Gelächter! — Kurz man mußte den Tasiattakat erneuern. Die Indier bekamen ihre Portionen wieder, und gingen von nun an auch wieder zur Kapelle.

Ihre Geduld, Schmerzen und Hunger zu ertragen, ist unglaublich; jeder hält es für schimpflich, in Krankheiten zu seufzen, und wenn sie Wochen lang nichts anderes, als geröstete Cassave gehabt haben, so sind sie dennoch gutes Muths. Es scheint aber dies mehr eine Art Gleichgültigkeit und Trägheit. In ihren Hängematten blasen sie gemachsam die Flöte, spitzen mit großer Ruhe an einem Pfeil oder stricken an einem Netze, ihnen gleichviel, ob es in diesem oder in dem nächsten Jahre fertig werde. Auch die Weiber sind bei einigen Nationen so träg, daß nur der äußerste Hunger der Kinder sie nöthigt, in den Wald zu gehen und Lebensmittel zu hohlen.

Viele der Nationen sollen sehr lügenhaft seyn, aber wahrscheinlich nur gegen die Europäer, deren Versuche, ins Innere ihrer Länder einzudringen, sie unmöglich gern sehen können. „Wer kann das wissen?" antworten sie auf die allergleichgültigste Frage. Und fragt man: „ist Bauholz in dem Walde? hast du Cassave, Schildkröte u. s. w.?", ist immer die Antwort „nein."

Wie mehrere Wilde sind auch viele von diesen sehr geneigt, Alles nachzuahmen, daher sie denn auch seit der Bekanntschaft mit Europäern tüchtig fluchen gelernt haben *). Dies scheint besonders bei den Anwohnern des

---

*) Man wird finden, daß die Nationen, die gern nachahmen, meistens überaus sanfter Gemüthsart sind.

Orinokoſtroms der Fall (von welchen vorzüglich
gilt, was wir von nun an beibringen werden).

Kommen die Unbekehrten einmal aus ihren Wäldern
heraus und gerathen in die Kirche einer Miſſion, ſo richten ſie gerade dadurch viel Störung und Unordnung an,
daß ſie Alles nachmachen. So kam einmal ein ganzer
Schwarm mit ſeinem Oberhaupte eben aus dem Walde,
als die Kirche anging. Alle zogen in die Kirche hinein,
beſprengten ſich, wie die bekehrten Indier, mit Weihwaſ-
ſer, machten das Kreuz und ſchlugen ſich an die Bruſt.
Ein muthwilliger Soldat, der dieſe Affennatur bemerkte,
fing an ſich ins Geſicht zu ſchlagen, und die Indier nahmen keinen Anſtand, ihm es mit vollem Eifer nachzu-
machen und ohrfeigten ſich links und rechts.

Im ſachlichen Zuſammenhang ſteht mit dieſer Nach-
ahmungsluſt die Neugier — die Aufmerkſamkeit auf
alles Neue. — Sie kennen in ihren Wäldern oft die
nächſtanwohnenden Nationen nicht, und die geringſte Ab-
weichung von ihren Sitten und Gewohnheiten, oder von
ihrer Bildung iſt ihnen auffallend.

Erſcheint aber ein Fremder in der Niederlaſſung, ſo
eilt Jedes nach dem Hauſe des Miſſionars, den neuen
Ankömmling in Worten, Mienen und Bewegungen zu
beobachten, welchen ſie dann, ſobald ſie in ihre Behauſun-
gen zurückgekehrt ſind, nachäffen, und zwar mit ſolcher
Treue und Wahrheit, daß Jedermann den Fremden erkennen würde. — Und wer dann in der Bildung ihnen
nachſteht, wird in ihren Urtheilen hart mitgenommen.

Dann heißt es: „Er gab dem Pater Horſig und ver-
langte dafür, als wär's Nichts, zwei Hacken. Einen
Rachen hat er wie ein Krokobil und eben ſo lange Zähne.
Sein Bauch war zuſammengeſchrumpft, wie ein Otoma-

T 2

chier, und er mochte wohl in vielen Tagen keinen Bissen
gesehen haben. Wie ein Tiger verschlang er die Speisen, die ihm der Pater gab. Und die Beine, wie waren
sie so garstig und dürr! Seine Nase ist platt, wie bei
einem Maipuri, und schwarz ist er wie ein Guami. Er
trägt Armbänder und Korallen um den Hals, wie ein
Weib, und stinkt wie ein Neger."

Die Eigenheit mehrerer Völker, mancherlei zum Geschenk haben zu wollen — zu betteln — fehlt ihnen nicht.
Doch sprechen sie fast nie die Landsleute um etwas an.
Nur in dem Fall, wo sie nichts zu essen haben, gehen sie
in die Hütte dessen, der mit Speise versehen ist, setzen
sich hin, fordern aber nichts, denn dazu sind sie zu stolz,
sondern plaudern Stunden lang, bis man ihnen etwas zu
essen gibt.

Bei den Europäern sagen sie ohne Rückhalt, was
sie haben wollen. Sagt man zu ihnen, es sey nichts weiter da, so antworten sie ohne Bedenken: „du lügst!"
Gesteht man ihnen eine Bitte zu und schlägt ihnen eine
andere ab, so heißt es: „du bist geizig!" Dies ist,
ihrem Bedünken nach, der größeste Vorwurf, den man
machen kann, indem sie gewohnt sind, fast in völliger Gemeinschaft der Güter zu leben. So lange ein Europäer
noch etwas für sich behalten will, ist er geizig.

Als Gilii, ein Missionar, in ein Dorf der Otomachier kam, liefen sie ihm alle, wie närrisch, entgegen, umringten und lobten ihn: „o du bist gut! du bist nicht
geizig!" „Ich weiß schon, was ihr wollt, antwortete
der Missionar; ihr wollt Stecknadeln, Nähnadeln." —
„Nein, nein! schrieen Alle, wir sind hungrig, gib uns
Cassave!" — Was wollte der Missionar thun, wenns
nicht Ibaba oder „du bist garstig!" heißen sollte, als
geben was er konnte.

Die größeste und bewundernswertheste Sache für sie ist ein beschriebenes Papier, vor welchem sie, wie vor allem Geschriebenen und Gedruckten, eine große Ehrfurcht haben, und es Careta (Cartha) nennen. Gibt man ihnen einen Brief zu bestellen, so wickeln sie ihn mit großer Sorgfalt in Blätter oder in ein Tuch, und zwar darum, damit der Brief nicht sehe, was sie unterwegs thun. Alle laufen bei der Ankunft eines Briefs zusammen und betrachten staunend den Missionar, der ihn empfing, und verlangen die Neuigkeiten zu wissen, die darin stehen. — Man sagt ihnen etwas vor und nennt den Namen des Briefstellers (oder dessen, der den Brief gemalt hat).

Sie fürchten alles Papier als ein Zaubermittel, und beneiden den Europäern die Wissenschaft, zu lesen und zu schreiben. Ein trunkener Indier kam zu seinem Missionar, klagend, daß seine mit herbeigeschleppte Frau ihm untreu sey. Stillschweigend nahm der Missionar das Brevier und las darin, und der lärmende schwieg plötzlich und sahe verwundernd den lesenden an. Dieser sagte nach einiger Zeit: „das Buch sagt nichts davon!" „Ists möglich? rief der erfreute Indier, sagt es wirklich nichts?" „Ich will noch einmal nachsehen," erwiederte der Missionar, sahe noch einmal nach, und der Indier war völlig zufrieden gestellt.

————

Daß es an tausendfältigem Aberglauben bei solchen Nationen nicht fehlen wird, läßt sich denken. — Einige sind sogar bedenklich, Hühner und anderes Geflügel zu essen, aus Sorge, es möchten ihnen dieselben den Bauch von innen mit ihren Schnäbeln und Füßen aufreißen.

Auf ihren Reisen benennen viele die Dinge mit ganz andern Namen, als mit dem rechten, und behelfen sich mit Umschreibung, weil es ihnen sonst großes Unheil bringen würde. Ein Felsen heißt derjenige, der hart ist;

und eine Eidechse dasjenige, das einen langen Schwanz hat. — Ein Europäer setzte einst einem reisenden Indier sehr zu, ihm den Namen eines Creeks (Kriks oder kleinen Flusses) zu nennen. Sie thaten ihr Möglichstes, der Antwort auszubeugen, stellten sich taub, sagten, sie wüßten es nicht, baten, er möge es sich von einem andern sagen lassen. Endlich nannte einer, der keinen Vorwand mehr hatte, dem Frager auszuweichen, den Namen. Da bald hinterher ein Regen kam, wurden Alle auf den Namensager sehr unwillig.

Nach den Begriffen Vieler sind die Sterne nichts anderes als Menschen, und die Venus ist die Frau des Mondes. Von den Mondfinsternissen haben sie denselben Aberglauben, den wir schon bei so vielen Wilden getroffen haben. Der Glaube an ein gutes und an ein böses Hauptwesen findet sich bei allen Anwohnern des Orinoko. Das letztere wird auch hier am meisten verehrt, aber freilich nur aus Furcht (s. oben). — Die Welt hätten zwei Brüder erschaffen. Den Orinoko hätten sie so einrichten wollen, daß man auf und ab immer mit dem Ströme führe, das wäre ihnen aber zu schwer gewesen. Den Gestorbenen, von welchen sie sagen, er sey nun ohne Seele, weisen sie ihren Ort jenseits des Meeres — also in Europa — an. Dort verfertigten dieselben allerlei künstliche Arbeiten für die zurückgelassenen Verwandten — sie meinen darunter diejenigen europäischen Waaren, die sie am meisten bewundern. — Allen aber, den Guten, wie den Bösen, scheinen sie einerlei Ort anzuweisen.

Seltsam ist es, daß einige Nationen eine Sage von der Erschaffung des Menschen und von einer großen Flut haben, die mit der mosaischen Geschichte übereinstimmt.

Der Aberglaube einer Nation hängt so genau mit der Eingeschränktheit ihrer Begriffe zusammen, und an diefer fehlt es namentlich den Anwohnern des Orinoko nicht. Die wenigsten, vielleicht keiner, können über 200 hinaus zählen, und viele mögen nicht weiter kommen können, als 20. Um fünf anzudeuten, werden die Finger der Hand, um zehn zu machen, die beiden Hände mit ihren Fingern, ausgestreckt. Werden die Hände gegen die Füße gerichtet, so bedeutet es 20. Um eine sehr große Menge zu bezeichnen, werden die Haare auf dem Kopfe berührt.

Kaum daß sie eine Art Gruß haben! Begegnen sie Jemand, so sagt dieser: „Amare ca?", welches so viel als: „Du?" bedeutet, und Jener antwortet blos: „A" (ja, ich bins).

Kommt der Tamanachier von einer Reise oder einem Fischfang zurück, so wirft er sich, ohne ein einziges Wort zu sagen, in seinen Hamack. Erst nach einem Weilchen nähert sich die Frau und sagt: „Mepuia? (bist du gekommen?) und er antwortet: „Vepce ure" (ich bin da).

Für eine Art Ehrerbietung gegen Andere haben diese Nationen keinen Ausdruck; nur die Tamanachier haben ein Wort, welches ziemlich unserm Ihr entspricht, und dessen sie sich nur gegen die Schwägerschaft bedienen, darum sagen sie, weil wir uns vor ihnen schämen, d. i., Ehrfurcht vor ihnen haben. Alle übrige Menschen heißen Du.

Alle europäische Eisenwaaren, Aexte, Nägel u. s. w. halten sie für Stücke, die vom Himmel abgeschlagen sind.

Eine Schwiegertochter wissen sie nicht anders zu bezeichnen, als daß sie sagen: die Mutter meines Enkels; wiewohl der Enkel noch nicht geboren ist.

———

Der Spiele und gesellschaftlichen Vergnügungen sind wenig, wenn man den Tanz ausnimmt:

Man schießt mit Pfeilen nach einem bestimmten Ziel. Man ringt, indem man sich niederzuwerfen sucht, und bei einigen findet man auch eine Art Ballspiel, welches bei den Otomachiern seine Regeln und Preise hat. Jede Dorfschaft hat dazu ihren Platz und ihre bestimmten Stunden. Die Bälle werden vom Kaouthouck gemacht. Auch die Weiber spielen dieses Spiel. Die Männer fangen den Ball, der so viel möglich, immer in der Luft bleiben muß, mit Kopf und Schultern und werfen ihn damit zurück, die Weiber schlagen ihn mit Raketten. Fällt der Ball zur Erde, so, daß er liegen bleibt, so gilts einen Fehler. Die Fehler der beiden spielenden Partheien werden gezählt, und darnach der siegreichen Parthei der Preis bestimmt.

Leidenschaftlich lieben auch diese Völker die Tänze, die gewöhnlich jeden Abend nach vollbrachtem Tagewerk anfangen, und am heftigsten dann gehalten werden, wenn das nöthige Getränk (Ciccia, oder, wie es vorher hieß, Cichery) hat zubereitet werden können, in welchem Falle man nicht eher aufhört, als bis der letzte Tropfen verbraucht ist, und auch viel festlichere Tänze tanzt, als sonst gewöhnlich ist.

Beim gewöhnlichen Tanz spielen zwei geübte Spieler die Flöten. Die Tänzer stellen sich in einen Kreis und jeder faßt den Nachbar links und rechts bei der Schulter, und Alles dreht sich im Kreise herum. Bei jeder Pause wird ein fürchterliches Gebrüll erhoben.

Die festlichen Tänze, wo man sich nicht anfaßt, bilden die Gestalt eines halben Mondes; jeder schlägt mit einem dicken Rohr auf die Erde. An die Füße ist mancherlei Klapperwerk — Schellen oder hohle Nüsse u. s. w. gebunden. Der Kopf ist mit Federbüschen, und die Hüften mit schönen langen Schürzen geschmückt, und der Leib, nach ihrem Bedünken, wunderbar prächtig bemalt.

Ein Kazike oder Piaci führt den Tanz an. Gebückt, feierlich und langsam geht er voraus, und eben so, aber aufrecht, folgen die andern, und ahmen genau alle Bewegungen nach, die aber, wie auch der Gesang dabei, sehr gleichförmig sind. Die Gesänge sind Wechselgesänge, in welchen angenehm die höhere Weiberstimme sich hervorhebt; wahrscheinlich sind alte Romanzen der Inhalt derselben. — Bei andern Nationen sind die Festtage lustigerer und leichterer Art.

Die Tänze sind auch nach den Gelegenheiten sehr verschieden, andere bei Leichenbegängnissen, andere wenn es in den Krieg geht. — Der Tigertanz der Otomachier stellt vor, wie ein Mensch, der im Kreise der Tänzer sitzt, gegen die Angriffe dieses Thieres vertheidigt wird. Der Angegriffene mitten im Kreise, ahmt mit großer Täuschung alle Schrecken eines vom Tiger Angefallenen nach. Die Schlangentänze, deren schon früher Erwähnung gethan ist, sind mit abergläubischen Erzählungen (z. B. die Schlangen kämen aus den Wäldern, brächten Essen und Trinken mit, und tanzten mit) und Possen verbunden, weil man die Weiber von solchen Tänzen abhalten wollte, wiewohl Gilii nicht absehen konnte, warum? Denn, obwohl ihn die Maipurier inständig baten, ihr Geheimniß nicht zu verrathen, konnte er doch das Geheimniß nicht finden.

Die Saliven haben beinahe keinen eigenen Tanz, ahmen aber mit wunderbarer Geschicklichkeit und Wahrheit die Tänze anderer Nationen nach.

———

Die Behandlung der Kriegsgefangenen in diesem Theil von Amerika ist nicht mehr die ehemalige grausame, indem man die Gefangenen klüglicher zu Sklaven verkauft, nachdem man ihnen die Haare abgeschnitten hat, die bei mehrern Nationen ein Zeichen des freien Mannes sind.

Mehrere Völker jedoch wiſſen jetzt noch nicht, was
Quartier geben heißt. Flieht der Feind, ſo wird Alles
in den Karbets zerſchlagen, und die armſeligen Habſelig-
keiten werden getheilt. Gefangene werden an Pfähle
oder Bäume gebunden, und unter Spott und Schimpf
mit Pfeilen beſchoſſen, wovon ſie langſam ſterben müſſen.
Oft werden dieſe Unglücklichen in kleine Stücke zerriſſen,
und an die Familien ausgetheilt und verzehrt. Die Köpfe
der vornehmſten Feinde werden auf die Hütten geſteckt,
und aus den Knochen des Körpers Flöten gemacht. Die
Weiber ſollen nicht immer an dieſen Greueln Gefallen
haben, und oft die Geſchirre zerſchlagen, die bei dieſen
Gelegenheiten ſind gebraucht worden.

***

Die übrigen Bewohner Guiana's

ſind Neger und Europäer. Die gewöhnliche Grauſamkeit, mit welcher die Negerſklaven faſt überall von
Europäern behandelt worden ſind, ſcheint wenigſtens in
Cayenne etwas gemildert geweſen zu ſeyn. Sie ſcheinen
übrigens auch hier ihren nationalen Charakter völlig bei-
behalten zu haben, wie man aus den Berichten der neue-
ſten Reiſenden ſieht.

Des Abends wird unter fröhlichem Geſchwätz die
Küche beſorgt, und das Abendeſſen genommen. Erzählungen und Mährchen füllen den Reſt des Abends aus.

Helden der Vorzeit, Weiße, Soldaten, Vögel und
Pflanzen kommen in ihren Erzählungen vor. Alle Zu-
hörer ſind mit dem Erzähler zugleich in Aktion; ſie ahmen
das Vögelgeſchrei, das Gepraſſel des Feuers, und alle
Bewegungen nach, welche in der Erzählung vorkommen,
und bilden zuweilen Chöre, die tanzen, laufen, jagen,
ſingen; kurz ſie ſpielen große Oper.

Unmenſchlich und himmelſchreiend ſind die Grauſam-
keiten, welche die holländiſchen Pflanzer gegen ihre Ne-

gerfflaven ausübten. — Die Folge davon war, baß sie
ihren Herren entliefen, in das Innerste des Landes, in
unzugängliche Berg- und Waldgegenden sich retteten, wo
man sie nicht verfolgen konnte. (S. vorher.)

Wie es aber mit diesen Armen möge gestanden haben,
darüber wird, was wir eben erzählen wollen, den auf=
merksamen Lesern gänzliche Auskunft geben.

Als eine strafbare Verwegenheit wurde es ihnen schon
ausgelegt, in Gegenwart eines Europäers überhaupt
(nicht blos ihrer Herren) zu essen, oder zu trinken. —
Eine Hand aber gegen einen Weißen nur aufzuheben,
brachte einen martervollen Tod.

Die leichtesten Vergehungen werden mit teuflischer
Quaalfreude gestraft. Ein schöner alter Neger wurde zu
hundert Peitschenhieben verurtheilt. Er zog sein Messer
und stieß nach dem Sklavenaufseher (die eigentlich die
Peiniger der schwarzen Mitbrüder sind), und da er ihn
verfehlte, stieß er sich selbst zu wiederhohlten Malen das
Messer in den Leib, und würde sich völlig entleibt haben,
hätte man ihn nicht daran gehindert, um ihn satanisch
desto länger martern zu können. — An einen Ofen wurde
er gebunden, wo von dem Zuckerabgange Rum destillirt
wurde. Hier mußte er mit Geschwüren bedeckt, und
krank, Tag und Nacht schmachten. Der Arme litt still,
schmachtete Tag und Nacht, klagte und tobte nicht, er
lächelte nur wehmüthig, bis ihn der Tod von seinen Pei=
nigern erlösete. Daß ein Knabe einer alten, im Hause
alt gewordenen Negerin sogleich Faustschläge gibt, wenn
sie mit einer auf den Tisch zu tragenden Schüssel, nur ein
wenig sein Haar berührt, ist gar nicht mehr auffallend.

Eine gewöhnliche Strafe ist es, dem straffälligen
Neger vorn die Hände zusammenzubinden; dann ihn
auf die Erde zu werfen, die Knie zwischen beiden Armen
durchzuzwängen, und zwischen die Kniebeugen einen star=

ken Stock durchzustecken, von dem ein Ende in die Erde geschlagen wird. So liegt der Unglückliche, wie ein Knaul und bewegungslos da, und in dieser Lage peitscht man ihn auf der einen Seite des Hinterbackens mit Ruthen, bis sich das Fleisch ablöset. Die andere Seite wird auf gleiche Weise behandelt. — Dieß ist eine Strafe nicht blos für Männer, sondern auch für Weiber. Um den Zutritt des Brandes zu hindern, reibt man die Wunden mit Zitronensaft und Schießpulver, welches zugleich einen unaussprechlichen Schmerz verursacht.

Mit den Negern werden in Surinam nicht nur alle Hausbedienungen, sondern auch die meisten Handwerke bestellt. — Ein Negerkoch hatte einen Ragout verdorben. Darüber schnitt er sich die Kehle ab. — Welche Strafe mag er haben fürchten müssen!

Für Neger, welche hatten entfliehen wollen, und wieder ergriffen wurden, war es eine gewöhnliche Strafe, ihnen ein Bein abzunehmen; unter neun, welche diese Strafe erleiden mußten, starben vier — die übrigen fünf wurden dann gebraucht, Barken auf dem Strome zu rudern.

Ein vierzehnjähriger Negerknabe wurde von seinem Teufel von Aufseher Monate lang gequält. Im ersten Monat wurde er täglich gegeißelt. In dem andern gebunden in den Block gesteckt. Im dritten legte man ihm ein Halsband mit Stacheln um, und im nächsten mußte er wie ein Hund in einer Hütte liegen und bellen, wenn eine Barke vorbei fuhr.

Eine Plantagenbesitzerin fuhr mit ihrer Sklavin auf einem Boote. Das Kind der Sklavin wimmerte und weinte. Die gestrenge Frau ließ es sich bringen, und warf es in den Fluß, und hielt es, bis es erstickt war. — Für den Vorsatz der Mutter, dem Kinde nachzuspringen, ließ sie ihr nachher zweihundert Geißelhiebe geben. —

Dieselbe Frau zerfeßte aus Eiferfucht einem Negermäd-
chen nicht nur das Gesicht, sondern ließ ihr auch, damit
es recht häßlich aussehen möge, die Sehnen an den
Füßen zerschneiden.

Wie begreiflich, daß die Neger sich zu Zeiten furchtbar rächen!

————

Wie ein Pflanzer in Surinam lebt, verdient nicht
ganz übergangen zu werden, zumal da man weiß, wie
Weichlichkeit und Grausamkeit so wunderfam zusammenhängen.

Sehr viele Familien haben blos zu ihren Hausge-
fchäften zwanzig, ja dreißig Sklaven; denn wie schon
erwähnt ist, werden hier und in andern Gegenden, wo
Europäer Colonien haben, fast alle Geschäfte durch Sklaven versehen, und für jedes einzelne unbedeutende Ge-
fchäft ist ein eigener Sklav angestellt.

Der Pflanzer, der auf seiner Besitzung seinen Aufenthalt genommen hat, welches jedoch nicht häufig ge-
fchieht, erhebt sich gegen sechs Uhr aus seiner Hängematte, über welche gegen die Muskiten, die hier Teu-
felstrompeter genannt werden, ein feines Tuch gespannt
ist. Sehr zärtliche Weichlinge lassen sich noch die ganze
Nacht hindurch kühle Luft von ihren Sklaven zufä-
cheln. — Gleich nach dem Aufstehen geht er auf den bedeckten Vorplatz seines Hauses, wo Kaffee nebst Tabak
und Pfeife seiner warten, und sechs schöne Sklaven und
Sklavinnen für die gebietenden Winke des allmächtigen
Herrn bereit stehen. Der Aufseher der Sklaven und der
ganzen Pflanzung stattet nun unterthänigsten Bericht ab,
was krank geworden, was geboren, was gestorben oder
entlaufen ist; aber vor allen Dingen, wer von den Sklaven ein Versehen begangen hat. Die beschuldigten Sklaven werden ohne weiter gehört zu werden, sogleich an

einen Pfahl gebunden und mit einer Peitsche, die tief ins Fleisch einschneidet, zerhauen; müssen dann kriechend für die empfangene Strafe ihr: Dankee Massera (Dank Herr!) sagen, und gehen an ihre Arbeit.

Der Wundarzt kommt hierauf und rapportirt unterthänigst, und wird, steht nicht Alles, wie es soll, mit einigen Flüchen entlassen. — Hierauf kommt eine alte Frau, gleichsam die Gouvernante, mit allen Negerkindern, die vorher wohl gebadet und gewaschen worden sind, um würdig dem Herrn vorgestellt zu werden. Sie werden vorgeführt und empfangen ihr Frühstück. — Der Aufseher empfiehlt sich nun mit demüthigen kriechenden Verbeugungen.

Jetzt hat der Pflanzer sein Geschäft abgethan! Er spaziert im Negligee umher, welches aus einem Paar langen feinen Schifferhosen, seidenen Strümpfen und rothsaffianen Pantoffeln besteht. Des Hemdes Halskrakragen ist offen. — Ein leichtes Kleid vom feinsten indischen Stoff ist über das Hemde geworfen; das theure Haupt mit einer Musselinmütze bedeckt, und ein mächtiger Kastorhut darüber gestülpt.

So durchwandelt der Herr einen Theil seiner Pflanzung, oder durchreitet seine Felder, bis 8 Uhr, wo er zurückkommt und sich etwas umkleidet, um mit Anstand in der Stadt (Paramaribo), oder in einer benachbarten Pflanzung einen Besuch abzustatten. Seidene Beinkleider ersetzen die vorigen Schifferhosen, ein Neger zieht ihm Schuh und Strümpfe an; ein anderer bringt Bart und Haar in Ordnung, und der ganze übrige Anzug wird durch einen frischen ersetzt. Sklaven tragen den Sonnenschirm, unter welchem er nach dem Ufer des Flusses zugeht (die meisten Reisen können hier auf den Flüssen gemacht werden), wo die mit sechs oder acht Rudern besetzte Barke seiner bereits wartet, und hinlänglich von dem Aufseher mit Wein, Früchten, Tabak und Pfeifen versehen ist, auch wohl Musikanten hat, das Ohr des Allgewaltigen zu vergnügen.

Bleibt der Herr zu Hause, so frühstückt er gegen zehn Uhr in einem großen Saale in Gesellschaft seines Aufsehers. Brodt, Butter, Käse, Bier, Madera, Moseler- und Rheinwein, Früchte, Schinken, Pökelfleisch, gebratenes Huhn u. f. w. steht zur Wahl des Zünglers bereit, und das heißt dennoch ein schlechtes Frühstück. Nach gestilltem Appetit wird ein Buch zur Hand genommen, oder ein wenig Schach oder Billiard gespielt, oder aber auch Musik gemacht.

Es kommt nun die Zeit, wo die Hitze sehr steigt, und diese treibt zur Mittagsruhe. Er wiegt sich in seiner Matte hin und her. Sklaven fächeln ihm, und um drei Uhr steht er auf und nimmt das Mittagsmahl, welches aus Fischen, Früchten, Wildpret, feinen Weinen u. f. w. besteht. Nach der Tafel geht alles wieder wie Vormittags. Es wird gepeitscht, Arbeit ausgetheilt, geflucht u. f, w. Zu Abend wird wenig genossen, ein schwacher Punsch (Sangaree) getrunken, Karte gespielt, Tabak geraucht, bis 10 Uhr kommt, wo er, von seinem Pagen zu Bett gebracht, in die Arme der Lieblingssultanin sinkt.

2.

Peru nebst Quito.

Reicher, erhabener und herrlicher, als in Mexiko und den eben erst erwähnten Ländern, ist die Natur in diesen großen Länderstrecken.

Das Land ist eine Fläche, die sich zum Theil an 10,000 Fuß über das Meer erhebt und dadurch die höchsten Länder der Erde bildet. Ueber diese hohen Flächen laufen nun die gewaltigen Gebirge hin, von welchem sich wilde Waldströme herabstürzen, über deren Abgründe oft 1800 Fuß lange, von Hürden geflochtene, bei jedem Tritt schwankende Brücken führen. Dies ist denn namentlich mit Quito der Fall. Es ist eine hohe, fast eine halbe Meile hohe Ebene, rings umher mit Eisbergen umgürtet, die den ewigen Schnee auf ihren Häuptern tragen, als der 15,000 Fuß hohe Pichincha, der in seinem Innern vulkanisch tobt, wiewohl er seit langem nicht mehr auswirft; der Kotopaxi, der einmal durch den Schnee, welchen seine innere Glut zum Schmelzen brachte, die Gegend weit und breit zu ersäufen drohte; der Antisana, Sangai u. a. m. Diese und andere hierher gehörige Vulkane speien Bimsstein, Basalt, Porphyr und ungeheure Massen Schwefelleber und Schlamm aus, und selbst eine erstaunliche Menge einer Art Fische, die mit unserm Wels Aehnlichkeit hat*). Der höchste aller Erdberge, der Chimborasso, hält 18,500 pariser Fuß. Seine höchste Spitze hat noch kein menschlicher Fuß betreten. Von Humbold that Alles, und blieb noch 1344 Fuß unter derselben, und in der verdünnten Luft trat dennoch schon das Blut aus Augen, Lippen und Zahnfleisch hervor, und die Kälte war unbeschreiblich.

Die Gebirgsmassen der Cordilleren theilen sich unweit des Aequators in zwei Hauptzweige, deren einer westlich über Chili bis Patagoniens Ende hinläuft, in einem Strich von mehr als tausend Meilen, die Krümmungen nicht mitgerechnet. Der östliche läuft anfangs parallel; biegt dann nach Südosten ab und verliert sich in die Ebenen.

Wo sich die Grundlagen dieser Gebirgsmassen begegnen, entstehen natürlich ungeheure Schluchten, die oben oft meilenweit sind, und in deren Tiefen die Flüsse nach dem Meere oder nach dem Lande zu, dahinstürzen. Eine der merkwürdigsten dieser Schluchten findet sich in der

*) Pimelodus Cyclopum.

Statthalterschaft Huancucelica, unweit Conaica. Will man von hier nach Binas, und hat den Berg Corosunta überstiegen, so kommt man in eine Schlucht, in welcher ein kleiner Fluß fließt, die überall nur 24 Fuß weit und an 116 Fuß hoch ist, und einen Theil des Weges aus- macht, auf dem der Reisende sich neunmal über den Fluß setzen lassen muß. Hier und in mehrern andern Schluchten passen die beiden Felsenwände höchst genau zu einander, und folgen jeder Krümmung und Windung des Baches. — Zu den größesten Ebenen dieser län- dergebiete gehört die vielleicht an 4500 Q. M. haltende Pampa del Sacramento, die vom Maranhon, Ukayale, Guallaga und einigen kleinern Flüssen einge- schlossen und lediglich von Wilden bewohnt wird.

In einem so vulkanischen Lande können die Erdbe- ben mit allen ihren Schrecken nicht fremd seyn. Nur im Jahr 1791 hatte Lima fünf Erderschütterungen, aber 45 Jahr früher erlitt es Ende Oktobers das furchtbarste Erdbeben, das sich einige Tage zuvor durch ein dumpfes unterirdisches Brüllen ankündigte, während dessen meh- rere Vulkane wütheten. In wenigen Minuten lagen die meisten Häuser der Stadt in Trümmern, und mehrere Tausende von Menschen kamen um oder wurden beschä- digt. In der nächstgelegenen Hafenstadt Callao trat das Meer zurück, und bei seiner Wiederkehr verwandelte es Hafen und Stadt durch seine Ueberfluthung in Meer. Von 23 Schiffen gingen 19 unter und 4000 Menschen verloren ihr Leben. Am schrecklichsten unter allen war aber das Erdbeben von 1797 in Quito, welches Städte und Ortschaften umwarf. Vulkane stürzten zusammen und überschütteten die Städte, andere wurden durch Lava- ströme von Grund aus vertilgt, andere versanken und 40,000 Menschen kamen um. Das war das Werk we- niger Sekunden. In einem Strich von 30 M. Länge und 20 M. Breite bewegte sich das Land wellenförmig. Ge-

Amerika.   U

birge gewinnen bei solchen Revolutionen oft plötzlich eine ganz veränderte Gestalt, indem bald große Krater einstürzen und in den Vulkan theils oder ganz zurücksinken, theils die Feuerberge Basalt oder Bimssteinfelsen aus ihrem Innern hervortreiben.

Welch eine Menge Ströme und Flüsse kommen von diesen Gebirgen, und stürzen sich zum Theil so heftig von denselben herab, daß sie unten große Vertiefungen bilden, und Veränderungen in den Bodenschichten veranlassen. — Der mächtigste und gewaltigste aller Flüsse der Erde ist der schon erwähnte Maranhon, der hier eine nähere Anzeige verdient.

Nicht bestimmt läßt sich sagen, welche Quelle der Ursprung des gewaltigen Stroms ist, sondern er wird aus mehrern Quellen im schneereichen Hochgebirge um den See Lauricocha her gebildet, an dessen Mündung man von den Zeiten der Ynkas her (der Regenten dieses Landes vor Ankunft der Europäer) verschiedene Pyramiden von Stein findet, über deren Bestimmung (ob sie als Brückenpfeiler, oder als bloße Denkmale vielleicht gedient haben?) wir nichts bestimmen.

Das ganze Gebirgsgebiet um diesen See ist ein Ursprung für mehrere Flüsse, unter welchen der Huallaga, der anfangs Huanaco heißt, besonders genannt werden muß. Er entspringt aus dem südlich des Lauricocha liegenden Chiquiacoba (Chincacocha), fließt gegen Norden, nimmt alle kleinere Flüsse auf, die seiner Nähe entquellen, und wird nach vielen Stürzungen da schiffbar, wo sich der Monzon einmündet. Er nimmt hierauf viele Flüsse auf, wendet sich östlich und bildet mehrere Inseln mit seinen Armen, verstärkt sich durch immer neuen Zutritt immer mehr, überschwemmt meilenweite Gegenden und fällt mit einer Breite von einer halben Seemeile (20 auf einen Grad) in den Maranhon.

Dri-Burga von C Wannerdler.

Bedeutender als dieser Fluß, und mit ihm in demselben See entsprungen, ist der Ukayale, den man für den wahren Stamm des Maranhon ansieht, und zwar mit Recht, da er und mehrere in den Amazonenfluß fallende Flüsse schon schiffbar sind, ehe des Maranhons nur gedacht wird.

Der Ukayale, beim Ursprung Tapa oder Tarma genannt, läuft anfangs südlich, dann östlich, wo er mit dem, 60 Meilen südlicher entspringenden Apurimac, vereint, und nun sich nördlich wendet, und den durch die Stadt Tarma gehenden Perene empfängt, der ebenfalls im Gebiet von Lauricocha seine Quelle hat. Sehr viele andere Flüsse, bedeutend an Zahl und Größe, münden in den Ukayale, der diesen Namen erst zwischen dem 8ten und 9ten Grade empfängt, und nur von Westen her allein (denn unbekannt ist, was er von Osten her aufnimmt) sechs ansehnliche Ströme aufnimmt und mehrere große Inseln bildet, bevor er kurz vor dem fünften Grade sich mit dem Maranhon vereint, der bei dieser Vereinigung der bei weitem kleinere Fluß ist.

Der Maranhon *) selbst läuft von Lauricoche an an 90 deutsche Meilen, wo sich in der Gegend Jaen der Chinchipe und nachher der Chachapoyas mit ihm vereinen, deren ersterer der Donau an Mächtigkeit gleicht. Dennoch bleibt er des reißenden Laufs und der Felsen wegen unschiffbar, bis er den Chuchunga (oder Imaza) empfängt, von wo an er bis Borja zwar beschifft wird, wo aber 13 enge Pässe (Punchus oder Pongos, d. i. Thore) die Beschiffung sehr erschweren, unter welchen der Paß oder Pongo von Manseriche durch seinen Felsengrund und die im verengten Bette entstehenden Strudel und Strömungen und Stürze (fast wie bei

*) Der Name soll von Maro, an non? herkommen, weil man ungewiß war, ob man ihn für Meer halten sollte. Das ist jedoch wohl eine allzugezwungene Ableitung.

U 2

den Donaustrudeln) sehr gefährlich ist. Hier hat sich
der Strom einen Weg durch die Cordilleren gebrochen,
deren Felsen zu beiden Seiten steilrecht empor stehen, und
dem zuvor 1500 Fuß breiten Strom nur noch 150 Fuß
Breite erlauben, wodurch die Strömung so heftig wird,
daß die 3 Meilen von St. Jago bis Borja noch ehe eine
Stunde abläuft, zurückgelegt werden. Dennoch befährt
man diese Stelle, aber nur auf Flössen von einem leichten, zähen und nachgiebigen Holze. Die Balken der
Flösse werden mit Lianen (Bejuco oder Bindweide) zusammengebunden, und das schwächste Fahrzeug bietet
den Stößen gegen die Felsen durch seine Elasticität
Trotz. — Ein Missionar blieb in einem Strudel, der
außer dem Fahrwasser lag, zwei Tage, und wurde durch
die Anschwellung des Stroms wieder in die Fahrstraße
hineingerissen und vom Hungertode gerettet.

Condamine, dieser berühmte Reisende, sagt, als
er durch diesen Paß nach Borja gekommen war: „Ich
war von allem Umgang mit Menschen entfernt, auf einem
Meere von süßem Wasser, mitten in einem Labyrinth von
Seen, Flüssen und Kanälen, die in allen Richtungen
eine nur durch sie allein zugängliche Waldung durchströn-
ten. Ich fand lauter neue Pflanzen, Thiere und Menschen. — Alles war hier einförmig und eben, nur Wasser und Grünes, und Grünes und Wasser (ein großer Ab-
stich für ihn, der von Quito und dessen hohen Gebirgen
kam). Jenseits Borja, 500 Meilen (Lieues) abwärts
des Stroms, ist ein Kiesel so rar wie ein Diamant, und
die Wilden haben von einem Stein keinen Begriff, und
finden sie auf der andern Seite von Borja dergleichen, so
nehmen sie dieselben als große Kostbarkeit mit."

Tiefer hinabwärts strömen mehrere große Flüsse in
den Riesenfluß; — die Mündung des Yutay, der nicht
der größeste darunter ist, beträgt allein 2173 Fuß. Sie
kommen alle von den Gebirgen östlich von Lima und nörd-

lich von Cusco, aber wer kennt ihre Quellen? Mehrere
Monate hindurch sind sie schiffbar. Nördlich her strömt
der große Putomajo oder Jssa ein, der 30 Flüsse,
die er aufgenommen hat, mitbringt. Noch bedeutender
als dieser ist der Caqueta oder Yupura, der in sieben
Mündungen sich in den Maranhon ergießt. Die beiden
äußersten dieser Mündungen sind von einander au -100
Lieues entfernt.

Hierauf nimmt er den Purus (Chipuri, Azuri),
und weiter gegen Osten den großen Rio negro
(schwarzen Fluß) auf, durch welchen der Orinoko mit
dem Amazonenfluß verbunden wird, eine Verbindung,
die erst in neuesten Zeiten (durch v. Humbold) völlig
außer Zweifel gesetzt wurde. — Nachdem von Süden
her der aus den südlichen Cordilleren kommende mächtige
Madeira, welcher viel Holz mitbringt, in den Hauptstrom gefallen ist, fängt dieser an meilenbreit zu werden,
und nun erst heißt er bei den Portuglesen Amazonenfluß, welcher von jetzt an viel große und kleine Inseln
mit seinen Armen umfaßt, sich aber bei dem portugiesischen Fort Pauris bis auf 5000 Fuß muß verengen
lassen. Dieser Ort liegt 200 M. vor seiner Mündung,
und dennoch ist Ebbe und Fluth schon hier in dem Rie-
senstrome sichtbar.

Auch von hier aus verstärkt sich der Fluß noch mit andern Flüssen, unter welchen der Xingu aus den Gebirgen Brasiliens kommt, und mit einer meilenweiten Breite
in den Maranhon mündet. — Von Paru aus wendet
sich der Strom nördlich, und wird 4 Meilen und bald
nachher an 10 Meilen breit, und nach einem Laufe von
fast 900 Meilen fällt er, 15 oder 18 Meilen breit, ins
Meer.

Mehrere Inseln schließt er bei dieser großen Breite
in sich, als die 20 Meilen lange, aber nur 2 Meilen
breite Insel Javari, und die in seiner Mündung lie-

gende weit größere Insel Caviana, der vielen Inseln
nicht wieder zu gedenken, die er höher hinauf schon mehrere hundert Meilen vor seiner Mündung mit seinen Armen umschlingt, und zur Zeit der Anschwellung Monate
lang überfluthet. — Auf 20 Meilen weit behält er selbst
im Meere noch sein süßes Landwasser.

Klima und Produkte müssen in so hochgebirgi-
gen, und daher auch so thalreichen Gegenden höchst mannigfaltig und verschiedenartig seyn, und die letztern sind
uns wohl bei weitem noch nicht alle bekannt. Man muß
ja wohl bei diesen Tiefen und Höhen, und bei diesen Graden der Breite, alle Arten Klimate antreffen. In den
östlichen spanischen Provinzen, bei den Maynas, Omaguas u. s. w. überschwemmen die ungeheuren Ströme
Monate lang das Erdreich, und man schifft meilenweit nur
auf den Canots hin und her, und nur die hohen Bäume
ragen aus dem Wasser hervor. Wenn der Ostwind eintritt, trocknet Alles, und Inseln, Sandbänke und Wiesen werden dem Auge sichtbar. In dem Thale oder vielmehr in der Ebene von Quito ist fast ein ewiger Frühling herrschend, indessen auf den rings umher das Thal
umkränzenden Hochgebirgen der ewige Winter wohnt.
Die Küsten und die eigentlichen Gebirgsthäler sind sehr
heiß. Man hat nur zwei Jahreszeiten — den sogenannten Winter, d. i. die Regenzeit vom September bis
April, indessen die übrigen Monate, wo es weniger regnet, der Sommer genannt werden.

Das eigentliche Peru hat nicht solche Wasserüber-
schwemmungen, wie die eben angeführten Gegenden, aber
einzelne Provinzen sind mit einer ungeheuern Feuchtigkeit
getränkt. Die Küsten zwar mit ihren sandigen Gestaden
sind ganz trocken — dies ist das etwa 15 Meilen breite
Thal von Tumbes, wo es nie regnet, wo aber die
Atmosphäre mit häufigem Nebel beladen ist, der sich immer nur im Thau auflöset, aber nie Gewitter- oder Re-

gengüsse erzeugt. Man gibt den mit den Cordilleren
parallel streichenden Südwinden die Schuld dieser Regen-
losigkeit, weil sie alle Feuchtigkeit des Dunstkreises nach
Norden trieben und sie erst dort zu Regenwolken zusam-
menballten. — Die Häuser der Städte längs dieser Küste,
z. B. Lima, sind daher mit ihrem leichten, mit etwas
Erde beworfenen Rohr- und Binsendach hinlänglich gedeckt, weil es nicht regnet; da aber Erdbeben so häufig
sind, so halten diese Häuser nur ein Stockwerk. Um die
Pflanzungen und Gärten zu bewässern, müssen die von
den Gebirgen herabkommenden Bäche oft meilenweit geleitet werden. — Die Ebenen (die erhabene, unter dem
Namen Sierra bekannte Fläche) haben regelmäßige
Jahreszeiten und alle Arten Witterungserscheinungen.
Steigt man aber von jener trocknen Küste zu den Cordilleras hin, so findet man die ungeheuern Wälder mit einer eben so ungeheuern Feuchtigkeitsmasse gefüllt. Hier
fallen eine Menge kleiner Flüsse herab, die nachmals alle
der Maranhon verschlingt; hier regnet es 10, ja 11 Monate hindurch fast unaufhörlich, und die Feuchtigkeit ist
so groß, daß ein nur erst einige Stunden geladenes Gewehr sich nicht mehr abfeuern läßt, Papier in Felleisen
aufbewahrt, fast in Fäulniß übergeht und der Mensch
seine Wohnungen nur auf hohen Pfählen errichten darf.
Die ungeheure Hitze, welche Statt haben würde, wird
durch die Wolken gemäßigt, ist aber immer noch drückend
genug, Blitz und Donner sind selten auf den Ebenen,
wüthen aber auf den Gebirgen furchtbar. In einigen
Gegenden, namentlich in der Landschaft der Maynas,
kennt man den Hagel nicht.

Unter den Winden ist der Ostwind zu nennen, der
die nasse und trockne Jahreszeit scheidet, und große Fische
in Schaaren nach dem Maranhon zu treibt, auf welche
die Indier und die Krokodile lauern.

Mannichfaltig sind die Erzeugnisse dieser Länder;
hier hausen der Jaguar, der Ozelot, und andere Tigerar-

ten der neuen Welt. Ganze Heerden von Affen schreien und plappern auf den Bäumen, das wilde und gezähmte Lama, oder Guanaco ist gleichsam das Pferd der neuen Welt, und das einzige heimische Lastthier dieser Gegenden, und nebst dem Maulthiere in diesen Gebirgsländern überaus nützlich; die ersten finden sich noch Heerdenweise auf den Gebirgen wild. Ein einziges dieser Thiere trägt über einen Centner, wird es aber überladen, so legt es sich mit kläglichem Ton nieder, und stirbt lieber, als daß es sich weiter treiben läßt. Die Vicunna, oder das Schaafkameel, lebt nur auf den höchsten Gebirgen, und läßt sich nie zähmen. Es ist sehr schwer, dieses Thier zum Schuß zu bringen. Häufiger fängt man sie in Schlingen, indem man sie mit gefärbten Lappen umstellt. Finden sich aber, wie öfters der Fall ist, unter einem Rudel Vicunnas einige Pakos, die ihnen sehr ähnlich, aber viel kühner sind, so setzen diese über die mit Lappen behängten Stricke, und die Vicunnas folgen ihnen nach. Die seidenartige Wolle dieser Thiere wird zu den kostbarsten Tüchern verwebt, wovon die Elle mehr als 20 Thaler kostet. Das Fleisch derselben soll ein köstlicher Leckerbissen seyn. Wir können hier nur die vielen Affenarten, Ameisenfresser, den Tapir, den man als den Elephanten der neuen Welt betrachtet hat, der aber mehr dem Nilpferd ähnelt, den Capibara oder das Wasserschwein, welches von Fischen und Pflanzen lebt, eine Art kleinen, noch nicht bekannten Hirsch °), nebst den im Freien lebenden europäischen Hausthieren nennen, so wie unter dem Geflügel den gewaltigen Condor, der selbst Vicunnas in die Luft führt, die unzählige Menge von Papageien, Strandläufern, Kranichen, Enten und Wasserhühnern, die Tukans, Waldtauben, Spechte und Baumläufer, Singvögel u. s. w., die in unglaublicher Anzahl vorhanden sind. In den Sümpfen und Gewässern halten

°) Axis??

sich die Alligators, die Aboma und Klapperschlangen, nebst mehrern zum Theil unschädlichen Schlangenarten auf. Schildkröten sind ebenfalls an vielen Orten im wei=chen Wasser, vorzüglich die Charapa, eine Süßwasser=schildkröte, die Zentner schwer wird, und aus deren im Sande verscharrten Eiern man ein Oehl bereitet. Einige Menschen können in einem Tage an 500 Schildkröten fangen. Die kleinen, noch nicht völlig aus der Schale gekrochenen werden häufig auf Kohlen geröstet. Fische fängt man im reichen Ueberfluß, vorzüglich auch durch eine Art betäubender ins Wasser gehaltenen Wurzel. Un=glaubliche Schaaren von Ameisen, Muskiten, Stech=fliegen plagen das Leben, und ungeheure Spinnen, und ellenlange Würmer von Daumensdicke, erregen Schau=der. — Eine Art Stechfliege (Oestrus vielleicht) macht den hiesigen Tiger wüthend, und kann selbst Menschen tödtlich werden. Laternträger finden sich häufig; Bie=nen liefern Wachs in 7 Sorten; Kochenille; herrliche Schmetterlinge, und unter den Spinnen eine so schön karminfarbige, daß sie zu Breloquen und Zitternadeln gebraucht werden soll.

Die schwelgerischen Schöpfungen der Pflanzenwelt bringen mehrere Arten Zedern hervor, Eisen= und Eben=holz=Bäume, Palmen, den Hypekakuanha=, den Cacao=, den Balsam=, den China=, den Oehl= und elastischen Harz=baum, unsere edlen Südfrüchte allzumal, Baumwolle, Vanille, Zucker= und auch Bambusrohr, welches 30 F. hoch wird und dann zum Häuserbau dient, nebst vielen andern Rohrarten, Lianen und viele andere Schmarotzer=pflanzen, Gewürzbäume mit olivenähnlicher Frucht, an den Ufern des Xingu, wiewohl dieselben an Kraft den Bäumen auf den Molucken nicht ganz gleich kommen — Tabak, Hanf, Flachs, Mais, Reiß, Bataten, Fär=bekräuter u. f. w. Nur der viel angebauten Coca er=wähnen wir besonders, die zu den Rothhölzern gehört,

und Trauben mit schwarzen Beeren trägt. Die getrockneten Blätter werden vermischt mit dem Kalch von Austerschalen, oder mit einer Pflanze aus dem Geschlecht des
Gänserich ungemein häufig gekauet. Humbold und
Bonpland brachten über 2000 neue Pflanzenarten aus
diesen Gegenden mit, und dennoch haben sie nur den kleinsten Theil von Peru bereiset. Unermeßlich mögen die
Schätze des unterirdischen Reichs seyn, nicht nur an Gold
und Silber, sondern auch an edlen Steinen. Bei der
Eroberung Peru's hatten die Einwohner einen Sma-
ragd von der Größe eines Straußeneies, der in einem
eigenen Tempel mit angestellten Priestern wie eine Gottheit verehrt wurde. Die Indianer haben aber das Berg-
werk verheimlicht, aus welchem die Smaragde kamen,
wie sie denn überhaupt mehrere Bergwerke verschüttet
haben. — Ein anderer Stein, der Jade, ein schöner grüner Nephrit, wird von den Indiern am Flusse
Topayos sehr geschätzt, und seiner Härte ungeachtet durchbohrt und polirt. Auch Salzgruben finden sich da und
dort, südlich und nördlich des Maranhons (Steinsalz).

Auf Kupfer, Blei und Zinn hat man noch nicht so
sehr gearbeitet, als auf die edlern Metalle, und auch
auf Quecksilber. Man zählte 1646 in Peru 14 Kupfer-
minen, und 4 Zinnwerke. Eisen ist vorhanden, es wird
aber wenig oder gar nicht darauf gebaut.

Im J. 1791 waren im eigentlichen Peru 69 Gold-
werke, 784 Silber-, 4 Quecksilberminen, 4 Kupfer- und
12 Bleiwerke im Ganzen. Von 1780 bis 1790 gaben
diese Werke 35,355 Mark Gold und 3,739,763 Mark
Silber, oder die Mark Goldes 125 Piaster, und die
Mark Silber zu 8 Piaster, so belief sich dieser Ertrag
auf 46,222,000 Thaler. Zu diesen Bergwerken sind
aber die Gold- und Silberbergwerke von Cuenca in
Quito, und die noch reichern von Potosi in der Provinz
Buenos Ayres nicht mit gerechnet. Das reiche Silber-

werk von Potosi, bei dem dreizehn Tausend Arbeiter angestellt sind, findet sich in 300 Gruben, in einem sechs
Meilen Umfang haltenden Gebirge, von Gestalt eines
Zuckerhuts. Nachdem es nun schon über drittehalbhun-
dert Jahre gebauet worden ist, ist doch die Ausbeute noch
überaus reich, und vornehmlich die Gewinnung so leicht.
Von 1574 bis 1637 wurden 450 Millionen Thaler Ausbeute erhalten, und liegen gebliebene Gruben werden noch
mit solchem Vortheil von einzelnen Unternehmern bearbeitet, daß ein wöchentlicher reiner Gewinn von 500
Piastern übrig bleibt.

Das Steinsalz, was gebraucht wird, um das Silber
zu reinigen, und dessen Verbrauch täglich 15 Zentner betragen soll, findet sich gleich in der Nähe, und das dabei
gebrauchte Quecksilber, zu Huanvelika, 30 Meilen südöstlich von Lima, welches in ältesten Zeiten an 9000, jetzt
aber nur noch 1500 Zentner Quecksilber liefert. In den
Tiefen dieser großen Werke findet man Straßen, Plätze,
eine Kapelle, und die Gänge sind mit Millionen Fackeln
erleuchtet. Das Quecksilber findet sich in einer weißlich
rothen Erde.

Hie und da findet man auch, wo keine Bergwerke
sind, reine Goldmassen von mehrern, zuweilen von 50
Pf.; so wie auch verschiedentlich Goldwäschen betrieben
werden.

Welch ein Reichthum aller edlen Metalle, die aus
der neuen Welt kommen! Man rechnete die Summe
aus allen südamerikanischen Ländern jährlich an 50 Millionen Piaster. Uebrigens findet sich Lavezstein, Lapis
Lazuli, Amianth, Marienglas, Smaragde, und andere Edelsteine von geringerer Art, Steinkohlen, Alaun,
Salpeter, Schwefel u. s. w.

Im J. 1789 wurden die Exporten zu 2,679,000
Piaster (ohne Gold und Silber), der Import zu fast
2 Mill. Piaster angegeben.

Im eigentlichen Peru ist

Lima die Hauptstadt, sonst mit 52,000, und jetzt vielleicht noch mehr Einwohnern (Spaniern, Kreolen, Mulatten, Negern, Indiern), ist der Hauptsitz der ersten Regierung des Landes, des Vicekönigs, Erzbischofs u. s. w., hat eine Universität, 65 Kirchen, die von Gold und Silber und Edelsteinen strotzen, vortreffliche Wasserleitungen, ein Findlings-Haus, Hospitäler, in welchen einmal 1500 Kranke waren, eine Freistäte für reuige Sünderinnen, viele Klöster, leider auch noch ein Inquisitionstribunal; eine Münze, wo viel geprägt wird; Fabriken in Silberzeug, vergoldetem Leder; Promenaden von großen Orangenbäumen, aber nur erst seit 1771 einige Kaffeehäuser mit Billiards.

Man lebt hier höchst luxuriös. Man hält die prächtigsten Equipagen, deren man an 5000 ohne die bürgerlichen zählt, eine Menge Bedienten und Sklaven, und das Frauenzimmer treibt die Pracht mit Perlen, Gold, Juwelen und Spitzen aufs weiteste. Eine reiche Kaufmannsfrau kann leicht im hohen Staate einen Anzug haben, der an 100,000 Thaler kostet. Besonders ist der Faldelin, eine Art bis auf die Waden herabreichendes Oberkleid, von den theuersten Zeugen, ein Gegenstand der Verschwendung. Das Frauenzimmer ist schön, und hält besonders auf einen schönen kleinen Fuß, dessen Bekleidung jährlich, selbst bei der Mittelklasse, einige hundert Thaler kosten kann; der Tanz ist sehr beliebt, und dient der sinnlichen Liebe, die hier ihre rechte Werkstäte hat. Selbst Geistliche erkennen ihre Kinder öffentlich und ohne Anstoß an.

Blumengerüche liebt man, wie in Batavia; so auch in Lima, und einen Blumenstrauß für eine Dame gehörig anzuordnen, erfordert ein eigenes Studium. Eine ganze Straße versammelt der Blumen wegen die Frauen und ihre Verehrer. Man kauft Bouquets für drei Piaster, ja wenn die seltene herrliche Arituma mit darin ist, gar für 10 Piaster, und doch gießt die Spanierin in Lima noch wohlriechende Wasser über ihren Strauß, oder bestreicht ihn mit Ambra. Weibische Jünglinge, die nur dem Putz, dem Vergnügen und der Liebe leben, giebts in Menge.

Doch nur im Aeußern prunkt und prachtet man hier; die Tafel und die innere Einrichtung in den Häusern machen keinen so großen Aufwand.

Auf Processionen hält man viel. Besucht der H. Dominikus den H. Franziskus, so wird das schwere Bild des erstern von 10 Leuten getragen; der H. Franz kommt ihm in einer bescheidenen Mönchskutte entgegen, allein zu seinen Füßen liegen so viel goldene und silberne Gefäße, daß vier Menschen schwer daran zu tragen haben. Vier von Weiden geflochtene Riesen — vorstellend den Weißen, Mulatten, Neger und Indier, ein-

Trachten der Spanier in Peru

pfangen die Heiligen am Eingang der Franziskuskirche; in ihre Mitte war ein gemachtes Ungeheuer, Teralpe genannt, aus dessen Korbe eine Puppe hervorkam, die mit Sprüngen und Tänzen den Pöbel ergötzt. Predigten, Tänze, Feuerwerke, Geißelungen, Lieder gehörten zu den Tollheiten dieser Feier, die sich am andern Tage mit einem Feuerwerk — am hellen Tage schließt.

Zieht ein neuer Vicekönig ein, so giebts Aufzüge, Anreden, Gastmahle, Hochämter, Stiergefechte, Hahnenkämpfe, als ob ein König käme, und der gesammte Adel wird traktirt. — Für die Hahnenkämpfe hat man ein eigenes Haus erbauet, worin zweimal die Woche Gefechte gegeben werden. Uebrigens hat man auch ein Theater.

Callao oder Bon Vista ist eigentlich der eine starke Meile entlegene Hafen von Lima.

Truxillo, nahe an der Südsee in schöner Lage, mit steinernen Häusern, die aber, Erdbebens wegen, nur ein Stock hoch sind, und mit 5000 E., deren Lüderlichkeit, besonders die der Mönche und Nonnen, sehr verschrieen ist, mit ueberbleibseln an Palästen und Wasserleitungen aus den Zeiten der Ynkas. Sie handelt mit Zucker und Zuckerwaaren, Honig, Reiß, Mehl, Bändern, Strümpfen ꝛc. — Die Provinz gleiches Namens ist in Obst- und Getreidebau, in Viehzucht, besonders in Schweinezucht, in Verfertigung baumwollener Zeuge und Tapeten, und in mancherlei Handel, sehr betriebsam.

Guamancha, zwischen Lima und Cusco, hat Manufakturen und Handel.

Cusco, die ehemalige Residenz der Ynkas und Hauptstadt des Reichs Peru, zählt an 26,000 Einwohner, die in steinernen Häusern wohnen. Sie hat einen Erzbischof, eine Universität, reiche Kirchen und Klöster und wil... ..astliche Anstalten, und leider auch eine Inquisition. Man arbeitet hier viele Gemälde, die im ganzen Südamerika verbreitet sind. Die Peruaner (12,000) sind überdies in Wollen-, Baumwollen- und Lederarbeiten, im Vergolden, im Schnitzwerk in Holz und Elfenbein, im Bildhauen, Leinwandweben u. s. w. sehr geschickt.

Angenehm ist die Lage der Stadt zwischen zwei Bergen, deren einer in der Ebene seine Bäche und Quellen reichlich zusendet, und der andere dem Fluß Yukay schickt und ein lieblicheß Thal bewässert, in welchem der Erzbischof und andere Große ihre Landhäuser haben. Noch mancherlei Ruinen der Landhäuser der alten Ynkas enthält dieses Thal.

Es stehen noch die gewaltigen Mauern des Palasts der alten Ynkas, und an der Stelle, wo sich jetzt ein Dominikanerkloster erhebt, stand der hochberühmte Sonnentempel. Die Monstranz soll jetzt die Stelle einnehmen, wo sonst ein unge=

heures Bild der Sonne von massivem Golde verehrt wurde, welches fast eine ganze Wand des Tempels einnahm, in dem jedoch die drei übrigen Wände auch mit Gold überzogen waren. (Gerade in diesem Theil Peru's findet sich häufiger gediegenes Gold, sonst sogar von der Größe eines Menschenkopfs.) Die Mauern des Tempels, von dem noch Ueberbleibsel da sind, bestanden aus Steinen von mehr als 15 Fuß Durchmesser. Auch haben die Peruaner noch große Anhänglichkeit an diese alte Ehrwürdigkeit des Orts, und mehr als 12,000 derselben wohnen hier.

Auch in Quito war ein Sonnentempel; der verehrteste und reichste aber südlich von Cusco auf einer der Inseln des größten, 60 Meilen langen und überaus fischreichen, von mehrern Flüßchen bewässerten Sees, des Titicaca in der Provinz Buenos Ayres. Dieser Tempel war nicht nur inwendig mit großen Gold- und Silberplatten geschmückt, sondern auch an den Außenwänden hingen unglaubliche Reichthümer von Gold und Juwelen, welche die hierher häufig wallfahrenden Indier verehrt hatten. Den größten Theil dieser Schätze warfen, bei der Ankunft der grausamen Spanier, die Eingebornen in den tiefen, oft an 500 Fuß haltenden See.

Arequipa, eine der größesten Städte dieses Erdtheils, mit 40,000 Einwohnern (worunter nur 600 spanische Familien), liegt in dem reizenden Thale Quiloa, wo ein immerwährender Frühling waltet, und das ohne einen naheliegenden Vulkan ein Paradies seyn würde. — Man arbeitet hier grob baumwollenes Zeug, schneidet Edelsteine, und handelt mit allen europäischen und amerikanischen Waaren, von welchen hier eine Niederlage ist.

La Paz, in der gleichnamigen Landschaft, die in ihren Gebirgsgegenden Schnee und Hagel kennt, und sehr reich an Lamas und Vicunnas ist, liegt an beiden Seiten eines Flusses, der viel Gold mit sich führt, und hält 20,000 Einwohner. Der Verkauf der Coca ist bedeutend.

La Plata, Potosi und Santa Cruz de la Sierra gehören nach jetziger politischer Eintheilung mit dem ganzen südlichen Theil der Audienzia de Charcas zum Königreich Rio de la Plata.

La Plata, mit 14,000 Einwohnern, die Hauptstadt, in einer mit Bergen umgebenen Ebene, hat ein sehr mildes Klima, aber vom September bis März die heftigsten Regengüsse mit Gewittern; — Klöster, Kirchen, erzbischöflicher Sitz, Universität, Collegien, wie in den übrigen Städten des spanischen Südamerika.

Potosi, südwestlich des vorigen Orts, soll 2 Stunden Umfang und 25,000 (100,000) Einwohner halten. Die Gegend umher ist ganz unfruchtbar; man kauft aber für sein Geld, was man bedarf. Des Goldes wegen ist hier ein großer Zufluß von Fremden, und die Stadt ist nach Lima die größeste Handelsstadt.

Santa Cruz in sehr fruchtbarer Gegend und mit steinernen, aber nur mit Palmettoblättern gedeckten Häusern. In den benachbarten großen Waldungen finden sich viele wilde Bienen, und man kann daher mit Honig und Wachs einen sehr ergiebigen Handel treiben.

Quito liegt im Reiche gleiches Namens, dessen östlicher Theil die Landschaft Maynas ausmacht, welche fast aus lauter Wald besteht, und von dem Maranhon und andern mächtigen Flüssen bewässert und überschwemmt wird *). Die Stadt liegt an 9000 Fuß über der Meeresfläche, und ist also die höchste Stadt der Erde. Das Klima bleibt sich immer gleich, mild und gemäßigt. Die Einrichtungen und die Lebensart ihrer 60,000 Einwohner sind fast völlig wie in Lima, nur daß, da sie am Abhange des Vulkans Pichincha liegt und krumme Gassen hat, man hier weniger oder vielmehr gar nicht fährt, sondern sich mehr der Tragsessel bedient.

Die Neger, welche einen bedeutenden Theil der Einwohner ausmachen, haben sich in 10 Nationen getheilt, deren jede ihr eigenes Oberhaupt wählt für die Dinge, die sie außer dem Dienst ihrer Herren unter sich auszumachen haben. Zwei von diesen Oberhäuptern wählen sie zu den Hauptregenten aller Nationen. Sie haben eine gemeinschaftliche Kasse, zu welcher jährlich jeder Neger 3 Groschen, die Oberhäupter aber 10 Piaster beisteuern. Dieses Geld wird zum Theil auf den Gottesdienst der heil. Jungfrau Maria, mehr aber zur Lust verwendet. Bei dem Aufzuge am Frohnleichnamsfeste erscheinen die Neger nach ihren Nationen mit einer Fahne und einem Thronhimmel, unter dem die Könige und Königinnen ihrer Nationen mit einem Zepter in der rechten und einem Stabe in der linken Hand sitzen.

Es werden Teufel, Schlangen, Tiger und befiederte Ungeheuer vorgestellt. Die Neger sind mit Bogen und Pfeil bewaffnet und geben Vorstellungen von ihren Schlachten mit furchtbar bemalten Gesichtern, und unter gräßlichem Geschrei und Bewegungen. Gastmäler und Tänze, die jede Nation in eigenen Häusern hält, beschließen das Ganze. Bei ihren gemeinschaftlichen Zusammenkünften sind selbst diese so tief erniedrigten Menschen, deren Oberhäupter sogar nicht mit der Peitsche verschont werden, noch auf einen höhern Sitz oder Rang begierig. — Erst werden die Geschäfte — Geldbeiträge,

*) Die alten Peruaner in dieser Provinz halten noch am alten Sonnendienst, treiben Landbau, Spinnen, Weben und Kleidermachen.

Zwiste, neue Heirathen u. s. w. abgethan; dann wird getanzt, gesprungen, gelärmt. Eine Trommel, eine mit der Nase geblasene Flöte und die Marinba sind die Hauptinstrumente. Die letztere besteht aus dünnen Hölzchen, die aus einigen getrockneten Kalebassen (Kürbissen) hervorlaufen, auf einem hölzernen Bogen ruhen und mit hölzernen Stöckchen geschlagen werden. Das Instrument ist unserer Strohfiedel ähnlich.

Loxa, mit 10,000 Einwohnern, ist wegen der in ihrer Nähe wachsenden besten Chinarinde berühmt.

Guayaquil liegt an einem fahrbaren Flusse unweit der Südsee, und also trefflich zum Handel gelegen, der auch hier sehr lebendig ist, und eine Zahl von 20,000 Einwohnern hierher zieht, die sonst, da in der Regenzeit Alles von Schlangen und Skorpionen wimmelt, und die Muskiten kaum eine Laterne brennen lassen, schwerlich hier möchten wohnen wollen, zumal, da auch Ratten in entsetzlicher Menge hier sich aufhalten. Allein es ist der Landungsplatz für Peru, Terra firma und Guatimala. Im Busen von Guayaquil liegen die 18 M. Umfang haltenden und von Fischern bewohnten Punainseln.

Andere bedeutende Orte sind Cuenca mit 30,000 E.; Jbarra mit 12,000; Otavalo mit 20,000; Tacunga mit 12,000; Riobamba, unweit des Chimborasso, hat in der Nähe ein großes Schwefelwerk, und die Reste der 13,800 F. hoch übers Gebirge, aus gehauenem Stein geführten Ynkastraße nebst den Trümmern eines Ynkapalastes.

Hierher gehört die große, meistentheils von christlichen Indiern bewohnte Landschaft Maynas, die schon erwähnt ist.

Unerklärbar ist es, aber richtig, daß die Kinder, welche hier geboren werden, lichtere Farben haben, als andere, die unter gleicher geographischer Länge sich befinden.

Die Ureinwohner

dieser großen Länderstriche sind verschieden nüancirt. Diejenigen, welche am westlichen Fuße der Cordilleren nach der Südsee zu wohnen, sind fast so weiß wie wir, denn der Ostwind, welchen diese hohen Gebirge abhalten, geht fast eine Meile hoch über ihren Kopf hin. Weiter nach der Südsee zu geht dieser Wind, und die Indier sind kupferbraun.

Bougouer, der mit dem berühmten Condamine in gleicher Zeit und Absicht diese Gegenden bereisete, sagt,

daß man in dem Abstande weniger Meilen, in das Gebirge hinein oder hinaus, das Klima mehr unterschieden
fände, als wenn man ganz Europa durchreise; oder eben
so verschieden wären die nur so wenige Meilen von einander wohnenden Völkerschaften. — Die in den untern
Gegenden lebten still und einig unter ihrem Pfarrer und
Aufseher, seyen arglose, ehrliche Leute, die ihre Haus-
thüren stets offen stehen ließen, wiewohl sie Baumwolle,
Garn, Pito (ein Getränk) u. dgl. darin liegen hätten.
Wenn einer ein Haus bauen will, so gibt er den Nachbarn ein Gastmahl, und diese machen das Haus in einem
Tage fertig, wie groß dasselbe auch seyn mag. Sie sind
die Bauleute ihrer Häuser und Piroguen, aber niemals
erfinden sie etwas Neues, sondern sie ahmen blos nach. —
Ihre ganze Bekleidung besteht fast nur im Bemalen mit
Roucou.

Die oben in den Cordilleren wohnenden Menschen
aber sind faul und dumm und sitzen ganze Tage lang auf
den Fersen, ohne sich zu rühren oder zu sprechen. Selbst
für Geld leisten sie nicht gern einen Dienst. Sie scheinen
unempfindlich gegen Reichthümer, ja gegen alles Eigenthum.

Etwas mögen die seit mehrern Menschenaltern unter
Missionen stehenden Indier wohl gewonnen haben, aber
im Allgemeinen werden sie von mehrern Reisenden als gefühllos, dumm und faul, und der Völlerei sehr ergeben
beschrieben. Sie lachen und springen hoch auf ohne besondern Anlaß, wenn ihnen nur nichts fehlt. Ihre
Sprachen — die Ynka oder altperuische ausgenommen —
kennen die bekanntesten abstrakten Begriffe nicht, und
sie haben kein Wort für Zeit, Freiheit, Tugend, Gerechtigkeit, selbst nicht für Körper, und zudem hat jede
Ortschaft beinahe, wiewohl sie nur aus einigen hundert
Köpfen besteht, ihre eigene Sprache; nicht zu gedenken,
daß alle diese Sprachen überaus schwer sind, daß sie viel

Amerika. X

Sylben für die einfachsten Dinge haben (z. B. 9 Sylben für die Zahl 3), daß sie mit Schnarchen, Nasenrümpfen, Ohrenwackeln u. s. w. zu reden scheinen, und selbst die gebildete Ynkasprache kein E und O hat.

Ihr Stumpfsinn, ihre dicke Haut, ihre harten Muskeln und ihre dicke Knochen (die Hirnschale z. B. 6 bis 7 Linien dick) stehen wohl mit dieser Fühllosigkeit im Zusammenhang. Einem Indier wurde der Stein operirt, der so fest saß, daß er viermal der Zange entschlüpfte, und eine halbe Stunde darüber hinging. Der Kranke gab kein Zeichen von Empfindlichkeit, höchstens zuweilen einen leisen Klagelaut — und nach zwei Tagen ging er wieder umher, obwohl die Wunde noch nicht geschlossen war. Selbst gegen Todesstrafen sind sie sehr unempfindlich und sterben mit größter Gleichgültigkeit.

Es ist hieraus zu erklären, daß die auf den Hochgebirgen Wohnenden in den dünnesten Bekleidung unter Schnee und Eis aushalten, ja bei Jagden wohl noch die leichte Decke ablegen. Eben so halten sie mit unbedecktem Kopfe eine Sonnenhitze aus, die einen Europäer wahnsinnig machen würde.

Der eigentliche Peruaner hat dicke schwarze Haare, die auf der kleinen Stirn bis in die Augenbrahnen hineinwachsen, dünnen Bart, kleine Augen, etwas gekrümmte Nase, große Ohren und breites Gesicht, ist von mittlerer Statur und ziemlich wohlgewachsen.

Der nördliche Peruaner wohnt in einer schlechten Lehmhütte mit pyramidalischem Dache. Um das Feuer in der Mitte der Hütte liegt der Hausherr mit seiner Familie, seinem Schweine, Hund und Hühnern.

Gerösteter Mais ist die Hauptnahrung, doch treiben auch viele die Jagd, und an den östlichen Cordilleren wagen sich sogar einige an den Bären, den sie zu Pferde eben so geschickt, als kühn, in Schlingen fangen, die sie ihnen über den Hals werfen.

Den Trunk lieben alle, aber nur die Hausväter haben eigentlich das Recht, sich zu berauschen. Brantwein ist ihnen am liebsten, doch bereiten sie auch aus gegohrnem Mais, und aus den von den Weibern theils gestampften, theils aber zerkaueten und dadurch mit Speichel vermischten Manihotwurzeln berauschende Getränke. Es ist häufig, daß sie im Rausch ihre Weiber vertauschen und sich dessen vor dem Beichtvater nachmals keineswegs schämen.

Es ist zur Ehre dieser Menschen zu bemerken, daß die in den Städten lebenden Peruaner gar nicht so stumpfsinnig und roh sind, das Spanische sehr leicht erlernen und zu mancherlei Dingen, besonders als Unterchirurgen, angestellt werden können. Die Spanier nennen sie auch die gescheuten Indier. — Die heutigen Peruaner mögen mancherlei von ihrer ehemaligen bessern Bildung und alten sanften Sitten unter den Yukas verloren haben.

Unter den letztern hat sich doch diejenige erhalten, die ein Zeugniß ihrer Liebe zu allen zahmen Thieren und namentlich zu ihrem nützlichsten und liebsten Hausthiere, dem Llacma oder Lama ablegt.

Ehe diese Thiere zum Lasttragen angehalten werden, stellt man ein eigenes Fest an, um sie gleichsam zu Gefährten und Familiengliedern aufzunehmen, und putzt ihnen mit vielen Bändern und Büscheln den Kopf. Man hat die berauschende Chicha und Brantwein nebst geröstetem Mais in Vorrath, und mit dem Schmause hebt auch ein Tanz an, zu welchem kleine Trommeln und Pfeifen gehen.

Während dieser zuweilen einige Tage dauernden Lust gehen sie oft zu den geliebten Thieren hin, umarmen sie, sagen ihnen tausend Schmeicheleien, halten ihnen die Lo-

X 2

tumas oder Brantweinsflaschen vor den Mund, in der
Meinung, dadurch den künftigen Hausgenossen ihren guten Willen zu beweisen. Erst wenn dies Fest vorüber ist,
gewöhnen sie nach und nach das Thier.

Die Zahl der Völkerschaften bestimmen zu wollen,
welche von der östlichen Seite der Cordilleras bis Brasilien hin wohnen, ist eben sowohl mißlich, als die Abtheilungen derselben nach ihren Wohnorten; denn viele
sehr entfernte Völkerschaften sind sich in Sprache und
Allem sehr ähnlich, und dicht neben einander wohnende
sind sich in Allem fremd. Es werden immer Verwir-
rungen übrig bleiben, die nimmer zu lösen seyn werden.

Der Jesuiten-Missionar Veigl indessen nimmt 50
Völkerschaften an; sechs nämlich am obern Maranhon,
fünf am Flusse Pastaza, sechs am Huallaga, eilf am untern Maranhon, fünf am Napo (unter dem Gesammtna-
men Encallada begriffen), vierzehn südlich des Ama-
zonenflusses, welche ziemlich weit nach Tucuman hinab-
gehen, und drei an der Nordseite dieses Flusses nach dem
Orinoko zu.

Die in der fruchtbaren Ebene Pampa del Sacramento, zwischen dem Huallaga und Ukajali, südlich
des Maranhons wohnenden Waldbewohner, Yurimaguas, Aissuaxris, Panos, Cokamas, Comi-
kos u. s. w., sind starke wohlgebaute, und falls sie sich
nicht färbten, ziemlich weiße Menschen, die in viele
kleine Stämme zerstückelt, ihre eigenen Kaziken haben.

Die kriegerischen Yurimaguas tragen im durchbohrten Nasenknorpel oder Kinn Gold- und Silberge-
hänge, und zieren die fast nackten Arme mit Ringen und
Bändern von Zähnen erschlagener Feinde oder Thiere.
Die Glieder sind mit sonderbaren Figuren geziert; der

Krieger trägt seinen Köcher mit Pfeilen über der Schulter, und führt Bogen und Spieß.

Die Frauen sind stolz auf ein langes Haar des Hinterhauptes, scheeren aber den Vorderkopf. Mädchen gehen in Eva's Tracht, und nur Eheweiber sind bekleidet. — Eine Beschneidung der weiblichen Kinder ist bei den Panos üblich; bei allen Stämmen aber, gebrechlich zur Welt gekommene Kinder sogleich zu tödten. Aber nicht nur gebrechliche Kinder tödtet man, sondern völlig wohlgestaltete, und die Cokamas berathen sich ordentlich, ob sie das Kind tödten, oder von der Erde aufheben sollen *), in welchem Falle sie es sorgfältig erziehen.

Nur Kaziken nehmen zuweilen zwei Frauen. Man wirbt für den jungen Knaben schon sehr früh um eine Braut, und erzieht dann die beiden Verlobten bis zur Mannbarkeit mit einander.

Die Verstorbenen in der zukünftigen Welt speisen mit ihren Verwandten Manihot, Brod und Platanen, und halten Tänze und Schlachten. Die Blitze sind Angriffe auf die Feinde; und die Milchstraße ist ein Wandelplatz der Seelen. — Bei andern Nationen jedoch ist die Seelenwanderung angenommen. Erschlagene Feinde gehen in bösartige Thiere; Kaziken aber, tapfere Krieger und treue Weiber in Affen, Tiger und andere geschätzte Thiere über.

Dicht neben einander wohnende Nationen verstehen einander nicht, — die Cokomas mit ihrer sanften Sprache nicht die sehr rauhe der Yurimaguas, wohl aber die viel weiter entfernten Omaguas.

Durch Kinderblattern, ewige Kriege, starke Getränke, und auch durch die Sitte des Tödtens junger Kinder (doch diese war ja ehedem noch häufiger), haben auch diese Nationen sehr an Zahl abgenommen, und

*) Wie anfangs bei Griechen und Römern.

manche derselben mögen kaum noch über 100 Krieger zählen.

Manche dieser Nationen haben, der ewigen Kriege wegen, ihre Dörfer wie eine Festung angelegt. Mehrere große Gebäude liegen in Form eines Halbmonds, mit der ausgebogenen Krümmung (konvexen Seite) nach dem Walde zu. Nur zwei Eingänge hat das Ganze, wovon der eine steil, der andere aber flach ausläuft. Ihre Kriege führen sie, wie die nordamerikanischen Wilden, durch Beschleichen und Ueberfall. Die Kopfhaut der Erschlagenen wird, nachdem der Kopf gekocht ist, abgezogen, ausgestopft und geräuchert. So viel Köpfe man abgeschnitten, so vielmal wird die Nasenhaut aufgeschlitzt, und in die Oeffnung etwas hineingesteckt, so daß Warzen dadurch entstehen. Ein tüchtiger Krieger hat von den Augenbraßnen bis zur Nasenspitze lauter Warzen. — Bei ihren Siegesfesten führen sie die Skalpe der Feinde mit; stellen ihre Angriffe vor, welches oft blutig abläuft; schimpfen die Feinde, rühmen ihre Thaten, und tanzen und trinken. — Daß sie indessen die gefangenen Feinde gutmüthig behandeln, auch sich im Kriege nicht, wie doch auf der Jagd, vergifteter Pfeile bedienen, ist rühmlich zu bemerken.

Die Xeberos, zwischen den Cordilleren bis nordwärts des Maranhon, wohnen westlicher noch als die vorigen, in einem von vielen Flüssen durchschnittenen Lande, und mögen jetzt kaum noch 2000 Köpfe betragen.

Die Xibaros wohnen ihnen gegenüber an der Nordseite des Maranhon. Sie erschlugen die Spanier, die in ihr stark gebirgiges flußreiches Gebiet eindringen wollten, und zerstörten deren angelegte Städte. Nur seit etwa 15 Jahren haben sie Missionaren einen Eingang gestattet, welche sich vorzüglich durch Eisengeräthe die Freundschaft einiger Kaziken erwarben. Sie sahen den

Vorzug derselben vor ihren hölzernen und steinernen Aerzten und Ackerzeuge so gut ein, daß ein Indier einem Pater seinen Sohn anbot gegen eine Axt, und auf Einwendung des Paters antwortete, daß er nach Belieben Knaben zeugen könne, aber keine Axt, die ihm doch lebenslang nützlicher seyn würde, als ein Kind.

———

Die durch spanische Waffen und durch Krankheiten fast aufgeriebenen, sonst so zahlreichen Maynas finden sich nur noch in einzelnen wilden verschiedennamigen Stämmen in den Waldungen.

Es sind wohlgewachsene Menschen von heller Farbe, und ohne Kröpfe (wie in der Nähe von Quito sich finden), und tragen einen sackähnlichen Rock, aus einem einzigen Stücke von dem Baste der Palmzweige gemacht, welchen sie verschieden färben und künstlich dicht zusammen flechten. Nur für Kopf und Arme sind Oeffnungen darin. Die benachbarten Nationen schätzen diese Kleidung sehr. Sie wird jedoch bei den Maynas nur von Männern getragen. Die armen, hier vorzüglich sehr unterdrückten Frauen müssen sich mit einem kleinen Tuche um die Hüften behelfen.

Manihotwurzeln und Platanen sind nebst Charapas und Fischen die Hauptnahrung. Selbst der Zitteraal dient ihnen als Speise. Feuer wird durch Aneinderreiben von Holzstücken gemacht, wobei Ameisennester als Zunder dienen;

Der Maynas-Indier ist nicht ohne Geschick zu Sprachen (seine eigene Sprache ist höchst rauh und schwer) und Handwerken. Sie flechten treffliche wasserdichte Körbe aus Lianen (Bejukos), welche die Spanier als Reisekoffer schätzen; verfertigen Hamacks, leicht und dauerhaft, und weben Umhänge aus Baumrinden, die den Schlafenden gegen Muskiten und blutsaugende Wam-

pyren schützen. Mit Blaseröhren, die aus einer sehr
harten Palmenart gemacht werden, erlegen sie das Wild,
indem sie die abgeschossenen Pfeile in Gift eintauchen,
welches am künstlichsten die östlich wohnenden Pevas
und Tikunnas aus 30 verschiedenen Kräutern und
Säften bereiten, und welches, ritzt es auch nur, in wenigen Minuten tödtet. Seltsam ist es, sowohl daß die
Ausdünstungen von Krokodilen und Schildkröten diesem
Gifte seine Kraft nimmt, daher auch die Indier verhüten,
den genannten Thieren zu nahe zu kommen; als auch, daß
das mit solchem Gifte getödtete Thier, ohne Schaden für
die Gesundheit, gegessen werden kann. — Er wird nur
wie mehrere Gifte tödtlich, wenn es unmittelbar dem
Blute beigemischt wird. Sie ziehen ihre Art Wild zu
erlegen, dem europäischen Feuergewehr vor, das, wie
sie sagen, nur ein Stück aus einem ganzen Rudel trifft,
und mit seinem Knall die übrigen verscheucht.

Durch die Bemühungen der Missionare werden
alte barbarische Gebräuche bei den Maynas immer selte-
ner. So braten einige Stämme ihre Todten nicht mehr,
um sie zu verzehren (andere Stämme fraßen nur die
Feinde; aus den Hirnschädeln der Ihrigen machten sie
Trinkgeschirre), sondern begraben sie mit vielem Heulen
und Klagen, und die Wittwen schneiden sich wohl gar das
lange Hinterhaar ab, welches ihr Stolz ist. — Die
Yamaos lösen vielleicht bald nicht mehr den neugebornen Kindern den Nasenknorpel aus, und hören auf, die
Ohrlappen zu durchbohren, und die Omaguas *) hören
vielleicht auf, ihren neugebornen Kindern zwischen zwei
zusammengebundenen Brettern den Kopf zusammenzu-
drücken, so daß derselbe platt und oben zugespitzt wird
(Plattköpfe oder Großköpfe), bei welcher Verun-

*) Sie wohnten sonst südlicher; jetzt längs des nördlichen Ufers
des Maranhons, zwischen den Flüssen Tigre und Napon, wo sie
an die Nayoner grenzen.

ſtaltung ſie ſich ſehr ſchön halten, und ſagen: wir gleichen dem Vollmond.

Eben ſo wenig als bei gleicher Sitte die im nördlichen Amerika angeführte Völkerſchaft etwas an Verſtand
und Sinnen verliert, verlieren auch die Omaguas daran.
Sie bauen ihre trefflichen Canots aus herrlichen Cedern,
am Ufer des Ukayale gewachſen (die ihnen der Strom vor
die Häuſer führt), und auf welchem 13 Perſonen Raum
haben; ſie verſehen dieſelben mit Schutzdächern, künſtlich von Blättern geflochten; ſie bewegen durch Hebel
und Lianenſtricke dieſe großen Holzmaſſen nach jeder
Richtung hin, wobei Männer, Frauen und Kinder ihre
Kräfte geſchickt anwenden; ja ſie bringen die Canots
halbe Stunden lang auf Walzen fort, und belegen die
rauheſten unglatteſten Stellen der Bahn mit glatten
Baumrinden.

Den Gebrauch des Gummi elaſticum, Caohu-
thou,l, oder nach andern Caoutchou (Kaſchuk), verdanken wir ihnen vorzüglich. Sie haben aus dieſem elaſtiſchen Harze Spritzen verfertigt, mit welchen ſie beim
Ende des Schmauſes jeden Gaſt, gleichſam zum Ab-
ſchiede, anſpritzen. Auch machen ſie aus dem elaſtiſchen
Harze eine, wie ein Y geſtaltete Röhre, die ſie mit
Schnupftabak aus den zerriebenen Blättern eines Baums
füllen, und durch einen Druck der Röhre in die beiden
Naſenlöcher hinauftreiben, um tüchtig zu nieſen, und,
wie ſie ſagen, den Geiſt zu erheitern.

———

Die am weiteſten nach Oſten zu, an beiden Seiten
des Napon, im ſpaniſchen Gebiete wohnenden Indier ſind
die aus vielen Stämmen beſtehende Encellada-Na-
tion, deren einige Stämme auf den friſch aufgetragenen
Móucou lockere Baumwolle, wie Pflaumfedern, auf-
kleben, und den Baſt eines gewiſſen Baums durch Klopfen ſo trefflich zu bereiten wiſſen, daß er dem ſchönſten

gegärbten Leder-ähnlich, und durch Waschen schneeweiß
wird. Die daraus verfertigten Kleider und Decken werden sehr hoch geschätzt.

- Die Frauen haben keine andere Bedeckung, als eine
kleine Binde um die Hüfte mit schwarzen Korallen oder
Kugeln besetzt. Man findet bei ihnen Spiegel von
schwarzem Harze gemacht. (Einige der vorhergehenden
Nationen verfertigen dergleichen aus einem festen und
dunkeln Holze.) Das Harz des Copalbaumes benutzt
man zum Brennen statt der Lichter.

Die östlichsten der Encellada-Indier sind die Pevas, die in der Kenntniß von Heilkräutern und Giftmi-
schungen vorzüglich geschickt sind.

Zum Beschluß dieses Abschnitts erwähnen wir der
alten Sage von dem Amazonenlande, zu welchem
man käme, wenn man aus dem Amazonenflusse auf dem
Rio negro tief ins Binnenland reiste, und wo eine Republik von kriegerischen Weibern lebe, die keinen Mann
unter sich litten, aber um ihre Republik nicht untergehen
zu lassen, alljährlich die kräftigsten Männer einer benachbarten Nation zu sich einladeten, nämlich die Guacaer,
die sie einige Tage aufs beste bewirtheten, und sie dann
wieder entließen, indem sie ihnen zugleich alle männliche
einjährige Kinder mit zurückgäben.

Ob nicht etwas an dieser Sage seyn könne, deren
Wahrheit von Indiern verschiedener Stämme angenommen wird, und wie viel daran ist, ist wohl jetzt nicht aus-
zumitteln. Daß diese Weiber ihre eine Brust abschneiden sollten, um den Bogen besser zu spannen, und daß
sie ihre männlichen Kinder umbrächten, davon erzählen
wenigstens die Indier Amerika's nichts.

Daß die Sage von einer solchen Weiberrepublik übrigens uralt ist, ist bekannt.

3.

Chili.

Chili oder Chile ist das anmuthigste und lieb-
lichste Land des gesammten Amerika's, und steht auch an
Fruchtbarkeit und Güte keinem einzigen der übrigen Länder nach. Es ist im spanischen Besitz.

Längs der Küste streckt es sich im Süden von Peru
vom 24sten bis 45sten (nach andern Bestimmungen bis
zum 51sten) Breitengrad hin, und schließt einen Flächenraum von fast 24,000 Quadratmeilen ein. Es ist durch
eine Wüste von 60 Meilen von Peru getrennt, die so tödt
und öde ist, daß selbst das genügsame, wie der Esel mit
den härtesten, rauhesten Gewächsen zufriedene Maulthier
aus Mangel an Futter und Wasser oft umkommt. Von
den Ländern in Osten, Tucuman und Paraguay, trennt
es eine große Kette der hier unersteiglichen eisigen Cordilleras, die von Norden her streichen, und nur einige weg-
same Pässe offen lassen, die zu jenen Ländern führen.
Ein Ast dieser Cordilleren zieht durch Chili selbst hin,
und theilt es in das östliche und westliche.

Aus den Gebirgszügen der Andes ragen einzelne
sehr hohe Berge hervor, unter welchen sich neun vorzüglich auszeichnen, deren einige dem Augenmaße nach wohl
den höchsten in Peru wenig nachgeben dürften, und deren
Gipfel mit ewigem Schnee verhüllt sind.

Viele dieser Berge sind theils erloschene, theils noch
furchtbar gängbare Vulkane, deren letzterer man 14 zählen
will, unter welchen der Pteroa im Dezember 1760
wüthete und einen ganz neuen Krater erhielt. Ein neben
ihm liegendes Gebirge ward meilenweit zerrissen; die
große Masse Asche und Lava füllte die nahgelegenen Thäler und schwellte den Fluß Tingirica, und in das Fluß-
bette des Lontue-Stroms stürzte ein Stück Gebirge

hinab, welches der Strom erst in zehn Tagen überwältigte, und zugleich das umherliegende Land furchtbar unter Wasser setzte.

Zwei Vulkane liegen ganz einzeln und ohne in die Augen fallenden Zusammenhang in dem großen Gebirge. Der eine, welcher nur zu Zeiten blos dampft, an der Mündung des Flusses Rapel; ein anderer aber am See Villa rica brennt immerdar fort. Er muß eine beträchtliche Höhe haben, da er auf 30 Meilen sichtbar und immerdar mit Schnee bedeckt ist. Die Wurzel desselben soll viertehalb Meilen Umfang halten. Zum Theil ist er mit Waldung bedeckt und gibt mehrern Flüssen den Ursprung.

Wo Vulkane sind, wird es an Erdbeben nicht fehlen, und sie sind in der That unendlich häufig, wiewohl nicht allezeit heftig und zerstörend. In den Städten hat man sich schon darauf eingerichtet, denn die Straßen sind weit, die Häuser niedrig, und neben jedem Hause findet sich ein geräumiger Hof- und Gartenplatz. Nur zwei, obwohl ebenfalls am Meere gelegene Provinzen, Copiabo und Coquimbo, haben noch nie einen Erdstoß empfunden, welches noch seltsamer wäre, wenn der Grund davon in vielen unterirdischen Höhlen und Kanälen liegen sollte, wie vorgegeben wird.

Solche Gebirge, als wir hier antreffen, können nicht ohne Flüsse seyn. Es entstehen mehrere derselben, die aber, da sie nach einem kurzen Lauf in die Südsee fallen, zwar das Land vortheilhaft bewässern, aber nicht bedeutend zum Befahren werden können. Die größe Flußwelt nähert sich hier schon ihrem Ende. Nur einige der hiesigen Flüsse sind bedeutender, der Copiabo, Mappo, Cauten, Tolten, Valdivia und der bei seiner Mündung meilenbreite Biobio, deren letzterer größere Schiffe trägt.

An Seen werden nur zwei genannt. Der Laquen oder Villa rica, mit angeblich 18 Meilen Umfang, aus

dem der Fluß Tolten kommt, und der südlichere und
etwas größere Nagelhuapi, der einen gleichnamigen
Fluß dem Nordmeer zuschickt.

Das Klima ist überaus lieblich und mild. Oest-
lich sind es die hohen Schneegebirge und westlich die
Seewinde, welche die Luft kühlen, wozu der regelmäßig
allnächtlich fallende Thau viel beiträgt. Die Veränderungen der Atmosphäre sind nicht auffallend; der Himmel
ist fast immer heiter, der Regen selten, ein kurz dauern-
der Nebel nur an der Küste häufig, und Schnee, Hagel,
Gewitter und Stürme kennt man kaum. Doch findet
man eine verschiedene Temperatur. Je weiter man von
der See nach den Gebirgen zu aufsteigt, desto mehr merkt
man eine Zunahme der Kälte, die zuweilen empfindlich
werden mag, zumal, da man so wenig daran gewöhnt
ist. — Die herrschenden Winde sind vom Mai bis
September südlich und im übrigen Jahre nördlich.

Man hat jedoch hier vier regelmäßige Jahrszeiten, und
der Frühling tritt mit den 21sten September ein. — Uebrigens ist zu bemerken, daß im Sommer Sternschnuppen
fast aller Augenblicke zu sehen sind, daß Feuerkugeln häufig
von dem Gebirge nach dem Meere zu ziehen, und daß das
Südlicht schon in Chili, wiewohl selten, vorkommt, und
eben so glänzend und strahlenspielend ist, als bei uns
das Nordlicht. Eins der ältesten (im J. 1640) sahe
man vom Februar bis zum April. Sie werden, je weiter nach Süden zu, desto häufiger.

Das Thierreich hat einem großen Theile nach dieselben Geschlechter und Arten, wie Paraguay; den Puma
(amerikanischen Löwen), Stinkthiere, Wiesel, Rattenar-
ten, Stachelschweine, Armadillen, hasenartige Thiere,
größer als unsere Hasen. — Man erwähnt sogar mit
Wahrscheinlichkeit der Vicunna's und wilden Uucma's.

Mit den Pferden verhält es sich in Ansehung der
Menge hier eben so, wie in Paraguay, nur sollen dieselben

sehr viel vorzüglicher seyn, als jene (ob sogar vorzüglicher als die andalusischen, die Stammrace?). Eine Merkwürdigkeit, und vielleicht eine ganz neue Thierart, ist das Pferd mit gespaltenem Hufe, welches zuerst in der Magelhaensstraße bemerkt wurde. Es scheint aber im Aeußern mehr mit dem Esel, im Wiehern aber mehr mit dem Pferde übereinzukommen. — Das Rindvieh wird in den Gebirgsgegenden außerordentlich groß, und es gibt Ochsen von 1800 bis 1900 Pfund, und die Schafe, welche außerordentlich lange und weiße Wolle haben, lammen zweimal des Jahrs.

Von Vögeln zählt man allein 135 Arten Landvögel, der großen Zahl Seevögel nicht zu gedenken. Man findet 6 Arten Reiher, und darunter den größesten ganz weiß mit einem rothen auf den Rücken hinabfallenden Federbusch, den Casuar, den Purra oder Sporenflügel, der am Flügel mit einem Sporen bewaffnet ist und selbst auf den Jäger unversehens losstürzt, der sein Nest aufsucht; einen Schwan, am Kopf und halben Hals schwarz; den Flamant; sehr viele Drosseln und kleine Singvögel; drei Arten Papagaien, von welchen die grüne in unglaublichen Schaaren auf den Feldern Verheerungen anrichtet, und daher auch schaarenweise mit langen Stangen getödtet wird. — Unter den Raubvögeln ist der gewaltige Cuntur zu nennen, der oft von mehrern Kugeln nicht erlegt wird, und mehr kühn und stark, als groß, ist. Er liebt die höchsten Luftregionen.

Der Reichthum an Seen und Flüsse mag an Mannichfaltigkeit und Menge überaus groß seyn. — Von Amphibien scheint wenig mehr als in Europa vorhanden, vielleicht herrscht aber auch noch hier, wie in der Entomologie (Insektenwelt) eine große Unkenntniß. — Ein Schmetterling klebt seine Hülse mit einem Harze an, welches aus den Kokons ausgekocht und zum Kalfatern der Schiffe gebraucht wird. Auch eine Gallwespe liefert etwas Aehnliches. Honigbienen gibt es mehrere Arten, und unter den Spinnen eine, deren Leib wie ein Hünerei, und dabei so unschädlich ist, daß Kinder mit ihr spielen und ihr als Mittel gegen den Zahnschmerz die Fangzähne ausbrechen. Sie lebt unter der Erde in Höhlen.

Unter den 7 verschiedenen Arten Krebsen bauet eine 8 Zoll große sich eine walzenförmige Wohnung, und hat ein sehr zartes Fleisch.

Skorpionen und Schlangen, die gefährlich wären, kennt man nicht. — Fische und Seethiere s. nachher.

In Pracht und Schönheit steht das Pflanzenreich da. Anhöhen, Thäler und Ebenen sind mit immer grünen Bäumen besetzt. Niemand weiß jedoch, wie viel neue Arten sich finden mögen. Ein eingeborner Pflanzenkundiger will deren 3000 gesammelt haben. Ueppig wächst das Gras, und so hoch, daß sich Heerden darin verbergen können. Die meisten bekannten Gartengewächse sind hier einheimisch und wachsen wild. Eine Art Roggen und Gerste war schon vor Ankunft der Europäer vorhanden (?). Unser Weizen, der jetzt am häufigsten gebaut wird, gibt funfzigfältigen, ja in einigen Provinzen doppelt so hohen Ertrag. Doch ist der in verschiedenen Abänderungen vorhandene Mais, der auch durch Gährung mehrere Berauschungsmittel (Chica, Chercán und Ulpo) liefert, viel gangbarer. — Die Kartoffeln wachsen wild, und es ist wohl möglich, daß hier ihr Vaterland ist. Mehrere Arten Wurzelgewächse geben eine nahrhafte Speise. — Hanf und Flachs kommen trefflich fort, und würden, wie vieles andere, emsiger producirt seyn, hätte nicht tollerweise nach eben so sehr überall allgemein befolgten, als sichtlich fehlerhaften Maximen, das Mutterland die Ausfuhr dieser und so vieler andern Produkte gehemmt.

Färbekräuter sind in großer Menge und Vielartigkeit vorhanden. Wir nemen die 5 Fuß hohe Pannera (Panke

tinctoria), deren Saft den Zeugen ein schönes Schwarz
gibt, und deren Wurzel zum Gärben des Leders gebraucht
wird. Das Mark wird als Säure, und der holzartige
Stamm von Schuhmachern zu Einfassung der Sohlen
benutzt. Man weiß übrigens violette, gelbe und grüne
dauerhafte Farben, und ein vortreffliches Blau, das selbst
die Wäsche nicht auszieht, aus verschiedenen Pflanzen zu
gewinnen.

Alle Gewächse der tropischen Länder gedeihen sehr
gut.

Unter den Bäumen ist ein tannenähnlicher, 80 Fuß
hoher, der eine viereckte Pyramide bildet, und in men-
schenkopfsgroßen Früchten Nüsse wie Pinien liefert,
die höchst wohlschmeckend sind. Auch sein gelbes Harz
gibt ein vortreffliches Räucherwerk. — Andere Bäume
haben olivenähnliche Früchte mit schmackhaftem Fleische
und öhlreichem Kerne. Die Rinde dient zum Färben
und Gärben. — Eine sogenannte Kokospalme bringt
traubenförmige Früchte, die ein sehr gutes Oehl geben,
aber auch an sich selbst sehr erfrischend sind. — Der
Waschbaum oder Quillai hat ein sehr festes Holz, und
seine gepulverte Rinde gibt mit Wasser eine schäumende
Seife. — Einen Weihrauchbaum, dessen Harz dem
besten Arabiens gleich geschätzt wird, eine Art Algarove
oder Johannisbrodbaum müssen eben sowohl erwähnt
werden, als der Lithi oder Lorbeerbaum, der ein sehr
festes Holz und sehr schöne, aber durchaus giftige Bollen
hat. Mehrere andere Bäume, die ein treffliches Eben-
holz liefern, sind uns fast nur dem Namen nach bekannt. — Ob übrigens ein Zimmtbaum (Canel) von
gleicher Güte mit dem Zeilanschen (Ceylon) und wilde
Orangenbäume sich finden, untersuchen wir nicht. Die
meisten europäischen Gewächse sollen vorzüglich gut
fortkommen, besonders die Fruchtbäume, die meilenlange
Wälder bilden, welches auch dadurch bei der Güte des

Bodens begreiflich genug wird, daß das Klima dem im
südlichen Europa gleich ist. Besonders gedeiht der
Wein, der im April und Mai gelesen wird, und der
Pfirsich sehr gut.

Nach europäischer Art die Dinge in Rechnung zu
nehmen, ist das Mineralreich hier am bedeutendsten.
Unter sehr schätzbaren, sehr verschiedenen Steinarten
nennen wir Krystalle von 6 bis 7 Fuß, einen schwarzen,
zum Färben tauglichen Thon, köstlichen gesleckten Marmor, Türkisse, Amethyste, von welchen sich bei Talca
ein ganzer Hügel findet, dahingegen Rubine und Smaragde nur in Flüssen vorkommen.

Daß sich in einem so vulkanischen Lande Schwefel
und Salmiak vorfinden werden, läßt sich ohnehin denken,
auch fehlt es nicht an Alaun und an einem kalkartigen
Salpeter, mit welchem ganze Gegenden überzogen sind,
und an Steinkohlen, Erdharzen und mineralischen Quellen. Kochsalz ist in den Provinzen Copiapo und Coquimbo häufig, und in einem Thale finden sich viele Salz-
quellen. — Aber das Alles schätzt der Europäer weniger,
als das Metall.

Die beiden zuletzt erwähnten, aber auch noch einige
andere Provinzen haben reiche Eisenminen von vorzüglicher Güte, welche aber nicht bearbeitet werden durften,
und die ersten einen reichen Vorrath von Quecksilber, welches zum Theil als Zinnober vorkommt, aber eben so
wenig gefördert werden durfte, welches jedoch für das
Antimonium erlaubt war, das in e i n e r Grube wenigstens in krystallisirter Gestalt vorkommt. Blei wird nur
so weit bearbeitet, als man es zum Schmelzen und zum
Verbrauch im Lande selbst nöthig hat, Zinn aber, in sel-
tener Güte und Menge vorhanden, gänzlich vernachlässigt.

Das vielvorhandene Kupfer führt viel Gold mit sich,
und in manchen, jetzt des Widerstandes der Eingebornen

Amerika.   Y

wegen liegen gebliebenen, Minen fand sich gediegenes Kupfer in Stücken von 50 und sogar von 100 Pfund. In einer andern Mine findet sich das Gold zu gleichen Theilen mit dem Kupfer, und in den Hügeln Quelqnikma ist der Zink mit diesem Metalle verbunden (natürliches Messing). — Außer einer großen Menge Kupfer, das nach Buenos Ayres und Lima versendet wurde, führte man jährlich an 100, bis 120,000 Centner nach Spanien aus.

Silber findet sich nur in beträchtlicher Höhe auf den Cordilleren, und der Minen mögen freilich weit mehr seyn, als jetzt bearbeitet werden.

Alle Arten des in Europa geschätzten Silbers findet man in den hiesigen Gebirgen. Die reichsten Minen sind die von Uspalata in der Provinz Aconguana. Sie sollen in gleicher Reichhaltigkeit an 25 Meilen fortlaufen, und nach den Behauptungen Einiger mit Potosi zusammenhängen. Der Hauptgang gibt in 50 Pfd. Erz zwei Mark Silber.

Außer dem in Kupfer enthaltenen Golde gewinnt man dasselbe durch Waschen fast in jedem Bache mit großem Vortheil. Man hatte auch reiche Goldminen, aber die Arauker verjagten die Spanier und warfen die Gruben zu; dennoch werden 11 Goldbergwerke bebauet; doch sind wohl die wenigsten reich, und der Bau ter andern zu mühselig und kostspielig. — Mitunter findet man Goldstücke von einem Pfunde.

Ob man hier, wie Einige vermuthen, Platina habe, lassen wir dahingestellt seyn.

Den Reichthum des Landes sieht man zum Theil aus dem ehedem durch Spanien sehr bedrückten und gehinderten Handel. Zwanzig Schiffe von Lima liefen ein, und nahmen 110,000 Centner Getreide, fast 4000 Eimer Wein (der vorzüglich gerathet, 5000 Fässer Fett,

48,000 Centner Talg, 50,000 Korduanhäute, 1000
Centner Rauchfleiſch, 100,000 Bretter und Balken;
30,000 Centner Kupfer, nebſt Alaun, Harz, Mandeln,
Mais, Medizinalkräutern u. ſ. w. mit. Es kommt dazu, daß Chili auch nach Paraguay an 110,000 Eimer
Wein und 16,000 Eimer Brantwein verſendet, und
auch mit Spanien ſelbſt einen ſtarken Handel trieb, der
meiſtentheils Tauſchhandel war.

───────

Oſt-Chili,

oder die Provinz Cujo, welches jetzt den ſüdweſtlich-
ſten Theil von Rio de la Plata ausmacht, liegt an den
ungeheuren wüſten Ebenen oder Pampas von Paraguay,
und iſt in vielen Stücken von dem weſtlichen Chili ſehr
verſchieden, hat kalte Winter ohne Regen, nicht viel
fruchtbaren Boden und nicht viel vollſtändig ausgewach-
ſene Bäume, wovon die Urſache in den häufigen ſchnell
vorübergehenden Wettern liegen ſoll.

An Flüſſen fehlt es dem Lande nicht. Sie kommen aus den Cordilleras. Einige derſelben ſind Step-
penflüſſe. An Seen iſt es reicher als das weſtliche
Chili, und der große See Guanakalhe ſendet mehr
als einen Fluß ins Meer. Die Nordhälfte Cujo's iſt
auch ſehr moraſtig.

Ein den Palmen ähnlich ſeyn ſollender Baum trägt
eine Frucht wie die Kokospalme, enthält aber inwendig
nichts, als ungenießbare Samenkörner, aber die Häute
des Baumes ſind ſchätzbar. Die oberſten ſind dick wie
Segeltuch, und die untern Häute werden immer feiner
und endlich ſo fein wie Kammertuch. — Die Luftblume,
an Geſtalt und Geruch der Lilie gleich, kommt von einer
Schmarotzerpflanze und hält ſich Monate lang friſch,
wenn ſie mit dem Stiel aufgehängt wird. — Doch es

Y 2

finden sich hier gewiß noch manche Merkwürdigkeiten, die uns aber noch Niemand beschrieben hat.

Die Gebirge können reiche Minen haben, sie sind aber noch nicht bearbeitet.

Das ganze Land ist in 14 Provinzen vertheilt, die von einem Generalgouverneur abhangen, der unter dem Vicekönige von Lima steht.

Es ist schon erwähnt, daß die hiesigen Ortschaften breite Straßen haben (die unter rechten Winkeln laufen), und die Häuser nur ein Stock halten.

Copiapo, an der Südsee, steht auf einer reichen Goldmine, und hat außer den Bergarbeitern nur 700 Einwohner. Die reichen Bleiminen im Süden derselben werden eben so wenig benutzt, als der Fuß hoch auf dem Boden liegende Salpeter. — Ihr Hafen ist gut.

Coquimbo, mit 2 Hafen, besteht aus elenden Lehmhütten, daher sie mehrmals von Engländern und andern Freibeutern geplündert und verwüstet werden konnte. In ihrer Nähe baut man Getreide, Wein und Oehl. Die Gruben von edeln Metallen, Quecksilber und Kupfer, welche sich hier finden, sind reich. Der Handel ist nicht unbedeutend und der Hafen wird von Peru aus fleißig besucht.

Valparaiso, ein großer volkreicher Flecken, und der Haupthandelsplatz zwischen Chili und Peru. Die Festung, welche die Stadt schützen soll, mag in schlechtem Zustande seyn. Eine erst neulich erbaute Chaussee führt von hier nach der gleich folgenden Hauptstadt, zwischen welchen beiden der Raum sehr schlecht angebauet ist. Es ist eine mehrere Tagereisen lange wüste Ebene, ohne Baum und fast ohne Grün. Hier und da eine elende Lehmhütte mit dem schmutzigsten und nothdürftigsten, aber immer doch aus Silber verfertigten Hausgeräth, deren Bewohner jedoch eben so gutartig als indolent sind.

St. Jago (de Chili), in einem schönen wohlbebaueten Thale, ist eine ansehnliche, eben so gut gebauete, als mit 40,000 Einwohnern stark bevölkerte Stadt. Doch sind die Straßen enge. Aus dem Flusse Mapocho werden selbst die Gärten bewässert, und die Kanäle, in welchen er durch die Straßen geleitet wird, befördern Reinlichkeit und Gesundheit. — Kathedralkirche, Klöster, Palast der Audiencia, Bischof, Universität, mehrere Kollegien u. s. w., wie in andern spanischamerikanischen Städten. Der schöne Marktplatz hat eine Fontaine, und das prächtige Münzhaus prägt jährlich über 1,200,000 Thaler.

Der Spanier iſt hier weder ſo ſteif, noch ſo eiferſüchtig, als in dem Mutterlande, der Luxus groß, das weibliche Geſchlecht würde, ohne den argen Mißbrauch der Schminke, noch viel reizender ſeyn, und hat den Ruf einer allzugroßen Leichtfertigkeit. Selbſt die Mönche ſind wenig züchtig.

Conception, die wichtigſte Stadt nach der vorigen, an einer großen Bai, mit 10, oder 13,000 Einwohnern. Boden und Luft ſind vortrefflich, nur haben die Erdbeben der Stadt ſchon zweimal den Untergang gebracht, dabei man ſie auf einem andern Platze gebauet hat.

Baldivia, die ſüdlichſte Stadt in Chili, liegt mitten im Lande der kühnen Arauker, daher mehrere Feſtungswerke angelegt und mit 100 Kanonen beſetzt ſind, auch ſtets ein erfahrner Militär als Gouverneur hier ſich findet. Man ſendet alle Verbrecher von Peru und Chili hierher zum Feſtungsbau. Der Einwohner ſollen 2000 ſeyn.

Mehrere andere Städte wären überflüſſig anzuführen, da man außer den Namen wenig oder gar nichts von ihnen weiß.

In Oſt-Chili ſind nur ſehr wenige Ortſchaften. Die Hauptſtadt iſt Mendoza, angeblich mit 6000 Einwohnern, in einer Ebene am Fuße der Andes. Ihr Handel mit Wein und Früchten nach Paraguay, und die Nähe der großen Silbermine Uspallata machen ſie bedeutend. — Juan de Frontera handelt mit Wein und Brantwein, und verſendet 150,000 Ponchons.

Die Inſeln, welche zu Chili gehören, machen gleichſam einen dritten natürlichen Theil des Landes.

Einige nördlich liegende Inſeln ſind unbewohnt und halten nicht über anderthalb Meile im Umfang.

Bedeutender ſind die zwei Juan Fernandez-Inſeln, Tierra und Fuera.

Die erſtere iſt etwa drittehalb Meilen lang, und ½ Meile breit, und in der nördlichen Hälfte mit hohen, rauhen, aber doch bewachſenen Gebirgen verſehen *). Die Bäume ſtehen aber im lockern Boden ſo wenig feſt, daß ſie überaus leicht ausgeriſſen werden können. Dieſer Theil hat klare Bäche, Ziegen, Hunde, die aber ſpaniſchen Urſprungs ſind, einige Katzen und Ratten, mehrere Vögel, ſelbſt Kolibris, herrliche Myrthenbäume, Palmenarten, Pimentpfeffer, duftende Blumen und wohlthätige Arzneikräuter. Das Geſäme von Küchengewächſen und die Pfirſichſteine, welche Anſon auf dieſer ſchönen, aber

---

*) Es iſt dieſelbe Inſel, wo Robinſon Cruſoe (Alexander Selkirk) zwar nicht Schiffbruch litt, aber doch von ſeinem Kapitän ausgeſetzt wurde.

unbewohnten Insel säete, waren alle sehr gut gediehen. Der südliche Theil der Insel ist wild und rauh.

Die See rings umher hat einen reichen Ueberfluß an Geschöpfen; Seelöwen in 2 Arten, viele Arten Wallfische, Doraden, Seedrachen, Haie, Meerhechte und Stockfische, die bedeutende Handelsartikel ausmachen. Die letztern sind in eben so großer Menge, wie in Terre neuve. Viele andere eßbare Fische, von welchen überhaupt das Meer um Chili wimmelt, erwähnen wir nicht. — Zu einer Station für Südseefahrer wäre diese Insel vortrefflich.

Die Insel Fuera oder Mafa fuera hat noch wildere Gebirge, Waldungen, frisches Wasser und viel mehr Ziegen, und bietet Seefahrern einen trefflichen Ankerplatz dar.

Der Archipel von Chiloe und Chonos, südlich der vorigen, besteht aus einer Menge Inseln, die fast bis an die Magelhan=Straße hinablaufen. Man giebt kühnlich den Flächeninhalt zu 1727 Q. M. (wie genau!) mit 70,000 E. an. Sie haben Rindvieh, Schweine, reißende Thiere, Geflügel, namentlich wilde Gänse, großen Fischfang, Getreidebau, Kartoffeln, Bohnen, Aepfel, Erdbeeren (Riesenerdbeere? —) schlechten Hanf. Man will an 82 Inseln*) rechnen, von welchen Chiloe die bedeutendste ist, und 38 Meilen Länge bei 4 bis 10 Meilen Breite halten soll. Sie ist fruchtbar, holzreich, hat bei vielem Regen doch ein angenehmes Klima, und ist in den Produkten mit Chili gleich. Man handelt besonders mit Wollenwaaren und Holz. Unter den 78 Ortschaften ist die Hafenstadt Chacao der Sitz des Gouverneurs, und die Stadt Castro der übrigen Regierung Aufenthalt, und der vorzüglichste Handelsplatz des Archipels.

Die Eingebornen,

größtentheils noch ununterjochte Bewohner Chili's, besitzen noch heutiges Tages das Meiste vom Lande.

Man nennt zwar an 20 oder 30 Stämme, aber wer kennt sie? Selbst 5 bis 6 Hauptstämme, auf welche sie sich vielleicht zurückführen lassen, wer kann sie genau unterscheiden, zumal, da ihre Sprache einerlei ist?

Man nennt als Hauptvölkerschaften die Chilliquanes, Pehuenches (Pequenches), Puelches, Huil-

---

*) Man giebt 3000 Felsenmassen an; aber wer hat sie gezählt? — Und Schätzungen?? —

liches, Cunches (Huelcher, Cuencher), Araucos.
Es sind größtentheils große, kräftige, wohlgebaute und
gut gebildete Menschen. Doch gibt es auch unter den
Araukern einen kleinern, aber sehr gedrängten Stamm.
Die Gebirgsbewohner sind größer, als die in der Ebene
wohnenden, halten im Mittel an 6 Fuß und haben einen
starken Knochenbau.

Die Arauker, sie nennen sich selbst Moluchen, die
von Peru bis an die Magelhansstraße wohnen, und sich
in drei Stämme theilen, sind uns am meisten bekannt.
Sie werden als tapfere, muthige, listige, aber auch gast-
freie edelmüthige und worthaltende Menschen beschrieben.
Die Rache ist, nebst der Leidenschaft sich zu berauschen,
bei ihnen und bei den übrigen Nationen heimisch. Für
Brantwein, den sie mehr lieben, als ihre Chika, ver-
setzen sie Weib und Kind bei den Spaniern, und, wie
der nördliche Amerikaner, begehn auch sie in der Trunkenheit Mord und Todtschlag. Der Brantwein wird sie
am Ende dennoch in das Joch der Spanier bringen, zumal, da die Blattern auch unter ihnen fürchterlich ge-
wüthet haben, und so gescheuet werden, daß man die damit Behafteten mitten in den Wüsten ihrem harten
Schicksal überläßt.

Ihre Sprache scheint leicht und faßlich und überaus
sinnreich. — Es ist nicht ausgemacht, ob sie ein aller-
höchstes Wesen oder Seele des Himmels annehmen,
von dem alle übrigen Geister, der gute und der böse, abhängen; aber gewiß ist es, daß sie nur bösen Gottheiten
opfern, daß die Pillaus oder Seelen der Verstorbenen
in gute und böse eingetheilt werden, zu welchen letztern
die Seelen aller Spanier gehören. Beide Arten Seelen
lebten in stetem Krieg mit einander, woher die Stürme
und Gewitter entständen.

Die Zauberer stehen zwar in großem Ansehen, allein
man richtet sie zuweilen hin, wenn sie vornehmen Kran-

ken nicht wieder aufhelfen. Ein Kazike war an den Blattern gestorben, dafür ließ der Nachfolger alle Zauberer
hinrichten.

Es gibt männliche und weibliche Zauberer. Es ist
seltsam, daß die erstern sich weiblich kleiden, und noch
bemerkenswerther vielleicht (aber dennoch erklärbar), daß
auch hier (wie in einigen Gegenden anderer Erdtheile)
epileptische Persionen als von Natur zu Zauberern bestimmt angesehen werden.

Sie haben eine Sage von einer großen Fluth, und
retten sich bei starken Erdbeben auf die mit 3 Spitzen versehenen Gebirge, welche bei der starken Fluth verschont
geblieben wären, wie ihre Sage vorgibt.

Den Todten werden Speisen, Chika und Hausgeräth um das Grab gestellt, die Leichname durch Weiber
skeletirt, und die Knochen in Särgen beerdigt. Einige
Stämme mögen die Eingeweide verbrennen, und andere
die skeletirten Knochen, die sie wieder zusammengefügt
haben, in Gewölben beisetzen. — Die Nachrichten sind,
aber vielleicht nur nach den Stämmen verschieden. —
Zur Trauer schwärzen sie sich den Leib.

Das Gebiet dieser von der Provinz Arauco benann-
ten Nation soll in vier Bezirke oder Distrikte getheilt seyn,
deren jeden ein Toqui oder Oberhaupt regiert, welches
ein Beil von schwarzem Marmor zum Zeichen seiner hohen
Würde führt. Die Unterkönige oder Ulmen der Distrikte
sind denn diesem Oberkönig unterthan, und führen als
Beamten- und Würdezeichen einen Stock mit silbernem
Knopfe. Ihre Aemter sind erblich und fallen auf den
Erstgebornen, wenn es ein Knabe ist, und die Unterthanen
wählen einen neuen Ulmen, wenn die Familie ausgestor-
ben ist. Für wichtige Vorfälle hat man allgemeine
Volksversammlungen, wo jeder Einzelne seine Meinung
vorträgt. Diese heißen der große Rath.

Aus Prunk und Speculation wählt man wohl mehrere Frauen, nicht aus Wollust, wie denn überhaupt die ganze Nation sehr ehrbar und züchtig scheint.

Mord des Vaters (vielleicht in uralter Volkssitte und Nothwendigkeit begründet) und der Ehefrau bleiben straflos, da man ja nur sein eigenes Blut vergösse; hingegen werden Diebstahl und Ehebruch mit dem Tode gestraft.

Gibt es Krieg, so wird vom großen Rathe meistens aus einem der 4 Toquis ein Diktator erwählt. Doch fällt diese Würde oft auf einen viel Geringern, der sodann das marmorne Beil empfängt; ja, dem jeder Toqui Folge leisten, und ihm, wie die Ulmen, nach Maaßgabe des Distrikts, eine Anzahl Krieger stellen muß. Ein reitender Bote mit Quippu (Quippos?), die in kleinen rothen Stricken bestehen, sagt den Krieg an. (Denn Reiten ist allgemeine Sitte, seitdem die Spanier Pferde hierher brachten.) Die rothe Farbe bedeutet auch hier Krieg. Die Knoten der Stricke bedeuten Zeit und Stunde.

Die Waffen waren ehedem Bogen, Pfeil, Keule und eine Schleuder, die aber jetzt immer mehr dem Schießgewehre nachstehen. Trommeln und Flöten sind die musikalischen Kriegsinstrumente, und ein Rock und Haube aus starker Ochsenhaut die Kriegskleidung. Die Haube ist oft mit schönen Federn geschmückt.

Die Kunst einer regelmäßigen Schlachtordnung ist ihnen nicht fremd. Den rechten Flügel kommandirt der Oberfeldherr, der Toquilieutenant den linken, die Infanterie bildet das Centrum, und die Reiterei deckt die Flügel.

Seitdem sie Pferde und Rindvieh kennen gelernt haben, sind sie viel furchtbarer geworden. Sie machen Züge von hundert Meilen, um ihre Feinde zu überfallen, und haben von ihrem Rindvieh Nahrung, Schilder und Casquets.

Noch sind diese Stämme mächtig genug, und die in der Provinz Conception wohnenden sollen an 100,000 Krieger stellen können.

Auch bei ihnen ist es üblich, den Kriegsgefangenen zu opfern, welcher mit einem Keulenschlag getödtet wird, worauf man ihm das Herz ausreißt, wovon jeder Toqui das Blut aussaugt. Die gemeinen Krieger lösen indessen Arme und Beine ab, machen aus den Knochen derselben Kriegsflöten, stecken den Kopf auf eine Lanze, und halten um denselben ihren Tanz, indem sie stets auf ihre Feinde schimpfen. Auf den Rumpf wird der Kopf eines weißen Widders gesetzt, wenn der Gefangene ein Indier, und wenn er ein Spanier war, der Kopf eines schwarzen Widders. Dies gilt bei ihnen für die höchste Beschimpfung. Zuletzt räuchert der Toqui die vier Weltgegenden mit Tabak, wobei er tausend Flüche gegen die Feinde hermurmelt.

Der Friede wird mit vielen Ceremonien geschlossen, wobei der Toqui eine feierliche bildreiche Rede hält, denn in Reden scheint auch dieses Volk den nordamerikanischen Nationen nichts nachzugeben.

Die hölzernen Hütten der Araufer sind mit Stroh gedeckt und haben keine Oeffnung, außer der mit einer Ochsenhaut bedeckten Thür. So viel Frauen der Hausherr hat, so viel Feuer brennen in der Hütte, denn jede kocht dem Herrn und Gemahl ein besonderes Gericht. — Schafpelze vertreten die Stellen der Betten, ein Paar Bänke und ein Tisch machen das Hausgeräth. Die Teller sind von Holz oder Thon, die Becher von Horn, die Löffel von Muschelschalen. Vornehme aber haben zur Bewirthung der Fremden Silbergeschirr.

Das Korn rösten und mahlen sie, kochen die Hülsenfrüchte, essen Kartoffeln und scheinen sich wenig aus Wild und Fisch zu machen. Ist das vielleicht die Folge der

Bekanntſchaft mit Rindvieh, von welchem ſie auf ihren Kriegszügen leben? — Sie ſollen auf ſehr weiten Zügen im Nothfall das Blut ihrer Feinde trinken, welchen ſie zur Ader laſſen.

Ein großes Gaſtmahl, bei welchem oft 300 Perſonen ſich einfinden, wird um die Erntezeit gegeben. An Chika und Brantwein wird es dabei nicht fehlen. Ihre Gaſtfreiheit iſt groß, und Fremde können ſich bei ihnen aufhalten, ſo lange es gefällt.

Um ihre Feldfrüchte gegen Feldmäuſe zu ſchüßen, fangen ſie derſelben viele und ſtecken ſie einen Sack, der zugebunden und auf eine Wieſe hingetragen wird. Nun ſtellen ſie ſich einander in zwei Reihen gegenüber, und die Ulmenes ſtehen zwiſchen den Reihen. Das Geſicht iſt mit einer Larve, der Rücken mit einer Kuhhaut, bedeckt, an welcher klappernde Hölzer befeſtigt ſind. Die beiden Reihen bewegen ſich, die eine nach Oſten hin, die andere nach Weſten, wobei ſie auf einander mit Erbitterung ſchimpfen. Sind ſie dadurch recht aufgebracht, ſo entfernen ſich die Ulmenen, worauf ſich die andern nun nicht blos mit Schimpfen begnügen, ſondern mit Stöcken zu Leibe gehen und bis aufs Blut ſo lange zerbläuen, bis die Ulmenen Frieden ſtiften, worauf denn die armen Mäuſe mit Prügeln todtgeſchlagen werden. — Durch dieſen Gebrauch ſoll der Huecub oder böſe Geiſt verſöhnt werden, welcher die Mäuſe und alles Ungeziefer ſchafft.

Der Poncho macht auch hier die Hauptbekleidung aus, und wird von verſchiedenen Farben getragen. Die Ulmenen tragen den Poncho von beſſerm Zeuge, aber auch Hüte oder Mützen mit Federbüſchen, Sporen, führen meſſingene Steigbügel und haben Stäbe mit ſilbernen Knöpfen. Sie gehen größtentheils barfuß, wie die andern.

Die Frauen tragen ein langes, wollenes, ärmelloses Hembe, welches in der Mitte festgebunden wird. Ein kleiner Mantel, vorn mit breitem silbernen Schlosse befestigt, wird darüber geworfen. Das lange Haar wird in 6 Zöpfe geflochten und hängt den Rücken herab, und der Kopf mit llankos geschmückt — Steine, die dem Smaragb ähnlich sind, deren Vaterland aber Niemand kennt. Silberne Platten hängen sie in die Ohren, die Finger werden mit Ringen, Hals und Arme mit vielfarbigen Glaskugeln geschmückt. — Das Weib ist übrigens auch hier das Plagethier.

Das Baden ist bei beiden Geschlechtern häufig. Selbst das neugeborne Kind nimmt die Mutter mit ins Wasser.

Man hat Spiele und Tänze. Zu den erstern gehört, daß man einen in einen Kreis gestellten Knaben sich einander zu rauben sucht. Setzt dieses Spiel etwa eine Beziehung auf unnatürliche Liebe voraus? — Bei den Tänzen, wo jedes Geschlecht für sich tanzt, haben sie oft auch Gesang, doch wenn auch dieser fehlt, so darf doch das starke Getränk nicht fehlen, worin selbst die Frauen sich benippen.

Noch unbekannter, als die eingebornen Chilesen, sind die Guarpes, die Ureinwohner von Cujo, die auch eine ganz andere Sprache reden, und lange, magere und bräunliche Menschen sind." — In ihrem Lande findet sich ein aufrechter, 150 Fuß hoher, 12 Fuß dicker Stein oder Säule mit vielen eingehauenen Zeichen und Buchstaben, die den chinesischen gleichen sollen.

4.

Paraguay und Tucuman,

zum Vicekönigreich Peru gehörig, jetzt aber zum Königs
reich Rio de la Plata, zu welchem auch das bereits
vorher behandelte Süd-Peru und Chile oder Chili
nach seinem östlichen Theile *), neuer politischer Eintheis
lung zufolge, gerechnet wird.

Es nehmen aber diese beiden Provinzen einen Flächenraum von mehr als 40,000 Q. M. ein, wovon auf Paraguay allein 27,000 fallen mögen. Die Grenzen sind,
wenigstens von Paraguay in den Wüsten nach Brasilien
zu, ungewiß, und Portugall ist Besitzer des östlichen
Theils.

Die Verschiedenheit des Bodens ist sehr groß. Die
Cordilleren, welche auf 720 Stunden westlich dieser
Länder hinlaufen, ergießen ihr gesammtes Regen- und
Quellwasser nach Osten, aber kaum 6 Flüsse erreichen
das Meer, das übrige Wasser bleibt auf den unermeßlichen Ebenen stehen und verdampft. — Es gibt hier Ebenen, wo 200 Meilen lang kein Baum, kein Wasser sich
findet, und wo selbst keins durch Kanäle geschafft werden
könnte, indem nirgends ein Fall ist; Alles ist horizon-
tal. Die schon erwähnten Pampas übertreffen die Llanos Neugranada's dreimal an Flächeninhalt. Eigenthüm-
lich ist ihnen ein dem Kasuar ähnlicher Vogel. Buenos Ayres und mehrere Städte liegen zwar an Flüssen, aber das Flußwasser kann, eben wegen Mangel an
Fall, nicht in die Städte gebracht werden, falls man
nicht Dampfmaschinen anlegt. Andere große Ebenen,
z. B. von Chaco und Charcas, sind mit mehrern Flüssen

*) Der westliche gehört nach neuester politischer Eintheilung zu Peru
— Aber wie lange wirds noch dauern, daß wir uns von diesen politischen Eintheilungen losmachen werden, um endlich der Erdbe-
schreibung eine feste Physiognomie zu erhalten?

bewässert. Das Gras ist jedoch fast in allen diesen Ebenen so hoch, daß es Heerden von Horn- und Federvieh Weide und Erquickung gibt, und mancherlei kleine Bächlein finden sich da und dort.

Wenn man hier reiset, und von der einen Seite keinen Tropfen Wasser findet, hat man auf der andern Seite die stärksten Ströme zu überschiffen, und kommt über Seén und Moräste. Da und dort finden sich Hügel und kleine Berge, besonders an Brasiliens Grenze. Man findet felsigen Boden, schroffe Gebirge. Es ist wahrscheinlich, sagt Azara, daß das ganze, östlich des Paraguay, und Parana-Stroms gelegene Land aus einer massiven, gleichsam gegossenen Steinmasse besteht, die mit so weniger Erde überdeckt ist, daß in der Gegend von Montevideo und Maldonado und an den brasilischen Grenzen auf 1000 Quadratstunden kein Ackerbau getrieben werden kann, und weder Baum noch Strauch finden genug Erdreich, um Wurzel zu fassen. In andern Gegenden verlieren sich ungeheure Wälder ins Unendliche.

Die Bewässerung dieser Länder ist vorzüglich groß nach Brasilien zu. Dort vereinigen sich die Riesenströme Paraguay, Parana und Uraguay zu einem Strom, und bilden die Wasserwelt des Silberflusses, oder Rio de la Plata. Die übrigen hier verschwiegenen Flüsse sind doch zum Theil größer, als die größesten Europa's.

Die Quellen des Paraguay bestehen aus verschiedenen Bächen unter $13\frac{1}{4}$ Grad der Breite im Gebirge Sierra del Paraguay, wo die Portugiesen viele Goldminen und Edelsteingruben besitzen. Er ist schiffbar, zwei Grade nach seinem Entstehen selbst bald für beträchtlichere Fahrzeuge, zumal, da er weder Klippen noch Sandbänke in seinem Bette hat. Bei der kleinen Stadt Assumption strömen, noch ehe der Pilkomayo unterhalb dieser Stadt hineingefallen ist, in jeder Stunde bei mittlerer

Wasserhöhe an 200,000 Kubiktoisen Wasser vorbei — eine Wassermasse, die so groß ist, daß alle heftigen Regengüsse dieselbe niemals auffallend trüben können.

Der Fluß steigt periodisch vom Februar bis Ende Junius, und nimmt dann in gleicher Zeit eben so ab. Das Anschwellen wird durch den See Xarayes bewirkt (s. nachher), welcher das Wasser, das er nicht mehr fassen kann, in den Paraguay abgibt.

Der Parana, in welchen der vorige Strom sowohl, als der nachfolgende Uraguay, mündet, entsteht in einer bis vielleicht zwei Grade südlichern Breite, als der vorige, in dem unbekannten Gebirge, wo die Portugiesen die Goldminen von Goyazes haben, aus dem Zusammenfluß vieler Gebirgsbäche. Von den einfallenden Strömen sind manche, z. B. der Yguazu, größer, als kein europäischer, und, wo sich der Paraguay in ihn ergießt, ist er, nach Azara's Zeugnissen, größer, als die hundert größten europäischen Ströme zusammen.

Er hat einen reißenden Lauf und ein felsiges Bette, und deshalb große Wasserfälle, von welchen der bei der Stadt und Provinz Guayra der berühmteste ist, wo der unermeßlich tiefe Strom unmittelbar fast vor seinem Sturze 12600 Fuß Breite hält, und nun plötzlich in einen Kanal von 180 Fuß zusammengedrängt wird. Der Sturz, welcher nur 52 Fuß Fall hat, treibt einen Wasserstaub auf, der mehrere Stunden weit wie aufsteigende Säulen gesehen wird, in der Gegend umher einen beständigen Regen verursacht, und in welchem die Sonnenstrahlen eine Menge Regenbogen bilden. Nähert man sich dem auf 3 Meilen hörbaren Falle, so scheinen rings umher alle Felsen und Berge zu beben [*]).

---

[*]) Einige andere in diese größeren eintretenden Flüsse haben viel höhere Fälle; der Pauizu einen von 171 par Fuß, und der Aguaray von 384 Fuß, welcher letztere leicht der höchste bekannte Wasserfall seyn könnte.

Bis zu dem Eintritt des Yguazu hat sich der Parana einen hundert Stunden langen Weg durch die Felsen gebildet. Von diesem Eintritt an ist er bis zum Meer bei hohem Wasserstande (denn bei niedrigem gibts noch einen Wasserfall, an welchem der Ybera-See liegt) schiffbar.

Zweimal im Jahre tritt regelmäßig der Parana aus, und die gewaltigen Fluthen werfen ganze Sandberge an, die bald durch den vom Winde herzu geführten Samen mit Weiden und andern Bäumen besetzt sind, und in kurzem ist eine Insel voll Frucht und Leben da, aber der Strom zerstört auch dagegen andere Inseln wieder.

Der Uraguay nimmt unter dem 28sten Grad seinen Ursprung; und fällt schön im 34sten Grade in den Parana. Er ist nicht so groß, wie der Paraguay.

Unter den Seen ist der Xarayes der berühmteste, der eigentlich kein See ist. Er entsteht aus dem Zusammenflusse ungeheurer Regenmassen, die sich zu beiden Seiten des Paraguay verbreiten, indem dieser Strom das Wasser nicht fassen kann. Im Durchschnitte beträgt seine Länge 110 und seine Breite an 40 Stunden. Aber er ist nirgends schiffbar, da er so seicht ist, daß er in den Sommermonaten austrocknet.

Der Ybera-See, dessen Lage schon angegeben ist, geht nach Norden zu, wo er 30 Stunden breit ist, parallel mit dem Parana, und dicht an demselben hin, ohne eine sichtbare Verbindung mit ihm. Nach Süden zu ist er auch über 30 Stunden breit, und bildet den Schlund von Yuquicua, wo er sich immer mehr erweitert und dem sehr bedeutenden Fluß Mirinnay seinen Ursprung gibt. Von Yuquicua läuft er wieder 30 Stunden westlich, und gibt 3 Flüssen, die in den Parana münden, ihr Entstehen.

Es scheint, der See werde blos durch den Parana mittelst unterirdischer Kanäle gebildet, denn er hat keinen Zufluß von Bach oder Fluß, und bleibt dennoch in gleicher Höhe, wiewohl außer den 4 genannten beträchtlichen Flüssen, die aus ihm herausgehen, er noch auf seiner wenigstens 1000 Quadratseemeilen enthaltenden Fläche allerwenigstens 70,000 Tonnen durch Ausdünstung verliert. Er ist größtentheils mit Wasserpflanzen und da und dort mit mächtigen Bäumen angefüllt. — Ist vielleicht, wie Azara wohl nicht ganz mit Unrecht vermuthet, dieser See ehedem das Bette des Parana gewesen, der sich hier in 4 Ströme vertheilt hat?

Ein See in Chaco ist dem todten Meere in Palästina ähnlich, und weder Thiere noch Menschen dürfen sich in seiner Nähe aufhalten. Der Teufelssee liegt tief in einem Waldgebirge, und ein dritter auf dem alaunhaltenden Gebirge enthält große Kokobile.

Die Länder ostwärts vom Parana und Paraguay haben gänzlichen Mangel an Salz, und die Viehheerden in diesen Ebenen fressen des Salzes wegen trockne Knochen, und mehr nach Norden zu einen salzigen Thon. Wo aber auch dieser Thon nicht mehr zu finden ist, wie in den östlichen Gegenden Paraguays, kommen in wenigen Monaten alle Heerden um, wenn man ihnen nicht Salz gibt, welches doch, aus Europa gebracht, so überaus theuer ist. — Dagegen gibt es westlich des Parana und Paraguay keinen Brunnen oder Bach, der nicht Salz mitführte. Lachen sind weit und breit vier Finger dick damit überdeckt, und ein See, 60 Meilen von Buenos Ayres südwestlich, gibt im Sommer ein so reines Kochsalz, daß man es dem europäischen vorzieht. — Aus Salzmangel bedient man sich in manchen Gegenden Paraguays des weißen Beschlags, womit sich von Zeit zu Zeit die Thäler überziehen, und den man durch Auflösen und Filtriren reinigt, und zu Salzkrystallen anschießen läßt. Es ist wahrscheinlich Salpeter.

Amerika. Z

An Metallen ist größtentheils Armuth. Das ganze Königreich la Plata zählt 110 Bergwerke, wovon 30 auf Gold, 27 auf Silber, 7 auf Kupfer, 2 auf Zinn und 7 auf Blei gebauet werden — aber es sind darin mehrere schon vorher aufgeführte Bergwerke begriffen. Hier und da hat man einzelne Stufen von Kupfererz, nirgends jedoch eine Ader davon gefunden. — Eine große gediegene Eisenmasse, wahrscheinlich in den obern Regionen gebildet, von denen, die in neuerer Zeit so viel Aufmerksamkeit erregt, findet sich in der Provinz Chaco, 624 Kubikpalmen (die Palme 9 Zoll) groß.

Das Pflanzenreich mag eine Menge ungezählter und wahrscheinlich neuer Arten haben, die aber noch nicht den hinlänglich kundigen Beschreiber gefunden haben.

Viele hierher gehörige Gewächse sind mit denen der angrenzenden Länder unstreitig dieselben — der Cacao, die Vanille, Tamarinden, Jalappe u. s. w., deren wir keine Erwähnung thun.

Eine Art wilder Reiß, der sich in manchen Sümpfen findet, dient den Indiern als Nahrungsmittel. Die Pflanzen südlich des la Plata haben zum Theil, und die unterhalb des 40sten Grades durchgängig einen Salzgeschmack. — Man zündet hier, wie in Afrika, große mit hohen Pflanzen besetzte Ebenen an, damit das Vieh zarteres Futter bekomme. Möglich ists, daß auf diese Weise mancher zarter Pflanzensame untergehe. Azara traf eine Ebene von 200 Stunden Länge, die auf diese Weise abgebrannt war.

Holzbäume fehlen in mehrern Gegenden, man brennt daher verschiedene Distelarten, Thierknochen und die, absichtlich dazu gepflanzten, schnellwüchsigen Pfirschenbäume. In andern Gegenden sind große Wälder.

Unter den Fruchtbäumen sind die verschiedenen Arten der Algaroba oder des Johannisbrodtbaums sehr nützlich,

weil die Frucht nicht nur dem Viehe gegeben, sondern
auch häufig von den Wilden gegessen wird; ja, durch
Gährung wird auch eine Art Chika daraus, welche
tüchtig berauscht. Von der weißen Art, deren Holz
selbst zum Schiffsbau dient, hat man ganze Wälder
voll. — Von Orangen findet man große Wälder. Der
Baum Tatare hat ein gelbes überaus festes Holz, angezündet, aber gibt es niemals Flamme, es schwält nur
und läßt fast keine Kohle zurück. Eine Art Tanne bringt
eine Kindskopf große geschuppte Frucht mit den wohl-
schmeckendsten Samenkörnern. Der Ybaro bringt eine
markige klebrige Frucht, die statt der Seife dient, und
daher von den Jesuiten sehr häufig angepflanzt wurde. —
Ein seltsamer großer Schmarotzerbaum ist der Papa-
mondo, der sich auf den Zweigen der höchsten Bäume,
ja selbst auf Pfählen oder Balken erzeugt, und dann seine
Wurzeln, die sich immer dichter mit einander verwachsen,
auf die Erde senkrecht herabfallen läßt. Der Baum
bringt eine eßbare Frucht.

Höchst nützlich ist der Theebaum von Paraguay —
mehr Strauch als Baum *) — dessen Blätter in Südamerika eben so wie China's Thee bei uns gebraucht werden. Man findet denselben überall in Wäldern, pflanzt
ihn aber auch an, und verkauft in die andern Provinzen
an 50,000 Centner Blätter. Man bereitet mehrere
Sorten Thee aus den Blättern; der mit der größesten
Sorgfalt blos aus Blättern bereitete heißt Caimiri-Thee
und hat einen köstlichen Geruch, der noch dadurch erhöht
wird, daß man die gepulverten Blätter oder Rinde des
Quabira-miri Strauchs hinzusetzt, auf dessen Blättern
die Ameisen ein schneeweißes, sehr wohlriechendes, aber
weiches Wachs in kleinen Kornern bereiten. — Schade,
daß dieser Thee das Meiste von seinem Geruch (und also

_____

*) Wiewohl Einige ihnen sogar die Größe eines Apfelbaums zu-
schreiben.

B 2

auch Geschmack verliert, wenn er nach Europa gesendet wird.

Palmenarten, herrliche Cedern und Tannen, verschiedene Harzbäume u. s. w. trifft man in verschiedenen Gegenden. Der Mangaysi's, der nur in einigen Gegenden wächst, gibt das bekannte elastische Gummi, welches dünn und flüssig aus den in den Baum gemachten Einschnitten fließt. Ein großer hochwüchsiger Baum gibt durch Auskochen der Blätter einen sehr kostbaren Balsam. Ein anderer Baum liefert ein goldgelbes Harz, so rein und durchsichtig, wie Krystall. Da es sehr leicht an der Luft härtet, machen sich die Indier Ohrgehänge, Kreuze und andere Zierrathen davon, die aber leicht zerbrechen.

Der Copaivabalsam wird durch Einschnitte aus jungen Bäumen gewonnen.

Der Lianen, die sich auf die höchsten Bäume hinaufwinden, und dann benachbarte Bäume umschlingen, oder aber wieder hinabsteigen, sind viele. Eine Art entsteht auf den Bäumen selbst, und ergötzt durch ihre überaus schönen duftenden Blumen Auge und Geruch. Eine andere Art, die Guembé, erzeugt sich auf den höchsten hohlen Zweigen sehr hoher Bäume, und senkt dann ihre fingersdicken Wurzeln zur Erde herab, aus deren Rinden sehr feste Stricke und Schiffstaue gemacht werden. Die melonenförmige, 6 Zoll lange Frucht sitzt um einen holzigen Stiel (wie der Mais), und hat ein sehr saftiges, süßes und für Abgemattete ungemein erquickendes Fleisch. — Mehrere Pitas — d. h. solche Gewächse, die ein krystallhelles Wasser in ihrem Innern tragen — gehören ebenfalls zu den Schmarotzerpflanzen. Sie sind eine Wohlthat für die wasserlosen Gegenden, und von einer Art, die zu den Aloen gehört, werden Segel und Seile verfertigt, weit haltbarer, als die von Hanf.

Wie viel mögen der nutzbaren und besonders auch eßbaren wild wachsenden Gewächse seyn! Eine Art Pflaumen bringt Früchte, nicht an den Zweigen, sondern am
Stamme und selbst an den blosliegenden Wurzeln, und
der auf Anhöhen wachsende M bokayay eßbare Trauben,
wie Datteln, aus welchen man auch Oehl preßt. Er
ist auch darin der Dattel ähnlich, daß aus seinen Fasern
überaus feste Stricke gefertigt werden, und daher den
Wilden auch zu Bogensehnen und Angelschnuren dienet.
— Ein Baum mit prächtigem weißen und auch rothen
Holz ist der Quebracho oder Axtbrecher. Nur wenn
er noch grün ist, kann er gefällt und zugerichtet werden.
Ausgetrocknet zerspringen die besten Aexte an ihm.

Mehrere, selbst beim Bauen nützliche, theils schen-
kelstarke Rohrarten, deren einige die Jesuiten mit Leder
überzogen zu Kanonen gebraucht haben sollen, wachsen
häufig an Flüssen und Sümpfen.

Unter den kultivirten Gewächsen findet sich etwas
schlechter Weizen, der auch vom ersten bis 24sten Grad
kein Klima zum rechten Gedeihen findet; dagegen gerathet der Mais und Manihot trefflich, desgleichen auch
der Tabak. Zuckerrohr- und Baumwollenbau wird nicht
stark betrieben, und die Weinpflanzungen, die einen üp-
pigen Wuchs hatten, sind größtentheils eingegangen.

Merkwürdig ists, daß Mandeln und Pflaumen zwar
gewaltig blühen, aber keine Früchte bringen, wie doch der
Pfirsich thut (mit Ausnahme Paraguay's), und der erst
seit einigen Jahren durch Zufall hierhergekommene April-
kosenbaum. Unsere meisten übrigen Gartenbäume haben
zwar trefflichen Wuchs, aber der Ertrag ist gering und
schlecht; Orangen aber gedeihen vorzüglich. Die großen
Erdbeeren (Erdbeere von Chili oder Riesenerdbeere), sind
auch hier, wie in ihrem Vaterlande, eben so geschmack-
los, als bei uns. — Melonen taugen nur in einigen Gegenden.

Unter den Bienen ist eine Art, deren Honig betäubend und schmerzerregend ist, und unter den Wespen zwei einsam und ungesellig lebende Arten. Fast alle Arten Ameisen und Termiten scheinen sich zu finden, mehrere, welche Nester an den Bäumen bauen, die, welche die Zweige der Bäume und das Gebälke der Häuser aushöhlen *), die, welche alle kleine Thiere, Spinnen, Käfer, Mäuse aufzehren u. s. w. Unter den Käfern ist eine kleine Art (wahrscheinlich eine Waldwanze) zu Zeiten so häufig, daß sie viele Dächer, Wände, Stuben und Straßen fingersdick überdeckt; bei einer Art Leuchtkäfer (man nennt fünf Arten) könnte man lesen. Eine Spinne verfertigt einen orangefarbenen Cocon, welcher wie Seide gesponnen wird; eine andere lebt in Gesellschaft, bauet ihr Nest auf Bäumen oder Dächern, und läßt aus dem Nest ein Netz herabfallen, dessen Längenfaden an 60 und mehr Fuß betragen. Eine Art Fliegen findet sich nach einem Gußregen in ungeheurer Menge; die kleinste Wunde wittert sie sogleich, und legt ihre Maden hinein. Ein Nachtfalter legt sogar seine Würmer mit einer Art Geifer in die Haut der Menschen, die sich dann darin entwickeln. Sie sind aber nicht gefährlich. Blutigel kommen nach einem Regen in unzähliger Menge aus der Erde, und setzen sich an die Beine an. Unter den Heuschrecken verschont eine Art selbst der Tücher und Zeuge nicht, kommt aber nicht alljährlich, und trifft meistens nur die unbebaueten Gegenden. Ihre Züge sind vielleicht eben so groß, als in Afrika, denn sie verdunkeln ebenfalls Sonnen- und Tageslicht.

Unter den Kröten, die zum Theil mehrere Pfunde wiegen, und in unglaublicher Menge vorhanden sind **),

---

*) Das Missionshaus der Jesuiten und die Kirche derselben wären beinahe durch die Geschäftigkeit dieses kleinen Insekts eingestürzt.

**) Zu Conception, am Flusse Salado, wimmelt es oftmals auf den Straßen von so vielen schlüpfrigen Kröten, daß man auf Eis zu gehen glaubt.

findet sich die sogenannte gehörnte, und die Pipa, und
eine ganz kleine, die das Geschrei eines kleinen Kindes
macht. Von den Schlangen und Nattern ist der Biß
einiger sehr giftig. Die größesten sind nicht über 10 F.
lang. Unter den Eidechsen findet sich auch der Leguan.

Unter den Vögeln nennen wir nur den hier eingebornen Casuar (Strauß), der in manchen Gegenden Heerdenweise umherzieht.

Die vierfüßigen Thiere sind großentheils die schon
beschriebenen — der Tapir, mehrere Arten Hirsche,
die vielleicht nicht alle zum Geschlecht der Hirsche gehören,
9 und wahrscheinlich mehr als 9 zum Katzengeschlecht gehörige Thiere, unter welchen der sogenannte Tiger oder
die Yaguarete als so stark beschrieben wird, daß sie einen Ochsen oder Pferd fortschleppen könnte; die Gua-
zuara zwar nur Kälber, Schafe u. s. w. tödtet, aber
doch schädlicher ist, indem sie mehr würgt, als frißt;
der noch kleinere Chibiguazi Alles umbringt, was
schwächer ist, als er selbst, junge Hunde, Katzen und
insonderheit Vögel aller Art. Man macht ihn zwar
zahm, aber nimmer verlernt er das Würgen des Haus-
geflügels. Affen, Füchse in unglaublicher Zahl, Wie-
sel- und Marderarten, größer als die unsrigen; eine
Art Stinkthier, von welchem ein einziger Tropfen Feuchtigkeit ein ganzes Haus mit unerträglichem Gestank ver-
pestet; Beutelthiere von verschiedner Art; ein unserm
Kaninchen ähnliches Thier; der patagonische Hase, der
größer ist als unsere Hasen; mehrere Arten Mäuse, die
sich zum Theil unter der Erde Magazine anlegen; Armadillen, Ameisenfresser und Schuppenthiere, hier alle begriffen unter dem gemeinschaftlichen Namen Tatus, von
überaus verschiedenen Arten, und zum Theil so häufig,
daß man sie zu Tausenden beisammen sieht und häufig
verspeiset; und den Maulwurf, Ykipara, der ein solches Getöse unter der Erde macht, daß man Pauken zu

hören glaubt; diese alle können hier nur erwähnt werden;
dahingegen weit mehr andere Thiere unerwähnt bleiben.
Doch müssen wir des Krabbenfressers gedenken
(Agouara gouazu), ein Thier von 6 Fuß länge, und
dem Bären, wie dem Hunde, ähnlich scheinend, doch
letzterm mehr, mit 15 Zoll langem Schwanz, in Sumpfgegenden wohnend, vortrefflich im Schwimmen, und
von Vögeln, Schlangen, Insekten, Wasserthieren und
Zuckerrohr lebend.   Eine Art läßt sich etwas zähmen.

Eine Merkwürdigkeit müssen wir besonders anführen;
die, daß ganze Rattenzüge aus den südlichen Gegenden
von Buenos Ayres her in Paraguay und Tucuman ein-
brechen, über Flüsse und Seen setzen, auf den ungeheuern Ebenen eine gebahnte Straße zurücklassen, nicht
nur Aecker, sondern auch Häuser und Scheuern verwü-
sten, und die Landleute nöthigen, ihre Wohnungen und
Felder zu verlassen.   Hier also, wie in Sibirien; aber
auch hier sind diese Züge äußerst selten, machen daher
aber einen desto furchtbarern Schrecken.   Man zählt zuweilen in Buenos Ayres 500 solcher Ratten auf einem
Haufen, und in einem frischgeschlachteten Ochsen fand
man auf einmal 300 derselben. — Es werden überhaupt
7 verschiedene Arten Ratten, zum Theil uns noch unbekannt, genannt.   Merkwürdig ist eine Wasserratte von
der Größe einer kleinen Otter, dem Biber in der Lebensweise ähnlich, und leicht zu zähmen und zum Fischfang
abzurichten.

Welch eine reiche Kraft hier in der Natur waltet, beweisen vielleicht unsere Hausthiere besser als Alles.   Unsere in Paraguay wild gewordenen Hunde haben sich unglaublich in den dortigen Ebenen vermehrt.   Sie vereinigen sich in Truppen, und greifen den größesten Stier,
jegliches wilde Pferd und wilden Esel, ja bei Hungersnoth auch den Menschen zu Pferde an.   Man mußte sogar einmal gegen sie Soldaten aussenden.   Diese Thiere

findet man vorzüglich vom 30sten Breitengrade nach Süden zu, und sie sind allesammt von größerer Race. Sie graben sich Löcher in die Erde, um ihre Jungen hinein zu werfen, und sind den Viehheerden sehr nachtheilig.

Unter den gezähmten Hunden findet man fast alle Racen, nur nicht Doggen und Pudel, wiewohl die Spanier bei ihrer ersten Ankunft gerade die größesten Hundearten mitbrachten. Sie bellen unaufhörlich, und sind ihren Herren mit äußerster Treue zugethan. Es ist merkwürdig, daß sie nicht nur, wie die wilden, sich Höhlen graben, sondern auch die Hündinnen selten unter 12 Junge werfen.

In eben diesen Gegenden Paraguays findet man Heerden von Pferden in unglaublicher Anzahl, alle von einem Stamm, nämlich von 7 andalusischen Pferden, hergekommen, und zwar in der Race nicht mehr kenntlich, aber doch sonst guten europäischen Pferden gleich, wiewohl nicht an Ausdauer, denn sie ermüden sehr früh — begreiflich, da sie sich in den großen Steppen ihr dürftiges Futter kümmerlich selbst suchen und dabei umhertraben müssen, und auch außer dem Mangel des nahrhaften Futters nicht die Wartung unserer Hauspferde in Stallung und Lager erhalten*). Wartet und pflegt man ihrer, so werden sie stärker, größer und dauerhafter, als die unsrigen, und daher sind in den Missionen, wo diese Thiere mit der Algaroba gefüttert werden, dieselben vorzüglich. Ehemals standen besonders die Falben und Schimmel in großem Ansehen.

Von der Menge dieser Thiere wird man sich aus der Beschreibung des ehrlichen und verdienstvollen Missionars Dobrizhofer, der noch länger als Azara in diesen Gegenden lebte, einen Begriff machen können. Er sagt:

---

*) Wohl ist es möglich, daß die Ausartung zum Theil mit darauf beruht, wie Azara meint, daß man mit den Hengsten durchaus keine Auswahl trifft.

„Die ganze weite Ebene von Rio de la Plata ist auf ei-
„nem Umkreis von 200 Meilen ganz mit wilden umher-
„streifenden Pferden bedeckt, von welchen jeder so viel
„einfangen kann, als es ihm beliebt *). In einigen
„Tagen bringen ein Paar Reuter mehrere Tausend nach
„Hause. Mit Erstaunen sahe ich, wie sechs Spanier
„auf einmal 2000 Stück zum Verkaufe trieben. Man
„bezahlte ein Stück mit einem Paar Ellen baumwollen
„Zeug!"

Noch besser wird sich die Menge der Pferde aus dem
Preise ergeben. Vor mehr als einem Jahrhundert kaufte
man für zwei Nähnadeln ein schönes Pferd, für eine
Pfeife bekam man 3 Pferde, für ein Hufeisen 6 und für
einen Thaler 20 Pferde, und noch heutiges Tages sind
2 Thaler ein guter Preis für ein zugerittenes Pferd. Eine
Stute mit Füllen gilt 8 Groschen. — Da es zu mühsam
ist, diese Thiere in Schlingen zu fangen, so treibt man
sie in Umzäunungen ein **).

Von der Wildheit dieser Thiere hat man kaum einen
Begriff. Sie stürzen, wie blind und toll, nach einem
Sumpf oder Lache zu, und die ersten Ankommenden werfen sich hinein, und werden von den nachfolgenden erdrückt. Azara fand wilde Pferde zu Tausenden, die auf
diese Art ums Leben gekommen waren. Dies ist die
Folge von dem Wassermangel dieser Gegenden.

Zu Reisen, Spazier- und Kirchgängen, zum Holz-
und Wasserholen, zum Austreten, d. i. Dreschen des
Weizens und zu tausend andern Dingen benutzt man das
Pferd. Viele Wilde leben fast nur auf Pferden, und
nähren sich von deren Fleische, und die Spanier schlach-

*) Welches ebenfalls, wie bei den Ochsen (selbst bei den Bären, s.
vorher) mit Schlingen geschieht.

**) Seltsam ist, daß diese Thiere, wenn sie fallen und misten wol-
len, die Heerstraße aufsuchen, wo daher auch große Haufen von
Excrementen liegen.

ten eine Menge Stuten, blos um ihr Fett beim Gärben der Hirschhäute zu benutzen *).

Auch der Reichthum an Maulthieren ist höchst bedeutend, und wiewohl dieselben ihrer Falschheit wegen weniger beliebt sind, zieht man sie doch auf schroffen, steinigen und Gebirgswegen aus bekannten Ursachen den Pferden weit vor. Man hat so reiche Zucht, daß jährlich allein nach Peru 80,000 Stück verkauft werden.

Um Maulthiere zu halten, muß man Esel halten, daher sich denn auch viele wilde Esel finden. Man macht von diesen Thieren so wenig Gebrauch, daß sich selbst ein Neger darauf zu reiten schämt. Vier Groschen ist der theuerste Preis, womit man einen Esel bezahlt. Viele Esel schlachtet man des Felles wegen.

Die Schafe und Ziegen werden eben so groß als in Europa, und werfen des Jahres wenigstens 3 Junge in 2 Würfen. Die Hirten derselben sind die unter dem Namen Quejevetos bezeichneten Hunde, die ganz allein die Heerden früh hinaus und Abends zurückführen, und sie auf dem Felde bewachen und vertheidigen.

Das Hornvieh macht den Hauptreichthum dieser Provinzen, und stammt von einigen wenigen europäischen Vorfahren ab. Es ist von der Größe des ungarischen Rindviehes, verschiedenfarbig, und, weil es wild geworden, trägt es den Kopf trotzig und hoch. Es war sonst in solcher Menge, daß Reisende in den großen Savannen erst Reuter voraussenden mußten, um mitten durch die Heerden hin Bahn zu machen, und daß, wenn ein Spanier seine Meiereien vergrößern wollte, er sich nur für einige Ellen Zeug einige Reuter miethete, die ihm dann dafür in wenigen Wochen an 10,000 Stück

*) Es verdient hier eine Note, daß hin und wieder Pferde mit 3 Zoll langen Hörnern hinter den Ohren vorkommen, die, höchst merkwürdig, auch mit den Hörnern, nicht mit den Hufen, gegen Ochsen kämpfen.

Ochsen und Kühe in Schlingen fingen und einlieferten; ja, daß man ehedem diese Thiere zu vielen Tausenden würgte, blos der Haut, des Fetts und allenfalls der Zunge wegen. Sonst nahmen die Schiffe Ladungen von 80, ja 100,000 Häuten mit, jetzt aber kaum von 30,000. Dessen ungeachtet haben einzelne Meiereien noch an 100,000 Stück Rindvieh; ein einziger Flecken, der Papeyu am Uraguay, besaß an 500,000 Stück, und die Mission St. Michael noch mehr. — Immer noch muß man die wilden Heerden von Kühen und Schafen unzählig nennen, und die Heerden des zahmen Rindviehes 12 Millionen Stück schätzen.

Wie groß war aber auch der Verbrauch dieser Thiere! Die 7000 Guaranier, welche St. Michael bewohnten, erforderten täglich 40 Stück Ochsen zur Speisung, und außer den zu Schiffsladungen bestimmten Häuten, wurden zu Riemen, Zäumen, Schläuchen, zum Einpacken des Thees und Tabaks, und zum Nachtlager statt der Betten, eine unglaublich große Anzahl erfordert.

Die sämmtlichen, jetzt bekanntlich auch für ihre Selbstständigkeit im Aufstand begriffenen Einwohner kann man, mit den in den Kolonien wohnenden Indiern, nicht höher als 280,000 Seelen annehmen.

An Städten und Ortschaften ist wenig anzuführen.

Assumption, die Hauptstadt vom eigentlichen Paraguay, am Flusse Paraguay, mit 7000 Einwohnern (nach Azara. Die frühern Angaben geben höchstens 500 E.) *). Eine schlecht gebauete Stadt, die aber außer der Kathedralkirche noch drei andere Kirchen, einige Klöster, einen Inquisitionskommissar und ein Kollegium oder Schule für Theologie, Philosophie, Grammatik und schöne Wissenschaften hat. — Sie treibt einen starken Speditionshandel zwischen Potosi und Buenos Ayres.

*) Ist vielleicht die große Differenz dadurch zu heben, daß die meisten Spanier außerhalb der Stadt auf ihren großen Meiereien leben?

Sanja Fe, ein kleiner übelgebaueter Ort, aber mit bedeutendem Handel mit Paraguay-Thee.

Corrientes ist noch unbedeutender, liegt aber trefflich zum Handel.

Mont Video, ein kleiner, aber befestigter Ort mit einem Hafen. Der Handel mit Getreide, Vieh und Ochsenhäuten ist lebhaft, und fremde Schiffer versorgen sich hier mit frischen Lebensmitteln. — Die Einwohner werden auf 15,000 angegeben, von welchen aber nur die Hälfte in den Ringmauern derselben lebt.

Cordova und Salta, beide in Tucuman, die erste mit 5600 Einw., unter welchen 4000 Neger, die andere mit 2000 Einwohnern. Die erstere hat ein Bisthum, eine Universität und treibt starken Handel mit Maulthieren, welcher, nebst dem Handel mit Zugstieren, auch die Hauptnahrung der zweiten Stadt ist.

Buenos Ayres, unfern der Mündung des la Plata, ist die wichtigste Stadt dieser weitläuftigen Landschaften, hat 40,000 Einw. in 3000 Häusern, und ist regelmäßig mit großen, breiten Straßen gebauet, die Kirchen groß und schön und der Handel bedeutend. Die Residenz des Vicekönigs, der Sitz eines Bischofs, eine Akademie u. s. w. finden sich hier. Die Stadt wird durch eine nicht bedeutende Festung geschützt. Es gehen von hier ordentliche Posten nach Lima und San Jago, und es kommt alle 2 Monat ein Paquetbot von Spanien an.

San Sacramento liegt der Stadt gegenüber, und kann als ihr Hafen betrachtet werden. Sie hat, wiewohl wenig Häuser, doch große Niederlagen und reiche Kaufleute.

Anmerk. Eine Menge kleiner Ortschaften, dem größern Theile nach von Guaraniern bewohnt, wäre sehr überflüssig anzuführen, da für uns nichts davon, als die bloßen Namen und die Zahl der Einwohner, anzugeben gewesen wäre.

Die Ureinwohner.

Wie viele, hundert oder funfzig, oder mehr oder weniger Stämme von Indiern, die zu einem großen Theil noch völlig frei und unabhängig leben, auch in diesen Ländern wieder genannt werden, kümmert uns hier wenig, und noch weit weniger haben wir es mit Aufsuchung der in Benennungen und Abtheilungen der Stämme vorkommenden Irrthümer oder Möglichkeiten zu thun. Für unsern Zweck reicht vollkommen hin, was wir nach den

neuesten und besten Nachrichten angeführten im Begriff
sind °).

Selbst nach den Sprachen, diesen Hauptunterschieden
der Nationen, diese verschiedenen Völkerschaften zu unterscheiden, ist unendlich schwer, da diese Indier nicht nur
überaus leise sprechen, meistentheils nur durch Kehle und
Nase, und mit geringer Bewegung der Lippen, so, daß
es dem Europäer nicht möglich ist, ihre Laute mit seinen
Buchstaben zu bezeichnen; sondern auch durch ihre Geberden und Gestikulationen, wie so viele wilde Völker,
durchaus nichts verständlich machen.

Welche Sprachen! Die Abiponer haben einzelne
Worte von 20 Buchstaben. Und wie mags um die
Sprache der Völker stehen, die sich Gotocoguedeguis
und Lichacotegodeguis nennen? — Bei den Abiponern heißt: Napagranatranak ein Lehrer; Ha-
pagiaukatapegeta, ich lehre dich, und Hemoka-
chiuátapegioà, du lobest mich.

Solcher Sprachen mußten die Missionare nur in Paraguay allein an 14 studiren, und in einigen derselben
predigten sie.

Man hat nicht unrecht, die hierher gehörigen Nationen in berittene und unberittene abzutheilen.
Zu den erstern gehören die Abiponer, Mocobies,
Tobas, Mbayas, Amocobis, Quaycurus und
Quenoas, von welchen wieder die Charruas eine
Unterabtheilung machen.— Zu den unberittenen gehören
die bekanntern Guaranier und viele andere, vorzüglich
viele in Wäldern wohnende, als die Quajaki. Manche Völkerschaften ließen sich auch wohl mit gleichem

°) Wir sonst so brave und verständige Deutschen haben die Mucke
vor allen Völkern wie es scheint, absonderlich voraus, Alles bestimmen zu wollen, das Wetter wie den Appetit, und nächstdem
Alles von vorher zu demonstriren; nämlich, wie eine Bratwurst
schmecken und sättigen muß, ehe wir wissen, woraus sie gemacht
wird. —

Rechte zu beiden Völkerschaften rechnen, als die Pay-
quas. — Uebrigens werden allgemein die berittenen
Nationen für stärker und langdauernder gehalten.

Die beiden wichtigsten Nationen unter den berittenen
und unberittenen Indiern sind wohl die Abiponer und die
Guaranier.

Die Abiponer wohnten ehemals in der Provinz
Chako, aber in den langwierigen und blutigen Kriegen
mit den Macobis mußten sie zum Theil über den Parana gehen, und sich unter spanischen Schutz begeben;
jedoch auch diese Schützlinge Spaniens sind noch jetzt, was
sie ehedem waren, und mehrere der hierher gehörigen
Nationen sind ihnen an Gestalt, Sitte und Lebensweise
sehr ähnlich.

Feste Wohnsitze haben sie nicht, denn sie schweifen
stets zu Pferde umher, aber sie kommen doch über gewisse
Grenzen, vom 23sten bis 32sten Breitengrade, zwischen
den Flüssen St. Fé und Rio Vermejo, und von Osten
nach Westen von dem Parana bis gegen Cordova hin,
nicht hinaus.

Sie sind hochgewachsene Menschen, voll lauter Sehnen und Muskeln, breitschultrig, einnehmend an Gesichtsbildung, mit gebogener Nase, schwarzem, aber
kleinen Auge und bräunlicher Farbe. Die Weiber, die
sich nicht aller Witterung aussetzen, sondern sogar Son-
nenschirme tragen, sind viel weißer.

Es ist der Frauen Geschäft, die Haare, selbst die Augenbrahnen und Wimpern auszureißen. Sie lachen über
die starken Augenbrahnen der Europäer, und nennen sie
Straußenbrüder. Auch das Kopfhaar wird an der
Stirn fast bis an den Scheitel weggerissen, und das
übrige Haar rund geschoren. Die sogenannten christlichen tragen einen Zopf. Den Wittwen wird zur Trauer

Der ganze Kopf geschoren, welches unter vielem Wehklagen geschieht. Bis zur neuen Verheirathung tragen sie
Kappen von schwarzen und grünen Fäden.

Ihre Lebensart ist rauh und hart. Bei ihrem wo-
chenlangen Umherreiten auf den hart ledernen Sätteln
werden ihre Pferde weit eher wund, als sie selbst, auf
feuchtem Boden bringen sie die Nacht zu, halten Tage
lang mit unbedecktem Kopf die Sonnenhitze ohne Nach-
theil aus, schwimmen durch die mächtigsten Flüsse plau-
dernd und scherzend, und erkranken nicht. Einen ins
Fleisch gedrungenen Dorn schneiden sie ohne ein Zeichen
des Schmerzes aus, ihre Knaben schon zerritzen und zer=
stechen sich die Arme, und die Männer fordern sich bei
Schmausereien heraus, wer den meisten Schmerz ertragen kann, wobei sie die allerempfindlichsten Stellen und
Glieder zersetzen.

Ihre Gewandtheit ist groß, und selbst 90jährige
Greise schwingen sich ohne Steigbügel auf das wildeste
Pferd. Der höchste Baum ist, um des Bienenhonigs
willen, leicht erklettert, in einer großen Entfernung ein
Gegenstand ausgespäht und der Geruch äußerst fein.

Ihr Wohlseyn dauert bis ins höchste Alter, und
wenn Jemand von 80 Jahren stirbt, sagen sie, er sey
jung gestorben. Aber keine Art Wollust entnervt den
Abiponer in der Jugend, und wenn er verheirathet ist,
ist er auch da noch mäßig im Genuß. Nie findet man
Jünglinge und Mädchen in Gesellschaft, und beim zu-
fälligen Zusammentreffen entfernen sich die erstern. Jedes Geschlecht hat zum täglichen Baden seinen eigenen
Platz.

Das neugeborne Kind wird, wie bei unsern alten
Stammherren, mit welchen diese Nation an Kraft und
Sitte viel Aehnliches hat, sogleich gebadet, in altes
Zeug oder in eine Seeotterhaut gehüllt, und kriecht sehr
bald auf der Erde herum. Die Mutter, die eben auch

im Reiten geübt ist, nimmt auf Reisen das Kind in einem Sack oder einer Haut mit, wo es an der Seite des Pferdes neben jungen Hunden und Kürbissen herabhängt; oder der zärtliche Vater nimmt selbst seinen Säugling vor sich aufs Pferd.

Die Mutter nimmt beim Baden schon den Säugling mit in den Fluß, und lehrt den jungen Knaben schwimmen. Bald kommt derselbe so weit, daß er mit Bogen und Pfeil auf Vögel und andere kleine Thiere Jagd macht, und nach dem Ziele schießt, sich aufs Pferd schwingt und Wettrennen anstellt. Dabei trinkt der Knabe Fluß- und selbst Morastwasser, ißt frisches Wildpret, Vögel und Fisch — Alles höchstens nur geröstet.

Der Abiponer fastet auf langen Zügen, fast wie ein Raubthier, und erträgt den Hunger lachend, entschädigt sich aber nachmals durch sehr reiche Mahlzeiten.

Eine Binsendecke über ein Paar Stangen befestigt, macht die Hütte dieser festen Menschen, um welche in der Regenzeit ein Graben gezogen wird, damit das Wasser abfließe. — Ihre Pferde gehen frei umher. Man gesellt ihnen aber eine zahme Stute zu, mit einem Glöckchen am Halse, um welche sich die übrigen Pferde sammeln.

Eine ungehäutete, unzugerichtete Ochsenhaut, an den vier Seiten etwa eine Spanne hoch aufgestülpt, und in dieser Lage durch Riemen so lange gehalten, bis diese Form dauerhaft geworden, macht ihr Kanot oder Pelota, mit welchem sie Ladungen über die reißendsten Ströme bringen, indem einer, der voran schwimmt, mit einem Strick zwischen den Zähnen das Fahrzeug zieht, und ein anderer, in der Mitte desselben stehend, das Gleichgewicht erhält. Selbst Menschen setzen sich auf diese Weise über.

Der Abiponer hüllt sich in ein vierecktes, von den Weibern aus Baumwolle oder Wolle gewebtes, vielfarbiges Stück Zeug, welches für die kältere Witterung aus Otterfellen zusammengenäht ist. Zuweilen wird noch ein Mantel darüber hergenommen. Man weiß nichts von Schuhen, Strümpfen und Beinkleidern; auch der Kopf wird nur von einigen auf langen Reisen mit einer rothen wollenen Binde verhüllt. Einige fangen auch an, die Hute der Europäer zu schätzen.

Alles tättowirt sich; die Männer mit einem Kreuze an der Stirn, einigen Strichen an den Augenwinkeln und auf den Wangen, aber die in der Bekleidung den Männern fast ganz gleichen Frauen ritzen sich mit Dornen gar viel und mancherlei Figuren ein, und sehen an Armen und Beinen wundersam bunt aus. — Für mannbare Mädchen ist es eine Schande, wenn sie sich, weil die Operation sehr schmerzhaft ist, nicht wollen tättowiren lassen.

Der ebenfalls von den Weibern verfertigte Hausrath besteht in einigen irdenen gebrannten und bemalten Töpfen und einer Art Spaten, um Wurzeln damit auszugraben, aber auch im Nothfall damit gegen den Feind sich zu vertheidigen.

Auf ihren Zügen haben sie eine Menge Hunde mit, die die Pferde in Ordnung halten, das Wildpret, und namentlich Strauße (Kasuare) eintreiben, und andere Thiere fangen, von welchen man ihnen Kopf und Eingeweide überläßt.

Die Abiponer theilten sich in drei Hauptstämme, von denen einer durch die Spanier fast gänzlich aufgerieben ist, der andere auf Ebenen, und der dritte in Wäldern, sich aufhält — sämmtliche drei Stämme sollen jetzt nur aus 5000 Köpfen (Kriegern?) bestehen. — Eine Verminderung ihrer ehemals bedeutenden Zahl liegt, außer den schon vielmals angeführten Ursachen, auch darin, daß sie (jetzt vielleicht mehr als einst) die Frucht umbringen, vornämlich deshalb, weil sich die Frauen während eines

fast dreijährigen Säugens der Kinder des Mannes ent-
halten müssen, in welcher Zeit die Männer denn andere
Frauen nehmen. Sie verschonen jedoch die weiblichen
Gebarten, weil die Polygamie bei ihnen eingeführt und
die Sitte gangbar ist, daß die Mädchen verkauft werden.
Daher sieht man auf ihren Zügen weit mehr Frauen und
Mädchen als Männer *).

Die wild umherstreifenden Abiponer sind immer noch
den Spaniern gefährlich, weil sie ein so kriegerisches
Volk sind.

Sie scheinen eben so gute Redner zu seyn, als die
nordamerikanischen Wilden. — Die Kaziken zweier
Stämme lieferten einander ein Treffen. Der Sieger,
der dem feindlichen Kaziken nebst fünf seiner vornehmsten
Krieger die Köpfe abgehauen hatte, ließ dieselben an
einem hohen Galgen aufhängen, und hielt nun dem Volke
vom Pferde herab eine Rede.

„Sehet da, hieß es, die Strafe für so vielmahl ge-
„brochene Treue! Sehet die Siegeszeichen unserer Tap-
„ferkeit! Weidet euch an den Köpfen unserer verderb-
„lichsten Feinde, die mich lange nicht zu Athem kommen
„ließen, die uns so viele schlaflose Nächte gemacht, uns
„zu beschwerlichen Zügen genöthigt und viele Wunden
„geschlagen haben. Dieser (der feindliche Kazike) konnte
„uns weder besiegen, noch von uns besiegt werden, bis
„der große Tag uns, die wir an kein Gefecht dachten und
„es sogar vermieden, den herrlichen Sieg aufdrang.
„Laßt aber auch das Glück an unserem Siege Antheil ha-
„ben: dennoch sind wir ihn mehr unserer Tapferkeit schul-
„dig. Der, welcher unsern Hälsen drohete, ist durch

---

*) Diese Angaben stimmen nicht recht mit den vorhergehenden, und
Azara giebt keinesweges eine Auskunft, beide zu vereinigen. Wir
lassen sie wie sie sind, ohne durch Vermuthungen eine Ausglei-
chung anzustellen. Uns gebührt nur, die Treue in den Angaben
in Acht zu nehmen. — Die Vermuthungen gehören dem Leser.

Aa 2

„meine Lanze entſeelt, und kann weder mehr drohen, noch
„gefürchtet werden. Auch ſoll er nicht beweint werden,
„er, der aller Thränen ganz unwerth iſt. Obgleich mit
„uns dem Blute nach verwandt, war doch ſein Herz
„entfernt von uns. Seinen Haß, ſeinen Betrug, ſeine
„Wuth und Galle goß er über uns aus. Höhnt nun
„den Meineidigen, der ſo viel Verrätherei ausgekocht
„hat, aber er ſey euch auch zum warnenden Beiſpiel, da-
„mit euch nicht einſt daſſelbe Schickſal treffe! Gedenkt,
„daß ihr den Spaniern eure Treue gelobt habt, ſeyd red-
„lich und mir folgſam, der ich für euer Wohl Sorge
„trage. — Den Reſt der Feinde achte ich nicht. Die
„Streitbarſten liegen auf dem Schlachtfelde, und die
„übrigen ſind feig und flüchtig und leben nur darum
„noch, weil ſie unſern Augen und Händen entflohen.
„Iſt die Quelle verſiegt, ſo vertrocknen auch die kleinen
„Bäche. Hat man erſt einer Schlange den Kopf abge-
„ſchnitten, ſo iſt der übrige Körper unſchädlich, obwohl
„er ſich noch eine Zeitlang regt, und verdorrt bald" °).

Wie faſt alle hierher gehörende Nationen, haben auch
die Abiponer (nach Azara) keinen Begriff von einem Gott
und keine Religion (doch fürchten und verehren ſie, wie
die übrigen Völkerſchaften, einen Teufel?) behandeln ihre
Sklaven mit unglaublicher Milde, leiden aus Abſcheu den
Todten keinen Augenblick in der Hütte, ſondern ſchleppen
ihn auf den Begräbnißplatz und begraben ihn in einer
Ochſenhaut in den Wäldern mit Allem, was ihm zuge-
hörte, in eine flache Grube; ſelbſt die Pferde, die der
Lebende ritt **). Vor der Beerdigung werden den Ver-
ſtorbenen Zunge und Herz ausgeſchnitten.

°) Obwohl der referirende Pater Miſſionar die wörtliche Wahrheit
dieſer nicht einmal vollſtändig gelieferten Rede bezeugt, ſo ſcheint
doch europäiſche Kunſt und Witz einen ſichtlichen Antheil daran zu
haben

**) Fällt ein Kazike in einem Treffen, ſo ſchneiden ſich die Männer
das lange Haar ab, die Weiber heulen, ein Todtenmahl mit

Die Guaranier oder Guaranys waren in die-
sen Gegenden ausgebreiteter als die andern Nationen, und
hatten den größten Theil des portugiesischen Brasiliens
nebst mehrern andern Gebieten in Besitz. Jetzt wohnen
sie meistentheils in großen Flecken oder Ortschaften, und
werden noch, trotz ihres gewaltigen Abnehmens, zu
100,000 Seelen geschätzt.

Sie sind großentheils den Spaniern ergeben, von
welchen sie unter allen Nationen zuerst den Gebrauch des
Pferdes lernten, und diese haben ihnen, die oftmals mit
mehr als 8000 Mann gegen die übrigen Wilden zu Hülfe
kamen, den Besitz des Landes zu danken. (Im Kriege
bedienen sie sich ebenfalls der Pferde.) Doch ziehen noch
viele wilde Guaranier umher, und wahrscheinlich ist deshalb ihre Sprache sehr ausgebreitet. Diese letztern sind
meistentheils in kleine Horden eingetheilt.

Die freien Guaranys leben größtentheils in Wäldern
oder in der Nähe derselben. Sie lebten sonst von Honig,
wilden Thieren, Affen, Fischen u. s. w., die sie mit Pfeilen erlegten. Manihot, Mais, Bohnen, Kürbisse erbaueten sie selbst, und hatten Magazine für ihre Ernten,
um in der schlimmen Zeit gedeckt zu seyn.

Ihre Sprache, die für sehr reich gehalten wird, ist
doch der Nasen= und Kehllaute wegen äußerst schwer, und
man zählt in derselben nicht über vier. Für viele Laute
mußten die Jesuiten eigene Zeichen erfinden.

Sie werden kleiner, als die Spanier, als eine flei-
schige, untersetzte, dunkelröthliche, aber häßliche Nation
beschrieben. Man will bemerkt haben, daß ihre Knochen

Singen, Trommeln und Trinken wird gehalten, die Pferde werden nebst Lanzen um das Grab gestellt und ein Topf daneben gesetzt, damit der Verstorbene nach Belieben reiten, jagen oder trinken möge. Die abgeschabten Gebeine eines außer Landes gefallenen Feldherrn führt man mit Pracht und Gesang zu den Begräbnißstellen der Väter.

auf den Begräbnißplätzen weit schneller verwesen, als die
der Spanier. Aeußerlich sind sie ernsthaft, finster und
niedergeschlagen, sprechen nur wenig und leise, lachen
nie laut und zeigen im Gesichte keine Spur von Leidenschaft. Nie sehen sie dem ins Gesicht, mit dem sie
sprechen.

Von Gesetz, Pflicht, Lohn, Strafe, Gottheit und
Religion sollen sie nichts wissen. Bei ihren Heirathen
gehen sie gleichgültig und ohne alle Gebräuche zu Werke,
und sind so wenig eifersüchtig, daß sie ihre Weiber und
Töchter den ersten Eroberern willig Preis gaben, welches
die Bekehrten selbst noch heutiges Tages thun. — Die
Mädchen heirathen schon im zehnten oder zwölften Jahr.

Daß sie Tänze haben, bei denen sie aber wenig von
der Stelle kommen, und die mit einer Klapper, aus Kür-
bisschale und Maiskörnern gemacht, begleitet werden, ist
wohl gewiß.

Jede Horde hat ihren eigenen Kaziken, dessen Würde
zwar erblich ist, der aber in Kleidung und Lebensart sich
keinesweges unterscheidet, und keine Art Tribut oder
Dienstleistung erhält.

In der gespaltenen Lippe trägt man ein Stück Harz,
der Kopf hat eine Tonsur, wie bei den Priestern der Ka-
tholiken, und der Leib ist mit nichts bekleidet, als einem
kleinen Beutel, um die Zeugungstheile zu verbergen, und
selbst die Weiber scheinen keinen andern, als einen ähnlichen Putz zu kennen. Doch schneiden sie die Haare nicht
ab, und tättowiren sich mit einigen blauen Streifen von
der Stirn an bis über die Nase herunter.

Alle verschiedenen Stämme der Guaranier sollen in
mancherlei Sitten sehr verschieden seyn, indem sie wenigen
oder gar keinen Verkehr mit einander haben. Es soll
sonst einige gegeben haben ohne gespaltene Unterlippe,
andere, die sich zu beiden Seiten die Nasen mit kleinen

Stückchen von blauen und weißen Steinen belegten; einige verfertigten baumwollene Matten, andere nicht; fast alle aber beerdigten ihre Todten in Gefäßen von gebrannter Erde.

Ihre Waffen sind Pfeile und Bogen, mit welchen sie äußerst gut treffen, und eine Keule von 3 Fuß lange. Ihre Kinder wissen mit Kugeln von gebrannter Erde auf 30 und 40 Schritt Vögel und kleines Wild zu erlegen. Uebrigens scheinen die wilden Guaranier allen Verkehr mit andern Nationen aufs sorgsamste zu vermeiden.

———

Die Payaguas oder Payaquas, längs dem Parana und Paraguay, gehören zu den wildesten Indiern, die ehedem mit ihren großen Kähnen den Spaniern Schiffe wegnahmen, und sind im Schwimmen, Fischen und im Schiffen ungemein geschickt. Selbst im Sturm befährt der Payaqua den großen Strom, und, wenn der Kahn umstürzt, setzt er sich reitend auf die andere Seite desselben. Sie tauchen bis in die Tiefe hinab, und kehren mit einem gefangenen Fische wieder zurück. Mit ihren durch Feuer ausgehöhlten, 40 Mann fassenden Kriegskähnen fuhren sie an 400 Meilen, und verheerten die spanischen Kolonien. Ein großer Theil derjenigen, die sich noch nicht in eine Mission haben zusammendrängen lassen, setzt die alte Feindseligkeit gegen die Spanier noch fort, dahingegen der Stamm Tacunbir, der sich zu Assumption niedergelassen hat, den Spaniern sehr ergeben, und durch Fischfang, Verfertigung von Kähnen, baumwollenen Decken, sehr nützlich, aber keineswegs denselben unterworfen, noch auch von seinen alten Sitten abgewichen ist, außer, daß er erlernt hat, gern und viel Brantwein trinken, und den größesten Theil des Erwerbs in demselben verwendet. Wollte man diese Menschen irgend einmal zwingen, so würden sie insgesammt fortgehen und die alten Feindseligkeiten erneuern.

Sie sind große und kräftige Menschen, die es mit den Augenbrahnen und Wimpern eben so halten, wie die Abiponer. Der Busen der Frauen hängt bis auf den Gürtel herab, welches aber nur durch Kunst hervorgebracht wird. Die Männer gingen sonst durchaus nackt. Jetzt bekleiden sich doch einige, zumal bei schlimmem Wetter, mit einem Stück Zeug, das ihre Weiber aus Baumwolle verfertigen, oder mit einer Art kaum über die Schaam hinabreichendem Hembe, und manche malen sich nur blos ein Hembe, auch wohl noch eine Weste und ein Paar Hosen, auf den bloßen Leib, und dünken sich stattlich bekleidet. Der Tembita, oder der Lippenschmuck, eine Eigenheit aller hier beschriebenen Nationen, hängt ihnen bis zur Brust hinab. In das eine Ohr binden sie einen Geierflügel, die Haare erhalten durch Farbe einen blutrothen Glanz, Schnüre von großen Glaskugeln schmücken Hals, Arm und Beine, und der Körper wird mit allerlei Farben bemalt, selbst der After. Die Hinterhaare werden mit einem Riemen zusammengebunden, die vordern aber abgeschnitten.

Die Weiber umhängen sich mit selbst gefertigtem Zeuge. Die mannbaren Mädchen werden mit unvertilgbaren Strichen und Kettchen im Gesicht tättowirt. Frauen tättowiren auch andere Glieder, und bemalen sich auch. Der Zustand deeselben scheint nicht so schlimm, wie bei so vielen andern Wilden. Doch essen sie kein Fleisch, weil es ihnen, sagen sie, schaden würde.

Beim Essen, zu welchem nur der Hunger die Zeit bestimmt, bedienen sie sich des Zeige- und Mittelfingers als eines Löffels, um Brühen zu genießen, sondern blos durch die Zunge die Gräten vom Fleisch der Fische ab, und sammeln die Gräten in den Seiten der Backen, um sie auf einmal auszuwerfen *). Vor Milch haben sie einen

---

*) Mehrere Nassen machen es eben so.

großen Abscheu. Von dem Trunk sind sie aber, wie alle hier erwähnte Indier, große Freunde.

Ihre Hütten sind wie bei den Abiponern. In einem europäischen Hause würden sie um keinen Preis eine Nacht bleiben, aus Furcht, es möchte ihnen über den Kopf zusammenfallen.

Alle Abende werden Versammlungen gehalten, aber weder der Kazike, noch die Versammlung, können etwas befehlen.

Kommt eine Schwangere nieder, und es hält schwer, so klappern ihr die andern etwas vor. Nach der Niederkunft geht die Entbundene durch zwei Reihen Weiber, die ihre Mäntel oder Kleider vom Hause an bis an den Fluß ausgebreitet halten, gleichsam, um sie gegen den Wind zu schützen, und badet sich.

Brantwein trinken nur die Männer, welche verheirathet sind, nicht die Jünglinge, und die Frauen nur selten, und nur dann, wenn sie ihn sich selbst haben kaufen können. Die Männer trinken aber und essen nie dazu, weil man durch Essen dem Getränk nur den Platz raube. Den Betrunkenen führt meistentheils die Frau in seine Hütte, wo er es denn sehr großsprecherisch, aber immer nur mit leiser Stimme prahlend, mit der ganzen Welt aufzunehmen sich rühmt. Man hat jedoch kein Beispiel, daß sie trunken Händel anfingen.

Im Junius feiern alle Familienväter ein Fest, welches auch mehrere hiesige Nationen begehen, und zu welchem man sich prächtig bemalt, und den Kopf in seltsamen Figuren mit auffallenden Federn schmückt. Die Hauptsache dabei ist, tüchtig zu trinken, und, wenn sie betrunken sind, kneipt einer den andern in den Arm, Schenkel und Bein, und der geknippene Fleck wird mit einer Gräte oder einem Holzsplitter durchstochen. Dies geht bis gegen den Abend fort, und mancher ist über und über befpießt. Zuletzt wird nicht nur die Zunge, sondern auch noch ein weit empfindlicheres Glied, durchfpießt, das Blut von der erftern mit hohler Hand aufgefangen und ins Gesicht geschmiert, das Blut des andern läuft in ein kleines mit dem Finger gegrabenes Loch.

Natürlich, daß der ganze Körper eine Zeitlang wie mit Eiterbeulen bedeckt ist, und daß sie mehrere Tage nicht ausgehen, und ihren Kindern Unterhalt verschaffen können.   Indessen erhebt sie das Bewußtseyn, einen großen Beweis von Tapferkeit abgelegt und einen großen Schmerz ohne Aechzen und Stöhnen, selbst ohne eine Veränderung der Miene, ertragen zu haben.

Die Todten werden nebst ihren Waffen von alten Frauen in einen Mantel eingehüllt, und durch einen eigenen Menschen sonst in sitzender Stellung beerdigt, so, daß der Kopf aus dem Grabe ragte, welcher denn mit einem Topfe bedeckt wurde; jetzt aber beerdigen sie, wie die Spanier.   Man reißt das Gras auf dem Grabe aus, und überbaut es mit einer Hütte; ja, bei geachteten Verstorbenen setzt man buntbemalte Töpfe umgestülpt auf das Grab.

Ihre Waffen sind wie bei den Guaraniern, und ihre Geschicklichkeit im Gebrauche derselben ist sehr groß.

Sonst brachten sie alle eigentliche Krieger um, die in ihre Gefangenschaft geriethen, Weiber und Kinder aber wurden verschont — eine fast allgemeine in hiesigen Gegenden herrschend gewesene Sitte.

Sehr ermüdend würde es der vielen Wiederholungen wegen seyn, alle bekannte Nationen mit gleicher Umständlichkeit zu behandeln.   Einzelnheiten und zum Schluß einige allgemeine Bemerkungen werden uns genügen.

Die Charruas haben einst den Spaniern viel zu schaffen gemacht.   Sie wohnen jetzt unter bloßen Häuten, die über ein Paar grüne Zweige ausgebreitet werden. Sie müssen aber in ihre Hütten hineinkriechen, wie die Kaninchen in ihren Bau. Das Fleisch wilder Kühe ist ihr gewöhnlichstes Nahrungsmittel.

Des Abends kommen alle Familienhäupter zusammen, und berathen sich, wer des Nachts Schildwache stehen soll, oder hören einem Angriffs- oder Vertheidigungsplan zu.

Ihre Privatstreitigkeiten machen sie dadurch aus, daß sie sich mit Fäusten bläuen, so lange, bis einer von beiden davon geht. Dann ist die Sache aus. Es scheint, daß sie niemals mit Waffen ihre Händel ausführen.

Im Kriege sind sie äußerst vorsichtig und überhaupt sehr mißtrauisch, verschlagen und überaus gewandt. Sie haben den Spaniern mehr zu schaffen gemacht, als die Armeen der Ynkas und der Mexikaner. Jetzt sind sie nur noch 400 Krieger stark, aber auch diese haben noch die alte Tapferkeit.

Sie sind meistentheils Monogamen. Hat aber ein Mann mehrere Frauen, so verläßt ihn diejenige gewiß, die einen Mann allein haben kann. Nichts hindert beide Theile, sich von einander zu trennen, doch geschieht das sehr selten.

Das Ablösen eines Gliedes am Finger zur Trauer über nahe Verwandte ist bei dem weiblichen Geschlecht, Frauen und Töchtern üblich, auch durchstechen sie sich mit dem Messer des Verstorbenen die Arme, und selbst Brust und Seiten bleiben nicht verschont [*]. Dann halten sie sich zwei Monate in ihren Hütten einsam. Nie aber trauert der Mann über einen Todesfall. Erwachsene Kinder verbergen sich einige Tage in einer Hütte. Dann werden sie von einem Indier von der Handwurzel an bis

---

[*] Auch die Minuanes haben diese Art Trauer.

an die Schultern hinauf mit 4 Linien breiten Rohrsplinten
so durchspießt, wie es von der vorigen Nation bei ihrem
Feste erzählt ist.   Hierauf begibt sich der Leidtragende
nackt und allein in den Wald oder auf eine Anhöhe, ohne
Furcht vor den Vaguareten.   Er gräbt sich hier mit einem mit eiserner Spitze beschlagenen Stock ein Loch, welches ihm bis an die Brust reicht, und in welchem er eine
Nacht aufrecht stehend zubringt.   Mit Tages Anbruch
begiebt er sich in eine Hütte, zieht sich die Splinten aus,
fastet und schläft einsam zwei Tage, dann bekommt er
zehn Tage spärliches Essen, und hierauf ist die Trauer
vollbracht.

Seltsam ist es, daß man bei diesem Volke, wie bei
mehrern andern, keine Spur von Tanz und Gesang bemerkt haben will.

Die Pampas, in den unermeßlichen Ebenen gleiches Namens, essen nur das Fleisch der wilden Pferde,
aber niemals das von wilden Kühen.   Sie und einige
verbündete Nationen haben lange mit den Spaniern, denen sie das Vieh stahlen, im Krieg gelebt, und die Spanier genöthigt, 11 Forts zum Schutz von Buenos Ayres
anzulegen.

Wie muthig und entschlossen diese Nation ist? —
Fünf gefangene Pampas hatte man auf ein Kriegsschiff
mit 650 Soldaten bemannt, gebracht.   Als das Schiff
fünf Tage in See war, erhielten die Pampas die Er-
laubniß, frei herumzugehen.   Einer derselben riß einem
Soldaten den Säbel von der Seite, tödtete blitzschnell
zwei Steuermänner und vierzehn Matrosen und Soldaten.   Im nämlichen Augenblick wollten die andern vier
die Waffen der Getödteten nehmen, wäre nicht die stark-
besetzte Wache mit Feuergewehr herbeigeeilt.   Da stürzten sie sich stracks in Meer, wo sie umkamen.

Sie leben jetzt mit den Spaniern zwar in Frieden, sind aber stets mißtrauisch, auch wenn nur ein Einzelner durch ihr Land reiset. Sie kommen nach Buenos Ayres, um sich Brantwein, Thee, Zucker, Feigen, Rosinen, aber auch Sporen und Gebisse für ihre Pferde, Messer u. s. w. gegen Salz, Pferdezügel, Straußfedern u. s. w. einzutauschen. Zuweilen kommen ihre Kaziken zu dem Vicekönig, der ihnen Geschenke machen muß. Ihre Reden halten sie dann mit starker und lauter Stimme, da sie sonst doch ebenfalls sehr leise sprechen.

Die Haare binden die Männer auf dem Scheitel mit Riemen zusammen; die Weiber scheiteln und flechten sie in 2 Zöpfe, die über die Ohren herabhängen. Es ist anzeigenswerth, daß die Weiber sich häufig waschen und sehr reinlich sind.

Die Männer tragen im Staat eine Art Hemde (Poncho), das nicht viel über die Hüften hinabgeht, und setzen noch einen Hut auf; ja, die Reichen haben auch wohl noch eine Weste und eine um die Lenden geschlagene Decke. Die Kaziken tragen Rock und Weste (meistens Geschenke des Vicekönigs), aber nicht Hemd und Hosen. — Der Poncho der Frauen geht bis über die Knie, und sie und die Töchter der Reichen putzen sich mit Ohrgehenken, Halsbändern, Kupferstückchen am Poncho, Stiefeln von dünnem Leder, und die Zügel der Pferde (denn Mann und Weib sind treffliche Reiter) sind bei ihnen, wie bei den Männern, mit vielen Silberplättchen überhängt.

Sie sind treu in der Ehe und voll Liebe gegen ihre Kinder, wohnen unter Zelten von Pferdehäuten, und schlafen auf Häuten; Bogen und Pfeile scheinen sie nie gehabt zu haben, aber dagegen Wurfspieße oder Lanzen, und in Leder gewickelte mit Riemen versehene Kugeln von runden Steinen, die sie auf hundert Schritte so schleudern, daß sie sich um den Hals oder Fuß eines Thieres oder Menschen herumschlingen und verwickeln. Auch haben sie einzelne mit Leder überzogene Kugeln, die sie auf 50 Schritt weit auf ihre Feinde selbst im Galopp mit größter Sicherheit in Schlingen abschleudern. Sie haben zuweilen Strohwische darauf befestigt, und Häuser in Buenos Ayres, ja selbst Schiffe, damit angezündet. — Einen starken wilden Ochsen tödteten sie nicht selten auf Einen Wurf.

Ihre Zahl mag jetzt sehr unbedeutend seyn. Es mag jedoch seyn, daß manche Nationen, die sich mit ihnen vereinigen, wirklich zu ihnen gehören — z. B. die großen Tehuelhuets aus Patagonien. — Doch vielleicht ist dies auch nicht der Fall.

———

Die Tupys, am östlichen Ufer des Paraguays, sollen nach den Sagen der Guaranier Menschenfresser seyn, und in einer Art Nester auf Bäumen leben. So viel ist gewiß, daß sie sehr wild und grausam sind.

Man hatte vor 19 Jahren zwei ihrer Mädchen ge= fangen, die alle Frauenzimmer küßten, und überaus zu= thätig waren, alle Kleidungsstücke aber meistens ganz verkehrt, und an die unrechten Glieder und Theile des Körpers anzogen, sich täglich einigemal badeten und gern zusammen tanzten. Ihre Sprache war leicht zu sprechen und zu schreiben.

Nach ihren Aussagen kannte ihre Nation Maniḧot=, Mais, Kalebassen= und Bohnenpflanzungen, wußte dar= aus Brod zu backen, lebte vor der Erndte von Baum= frucht und wildem Honig, deckte die Hütten mit Palm= blättern und ging ganz nackt. Schnüre und Bänder von Muschelschalen sind ihr Putz. Ihre Waffen sind wie bei den Guaraniern, auch haben sie steinerne Aexte, und leben mit allen Nachbarn in stetem Krieg. Körbe aus Rohr geflochten sind sehr kunstreich, und dienen zum Aufbe= wahren der Lebensmittel.

Sie sehen heller und heiterer, als die Guaranier. Die beiden Mädchen gaben sich alle Mühe, jede Nacht einen Guaranier bei sich zu haben, und waren wüthend, wenn man ihnen hinderlich war.

Die Guanas, östlich, am Paraguay, vom 21 bis 26 Grade, sind nach den Guaraniern am zahlreichsten, und bestehen aus 8300 Seelen, die in 6 Hauptstämme vertheilt sind. — Sie wohnen unter großen, gewölbten, mit Stroh gedeckten Hütten, worin für 12 Familien Platz ist, deren Stellen aber nicht durch Scheidewände abgetheilt sind. Täglich werden diese Hütten ausgefegt, durch welche Reinlichkeit sich diese Nation eben sowohl auszeichnet, als dadurch, daß sie in Betten auf Gestellen schlafen. Sie legen Baumzweige auf das Gestelle, und Stroh darüber her, und decken sich mit Häuten zu.

Die Braut, ehe sie den jungen Mann heirathet, macht erst Alles aus, ob sie Decken verfertigen, die Hütte mit errichten, das Feld mit bestellen, alle Speisen, oder nur die Gemüse, bereiten, mehrere Frauen neben sich selben, oder sich selbst mehrere Männer halten darf, und wie viel u. s. w. Aber freilich, der Weibspersonen sind hier sehr wenig, weil die Mütter die meisten weiblichen Kinder nach der Geburt umbringen und verscharren — blos, sagen sie, damit die Mädchen desto mehr Nachfrage und ein glücklicheres Loos haben mögen.

Die Weiber halten auf Reinlichkeit und die Männer mithin auch, um ihnen gefällig zu seyn. Nicht seine Frau, aber deren Verführer, straft der Mann durch eine Bastonade, die er ihm, unter Beihülfe einiger Freunde, oft so derb gibt, daß das Leben darauf geht.

Die Guanas verdingen sich bei andern Indiern, und bei Spaniern häufig als Knechte. Bei dieser Gelegenheit heirathen sie oft eine Indierin von einem andern Stamme, oder eine Negerin, und bauen sich dann in fremden Gegenden eine Hütte, kehren aber, wenn ein Kazike den Aufruf zu ihnen kommen läßt, wieder zurück.

Sind die Knaben 8 Jahr, so ziehen sie am frühen Morgen aufs Feld, und kehren ganz nüchtern Abends paarweise zurück, wo sie denn tüchtig durchgehauen, dann von alten Weibern am ganzen Körper gezwickt und geknippen werden, und hierauf es leiden müssen, daß man ihre Arme mit spitzen Knochen durchstiche. Wenn sie Alles ohne eine Aeußerung von Schmerz ertragen haben, geben ihnen die Mütter Mais und Bohnen zu essen.

Ein allgemeines Fest ist das bei den Payaguas beschriebene; überdem berauschen sich die Männer, so oft sie können, und ergreifen dazu jede Gelegenheit, z. B., wenn ein Sohn geboren ist.

Ihre Aerzte sind blos alte Weiber, und ihre Todten beerdigen sie dicht vor den Hütten, um recht oft an dieselben zu denken.

Im Kriege fechten sie tapfer, und erwürgen Alles, was männlich und über 12 Jahr ist. Nie aber fangen sie einen Krieg an; gefangene Kinder und Frauen werden als die Ihrigen angesehen.

― Die Mbayas wohnten in der Provinz Chaco zwischen dem 20 bis 22sten Grad, begaben sich aber auch aufs östliche Ufer des Paraguays, brachten viel Guaranier um, gingen weiter östlich und zerstörten die spanische Stadt Xerez von Grund aus, und vertrieben die Spanier aus einem großen Distrikt, gingen dann nach Süden vor, richteten viele Verwüstungen an bis dicht vor der Stadt Assumption, und tödteten einige hundert Spanier. Von 1746 bis 1796 war Friede, der aber aufhörte, als ein spanischer Offizier einige Mbayas getödtet hatte. Sie wurden aufs neue furchtbar; der Friede ist jedoch wieder vermittelt.

Sie sind eine tapfere und kräftige Nation, welche ihr Wort hält, und halten sich für die edelsten unter den Menschen. Sie wandern überall in andern Provinzen umher, leben von dem Ackerbau, den ihre Sklaven treiben, vom Fischfang und der Jagd, fangen auch an, Kühe und Schaafe zu halten, aber am höchsten schätzen sie ihre köstlichen Pferde, denn sie sind treffliche Reiter.

Im Kriege haben sie tausend Finten. Sie reiten auf ihrem schlechtesten Pferde, und führen das beste Streitroß, welches gleich vor der Schlacht bestiegen wird, am Leitseile hinter sich. Sie suchen den Feind unversehens zu überfallen, und wenn das nicht geht, denselben in einer halbmondförmigen Schlachtordnung zu umzingeln. — Steht der Feind in Reih' und Glied, so machen sie auf Schußweite Halt, und einige steigen von den Pferden ab, gehen nahe an den Feind zu Fuße heran, machen allerlei Sprünge und schleppen die Haut einer Maguarete auf der Erde hin und her, oder aber schwenken und schütteln dieselbe in der Luft, um die feindlichen Pferde scheu zu machen, wo sie dann sogleich blitzschnell über dieselben herfallen.

Sie, wie die meisten dieser Nationen, begnügen sich zum Glück mit einem einzigen Siege. Verständen sie die Kunst, einen Sieg zu verfolgen, so wären die Spanier längst vertilgt.

Die Frauen, welche in der Reinigung sind, essen nie Fleisch, weil einer Frau, die es gethan, Hörner aus der Stirn gewachsen wären. Auch die Mädchen beobachten, kleine Vögel und kleine Fische ausgenommen, dieselbe Enthaltsamkeit. — Die Frauen sind übrigens höchst gefällig und die Männer nicht eifersüchtig.

Zu Zeiten feiern die Frauen ein Fest. Sie tragen Haar, Knochen und Waffen der Feinde auf den Lanzen der Männer um die Hütten herum, und preisen die Tha-

ten der Männer, und am Ende fallen sie sich untereinander an, schlagen sich Mund und Nase blutig, und wohl
oft die Zähne aus, wozu ihnen dann die Männer, bewie-
sener Bravheit wegen, gratuliren, und sich dann tüchtig
betrinken, woran die Frauen nicht den mindesten Antheil
nehmen.

Schrecklich und selbst lebensgefährlich ist die Art, wie
Frauen noch nicht-geborner Kinder sich entledigen.

Kann ein Kranker auf ihren Zügen nicht mit, so
lassen sie ihn, wo er ist, ohne weiter für ihn zu sorgen.
Uebrigens beweint die Verwandtschaft den Todten, beerdigt ihn mit seinen besten Pferden, Waffen, Kleidern
u. s. w., und betrauert ihn nebst Weibern und Sklaven
durch Fasten (Enthalten von Fleisch und Fischen), und
Stillschweigen an drei bis vier Monate.

—————

Die Guaicurus, sonst so berühmt, sind jetzt wahrscheinlich bis auf einen einzigen Mann ganz vertilgt,
welcher sich einem andern Stamm einverleibt hat.

Die Lenguas bestanden 1794 noch aus 14 Manns-
und 8 Weibspersonen. Da ihr Lippenstück wie eine
Zunge aussieht, so haben sie davon bei den Spaniern
ihren Namen erhalten.

Einen Kranken schleppen sie in der That noch vor
dem Tode bei den Beinen aus der Hütte bis 50 Schritt
weit, wo sie ihn mit dem Hintern über ein absichtlich gegrabenes Loch stellen, damit er sich darin entledigen möge.
Zu einer Seite zünden sie ihm Feuer an, zur andern stellen sie ihm einen Topf mit Wasser hin, und sehen von
Zeit zu Zeit hin, ob er todt ist, wo ihn denn alte Weiber
in alle seine Kleider einwickeln, bei den Beinen 100
Schritt weiter schleppen, ihn oberflächlich in ein Loch verscharren, wo dann, nachdem er einige Tage beweint ist,
Niemand seiner weiter gedenkt, oder ihn doch gewiß nicht

benennt, falls auch eine höchst merkwürdige Handlung von ihm erzählt würde *). — Sie scheinen nach einem Todesfall die Namen zu verändern, damit der wiederkehrende Tod keinen herausfinden möge, auf den er es etwa abgesehen hätte.

Von den 19 Stämmen der Machicuys nannte sich einer, so gut es nämlich für einen Europäer auszudrücken möglich, Guibanaelmayesma; ein anderer Gulguailyeguaypon, ein anderer Sanguotaiyamoctoc.

Einer der Stämme wohnt in selbst gegrabenen und reinlichen Höhlen, andere unter Zelten oder Hütten. Erst seit Kurzem haben sie Hunde, die sie so sehr lieben, daß diese ihnen sogar einige Schafe fressen dürfen.

Die Gentuses stechen mit spitzen Stöcken Löcher in die Erde und legen Samenkörner hinein. (Die Guanas nehmen einen Schulterknochen von Pferd oder Stier zu ziemlich nämlichem Behuf °°).

Die Mocobis mögen noch an 2000 Krieger ausmachen, leben ohne allen Ackerbau, und meistens zu Pferde.

Jetzt noch zu einigen allgemeinen Bemerkungen. Fast alle Nationen erreichen ein hohes, sehr hohes, kräftiges und gesundes Alter. Achtzig Jahre scheinen ihnen noch gar nichts. Fast alle Nationen tragen den Barbot oder Lippenschmuck, reißen Augenbrahnen und Augenwimpern aus, und die Weiber werden von dem Eintritt der ersten Reinigung an tättowirt.

*) Sonderbar, wie das nordöstlichste Asien hier und in manchem andern mit diesen Sitten so zusammenstimmt. (S. Asien.)

°°) Auch die mehr Feldbau treibenden Nationen schweifen umher, und erst zur Reisezeit kehren sie zu den besteckten Feldern zurück.

Bb 2

Fast alle führen ihre Kriege durch Beschleichen und Ueberfall.

Daß sie ohne alle Gesetze und Regierungsform leben sollten, wie ihnen Schuld gegeben wird, ist nicht denkbar, da sie Kaziken und Rathsversammlungen haben, und bei einigen Völkerschaften die Kazikenwürde sogar erblich ist.

Ihre Fähigkeiten sind wenigstens nicht ganz gering, wiewohl mehr zum Nachahmen als Erfinden gebildet. In dem nicht zum Vortheile der Kultur jener Gegenden aufgehobenen Reiche der Jesuiten fand man unter den Guaraniern Tonkünstler, Maler, Bildhauer, Uhrmacher, Weber, Glockengießer u. s. w. Sie wurden bald geschickte Abschreiber der Aufsätze in ihrer eigenen, wie auch in der lateinischen Sprache; ja, sie druckten Bücher und gossen sich selbst die Lettern dazu.

Ihr Gedächtniß ist so vortrefflich, daß einige Oberhäupter dem auf dem großen Platze versammelten Volke die angehörte Predigt des Paters wörtlich wieder hielten, und daß eine einigemal von ihnen durchgespielte Symphonie nun aus dem Kopfe ohne alle Fehler gespielt werden konnte.

Daß sie völlig ohne religiöse Begriffe wären, ist schwer zu glauben. Die Arten, ihre Todten zu beerdigen; die Aerzte und Zauberer mit ihren Trommeln, Klappern, die sie haben; die Furcht vor einem bösen Wesen, die mehrern Nationen gemein scheint: lassen eine solche Annahme nicht wohl zu, selbst nicht die Antwort eines Indiers, dem der Pater sagte: er könne sich Gott vertrauen, da dieser Alles bemerke! und der ihm erwiederte: „Pater! ich verlange aber einen solchen Gott gar nicht, der Alles sieht, was ich thue, und sich um Alles bekümmert.‟

Die Mbayas sagen, Gott habe gleich alle Nationen in ihrer jetzigen Anzahl erschaffen und auf Erden ausge-

breitet. Zuletzt hätte er ein einzelnes Paar Mbayas,
Mann und Frau, geschaffen; da aber die Erde schon vertheilt war, ließ er ihnen durch den Vogel Caracara wissen: es thue ihm leid, daß er kein Land mehr für sie
habe, und darum habe er auch nur zwei erschaffen; sie
sollten aber, was sie auch treulich thun, in den übrigen
Ländern umherziehen und alle Nationen bekriegen.

Bei Mondfinsternissen finden sich auch hier Spuren
von den mehrmals beschriebenen Sitten. Die Payaguas
kommen nach dem Tode, die Bösen an einen Ort, wo
lauter Kessel und Feuer sind, die Guten aber unter Wasserpflanzen, wo sie viel Fische hätten.

Die Abiponer halten die Plejaden für das Bild ihrer
Vorfahren. Während es einige Monate nicht sichtbar
ist, sagen sie, der Großvater sey krank, und feiern bei
der Wiedererscheinung ein Fest mit großem Lärm und
Tanz.

Die seltsame uralte Sitte, daß der Mann statt der
Frau die Wöchnerin spielt, und schwere Fasten halten
muß, ist bei mehrern der hiesigen Nationen, und die
Weiber keifen den Mann aus, wenn dem Kinde etwas
fehlt, weil er sich nicht ordentlich gehalten habe.

Ist einem Kaziken ein Sohn geboren, so gibts bei
manchen Völkerschaften, namentlich bei den Abiponern,
achttägige Feier, wo die Mädchen um die Kabane des
Neugebornen tanzen, und mit Palmen an die Wände und
Decken derselben klopfen. Dann läuft die stärkste Frau,
von Hüften bis auf Waden mit einem Reifen von Straußfedern umsteckt, nebst den Mädchen in die Hütten, peitscht
mit einem ledernen Kolben alle Männer, und die Mädchen thun mit ihren Zweigen das Nämliche.

Am nächsten Tage ringen Jünglinge und Mädchen,
jedweder Theil nur mit seinem Geschlecht, der dritte Tag
gehört dem Tanze, der vierten ringt jene starke Frau mit

jedem Weibe in jeder Hütte einzeln. Diese Vergnügungen werden die nächsten Tage nebst tüchtigem Trinken und Schmausen, unter Gesängen und Lärmtrommeln fortgesetzt.

So grausam diese Wilden im Kriege gegen die Streiter sind, so mild behandeln sie die Gefangenen, und verleiben sie meistentheils ihren Familien ein. „Wenn du willst," sagt der Abiponer zu seinem Sklaven, „so sattle mir mein Pferd;" oder wohl gar: erbarme dich über mich und bringe mir mein Pferd." — Eben so behandeln die Mbayas ihre Knechte. Einer derselben, welchen fror, suchte seine Decke; als er aber sahe, daß der Knecht von der Nation der Guangs sich bereits hineingewickelt, ließ er sich nicht einmal seine Absicht merken [*]. Selbst Genüsse, auf welche man am eifersüchtigsten ist, gönnen diese Nationen ihren Sklaven und Knechten, und theilen also Alles mit ihnen.

Man hat Fälle, daß Spanier, ja selbst verheirathete Spanierinnen, die von den Abiponern oder Mbayas gefangen worden waren, nicht mehr wieder zu den Ihrigen gewollt haben.

Uebrigens müsse es bemerkt werden, daß die meisten Nationen jetzt andere Wohnsitze haben, als zur Zeit der ersten Ankunft der Spanier.

---

[*] Die Guanas vermiethen sich häufig zu Knechten.

5.

Patagonien oder Magelhaens-Land nebst dem Feuerlande und den Falkländsinseln.

Bedeutende Länder von vielleicht 26,000 Q. M. Flächeninhalt, von welchen Spanien auch that, als ob sie ihm unterworfen wären, wovon jedoch die Einwohner zum Glück nichts wissen.

Rauher und ärmlicher wird in diesen südlichsten Ländern Amerika's die Natur, viel rauher, als unter gleichen Breitengraden der Norden ist, welches man gewöhnlich und nicht unwahrscheinlich aus der Abwesenheit einer großen Ländermasse erklärt. — Cook konnte hier im höchsten Sommer nicht über den 72sten Breitengrad vordringen, wo ein unabsehliches Eiskontinent alles Weiterkommen unmöglich machte; ja, schon im 62sten Grade umringten ungeheure Eismassen die Schiffe, da man doch nach den nördlichen Polarländern bis zum 82sten Breitengrade hinkam. Und wenn, wie wir oben erzählt haben, in nördlicher Breite von 80 Grad der heiße Sommer das Pech der Schiffe flüssig machte, steht hier im wärmsten Sommer der Thermometer unter dem 55sten Breitengrade nicht höher, als 5 Grad Fahrenheit. Bei Cooks erster Weltumseglung wären mitten im hiesigen besten Sommer beinahe die berühmten Banks und Solander mit mehrern Gefährten umgekommen. Sie waren bei gutem Wetter ausgegangen, und in wenigen Stunden trat ein fürchterlicher Winter mit Schnee und gewaltiger Kälte ein. Wiewohl sie kaum ein Paar Stunden von dem Schiffe waren, kamen dennoch 2 Bedienten um, denn vor Kälte, Erstarrung und Schneefall waren sie nicht im Stande, den Rückweg nach dem Schiffe wieder anzutreten, ohne eine Nacht unter freiem Himmel bei mühsam unterhaltenem Feuer sich kläglich hingeholfen zu haben. — Je südlicher, desto trauriger das Klima, desto trüber der Himmel, desto nebelvoller die Küsten, desto gräßlicher die Stürme, desto lebloser die ganze Natur!

Die großen mächtigen Flüsse der vorigen Länder sind hier nicht mehr, und nur die nördlichsten Gegenden sind nicht flußarm; aber je weiter nach Süden zu, desto kleiner die Flüsse, unter welchen nur einige das Meer erreichen. Wir nennen nur den Huaranea Leuvu (Desaguedero primero), oder rothen Fluß, in Patagonien, der über die Steppen dahinzieht, und Moräste bildet, in welchen keine Schlange, kein Alligator mehr lebt, und den aus Ostchili kommenden Hueuquo, nebst dem Cufu Leuvu (schwarzen Fluß, oder Desaguádero secundo). Mehrere Flüsse sind nur Steppenflüsse. — Die hier anzuführende, von immerwährenden Stürmen beunruhigte Magelhaensstraße liegt zwischen vielen Inseln und Klippen; ihre Länge beträgt 115, und ihre Breite 15 bis 1 Seemeile. — Die Südlichter werden immer häufiger, je weiter es nach Süden zu geht.

Ausläufer von den Cordilleras ziehen von Norden nach Südost; die wellenförmigen Flächen des Binnenlandes sind übrigens nur durch kurze Bergketten, einzelne Hügel und Sümpfe unterbrochen. An Feuerspeiern fehlt es nicht. — Die Inseln der Magelhaensstraße, die Falklandsinseln, das Feuerland, das Staateneiland und die übrigen umherzerstreuten Inseln liegen nur wie die Splitter einer größern festen Landesmasse da... Vom nordwestlichen Feuerlande an ist Alles in Inseln zertrümmet, die eigentlich bis zum Archipel von Chiloe hinauflaufen.

Im Innern des festen Landes gibts wenigstens eine große Sandwüste, das Teufelsland, welches die Indier sorgfältig vermeiden; mehrere Salzseen und salpeterreiche Flächen sind vorhanden.

Das wilde Hornvieh weidet in den Thälern in nicht unbeträchtlicher Menge. Man hat zahme und wild (verwilderte) Pferde, man nennt noch Tapire, eine Art Stinkthier, eine Art reißender Thiere des Katzenge= schlechts (der Puma?), ja selbst Guanakos, bis zu den südlichsten Gegenden herab, finden sich noch, nebst Füch= sen verschiedener Art und Hasen, und unter den Vögeln sind Repphüner und Fasanen (?) und Strauße (ohne Zwei= fel nur in den nördlichern Gegenden), ja auch der Cuncur nebst Adlern und andern Raubvögeln, eine große Menge Seevögel, und namentlich eine unglaubliche Menge Pin= guins vorhanden.

Seethiere mancherlei Art und Bienen (in welcher Ge= gend?) werden auch genannt.

Das Pflanzenreich enthält wohl noch eher, als das Thierreich, manches uns noch unbekannte Erzeugniß. Der in Chili den Araukern heilige sogenannte Zimmtbaum (Winteria aromatica *) erreicht hier nur 20 Fuß, da er in Chili 30 Fuß höher wird. Es ist ein Baum, der sich selbst im Feuerlande findet, und dessen Rinde sehr gewürzhaft ist. Unter den Nadelhölzern findet sich eine Tanne, deren Holzlagen so liegen, daß sie mit Keilen nach ihren Schichten gespalten, glättere Bretter giebt, als man sie mit einer Säge nicht würde erlangt haben. Man sendet sowohl diese Tannen, als manche andere Fichtenart, in Flößen auf den Flüssen zum Schiffsbau= holz nach der Bai St. Matthias. — Ueberhaupt man= gelt es nicht an Waldungen, doch werden dieselben nach Süden zu immer dürftiger und kleiner.

Die Falklandsinseln,

oder Maluinen, östlich der Magelhaensstraße, etwa in 60 Meilen Entfernung vom Continent, bestehen aus zwei

---

*) Winter, Drake's Seegefährte, entdeckte dieselbe.

großen und mehrern kleinen Inseln, die um die großen her liegen. Es sind zum Theil Inseln mit bloßen Sümpfen und nackten Gebirgen. Von Osten nach Westen zieht eine Gebirgskette durch die großen Inseln; und das Klima ist nicht so sehr rauh, der Schnee liegt nicht lange auf den Ebenen, und die Flüsse sind nicht lange gefroren; doch sind die Nebel zu häufig, als daß heitere und eigentlich warme Tage Statt fänden, und der Wechsel der Witterung ist höchst unbeständig.

Es wächst hier sehr hohes Gras, mehrere Arten Haidekraut, eine Art wilder Sellerie, und mehr als ein antiskorbutisches Kraut. Eine Rankenpflanze, dem Thymian ähnlich, gab einen aromatischen Thee. Am merkwürdigsten aber ist ein Gewächs, welches kleine grüne Hügel bildet von 6, ja mehr Fuß Durchmesser und auf einem 1 Fuß hohen Stiele ruhet. Die kleinen dreizackigen Blätter sind dicht aufeinander geschichtet, und das Herz derselben, aber auch der Stiel und die Wurzel, schwitzen eine gummiartige Materie aus.

An vierfüßigen Thieren werden, außer den Mäuseschaaren, eine Art Füchse von der Größe eines mittelmäßigen Bullenbeißers und auch Ziegen (Guanakos?) erwähnt. Aber wenn auch dies vielleicht die ganze Fauna des Landes ist, so ist, außer der Menge von Seevögeln, unter welchen die Pinguins in mehrern Arten und großen Schaaren, dagegen die See desto reicher an Seelöwen, Robben und Wallfischen u. a. m. Muscheln und Seeschnecken sind in Menge da, aber Schlangen und ähnliche Geschöpfe und giftige Insekten fehlen. — Nicht übersehen dürfen wir, daß einige Arten Landvögel häufig vorkommen, besonders eine Drosselart, die man dutzendweise mit Stöcken todtschlagen konnte.

Man hat einigemal Forts auf diesen Inseln anzulegen gesucht, jetzt aber sind sie unbewohnt.

Es ist kaum zu erwähnen, daß in der Nähe von Cap Horn Krusenstern die von ihm also genannten Orlowsinseln entdeckte, deren Bewohner den Feuerländern ähnlich sind. — Freilich! wenn wir über dergleichen Alles Nähere wissen könnten! — dann! —

Das Feuerland,

welches seinen Namen von den Feuern der Wilden führt, welche der erste Weltumsegler Magelhaens darauf erblickte, ist die südlichste Inselgruppe dieses Erdtheils. Die östlichsten dieser Inseln sind klein und voller Sümpfe und Moräste. Mit der gegenüberliegenden Staateninsel bilden sie die Straße le Maire. Der äußerste Punkt derselben ist das Cap Horn, welches die Südseefahrer jetzt lieber umfahren, als daß sie durch die Straßen Magelhaens und le Maire ihren Weg nähmen.

Das Land ist mit hohen Gebirgen und fürchterlichen Klippen bedeckt, die mit dem Schnee, der immerdar auf ihnen liegt, Schauder erregen. Eben so wild und rauh ist Staatenland. In der Mitte des Landes, bis zu welcher Niemand vorgedrungen ist, raucht ein Vulkan.

Ob zwischen diesen Gebirgen die Thäler fruchtbarer sind — wer weiß das? Doch ist es wahrscheinlich. An den Nordküsten findet man keinen einzigen Grashalm; die Thäler sind mit Schnee ausgefüllt, und auch der längste Sommertag ist nicht ohne Frost und Schnee; die Ost- und Westküste haben aber Gras- und Baumwuchs, und bringen auch Löffelkraut und wilden Sellerie. Unter vierfüßigen Thieren wird nur ein Hund (wahrscheinlich der vorher genannte Fuchs) angeführt. Landvögel trifft man wenig. Die See hat Seekälber und Seelöwen, viele Schaalthiere und ohne Zweifel vielerlei Fische.

Die Eingebornen

dieser Länder stehen in einem seltsamen Kontrast mit einander, denn der Patagone ist kolossalisch gebauet, und der Feuerländer ist eine verkrüppelte Natur.

Die Patagonen bestehen aus mehrern Völkerschaften und Stämmen, und selbst die Arauker und Abiponer ziehen noch in diesem Lande umher. Mit den Araukern stimmen in Sprache und Sitten die blos in Patagonien verweilenden Puelches und Cunches überein, und die kolossalischen Huilichen, die von Valdivia bis an die Magelhaensstraße wohnen, sind ihnen ähnlich in Beidem. (S. Chili.)

Das Volk, was wir unter dem Namen Patagonen meinen, sind die Tehuelhets (Serraucs), die sich wieder in verschiedene Stämme theilen. Sie wohnen in den gebirgigen und wasserarmen Gegenden zwischen dem 40sten und 50sten Breitengrade, ohne in einer Ortschaft zu verweilen, und leben von Pferdefleisch, Guanakos, Hasen, Straußen; ja, sie verschmähen auch Ratten nicht, ohne gerade diese Speisen zu rösten oder zu braten.

Einige einzelne unter ihnen mögen an 7 Fuß hoch seyn, allein die mittlere Höhe ist noch nicht völlig 6 Fuß; dabei sind sie überaus breitschultrig, stark, muskulös und im wohlgefälligen Verhältniß gebaut. Die Farbe ist kupferbraun, und das Haar am Barte sehr dünn. Die Weiber unterscheiden sich von den Männern nicht durch den Bau, sondern durch die hellere Farbe.

Ihre Wohnungen sind, wie bei den Araukern, leichte Binsenhütten, doch mögen sie vielleicht nicht ganz unbekannt mit Zelten seyn. Sie binden mit buntem wollenen Bande die Kopfhaare so, daß die Spitzen aufwärts stehen, tragen einen mit einem Gurt zusammengehaltenen, bis auf die Waden herabhängenden Mantel von

Die Patagonier.

419

Pferdehaut, oder von Fellen der Fischottern, Füchsen u. s. w. Die dauerhaftesten Mäntel aber sind aus Guanaokosfellen. Auch das Haar dieses Thiers verstehen sie zu Kleidungsstücken zu verarbeiten und zu färben. Ein breites Leder, durchgezogen zwischen den Beinen und am Gurt befestigt, deckt die Mitte des Körpers; die Frauen haben aber statt dessen eine längere Schürze.

Zum Reiten aber nehmen sie ein Stück Haut oder Zeug, und machen in der Mitte einen Schlitz, um den Kopf hindurch zu stecken. Dieses Zeug hängt nur vorn und hinten herab, und scheint ihnen, troß des rauhen Klima's, des angemessenste Reithabit. Sie tragen dazu Halbstiefeln von Füllenhäuten, die sie unaufgeschlitzt von den Lenden der Füllen abziehen und mit Fett weich machen. Ein spißes Holz vertritt die Stelle der Sporen.

Die von den Spaniern eingetauschten blauen Glaskorallen pußen auf Schnuren gereiht Hals und Arme, und kupferne zwei Zoll breite Ringe werden unter dem Knie getragen. Am meisten wird durch rothen und schwarzen Anstrich das Gesicht gepußt, und um die Augen werden ein schwarzer und ein weißer Kreis gezogen.

Die Frauen sind in ihrer Tracht den Männern ähnlich, reißen aber die Haare der Augenbraunen aus, oder schwärzen dieselben, und haben auch sonst noch manche kleine Auszeichnungen. Zum Reiten seßen sie einen kleinen spiß zulaufenden Strohhut auf.

Von ihren Speisen ist bereits das Nöthige zuvor erwähnt: aber wir müssen hinzufügen, daß sie große Liebhaber von starken Getränken sind, und wohl an viererlei Arten Chika bereiten, die ihnen aber nicht so wohl schmecken, als der Brantwein, wiewohl die eine Art Chika, bereitet aus den schwarzblauen, büschelförmigen und johannisbeerähnlichen Früchten eines Baums (Molie genannt) völlige Sinnenlosigkeit auf einige Tage mit wildem, stierem Blick hervorbringt.

Oberhäupter scheinen sie sie allerdings zu haben, wenn man anders den glaubwürdigsten Nachrichten nicht mißtrauen will. Eins derselben hatte außer den gewöhnlichen Kleidungen noch eine Mütze aus der Haut eines Vogels mit hoch hervorragenden Federn.

Der Charakter dieser Menschen! wer kennt ihn genug? Sie scheinen doch mehr gut, als böse, vielleicht, je nachdem man sie behandelte. Daß sie dem Verlangen, zu besitzen, was ihnen gefällt, nicht widerstehen konnten, haben sie mit fast allen Wilden und Kindern gemein.

Dem Commodore Biron kam ein alter, überaus großer Mann entgegen. Seine Landsleute, einige Hunderte etwa, hielten sich in Entfernung. Sie fanden an Glaskorallen und an grünen Bandstückchen einen großen Gefallen. Sie hatten sich auf ein Zeichen Alle niedergesetzt, und mehrere Alte sangen sodann Worte in feierlicher Melodie ab. — Andern Reisenden boten sie Waffen und Kleider zu Gegengeschenken an, und verkauften ihnen auch Pferde. Wieder Andere sagen, sie hätten sehr listig und verwegen geschienen. Sie wären (natürlich!) eher geneigt gewesen, zu nehmen, als zu geben. Einige sagen, ihre Frauen wären keusch und treu; Andere aber, die Männer hätten ihre Frauen selbst dargeboten. Auch dann wäre wohl noch Alles begreiflich, wenn auch nicht von verschiedenen Stämmen die Rede wäre. — Aber Falkoner, der seines langen Aufenthalts wegen diese Menschen wohl am besten kennen mußte, gibt den Tehuelhets eben kein gutes Zeugniß. Sie schweiften, sagt er, gern umher, selbst bei hohem Alter und Blindheit, und wären die unruhigsten und entschiedensten Räuber, herzhaft und kriegerisch und ohne Todesfurcht, und daher den Araukern, wie den Spaniern furchtbar, nicht eben so genau es mit ihrem Worte nehmend, aber übrigens höflich, artig u. s. w.

Mit Kugelschleudern, mit welchen sie Steine schleudern, auf 400 Schritte tödten, und selbst der spanischen
Kavallerie furchtbar werden, erlegen sie auch die Jagd-
thiere. Auch führen sie Lanzen, Keulen, Bogen und
Pfeile, welche sie zuweilen dergestalt vergiften sollen,
daß der damit Getroffene sich in einigen Monaten bis
zum Gerippe abzehrt.

Ihre Vorstellungen vom Entstehen der Dinge und
von einem künftigen Leben bezeugen ihre religiösen Begriffe.

Die guten Gottheiten, sagen sie, wohnten in Höhlen,
und hätten zuerst die Patagonen mit Speeren, Bogen
und Pfeilen und Wurfriemen (Steinschleudern) erschaffen,
dann die Spanier mit Flinte und Degen.

Nach der Schöpfung der Thiere machten sich die
schnellsten zuerst auf, und kamen aus den Höhlen heraus.
Zuletzt hätten die Bullen und Kühe herausgewollt, aber
die Tehuelhets erschraken vor deren Hörnern, und wälzten
große Steine vor die Höhlen. Die Spanier waren klü-
ger, und ließen diese Thiere heraus, daß also die Patagonen dieselben erst von den Spaniern bekommen konnten.
Wollten sie indessen nur ihre versperrten Höhlen öffnen,
würden viele neue Thiere herauskommen.

Sie hoffen, nach ihrem Tode in diese Höhlen zurück-
zukehren, nehmen aber (wahrscheinlich andere Stämme)
an, daß die Milchstraße ein großes Feld sey, auf welchem ihre Vorfahren Strauße jagen, und die zwei am
dortigen Himmel befindlichen Wölkchen seyen Haufen von
Straußenfedern.

Ihre Todtencerimonien beweisen den Glauben an ein
Fortleben. — Bei verschiedenen Stämmen werden die
Leichname zu der Beerdigung erst von Frauen vorbereitet.
Ein Weib nimmt dem Verstorbenen erst die Eingeweide
aus und verbrennt sie. Dann wird das von dem Fleisch

durch Abschaben befreite Knochengerippe noch in die Erde gegraben, damit die Würmer die kleinen Fleischüberbleibsel noch vollends abfressen. (Andere lassen die Knochen auf Schilfhürden an der Sonne recht trocknen und bleichen.)

Innerhalb eines Jahrs müssen die Knochen an einen allgemeinen Begräbnißplatz gebracht werden. Sie beklagen die Todten, gehen während des Knochenschälens um die Hütte des Verstorbenen mit schwarzrußigem Gesicht; die Frauen ritzen sich Busen und Gesicht blutig, und die Männer schlagen mit langen Stangen auf die Erde, um die bösen Geister oder Vellichus zu verscheuchen. Einige gehen klagend, heulend, mit zerkratztem Schenkel in des Verstorbenen Wohnung, ihr Beileid zu bezeugen, wofür sie Glaskorallen u. s. w. erhalten müssen. Mehrere Pferde desselben müssen getödtet werden, und seine Wittwe muß ein Jahr lang in der Hütte bleiben, darf das berußte Gesicht und die Hände nicht waschen, und manches Arten Fleisch nicht essen. Die Gebeine des Todten werden zu seiner Zeit von dem ehemaligen sehr geputzten Lieblingspferde an den oft viele Tagereisen weit entfernten Begräbnißort gebracht, wo man dann noch manche uns unbekannte Cerimonien vornimmt.

Man spricht von Todtenhügeln, auf welchen sie die Waffen und Pferdeskelette der Verstorbenen aufstellten. Eine ganze nicht unbedeutende Ebene war mit solchen Begräbnissen besetzt.

Einige Stämme sollten größte Gewölbe haben. Die Gebeine der Todten werden aneinander gebunden, mit Federbüschen (und Knöpfen) geschmückt, ordentlich bekleidet und dann nach der Reihe hingestellt, Bogen, Pfeile und Trinkgefäße in der Hand haltend. Eine alte in sehr großem Ansehen stehende Frau muß jährlich einmal diese Skelette säubern und ausbessern. — Die südlichen Patagonen bringen die Gebeine weit von ihren Hütten fort,

stellen sie in Zelten und Hütten auf, und die Gerippe ihrer Pferde um dieselben her.

Ein hohes mächtiges Wesen — es ergibt sich schon aus dem Vorigen — scheinen sie nach noch andern Aeußerungen allerdings zu verehren.

Fast nichts weiter wissen wir von diesen Völkerschaften. — Nur ist das noch ausdrücklich anzuführen, daß sie, Mann und Weib, größtentheils auf ihren Pferden reisen und leben und ihre Kinder sehr lieben.

Manche andere Nationen in ihrer Nähe kennen wir, außer dem Namen nach, gar nicht.

———

Die Feuerländer

finden sich sowohl an den südlichsten Spitzen Patagoniens, als in dem beschriebenen Feuerlande, und also an beiden Seiten der Magelhaensstraße.

Welche dürftige Menschen hier leben, ist schon gesagt. Es ist, sagen die Weltumsegler, eine kleine, häßliche, halbverhungerte Menschenrace, die, statt daß alle übrigen die Schiffenden mit lauter Freude begrüßten, dicht am Schiffe noch ein tiefes Stillschweigen beobachteten, und von denen man außer dem Worte Pescheräh, weshalb man sie Pescherähs genannt hat, kaum noch zwei oder drei Worte zu hören bekam.

Es waren olivenbraune Dickköpfe mit breiten Gesichtern, platter Nase und stark hervortretenden Backenknochen. Die Augen braun, das Haar schwarz und mit Thran eingeschmiert, und wild und zottig um den Kopf herum hangend. Von der Nase floß in das offene garstige Maul der widrige Nasensaft, und das Kinn war mit einzelnen Borsten besetzt. Diese Menschen waren breit geschultert und gebrüstet, aber am Untertheil des Körpers

Amerika.   Cc

ganz eingeschrumpft, die Knie zu stark und die dünnen
Beine krumm. Ein Seehundsfell mit einer Schnur um
den Hals befestigt, war die einzige Bekleidung der Männer und Weiber, die von Schaam nichts wußten. Doch
hatten diese armseligen Menschen noch Zierrath und Putz,
und ihre olivenbraune, kupferfarbige Haut war mit rothen
und weißen Streifen bemalt. Einige Weiber hatten noch
einen spannengroßen Schurz vor der Mitte des Leibes, am
Halse ein ledernes Muschelband, und trugen eine Mütze
von Gänsefedern. Die völlig nackten Kinder froren beim
Feuer beständig.

Sie schienen völlig ohne alle Neugierde, selbst ohne
Begierde nach etwas, gaben ohne alle Vorliebe ihre Kleidungsstücke hin und nahmen ohne Freude Glas, Korallen
u. s. w., sahen auch auf den Schiffen Alles stumpfsinnig
an.

Doch manche Pescherähs (andere Stämme oder Familien waren weder so garstig gebildet, noch so stumpfsinnig,
tanzten und sangen am Bord der Schiffe, schienen ein
Paar Worte mehr zu sprechen, hatten Vorliebe zu den
Korallen, und bezeigten beim Anblick europäischer Kleider und Spiegel ihre Verwunderung. Als sie zum erstenmal in einen Spiegel sahen, fuhren sie betreten zurück,
sahen die Engländer und sich untereinander an, thaten einen zweiten, gleichsam verstohlenen Blick in den
Spiegel, lächelten nachmals, und da sie vom Bilde im
Spiegel wieder angelächelt wurden, freuten sie sich und
brachen in ein lautes heftiges Gelächter aus. Sie sahen
aber auch, wie andere Wilde, neugierig hinter den
Spiegel.

Ihre Nahrung war verfaultes Seehundsfleisch, am
meisten aber wohl Schaalthiere, die die Weiber von Felsen
mit Stöcken ablösen, oder in geflochtenen Körben fischen.
Die Weiber müssen auch die aus Birke gemachten Kanots
rudern.

Man sieht hieraus, daß diese Menschen so gar dumm
doch nicht sind. Auch ihre Waffen, Bogen und Pfeile
sind sehr nett und glatt gearbeitet, und die mit Federn besetzten und mit Krystall oder Schieferspitzen bewaffneten
Pfeile sind sorgfältig gearbeitet. Die Lanzen haben
Spitzen von Fischknochen mit Widerhaken.

Alles nur genießbar-Scheinende aßen sie. — Ein Kind
hatte ein Stück Glas verschluckt, das ihm unvorsichtig ein
Franzose gegeben hatte, und starb unter grausamen
Schmerzen. Der Zauberer (also doch Zauberer unter diesem so blödsinnigen Volke?) hatte sich das Haar bepudert
und es mit einer Federmütze bedeckt, konnte aber mit allen
seinen Grimassen das Kind eben so wenig retten, als der
französische Schiffsarzt. Mit wildem Geheule verließen
nun die Pescherähs die so gefährlichen Fremden. Man
sieht hieraus, ob diese als so roh verschriene Menschen ohne
Gefühl waren.

Die Feuerländer scheinen umherstreifende Völkerschaften zu seyn, denn man trifft sie bald an der östlichen, bald
an der westlichen Küste des Feuerlandes, wohin sie sowohl
in Flößen als in Kanots fahren; dennoch haben sie (es
möge es sich Jeder auf seine eigene Weise vereinigen) festere
Sitze oder Ortschaften. Cook fand auf dem westlichen
Feuerlande ein Dorf von 14 Hütten. Die Hütte machten
ein Paar gegen einander gebogene Stangen, und sie hatte
die Gestalt eines Bienenkorbes. Die Wetterseite war mit
Gras, Zweigen, Seehunds- und Guanakosfellen (also
auch hier noch Guanakos bedeckt, die entgegengesetzte Seite
(Leeseite) hatte statt der Thür eine bogenförmige Oeffnung, und hier brannte das Feuer, um welches zitternd
die Familie mitten im Sommer umhersaß. (Die Leute
scheinen also an unsere Abhärtungsmethode nicht zu glauben; denn sie zitterten dennoch und waren der Kälte gewohnt!) Diese Dorfschaft enthielt etwa 50 Menschen,
und der Geruch derselben war nicht auszustehen.

6.

Brasilien

bildet ein Dreieck, das mit Inbegriff eines Stücks vom östlichen Paraguay einen Flächenraum von mehr als 100,000 Quadratmeilen einnimmt, und dessen Grundlinie sich am Maranhon hinzieht. Es läuft an 800 deutsche Meilen am Meere fort, und erstreckt sich an 500 Meilen ins Innere hinein. Die Einwohner werden (von Raynal) zu 900,000 angegeben, welches nicht herauskommt, wenn man nach ihm 172,828 Weiße, 281,000 Indier und 339,000 Neger annimmt; an andern Orten nimmt er aber etwas über 1 Million Einwohner an, wovon das Sechstheil aus Portugiesen besteht. 1792 soll die Einwohnerzahl 2,184,000 betragen haben; jetzt will man sie auf $2\frac{1}{2}$ Mill. schätzen. Nach Anderer Angabe leben hier 800,000 Europäer, $1\frac{1}{2}$ Mill. Neger; 900,000 unterjochte Indier. (So groß ist die Gewißheit!)

Es ist längs der Küste mit einem fast 100 Fuß breiten Riff — wahrscheinlich einem Korallenriff — gegen die einbrechenden Meeresfluthen gedeckt. Nur hier und da ist das Riff unterbrochen, gleichsam, um den Schiffen eine Einfahrt zu gestatten und sichere Häfen zu bilden.

Schade, daß wir das große herrliche Land in seinem Innern, wo es selbst den Portugiesen so häufig eine völlige terra incognita ist, nicht etwas mehr kennen *). Aber der Argwohn Portugals erlaubt nicht, über eine Meile weit von der Küste aus dasselbe zu erforschen, und sie selbst, neidisch und mißtrauisch, geben uns auch die Nachrichten nicht, die sie allein geben könnten.

Vielleicht blühen bald günstigere Zeiten auf, zumal jetzt, wo vielleicht nicht so ohne Ursach Brasilien Europa so nahe liegen, und in vielen Dingen den Wünschen und

*) Die Nachrichten von Lery sind äußerst dürftig und unbestimmt.

Bedürfnissen der Europäer so entsprechen muß. — Doch
dergleichen Betrachtungen gehören nicht hierher! — Uebrigens gebührt auch hier wieder den Missionaren, und namentlich den Jesuiten ein großer Dank, die bis an 500
Meilen beinahe von der Küste nach Peru zu vordrangen,
und die armen durch die Barbareien der Portugiesen ein-
geschreckten Wilden durch Milde der Gaben und der Rede
in Dorfschaften sammelten, und große Wüsteneien mit
einigem Leben erheiterten.

Hohe Gebirgsrücken ziehen durch das Innere, besonders durch den südlichen Theil, den man wahrscheinlich
als einen hohen Erdbuckel annehmen darf. Es sind östliche Fortsetzungen der Cordilleras, von welchen die eine
den Namen Chiquito und weiter westlich den Namen
Mato grosso führt, und die Gebiete des Maranhon
und la Plata trennt. Ist die Nachricht richtig, so hat
der 1810 zuerst erstiegene Berg Butuquari oben eine
Fläche voll Blumen von Zwiebelgewächsen, umsummt von
lauter Kolibris. Die Höhe aller hiesigen Gebirge reicht
lange nicht an die im Spanischen Amerika. — Jenseit
der Gebirge ist ein Hochland, Combo, durch Schluchten
zerrissen, mit schwacher Schicht Dammerde bedeckt, und
mit mancherlei unbekannten Thieren und Pflanzen versehen. Um den Maranhon ist dagegen eine sehr weite
Ebene.

Die Gebirge geben bedeutenden Flüssen ihren Ursprung, von welchen mehrere schon vorher beschriebene in
den auch hier strömenden Maranhon fallen, z. B. der
Xingu.

Der Gran Para kommt aus den südlichen Gebirgen, und gibt dem Maranhon an Größe nicht viel nach,
mit dessen Mündung er die große Insel Juanes oder
Marajo bildet. Das meiste Wasser führt ihm der To-
cantin zu, welcher aus unbekannten südlichen Gebirgen
kommt, und bei einem Lauf von mehr als 250 Meilen

mächtige Flüſſe aufnimmt, unter welchen der Araguaya
mehr als 150 Meilen durchzieht.　Mächtige Flüſſe ſind
auch der Paranaibo, der Acuracu und vor vielen
der große Franziskusfluß.　Ja ſelbſt unter Flüſſen,
die man hier zu den kleineren zählen muß, ſind manche,
die bei der Mündung einige Stunden weit ſind.

Mehrere Flüſſe, die aus dem Innern kommen, ſtür-
zen ſich in den oben angeführten Parana, und ſetzen
auf dieſe Weiſe Braſilien mit den zuvor beſchriebenen Ländern in Verbindung.　Andere gehen nach Norden zu, um
den Maranhon zu bereichern; andere fließen nach Süden
zu ins atlantiſche Meer.　Die meiſten derſelben kommen
aus dem ſchön genannten Erdbuckel des innerſten Süden.　— Aber welche Möglichkeiten für künftige Handels-
verbindungen geben dieſe Flußzüge! — Die meiſten dieſer Flüſſe treten aus, und überſchwemmen weit und breit
das Land auf lange Zeit.　Unter den Seen wird der Xarayes an der ſpaniſchen Grenze auch hier genannt, und
nächſt ihm der Parapitinga und die mit dem Meere
verbundenen Merun und los Patos, die auch unter
ſich verbunden ſind.

Unter den Baien iſt die vor jedem Winde ſichere Baj
Allerheiligen, die an ihrem Eingang drittehalb Meilen breit und 10 Meilen tief iſt.　Welch ein Stationsplatz
für große Flotten!

Wie alle Tropenländer hat auch Braſilien nur zwei
Jahrszeiten.　Der Sommer iſt heiß und bringt gewaltige
Regengüſſe und Stürme, der Winter hat trockne und ſtille
ſturmloſe Witterung, der Himmel iſt höchſtens nur mit
leichten Wolken beſtreut; man kann beim Mondenlicht
leſen, und ſelbſt das Meer iſt von einem Phosphorglanz
überzogen. — In den innern und höhern Gegenden und
in den ſüdlichern ſcheint die Luft vorzüglich geſund; man
weiß nichts von Krankheiten, und hundertjährige Greiſe
ſind keine Seltenheit.　Das Uebermaaß von Hitze wird

überhaupt durch die Winde, vom Gebirge sowohl, als
durch Seewinde, gemäßigt, und die Nächte und die Morgen sind sehr frisch, weswegen denn die Eingebornen nächt-
liche Feuer in ihren Kabauen unterhalten sollen, wenn das
anders nicht der ungeheuern Insektenschwärme wegen ist,
die hier die Nächte beunruhigen.

Wir dürfen kaum der Produkte erwähnen, da wir meistentheils nur die bei den vorigen unter gleichen Breiten
liegenden Ländern erwähnten wieder antreffen, die Seltenheiten des Landes uns aber sehr unbekannt sind.

Die kostbarsten Hölzer zum Schiffsbau und die herrlichsten Färbehölzer, besonders das Brasilien- oder Fer-
nambuckholz, sind vorhanden, und Ricinus, Mastix,
biegsame Timbos, schwarz und gelb gestreiftes Rosenholz,
Mahagoni, Tulpenbaum u. s. w. Alle tropische Früchte
gedeihen vortrefflich, und blühen und tragen das ganze
Jahr hindurch; mehrere Arten Palmen, zum Theil mit
melonenartigen Früchten; mehrere Arten Pfeffer; viele Färbekräuter; Manobis (eine Art Nüsse, unter der Erde wach-
send und nur eine dünne Haut statt der Schale haltend);
herrliche duftende Kräuter und Blumen, Zuckerrohr und
Baumwolle gedeihen nebst Tabak ganz vortrefflich; auch
Manihot, unser Getreide, Kaffee, Kakao, Vanille, Indigo, Yams, Bataten, Pimentopfeffer, Baumwolle,
Ipecacuanha, unsere Südfrüchte, Ananas, Kokos,
Mangos, Thee aus China verpflanzt, Reiß und Mais
mit hundertfältigem Ertrag, Aloe, Copal-Gummi und
vieles Andere. Es wird eine mehlige, im Geschmack kar-
toffelähnliche, im Durchmesser der Wurzel 5 Zoll starke
Frucht genannt, Cara (vielleicht eben so schlecht, als die
südamerikanische Arakapatscha, von der großer Lärm
gemacht wurde).

Unter den Thieren nennen wir nur, außer den Rennthieren, den Tapir, das Faulthier, die Armadille von der
Größe eines Schweins bis zu der eines Igels; die Amei-

r

ſenbären, die Meerſchweinchen, mehrere Arten Affen und den Coendu, welches ein Stachelſchwein mit einem Wik=kelſchwanze iſt, deſſen es ſich eben ſo, wie die Makis, zum Anhängen und Feſthalten bedient. Unſer zahmes Vieh läuft auch hier zum Theil in großen Heerden zu 60,000 bis 100,000 wild herum. Ein Ochſe im Innern koſtet zwei bis drei Thaler. — Es ſind noch wilde Schweine, Affen, Beutelratten u. ſ. w. zu nennen.

Die Wälder ſind von dem prächtigſten Gefieder belebt, und vielleicht allein an Papagaien an 100 Arten vorhan=den, und nächſtdem 17 Arten Toucans, die ſich ſogar zähmen laſſen.

An Amphibien finden ſich mehrere Ungeheuer, die Rieſenſchlange, einige Waſſerſchlangen. Das Gift der Schlangen ſcheint hier gefährlicher und durchbringender, als im nördlichen Amerika, wenigſtens iſt das bei der Klapperſchlange der Fall.

Schmetterlinge finden ſich in großer Vielartigkeit und Menge. Ein Europäer ſahe zu Anfang des Winters (im März) mehrere Tage lang weiße und gelbe Schmetterlinge in ſolchen Zügen nach dem Meere zu ziehen, daß der Him=mel faſt davon überdeckt wurde. Die Ameiſen finden ſich in großen Schaaren; Lichtfliegen (vielmehr Leuchtflie=gen, weil ſie ja des Nachts leuchten, Lampyris); Skor=pione, Tauſendfüße, Skolopender und Wolken von Mus=kiten ſtören tauſendfältig die Nacht.

Die Hauptſache für den Europäer ſind immer Gold und Silber und koſtbares Geſtein.

In der Entfernung von wenigen Tagereiſen von der Küſte erhebt ſich mehr, und je weiter immer mehr das Gebirge, wo in neuern Zeiten drei verſchiedene Statthal=tereien gebildet worden ſind, wovon die erſte (Minas geraes) an Mineralien die reichſte (vielleicht nur am meiſten unterſuchte), die dritte, entfernteſte von der Küſte die höchst gebirgige, den erwähnten Erdbuckel enthaltende, und Matto grosso (großes Gebirge) benannt ist.

Die der Küste nächsten Goldminen der ersten Provinz liegen etwa von Rio Janeiro (s. nachher) an 40 Meilen entfernt, und eine derselben liefert auch zugleich die reichste Ausbeute an Diamanten. Die Ausbeute an Gold in allen drei Statthalterreien und einigen Nebendistrikten rechnete man 6 (13) Millionen Thaler. — Die Diamanten befinden sich im Binnenlande, aber auch an den Küsten, sowohl in den Gruben der Erde, als auch zum Theil in den Flüssen, besonders nach starken Regengüssen. Man findet dieselben nebst andern Edelsteinen in einem Umkreise von 330 deutschen Meilen, besonders im Gebirge Serro Dofrio. — Bald nach der ersten Entdeckung der Diamanten führte man 80 Pfund Diamanten nach Europa, wodurch der Preis derselben sehr tief sank, seit welcher Zeit man denn sehr vorsichtig geworden ist.

Die Gruben werden durch Sklaven bearbeitet, deren jeder etwa täglich einen Piaster kostet *). Man rechnet etwa an 600 bis 800 dieser Sklaven. Der Bau liegt in den Händen von Unternehmern. Die Krone soll etwa eine Million Thaler Gewinn von diesem Gestein gehabt haben. In andern Gegenden waren sonst (angeblich) 6000 Sklaven mit Diamantwäschereien beschäftigt.

Mit Sapphiren, Amethysten, Topasen u. s. w. steht Jedermann gegen eine sehr geringe Abgabe der Handel frei.

In allem Uebrigen siehts hier traurig und düster aus. Vielleicht, daß es jetzt anfängt heiterer zu werden. Eu-

*) Die Bergwerke, wie der Feldbau, werden von Negern bestritten. Die Feldbauneger müssen sich selbst erhalten, indem man nur 4 Tage in der Woche von ihnen Arbeit verlangt. Ihr Zustand ist nicht so hart, als in andern Ländern. Viele erwerben sich ein beträchtliches Vermögen, und halten sich selbst wieder Sklaven.

ropa's Kultur und Fleiß liegen ja so nahe; das Klima ist nach Verschiedenheit der verschiedenen europäischen Nationen günstig; die Regierungsverfassung ist durch den Druck der Zeiten schon etwas gemildert, und der Handel freier.

Die Exporten betrugen 1803: — Zucker 325,000 Pf. Sterl., Rum an 47,000, Kaffee 40,000, Ochsenhäute 90,000, Reiß 7500, Baumwolle 89,600, Indigo 10,000, Kochenille, Kakao, Färbeholz, Gewürz 30,000, Alles zusammen 1,613,000 Pf. Sterl.

Ortschaften hat man nur da und dort angelegt, wo die Gier nach Golde befriedigt zu werden gedachte. Man theilt übrigens das ganze Land in 9 Statthaltereien oder Kapitalnereien ein, bei welcher Eintheilung große Länderstriche, namentlich das herrliche Gebiet zwischen dem Tocautin, Xingu und Madera bis zum Maranhon hin und unbekannte Wildnisse bleiben.

Wir beschreiben, mit Ausschluß des bereits oben angeführten unbekannten portugiesischen Guiana's, die merkwürdigsten übrigen einzelnen Punkte.

1815 ist das Land in 10 größere Gouvernements abgetheilt, worunter

Para (30,000 Q. M., 150,000 E.) mit der Hauptstadt

Pietro de Rio grande, die mit den Umgebungen 100,000 E. halten und 300,000 (??) Ochsenhäute nebst vielem Pökelfleisch versenden soll. — Die Festung Cuhuna, 12,000 E. — Para oder Belem, 10,000 E., hat Statthalter. Bischof, Handlung. Mehrere Missionsdistrikte gehören hierher.

Das Gouvernement Maranhas (13,000 Q. M., 150,000 E.) mit der Insel San Felipe de Maranhao.

Fernambuco, eine 40 Meilen lange Küste (2500 Q. M., 190,000 E.), hat Bischof, Hafen und Handlung, und liefert Degenklingen. Es gehören hierher mehrere Untergouvernements, namentlich Paraiba (20,000 E.) und der Distrikt Tamarka (10,000 E.) mit der Stadt Conception und Goyra.

Bahia (3400 Q. M., 550,000 E.) mit

San Salvador, 70,000 E., worunter 30,000 Weiße, Erzbischof, Bibliothek, mancherlei Handel, Gewerbe und Hafen. Sie hat über 100 Großhändler, und der Binnenhandel soll 800 Boote beschäftigen. Der Wallfischfang ist bedeutend, wie der in der Gegend umher erbaute Tabak *). — Die Stadt Puerto Seguro fängt Lachse, kalfatert Schiffe, und verfertigt sehr gute Schnuren und Netze. Sie hat 3000 E. und eine liebliche Gegend mit Balsambäumen.

Rio Janeiro (8700 Q. M., 500,000 E.), worin

Janeiro (Rio Enero) oder St. Sebastian die Hauptstadt und seit 1808 die Residenz des Königs von Portugal und Brasilien, auch die Niederlage aller Waaren und Kostbarkeiten des Landes ist. Sie liegt an einer sichern, bei der Einsahrt von jeder Seite mit einem großen, fast 100 Fuß hohen Granitblock eingefaßten und mit Forts und Batterien gedeckten Bai, die durch eine ebenfalls befestigte Insel in zwei Theile getheilt wird. Die Bai, deren Fahrwasser bei der Einfahrt keine halbe Stunde Breite hat, erweitert sich bis zu 12 Meilen, erstreckt sich an 30 Meilen landeinwärts, und ist überall mit Inseln besäet. Eine prächtige Wasserleitung bringt in zwei über einander gesetzten Arkaden das Gebirgswasser in einen großen Behälter, von welchem aus es in die Brünnen der Stadt vertheilt wird. Man nimmt 30,000 Einwohner an, nach andern neuern Schätzungen aber doppelt, ja dreimal so viel, und 40,000 Neger darunter. Und in einer solchen Stadt ward nur vor nicht vielen Jahren erst etwas errichtet, was einem Wirthshause ähnlich war, und der Unternehmer war — ein Franzose, der zugleich den Dolmetscher, Mäkler und den Arzt machte. Jetzt mag freilich Vieles besser aussehen. Man hat Sternwarte und botanischen Garten.

Einige Kaffeehäuser gibt es noch, die aber schmutzig und schlecht aussehen, welches auch in ansehnlichen Privathäusern der Fall ist. Ueberhaupt siehts um die Geselligkeit traurig aus, zumal, da das Frauenzimmer eng eingekerkert lebt, wofür es sich in Kirchen und dadurch zu entschädigen sucht, daß es, wenn es dunkel wird, von den Balkons der Häuser herab Blumensträußer den Männern zuwirft, die ihm gefallen.

Man bedient sich hier beim Essen der Finger statt der Gabeln, ballt Fleisch und Mehlspeisen zu Kugeln, die nicht eben klein sind, taucht sie in die Brühe und ißt sie. Den Nagel an

*) Auch in dieser großen Stadt ist kein Gasthof für Fremde.

den Daumen oder Zeigefinger läßt man ungewöhnlich lang
wachsen, und spitzt ihn zu, um beim Guitarrenspiel damit zu
prunken.

Der Tanz, zu dem die Neger die Musik machen, ist ein
Gemisch des vaterländischen Fandango mit den noch üppigern
Negertänzen.

Mit den Wissenschaften und Künsten stand es überaus
elend. Ein Vicekönig meinte, als Cook sagte, daß die Absicht
seiner Reise sey, den Durchgang der Venus zu beobachten,
dies sey wohl der Durchgang des Nordsterns
(Polarsterns) durch den Südpol. — Ein solcher einziger Zug zeigt oft besser, wie es mit gewissen Dingen steht,
als alle Angaben. Es finden sich Juwelirer, Steinschleifer,
man macht Baumwollenzeug, Segeltuch, thönernes Geschirr.
Es gibt 128 Großhändler.

Es gehört zu dieser Provinz das portugiesische Paraguay, getrennt durch eine Gebirgskette von dem spanischen,
darin die Stadt San Pedro.

Die Insel St. Catharina, in der Nähe von San
Pedro, liegt wahrhaft paradiesisch in der heitersten mit Oran-
genduft gefüllten Luft und hat die üppigste Vegetation. Man
rechnet, daß in ihrer Nähe an 500 Wallfische gefangen werden,
deren Werth 350,000 Thaler beträgt.

St. Paul, im Gouvernement gleiches Namens, 8300
□. M., 100,000 E., wurde von Verbrechern angelegt, die
Portugal hierher sendete. Sie wurden bald der Nachbarschaft,
den Jesuiten in Paraguay, den Indiern und den Portugiesen
selbst furchtbar, und bildeten das Reich der Paulisten. Wiewohl sie sich jetzt an Portugal angeschlossen haben, halten sie
sich dennoch für freie Leute. Man rechnet 20,000 Einwohner.

Minas Geraes (11,900 □. M., 100,000 E.),
worin

Villa rica und Villa nova, in deren Nähe die reichsten Diamantgruben und Goldminen. Die erstere hat 20,000
E. und eine Münze.

Goyaz (11,000 □. M., 200,000 E.), bei Villa
Boa sind Goldminen.

Matto Grosso (11,000 □. M., 50,000 E.),
ist die westlichste Provinz, deren südlicher Theil Cuja-
heißt. Sie hat ebenfalls reiche Goldminen, namentlich
bei den Städten Villa bella und Villa d'Oro.

Dies ist Alles, was wir von einem so großen und herrlichen Lande zu sagen wissen. Er würde wohl mehr seyn, wäre nicht bisher die Regierung des Landes eine so erbärmliche gewesen, daß aller Erwerbsfleiß und alles freiere Denken und Handeln dadurch unterdrückt wurde. Der Aberglaube, die Bigotterie, die Faulheit, die Hemmung und Hinderung aller Betriebsamkeit, die grundelenden Regierungsgrundsätze, und mithin die Bettelei, waren arg und groß. — Vielleicht bringen die jetzigen Zeitverhältnisse viel Treffliches und Edles!

Die Urbewohner.

Nur dürftig und sparsam war Brasilien bewohnt, als vor drei Jahrhunderten die Portugiesen in die Wälder vordrangen. So klein auch die verschiedenen Horden waren, so lebten sie dennoch mit einander in Krieg, und jede einzelne hatte ihre eigene Sprache. Es waren gedankenlose, thierisch hinbrütende Menschen, theils nur von der Jagd, theils nur von Fischen und vielleicht gar nur von Muscheln lebend, und nur sparsam wurde von einigen etwa ein wenig Mais gebauet.

Mehrere dieser Stämme sind jetzt freilich verschwunden, denn theils wurden viele von den Europäern niedergemacht, theils erlagen sie den schweren ungewohnten Arbeiten, wozu man sie zwang, und die Kriege, die sie gegen einander führten, gingen dabei immer fort.

Es sind die hiesigen Indier Menschen von mittlerer Größe, kupferfarben, mit langem, schwarzem, straffem Haupthaar (der übrige Körper hat wenige Haare), breiten Kopf und Schultern und bei der Geburt eingequetschter Nase.

Die in der heißen Zone Lebenden bedecken nur zum Theil die Schaam. Selbst die Frauen wollten durchaus

nicht anders, als ganz nackt, gehen. Verschiedener
Putz ist ihnen nicht fremd — eine Art Federkrone von
den schönsten Federn der Papagaien trugen die Oberhäupter, mit Straußfedern wurden Schultern und Hüften geschmückt; ja, man beklebte den ganzen Körper mit feinen
Federn, und, bei Feierlichkeiten putzte man sich Stirn und
Wangen mit den schwarzen Federn des Toucans, die man
ebenfalls mit Gummi befestigte. Steine und Knochen
trugen die Männer in der durchbohrten Unterlippe.

Die Haare, wo sie am Körper zum Vorschein kommen, werden ausgerauft, Brahnen und Wimpern der
Augen nicht ausgenommen. Das Kopfhaar trägt der
Mann kurz, das Weib lang, gescheitelt und auch wohl
mit rother Binde aufgebunden. Am liebsten lassen die
Frauen ihr Haar umher flattern. Ringe an Arm und
Bein und ungeheure Ohrengehänge von weißen Muscheln,
Halsbänder von Knochen oder Steinen oder Holzkügel-
chen gehören zu dem beliebtesten Schmuck, daher denn die
europäischen Glaskorallen einen großen Eindruck auf sie
machten, und sie dafür, wie für kleine Spiegel und Kämme
Alles hingaben, selbst oftmals ihre Waffen.

Das Bemalen des Körpers ist bei den Männern, bei
den Weibern aber nur das Bemalen des Gesichts, üblich,
indem auf jeder Backe Spirallinien von einem kreisförmi-
gen Mittelpunkt aus über das ganze Gesicht hinlaufen,
und die ausgerissenen Haare der Augenlieder mit einem
feingezeichneten schwarzen Bogen ersetzt werden.

Die Wohnungen bestehen aus Baumstämmen, die
zuweilen mit Lehm verbunden und mit Borke gedeckt sind,
und sind für mehrere Familien groß genug. Wo mehrere
Kabanen zusammen stehen und ein Dorf bilden, da schützen
sie dasselbe durch Wälle oder Mauern von großen Steinen,
um gegen plötzliche Ueberfälle gedeckt zu seyn. Einige
schützen ihr Dorf durch Pallisaden, und stecken auch Fuß-
angeln von spitzen Holzsplinten in die Erde.

Der Manihot ift ihnen vielfältig zu Brod und Kuchen, und der aus der Wurzel gepreßte Saft selbst als eine Art Käse oder Eierkuchen nützlich. Auch wird durch Kochen und Kauen dieser Wurzeln die ekelhafte berauschende Kawa der Südsee (s. Peru) bereitet. Die alten Weiber haben das Geschäft des Kauens.

Nicht eher, als bis der Jüngling einige Feinde erlegt hat, darf er sich verehlichen. Vor der Ehe dürfen die Mädchen sich Jedem hingeben, allein der Ehebruch zieht dem Weibe den Tod zu. Mehrere Frauen zu halten ist erlaubt.

Das neugeborne Kind wird neben der Muttermilch mit Maisbrei gefüttert, und bei einigen Völkerschaften hält der Vater das Wochenbett.

Das Weib macht Netze, Hamacks, webt Zeuge, verfertigt und bemalt irdene Gefäße, bestellt auch bei den Ackerbau treibenden Völkern das Feld, und trägt dem in Krieg ziehenden Mann die Lebensmittel nach.

Unter sich selbst leben die Völkerschaften verträglich und fast ohne allen Zank; aber mit Beleidigungen und mit der Blutrache scheint es hier eben so zu stehen, wie bei den nordamerikanischen Indiern. Gegen ihre Unterdrücker, die Portugiesen, hegen sie den entschiedensten Haß, und alle Eingebornen, die sich für die Portugiesen zum Dienst hingeben, werden von den übrigen verachtet (wo nicht gar getödtet), daher es schwer ist, dieselben zu irgend einer Verrichtung zu bekommen. — Uebrigens sind diese Völker, wie alle Wilde, höchst gastfrei gegen Fremde, mit welchen sie in keinem feindlichen Verhältniß stehen.

Als vor geraumer Zeit Lery, ein reformirter Missionar, hier war, mußte sich der ankommende Fremde in den Hamack legen. Die Frauen des Mussacat oder Hausvaters setzten sich auf den Hacken umher, und sagten mit Thränen: „Wie bist du doch so gut; du hast dich bemüht, zu uns zu kommen! Du bist recht hübsch; du bist so tapfer; wir sind dir großen Dank schuldig!" Die Artigkeit erforderte, daß der Gast sich auch stellte, als wollte er Thränen vergießen, und wenigstens mußte er seufzen.

Erst nachdem dieses vollbracht war, trat der Mussacat zum Fremden, fragte, wie er sich befände und wohin er gedenke? und, wenn er zu Fuße kam, mußten ihm die Frauen die Füße waschen; und, wenn er zu essen wünschte, wurden Wildpret, Fische und Getränk herbeigebracht. Blieb er über Nacht, so bekam er ein weißes Inis oder Hamack, um welches Feuer angemacht wurde, gegen dessen Glanz und Licht Schirme vorgesetzt werden. Früh bietet der Wirth seinem Gast einen guten Morgen, und entläßt ihn dann. — Bei vielen Nationen ist indessen diese alte Gastlichkeit eben so wenig mehr, als so manche andere alte Sitte.

Der alte Sinn dieser Völker ersieht sich aus der Aeußerung eines Greises, der Lery befragte, warum sie denn so viel Holz (Fernambuck) holten? Lery erklärte ihm das, und sagte, daß ein einziger Kaufmann zum Färben von Tuch und Frieß eine ganze Schiffsladung solches Holzes brauche.

„Aber, wenn nun der Kaufmann todt ist, wem hinterläßt er denn Alles?" fragte der Alte.

Seinen Kindern, sagte Lery, und wenn er die nicht hat, seinen Brüdern, Schwestern u. s. w.

„Wahrlich, sagte der Greis, nun sehe ich, daß ihr große Narren seyd. Müßt ihr darum so weit herkommen, um für die Nachlebenden zu sammeln? Als ob die Erde, die euch ernährt, nicht auch jene nähren könnte! Wir haben auch Kinder und Verwandte und lieben sie eben so wohl. Aber wir verlassen uns ruhig darauf, daß die Erde, die uns ernährt, auch sie ernähren wird."

Außer Schmausereien und Kriegsfesten ist der Tanz ihr Vergnügen, der aber in bloßen Bewegungen der Arme und Füße besteht, bei welchen der Ort nicht viel verändert wird. Man begleitet den Tanz mit den bekannten Klappern, die hier zum Theil an die Füße gebunden werden. Die größere Klapper (Maraca) wird mit der Hand gehalten. Eintönige Gesänge, wie z. B.: he he hua, oder hö, höra; höra, höta wesch, die im Chor wiederholt werden, gehören zum Tänze. Dabei wird tüchtig mit dem Fuße gestampft und ausgespien.

Es ist keinem Zweifel ausgesetzt, daß sie religiöse Begriffe haben. — Ihr Tupan ist ein hohes Wesen und bedeutet zugleich den Donner, ihr Ainyang ist ein mächtiges böses Wesen; es sind Wahrsager (Zauberer) bei ihnen; es sind Vorstellungen da von einem Zustande nach dem Tode, denn sie hoffen, hinter den Bergen zu ihren Vorfahren zu kommen; ja, sogar Sagen von einer ehemaligen großen Ueberschwemmung, in welcher nur Ein Menschenpaar (Schwester und Bruder) erhalten wurden.

Ihre geheimnißvollen Cerimonien, wobei kein Fremder zusehen darf, werden mit sonderbaren Tänzen und Bewegungen gehalten, und die handelnden Personen schäumen dabei vor Wuth. Es scheinen Kriegstänze zu seyn, bei welchen ihnen die Anführer aus langen Schilfröhren Tabaksdampf zublasen.

Ihre Kriege führen sie mit vieler Wuth und blos aus Rachsucht, da für so wenige Menschen unter diesem Himmel es nie an Raum und Unterhalt fehlen kann.

Die Anführer, die einzige Obrigkeit, die sie kennen, die aber nur im Kriege gilt, werden gewählt, man bewaffnet sich mit Keule und Bogen und Schilden aus der Haut des Tapirs. Ihre Pfeile würden einen Brustharnisch von Ochsenhaut durchdringen. — Hörner und Pfeifen aus den Knochen der erschlagenen Feinde sind die Kriegsmusik. Die Weiber tragen den Proviant.

Amerika. D d

Ihre Kriege führen sie am liebsten durch Ueberfälle und halten sich am Tage verborgen. Daß sie tapfer sind, haben die Europäer bei der Besitznahme des Landes erfahren, und die Wuth, mit der sie im offenen Gefecht gegen einander kämpfen, ist nach Lery unglaublich. Ihre Kriegsgefangenen behandeln sie genau so, wie die nordamerikanischen Irokesen, nur, daß das unglückliche Opfer hier nicht erst gemartert wird. Man bemalt den Gefangenen, man legt ihm Steine und Scherben hin, damit er sich rächen könne, jedoch ohne von seinem Platze zu gehen, auf welchem er an einem um den Leib geschlungenen Strick durch 2 Männer gehalten wird, und in der That schützt man sich nicht allezeit glücklich gegen seine kräftigen Steinwürfe. Auch singt der Gefangene das Lob seiner Nation und ihre Tapferkeit. „Du da, spricht er zu diesem, deinen Vater hab' ich gefressen;" „lieber Freund, zu einem andern, deine Brüder hab' ich geschlachtet."

Dem, den man ehren will, gibt der Herr des Gefangenen den Auftrag, ihn hinzurichten. Dieser hat sich dazu vielfarbig bemalt, und sich, wie seine Keule, mit Federn geschmückt. Ein einziger Schlag mit derselben bringt dem Gefangenen den Tod, nachdem dieser keine Steine mehr hat, und der Keulenschläger erst zuvor ihn angeredet hat. Der Leichnam wird dann zerstückt im Dorfe erst umhergetragen; dann werden die Theile vertheilt, geröstet und verzehrt. Die Weiber bekommen nur den Kopf und die Eingeweide. Lery sahe, wie die einstweilige Frau eines solchen Gefangenen, die doch über seinen Leichnam mit lauten Klagen hergefallen war, dennoch mit großer Begierde davon mitfraß. — Uebrigens wird bei einer solchen schrecklichen, oft 3 Tage dauernden Feierlichkeit hinlänglich für starkes Getränk gesorgt. Schrecklicher noch ist es, daß sie die von solchen Gefangenen in temporairer Ehe erzeugten Kinder sogleich nach der Geburt zu fressen pflegen.

Ob einige Völker ihre todten Kinder gegeſſen haben? ſey dahin geſtellt. Sie beerdigen die Todten aufrecht ſitzend mit vielen Klagen, und geben den Oberhäuptern Waffen, Hamack und Halsbänder mit.

Unter den verſchiedenen Nationen werden uns die Topinambuer, Margajer, die Tupiques und Tapuges genannt. Letztere ſollen wohl aus 80 Stämmen beſtanden haben, die aber jetzt wohl in einander verſchmolzen ſind.

7.

Weſtindien.

Dieſe große Inſelwelt, deren Eilande noch nicht genau gezählt ſind, und ſich von Oſt nach Weſt 300 Meilen lang erſtrecken, liegen unſerm Erdtheil ſo nahe, daß die Fahrt dahin auf einem Poſt- oder Jagdſchiffe bei günſtigem Wind in 14 bis 20 Tagen zurückgelegt ſeyn kann.

Man nimmt dieſe Inſeln für die Ueberbleibſel eines feſten Landes, die einem zerſtörenden, mächtigen, von Südoſt nach Nordweſt gehenden Strome allein Trotz zu bieten und zu beſtehen im Stande waren.

Der Seefahrer hat auf der Reiſe hierher ſowohl den gewaltigen, durch ſeine größere Wärme und ſchöne blaue Farbe kenntlichen Golphſtrom zu vermeiden *), der 400 Meilen von Florida bis gegen Europa's Grenzen hinſtrömt, als auch die Untiefen und verborgenen Klippen. Aber bei heiterer Witterung ergötzt ſich ſein Auge an der ſpiegelhellen, ſelbſt (gegen alle ſonſtigen Annahmen dennoch) bis 60 Fuß tief durchſichtigen Fluth. Zwiſchen den

---

*) Dieſer Strom hört zwar auf, über Terre neuve hinaus bemerklich zu ſeyn, iſt aber in der That noch vorhanden, denn er treibt zuweilen amerikaniſche Pflanzen und Thiere bis nach Schottland zu.

Dd 2

rng zusammenliegenden kleinen und zunächst um die gröſ-
ſern Eilande iſt es, als führe man über unterirdiſche Gärten.   Das Boot ſcheint in der reinen Fluth wie in der
luft zu hangen, und der nicht daran Gewöhnte fängt an zu
ſchwindeln.   Man ſieht im Meeresgrund tauſendfältiges
Gewürm, Seeſterne, Schnecken, Fiſche mit den prächtigſten und verſchiedenartigſten Farben, Wälder von See-
pflanzen,   Schwammgewächſe,   Korallen u. ſ. w.,   die
dem Auge um ſo viel näher ſcheinen, daß man oft glaubt
mit der Hand ergreifen zu können, was über 10 Fuß unter dem Waſſer iſt.

Wie in allen Tropenländern, ſind auch hier nur der
Jahreszeiten zwei.   In der naſſen Jahreszeit oder
dem Winter, vom April bis zum November, wo die ſent-
recht ſtehende Sonne eine ungeheure Ausdünſtung des
Meeres bewirkt, die ſich in Wolken zuſammenballt und
in Regengüſſen ſo gewaltig herabſtürzt, daß einiger Or-
in einer Woche mehr Waſſer fällt, als bei uns in einem
Jahre; in dieſer Zeit erhebt ſich aber das allgemeine
Leben; die Pflanzen treiben, die herrlichſten Blüthen
duften, die Thiere paaren, Schaalfiſche und Gewürme
häuten ſich, und die Fiſche ſteigen in die Flüſſe hinauf. —
Alles droht bei der Feuchtigkeit in Fäulniß zu gehen;
Eiſen roſtet in einem Tage, Fleiſch verdirbt in wenigen
Stunden, und ſelbſt Eichenholz dauert nur halb ſo lange
als anderswo.   Der geſammte Waſſerfall ſteigt auf einigen Inſeln auf 80 Zoll.

Der Sommer wird in ſeiner Glut von den Seewin-
den gekühlt, und iſt einige Monate ſo heiter, daß man
bei den Mondsvierteln leſen kann, daß die Venus wie
ein kleiner Mond ſtrahlt, und die Milchſtraße mit außer-
ordentlichem Glanz leuchtet.   Große Schaaren leucht-
fliegen vermehren noch des Schauſpiels Pracht.

Aber die Nächte, in welchen die Dünſte wie Reif herabfallen, ſind kalt.   Im Auguſt wird die Hitze drückend,

Wolken thürmen sich auf, und späterhin umhüllen sich die höhern Gebirge, der Donner bricht mit lautem Brüllen los, und die Nächte sind von tausendfachen Blitzen erleuchtet.

Die Gewalt der hiesigen Orkane, mit Regenfluthen, schrecklichen Gewittern, ja selbst mit Erdbeben vergesellschaftet, übersteigt jede Schilderung. Die stärksten Bäume werden ausgewurzelt oder wie ein Strohhalm zerknickt, Kirchen, Häuser und Plantagen umgeworfen und verwüstet, der Sand erhebt sich wie Wellen des Meeres, die der Sturm peitscht. Bei einem solchen Orkan auf Jamaika verschwanden auf einmal 10,000 Morgen (Acres) Land, in dreihundert entstandenen Schlünden sanken mehrere Menschen hinab, einzelne Berge stürzten zusammen, zwei andere wurden dagegen plötzlich zusammengeschoben und mit einander vereinigt, und von einem zersplitterten Gebirge hüpfte gleichsam ein Theil beinahe eine halbe Stunde weit fort, und bedeckte eine Pflanzung mit 19 Menschen. Ein Kriegsschiff wurde durch die Wuth des empörten Windes und Meeres über die Gipfel der Häuser hingeschleudert, und — wie wunderbar! — ohne daß ein Mensch darin beschädigt wurde. Im Ganzen waren aber 13,000 Menschen umgekommen.

Die Erzeugnisse dieser Inselwelt können im Allgemeinen keine andere seyn, als die bei darüber und darunter liegenden nördlichen und südlichen Theilen des Continents bereits beschrieben sind.

Gold, Silber und Kupfer, vielleicht auch Eisen, mögen die Gebirge wohl verbergen, und sollen ehedem häufig gewesen seyn, es wird aber nicht darauf gebauet.

Die Pflanzenwelt ist am reichsten, und hat Mahagoni-, Kalebassen-, Sandel-, Terpentin-, Thik-, Eisenholz und andere Bäume, nebst manchen uns wohl noch nicht bekannten Bäumen und Pflanzen, zumal, da

das Innere der größern Inseln uns ebenfalls noch nicht
bekannt ist. Der Zimmtbaum und die Gewürznägelein,
von den Molucken hierher gebracht, und der Brodbaum,
aus der Südsee durch Blighs ruhmwürdige Bemühungen herbeischafft, sollen, wo sie gepflanzt sind (die
erstern in Martinique, der letztere in Jamaika), erwünscht
gedeihen. — Der Kaffeebaum, von Ostindien hierher
gebracht, macht nebst Baumwolle, Indigo, Tabak,
Zuckerrohr und Roucou, dessen Farbestoff aus den
Samenkörnern des Orleansbaums gewonnen wird, das
Hauptgeschäft der Pflanzungen und den Hauptreichthum
der europäischen Kolonien. Uebrigens findet sich der
Talgbaum China's und der echte arabische Gummibaum
(wie am Senegal), nebst Ingwer, Sassaparille, Mais,
Cassave, Yams, Ananas u. s. w. Die hierher gebrachten Orangenbäume sind gut gediehen. Man hat auch
Tamarinden-, Guajak-, Zeder-, Kokos-, Breiäpfel-,
Mancinellenbäume u. a. m. — Eine Wohlthat für so
viele, der Flüsse und Quellen völlig ermangelnde Gegenden sind mehrere mit schlauchartigen Blättern versehene Pflanzen (Tillandsien). Ein Blatt bewahrt
oft ein Quart Regenwasser eine lange Zeit frisch.

Die vierfüßigen Thiere — die europäischen Hausthiere nicht mit einbegriffen, die hier sehr gut fortgekom-
men und da und dort wild geworden sind — mag es kaum
8 Arten geben, worunter der Waschbär oder Raton und
eine Moschusratte (Moschus-Schwein, Tajassu?) die
größßesten, und unsere europäischen Ratten für die Zucker-
pflanzungen die verderblichsten sind. — Desto zahlreicher
sind die Vögelarten, die Papagaien mit ihren Mannich-
faltigkeiten, die Tauben, Kolibris, Flamingos oder
Flamants, und die Schaaren von Seevögeln. Schildkröten sind in unglaublicher Zahl vorhanden, so wie es
denn auch schöngefärbte bunte Schlangen und Eidechsen
(die aber hier größtentheils unschädlich seyn sollen, und

unter welchen der Leguan ſich findet), und an vielen andern Amphibien, Inſekten u. ſ. w. großen Ueberfluß
gibt.

Die Zahl der ſämmtlichen Einwohner ſchlägt man zu
1,460,000 an, darunter 260,000 Europäer aller Nationen und farbige Leute, die übrigen aber Neger ſind, deren ſonſt jährlich 100,000 aus Afrika zugeführt wurden.

Wie beträchtlich dieſe Inſeln für Europa ſind (geweſen
ſind, wird man vielleicht bald ſagen müſſen), ergibt ſich
aus folgenden Einzelnheiten.

Die brittiſchen Inſeln führten 1788 faſt 42
Millionen Thaler Werth aus, worunter der Zucker allein
an 20 Millionen betrug. Zur Produktion dieſer Waaren
arbeiteten 455,000 Neger (64,000 Weiße nicht gerechnet, da ſie nicht arbeiten, ſondern nur anſtellen). Ueberdies wurden dadurch 1800 Schiffe mit 21,000 Matro-
ſen beſchäftigt.

Frankreich gewann in ſeinen Kolonien kurz vor
der Revolution über 46 Millionen Thaler, wovon Zucker
und Kaffee *) allein über 33 Millionen und die Baumwolle über 6 Millionen Thaler gab.

Dänemark erhielt allein von St. Croix an Zucker
über 1 Million Thaler.

Die holländiſchen Inſeln St. Euſtach und
Curaçao produçirten an 5 Millionen Gulden an Zucker,
Kaffee, Baumwolle, Cacao, Tabak, Indigo u. ſ. w.
nicht mit gerechnet.

Wie viel hätte das ſpaniſche Cuba, die größeſte,
von der Natur ſo reich begabte Inſel, ſeyn können, wäre
ſie wie Jamaika bearbeitet worden!

_____

*) Man erwäge, was in den angegebenen Zeitpunkten ein Pfund
Zucker oder Kaffee bei uns galt, um die Maſſe der Produktion
zu ſchätzen.

Man rechnete vor 1790 den Werth aller — von ganz Westindien nach Europa gehenden Waaren 110 Mill. Thlr. — 1803 beschäftigte der Handel der engländischen Inseln 733 Schiffe von 98,000 Tonnen mit 15,600 Seeleuten. Sie führen blos an Zucker für 7,060,000 Pfund nach Europa.

Wir gehen zu dem Einzelnen über.

Die große Inselwelt wird in mehrere Inselgruppen getheilt. Das Wichtigste von denselben findet hier seinen Platz.

1. Die großen Antillen.
Cuba.

Die größte unter allen Inseln Westindiens, von 130 bis 140 Meilen Länge, bei 14 Meilen (Andere sprechen von 30 bis 50 Meilen) Breite, hält 2309 Q. M. mit etwa 280,000 Einwohnern, worunter höchstens 44,000 Weiße. Nach Andern soll sie 1796 an 500,000, je sogar 700,000 Einwohner gehabt haben. 1814 war die Angabe 486,000 E., worunter 274,000 Weiße.

Gebirge durchziehen das Land von Ost nach West, und geben mehrern kleinen Flüssen von kurzem Lauf ihre Quellen. Merkwürdig sind süße Quellen mitten im Meere, die 2 bis 3 Meilen vom Lande, aus dem Meere mit mächtiger Gewalt hervorkommen, und in welchen sich Manatis aufhalten sollen *). Die Schiffe versorgen sich aus denselben mit Süßwasser. Der Boden ist herrlich, und trägt Alles zusammen, was einzeln die übrigen Antillen erzeugen; Cedern, Eichen, Tannen, Mahagony, Palmen, Kokos und Cacao, Bananen, Limonien u. s. w.

*) Diese leben nur im süßen Flußwasser.

Hornvieh läuft in wilden Heerden herum. Bienen sind erst vor 48 Jahren aus Florida hergebracht, haben sich aber unglaublich vermehrt, und geben reiche Ausbeute an Honig und Wachs. Vormals soll die Insel Goldminen gehabt haben, und auch noch jetzt wird viel Gold in den Flüssen gefunden.

Havana, die jetzige Hauptstadt und der Sitz des Gouvernements, ist artig und reinlich gebauet, und hält in 2000 Häusern 25,000 (36,000) Einwohner, worunter ohne Zweifel die 3000 Mann Besatzung nebst 1600 Mann Landmiliz mit begriffen sind. — Es herrscht hier, wie in den übrigen spanisch-amerikanischen Städten, viel Aufwand und reiche Kirchenpracht. Man hat Universität, Schulen, patriotische Gesellschaften, Tabaksfabriken, Findlings- und Schauspielhaus und einen Platz zu Stiergefechten.

Höchst bedeutend ist der Hafen, der für 2000 Schiffe Raum und volle Sicherheit gegen den Wind, aber auch Tiefe genug hat, um beinahe dicht am Ufer zu ankern. Der schmale, durch 2 gegenüberliegende Forts gedeckte Eingang des Hafens hat nur für ein Schiff Platz. Alle mit Mexiko's Reichthümern nach Spanien zurückkehrenden Schiffe halten hier ihren Sammelplatz, und gaben zu einer großen Messe den Anlaß.

Unter den übrigen Städten hat Bajamo 12,000 Einwohner und Guanavaco eben so viel; Porto del Principe soll sogar 30,000, und einige andere 5, 6 und 7000 Einwohner haben. Mehrere dieser Orte sind mit Forts versehen.

Jamaika,

bekanntlich eine brittische Besitzung, mag etwas mehr als 300 (269) Quadratmeilen enthalten, und darauf an 4 Millionen und 80,000 Morgen (Acres) Land, wovon am Ende des vorigen Jahrhunderts nur 1,740,000 Morgen bebauet waren. Sie hatte 1791 291,000 Einwohner, worunter 250,000 Sklaven, unter welchen 140,000 blos mit dem Anbau der Zuckerplantagen, 21,000 aber mit Kaffeepflanzungen beschäftigt waren. 1808 zählte man 35,000 Weiße und Farbige und 300,000 Neger.

Von Ost nach West ziehen die blauen Gebirge, von welchen viele kleine Flüsse häufig in beträchtlichen Kaskaden herabstürzen.   Einige derselben fließen eine Strecke lang unter der Erde fort. — Aus dem See Riotto wird Salz bereitet.

Die Südseite hat viele Savannen.   Die Luft ist nicht gesund, und würde es vielleicht noch weniger seyn, gäbe es nicht so viele Stürme.

Unter den Gewächsen nennen wir nur den Seifenbaum, dessen Beeren statt Seife dienen, den Zimmtbaum (erst seit 1782), den Kokosbaum, den Mangrorebaum und den Pimentopfeffer (neue Würze oder allerlei Würze). — Insekten in Schaaren machen das Leben schwer.

Man hat für die Neger 22 Missionen außer 6 herrnhutischen Missionen.   Man versendete vom J. 1801 bis 1802 nur an Kaffee 18 Mill. Pf.

Kingston ist die Hauptstadt mit 2000 H. und 17,000 E., worunter nur 6000 Weiße.   Die Häuser haben des Luftzugs wegen viele Thüren und Fenster.   In dem Negeraufstande 1811 verbrannte sie, und der Gouverneur residirt nun zu Spanish Town.

Port royal hat, seitdem sie durch Erdbeben und Orkane mehrmals verwüstet ist, nur noch 200 Häuser.   Ihr Hafen hat Platz und Sicherheit für 1000 Schiffe.

Spanish Town, 900 H., 3000 E.

Die Regierung dieser Insel ist der des Mutterlandes ziemlich ähnlich.

Von den Maronnegern s. nachher.

———————

Domingo oder Hayti (Hispaniola)

hat ihren uralten Namen Hayti in den neuesten revolutionären Zeitereignissen nach 1791 wieder angenommen, und ist aus einer französischen Kolonie ein Negerstaat geworden.   Sie ist an 90 Meilen lang und an 30 Mei

len breit. Der Flächenraum wird über 1400 Q. M. an-
gegeben. Die Bevölkerung bestand 1795 aus 42,000
Weißen, 34,000 farbigen freien Leuten und 600,000
Negern. Eine Angabe von 1790 hat im französischen
Antheile 534,000 E. und im spanischen 125,000 E.,
worunter nur 15,000 Neger.

Die Insel ist sehr gebirgig, aber die Gebirge sind
nicht rauh und wild, und laufen sanft in fruchtbare Ebenen aus, welchen sie selbst befahrbare Flüsse und viele
Bäche zusenden. Seewinde kühlen das heiße Klima,
aber die Feuchtigkeit der Luft ist groß und Stürme und
Erdbeben nicht selten.

Ein großer unbebauter Theil der Insel gibt den wilden Heerden des Hornviehes seinen weidereichen Aufenthalt. Sonst wurden diese Thiere zu Tausenden, blos der
Häute wegen, erlegt.

Der Boden, der freilich auch sandige und morastige
Gegenden hat, ist so vorzüglich, daß der ehemalige französische Antheil an der Insel (vor dem Baseler Frieden
1794), der noch kein Drittheil des Ganzen betrug, doch
mehr als Jamaika producirte, und allein 163 Mill. Pf.
Zucker, 68 Mill. Pfd. Kaffee, 6 Mill. Pfd. Baumwolle und fast 1 Mill. Pfd. Indigo lieferte. Der Total-
werth der gesammten Produktion betrug an 32 Mill.
Thaler. Bei dieser Güte des Bodens ist der Baumwuchs hier üppiger, als auf den übrigen Antillen. —
Die Bergwerke sollen ehedem über eine halbe Million
Thaler eingebracht haben.

Die Insel steht jetzt unter 3 Oberhäuptern, unter welchen Christoph, unter dem Namen Heinrich der 1ste, Ne-
gerkönig ist, und sich auf gut französisch eingerichtet, auch
bereits 3 Fürsten, 8 Herzöge, 19 Grafen, 36 Barone
geschaffen hat. Auch ein Militärorden fehlt nicht.

Boyer's Staaten sind von Heinrichs Staaten
durch eine Wüste getrennt, und Philipp Dos hat

seine Besitzungen mitten in der Insel, umgeben von Bergen. — Nach andern Nachrichten ist ein gewisser Grohmann Besitzer der Gebirgsgegend Jeremie auf der westlichen Spitze.

St. Domingo hatte zwei Universitäten und herrliche Kirchen und Gebäude. Der Hafen ist trefflich.

Port au Prince (Port republicain) mit (sonst) fast 3000 weißen Einwohnern, soll der gesundeste Ort der Insel seyn. Die von den Hügeln kommenden Bäche geben dem noch kein gesundes Trinkwasser, welches man deshalb weit herholt.

Cap François, mit 3000 Einwohnern, in einer schönen, aber ungesunden Gegend. Die Franzosen mußten sich hier 1803 an die Neger (und Engländer) ergeben, und die Insel war für diese Nation verloren. Hier residirt Christoph. Der Hafen ist durch nordamerikanische Schiffe sehr lebhaft, welche alle Luxusartikel bringen.

Porto rico.

Eine überaus fruchtbare, etwa 20 Meilen lange und 8 Meilen breite Insel (182 Q. M., im J. 1794 mit 136,000 E.), welche aber die Spanier auch nicht recht benutzen. Ein Gebirge zieht von Ost nach West. Der Flüsse zählt man 23. Die Produkte sind die gewöhnlichen. Besonders häufig wächst hier der überaus giftige Mancinellenbaum und wird einer Eiche groß.

Die Stadt Porto rico hat einen vortrefflichen Hafen, und trieb mit Engländern und Franzosen einen beträchtlichen Schleichhandel. Man gibt 10,000 E. an.

---

2. Die kleinen Antillen.

Dieser Gesammtname befaßt alle Inseln des gesammten Archipels, außer den vier aufgeführten. Man theilt dieselben am gewöhnlichsten in die karaibischen oder Zuckerinseln, und in die Lukaien oder Bahamainseln. Die Seefahrer haben für die erstern auch noch die Abtheilungen in den Inseln unter dem Winde (Windwardsinseln), und Inseln im Winde (Leewardsinseln), es rechnen aber nicht alle Nationen dieselben Inseln zu derselben Abtheilung.

1) Die Bahamainseln nebst den Bermudasinseln.

Man rechnet, daß nur 7 der Bahamainseln bewohnt sind, wiewohl die Zahl aller an einige Hundert hinauflaufen kann. (700 zusammen 257 Q. M. Meistentheils sind es Klippen.) — Der Boden derselben ist sehr felsig. Man kann zu allen Jahreszeiten säen und erndten. Die meisten müssen sich mit Regenwasser behelfen.

Die Produkte sind mit denen der größern Antillen größtentheils gleich. Salz bereitet die Natur selbst, wenn in der trocknen Jahrszeit Seen und Pfützen verdampfen. Unter den Bäumen findet sich ein sogenannter indischer Feigenbaum, der ungeheuer groß werden soll, der Pisang und herrliche Cedern zum Schiffsbau. Lianen sind überaus häufig. An einheimischen vierfüßigen Thieren findet man nur den Waschbär und das amerikanische Murmelthier. — Der Hauptausfuhrartikel bestand in 3000 Centnern Baumwolle. Alle 7 Inseln hatten 1773 nur 4240 Einwohner, worunter 2000 Weiße waren.

Die Bahamainsel soll 16 Q. M. enthalten, und wird blos zum türkischen Weizenbau benutzt.

Abaco oder Lucayo hält an 5 Q. M. und hat 2 Ortschaften.

Auf der 8 Q. M. haltenden Providence ist das Fort Nassau der Hauptort, wo der brittische Gouverneur sämmtlicher Bahamas seinen Sitz hat.

Die Bermudasinseln,

oder Sommersinseln gehören kaum zu Westindien, denn sie liegen ausserhalb dieser Inselgruppe, sehr viel

nördlicher; auch werden sie beim brittischen Amerika aufgeführt, wo sie auch von uns erwähnt sind.

Man rechnet die Zahl derselben an 100, aber kaum
8 sind darunter bemerkenswerth. Sie sind alle im brittischen Besitz, und halten 108 Q. M., mit etwa 10,000 E.

Die Luft ist angenehm und gesund, daher sich Kranke
von andern Kolonien hierher begeben; allein es fehlt an
Quellwasser, und man sammelt deshalb das Regenwasser
in Cisternen.

Außer einer Art wilder Palmen, deren Früchte sehr
angenehm sind, ist kostbares Cedernholz vorhanden, welches die dauerhaftesten Schiffe gibt. Den größten Theil
des urbaren Landes (1300 Morgen) bepflanzt man mit
diesen Bäumen. Doch hat man auch unsere Südfrüchte,
Melonen, Oehl- und Lorbeerbäume.

Seehandel und Fischerei sind die Hauptbeschäftigun-
gen. Die Zahl sämmtlicher in 9 Kirchspiele vertheilter
Einwohner betrug 1792 an 10,400, worunter fast die
Hälfte Neger waren.

Auf der Insel St. Georg, die gleichsam aus einer zu-
sammenhangenden Dorfschaft besteht, ist Georgetown der
Hauptsitz des Gouverneurs sämmtlicher Inseln.

---

2) Die karaibischen Eilande.

Die Jungferninseln oder Virginischen,
worunter St Thomas, St. Jean und St. Croix
den Dänen gehören. Die erstere hat auf 4 Q. M. eine
Bevölkerung von mehr als 5000 Menschen, worunter
4600 Neger.

Die Stadt St. Thomas liegt an einem geräumigen Hafen, und hat bedeutende Niederlagen. Die Brüdergemeinden
haben hier zwei Missionen zur Negerbekehrung *). — Die In-

---

*) Zu St Thomas gehört die Krabbeninsel, welche Spanien, Eng-
land und Dänemark gemeinschaftlich benutzen.

ſel St. Jean hat auf 3 Q. M. 2400 Einwohner, worunter 200 Weiße. — St. Croix hat 8 Q. M. mit 28,000 Einwoh= nern, worunter 3000 Weiße. Man muß das Regenwaſſer in Ciſternen ſammeln. Die ganze Inſel iſt in 356 Plantagen (jede zu 150 Acker) vertheilt. Der hieſige Zucker, auf welchen allein 150 Plantagen 150,000 Centner bauen, iſt von außerordent= licher Güte, und wird in reichlicher Menge gewonnen. — Chri= ſtianſtadt iſt die Hauptſtadt.

Nach andern Rechnungen enthalten alle 3 Inſeln nicht 9 Q. M. mit 42,000 E.

Die engländiſchen Inſeln, die zu den Jung= ferninſeln gehören, als Anegada, Spaniſh Town, oder Virgin Gorda und Tortola, nebſt noch etwa 12 bis 15 kleinern Inſeln haben 9000 Einwohner, wor= unter 3000 Weiße. Die letztere hält 4 Q. M. — Die Ausfuhr dieſer Eilande betrug 1788 für Zucker, Baum= wolle, Färbeholz u. ſ. w. über 1 Million Thaler.

Die Spanier haben die Paſſage= und Schlan= geninſel, an 7 Q. M. 3000 E.

Anmerk. Sämmtliche Jungferninſeln können 50 bis 60 be= tragen.

Die Inſeln St. Euſtach, Saba und St. Martin.

Euſtach, den Niederländern gehörig, hält 1 Q. M., beſteht faſt nur aus zwei hohen, an den Seiten bebaueten Bergen, zwiſchen welchen ein Thal ſich hinzieht, und ſoll, ſo klein ſie iſt, dennoch 15,000 Einwohner haben. Sie iſt vorzüglich ihres Zwiſchen= und Schleichhandels wegen in Kriegszeiten wichtig.

Saba, ebenfalls niederländiſch, auch nur 1 Q. M. groß und ſehr unbedeutend. Soll dennoch 9000 E. haben.

St. Martin iſt auch niederländiſch, hat viele Berge, Gummibäume und erbauet vortrefflichen Tabak. Sie

hat 5 Q. M., 6000 E., liefert über 2¼ Mill. Pfund
Zucker, 330,000 Pfund Baumwolle, und gewinnt viel
Salz aus den Seen an der Küſte, welches in die Nach-
barſchaft geht.

Anguilla und Barbuda

ſind unbedeutende brittiſche Inſeln.   Die erſtere hält
etwa 4 Quadratmeilen mit 2100 Einwohner.

St. Barthelemi,

etwa 2 bis an 3 Q. M., erkaufte Schweden 1784 von
Frankreich.   Sie erzeugt vorzüglich Baumwolle, und iſt
ihres Freihafens Carenage wegen zu bemerken.   Sie
hatte im J. 1800: 6000 E.

St. Chriſtoph, Nevis, Montſerrat, Antigua

ſind ſämmtlich brittiſche Beſitzungen, unter welchen Chriſtoph und Antigua nach Jamaika am bedeutendſten
ſind.

St. Chriſtoph (oder St. Kitts) hält 4 (3)
Q. M., und iſt im Innern ſehr gebirgig.   Einer der
Berge hält 3700 Fuß, ein anderer, der immerdar raucht,
hat auf ſeiner höchſten Spitze Höhlen mit Schwefel.   Die
kleinen Bäche der Gebirge verſiegen in trockner Jahreszeit.   Sie hat viel Salz, beſonders in einem See, der
in der trocknen Jahreszeit verdampft, und reine Salz-
kryſtallen zurückläßt, und hält 32,000 E.

Baſſe terre iſt ein artig Städtchen, und nahe dabei
das Fort Londonderry.   Die ganze Inſel iſt mit Landhäu-
ſern beſäet.

Die Inſel Nevis, 1 Q. M., 9000 E., hat
Schafe mit Haarwolle (wie in Afrika), die jährlich zweimal auf jeden Wurf 3 bis 4 Junge bringen, Eidechſen
von 10 F. länge.   Charlestown iſt der Hauptort.

Montferrat hält etwas über 2 Q. M., und baut über 5 Millionen Pfund Zucker. Die Berge sind mit mancherlei Holzarten bedeckt. Seine Einwohner werden zu 10,000 Negern und 1300 Weißen angegeben.

Antigua ist die wichtigste unter diesen vier Inseln, und hält 5 Quadratmeilen mit 60,000 Morgen Landes, von denen aber nur 34,000 angebauet sind. Sie ist, bis auf eine angenehme mit Bäumen bewachsene Bergkette in Süden, sehr eben. Man gibt an 50,000 Einwohner an, die größtentheils Zucker, und nächstdem Tabak bauen. Im Jahr 1785 wurden 284,526 Centner Zucker exportirt. Man rechnet den Werth aller Exporten 2¼ Mill. Thaler.

St. Johnstown, eine der schönsten Städte Westindiens, hat 1800 Häuser, einen bequemen Hafen, und ist der Sitz des Generalgouverneurs unter dem Winde.

English Harbour ist ebenfalls gut befestigt, und hat einen durch die umgebenden Berge sichern Hafen, ein Arsenal und ein Schiffswerft.

Guadeloupe, Desiderade, les Saintes, Marie galante, Martinique, St. Lucie, Tabago.

Guadeloupe, jetzt nebst Martinique die wichtigste französisch westindische Besitzung, hält gegen 31 Q. M. mit 248,000 E., worunter 90,000 Neger. Außer den gewöhnlichen Erzeugnissen werden Trufelsvögel mit schwarzen Federn genannt, die nur Nachts auf den Fischfang gehen, schwarze Bienen ohne Stachel, die den Honig in Blasen aus Wachs sammeln, welche groß wie ein Taubenei; und Ravet, eine Art Wanze, die Alles zernagt und beschmutzt. Im Jahr 1788 betrugen, bei so wohlfeilen Preisen, die Exporten doch fast an 3¼ Mill. Thaler.

Ein Meeresarm, der Salzfluß genannt, theilt die Insel in die östliche und westliche, oder in Grande terre und Basse terre, eine Eintheilung in hohes und niedriges Land, die bei vielen der nachfolgenden Inseln Statt

Amerika. Ee

hat, nur daß statt Grande terre lieber Cabesterre gesagt wird.

Basse terre, mit einem Fort, ist der offne, niedliche Hauptort, dessen Hauptstraße mit einer Tamarindenallee bepflanzt ist, der sogar auch gesundes Trinkwasser hat. Er ist mit lieblichen bewässerten Gärten umgeben.

Point a Pitre, am Salzfluß, ist regelmäßig gebaut und wird durch ein Fort und eine Batterie vertheidigt.

Desiderabe hat eine Q. M. und schwerlich 1000 E. les Saintes, 3 kleine Inseln, halten 6 Q. M. und 1300 E., und sind, wie die beiden folgenden Inseln, französisch.

Marie galante, 4 Q. M., ist östlich mit einem Felsenkranz umgeben, und eine hügelige, mit vielen Bächlein und Teichen versehene Insel. Sie soll viel wilden Zimmt erzeugen, und 12,000 Einwohner im J. 1788 gehabt haben, worunter 10,000 Sklaven.

Martinique, 17 Q. M., hat zahlreiche sturmsichere Häfen, um derentwillen sie allein schon für den Handel wichtig ist, rechnet man auch die 30,000 Centner vorzüglichen Kaffee und die 4 Mill. Pfund Zucker, die sie producirt, nicht mit. Im Innern sind viel kegelförmige Berge, manche an 6000 F. hoch.

Die Küsten sind von dem Meere vielfältig eingeschnitten. Vierzig Flüsse bewässern den fruchtbaren Boden. Bei funfzig Lieues Umfang hatte die Insel 1792 an 100,000 Einwohner, und etwa eben so viel 1811. Es leben hier noch einige Karaibenfamilien abgesondert. Man führte an Kolonialwaaren im J. 1788 für mehr als 6 Mill. Thlr. aus.

St. Pierre soll an 30,000 Köpfe und 2000 meist steinerne Häuser haben, worunter auch ein Schauspielhaus ist.

Fort de France (oder Fort Bourbon) liegt in einer Gebirgsreihe, und war der Sitz des Gouverneurs aller französischen Inseln. Es ist von den Engländern demolirt.

Fort Trinité hat einen bequemen Hafen.

Die brittische Insel St. Lucie hält zwischen 6 und 7 (10) Q. M. mit 14,000 Einwohnern (1789; 16,000 im J. 1803). Unter ihren Gebirgen sind mehrere ausgebrannte, die reich an Schwefel sind. Die Exporten betrugen 1788 an eine Mill. Thlr.

Der Hauptort und Hafen, welcher eine ganze Flotte aufnehmen kann, ist Port Castries.

Die brittische Insel Tabago, die südlichste unter den Antillen, soll an 7 Q. M. enthalten, von welchen aber nur ein unbedeutender Theil angebauet ist. Der Einwohner waren 1802 an 18,000, worunter 650 Weiße und Mulatten.

Der nicht unfruchtbare Boden hat Quellen, und die hierher gepflanzten Zimmt- und Muskatnußbäume gedeihen.

Scarborough ist der Hauptort.

Vor einigen Jahrzehnten lebten noch einige Familien echter rother Karaiben auf dieser Insel.

Wir erwähnen nur noch der wichtigsten unter den karaibischen Inseln.

___

Dominique und St. Vincent.

Dominique, eine brittische Besitzung von 12 Q. M., die sehr gebirgig, aber auch trefflich bewässert und überaus fruchtbar ist. Man rechnet über 26,000 Einwohner. Die Ausfuhr stieg schon an 2 Millionen Thaler. Auch hier wohnen noch echte rothe Karaiben.

Rosseau, mit 500 Häusern, ist der Hauptort.

St. Vincent ist ebenfalls brittisch und hält 6 Q. M. mit 23,000 E.

Das von Süd gen Nord ziehende Gebirge bildet schöne Thäler, und gibt dem fetten Boden reichliche Bewässerung.

Wenigstens die Hälfte der Insel gehört den rothen und schwarzen Karaiben, welche letztere wenigstens seit 1795 England auszurotten suchte. Sie sind Mischlinge von rothen Karaiben und Negern. Man bauet vorzüglich guten Tabak.

Ee 2

Kingston ist der Hauptort und der Sitz des Gouverneurs über die Windwardsinseln.

Barbados, Grenada und die Grenadillen.
Sie sind ebenfalls brittisch.

Die erstere hält 7 (10½) Q. M., hat Gebirge, mehrere Quellen und eine überaus gesunde Luft. Der Einwohner sind an 80,000, worunter 62,000 Neger. — An Zucker allein wurde sonst für fast 5 Millionen Thaler exportirt.

Bridgetown hat 1200 Häuser und eine sowohl gutgebauete, als starkbefestigte Stadt, in der ein Gouverneur seinen Sitz hat. Den bedeutenden Hafen machte ein großer Orkan halb unbrauchbar.

Die Insel enthält noch mehrere Orte, und hat überall durch ihre Häuser und Pflanzungen ein lachendes Ansehen. Im Negeraufstande 1816 sind jedoch viel schöne Pflanzungen zerstört.

Grenada hat an 8 Quadratmeilen mit 25,000 Einwohnern, worunter 1090 Weiße. — Die Grenadillen (3 Q. M.) sind eine Gruppe kleiner, meistens unbebauter Inseln, die das frische Wasser von Grenada holen müssen, welches sein Wasser auch nur von einem See auf einem Berggipfel erhält. Sie haben etwa 2400 E. Die Exporten dieser Inseln betrugen schon über 2 Mill. Thaler.

La Trinidad,
jetzt im brittischen Besitz, seitdem sie von Spanien abgetreten ist.

Trinidad enthält 78 Q. M., ist überaus gebirgig und daher gut bewässert. Die Gebirge machen fast ⅐ des Ganzen. Der höchste Berg hält 2400 F. Viele Seen und Sümpfe werden im Sommer Grasflächen. Ein Asphaltsee, der sich auf einem der höchsten Punkte eines Vorgebirges findet, ist eine Merkwürdigkeit. Es bauen 1300 Plantagen auf Zucker und fast 1000 auf

Kaffee, und im J. 1801 wurden 1,300,000 Pf. Baumwolle gewonnen.   Man hat Kakao, Muskatbäume, Ingwer, Indigo.

Ob der Einwohner 60,000, oder nur 22,000 sind —
wer weiß das?   1807 sollen 31,000 gewesen seyn.

Die beiden Orte Spanischhafen nud St. Joseph
sind elende Orte mit erbärmlichen Hütten.

Die Insel Marguarita oder Perleninsel, 16 Q.
M., und 1807 16,000 E., ist spanisch.

Die Hptst. ist Assumption. Es gibt mehrere Hafen.
Unter den umherliegenden Inseln ist die ganz unfruchtbare
salsa Tortuga nur des Salzes wegen zu nennen.

Curassao ist fast nur ein durch holländischen Fleiß
bebaueter und sehr tragbar gemachter Felsen von etwa
8 Quadratmeilen Flächeninhalt. Die Insel ist reich an
Salz, aber arm an Wasser, denn das Wasser des einzigen Brunnens, den man hat, wird verkauft.   Man hilft
sich, wie in so manchen andern Inseln, mit Cisternem.
Der Einwohner waren 1807 an 14,000.

Wilhelmsstadt, eine reinliche, wohlgebaute Stadt
mit steinernen Häusern, unter welchen viele als Niederlagen
dienen. Der Hafen ist sicher. Am Eingang desselben liegt das
Fort Amsterdam.

Mehrere kleine Inseln in der Nachbarschaft rechnet
man zu Curassao.

Im Jahre 1791 fanden sich auf allen brittischen Inseln 75,000 weiße, farbige und schwarze freie Leute und
455,000 Sklaven; auf den französischen Inseln 1789
nahe an 65,000 weiße, 14,000 farbige Leute und
476,000 Sklavenneger. Auf den dänischen Inseln im
J. 1789 waren 2600 Weiße, 1100 freie Neger und
29,000 Sklavenneger.

Die Einwohner.

Die Indier. Die Karaiben. Die Neger.

Von den Indiern, die sich bei der ersten Entdeckung Amerika's vorfanden, ist kein Stamm mehr auf

diesen Inseln vorhanden, wohl aber noch manche Familie von den Karaiben, welche die Feinde jener Indier waren, die als überaus sanfte, gutmüthige Menschen beschrieben werden, und daher durch die Gewaltthätigkeiten unmenschlicher Spanier bald vertilgt werden konnten. Man schoß diese Hülflosen wie Wildpret, man ließ sie durch Doggen zerreißen, die wie Soldaten ihre Löhnung empfingen *), und einige Spanier hatten ein Gelübbe gethan, jeden Morgen zur Ehre des Heilandes und seiner zwölf Apostel dreizehn Ungläubige umzubringen. Uebrigens ist doch wohl die Angabe mancherlei Zweifeln ausgesetzt, daß Domingo bei Ankunft der Spanier mit anderthalb Millionen bevölkert gewesen seyn soll. Ist sie aber richtig, so ist es fürchterlich, wie die Spanier gemordet haben müssen, indem in 15 Jahren nur noch 60,000 Eingeborne übrig waren.

Diese Indier Westindiens waren nicht mehr roh, sondern baueten Mais und Manihot, bewässerten ihre Felder, pflanzten und webten Baumwolle, und verstanden die Zeuge zu färben. Mit ihren steinernen Aexten baueten sie Fahrzeuge mit 8 Rudern, zuweilen so groß, wie spanische Galeeren, und bedeckten sie gegen den Regen mit Matten von Palmblättern. Die Vornehmen hatten Ebenholzstühle, deren künstliches Schnitzwerk mancherlei Thiere sehr natürlich abbildete.

Einige Inseln hatten mehrere Oberhäupter oder Kaziken; andere hatten nur ein Oberhaupt, unter welchem die Unterhäupter standen. Die Regierungsgewalt war monarchisch und erblich. Man setzte die ausgetrockneten Leichname der Kaziken in Höhlen, wo dieselben wie Götter verehrt wurden. Auf einigen Inseln mußte auch die Lieblingsfrau dem Verstorbenen in den Tod folgen.

Allgemein nahmen sie ein höchstes Wesen an, und verehrten es nach ihrer Weise.

*) Die fast berühmt gewordene Dogge Bezerillo soll sogar Lieutenantsgehalt gehabt haben.

Wie es mit ihrer Bildung stand, sieht man in der Anrede eines Oberhaupts auf Cuba, der dem Colon einen Korb mit Früchten überreichte. Wenn auch höchst wahrscheinlich diese Anrede, da sie zu sehr römisch klingt, ein wenig verschönert ist, bleibt sie dennoch sehr merkwürdig.

„Ob ihr Götter oder Sterbliche seyd," sprach der Greis, „ist uns unbekannt. Ihr bringt in unsere Län=„der mit so übernatürlichen Kräften, daß es Thorheit „wäre, ihnen zu widerstehen. Wir sind daher völlig in „eurer Willkühr. Wenn ihr aber sterblich seyd, wie „wir, so kann euch nicht unbewußt seyn, daß es nach die-„sem Leben ein zukünftiges gibt, in welchem dem Bösen „ein ganz anderes Loos beschieden ist, als dem Guten. „Erwartet ihr daher, so wie wir, den Tod, und glaubt, „daß Jeder dort den Lohn erhalten werde, den seine ge-„genwärtigen Thaten verdienen, denn werdet ihr denen „kein Uebels thun, welche euch keins anthaten."

Besser, als diese zu sanften Menschen, die übrigens der Liebe sehr ergeben waren, erhielten sich

Die Karaiben,

die zwar den Künsten der Europäer auch größtentheils unterlagen, und sehr zusammengeschmolzen sind, sich doch aber auf einzelnen Inseln erhalten, und mit beharrlicher Tapferkeit ihre Unabhängigkeit gerettet haben.

Es ist wahrscheinlich, daß diese Nation mit einigen Völkern Südamerika's, und namentlich Guiana's, z. B. mit den Galibis, verwandt sey.

Der Karaibe ist gelbbraun, stark und kräftig gebauet, das Haupthaar straff und schwarz, das Auge funkelnd, das Gesicht rund, aber gleich bei der Geburt mit zwei Brettern etwas flach gedrückt. Der Nasenknorpel war sonst durchbohrt, um Federn hineinzustecken, aber auch noch jetzt stecken sie Nadeln durch die Lippe, und die Män-

ner putzen sich mit einem halbmondfarbigen Stück Tom-
back, welches an einer Kette von den Ohren, ja, selbst
vom Munde, herabhängt. Einschnitte in die Haut zu
machen, ist auch noch üblich.

Erst mit den Jahren der Mannbarkeit bekleidet sich
der Karaibe. Ein vierecktes Stück Zeug um die Hüften,
die Camisa, bekleidet Weib und Mädchen, und ein
viel kleineres Stück den Mann, der an einem um die
Hüften gebundenen Strick ein Gehenk für sein großes
Messer hat. Der Körper wird mit Roucou so überzogen, daß sie ganz die Farbe eines gesotteten Krebses haben; auf diesen rothen Grund tragen sie aber Figuren
von Weiß, Schwarz und Blau auf.

Diese Menschen sind ungemein reinlich und überaus
tapfer. Ihre Feindschaft und Rache ist so unauslöschlich,
wie bei den nordamerikanischen Wilden.

Wird der Knabe geboren, so legt sich der Vater statt
der Wöchnerin in den Hamack, wo er fasten muß. Die
Schultern werden ihm mit scharfen Thierzähnen zersetzt,
und mit dem herauströpfelnden Blute der Säugling besprengt, damit er ein tapferer Mann werde, welches
nicht geschehen würde, wenn der Vater die Operation
nicht mit lachendem Muthe aushielte.

Der Knabe muß schwimmen, Fische fangen, die
länglichtrunden Hütten oder Karbets errichten lernen,
welche mit Blättern bedacht werden, und wird schon in
früher Zeit geübt, richtig das Ziel zu treffen. Wie bei
einigen alten Völkern, hängt man ihm sein Frühstück an
einen Zweig, den er zerschießen muß, ehe die Kost für
seinen Hunger herabfällt.

Ehe der Jüngling unter die Krieger, d. i. Männer,
aufgenommen werden kann, muß er sich tüchtig den
Rücken zersetzen lassen und strenge Fasten halten.

Nur Einiges davon, wie es unter den Karaiben mit
den Proben steht, die der auszuhalten hat, der etwas
werden will.

Wer ein Oberhaupt oder Kazike werden wollte *), hatte sonst an 80 Proben auszuhalten. Er mußte im Tragen, Schwimmen und in allen körperlichen Fertig-keiten alle Mitbewerber übertreffen, mußte schon mehrere Feinde erlegt haben, und sechs Wochen lang strenge Fa-sten halten, in welchen er kein Fleisch, sondern nur et-was Mais und Cassave bekam. Dabei gaben ihm täg-lich zweimal die übrigen Oberhäupter tüchtige Peitschen-hiebe, bei welchen er die Hände über den Kopf hielt. Mit einer aus den Wurzelfasern des Palmbaums gemach-ten Peitsche erhielt er nur drei Streiche, weil mehrere ihm ohne Zweifel bald den Rest würden gegeben haben. Das Blut rinnt dabei in Strömen von dem Körper herab, aber der Kandidat darf nicht thun, als ob er etwas fühle, sonst wäre die Prüfung zu seinem Schimpf beendigt.

Nach den ersten sechs Fasten- und Peitschenwochen bleibt er 6 Wochen, gleichsam zur Erholung, in seiner Hängematte, über welcher als Siegeszeichen alle Peit-schen aufgehängt werden, die auf seinem Rücken gearbei-tet haben.

Nach Abfluß dieser Zeit verstecken sich alle Oberhäup-ter um die Hütte des Bewerbers, brechen unter fürchter-lichem Geheul hervor, und tragen ihn mit dem Hamack in den Wald, wo er zwischen zwei Bäumen aufgehängt wird. Hier wird ihm erst über bisher bewiesene Stand-haftigkeit eine Rede gehalten, worauf denn wieder eine tüchtige Peitschenexekution erfolgt. Hierauf legt er sich in den Hamack nieder, unter welchem ein Feuer ange-zündet wird, doch so, daß ihn nur der Rauch, nicht aber die Flamme, trifft. Bleibt er dabei nicht todt, so fällt er doch gewiß in Ohnmacht, aus welcher er durch geistige Getränke wieder erweckt wird. Die Oberhäupter sitzen während seiner Qual im fröhlichen Zechen unter ihm.

*) Gleichwohl sollen sie gar keine Regierungsverfassung haben. Vielleicht gilt dieses nur von Kriegskaziken, vielleicht auch von einigen Stämmen auf dem festen Lande.

Zuletzt legt man ihm mit einer Art Halsband ſchwarze Ameiſen um den Hals, welche entſetzlich beißen. Dann gießt man ihm eine garſtige Flüſſigkeit über den Kopf, ſodann badet er und kehrt in ſeine Hütte zurück. Hierauf folgt eine Zeit, in welcher allgemach die Nahrungs-mittel häufiger und kräftiger werden, bis er endlich wieder bei vollen Kräften iſt. Dann gibt man ihm einen Bogen zum Zeichen ſeiner Würde, und er iſt von nun an Kazike; aber nur Unterkazike. Um der erſte Anführer des Dorfs oder Stamms zu werden, muß er noch, ohne die mindeſte fremde Beihülfe, ein Kanot verfertigen — eine ſehr langwierige Arbeit.

Viel ſchrecklicher noch und qualvoller ſind die Prüfungen, wenn Jemand ein Doktor (Arzt oder Zauberer) werden will.

Zwei Jahre lang muß er von Mais und Caſſave leben, im dritten Jahr von einer eigenen Art Brod und kleinen Krabben, und im vierten nur von kleinen Vögeln und Fiſchen. Man gibt aber von Allem gerade nur ſo viel, das der Kandidat nicht Hungers ſterbe. Dabei muß er alle Monate eine tüchtige Laranz nehmen.

Hierauf kommt die Hauptprobe, bei welcher die nieblichſten Speiſen vor ſeinen Augen ſtehen, ohne daß er ſich die mindeſte Lüſternheit darf abmerken laſſen. Es werden ihm rautenförmige Einſchnitte vom Kopfe bis zu den Füßen gemacht und mit Roucou gefärbt. Durch die davon übrigbleibenden Narben erhält der Körper das Anſehen, als wäre er mit einem dünnen rautenförmigen Zeuge bekleidet.

Jeder alte Praktikus, der der Promotion mit beiwohnt, gibt dem Kandidaten 60 derbe Peitſchenhiebe; auch wird derſelbe wohl an einen Baum gehängt, in deſſen Nähe eine Art heftig ſtechender Weſpen iſt, die man mit Stöcken reizt, über den Armen herzufallen, wobei jedoch die Augen durch ſtarke Binden geſchützt ſind. Dies ſcheint in einigen Gegenden die letzte Prüfung.

In andern Gegenden wird nun aber ein großes Fest angestellt, wo alle Welt schmauset, der Kandidat aber muß eine große Schale voll Tabakssaft auf einen Zug ausleeren. Erbricht er sich nicht, so bleibt er todt.

Ist aber Alles überstanden, so ist er nun ein graduirter, promovirter und wahrhaftiger Doktor, der mit Singen, Springen, Klappern und Kräutern gegen den Teufel und alle von diesem herrührende Krankheiten zu Felde ziehen darf, an den schmerzhaften Stellen des Körpers Körner aussaugt, und die tollsten Kuren, wo das Leben mit der Krankheit darauf geht, vornimmt, ohne daß sein Ansehen dadurch beeinträchtigt wird *).

Die Karaiben erschlugen sonst alle männliche Gefangene, nachdem sie dieselben erst gemästet hatten, und fraßen sie. Mit dem Blute derselben wurden die Kinder bestrichen. Diese und andere Wildheiten haben sich nun zwar gemindert, aber die Nation selbst behauptet, sie sey seit der Bekanntschaft mit den Europäern schlechter geworden. „Wir werden bald so schlecht werden, als ihr Christen,“ sagen sie. Ihre Karbets ließen sie auf, und war etwas entwendet, so sagten sie: „Sicher ist ein Christ da gewesen!“ Sie waren keusch, sehr keusch, und eine Ehefrau, die Ehebruch beging, erlitt Todesstrafe. — Sie sagten, die Christen machten das Gold zu ihrem Götzen , und begingen um dessentwillen alle Schändlichkeiten.

Die auf den westindischen Inseln wohnenden Karaiben haben nur im Kriege Oberhäupter, in welchem sie auch eine eigene, den Weibern und Kindern unverständliche Sprache haben, leben polygamisch, und die Weiber haben es eben so schlecht, wie bei den meisten bisher beschriebenen Völkern. Ihre Religion hat ein höchstes gutes und ein böses Wesen (Maboye).

Die Vermischung eines kühnen Negerstammes (der Mokos) mit karaibischen Mädchen und Weibern, in

---

*) Vergl. Alles, was schon vorher angegeben ist.

welcher der Zufall durch einen Schiffbruch bei der Inſel
St. Vincent Antheil hatte, bildete die ſchwarzen Karaiben, die ſich auf St. Vincent gegen die Engländer
behaupteten.   1763 waren hier nur 100 Familien rother, aber über 2000 ſchwarzer Karaiben.   Sie waren
fleißige Ackerbauer und kühne Schiffer, haben dunklere
Farbe, als die rothen Karaiben und krauſes Haar, leben
aber meiſtens wie ihre Stammväter, und halten ſich
wirkliche Neger zu Sklaven.

Wie der Weiße in Weſtindien lebt?   Eben
ſo, wie wir es von andern Kolonien ſchon einigemale be-
ſchrieben haben.   Und der Neger? — wird in vielen
Kolonien mit entſetzlicher Grauſamkeit und Härte behandelt, von welcher wir uns enthalten, einzelne Beiſpiele
beizubringen.   Die Noth zwingt die Armen, zu entlaufen, und ſo ſind auch zu Domingo, mehr aber zu Jamaika, wie in Surinam,

Maronneger oder Maronen, auch Buſchneger,
entſtanden,   die den Weißen unendlich viel zu ſchaffen
gemacht, ihre Plantagen verwüſtet und grauſam Menſchen und Vieh gemordet haben, indem ſie ſelbſt hinter
dem Dickicht undurchdringlicher Wälder, hinter Sümpfen und im Innern des Gebirgs geſchützt waren. —
Sie ſind eine ſtarke, kräftige Menſchenrace, von vieler
Ausdauer bei allen Beſchwerden, und im Nothfall mit
der elendeſten Koſt zufrieden, fein an Sinnen, ſicher im
Schießen, fleißig im Anbau der Felder, und waren auf
Jamaika im Beſitz von fünf Ortſchaften, unter welchen
Trelawny die wichtigſte war.   Man hat viele Soldaten gegen ſie aufgeopfert; man mußte endlich, um ſie zu
demüthigen, Hunde mit zu Hülfe nehmen, die man aus
den ſpaniſchen Beſitzungen kommen ließ, man ſchnitt ihnen das Waſſer ab, und man führte nach langem Kampfe
1796 mehrere Hundert in andere brittiſche Beſitzungen,
wo man ihnen Ländereien gab.   Seit dieſer Zeit ſind ſie
noch nicht wieder mächtig geworden.

Australien.

Sonst auch wohl Polynesien (Inselwelt) genannt, wovon es jedoch, streng genommen, nur ein Theil ist, heißt auch Südindien, und befaßt drei große Inseln nebst vielen Gruppen kleinerer Inseln. Nämlich alle Inseln — östlich der ostindischen, bis zur Westküste Amerika's, in dem südlichen Theil des stillen Oceans. — Die Sandwichinseln liegen freilich nördlicher. Wie viel Flächeninhalt alle zusammen enthalten (200,000 Q. M. nach Einigen), und wie viel Einwohner (anderthalb bis zwei Millionen), darüber kommen alle Vermuthungen noch viel zu früh, wenn man auch davon absehen will, daß doch noch nicht alle Länder der Südsee entdeckt sind.

Ueber die Entstehung dieser Inseln klügeln wir nicht weitläuftig. So viel darf man mit höchster Wahrscheinlichkeit annehmen, daß mehrere derselben vulkanischen Ursprungs, andere aber ohne Zweifel ein Riesenwerk des kleinen Korallenthiers sind, das seine felsenfesten Gebäude vom Meeresgrund bis an die Oberfläche desselben ringförmig hinaufführt. In der Mitte des Ringes findet sich dann ein See oder eine Lagune. Es ist möglich, daß nach und nach durch den Fleiß dieser sonderbaren Thiere mehrere kleinere Inseln in nahe Berührung gebracht werden können, und aus mehrern kleinern Inseln eine größere gebildet wird. Nach einer andern neuern Annahme sind die rundlichen Inseln des stillen Oceans Trapp= oder Basaltformation, an welche sich westlich die Urgebirge der länglichen Inseln anschließen.

Zwischen beiden zöge sich ein schmaler Saum vulkanischer Massen hin.

Nunnej de Balboa entdeckte wirklich das schon früher vermuthete Südmeer zuerst 1513 von dem Gipfel eines Berges auf der Erdenge Darien, und Magelhaens befuhr es 1517 zuerst, als er den Weg nach demselben durch die von ihm benannte Straße von Amerika's Südspitze fand, und dadurch die Verbindung des atlantischen Oceans mit der Südsee, und mithin mit dem großen Weltmeer eröffnete, und also die erste Weltumseglung zu Stande brachte. Nach ihm haben Viele diese Gewässer befahren und mancherlei wichtige Entdeckungen gemacht, wobei der Zufall mancherlei bedeutendes Verdienst sich erworben hat. — Es gehört übrigens aber nicht hierher, die Verdienste trefflicher älterer und neuerer Seeleute (wie Mendana, Quiros, Dampier, Jacob le Maire, Schouten, Tasmann, und in neuesten Zeiten Cook, Vancouer, Peyrouse) aufzuzählen, sondern es gehört in eine Geschichte der Seefahrt.

Australiens größter Theil liegt innerhalb der Wendekreise. Das Klima ist im Allgemeinen nur sehr selten rauh, häufiger mild und sanft und die Luft fast überall sehr gesund. — Merkwürdig ist, daß sich Thiere und Menschen in viel auffallenderem Verhältniß vermehren, als in Europa, namentlich in Neuholland.

Von großen Gebirgen und Flüssen ist in Australien nur selten die Rede, und an Süßwasser und frischen Quellen ist in sehr vielen Gegenden Mangel. Die meisten Inseln erheben sich jedoch hoch über die Meeresfläche, und der höchste Punkt der Sandwichinseln ist 15,000 und der Egmont auf Neuseeland 14,000 F. hoch.

Das Innere der Inseln ist, mit Ausnahme einiger, die aber auch nicht zu den großen gehören, weniger bekannt, als irgendwo.

So viel ist entschieden, daß, mit Ausschluß der Erzeugnisse des Meeres, die Natur in ihren Produkten sehr dürftig ist, namentlich an Quadrupeden, aber dagegen häufig sehr geeignet, fremde Erzeugnisse aufzunehmen und zu pflegen. Außer Hunden, Schweinen, Vampyren und Ratten hat das Thierreich keine Säugthiere, wenn man Neuholland ausnimmt. Vögel aber finden sich in mehreren Arten. — Das Pflanzenreich ist verhältnißmäßig am reichsten begabt, und hat noch außer dem herrlichen Brodfruchtbaum mancherlei köstliche Geschenke, mehrere Arten Palmen und Pisang, Gummibäume, einige hochschätzbare Bäume mit apfelähnlicher Frucht, den Papierbaum, Platanen, Katappen, Yams, Drachenblut- und Sandelholzbäume u. s. w.; — mehrere Arten Wurzeln, Zuckerrohr, welches das westindische weit übertrifft, vieler neuer Arten Kräuter, und Pflanzen, die noch erst ihren Kenner und Entdecker erwarten, nicht zu gedenken. — Doch wir erwähnen, wie bei in so großen Entfernungen von einander entlegenen Ländern natürlich ist, jedes Wichtige an seinem Orte, und bemerken hier nur, daß zwar das Rind- und Schaafvieh, und selbst Ziegen sich auf den meisten Inseln leicht vermehren, daß es aber sehr in Frage zu stellen ist, ob mit diesen Thieren dem Südseeinsulaner ein großes Geschenk gemacht werde, und ob ihm nicht manche Pflanzen — Mais, Ananas, Sago und Kohlpalme — nützlicher seyn würden.

Der Mineralien können nur wenig seyn; da, wo sie sich vorfinden, wie z. B. in Neuholland, haben sie in ihrer Mannichfaltigkeit und Ergiebigkeit noch nicht untersucht werden können, denn wir haben schon erwähnt, daß man das Binnenland in einigen kleinen Inseln nur kennt, die mit Mineralien fast gar nicht versehen sind.

Australien.　　　　Ff

Nur was für unsern Zweck dient, bringen wir bei, ohne uns mit einer Menge für uns unfruchtbarer Namen und Bestimmungen zu beläſtigen, die freilich in andern Beziehungen und namentlich für den Seefahrer ihren großen Werth haben. — Von Städten und Ortſchaften iſt hier ohnedies die Rede faſt gar nicht.

Neuholland nebst Van Diemens Land

mag nach den besten Berechnungen etwa 150,000 Q. M. betragen, und mit der Van Diemens Insel (Land) noch fast um 1200 Quadratmeilen mehr, und ist also als ein Kontinent*) anzusehen, welches Europa wenig an Flächeninhalt nachsteht.

Nördlich ist die Endeavoursstraße, die das indische Meer mit dem Südmeer verbindet, und südlich die Bassesstraße, wodurch van Diemens Land (eigentlich van Diemens große Insel, die man sonst für zusammenhängend mit Neuholland hielt) abgesondert wird.

Wir erwähnen nicht der Menge von Buchten und Baien, unter welchen die von Carpentaria die größeste ist, in welche sich auch viele Flüsse ergießen, und nicht der unzähligen zum Theil aus bloßem Basalt bestehenden Inselchen, Klippen und Untiefen, welche die Küsten besetzen und den Seefahrern Gefahr drohen; auch nicht der vielen Vorgebirge, welche jegliche gute Karte des Landes angeben muß.

Fünf Meilen von der Ostküste nimmt eine Gebirgskette ihren Anfang, der man tiefer landeinwärts den Namen der blauen Berge gegeben hat, und auch der westliche Theil soll ansehnliche Gebirgereihen enthalten. — Die blauen Berge, die etwa 30 Meilen von Port Jackson anfangen, erheben sich wie ein

*) Aber nach welcher Annahme ist denn ein Land Kontinent oder Nichtkontinent? — Doch wir folgen dem gewöhnlichen Sprachgebrauch.

Ff 2

Wall, eine immer höhere Gebirgsreihe hinter der andern, auf welchen ſich einzelne Kämme und Spitzen hervorheben, von welchen jedoch kein einziger Punkt mit Schnee bedeckt iſt. — Man hat die möglichſten und unglaublich kühnſten Verſuche gemacht, über dieſe Bergketten hindurch ins Innerſte zu dringen; man hat ſich ſelbſt, wie auf der Vogeljagd in Island und Norwegen, die ſteilen Felſen an Seilen hinabgelaſſen, aber vergebens. Man ſah hier und da ganze Heerden Känguruhs und etwa einen einzelnen Binnenländer, aber weiter entdeckte man nichts, und brachte keine Gewißheit mit, ob im Binnenlande ein großer See und eine der Abwechſelungen des Klima's wegen vermuthete, ungeheuer große Sandwüſte vorhanden ſey.

Mehrern Flüſſen gibt dieſes ungeheure Gebirge den Urſprung, unter welchen der aus den Flüſſen Groſe und Repean 6 Meilen von ſeiner Mündung gebildete Hawkesbury zu nennen iſt, der vor dem Ausfluß eine bedeutende Breite hat. Mehrere andere Flüſſe verſchweigen wir, und vielleicht noch mehrere warten auf ihren Entdecker.

So weit man jetzt den Boden (an den Küſten) kennt, machen Sand und dürre Felſen die Hauptbeſtandtheile deſſelben, doch ſind die Grundlagen der Gebirge (die Urgebirge) auch hier allen Anzeigen nach Granit. Uebrigens gibts auch Spuren von Vulkanen.

Es läßt ſich denken, daß das Klima eines Landes, das ſich an 29 Breitengrade erſtreckt, nicht einerlei ſeyn könne, und eben ſo wenig werden die Produkte ſich gleich bleiben. Im Winter fallen gewaltige Regengüſſe mit entſetzlichen Gewittern, und mit ſo großen Hagel- oder Eisſtücken, daß ſie 24 Stunden nach dem Fall zuweilen noch 8 Zoll in der Länge hielten. Der Hawkesbury ſchwellt mitunter bis 50 Fuß hoch an, und es entſtehen Stürme, welche ganze Wälder niederſtrecken. Die

Trockenheit hält zuweilen 10 Monat an, der Erdboden wird wie Stein, mehrere Wälder geriethen bei der entsetzlichsten Hitze in lohen Brand.

Man findet, außer den gewöhnlichsten Steinarten, bedeutende Kohlenlager, und hier und da Salz, und auch Eisen unter mancherlei Gestalt. Die hiesigen Topase werden sehr geschätzt.

Unter den Pflanzen haben sich viele neue gefunden. Unsere Kornarten gedeihen herrlich, und der Mais trägt 200fältig; die aus Brasilien hierher verpflanzten Gewächse kommen ebenfalls fort, aber den Weinpflanzungen sind die fürchterlichen Stürme tödtlich gewesen. Einheimische Baumfrüchte findet man außer einer kleinen Feige, einer schlechten pflaumenartigen Beere, und einem wilden rauhen Holzapfel jetzt noch nicht, aber dagegen große Waldungen gummihaltiger Bäume von rother, gelber und blauer Farbe. Eine Art wird eichengroß. Die Blätter eines andern mächtigen Baumes, der an 30 F. Umfang hält, geben ein starkes Pfeffermünzenöhl. Man hat noch mehrere große, selbst mahagonyartige Bäume, einige Arten Palmen, selbst die Sagopalme, den Keulenbaum (Casuarina), einige Arten Pisangs mit sehr schlechten Früchten, eine Art wilden Muskatbaum, einen Theebaum, dessen Blätter zwar herber als die chinesischen schmecken, aber gesund sind, und einen Baum, welcher Terpentin ausschwitzt. — Viel europäische Gewächse sind mit gutem Erfolg hieher verpflanzt.

Den großen Reichthum des Meeres können wir hier nicht anführen. Auf dem Lande kennt man schon 120 Arten Käfer, 44 Arten zum Theil prächtiger Tag- und Nachtfalter, 52 Arten Wespen, mehrere Arten Ameisen und Termiten. Unter den Fischen findet sich ein blauer.

Von Vögeln trifft man die bekanntesten Arten Europa's, aber bis jetzt nur eine Eulenart; Nashornvögel;

20 Arten Papagaien, worunter ein ganz schwarzer; einen neuen Fasan; den Kasuar, und den prächtigen, auch unter uns schon durch Abbildungen bekannten Maenura und andere mehr, unter welchen auch noch viele unbekannte. Auf den Gewässern finden sich ein schwarzer Schwan mit weißer Flügelrändern, Pinguins, Pelikane und an den Küsten unzählige Schaaren Seevögel.

An Säugethieren kennt man zur Zeit einige 30 Arten: das Känguruh in verschiedenen Abänderungen, 8 Arten Thiere mit Beuteltaschen, das rothe und schwarzbraune Schnabelthier, welches sich auf stehenden Teichen aufhält, und mit dem Entenschnabel seine Nahrung sucht, übrigens einer Fischotter am Leibe völlig gleicht. Ein anderes Thier, die Schnellzunge (Tachyglossus) hat mehr die Gestalt eines Stachelschweins, aber die Einrichtung zur Erhaltung ist, wie bei dem Ameisenbär. Ein fliegendes Eichhorn ist zugleich ein Beutelthier, und hat ein feinhaariges Fell; auch eine kleine Beutelmaus findet sich. Uebrigens trifft man hier den Hund, der zuweilen bellt und sehr bösartig ist, vielleicht auch wirkliche Wölfe und ein fuchsähnliches Thier; überdies haben sich die hierher gebrachten Schafe, Pferde und Rindvieh reichlich vermehrt.

Die mehr oder minder bekannten Küstenpunkte Neuhollands findet man mit ihren Namen auf der Karte. Neusüdwales, oder die Ostküste, hat die bekannte Verbrecherkolonie, die von Botanybai nach Port Jackson oder Sidneybucht verlegt wurde. Die Kolonie zählte im J. 1801: 5547 Einwohner. Paramatta, auch eine brittische Kolonie, liegt etwa fünf Meilen landeinwärts. Sämmtliche Kolonien enthielten 1810: 10554 Personen, von welchen ein Viertheil etwa Verbrecher waren.

Die Stadt Sidney hat einige Steinhäuser, 7000 E., 3 Schulen, Waisenhaus, Zeitungsdruckerei; Brickfield macht irdene Geschirre.

Von den beiden nahegelegenen Inseln Norfolk und Howeseiland, ist erstere auch bewohnt, und durch ihr gutes Wasser wichtig.

Der ganze Küstenstrich hat doch auch, außer dem Hawkesbury, noch mehrere größere und kleinere Flüsse.

Die West-, Nord- und Südküste sind weit weniger bekannt, indem bloße Namen keine Kenntnisse geben.

Mancherlei was hier noch aufgeführt werden könnte, ist für unsern Zweck unfruchtbar, und wird auch bald genug unrichtig seyn.

Van Diemens Land (Insel), zu 1200 Q. M. angenommen, ist durch die mit mehrern Inselgruppen besetzte Bassesstraße von Neuholland getrennt, hat mehrere Baien und Vorgebirge, die fast alle wie Pyramiden oder Pfeiler oder steile Felsen aussehen, und ist im Innern unbekannt. Von den Küsten aus bemerkte man, daß sich mehrere Gebirgsreihen über das Land hinziehen, die sich zum Theil über die Schneelinie erheben. Die Hauptkette zieht von Nord nach Südwest. Trotz der Gebirge kennt man nur einen ansehnlichen Fluß, den Dalrymple, doch sind der kleinen Flüsse mehrere.

Der Boden soll überaus fruchtbar seyn, und nährt ungeheure Wälder mit 150 Fuß hohen Bäumen, das Klima aber wegen der größern Nähe nach Süden rauher, als auf dem Hauptlande. Der Herbst (Mai) hat Frost und Schnee, und selbst im Sommer (Januar) sehr kalte Nächte.

Die Urbewohner

Spärlich und dürftig sind die Eingebornen an den Küsten zerstreuet, und es ist nicht glaublich, daß das unbekannte Binnenland stärker bevölkert seyn sollte.

Zwar in verſchiedene, häufig gegen einander feindſelige Stämme vertheilt, ſind ſie dennoch in Körpergeſtaltung einander meiſtens gleich.

Es ſind rußig ſchwarze Menſchen von mittlerer Größe, aber mit kleinlichen Gliedmaßen, und die Wald-bewohner haben längere Arme und Beine als die Küſten-bewohner. Das ſchwarze Haar iſt ſtraff und lockig (nicht kraus), die Naſenlöcher ſind weit, die Augen tief liegend und mit dicken Brahnen beſchattet, die dicken Wulſtlip-pen ſchließen einen überaus weiten Mund, die Kinnladen ragen hervor, und der ſchwarze Bart iſt lockig und dick. Die Weiber ſind wohlgeſtalteter, nur hangen die Brüſte bis auf die Schenkel herab.

Der ganze, mit Fett eingeſchmierte und mit Sand und Aſche beſtreuete Körper iſt mit einer Schmutzrinde überzo-gen und ſehr übelriechend. Die Haare, mittelſt Gummi mit Zähnen von Fiſchen und Menſchen, aber auch mit Federn, Hundsſchwänzen, der durchbohrte Naſenknorpel mit Holz, Knochen und Rohr, wohl ausſtaffirt.   Manche laſſen den Bart wachſen, indeſſen andere ihn abſengen, oder mit Muſchelſchalen abſcheeren.

Ueberhaupt ſind ſie in Sitten, nach Verſchiedenheit der Stämme, verſchieden.   Doch ſind ſie meiſtentheils unbedeckt, denn das Stückchen Känguruhfell, womit ſie ſich behängen, iſt nicht für Kleidung zu halten.   Ihre Fühlloſigkeit gegen die Witterung iſt auch unbeſchreiblich groß.

Ihre Wohnungen ſind Felſenhöhlen, die an den Küſten häufig und oft für 50 Perſonen geräumig genug ſind.   Hütten von Baumrinde, worin höchſtens zwei Menſchen Platz haben, ſind mehr den Waldbewohnern eigen; an den Seeküſten baut man dieſelben von Baum-zweigen, aber lange nicht groß genug, um darin aufrecht ſtehen oder ausgeſtreckt liegen zu können.   Der die Stelle

Einwohner auf van Diemensinsel.

der Thür vertretenden Oeffnung gegenüber ist ein Feuer angezündet; in der Hütte liegen die Menschen, wie Hunde etwa, zusammengekrümmt, und doch, ist allerhöchst nur für 5 Personen darin Platz. Und gleichwohl sind dies noch köstliche Hütten, denn weiter nach Norden zu werden dieselben desto schlechter, je wärmer das Klima wird. Wo die wandernden Menschen einer solchen Hütte bedürfen, da errichten sie dieselben, doch nie da, wo sie nur ein Paar Tage zu bleiben gedenken, in welchem Fall sie sich des Nachts unter freiem Himmel lagern.

Das spärliche und schlechte Hausgeräth ist meistens aus Baumrinde gemacht, namentlich ihre Wassergefäße, die aber doch auch aus ausgehöhlten Baumstücken gemacht werden, und ihre Körbe. Die Säcke werden netzartig und sehr künstlich aus den Fasern einer Flachspflanze gestrickt. Man hängt sie über den Rücken und bewahrt etwas Schminke (Thon), Harz, Schnüre, Muscheln zu Angelhaken, Spitzen zu Wurfspießen und manche Putzstücke darin auf. — Aus harten schwarzen Kieselsteinen macht man Aexte zum Holzfällen.

Schaalthiere und Fische sind die Speisen der Küstenbewohner. Strandet ein Wallfisch, so gibts ein Götterfest. Wilde Yams- und andere Wurzeln dienen geröstet statt Brods. Desgleichen wird ein Wurm, der sich im Holze erzeugt, Raupen von den Gummibäumen, Ameisen und ihre Eier gegessen. Die Waldbewohner jagen Kängurus, Vögel, stellen Fallen auf, fangen auch Aale in ausgehöhlten Röhren. Wilder Honig und manche andere Erhaltungsmittel finden sich da und dort. Die meisten Speisen werden nur zuweilen roh genossen, meistens aber etwas geröstet oder gebraten, d. h. sie verschlingen das etwas am Feuer warm gewordene Fleisch oder Fisch.

Zum Fischfang nimmt man einen zackigen Speer oder eine Fischgabel, mit welcher man sehr sicher trifft.

Die Weiber aber fiſchen mit Angeln. Dieſe beiden Arten Werkzeuge ſind künſtlich und ſorgfältig gemacht.

Die elenden kaum für 2 bis 3 Perſonen Platz haben-
den Kanots macht man in ſüdlichen Gegenden aus bloßer
Baumrinde, und in einigen Gegenden wird blos mit den
Händen gerudert. Damit der Kahn nach ihrer Willkühr
mehr oder minder tief im Waſſer gehe, ſchöpfen ſie entweder mit den Händen Waſſer hinein, oder wieder mit
einer Kürbisſchale hinaus. Allezeit iſt in ſolchem Kahn
ein auf einem Häufen Sand oder auf einem Büſchel
Seegras angemachtes Feuer, um ſogleich die Fiſche ein
wenig röſten und verzehren zu können. In nördlicher
Gegend macht man über 14 Fuß lange Kähne aus Baumrinden, die aber dennoch auch ſehr elend ſind. Sie
ragen oft nicht über 6 Zoll aus dem Waſſer hervor.

Um den Känguruh aus ſeinen Baumhöhlen zu vertreiben, ſteigt einer den Baum hinan, indem er Kerben
in denſelben haut, die nicht viel über zolltief ſind, und
wo das ganze Gewicht ſeines Körpers blos auf der großen
Zehe ruhet; der andere macht unten ein Feuer. Oben
nun oder unten wird das durch Feuer vertriebene Känguruh erlegt. Mehrere Jäger ſetzen auch das Land mehrere
Meilen weit umher in Brand, um die dadurch aufge-
ſcheuchten Thiere zu tödten, eine Sitte, die Schuld daran iſt, daß oft meilenweit alles Buſchwerk abgebrannt iſt,
und die Bäume bis über die Hälfte des Stammes ſchwarz
angelaufen ſind.

Keule, Speer oder Lanze und ein hölzerner Säbel
ſind ihre Waffen. Die Lanze hat eine Spitze von Holz,
Fiſchgräte oder vom Stachel eines Rochens, und iſt mitunter noch mit Widerhaken bewaffnet. Man wirft dieſelben aus freier Hand bis 60 Fuß weit, aber im Kriege
mit einem Wurfſtocke mit großer Gewißheit doppelt ſo
weit, und zwar ſo kräftig, daß ſie 6 Zoll tief noch ins
Fleiſch bringt. Die Keule oder Kolbe von 20 Zoll Länge

ist am Griffe durch Einschnitte rauh gemacht, damit man
sie desto fester halten könne. Der runde, eigentlich kol-
bige Theil besteht meistentheils aus einem Stück Wurzel.
Zur Vertheidigung führt man Schilde aus Baumrinde.

Steinbeil, Steinkeile, hölzerne Hammer, Muschelschalen und Korallen sind die Werkzeuge, womit sie alle
ihre Geräthe verfertigen.

Der Aelteste jeder Familie ist derselben Oberhaupt,
und von einem andern Regimente scheint man nichts zu
wissen. Der Stamm Kamorangal jedoch, der an
Zahl und Körperkraft die übrigen Küstenstämme übertrifft, scheint wenigstens ein größeres Ansehen zu haben,
und fordert von den andern einen Tribut in Zähnen.

Ein Mörder muß sich den Speeren aller derer blos-
stellen, die zur Rache gegen ihn ausgewählt sind und sich
in einen halben Mond um ihn herumstellen; und nur
mit seinem Schilde darf er sich vertheidigen. Kommt er
glücklich durch, so ist man wieder gut Freund mit ihm.

Ihre Kriege entstehen noch öfter aus Eifersucht denn
aus Rache, und werden zwar mit großer Erbitterung,
aber dennoch mit einer Art Konvention geführt. Sie
stellen sich auf beiden Seiten in Reih und Glied und
stimmen eine Art Schlachtgesang an. Von jeglicher
Seite tritt ein einzelner Krieger hervor und wirft auf den
andern den geschwungenen Speer. Wenn ihre Lanzen
geschwungen und geworfen sind, treten sie in die Reihen
zurück, und zwei andere Gegner rücken hervor. So geht
es fort. Während des Gefechts erwarten die Weiber in
Entfernung den Ausgang und schreien laut, wenn sie
einen ihrer Parthei verwundet glauben. — Sie sollen
oft selbst der Preis des Sieges seyn, den man roh und
mit viehischer Wollust behandelt.

Traurig ist hier der Weiber Schicksal. Bei der geringsten Veranlassung behandelt sie der Mann unmensch-

lich, und verwundet sie mit Keulenschlägen gefährlich. Selbst die Brautwahl bezeugt ihre Rohheit. Der Bräutigam reißt ein armes Geschöpf, meistentheils aus einem andern Stamme, in ihrer Beschützer Abwesenheit unter Schlägen und Mißhandlungen durch die Wälder fort, und nöthigt sie Weib zu seyn, das alsdann dem Stamme des Räubers angehörig betrachtet wird, und dem höchst eifersüchtigen Manne gewöhnlich sehr treu anhängt. Die Nebenbuhler überfällt man des Nachts auf ihrem Lager im Schlaf, und stößt ihnen den Dual, ein hölzernes Werkzeug, in den Leib.

Der Neuholländer darf, wie es scheint, nach Landessitte zwei Weiber nehmen. Die erste Frau mag aber gewisse Rechte über die andere haben. — Züchtige Jungfräulichkeit (vor der Ehe) mag hier wohl unbekannt seyn. Selbst die züchtigern, die unter den Engländern sich bekleideten, nahmen wieder die Landestracht, d. i. die völlige Nacktheit, an, als sie wieder zu den Ihrigen kamen.

Das neugeborne Kind wird in ein Stück sehr weicher Baumrinde gewickelt; sobald die Haare desselben groß genug sind, werden Fischgräten, Thierzähne, u. s. w. mit Gummi darin befestigt, der Körper wird mit Thon bemalt, und den weiblichen Kindern, noch ehe sie von den Schultern der Mutter herunterkommen, die beiden äußersten Gelenke des kleinen Fingers der linken Hand durch Unterbinden abgelöset, welches, wie sie vorgeben, dazu dient, daß sie die Fischleine künftig besser halten könnten.

Den Kindern beiderlei Geschlechts wird nach dem achten Jahre der Nasenknorpel durchbohrt, und die Haut durch Einschnitte tättowirt. Dem Knaben wird aber auch noch unter vieler Ceremonie und Feierlichkeit ein Vorderzahn in der obern Kinnlade mit einem Stein ausgeschlagen. Hierauf sollen die Knaben als Männer angesehen werden. Die Operation wird wahrscheinlich durch ihre Aerzte und Zauberer verrichtet, die auch hier mit

Saugen und andern Grimassen den Kranken behandeln. — Der Krankheiten sind aber viele und zum Theil sehr ekelhafte.

Die Leichen junger Leute werden begraben, die von ältern Personen verbrannt, wobei mancherlei Gebräuche Statt finden, z. B. die, daß man die heulenden Weiber blutig schlägt und Scheingefechte hält. Man sammelt die Asche und Gebeine und macht einen Grabhügel darüber. Doch mögen nach den Stämmen die Gebräuche verschieden seyn. Uebrigens scheinen sie den natürlichsten Tod an irgend einem Schuldlosen zu rächen (vielleicht als eine Art Opfer?). So schlugen die Verwandten des Bohnda, eines jungen, an Erkältung gestorbenen Menschen, sechs Wochen nachher bei einem Tanze einen Knaben so arg, daß die Hirnschale entblößt war. Der Knabe sagte Tags darauf, daß er nicht wie ein Knabe geschrieen habe und daß die, die ihn so zugerichtet hätten, nicht mehr seine Feinde seyen, sondern nun mit ihm essen und trinken würden.

Außer dem Tanz kennt man keine Art Vergnügungen bei ihnen. Man bemalt sich dazu mit vieler Sorgfalt. Meistentheils tanzt man nur des Nachts, wobei sich viele Zuschauer einfinden. Der Tanz hat mancherlei regelmäßige Bewegungen. So z. B. tanzen sie Paarweise, oft mit dem Rücken aneinander, laufen in geraden Reihen zurück und kommen in derselben Ordnung wieder, setzen sich mit untergeschlagenen Beinen hin, und springen ohne Hülfe der Hände bei einem bestimmten Worte wieder auf. Das Hauptkunststück beim Tanz ist, durch Anstrengung Schenkel und Beine auf eine seltsame Art zittern zu lassen. Die Musik zum Tanz machen zwei Stöcke, deren einer wie eine Violine gegen die Brust gestemmt wird, der andere aber auf diesen in regelmäßigem Takte schlägt. Auch wird dazu, bald stärker bald schwächer, gesungen. Mit dem Vorsänger singen oftmals

einige Knaben, die mit untergeschlagenen Schenkeln auf
der Erde sitzen und taktmäßig auf den durch diese Lage
aufgetriebenen Bauch schlagen. — Der Tanz der Weiber soll sehr unanständig seyn.

Rohheit ist der Hauptzug dieser Wilden. Gefühllos
scharrt der Vater das lebende Kind mit der säugenden gestorbenen Mutter ein, nachdem er einen großen Stein auf
dasselbe geworfen hat, weil es, sagt er, sonst doch verhungern müßte (die Hungersnoth ist oftmals sehr groß); ja,
selbst die Mutter verscharrt zuweilen das neugeborne
Mädchen. Die meisten Neuholländer haben kein Verlangen, weder etwas zu wissen, noch auch zu besitzen,
daher sie auch fast nur im Hunger den Europäern Eßwaaren nahmen. Nach einer Mordthat sind sie völlig
ruhig und kommen unbesorgt selbst zu denjenigen, von
welchen sie Rache fürchten müssen. Einige der Stämme
im Innern sollen sogar noch Menschenfresser seyn. Fast
alle Stämme scheinen auch völlig ungereizt Fremde zu
überfallen, und auch der vorzüglichste bis jetzt bekannte
Stamm Tuckei auf der Südküste, der sogar ein hochge-
ehrtes Oberhaupt hatte und in Dörfern beisammen wohnte,
ist äußerst wild und feindselig.

Dem bekannten Stamme scheint jedoch ein Gefühl
von Ehre und Recht beizuwohnen, daher ihre Speerduelle
eine ordentliche Regel haben, und sich keiner dabei einer
zu vortheilhaften Lage des Schildes bedienen durfte. Sie
haben selbst sogar Sekundanten, die auf das Recht dabei
sehen. — Uebrigens haben sie, wie fast alle Wilde, das
mimische Talent im hohen Maaße, und können mit großer
Biegsamkeit der Zunge fremde Worte nachsprechen.

Man hat ihnen alle religiöse Begriffe abgesprochen;
aber sie glauben Geister und Erscheinungen, fürchten sich
vor Gräbern, Sternschnuppen und Gewittern, und sagen,
daß sie nach dem Tode in Kindesgestalt zu den Wolken
kämen.

Daß die Sprachen so vieler Stämme höchst verschieden seyn werden, braucht kaum gesagt zu werden. Die Rechenkunst dieser Wilden geht aber nur bis 3 zu zählen; was darüber ist, heißt: große Menge.

Bei der frühern Bekanntschaft mit den Europäern schlugen sie Alles todt, was unbewaffnet war, und, einmal aufgebracht, wollten sie es mit einer überlegenen Zahl aufnehmen. Freilich mochten sie wohl von den hierher deportirten schlechten Menschen sehr gereizt seyn.

Als Cook auf seiner zweiten Reise hier war, wollten sie einige vorräthige Schildkröten haben. Sie wurden sehr aufgebracht, als man ihre Bitte abschlug. Einer riß Cook das angebotene Stück Schiffszwieback aus der Hand, und warf es über Bord, ein anderer stieß Hrn. Banks heftig einige Schritte zurück, und stampfte mit dem Fuße, und, als sie sich vergeblich an Alle gewendet hatten, die ihnen wie Befehlshaber aussahen, versuchten sie mehrmals, sich mit Gewalt der Schildkröten zu bemächtigen, und, als auch das vereitelt wurde, sprangen sie wüthend in ihren Kahn, landeten, zogen einen Feuerbrand unter einem den Engländern gehörenden Kessel hervor, und steckten blitzschnell das 5 Fuß hohe trockne Gras in Brand, damit die Habseligkeiten, welche die Engländer am Lande hatten, verbrennen sollten, welches auch zum Theil gelang.

Anmerk. Van Diemens Bewohner ist im Wesentlichen dem Neuholländer gleich.

2.

Neuguinea,

das nach Neuholland nächst größte Land der Südsee, ist nur noch von sehr wenigen Europäern besucht, und daher

auch wenig bekannt, und kann nach Verschiedenheit der
Berechnungen, die zur Zeit freilich noch sehr unsicher seyn
müssen, von 9000 bis 13,000 Q. M. Flächeninhalt geschätzt werden. — Südlich findet sich die neue Ost-
straße, die sie von Neuholland scheidet; nördlich trennt
sie die Dampiersstraße von Neubrittanien, und die
Pittsstraße westlich von der ostindischen Insel Gi-
lolo. In ihrer Nähe liegen viele Inseln einzeln und in
Gruppen.

Ueberall ist das Land vom Meere tief eingeschnitten.
Landeinwärts mögen hohe Gebirge seyn. In der
Nähe des Kap Dory sind die hohen Gebirge von Ar-
fak, und tiefer landeinwärts zeigen sich drei Gebirgsreihen hintereinander. Selbst ein Gebirge von muthmaßlicher Schätzung von 4500 Fuß wird angegeben; ja, wenn
es nach ältern Nachrichten hier so nahe am Aequator wirklich ein Schneegebirge gibt, so muß dieses noch weit höher
seyn, als jene Angabe besagt. — Von Klima und
Witterung, und von den Produkten wissen wir
äußerst wenig — gar nichts vielmehr.

Das Binnenland soll Gold und Eisen haben. Es versteht sich wohl, daß sich Palmen, Pisang und der Brodfruchtbaum finden, aber auch die Gewürze der Molucken,
und namentlich in Menge der Muskatbaum, sind einheimisch.

Herrliche Gewächse müssen hier noch vorhanden seyn,
Die Chinesen kaufen hier gegen Eisenwaaren die unbekannte Misoirinde, und verkaufen sie den Holländern.

Die Paradiesvögel sind in 10 Arten hier heimisch.
Man kennt weder ihre Nester, noch auch von den meisten
ihre Nahrung. Außer vielen unserer Vögel sind gewiß
noch mehrere andere, zum Theil seltene Arten vorhanden.

Von Vierfüßlern trifft man am meisten Hunde und
wilde Schweine. — Das Meer ist reich an Geschöpfen,

besonders an einem Schleimthier (vielleicht eine Sepie),
welches von den Malaien in erstaunlicher Menge gefangen
wird, und Trepan heißt. Es dient vorzüglich den
Chinesen zur Leckerei. — Man findet auch Perlen.

Mehrere Inseln liegen in der Nähe.

Die Einwohner

sind die schwärzesten Australier und wahrhafte Neger mit
krausem Wollenhaar. Vorzüglich gilt das von den Papous (Papaus), die auch an Wurstlefze und Plätsch-
nase ganz negerartig sind. Es sollen brave, tapfere
Menschen, aber mit einem mit Warzen übersäeten Körper seyn. Die Weiber sind (nach le Maire) häßliche Geschöpfe mit ungeheurem Bauch und darauf herabhangenden
Brüsten, dünnen Armen und Beinen und einem Affenge-
sicht. Jede hatte ein Gebrechen. Die eine schielte, die
andere lahmte. Sie kaueten Betel. Nur die Schaam
war etwas bedeckt. (S. jedoch gleich nachher.) Der
Kopf ward allein mit Kämmen und zuweilen mit Federn
geputzt, und die Weiber hatten das linke Ohr durchlochen.
Andere Stämme hatten auch den Nasenknorpel durchbohrt
und trugen fingersdicke Pflöcke in den Ohren.

Ihre Wohnungen, die für mehrere Familien dienen,
ruhen auf Pfählen, und eine Art Brücke, ebenfalls auf
Pfählen gebaut, führt so weit, als die Fluth zu reichen
pflegt, zu denselben sowohl von der Land-, als Seeseite,
hin. In der Mitte geht eine Halle durchs Haus, und
zu beiden Seiten sind Zellen für die einzelnen Familien.
Eine Thür der Halle geht nach der Seeseite, die gegen-
überstehende nach der Landseite, auf die Brücke zu. Einige Schritte von diesen Häusern stehen auf stärkern Pfählen Häuser im Wasser, worin nur, wie bei einigen Nationen auf Sumatra und Borneo, unverheirathete Män-

Australien. Gg

ner leben. — Zwei große, etwa 600' Schritt von einander entfernte Wohnungen hatten jede ihr besonderes Junggesellenhaus. In einer dieser Wohnungen gab es 14 Zellen, also 7 auf jeder Seite.

In der gemeinschaftlichen Halle bereiteten die Weiber zuweilen Matten, oder verfertigten Töpfe aus Thon, indem sie den Thon mit einem Kiesel über einen andern Kiesel breit schlugen, und in die gehörige Form drückten und glätteten. Ein Feuer von trockhem Grase und Gesträuche diente, die Gefäße zu brennen.

Ein grobes, dünnes, aus Kokosfasern bereitetes Zeug, vorn um die Mitte des Leibes gebunden, und nach hinten zwischen die Lenden zurückgeschlagen, trugen die Männer, und die Frauen trugen ihre grobe blaue Bekleidung auf ähnliche Weise. Knaben und Mädchen gingen nackt.

Die Frauen hieben oft mit einer Art Pfähle zu den Brücken zu, indessen die Männer müßig umhergingen, oder mit ihren fuchsähnlichen Hunden wilde Schweine jagten.

Ihre Hütten sind ohne Rauchfang; der Hausrath besteht aus einigen Matten, irdenen Töpfen und einer Schüssel.

Gern erhandeln sie Glas- und Porcellankügelchen, um sie im linken Ohre oder um die Handwurzel zu tragen, aber auch gegen Sklaven, Eisenwaare und rothe und blaue Zeuge ein. Die verkäuflichen Sklaven tragen ein Bambushalsband, worin hinten ein zuckerhutähnlicher, sechs Pfund schwerer Holzblock herabhängt.

Ihre Böte tragen 6 bis 11 Leute. — Ihre Lieder sind fast angenehm, so wie sie denn auch Liebhaber der Musik sind. Wie mehrere Bewohner der Molucken und Südseeinseln, schlachten auch sie bei wichtigen Angelegenheiten einen Hahn, der hier ein seltenes Thier ist, z. B.

bei Heirathen. Die Junggesellen halten dadurch an, daß
sie in die gemeinschaftliche Halle kommen, und sich zu der
Geliebten setzen. Die in einiger Entfernung stehenden
Alten fragen am Ende die jungen Leute, ob sie einig sind,
und schlachten dann vor Zeugen einen Hahn, und damit
ist die Heirath geschlossen.

Die Waffen dieser Nation, die sich meistentheils den
Europäern kriegerisch zeigte, sind Bogen und lange Pfeile,
auf den nahegelegenen Inseln aber auch Schleudern,
Keulen und Lanzen.

Eine Seltsamkeit fand Cook bei den wilden Einwohnern vom Kap Walsh, die völlig nackt waren und die Engländer trotzig herausforderten. Sie schossen, je vier oder
fünf auf einmal, aus kurzen Stöcken (wahrscheinlich hohlen Röhren), die sie seitwärts schwenkten, worauf sogleich
Feuer und Dampf, aber ohne Knall, hervorging.

Ein Grab der Papuer entdeckte Forrest. Es war
nahe am Strande, roh aus Korallenfelsen errichtet, und
oben auf lag die hölzerne Figur eines achtjährigen Kindes.

Die Haraforas,

ohne Zweifel eins mit den wilden Alfuriern, die wir schon
bei Asien erwähnten, sollen das Innere des Landes bewohnen, von den Papuern gewissermaßen abhängen, und
doch auch von diesen so gefürchtet seyn, daß sie eben um
derselben willen ihre Wohnungen mit Brücken nach der
Land- und Seeseite hin versehen, um ihnen, von welcher
Seite auch der Anfall geschehe, entfliehen zu können. Sie
sollen aber auch auf Bäumen wohnen, auf welche sie mittelst einer langen Stange klettern, und Ackerbau treiben.
Die Papuer verhandeln ihnen mancherlei europäische Waaren, sonderlich Aerte von Eisen, wofür sie einen Tribut
empfangen. Zerbricht die Art, so hört der Tribut auf,

falls der Papou keine neue Art gibt. Zerbricht auch diese, so geht der Tribut fort.

Uebrigens halten sich die ebenfalls bei Asiens Inseln erwähnten Badschus oder Oran Badschu an den Küsten auf, aber wahrscheinlich nur des Fischfangs wegen und ohne hier heimisch zu seyn. Sie bleiben daher auch meistens auf ihren Fahrzeugen.

3.

Neubrittanien, Neuirland, Neu-hannover

machen nebst mehrern kleinern umherliegenden Inseln eine eigene Inselgruppe, und sind durch die Dampiers-straße von Neuguinea getrennt. Von ihnen ist nur hier und da ein Punkt an den Küsten bekannt. Man weiß nicht viel mehr, als daß dieselben mehrere Vulkane haben, wiewohl auch Kalkgebirge, welche hier und da trinkbares Wasser in Bächen und Flüssen liefern. Die höchsten Gebirge mag wohl Neubrittanien enthalten. Sie sind meistens bewaldet; einige sind vulkanisch.

Es lassen sich hier alle Früchte und Pflanzen Neugui-nea's erwarten. Man fand wirklich den sogenannten männlichen Muskatnußbaum, Kokos- und andere Pal-menarten, und eine neue Art Arekapalme, mehrere Pi-sangs, Brodfrucht, eine angenehme pflaumenartige Frucht, die auf einem hohen Baume wächst, Bambus- und Zucker-rohr, mehrere köstliche feste Holzarten, den Betel und an-dere aromatische Lianen, Ingwer, Yams 2c.

Man fand wilde Schweine, Hunde und Vampyre; reicher ist die Natur an Vögeln, Papagaien, Tauben, Krähen, Amseln u. s. w. Kaimans, Schildkröten,

Schlangen, Seeschnecken und Muscheln in großer Verschiedenheit und Seltenheit, und die fast allen Ländern
eigenen Insekten. Unter den eigenthümlichen strickt eine
Spinne ein neun Linien langes, kegelförmiges festes Gewebe, an welchem der Regen abläuft, und welches sie
mit andern Fäden nach allen Seiten zu an den nächsten
Zweigen befestigt. Die ein wenig nach Südost gebogene,
aufwärts stehende Spitze bewirkt, daß die hier herrschenden Winde nicht so stark darauf einwirken können. Eine
andere Spinne webt ein Blatt, auch mit einer nach Südost
zu gebogenen Spitze, in dessen Mitte sie ihr Gewebe hat.
Andere Spinnen sind mit einer überaus harten und glänzenden Haut überzogen. Sie können alle den hier sehr
starken Regenfall abhalten.

Einwohner.

Die Einwohner sind größtentheils den Papous auf
Neuguinea ähnlich. Der Bart war stark. Sie gingen
fast nackt, nur daß sie an Armen und Beinen einige Muscheln hatten, und die Schaam mit einigen Blättern bedeckten. Das Haar war roth oder gelb und weiß gepu-
dert, durch Einschmieren oft zum Aufrechtstehen gebracht,
und mit Federn geschmückt; bei Feindseligkeiten war der
Anführer zuweilen am ganzen Leibe bepudert. Auf den
Yorksinseln trug man auch einen Knochen, oder ein Stück
Schilf, queer durch den Nasenknorpel. — Das Tättowiren und Bemalen des Körpers ist ihnen nicht unbekannt.

Sie haben Pflanzungen von Pisang, Yams und
Zuckerrohr, die eingehegt sind, halten sich Schweine,
fischen mit Angeln und Speeren, stellen ihre Hütten in
Dorfschaften zusammen, bauen ihre Kanots sehr gut und
haben sie mit Schnitzwerk geziert. Die Waffen sind
Schleudern, mit denen sie pfündige Steine werfen, und
Keulen und Lanzen von einem sehr harten Holze. Selt-

sam ist's, daß man bei ihnen keine Bogen und Pfeile ge=
funden hat.

Der Kriegsanführer redet und gestikulirt vor dem An=
griff. Grüne Zweige sind die Friedenszeichen, womit sie
zugleich dem Kopitain Hunter Pisangs, Yams und an=
dere Früchte brachten, die sie pyramidenförmig aufschich=
teten, und auf deren Spitze sie einige kleine Hunde legten,
die an Kopf und Füßen gebunden waren. Mitten aus der
Pyramiden ragte eine junge Palme hervor, an deren Zwei=
gen breite Schnüre und Baumrindenzeug herabhingen.
Friedenslieder wurden gesungen, und dann ertönte, damit
sich Jedermann versammelte, das Kinkhorn, worauf denn
Alle in einen Gesang einstimmten, der von 500 Menschen
so gleichtönig gesungen wurde, daß keine Ungleichheit be=
merkt werden konnte. Dann wurde als Zeichen der
Treue das Bellen des Hundes nachgeahmt. Sie hatten
ein musikalisches Instrument — ein Panflöte oder Papa=
genoflöte aus Schilf.

Uebrigens sind sie argwöhnisch, scheu und fielen unge=
reizt und heftig die Europäer an. Als Aufforderung bla=
sen sie das Pulver, womit sie sich pudern, aus der hohlen
Hand heftig vor sich hin.

4.

Die Admiralitätsinseln

bestehen aus einem, nordwestlich von Neuhannover be=
findlichen Archipel von etwa 40 Inseln, die nicht alle be=
wohnt sind. Die größte darunter ist die große Admi=
ralitätsinsel, die vielleicht an 150 Q. M. halten
kann.

Es sind uns übrigens dieselben ebenfalls höchst unbe=
kannt. Auf mehrern Inseln haben die Einwohner Pflan=

zungen, die durch Pfahlwerk abgetheilt sind. Manche
Inseln waren nicht unansehnlich bevölkert, und bis auf
die Bergspitzen mit Kokospalmen besetzt. Eine Art Pfef-
ferwurzel wird wie Betel gekauet.

Die Einwohner sind in Bau und Bildung den eben
beschriebenen sehr ähnlich. Auf einer Insel war die
Stimme derselben hell und schwach. Das Gesicht hatten
einige mit rothen und schwarzen Streifen bemalt, und trugen an einem durch den Nasenknorpel gehenden Strick
Zähne aufgehangen. Alle waren völlig nackt, bis auf
die vor der Schaam mit einem Stückchen Matte bedeckten
Frauen. Die Männer hatten den vordersten Theil des
Schaamgliedes in das Gehäuse einer Blasenschnecke oft so
gewaltsam eingeklemmt, daß eine Entzündung entstanden
war. Sie trugen übrigens Armbänder von großen Seeschnecken.

Der Charakter dieser Insulaner kann aus einigen Vor-
fällen allein wohl nicht mit Gewißheit entnommen werden, und ist ohne Zweifel nach Verschiedenheit der Inseln
sehr verschieden. Doch ist wohl der Hang zu stehlen ziemlich allgemein.

Die Verfassung ist, wie auf so vielen Südseeinseln,
aristokratisch, und die Großen zwangen das Volk, die
von den Europäern eingetauschten Sachen ihnen ohne Ersatz zu überlassen. Die Anführer sind auch hier die
Redner.

5.

Neugeorgien,

auch Salomonsinseln und Arsaciden genannt,
machen einen eigenen Archipel aus, von welchem man nur
da und dort einen Küstenpunkt kennt. Im Innern ragten

Kettengebirge hervor, z. B. auf Bougainvilles Insel, die bis in die Wolken reichten und größtentheils bewaldet waren. Viele Punkte schienen recht gut bebauet.

Die unter vorigen beiden Inselgruppen erwähnten Erzeugnisse des Pflanzenreichs finden sich auch hier, vielleicht noch mit manchen andern uns unbekannten. Auch eine Art Zimmt, einige Arten öhliger Mandeln, Gewächse, die fußlange Schoten hatten, zitronenähnliche Früchte, mehrere Arten Balsam und wohlriechende Harz= und Gummibäume sind vorhanden.

Auch mit den Thieren verhält es sich hier, wie in den vorher aufgeführten Inseln.

Die Einwohner scheinen von zweierlei Ursprung. Einige sind röthlich schwarz mit krausem Negerhaar und den Papous ähnlich; andere kupferfarbig, braungelb sogar mit langem schlichten Haar.

Man geht auf einigen Inseln ganz nackt, auf andern hat man einen Schurz vor der Schaam. Allenthalben bemalt und tättowirt man sich, trägt Muscheln, Knochen und Blumen im Nasenknorpel und in den abgelöseten, bis auf die Schultern hangenden Ohrlappen, trägt das Haar in Zöpfe geflochten und mit Gummi aufgesteift, oder auch rund geschoren, oder auch so, daß auf dem Wirbel ein kleiner Schopf stehen bleibt. Allgemein trägt man weiße, trefflich polirte Arm= und Handbänder von Muscheln oder Knochen und auch wohl Halsbänder von Zähnen. Den Bart reißen viele aus.

Ihre Hütten sind zu Dörfern zusammengestellt, und ihre Fahrzeuge nicht aus einem Baumstamme ausgehöhlt, sondern bestehen aus mehrern, überaus genau in einander= gefügten Stücken, inwendig mit Mastix ausgelegt gegen das Eindringen des Wassers, ja auch wohl mit geschnitzten oder mit Perlmutter ausgelegten Figuren geziert. Sie halten zuweilen 56 Fuß Länge bei fast 6 Fuß Breite,

vorn und hinten sehr hohe Schnäbel, um feindliche Pfeile
aufzuhalten, und werden mit flachen Rudern leicht fort-
bewegt. Scharfe Steine, oder Muscheln und Steinham-
mer sind die einzigen Werkzeuge, womit sie diese Kähne
bearbeiten.

Ihre Waffe sind schwere Keulen, sechs Fuß lange
Bögen, deren Sehne aus den Fasern der Schirmpalme
gemacht und mit einem Harz gefirnißt ist. Der aus
Schilf gemachte Pfeil ist mit einer Knochenspitze besetzt.
Die zehnfüßigen Lanzen haben eine sechszollige Knochenspitze mit Einschnitten als Widerhaken. Ihre geränder-
ten Schilde sind aus gespaltenem Stroh geflochten und
mit zwei Handhaben versehen, den Arm hindurch zu stek-
ken und an den Seiten mit Trobbeln von rothem und gelben Stroh geschmückt.

Alle ihre Waffen sind überaus sorgfältig gearbeitet.
Die Fasern der Schirmpalme scheinen hier sehr nützlich,
denn außer dem angeführten Gebrauch macht man auch
Säcke und Netze und wahrscheinlich noch manches andere
davon.

Die wichtigsten Nachrichten von diesen Nationen erfuhr man von Lova Sarega, einem jungen Menschen,
den Surville gewaltsam mit fortführte und der sich in zwei
Monaten schon im Französischen verständlich machen
konnte. Nach seinen Berichten leben die Völkerschaften
in ewigen Kriegen und machen ihre Gefangenen zu Sklaven. Aber es scheint auch außer Zweifel, daß sie Menschen fressen, denn Bougainville fand in einem Kanot
einen halbgerösteten Menschenkopf, und ein Wundarzt
entdeckte Menschenzähne in den Halsbändern; auch fürchtete sich Lova bei seiner Gefangennehmung, man möchte
ihn den Bauch aufschneiden.

Die Einwohner um den Hafen Praslin gaben sich alle
Mühe, einige Franzosen ans Land zu locken, um ihnen

Stellen zum frischen Wasser zu zeigen. Aber die Landenden wurden mörderisch angegriffen und einige verwundet.

Der Diebessinn scheint im ganzen Maaße vorhanden, doch benahmen sich mehrere im Tauschhandel sehr redlich. Lova gab an, daß sie 12 Tagereisen weit mit ihren Kähnen über das Meer fahren, um Gefangene zu verhandeln, und sich dabei nach den Gestirnen richten.

Ihre Sprache ist sanft und biegsam, und konnte die meisten französischen Worte nachsprechen. Auch die Musik nöthigte sie zu taktmäßigen Bewegungen, und schien überhaupt einen großen Eindruck auf sie zu machen.

Die Vielweiberei ist auf diesen Inseln zu Hause, aber man versagt die Mädchen schon in frühesten Jahren, von welcher Zeit an sie so lange bei dem künftigen Schwiegervater wohnen, bis die Heirath möglich ist.

Die Gewalt des Oberhaupts oder Königs scheint ganz unumschränkt, und unter ihm stehen seine Großen oder Vasallen. Er herrscht so unbeschränkt, daß, was ein Unterthan besitzt, dem Könige zu Gebote steht, und was dieser durch Arbeit, Landbau, Fischfang oder Krieg erwirbt, er erst dem Könige zur Auswahl anbieten muß, ehe ers in seine Hütte bringen darf. Hätte ein Unterthan das Unglück, zufällig in den Schatten des Königs zu treten, so wäre das ein Verbrechen, das sogleich den Tod nach sich zöge. Begeht ein Großer ein todeswürdiges Verbrechen, so rettet er sich gewöhnlich mit Aufopferung seines ganzen Vermögens, durch welches man hier, wie bei gebildeten Völkern, ein großes Ansehen gewinnt. — Die Oberhäupter oder Vasallen sind übrigens durch einen Federbusch ausgezeichnet.

Einer Zukunft nach dem Tode hielte man sich gewiß, sagte Lova, es kehrten aber die in den Himmel gekommenen Seelen von Zeit zu Zeit nach der Erde zurück und erschienen den Menschen. — Ob übrigens Billiardiere recht

geschlossen hat, daß ein Anführer im Kanot mit seinen
heftigen Grimassen und Gesten ein häßliches Bild im Hin=
tertheil des Kahns angerufen und gleichsam übernatürliche
Hülfe gefordert habe, lassen wir dahingestellt seyn.

Die Aerzte, wozu nur bejahrte Leute genommen wer=
den dürfen, stehen in großem Ansehen.

Die Leiche eines vornehmen Mannes legt man auf ein
Gerüste. Das abfaulende Fleisch fällt in eine darunter
gegrabene Grube. Ist Alles abgefallen, so werden Kopf
und Knochen in ein gemeinschaftliches Begräbniß gebracht,
die Grube aber wird mit Erde bedeckt und eine Hütte dar=
über errichtet. Bei Kindern jedoch streuet man nur Blu=
men darauf.

6.

Der Archipel von Santa Cruz oder die Königin Charlotten-Inseln,

entdeckt vom Spanier Mendana, und 200 Jahr darauf
von Carteret wiedergefunden, mögen 11 bis 12 Inseln
enthalten, unter welcher die

Insel. St. Cruz oder Egmontsinsel die grös=
seste ist, und Gebirge von 1000 Fuß muthmaßlicher Höhe
hat. Das Innere der Insel ist undurchdringliche Wal=
dung, und nur die Küsten sind angebauet.

Wir nennen noch Lord Howes Insel, die auch
gebirgig ist, und die Volkanoinsel, deren Beschaf=
fenheit der Name gibt. Ein hoher kegelförmiger Berg
in der Mitte speit wirklich Feuer, und mag 2000 Fuß
Höhe halten.

Nach dem Wenigen, was man von diesen Inseln
weiß, macht eine schwarze, schwammige und kalkartige
Erde den Boden.

Man fand Brodfrucht, Kokos, Pisangs, Yams, Bataten, Mandeln, verschiedene Arten Nüsse, Tannäpfel, so groß, als ein Mannskopf mit mandelgroßen Kernen, einige äpfel- und birnähnliche Früchte, Bäume, aus welchen sich ein wohlriechendes Oehl ziehen läßt, verschiedene Arten Rohr, mehrere noch nicht beschriebene Pflanzen, und wahrscheinlich auch den Papiermaulbeerbaum.

Schweine fand man in Menge, vielleicht finden sich auch Hunde; — Geflügel, wie auf den bisher beschriebenen Inseln; — mancherlei Fische und Schaalthiere.

Die Bewohner

sind dunkelolivenfarbig, haben alle eine breite Stirn, krauses Wollenhaar und eine düstere Physiognomie. Beine und Schenkel sind dünn, welches vielleicht vom steten Sitzen in ihren Fahrzeugen herrührt.

Sie reißen die Haare am ganzen Körper aus, bemalen sich weiß, roth und schwarz, tättowiren den Rücken, schnüren den Bauch mit einem Stricke scharf ein, und ein Zeugstreif um die Hüften macht die ganze Bekleidung. Sie tragen Arm- und Halsbänder. Die erstern sind von Schilf oder Baumrinde mit dazwischen geflochtenen Muscheln.

Pfeile und Bogen sind ihre Waffen. Die erstern schossen sie sehr regelmäßig ab. Sie haben auch Speere, hölzerne Stäbe statt Keulen, und mit Steinen verwundeten sie in Entfernung von 240 Schritt einen Matrosen.

Ihre Fahrzeuge, deren oft zwei aneinander gekoppelt werden, fassen zum Theil an 30 Menschen; andere aber bestehen nur aus einem einzigen Baumstamme. Sie führen Segel, und decken sich durch Matten gegen die

Sonne. Sie machen trotz ihrer elenden Fahrzeuge dennoch sehr weite Reisen.

Ihre geflochtenen Körbe sind sehr gut.

Die Dörfer liegen nahe an der Küste, und bestanden etwa aus 20 runden, von Brettern gemachten, auf einem einzigen Pfeiler ruhenden Hütten. Man stieg mit kleinen Leitern hinauf. Die Hütten selbst haben zwei Abtheilungen. — Noch traf man zwei große Gebäude in einem Dorfe, in deren einem sich schlechtgeschnitzte Figuren in halberhabener Arbeit, in einem andern nett mit Matten behangene, aber viele Bündel Pfeile befanden. Auch fand man bei mehrern Dörfern zwei Brunnen, zu deren Wasser Stufen herab führten, und eine andere Ortschaft hatte eine Einfassung von Stein, von 4½ Fuß Höhe.

Die Pflanzungen dieser Insulaner sind sorgfältig angebauet und mit Steinen umgeben. Die Fischereien müssen ein Hauptmittel zu ihrem Unterhalt abgeben, und die ostindische Sitte, Betel zu kauen, ist bei ihnen sehr gangbar.

Die Sitte der Societätsinseln, die Namen zu vertauschen, ist hier ebenfalls im Gebrauch, auch scheint die Regierungsform der dortigen nicht unähnlich und ziemlich monarchisch zu seyn.

Bei ihren im Kreis herum sich bewegenden Tänzen bestreichen sie sich einander mit Büscheln von frischem Grase.

Zum Stehlen und zum Betrug im Handel und Wandel waren sie sehr geneigt. Vor dem Anfang des Handels waren sie überaus vorsichtig, und vertauschten zwar ihre Pfeile, stumpften aber denselben erst die Spitzen ab. Nichts war ihnen so angenehm, als rothes Tuch. Man fand sie übrigens als kühne und unerschrockene Menschen, die aber doch nicht ungereizt die Fremden angriffen.

Von ihren Weibern weiß man fast gar nichts. Nur einige sahen die Franzosen, als sie sich, wider den Wunsch der Insulaner, von den Küsten entfernten. Sie hatten einen Rock, der bis an die Knie reichte, und ein Zeug-stück, welches den Kopf und übrigen Körper bedeckte.

7.

Die neuen Hebriden,

oder die großen Cycladen, oder auch der Archipel von Australia del Espirito santo.

Nach Cook sind der eigentlichen Hebriden, einige sehr kleine Inseln nicht mitgerechnet, etwa zwanzig. Der ganze Archipel mag jedoch mit Ausschluß allzukleiner In-selchen wohl an 37 seyn.

Die größeste dieser Inseln ist Tierra del Spi-ritu santo; und hält an 60 Meilen Umkreis. Mal-licolo hat fetten fruchtbaren Boden, und schön bewal-dete Gebirge, von welchen viele Bäche sich herab er-gießen. In den Wäldern lagen die Pflanzungen der einzelnen Besitzer zerstreut. — Die lange schmale Insel Aurora besteht aus einem einzigen lang sich hinziehen-den Gebirge. Die Insel Sandwich hat etwa 10 M. Länge und 25 M. Umfang. Das wahrscheinlich überall angebaute Erromanga, über welches ein Gebirge sich sanft nach Süden hinzieht, hat gegen 22 Meilen Um-fang. — Tanna hat etwa 8 Meilen Länge, und einen Vulkan, der zu Zeiten heftig speit. Rings um densel-ben her finden sich, wie im Neapolitanischen, Solfa-taren, vor deren Aufreißen die Einwohner besorgt wa-ren, weil sie fürchteten, es möchte ein neuer Vulkan entstehen.

Die Bevölkerung dieser Inseln (mit Forster) zu 200,000 E. anzuschlagen, wovon 50,000 auf Mallicolo, und 20,000 auf Tanna kämen, ist wohl zu gewagt.

Die Produkte des Pflanzenreichs sind, bis auf einige fehlende, dieselben, welche wir bei den Societäts- und bei den Freundschaftsinseln kennen lernen werden. Wir nennen aber besonders den Pomeranzenbaum, die wilde Muskatennuß, mehrere Arten Feigen, einige selbst mit eßbaren Blättern. Andere Bäume zum Theil von 150 F. hoch, und der in Ostindien heimische Baum der Bananen, oder der große Feigenbaum, sind ebenfalls vorhanden. Außer Schweinen, Ratten und Vampyren kennt man auch hier kein Säugethier, selbst nicht den Hund. Dagegen ist des Geflügels, an Papagaien, mehreren Taubenarten, und vielen andern auch bei uns heimischen Vögeln, sehr viel.

Von Insekten und Fischen weiß man nicht viel. Doch die Perlenauster scheint in diesen Gewässern häufig.

Unbekannt ist es, wie es in so vielen Gebirgen mit den Mineralien stehe.

Die Einwohner nähern sich den Papous auf Neuguinea in größerer oder geringerer Verschiedenheit. Bei einigen ist das Haar schwarz und wollig, in andern Gegenden braun mit gelben Spitzen, und nicht allemal wollig, jedoch auch der Bart stark gekräuselt; einige sind dünngliedrig, auf andern Inseln aber trifft man starke Menschen. Kurz, der Verschiedenheiten sind mehrere, selbst in den Sprachen, z. B. auf Tanna, wo Eine allgemein gesprochen ward; eine andere, die mit der Sprache auf den Freundschaftsinseln übereinkam; und eine dritte auf der Westseite der Insel sich fand. Man darf also wohl an eine Mischung von mehrern Nationen auf diesen Inseln denken.

Männer und Weiber gingen, letztere bis auf eine kleine Schürze von den Hüften bis zum Knie, fast völlig nackt. Erstere hatten Blätter um die Schaamtheile. Auf Tanna war das Haar zuweilen wohl in 100 kleine steife Zöpfe, die mit den Stengeln einer Winde umwunden waren, abgetheilt. Auch Hahnen- und Eulenfedern werden ins Haar gesteckt, und dasselbe noch auf manche andere Weise behandelt. Meistens trägt man ein dünnes Stöckchen im Haar, des Ungeziefers wegen.

Man trägt Knochen oder Steine im Nasenknorpel; am Oberarm Bänder von kleinen schwarzen und weißen Muscheln, die wahrscheinlich schon im frühern Alter angelegt waren, indem man sie nicht über den Ellenbogen streifen konnte **). Auf einigen Inseln tättowirte man sich; auf andern wurde das Gesicht roth und schwarz, auf andern sogar Körper und Haar gelb angestrichen. Auf einigen Inseln trug das weibliche Geschlecht Halsbänder von Ringen aus Schildkrötenschalen, welche bis auf die Brust herabhingen. Die ältern Frauen hatten mehr solcher Ringe, als die jüngern.

Am meisten hat man die Tannesen kennen gelernt, und diese scheinen vernünftige gesittete Menschen, gutherzig und gastfreundlich und höchst friedfertig. Der Hang zum Stehlen äußert sich bei ihnen und auf den übrigen Inseln nur wenig, und Weiber und Mädchen hielten sich in Entfernung, und wiesen die Zumuthungen der Matrosen mit großem Ernst ab. Gegen die Alten beweisen sie Achtung, und gegen die Kinder Zärtlichkeit. Doch schienen sie phlegmatisch und gleichgültig, und behielten immerdar ein gewisses Mißtrauen; litten es auch nicht, daß die Engländer ins Innere der Insel kamen.

Die Mallicolesen waren überaus lebendig und thätig, faßten schnell, waren überaus geschwätzig und hatten so große Gewandtheit der Zunge, daß sie selbst das

***

*) Sie könnten jedoch auch, wie auf den Pelewinseln die Ehren-Armbänder der Großen, durch eine besondere Operation angelegt werden.

ruffifche fihtfch nachfprechen konnten. Sie b**riffen
die Zeichen der Engländer unglaublich leicht, gingen ganz
unbefangen auf den Schiffen umher, wollten Alles haben,
wiewohl fie nicht verdrießlich wurden, wenn man es
ihnen abfchlug. Mit großer Leichtigkeit kletterten fie die
Maften und Seiten des Schiffs hinauf, und fprangen
aus den Kajüttenfenftern. Ihre Geftalt in den Spiegeln
gefiel ihnen außerordentlich. Ihre Bewunderung äußerten fie durch ein Zifchen, das dem der Gänfe ähnlich war.
Für ähnliche Fälle hatten die Tannefen das Wort Hi-
bau. Die Gewohnheit, Namen zu wechfeln (f. nachher) herrfcht auch hier.

Die empörende Menfchenfrefferei mag wohl allgemein
auf diefen Infeln heimifch feyn, denn fie findet fich felbft
bei den Tannefen.

Ihre Nahrungsmittel find meiftens vegetabilifch,
denn felbft mit der Fifcherei fchienen fie fich wenig zu be-
faffen. Dahingegen find ihre Pflanzungen trefflich.
Man fand Yamswurzeln von 56 Pfund, und die ange-
pflanzten Kokos find von vorzüglicher Güte. — Schweine
und Hühner find höchft feltene Gerichte.

Ihre aus fchräg zufammenlaufenden Pfählen errichteten Hütten waren an zwei Seiten offen und nur mit
einem Rohrgeflechte von 18 Zoll Höhe umgeben, und die
größeften hielten etwa zwifchen 30 bis 40 F. Länge, bei
9 bis 10 F. Breite. Der Boden ift mit trocknem Grafe
beftreut und mit einigen Matten belegt, welche das einzige Hausgeräth zu feyn fcheinen. Da in jeder Hütte
an mehrern Stellen Feuer angelegt werden, fo glänzen
die beiden mit Matten bedeckten Seitenwände von Ruß.

Ihre Aexte find aus Bafalt oder aus fcharfen Mu-
fchelfchalen gefertigt; ihre Matten und Zeuge find grob;
ihre Waffen beftehen aus Speeren, Schleudern, Bogen,
Pfeilen und fünffüßigen zum Theil am Ende fcharfzacki-

Auftralien. Hh

gen Keulen, deren beste aus Casuarinaholz verfertigt
werden. Mit ihren Speeren, die oft 10 Fuß lang und
mit 8zölliger Spitze versehen sind, werfen sie auf 40 F.
Weite durch einen 4zölligen Pfahl.

Den Feind fordern sie durch Klatschen auf die Hin-
terbacken heraus. Als Friedenszeichen trägt man nicht
nur grüne Zweige, sondern schüttet auch noch Wasser mit
den Händen über den Kopf.

Auf einigen Inseln schien einer der Alten der Oberste
zu seyn, ohne jedoch eine besondere Gewalt zu haben.
Sein Leibgürtel zeichnete sich dadurch aus, daß die Streifen wechselsweise roth und schwarz waren. Auf Tanna
schien man nur Familienregiment zu kennen. Die
schwersten Arbeiten fallen auch hier dem andern Geschlechte zu.

Von religiösen Gebräuchen hat man nichts bemerkt.
Doch wurde mit Tagesanbruch ein feierlicher Gesang gesungen. Vielleicht konnte in dem Dickicht eines Gebü-
sches, von welchem sie die Europäer sorgfältig abhielten,
ein heiliger Platz seyn.

Tanz und Musik waren ihnen angenehm, und die einfachen schottischen Lieder machten ihnen besonders viel
Vergnügen. Ihre Instrumente sind Trommel und Panflöte.

Uebrigens ist die Beschneidung (Aufschlitzen der Vorhaut) bei ihnen, wie bei vielen Südseeinsulanern üblich.

8.

Neucaledonien

wurde von Cook entdeckt, und von Dentrekasteaux weiter
untersucht. Eine große Insel streicht von Südost nach

Nordwest, und ist ringsum mit kleinen Inseln umgeben.
Sie soll nach den Berechnungen der Karten an 425 Q.
M. enthalten.

Längs der Insel läuft eine Gebirgsreihe, unter welcher
einzelne Berge 1000 F. halten können. Man sahe nur
wenig Feuer im Innern, und selbst an den Küsten nur
wenige Piroguen. Die Gipfel der Berge sind dürr, senden jedoch ihr Wasser herab, und bewässern fruchtbare
Thäler. Die Küsten sind morastig.

Die umherliegenden Inseln sind fast alle unbedeutend, und wir nennen davon nur die Insel Beaupré
und das etwa 20 Meilen Umfang haltende Fichtenei-
land, das man seiner säulenförmigen Fichten wegen aus
der Ferne bald für Rauch, bald für Basalt ansahe.

Man fand auf der großen Insel verschiedene Erd-
und Steinarten, Basaltsäulen und Terpentin u. s. w.,
neue Arten von Pflanzen, nebst den meisten bei den vorigen Inselgruppen erwähnten. Die Blätter des hiesigen Brodbaums sind weniger tief eingeschnitten. Ein
vierfüßiges Thier scheint man gar nicht zu haben, doch
findet sich der Vampyr; Schweine und Hunde brachte
erst Cook hieher. Das Huhn ist das einzige Hausthier.
Reicher ist das Land an Vögelarten. Eine Spinne ist
merkwürdig, schwarz, mit schmalem Körper und von der
Größe unserer Kellerspinne, aber mit 2 Zoll langen haa-
rigen Beinen. Ihre Fäden sind so stark, daß die Franzosen (unter Billardiere) in ihren Waldgängen einen merk-
baren Widerstand davon empfanden. Man tödtet diese
Thiere in einem irdenen Topfe über Feuer, röstet sie auf
Kohlen, und ißt sie als einen Leckerbissen.

———

Einwohner.

Der Neucaledonier ist groß, und zuweilen über sechs
Fuß hoch, wohlgewachsen und in Dunkelheit der Farbe,

Hh 2

ja selbst in Physiognomie und Charakter den Bewohnern von van Diemensland sehr ähnlich.

Das schwarze Wollenhaar ist, wie der Bart, kraus. Einige hatten auch Wurstlippen und platte Nasen.

Sie sind stark und so gelenkig, daß sie einen Kokos-baum mehr hinanlaufen, als hinaufsteigen.

Die Männer tragen außer dem Blatte oder Zeug-stückchen, welches das Zeugungsglied verhüllt, einen dop-pelten Strick um den Leib, an welchem bei Weibern und Mädchen Schnüre, bis zu einem Drittheil der Schenkel herabhängen. Armbänder und Tättowiren ist dem an-dern Geschlecht auch hier nicht unbekannt.

Außer dem, was das Pflanzenreich darbietet, essen sie Fische und Austern, und sogar eine Art grünen ziemlich weichen Speckstein; auch ist es wohl keinem Zweifel un-terworfen, daß sie recht gierige Menschenfresser sind. Sie schlitzen dem Unglücklichen mit einem ganz eigenen Instrument, Nbouet, den Bauch auf, und zerlegen ihn damit in Stücken. Denselben Namen Nbouet, ha-ben auch ihre Gräber.

Ihre bienenkorbähnlichen Hütten sind nicht 5 F. hoch, und haben einen so kleinen Eingang, daß man gebückt einkriechen muß. Das Dach ist von Kokosblättern ge-macht, und inwendig die Hütte mit Blättern von einem andern Baum belegt. Einige derselben waren auch von außen mit Pallisaden umgeben; bei andern hatte die Ein-gangsthür zwei Flügel, und war mit Schnitzwerk geziert. Immerdar brennen in den Hütten Feuer, um die Stech-mücken zu verjagen, aber der Rauch hat keinen Ausgang.

Außer Matten haben sie große irdene Kochtöpfe, welche zum Kochen auf 5 Steine gesetzt werden, wovon einer in der Mitte steht. Ihre Aexte sind aus Stein ge-macht, die Hacken zum Feldbau aus Holz, ihre Kopf-kämme aus 6 dünnen am Ende zusammengebundenen Fe-dern, und ihre Fischangeln von verschiedener Art.

Bögen und Pfeile scheinen sie nicht zu kennen, aber es sind ihre Streitkolben und Speere[*]) überaus gut gearbeitet, polirt und mit dem schönsten Schnitzwerk verziert. Die Steine zu ihren Schleudern runden sie mit großer Sorgfalt ab.

Sie haben Oberhäupter, vielleicht von mehr als einer Art. Diese trugen eine hohe, an der Seite mit Federn geschmückte Mütze, und nahmen dem Volke alles ohne Ersatz ab, was ihnen gefiel. Die Weiber sind ihre Lastthiere; die Musik ist wie die Sprache widrig und rauh, und außer einer Pfeife sahe man kein musikalisches Instrument. Ihre Kähne waren wie auf den Sozietätsinseln, aber nicht so geschickt zum Seegeln, und gewöhnlich waren ihrer zwei mit einander verbunden.

Sie begrüßten die Franzosen mit Kopfnicken, und mit dem Wort Ala avé. Von ihren Spielen und Lustbarkeiten weiß man nichts Gewisses; aber einen Kriegstanz scheinen sie zu haben, denn der Insulaner, welcher von dem fürchterlichen Rhouet Erklärung gab, zeigte unter wilden Sprüngen, wie der Gefangene mit der Keule niedergeschlagen, und dann mit diesem Instrument zerschnitten und ausgeweidet würde.

Ihre Begräbnißplätze ließen sie nicht nahe besehen. Es waren neben denselben Menschenschädel aufgehängt, und geschnitzte menschliche Figuren daselbst aufgestellt.

Den Engländern schienen diese Menschen fast gutartiger als die Freundschaftsinsulaner. Die Franzosen beschreiben sie als die frechsten Diebe, als wilde streitsüchtige Menschen. Auf ihre Weiber sind sie höchst eifersüchtig.

Viel gescheuter als die eigentlichen Caledonier, waren die Insulaner auf Beauprè.

***

[*]) Die leztern werden hier, wie auf den Neuhebriden und mehrern andern Inseln, mit einer eigenen Art Wurfriemen geschleudert.

Man will sämmtliche Einwohner zu 50,000 annehmen! — Das mag man thun!

***

9.

Neuseeland.

Erst durch Cooks unermüdliche halbjährige Untersuchungen, weiß man die Bildung dieser Insel, und daß sie eigentlich aus 2 Inseln besteht, die durch die Cookstraße (Charlottensund) getrennt sind, welche zwischen 4 und 5 Meilen breit ist.

Auf der nördlichen so wohl als südlichen Insel finden sich mehrere Vorgebirge. Die erstere ist reicher an Gewässern, und hat nicht so hohe wilde Gebirge, als die südliche, auf welcher die höchsten wohl an 10,000 Fuß haltenden Gebirgsgipfel mit ewigem Schnee bedeckt sind. Doch wird der Pic Egmont auf der nördlichen mit dem Pic auf Teneriffa an Höhe verglichen (14,000 F.). Die südliche ist auch bei ihrer ausgezackten Küste mit Baien, Buchten und Häfen sehr reichlich versehen.

Die südliche Insel berechnet man zu 2408 Q. M., die nördliche aber zu 525 Meilen weniger.

Diese Inseln sind nicht, wie so viele andere, von Korallenriffen eingefaßt. Mehrere kleinere Inseln, die zu denselben gehören, erwähnen wir hier nicht.

Der Boden ist sehr verschieden, und felsige unfruchtbare Striche wechseln mit sehr fruchtbaren Strichen ab. Vulkanische Produkte finden sich verschiedener Orten. Von Erzen hat man bis jetzt nur Eisensand an einem Orte gefunden, und unter den Steinen ist der grünliche Jade (Nephrit), aus welchem die Aexte und Messer gemacht werden, zu bemerken, welcher vorzüglich auf

einer kleinen Insel vorkommt. Er ist halb durchsichtig,
und dunkler, als die Nierensteine anderer Erdgegenden.
An Talksteinen scheint ein großer Ueberfluß, und man
will davon ein ganzes Gebirge entdeckt haben. An Kalk-
steinen und Marmorarten scheint es keineswegs zu fehlen.

Es ist schon gesagt, wie es mit der Bewässerung der
Australinseln überhaupt stehe. Große Flüsse scheinen
auch hier zwar nicht vorhanden, aber dafür hat, zumal
im nördlichen Theil, fast jedes Thal seinen Bach, und
jede Klippe und jede kleine Insel eine Quelle. Der an-
sehnlichste Fluß ist die sogenannte Themse, die zehn
Meilen landeinwärts noch drei Meilen breit ist, aber höher landeinwärts sich überaus verengt.

Auf einem Berge an der Duskybai fand man einen
kleinen See mit klarem, süßem Wasser, und mit schup-
penlosen, forellenartigen Fischen bevölkert. Hier ist auch
ein Wasserfall, der bei 30 Fuß Durchmesser sich 900 F.
herab ins Meer stürzt. Einige durchlöcherte Felsen gehören ebenfalls zu den Naturseltenheiten. Der größeste
bei der Bai Tegada bildete einen 75 Fuß weiten Schwib-
bogen, durch welchen man auf das Meer und auf die
umherliegenden Gegenden die Aussicht hatte.

Das Klima ist gemäßigt und mild. Die dem Aequator näher liegenden Theile sind beträchtlich wärmer,
als die übrigen, und die Bäume waren mitten im
Winter grün. Dieses Klima und diese Bewässerung
lassen für den künftigen Anbau der Landes sehr viel erwarten, ungeachtet der im Innern immer nach dem Gipfel
zu kahler werdenden Gebirge. Doch walten hier ungeheure Orkane, und der südliche Theil ist mit Nebeln stets
verhüllt. Stürme erlitten die europäischen Seefahrer
von 11 Tagen, und ein mit Sturm begleitetes Gewitter im Mai übertraf Alles, was die vielerfahrnen Seeleute Cooks jemals erlebt hatten. Tromben scheinen auch
nicht selten zu seyn.

Daß hier die lieblichſten Früchte der heißern Zonen, Piſangs, Palmen, Zuckerrohr, Brodbaum u. ſ. w. feh⸗ len, kann nicht auffallen, wenn man die Lage anſieht. Aber die Pflanzenwelt iſt dennoch reich an neuen Arten. Nur an den Küſten fand man 250 neue bei nur 10 be⸗ kannten Arten Gewächſe; das Innere der Wälder konnte vor Lianen und Schlingpflanzen Niemand durchdringen.

Man fand wilden eßbaren Sellerie faſt überall, und eine gelbe und eine ſchwärzliche unſchmackhafte Pflaumen⸗ art. Des Neuſeeländers Hauptnahrung bietet die un⸗ ſchmackhafte und holzige Wurzel eines überall wachſenden Farrenkrauts dar, die erſt durch Röſten und Quetſchen zwiſchen den Steinen einen genießbaren Saft gibt. Eine andere Art Farrenkraut hat eine ſchmackhaftere Wurzel, iſt aber ſeltener. Arum und Bataten ſind in den mildern Gegenden auch vorhanden, überdies auch Yams. Der hieſige Flachs (Phormium), der an Güte den Hanf über⸗ trifft, iſt ſchon in Europa ſattſam bekannt. Unter den Bäumen, die in großen Waldungen da ſtehen, und zum Theil für den Schiffsbau ſelbſt zu hart ſind, nennen wir die Theemyrthe, deren Blätter einen bittern antiſcor⸗ butiſchen Thee geben, und die Sproſſentanne, aus deren jungen Sproſſen, mit Zuſatz von Würze und Sy⸗ rup, ein antiſcorbutiſches Bier gebrauet wird. Auch der Papiermaulbeerbaum kommt vor.

Der vierfüßigen Thiere ſind auch auf dieſer größern Inſel wenige. Außer Ratten, Fledermäuſen und fuchs⸗ ähnlichen Hunden kennt man keine andere; der Vögel⸗ arten jedoch gibt es viele, und unter dieſen mehrere neue Arten; vorzüglich zahlreich ſind die Seevögel. Eidech⸗ ſen, die ſich Höhlen graben, und Schlangen, beide von furchtbarer Art, ſollen vorhanden ſeyn, jedoch haben die Europäer nur zwei unſchädliche Arten Eidechſen gefunden.

Die Küſten umher ſind unglaublich fiſchreich, aber von Inſekten fand man nur einige Arten Schmetterlinge

Neuseelaender.

und Käfer, einige Libellen und Wespen und einige andere, unter welchen eine sogenannte Erdmücke sehr beschwerlich war.

Unter den Mineralien ist der erwähnte Jade, ein Nephrit, aus dem sie einst ihre Aexte oder Beile, jetzt nur noch Zierrathen fertigen.

Der Einwohner sollen 100,000 seyn.

Einwohner.

Der nördliche Theil hat Menschen, und an einigen Gegenden in beträchtlicher Zahl, der südliche hingegen ist beinahe menschenleer.

Offenbar einerlei Stammes mit dem Taheiter oder Tongatabuer, ist doch der Neuseeländer zufolge seines Klima's und Landes schmächtiger, fester, stärker an Gliedern, und nerviger, aber auch minder schön, das Gesicht etwa ausgenommen, das sich dem europäischen nähert. Die großen Zähne sind schwarz und lebhaft; die weißen Zähne dicht aneinander stehend; das Kopfhaar schwarz und straff; die Barthaare stehn dünn; die Stimme ist stark. Die Weiberstimme ist sanft, aber die Brüste hängen herab. Der Mann ist ernst, das Weib munterer und geschwätzig. Der Hautfarbe ist bei einigen gelblich, bei andern braun, und wieder bei andern, die auch krauses Wollenhaar haben, wie auf Neuguinea. — Die Launen und Gemüthsstimmungen wechseln urplötzlich, wie bei Kindern. Sie waren verrätherisch, treulos und tückisch, selbst dann, wenn sie mit den Europäern im besten Vernehmen standen. Die Erschlagenen fressen sie. Uebrigens sind sie ausgemachte Diebe. Die Weiber und Mädchen sind nicht so ganz zügellos, am wenigsten die erstern, wiewohl die Vielweiberei hier gar nicht fremd ist.

. Eine aus dem hiesigen Flachs bereitete Matte, von 5 Fuß länge und 4 F. breit, um die Schultern geschlagen und über der Brust mit mit einem Knochen befestigt, auch wohl zum Zierrath mit Hundefellen verbrämt, ist die gemeinste Tracht für beide Geschlechter, unter welcher man noch einen Binsengürtel trägt. Nur zum Staat trägt man kleine Hüte. Die Männer tragen die hinten abgeschnittenen Haare auf dem Wirbel zusammengebunden, stecken einen Kamm und oftmals auch Federn hinein. Eben so binden die Frauen die Haare. Beide Geschlechter beschmieren dieselben mit Fischthran, und bestreuen sie mit rothem Ocher. Die Mädchen lassen die Haare auf die Schultern herabfallen. In den Ohren trägt man Federn, besonders vom Albatroß, Knochen, Steine, Holzstücke, und einige hatten auch im durchbohrten Nasenknorpel Federn gesteckt. Halsbänder, die bis auf die Brust herabhingen, bestanden aus Steinen, oder aus Hai- oder Menschenzähnen; oft hing nur Ein Knochen am Faden, und bei Männern auch wohl eine aus Steatit geschnittene menschenähnliche Figur herab. Die Frauen trugen auch Bänder von Knochen und Muscheln um Arm und Schenkel. Der größte Putz der Männer ist, mit schwarzblauen Spirallinien das Gesicht zu tättowiren *) (Amako genannt), da die Weiber meistens nur die Lippen punktirten. Einige Männer hatten auch tiefe Furchen in die Haut gerissen, wodurch sie ein furchtbares Aussehn erhalten. Uebrigens beschmiert man sich noch mit rother in Oehl geriebener Farbe.

Ihre Wohnungen bestehen aus Stäben, welche mit Gras durchflochten, und allenfalls noch mit Baumrinde belegt sind. Durch die Thür kann nur ein Mensch hineinkriechen, und neben der Thür dient eine Oeffnung als Fenster und Rauchloch. Solche Wohnung hat höch-

---

*) Das Oberhaupt Tacoury hatte auch Lenden und Gesäß auf diese Weise punktirt.

stens 20 F. Breite und 5 bis 6 F. Höhe. — In einigen
Hütten trifft man neben der Thüre Pfeiler mit grobem
Schnitzwerk. Ihre Hippahs oder Dörfer waren an Abhängen und unzugänglichen Felsen angelegt, und auf der
Landseite mit einem Graben versehen, der zwischen zwei
Reihen Pallisaden lag. An der Seite, von welcher ein
feindlicher Ueberfall zu fürchten ist, findet sich noch ein
verpallisadirtes Viereck, welches Platz für 400 Mann
hatte. Am Eingange stand ein Gerüste auf 25 F. hohen
Säulen statt Wachtthurm. Ein Balken mit eingehauenen Stufen diente als Leiter, um hinaufzusteigen.
Stets sind 15 bis 20 Mann auf dem Thurme, und haben Steine und Wurfspieße, um den Feind zu hindern
über den Graben zu kommen. — Man fand auch in den
Hippahs große Magazine, sowohl von Lebensmitteln, als
auch von Waffen, wie auch von Fischerwerkzeugen. In
den Dörfern findet sich auch auf einem Platze eine häßliche menschliche Figur von Holz, aus deren krötenähn-
lichem Rachen eine ungeheure Zunge heraushängt.

Auf der nördlichen Insel fand man regelmäßige
Pflanzungen von Yams, Bataten, Arum und Flaschen-
kürbissen. Mühsam brechen sie dazu das Erdreich mit
Stangen auf. Zu ihrer Ernährung trägt das Meer viel
bei. Ihre Netze, oft 500 F. haltend, sind wie die unsrigen gemacht, und ihre Angeln von Perlmutter oder
andern Schalen. Die Fische und große Austern und
Schnecken rösten und dörren sie in Erdhöhlen, um sie auf-
zubewahren. — Sie thun täglich früh und Abends
Mahlzeiten, und aßen beinahe Alles ohne Unterschied.
Thran war ihnen so ein Leibgetränk, daß sie aus den Lampen der Europäer die Tochte aßen; aber alle hitzigen Getränke sind ihnen eben so unbekannt, als zuwider.

Ihre Böte von Cedernholz sind bis 25 F. lang, und
führen 8 Mann. Die Breite beträgt 2¼ F. Der Boden besteht aus einem ausgehöhlten Baumstamm, auf

welchen Planken gesetzt sind, in welche man Löcher bohrt, um mit Schnüren von der Flachspflanze die Planken fest mit dem Kahn zu verbinden. Diese Löcher werden dann mit einer Pflanzenwolle dicht verstopft. Die Kriegsfahrzeuge haben 60 F. Länge bei 6 F Breite, und führen 60 Mann. Sie werden durch Ruder und Segel getrieben, und das hoch hinauflaufende Hintertheil ist mit künstlichem Schnitzwerk und herabhängendem Flechtwerk geziert. Am Vordertheil ist eine Art Löwenkopf mit einer ungeheuern heraushangenden Zunge eingeschnitzt. Die Ruderer halten genau Takt und singen zum Rudern.

Man fand weder Schilde noch Bogen und Pfeile; aber ihre Lanzen, Keulen, und vorzüglich ihre Pattu Pattu, oder kurze, höchstens 14zöllige Streitkolbe, waren überaus sauber gearbeitet, und mit Schnitzwerk verschönt. Sie hatte am Griff ein Loch, um einen Strick durchzuziehen, um diesen um die Hand zu winden. Häufig war sie aus dem Jade gemacht, und hatte nicht einerlei Form. — Um dieses Steins willen kommen von allen Gegenden der Insel die Neuseeländer nach dem Charlottensund, und erhandeln denselben von den dasigen Bewohnern.

Auch an ihren überaus künstlichen Kästchen, und an ihren Pfeifen und Flöten ist Schnitzwerk angebracht.

Daß die Weiber die Lastthiere sind, braucht kaum gesagt zu werden. Selten hat Jemand mehr als ein Paar Frauen.

Der Neuseeländer in der südlichen Insel lebt nur familienweise, und diese Familien sind immerdar mißtrauisch gegen einander, und betrachten sich fast als Feinde. In den fruchtbarern nördlichen Theilen sind die Menschen in größere Gesellschaften vereinigt. Man traf hier vom 40 bis 37sten Breitengrade nur ein einziges Oberhaupt, Teratu, das allgemein anerkannt wurde.

Unter diesem großen Oberhaupte standen andere, die überall Respekt fanden, und die Diebe, über welche sich die Engländer beklagten, abstraften. — Hier waren die Felder besser bebaut, die Fahrzeuge schöner, und die Kleider feiner.

Unter den kleinern Stämmen sind die Kriege unaufhörlich. Ein Stamm überfällt den andern. Größere Stämme haben rothgeschminkte, mit Federn geputzte Heerführer, die eine kostbare Kriegskleidung von Hundepelz tragen, und einen schöngeschnitzten Kommandostab führen. — Sind sie auf feindlichem Boden angekommen, so erhebt sich der Kriegstanz, mit Schwingen der Lanzen, unter fürchterlichem Geschrei und mit gräßlichen Verdrehungen des Körpers, und besonders wird als Herausforderung die Zunge aus dem Munde vorgesteckt, auch zieht man die Augenlieder so sehr hinauf, daß das Weiße im Auge sichtbar ist. Die Schneckentrompete und eine elende Pfeife begleiten das Höllengeschrei, das ohne Zweifel einen Kriegsgesang vorstellen soll. Im Treffen und wenn ein Hippah erobert wird, machen sie selbst Weiber und Kinder nieder, und fressen sie. Niemals machen sie Gefangene.

Sie sind nicht ohne Gefühl, und äußern beim Verlust der Ihrigen große Betrübniß, ja sie erheben ein großes Geschrei, und ritzen sich mit Steinen tiefe Wunden in Stirn und Wangen *). Sie scheinen auch edel handeln zu können. Gouverneur King brachte einen mitgenommenen Neuseeländer wieder in seine heimatliche Gegend. Ein bedeutendes Oberhaupt dieser Gegend nahm den Wiedergekommenen feierlich unter seinen Schutz, rieb sich mit ihm die Nasenspitzen (der hiesige Gruß und das Freundschaftszeichen), legte dann seine beiden Hände an Kings

*) Als man in einer Gegend Cooks Tod den Bewohnern erzählte, dichteten sie diesen einfachen Trauergesang: „Gegangen todt o weh! Tupaia!"

Schläfe, und bewog diesen, es ihm eben so zu machen, wobei er einige Worte murmelte. Hiedurch wurde der Wiederkehrende gleichsam an Kindesstatt aufgenommen. King äußerte einigen Zweifel an der Aufrichtigkeit des Oberhaupts, da sprach dieses: „Ein Oberhaupt hintergeht nie!"

Ihre Musik ist sanfter als die Taheitische, und ihre Sprache einerlei Ursprungs mit dieser, so wie auch ihre Religion ziemlich mit der taheitischen übereinkommt, selbst im Namen des obersten Gottes, unter welchem andere Gottheiten von verschiedener Macht stehen. Kleinere geschnitzte Menschenfiguren in den Hütten stellen vielleicht Schutzgötter vor. In der Nähe einer Pflanzung war ein Korb mit Farrenkrautwurzeln aufgehängt — er sollte den Göttern ein Opfer seyn, eine reiche Erndte von ihnen zu gewinnen. — Sie haben Ober- und Unterpriester, eine Art gottesdienstlicher Gebräuche, auch Gebete, und sprechen Oerter und Personen heilig (tabu s. Taheiti), und begraben ihre Todten. Die Seelen der gefressenen Feinde bleiben eine lange Zeit in einem Fegefeuer. Nach der Beerdigung trenne sich das Herz vom Körper, dabei zeige sich ein sanfter Wind, mit welchem eine Untergottheit ankomme, die die Seele zum Eatua, oder obersten Gott führt, der dieselbe in Empfang nimmt. Ein böser Geist sey aber auch schon in Bereitschaft, um den unreinen Theil der Seele längs eines eignen Wegs (den sie sogar auf einer Karte vorzeichneten) ins Nordkap zu führen, und dort ins Meer zu stürzen.

Uebrigens ist der Neuseeländer gesund, und erreicht ein hohes Alter. Doch werden sie oft schwermüthig bis zum Selbstmord, und Frauen erhängen sich, wenn sie vom Manne gemißhandelt sind.

Folgende Züge von dem Charakter dieses Volks mögen hier eine Stelle finden. — Auf Cooks Schiffe schoß Hr. Gore einen Neuseeländer, der ihn betrogen hatte, und nun noch aufforderte, sich Recht zu verschaffen — todt. Alle Insulaner entfernten sich; da man ihnen aber die Ursache verständigte, fingen sie den Handel wieder eben so zutraulich an, als vorher, und äußerten, daß dem Diebe recht geschehen sey.

Ein anderer Neuseeländer wurde mit 12 Hieben für seine Dieberei gezüchtigt. Kaum war er losgelassen, als ihm ein alter Mann — Vater vielleicht, oder Oberhaupt? — eine tüchtige Tracht Schläge aufladete, und ihn dann in seinen Kahn schickte.

10.

Die Freundschaftsinseln

empfingen ihren Namen von der Gutherzigkeit, mit welcher die Europäer hier aufgenommen wurden, und sind uns, zwar nicht zuerst, aber doch am meisten durch Cook und seine Nachfolger bekannt geworden.

Die Grenzen dieses Archipels sind zur Zeit noch sehr zweifelhaft. Die Inseln liegen in mehrern Gruppen beisammen, welche mit Korallenriffen umgeben sind. Man rechnet 150 Inseln, aber nur 32 von größerem Umfang.

Das Klima ist mild und gesund, und die Luft rein. An Gebirgen sind sie nicht so reich, als die nachher sogleich zu beschreibenden Societätsinseln, und haben daher auch nicht diese Bewässerung, und überhaupt nicht so viel Gewitter und Abwechselungen der Atmosphäre. Die Winde bringen, wenn sie heftig werden, meistentheils Regen. Der Winter ist auf einigen Inseln strenger, als man denken sollte; doch ist ein beständiges Grün vorhanden, da die fallenden Blätter sogleich durch junges Laub ersetzt werden. — Die Hitze, wie man aus der Lage leicht abnehmen kann, ist nicht unbedeutend. Erdbeben sind häufig.

Die Pflanzen und Thiere sind mit denen der Societätsinseln gleich, und wir verweisen daher auf diese. Doch ist hier die Fruchtbarkeit beider so groß nicht, als dort; dahingegen finden sich manche eigenthümliche Pflanzen, die auf jenen Inseln fehlen. Z. B. eine Pompelmus mit Früchten von der Größe eines Kindeskopfs und von vortrefflichem Geschmack; eine Art Fieberrinde, mehrere neue Gewürzarten, dreierlei Arten Feigen, die Sago- und die Fächerpalme u. a. m.

Außer Schwein, Hund, Ratte und Vampyr gibts keine Landsäugethiere. Der Landvögel und Insekten sind auch nicht viel. Der erstern, unter welchen unsere Hühner, schöne Tauben und Papagaien, sind kaum 20 Arten, und der letztern, unter welchen ein Paar schöne Tag- und Nachtfalter, kaum 30 Arten beobachtet worden.

Was die einzelnen Inseln dieses Archipels betrifft, so bemerken wir die bedeutendsten.

Margura (Amargura) ist sehr gut bevölkert.

Vavao (Majorka) gehört zu den größesten dieser Inselgruppe (aber darum ist sie noch keine große Insel).

Sie liegt höher, als die andern Inseln, hat daher mehrere Wasser und zugleich einen guten, von mehrern kleinen Inseln gebildeten Hafen, daher wohl der König aller Freundschaftsinseln hier vorzüglich residirt.

Die zerstreut liegenden Happeinseln sind zwar nicht durch ihre Größe merkwürdig, denn die größesten halten 3 englische Meilen (also ½ einer deutschen Meile) in der Länge. Aber alle sind erhoben, mit steilen Felsenküsten, und mit trefflichen Kokospalmen versehen, und liegen wie Gärten im Meere.

Tofoa und Kao. Die erstere hat einen immer brennenden Vulkan in ihrer Mitte, ist sehr gebirgig und ſtell, und hat treffliche Waldungen. Kao hat einen kegelförmigen Berg, der auch wohl vulkaniſch, und noch eins ſo hoch als der auf Toſoa iſt.

Anamoka (oder Rotterdam) iſt nach Tongatabu die nächſt größeſte Inſel dieſer Gruppen, liegt wie ein Dreieck, deſſen längſte Seiten noch lange keine deutſche Meile betragen. Sie liegt höher als die umherliegenden, aber ihre mäßigen Höhen beſtehen aus Korallenfelſen, und ſüßes friſches Flußwaſſer fehlt gänzlich. In der Mitte findet ſich ein mit Geſträuch beſchatteter Salzſee. Ein anderer Teich mit ſüßem (weniger ſalzigem) Waſſer erſetzt den Mangel der Bäche nur ſchlecht. — Von Piſangs, Yams u. ſ. w. gibt es beträchtliche Pflanzungen. Die Ufer haben Manglebäume und giftige Pfefferſtauden.

Tongatabu (oder Amſterdam) iſt die wichtigſte aller Freundſchaftsinſeln, hat auch die Geſtalt eines Dreiecks, hält etwa 15 Meilen Umfang, und liegt niedrig und dem Anſchein nach kaum 20 Fuß übers Meer erhöht. In der Mitte iſt eine Lagune mit 5 kleinen Inſeln. Flüſſe und Trinkwaſſer fehlen — man trinkt das ſumpfige Waſſer aus einer kleinen am Eingang der Lagune liegenden Inſel — dennoch iſt Alles überaus fruchtbar.

Eua, Eooa (oder Middelburg), etwas über 7 Meilen Umfang haltend, ſteigt ſanft in die Höhe, und von ihrem Gebirge kommen mehrere Bäche herab, daher es an trefflichem Waſſer nicht fehlt. Die Küſten ſind mit Palmen und andern Bäumen beſetzt.

Happai iſt ſeiner friſchen Waſſerteiche und ſeiner tanzkundigen Einwohner wegen zu merken.

Die ganze Gruppe dieſer Inſeln hat viele völlig unbewohnbare kleine Felſen. Die Zahl ihrer Bewohner anzugeben, iſt eine gänzlich vergebliche Mühe, und wiewohl einige Inſeln ziemlich volkreich ſeyn mögen, ſo iſt

Auſtralien.   Ii

doch die Totalbevölkerung nicht bedeutend, und Tongatabu nimmt Cook nur zu 12,000 Menschen an.

***

Die Einwohner

sind Leute, die dem Europäer an Größe und Bildung
gleich kommen, schön gebauet und hellkastanienbraun.
Auge und Zähne sind schön und das kurz gekräuselte Haar
ist schwarz. Das nicht dicke Barthaar wird geschoren.
Die Frauen sind völlig so gebildet, als auf Tahelti, aber
etwas größer. — Albinos fanden sich hier, wie auf mehrern Südseeinseln.

Ihre Gutherzigkeit geht so weit, daß sie selbst im
großen Hunger die wenigen Nahrungsmittel mit ihren
Freunden theilen, und es wird kein Schwein geschlachtet,
ohne daß ihre Freunde Theil nähmen. Unter sich sind sie
redlich, aber im Diebstahl an Fremden waren sie kühn
und gewandt, besonders auf Anomoka, wo sogar die
Oberhäupter stahlen, und, da einer dafür durchgehauen
wurde, nun ihre Bedienten dazu anstellten, die gegen
Peitschenhiebe ganz unempfindlich waren *). Nur die
Mädchen niedriger Klassen waren zu willig; verheirathete
Frauen aus höherem Range aber züchtig.

Die Pflanzungen bestehen aus Brodbäumen, Pisangs, Yams, Pompelmusen u. a. m. Die Yams werden am meisten gebaut. Keiner Pflanzung fehlt der
Taumelpfeffer. Die Pflanzungen sind zum Theil mit
lebendigen Befriedigungen eingefaßt, selbst mit Hecken
wohlriechender Blumen.

Man fischt, oft 14 Böte gemeinschaftlich, mit Netzen,
aber auch mit Angelhaken von Perlmutter. Die Brod-

---

*) Auf ein glückliches Mittel fiel Kapitain Clerke. Er ließ den Die-
ben das Haar abscheeren, wodurch diese bei ihren eigenen Landsleuten kenntlich und lächerlich wurden.

Frucht gibt hier keinen so guten Teig, als auf den Societätsinseln. Viele Früchte, sonderlich die sogenannten
Aepfel, genießt man roh. — Schweine, Hühner, Schildkröten, und noch mehr die seltenen Hunde, geben seltene
und vornehme Gerichte. Der gemeine Mann ißt Vampyr und sogar lebendige Ratten.

Frische Kokosnüsse oder Mandeln geschabt, und mit
dem Teige frischgesottener Brodfrucht gemischt, wird auf
heißen Steinen zu einem Pudding (großen engländischen
Kloß) gebacken. Frisches Wasser ist nur auf einigen Inseln, und der Kawatrank (s. Societätsinseln) und der
Gebrauch der Kokosmilch ebenfalls üblich.

Beide Geschlechter sind ziemlich einerlei gekleidet,
nur ist das weibliche etwas mehr verhüllt. Ein Stück
Matte aus Maulbeerbaumbast wird unter den Brüsten,
wie ein Weiberrock umgeschlagen, und mittelst Gürtel
oder Stricke befestigt. Er reicht bis an die Waden.
Der Theil über dem Gürtel liegt so in Falten, daß er
allenfalls über die Schultern kann gezogen werden. —
Die Männer schlagen blos um die Hüften ein Stück
Zeug. Arme Leute tragen nur einen Gürtel zur Schaam-
bedeckung.

Das Tättowiren ist bei Männern, namentlich am untern Theile des Körpers, üblich, und selbst das empfind-
lichste Glied bleibt nicht von der nicht unschmerzhaften
Operation verschont, die mittelst eines kammähnlichen,
in Farbe getauchten Instruments verrichtet wird. Könige und Oberhäupter aber sind nicht tättowirt. Weiber
haben blos um den Ellenbogen einpunktirte, aber nicht
gefärbte Zirkel.

Männer und Weiber tragen Halsbänder von den
Früchten eines Baums, von Blumen, Muscheln, Vo-
gelknochen, Haifischzähnen, und Arme und Finger sind mit
Ringen von Schildpad oder Perlmutter geschmückt. —

Ji 2

Federmützen, vorn einer Krone ähnlich, in welchen vorzüglich rothe Papagaienfedern prangen, sind nur für Oberhäupter.

Die Wohnungen sind, wie auf den Societätsinseln, im Grunde nur ein etwa 12 Fuß hohes Dach, auf wohlverbundenen Pfosten ruhend und mit Blättern gedeckt. Sie sind nicht leicht über 30 Fuß lang und 20 Fuß breit. Ein etwas erhobener Fußboden ist mit Matten bedeckt, und ähnliche Matten schützen die offenen Seiten. In einer Ecke befinden sich geflochtene bewegliche Zwischenwände, denn hier ist die Schlafstätte. Das Dach geht bis auf wenige Fuß zur Erde herab, und vor dem Hause ist ein Platz mit wohlriechenden Sträuchern und Bäumen oder auch nur mit Gras besetzt. Jedes Haus ist mit seiner Plantage umgeben, und um das größere Haus eines Vornehmen liegen die kleinern Wohnungen für die Dienerschaft. Man hält das Innere der Häuser äußerst reinlich.

Einige hölzerne Gefäße, Holzkopfkissen, hohle Kokosnüsse und auch wohl irdene Töpfe mit 2 gegenüberstehenden Oeffnungen, um einen Strick hindurch zu ziehen, sind die einfachen und einzigen Geräthe.

Man hält mehrere Frauen, um die man bei der Mutter anhält. Hat der Mann das Ja der Braut, so kleidet er diese ganz neu, kauft Schweine, Brodfrucht u. s. w., und läßt Kawatrank bereiten, um den Einzug der jungen Frau zu feiern.

Verheirathete Frauen leben sehr züchtig; nicht so die Mädchen. Einem jungen Menschen, der mit der Frau eines Vornehmen sich eingelassen hatte, wurden Kopf und Schenkel mit einer Keule zerschlagen. Hierin sowohl, als in der Liebe zu ihren Kindern, sind sie von den Taheitern sehr verschieden. Die Wöchnerinnen halten sich sehr reinlich, und bemalen sowohl sich selbst als das Kind

mit Gelbwurzel (Turmerik). Auch halten sie das Alter
in Ehren. (S. die Societätsinseln.)

Unter den mancherlei Krankheiten erwähnen wir nur
eine böse Art Eitergeschwüre, wodurch Weiber den Busen
verloren, und eine böse Art Flechte, an welcher die meisten Insulaner leiden. Zum Opfer für die Genesung
bringt man den kleinen Finger dar; ja, ein Bruder ließ
für die Genesung des Vaters den jüngern Bruder erwürgen (den er aber wohl gern mochte los seyn wollen).

Als Cook hier war, standen alle Inseln unter einem
König, der wieder mehrere Oberhäupter unter sich hatte.
Mit ihm durfte kein Oberhaupt essen, ja selbst sein Kron-
prinz nicht, bevor er nicht durch eine feierliche Ceremonie
(Natschi) dazu berechtigt war. Es waren bei dieser
Feierlichkeit 180 Oberhäupter, die in Procession gingen
(nebst mehrern aus dem gemeinen Volke) und entweder
wirkliche oder nachgebildete Früchte und Fische trugen.
Für den Prinzen, den die Priester anredeten, war ein eigener Sitz gebauet. Der feierlichen Gebräuche waren mancherlei. Das Ganze dauerte mehrere Tage und endigte
sich damit, daß der Prinz mit dem Vater Yams aß.
Eine ähnliche nachfolgende Feierlichkeit war noch größer,
und es wurden dabei an 10 Menschen aus den niedern
Ständen geopfert. — Die Thronfolge kann, fehlt es an
männlicher Abkunft, auch auf die weibliche Verwandtschaft übergehen. Der König hat übrigens seine geheime
Räthe.

Niemand spricht stehend mit dem Könige, sondern er
hockt mit ausgespreißten Schenkeln nieder, und beim
Weggehen sucht er mit niedergebeugtem Kopfe die Fußsohle
des Monarchen zu berühren. Dieser nimmt von Hohen
und Niedern was ihm gefällt, und die Oberhäupter
machen es gegen die Geringern eben so, und strafen diese
um Kleinigkeiten unmenschlich. Sie lachen, wenn dadurch Jemand in Lebensgefahr kommt. Man hat wenigstens 4 Klassen oder Stände unterschieden.

Uebrigens führen sie mit den benachbarten **Fibschiln**sulanern häufig Kriege.

Die Arbeiten dieser Insulaner sind überaus nett. Sehr vorzüglich sind ihre Zeuge von Bast der Maulbeer- und anderer Bäume, welche die Frauen weben und verschiedentlich färben. Die Baumwolle wissen sie noch nicht zu benutzen. Die Männer treiben Landbau, Fischerei und sorgen für Häuser und Kähne. Mit einem Holzzahn bearbeiten sie das so harte Casuarinenholz, versehen es mit Schnitzwerk und poliren es mit Bimsstein. Ihre schwärzlichen niedrigen Holzstühle sind, wie die Handgriffe ihrer Fliegenwedel, mit hartem Bein zierlich ausgelegt, und aus Knochen schnitzen sie Menschengestalten. Selbst Steine bearbeiten und behauen sie mit vulkanischen Schlacken. Ihre Piroguen sind mit wundersamer Genauigkeit gemacht, fast wie auf Neuseeland aneinander gefügt und an den Seiten polirt. Sie sind sehr schmal, daher man zwei Kähne aneinander befestigt, worauf denn an 150 Mann Raum haben. Keulen und Speere sind ihre Hauptwaffen. Bogen und Pfeile kennen sie zwar, ob aber für den Krieg oder für die Vogeljagd ist ungewiß.

Die Sprache ist nur ein Dialekt von der Tahëitischen, und im Zählen können sie es bis zu einer Million treiben, da sie für 100 und für 1000 eigene Ausdrücke haben.

Ihre Musik ist angenehm, und sowohl Männer als Frauen singen in Chören. Die letztern schlugen den Takt mit Finger-Schnippchen, und höben auch die Füße dazu auf, bei den erstern aber dienten einige Stöcke den Takt zu bezeichnen. Man hat zwei Arten Flöten, nämlich außer der mit dem Mund geblasenen, eine Oktave haltenden Panflöte, eine andere, wie sie auf den Societätsinseln sich auch findet, und die mit dem rechten Nasenloche geblasen wird. Ihre Kinkhörner und ihre großen

Trommeln werden mehr im Kriege gebraucht. Daß
Menschen, die an einfache Musik und an einen geringen
Umfang in den Tönen gewöhnt sind, die figurirte künst-
liche europäische Musik nicht gefallen konnte, ließ sich
voraus sehen. Mit 4 bis 6füßigen, an einem Ende ver-
schlossenen Bambusröhren bringen sie verschiedene tiefe
Baßtöne hervor; ein an der Erde liegendes Bambus-
rohr, welches nur aufgeschlitzt ist, und schnell mit zwei
Stöcken geschlagen wird, gibt hohe Discanttöne. Diese
Instrumente wurden nur bei ihren Heiwas (Tänze mit
Gesang begleitet — Ballets, die gänzlich als Schauspiele
zu betrachten sind) angewendet.

Ihre Tänze bestehen in einförmigen langsamen Bewegungen der Arme, Hände, Füße, und jedes Geschlecht
tanzt allein. Die Heiwas sind stets mit feierlichem Gesange begleitet, welche von Sängerchören aufgeführt werden. Alles kömmt darauf an, daß die Tänzer oder
Schauspieler allesammt die Glieder gleichmäßig bewegen,
und sich nach dem Tempo der Musik richten; deren Geschwindigkeit so gewaltig wächst; daß ein Europäer er-
staunte, daß sie so heftig den Kopf nach den Schultern
zu hin und her bewegen konnten, ohne den Kopf zu ver-
drehen. Diese Heiwas werden auch zur Nachtzeit bei
Fackeln aufgeführt, und haben, wie alle Tänze der Südsee, sehr unanständige Stellungen und Bewegungen, und
selbst die Großen, den König nicht ausgenommen, führten dieselben auf, wobei sie denn reich mit Federn geputzt
waren. Auf Happai sahe Cook einen Tanz von 105
Männern aufführen, die mit einer Art dünnen Ruder-
schaufel mancherlei Schwenkungen machten. Die Männer stellten sich anfangs in 3 Reihen: dann kamen so viele
und schnelle Veränderungen vor, daß sie das Auge nicht
unterscheiden konnte. Bald kamen die Hintersten vorn
hin, bald standen alle in einer Reihe; bald bildeten sie
einen halben Mond und bald wieder zwei Säulen. Zwei
ausgehöhlte Klötze waren die Trömmeln.

Als Zwischenspiele zwischen den Akten wurden Faust-kämpfe aufgeführt, selbst von Weibern, die tapfer auf einander losgingen.

Außer Musik, womit sich einzelne Familien ergötzen, hat man noch ein besonderes Fingerspiel, wo zwei einan-der gegenüber sitzen, und jeder des andern Hände- und Fingerbewegungen auf das schnellste nachmacht.

Diese Insulaner sind überaus reinliche Menschen, und baden sich sehr oft, aber nicht gern im salzigen Meer-wasser. Der obere Theil der Vorhaut wird, wie sie sagen, der Reinlichkeit wegen aufgeschlißt. Bei Trauer-fällen werden Arme und Gesicht mit Haizähnen aufgeritzt, oder man läßt sich mit der Axt einige Fingergelenke ab-schlagen, welches aber auch in schweren Krankheiten ge-schieht, um den Zorn der Götter zu stillen. Nur die Könige sind von dieser Sitte ausgenommen. Die mor-genländische Sitte, den Körper recht zu durchkneten, um sich angenehme Empfindungen zu verschaffen, oder sich von manchen Krankheiten zu heilen (das Schampoen der Holländer) herrscht auch hier. Eine andere Sitte (Tub-schi) soll Schlaf bewirken. Der König Paulaho ließ sich von zwei Frauen so lange auf Bauch und Schenkel trom-meln bis er einschlief. Anfangs wurde ziemlich stark, beim Einschlafen der Majestät aber schwächer und schwä-cher getrommelt.

Man begrüßt sich hier, wie in Neuseeland, durch Berühren mit den Nasenspitzen, und man dankt für ein Geschenk, indem man dasselbe mit der linken Hand über dem Kopf empor hält.

Sie haben sehr viele männliche und weibliche Gott-heiten für den Himmel, für Regen, Wind u. s. w. Je-der Distrikt, ja jeder einzelne Mensch hat seinen eigenen Genius, und selbst sogar fremde Gottheiten verehren sie. Der Gott der Engländer war bei ihnen hoch angesehn, weil er diese gelehrt hatte, besseres Tuch, bessere Kleider, und Waffen zu fertigen, als sie. Ein wichtiger Gott ist ihnen Movae, der die Insel Tongatabu tragen muß, und sie gern, wenn er müde ist, abschütteln möchte, wenn er nur könnte, woher dann die Erdbeben entstehen. — Den höhern Göttern bringen sie auch Opfer. Wenn Stürme ihre Pflanzungen beschädigten, und die Früchte abwarfen, so brachten sie höchst demüthig Schweine, Yams u. s. w. zum Opfer dar. Auch haben sie zwei große Feste, wenn nämlich die Yams gepflanzt, und wenn dieselben eingeerndtet werden. Seltsam ist es, daß man bei dem Allen keine Spuren von Priestern bei ihnen gefunden hat, selbst bei den Menschenopfern nicht, die ein Großer um seiner Genesung willen bringt, wobei er oft drei oder vier von seinen Frauen erdrosseln läßt. (Dennoch werden nach andern Nachrichten Priester erwähnt. S. vorher.)

Die Seelen der Vornehmen kommen sogleich in ein Paradies, wo lauter Freude und Lust ist, aber die Seelen des gemeinen Volks frißt der Vogel Luta, der sich deshalb immer bei den Gräbern aufhält.

Die Gebräuche bei Beerdigung eines Königs sahen die engländischen Missionare. Mehr als 4000 Menschen saßen um den Fiatuka oder um den Begräbnißplatz. Hierauf erschienen mehrere Hundert mit Keulen und Speeren Bewaffnete, mit lautem Geschrei und auf Kinkhörnern blasend. Sie zerschlugen und zersetzten sich so gräßlich, daß man die Schläge auf 40 Schritt hörte, und das Blut in Strömen von ihnen herabfloß. Ein Bedienter des Verstorbenen hatte sein Haar eingeöhlt, und setzte es in Brand. Eine zweite Partei kam hierauf, die eben solche Scheußlichkeiten beging, wie die erste, sich heulend Arm und Schenkel zerschnitt, und mit Steinen sich die Zähne ausschlug. Mit Jammerklagen traten hierauf 140 Mädchen einzeln hinter einander auf, jedes mit einem Korbe voll Sand; ihnen folgten 80 Männer, jeder mit zwei Körben Sand. Sie sangen: dieß ist der Seegen des Verstorbenen. Ein anderer Trupp Mädchen wiederholte in Chören diesen Gesang, und brachten eine große Menge Zeuge, die überhaupt mit zu dem Wichtigsten dieser Gebräuche gehörten, denn ein Oberhaupt sendete allein 40 Ballen Zeug, jeden von vier Leuten getragen. Das Zerfleischen hörte jedoch nicht auf. Die nächsten Anverwandten trieben es am scheußlichsten damit, stießen sich die Speere in die Schenkel, und brachen diese dann darin ab.

So bald der Körper ins Grab gelegt war, wurde ein dazu zugehauener Stein an Stricken in dasselbe hinab gelassen, unter dem Schall der Kinkhörner und unter zunehmendem Wehklagen und Zerfleischen. Alle weinten und riefen: „Mein Vater! mein Vater! der beste der Könige!"

Diese Gebräuche wurden in der Hauptsache mehrere Tage wiederholt, und dabei viele Yams und Schweine zum Essen aufgetragen, wiewohl, wie es scheint, keineswegs ohne Unterschied für Jedermann.

Bewundernswerth sind die Fiatukas, oder die Begräbnißstellen der Könige und Oberhäupter! (S. Morais bei Taheiti.) Mehrere große viereckige Korallensteinplatten sind stufenweise über einander geschichtet. Das größeste Fiatuka hatte im Grunde 165 Fuß Länge, und 140 Fuß Breite. Es hatte vier Stufen, deren jede aus einem einzigen Stein bestand. Der unterste lag zum Theil in der Erde. Einige dieser Steine hielten 24 F. Länge, 12 F. Breite und 2 F. Dicke, waren von einer benachbarten Insel auf Doppelkanots hergeführt, und viereckig und überall gut zugehauen. (Man denke die Bewegung solcher Lasten, bei einem Volke, das nichts von den Hülfsmitteln unserer Mechanik weiß!) — Doch ist zu bemerken, daß dieses größeste Fiatuka, wie auch ein bedeutender Cirkus aus Korallenfelsen, älter sind, als die Bekanntschaft der Europäer mit diesen Inseln. Uebrigens ist dieses Fiatuka mit den hohen umstehenden Kokos-, Brod- und Drachenbäumen und den darin wohnenden Vampyren schauerlicher. Man gibt an solchen Plätzen auch wohl Heiwas, oder hält Versammlungen daselbst.

* * *

Anhang.

Die Fidschis-, Blighs- und die Prinz Wilhelmsinseln.

werden von Mehrern auch noch zu den vorigen gerechnet. Die letzten besassen etwa 19 bis 20 Eilande, insgesammt mit Sandbänken, Klippen und Untiefen umgeben.

Die größte aller hierher gehörigen Inseln, ist die Insel Middleton. Diese fand man gut bewohnt, die Thäler waren reich an den Früchten dieser Gegenden, und die Gebirge gut bewaldet. Die Bewohner von Tohga, tabu fürchteten die Fidschiinsulaner, mit welchen sie im Kriege leben, als arge Kanibalen. Einer derselben zeigte auch weit mehr Festigkeit und Charakter als die Freundschaftsinsulaner, und besahe sich auf Dentrecasteaux Schiffe Alles genau, ehe er an den Tauschhandel dachte. Die Waffen und Geräthe dieser Insulaner werden auf Tongotabu sehr geschätzt; auch ihre Töpfe und Zeuge sollen besser seyn. Die Farbe dieser Insulaner ist dunkler, und die Ohren hängen bis auf die Schultern herab.

Hoch in Norden der Fidschis liegt Rotumah (oder Grenvillens Insel). Sie ist mit Riffen umgeben, neben welchen das Meer unermeßlich tief ist, ist fast anderthalb Meile lang, überall voll großer Hügel, die bis zur Spitze angebaut sind, und allenthalben sahe man Häuser zwischen den Bäumen hindurch blicken. Die Einwohner gehören

zu den langhaarigen, sind tüchtige kräftige Menschen
und ausgemachte Diebe.   Der ganze Körper war mit ein-
geschnittenen und erhobenen Figuren von Vögeln, Fischen und Menschen über und über tättowirt.   Sie trugen Halsketten, Armbänder und Leibgürtel von weißen
Muschelschalen, waren sehr streitbar, und hatten die Absicht, mit ihren Keulen und Lanzen des Engländers (Kapitain Edwards) Schiff in ihren Canots anzugreifen, daher sie auch keine Weiber mit hatten.   Mit dem Feuergewehr waren sie unbekannt, und ein einziger Schuß er-
schreckte sie.

11.

Die Schiffer- und die Harveysinseln
nebst den Palmerstonsinseln.

Die erstern, von welchen uns nur Bougainville und
Peyrouse einige Nachrichten gegeben haben, sind 11 an
der Zahl, unter welchen Maouna, Opalava und
Pola zu den größesten, fruchtbarsten und bevölkertsten
der Südsee gehören mögen.   Man findet aneinanderhän-
gende Gebirge, und die Küsten mit Korallenfelsen eingeschlossen.

Die Erzeugnisse der übrigen Inseln Australiens scheinen sich hier alle zu finden.   Schweine und Vögel, selbst
Wasserhühner zieht man in großer Zahl.   Die Tauben
waren so zahm, daß sie nur aus der Hand und aus dem
Mund fressen wollten.   Das Meer ist außerordentlich
fischreich.

Die Einwohner gaben für rothe Tuchlappen und
Korallen Alles hin.   Sie gehören zu den größesten, stärksten und wohlgewachsensten Menschen der Südsee, und zu

den unerschrockensten, wie es scheint, denn die abge-
protzten Kanonen schienen sie für einen Spaß zu halten,
da sie keine Wirkungen davon sahen. Auf ihrem Gesicht
waren Wildheit, Zorn und Erstaunen ausgedrückt. Ihr
langes Haar wird oftmals um den Kopf gewunden, und
vermehrt das wilde Aussehen. Die Weiber und Mädchen waren sehr groß und überaus schön, besonders sind
Arme und Glieder schön gebildet, auch trugen sie sich
lieblich und anmuthig, zumal da sie keinen verstellenden
Putz zu kennen schienen. Blumen und ein grünes Band
in den Haaren, und ein Gürtel von Blättern oder See-
pflanzen waren zu gleicher Zeit Kleidung und Schmuck.

Aber die ältern Männer schleppten kleine Mädchen,
fast noch Kinder, mit Gewalt den Franzosen zu, und
hielten sie fest — schändlichsten Gewinnes wegen —
indessen die alten Weiber das Brautlied heulten.

Zum Stehlen waren sie sehr aufgelegt, aber zufrieden
und ausreichend mit ihren Werkzeugen, sahen sie nicht
auf Eisen, sondern auf Putzsachen, Korallen, rothe
Tuchläppchen und andere kleine in die Augen fallende
Dinge.

Schlimmer ist ihre Mordlist und Wildheit. Der
Holländer Schouten war mit ihnen im friedlichsten Verkehr, und sie fielen ihn mit großer Ueberlegung und in
Menge mit Steinen an; er mußte sich seines Geschützes
bedienen. Und unter Peyrouse wurde der brave See-
mann Langle nebst 10 Mann mit Steinen todt geworfen,
da sie Wasser einnehmen wollten, wiewohl selbst Weiber
und Kinder die landenden freundlich empfingen. Ihre
vielen Narben beweisen, wie streitsüchtig sie unter einander selbst seyn müssen.

Einige dieser Insulaner, vielleicht Oberhäupter, trugen ein Stück Zeug um die Lenden, das Peyrouse für gewebt, und für viel besser und fester hielte, als alles Zeug

auf den übrigen Südseeinseln. Einige hatten sich auch bemahlt oder tättowirt.

Die Dorfschaften lagen im kühlen Schatten der Bäume längs den Bächen hin. Die Häuser waren für mehrere Familien geräumig, endigten sich in Bogen, und waren mit Pfahlwerk umgeben, zwischen welchem Matten hingen, die man gegen die Sonne herabließ und bei kühlem Wind aufzog. Ihre hölzernen Gefäße, Matten, Stricke, Waffen u. s. w. waren überaus sorgfältig gearbeitet, und eine aus einem Stücke gemachte hölzerne Platte von 3 Fuß war so geglättet, daß sie wie gefirnißt aussahe. Ihre kleinen Fahrzeuge stürzen leicht um, sie springen dann unbesorgt ins Meer, schöpfen das Wasser aus, und setzen sich wieder ein. Auch die kleinsten Wege machen sie zu Wasser.

Einige unter ihnen mochten wohl Oberhäupter seyn, denn sie trieben das Volk durch das Wort Fanou und selbst mit Prügeln aus einander.

Die Harveysinseln sind 2 von einander abgesonderte Inseln mit Einwohnern von schmutzigem Schwarz.

Die nordwestlich liegenden Palmerstonsinseln sind zum Theil bewohnt, und auf einigen sind kupferbraune Einwohner. Es sind deren 10. Alle sind durch ein Korallenriff verbunden. Sie sind nur mit dünnen Sandlagern bedeckt — und manche werden noch bei der Fluth mit Wasser überschwemmt.

12.

Die Gesellschaftsinseln.

Man rechnet 13 derselben, unter welchen aber mehrere sind, die wieder aus kleinern, durch ein gemein-

schaftlich Riff umkränzten Inseln bestehen. Die vorzüglichste unter denselben ist die Insel Taheiti oder Taiti,
die die Gestalt einer schiefliegenden 8 hat, und von welcher die untere Hälfte kleiner als die andere ist.

Taheiti, etwa 20 Q. M. enthaltend, ist eine gebirgige Insel. Die Gebirgsreihen steigen einiger Orten
lothrecht in die Höhe, und bilden hohe Bergrücken; sie
laufen strahlenweise in allen Richtungen zum Meere hin,
wodurch dann bedeutende Schluchten entstehn. Der östliche Theil der Insel (Tiarrabu) ist am gebirgigsten.
Man findet alle Spuren eines vulkanischen Ursprungs,
nämlich Basalt, lavaähnliches und glasartiges Gestein.
Die obere Erdlage der Ebenen ist eine überaus reiche
Dammerde.

Viele kleine, in der Regenzeit mächtig anschwellende
Flüßchen kommen von den Gebirgen, bewässern die
Schluchten und Ebenen, und machen die Insel überaus
reizend. Der größeste ist der Matavai, der aber selbst
für kleine Fahrzeuge zu seicht ist. Eine schöne Cascade
muß auch bemerkt werden, die sich in der Regenzeit 200
Fuß tief in einen Teich hinabstürzt. Oben auf dem Gebirge findet sich auch ein Süßwassersee, der unergründlich
seyn, und viele große Aale enthalten soll.

Das Klima der Insel ist, ungeachtet es ein Tropen-
land ist, dennoch sehr gemäßigt.

Das kleine, nur 3 Seemeilen Umfang haltende Mai-
tea liegt unter allen Inseln am östlichsten, und besteht
aus einem einzigen hohen Gebirge. — Die Insel Tet-
huroa besteht eigentlich aus 6 bis 7 Inselchen, die von
Korallen eingefaßt sind. — Das kleine Eimeo ist sehr
gebirgig. — Huaheine hält 8 Seemeilen Umfang, und
ist wohl vulkanischen Ursprungs. Die Berge sind sehr
steil, obwohl nicht sehr hoch. — O Rajetea oder Ulietea ist zweimal so groß als die vorigen, und hängt durch

ein Korallenriff mit einer andern Insel zusammen. Ihre
Einwohner haben nicht das Lob der übrigen Insulaner,
sondern suchten sich Turnbulls Schiffs zu bemächtigen,
um es zu plündern. — Bolabola, 8 Seemeilen Umfang haltend, besteht aus einem einzigen Berg, der sich
in der Mitte erhebt und in zwei Gipfeln endigt. Der
Saum um dies Gebirge her ist, wie bei mehrern hieher
gehörenden Inseln, eine mit Kokos- und Brodfruchtbäu-
men wohlbepflanzte Ebene. Die Einwohner sind wild
und räuberisch und anders tattowirt als die übrigen So-
cietätsinsulaner. — Maurua ist fast eben so gebildet,
hält aber 14 Seemeilen Umfang.

Unter allen Erzeugnissen dieser Inseln verdient
die Brodfrucht den ersten Platz. Sie hat hier nicht
mehr die Kerne und Stacheln, wie in ihrer Heimath,
auf den Molucken und Philippinen, welches vielleicht eine
Folge einer vieljährigen Kultur ist. Man pflanzt sie
nur durch Wurzelausläufer fort. Wer ein Dutzend solcher Bäume gepflanzt hat, hat hinreichenden Unterhalt für
sich und die Seinen auf Lebenszeit. Drei Brodbäume
versorgen einen Menschen auf 8 Monate vollkommen.
Der abgehauene Baum treibt neue Stämme, und bringt
in vier Jahren wieder Früchte [*]. Das Holz gibt Kähne,
welche von den Würmern verschont bleiben; die Rinde
gibt einen Gummi, womit man Kähne kalfatert, und
wird auch zu Matten und Zeugen verarbeitet. — Die
Kokospalme, der Bananenbaum (Pisang), von welchem auf Taheiti allein 15 Arten vorhanden sind, die
Yams, Aarons, Bataten, die Klebwurz, die in manchen Stücken dem Manihot ähnlich ist, tragen nächstdem
sehr viel zur Erhaltung bei. — Der Evi, oder hiesige
Apfel, trägt Früchte, die unserm Peppin gleich und von

---

[*] Durch Gährung in Gruben verwandelt man diese Früchte in einen sauern, oder richtiger: gesäuerten Teig (Mahie), an welchen man sich vom August bis November hält, weil in diesen Monaten keine frische Brodfrucht zu haben ist.

lieblichem Geschmack sind. Man hat 3 Arten Feigen, die Katappnuß, eine Art Kastanie und den Jambusenbaum (Eugenia Malaccens.). — Den hiesigen Papiermaulbeerbaum läßt man nur 8 bis 10 Fuß hoch werden, und dann benutzt man seine Rinde, um Zeuge daraus zu bereiten. Der Keulenbaum dient zu Bauholz und Geräthen. Das hiesige Zuckerrohr übertrifft das westindische in allen Stücken. Das Bambusrohr wird an 60 F. hoch, aber nicht dick, und eine andere Rohrart dient zu Zäunen.

Die Yava (Awa, Kawa), oder der Taumelpfeffer, wird von den Sklaven der Vornehmen gekaut, gährt mit dem Speichel vermischt, und sein betäubender Saft wiegt in wohllüstige Phantasien ein, verursacht aber auch bei anhaltendem Gebrauch, Ausschlag und einen ekelhaften schuppigen Grind.

Man findet mehrere Pflanzen zum Färben der Zeuge, andere, die betäuben und beim Fischfang angewendet werden, andere, um Netze und Schnuren daraus zu verfertigen, andere zum Putz und andere zu Arzeneien. Mehrere Pflanzen sind neu.

Das Reich der Vierfüßler ist hier so dürftig, wie auf allen Inseln der Südsee; ja, hier findet man sogar den Vampyr nicht. Der hiesige Hund ist unserm Schäferhund am ähnlichsten. Der dicke Kopf enthält kleine Augen. Sie heulen nur, bellen aber nicht, und werden blos zum Schlachten gezogen, und diesfalls mit Brodfrucht, eben so, wie das kurzbeinige hangbauchigte Schwein, gefüttert. — Viel neue Arten Vögel sind vorhanden. Dem Tropik- oder Fregattenvogel stellt man der schönen Federn wegen nach, und dem erstern oft mit Lebensgefahr, indem man sich mit Stricken an den Meeresfelsen herabläßt, um zu den Höhlen dieser Vögel zu gelangen. Außer dem Haushuhn kennt man kein zahmes Federvieh. — Schädliche Amphibien scheint man

Australien. Kk

nicht zu haben, aber Fische sind in so großer Zahl, daß die Einwohner für 150 Arten eigene Namen haben. An Insekten findet sich nicht gerade dieselbe Dürftigkeit, wie auf den übrigen Australinseln, doch mag der Reichthum daran nicht groß seyn; desto reicher sind die Küsten an Muscheln, Schaalthieren, Krabben, Krebsen und eßbaren Weichwürmern, von welchen man einige trocknet, andere, die frisch zu zähe sind, erst der Fäulniß nahe kommen läßt.

Ueber die Volkszahl dieser Inseln auch nur etwas vermuthen zu wollen (z. B. 120,000 Einwohner anzunehmen), ist zu gewagt. Taheiti mochte indessen im Jahre 1797 an 16,000 Seelen haben. Daß es vor 1770: 200,000 E. gehabt haben soll, mag glauben, wer Lust hat, und eben so wohl, daß die Abnahme dieser Zahl durch syphilitische Krankheiten — Franzosennatur — bewirkt sey. Wahrscheinlich war solche Krankheit vor der Bekanntschaft mit Europäern vorhanden.

Die Einwohner.

¹ Der Taheiter, den wir als das Urbild dieser Insulaner ansehen, gehört zu den schönsten, wohlgebautesten und größesten Menschen, dessen Farbe ein zur Kupferfarbe übergehendes Olivengelb ist. Die Vornehmen, die der Arbeit und der Sonnenhitze nicht ausgesetzt sind, sind größer — an 6 Fuß bis 2, ja 4 Zoll engl. — und ihre Farbe ist so viel lichter, daß man bei ihnen ein Erröthen wahrnehmen kann. Bei dem andern Geschlechte sind Arme und Hände von der allerseltensten Schönheit, nur der Fuß ist etwas zu groß. Das Gesicht ist regelmäßig, und durch seine feurigen Augen und herrlichen weißen Zähne anziehend, wiewohl die Nase ein wenig zu platt (höchst wahrscheinlich, weil dieselbe bei der Geburt eingedrückt wird) und der Mund etwas zu groß ist.

Marquesas. Insulaner.

Das Haar ist schwarz und stark, und wird von den Männern lang, von den Weibern aber kurz, getragen, und mit Kokosöhl gesalbt, woraus Unreinlichkeit entsteht, gegen welche sie jetzt den europäischen Kamm zu gebrauchen wissen. Den Bart rupfen sehr viele aus, und leiden auch unter den Achseln kein Haar.

Die Kleidung beider Geschlechter ist sich ziemlich gleich. Die Männer tragen ein schmales Stück Zeug um die Hüften, dessen Ende zwischen den Schenkeln durchgeht (Marro), und überdies ein viereckes Stück, welches den Männern anderthalb Mal um den Leib, den Weibern aber über die Brust, geht, den erstern bis auf die Knie, den letztern oft bis an die Knöchel, reicht. Ein anderes länglichtes Stück, durch welches der Kopf gesteckt wird, geht auch bis auf die Knie, läßt aber die Arme unbedeckt. Darüber werfen die Frauen oftmals noch ein vielgefaltetes weißes Gewand. Die Pracht der Tracht besteht hier eben in der Menge der Zeuge, in den glänzenden Farben und in der vorzüglichern Feinheit des Stoffes, dahingegen die Gemeinen, die Männer in ihrem Marro und die Weiber in ihrem Unterrock, ziemlich nackt gehen. Auch die vornehmsten Frauen tragen im Hause blos diesen Unterrock, selbst dann, wenn Fremde gegenwärtig sind. — Die Lieblingsfarben sind roth und gelb, von welchen die erstere ungemein schön ist.

Der Kopf ist der Hauptgegenstand des Putzes. In ein Paar Augenblicken machen sie sich kleine Hüte von Matten oder von Kokosblättern; beide Geschlechter tragen aber auch eine Art Turban, ja auch Flechten aus Menschenhaaren, die mit dazwischen gesteckten weißen und gelben Blumen in Form eines Hütchens von den Frauen um den Kopf geschlungen werden. Mit den kostbaren Federn des Tropikvogels schmücken die Männer das Haar — eine schwarze mit Wasser gefüllte Kokosschale dient dabei als Spiegel. Ohrringe tragen beide Ge-

Kk 2

schlechter nur in einem Ohr, und nehmen alles Bunte
und Glänzende dazu. Der Blumenschmuck ist allgemein
beliebt.

Um Zeuge oder Matten zu verfertigen, wird die ab-
geschälte Rinde (der Bast) der Maulbeerbäume erst in
Wasser eingeweicht, einige Tage in Pisangblätter eingeschlagen, dann auf ein Brett ausgespannt, und mit
Klöpfeln geschlagen, welche Vertiefungen oder Hohlkeh-
len haben, wodurch die Matte das Aussehen von ge-
streiftem Zeuge erhält. — Man macht aber auch Matten
aus der Rinde anderer Bäume, und namentlich sehr
dauerhafte aus der Rinde des Lindeneibisch, ja man flech-
tet auch Matten aus Blättern und wohl sogar aus Gras-
arten. — Sendet ein Oberhaupt Maulbeerrinde in Bün-
deln zu seinen Vasallen, so versammeln sich die Frauen,
und klopfen, oftmals 200 in einer Reihe, nach dem
Takt eines Gesanges ein Stück Zeug zusammen, von
40 Klaftern Länge und 4 Klaftern Breite. Alle diese
Zeuge sind gut, aber in der Nässe halten sie nicht aus.

Das Tättowiren ist auch hier heimisch, und nur die
Oberhäupter sind davon ausgenommen. Doch überladet
man sich hier nicht mit Figuren, und das Gesicht bleibt
gänzlich frei; bei den Mädchen werden Hüften und
Schenkel am meisten geschmückt, aber auch Finger und
Zehen.

Man ist sehr reinlich, und badet täglich dreimal in
Teich- oder Flußwasser. Selbst Alte schlichen noch zum
Flusse. Beide Geschlechter baden oftmals beisammen,
aber ohne alle Unanständigkeiten. Mund und Hände
werden fleißig gewaschen und ausgespült. Findet man
im Brodfruchtpudding nur eine rothe Fliege, so wirft
man denselben sogleich den Schweinen vor.

Jedermann lebt hier, so lange es nicht regnet, unter
den Bäumen, unter welchen seine Hütte steht, und im

Freien. Denkt man sich ein Scheunendach ohne weiteres Pfahl- und Mauerwerk auf den Erdboden gesetzt, so hat man eine hiesige Wohnung, die oft an 50 Fuß lang und 8 Fuß, aber auch weit mehr, breit ist. Eine oft kleine Oeffnung an der Seite ist der Eingang, durch welchen allein das Licht einfällt. Gras oder Palmblätter machen die Bedachung, und inwendig ist der Boden mit Heu bestreut. Kleinere bewegliche Häuser dienen den Großen statt Zelte. Die Häuser der Oberhäupter und die Versammlungshäuser eines Distrikts sind wohl an 200 Fuß lang, 30 breit und 20 hoch.

Matten, ein hölzerner Stuhl, Kokos- oder Muschelschalen zum Trinken, einige Körbe, Fischnetze, Klöpfel, um Matten zu machen, sind die vorzüglichsten Geräthe. Ihre Fischangeln sind sehr gut aus Perlmutter gearbeitet. Den Delphin und den Thunfisch harpuniren sie, auch verstehen sie die Kunst, die Fische zu betäuben.

Ein durch Feuer ausgehöhlter Baumstamm gibt einen kleinen Kahn, zuweilen von 70 Fuß Länge bei höchstens 2 Fuß Breite. An ihren Kriegskähnen laufen Vorder- und Hintertheil, an welchen Menschenfiguren eingeschnitzt sind, in die Höhe, letztere oft an 15 Fuß hoch. Zwei Kähne werden zusammengebunden. Auf dem Vordertheil ist ein Gerüst, worauf oft 30 Krieger Platz haben, welche mit Schleudern, die 2 und 3pfündige Steine werfen, mit Keulen und Lanzen (denn Bogen und Pfeil dienen hier nur zum Vergnügen) die Landung zu erzwingen suchen.

Ein großes Fahrzeug braucht 150 Ruderer und 10 Steuerleute. Die Seitenplanken sind auf das allergenaueste ineinandergefügt und mit Stricken von Kokosfasern verbunden. Die Werkzeuge, es zu bauen, bestanden aus steinernem Beil und Meissel, einem auf ein Holz geklebten Stück Stachelrochen statt der Säge, und ein Stück Korallenfelsen zum Polieren. — Welche Mühe, einen Baum zu fällen und ihn in 4 bis 5zollige Bohlen zu zerschneiden!

Die Kriege führen sowohl die Oberhäupter untereinander selbst, als auch mit andern Inseln. Der Admiral hat eine ausgezeichnete Kleidung. Auf dem Kopfe eine 5 Fuß hohe Haube, vorn mit einer Platte von 3 F. versehen, welche mit glänzenden Taubenfedern, oder mit den Schwanzfedern des Tropikvogels strahlenförmig besetzt ist; auf der Brust ein Schild, mit Taubenfedern und halbmondförmigen Zeugstreifen besetzt, zwischen welchen 3 Halbkreise von Haifischzähnen hervorstrahlen. Der Rand ist mit langen weißen Hundehaaren eingefaßt.

Man streitet mit vieler Wildheit, hält es aber doch für Narrheit, ja selbst für schimpflich, sich verwunden zu lassen. Die Narben sind daher hier gegen alle andere Völkersitta nicht ehrenvoll; nur wer Feindesköpfe und Kinnladen aufzeigen kann, wird geehrt. Die Sieger würgen Alles, selbst Kinder, und verheeren alle Wohnungen und Pflanzungen. — Die Arreoys (s. nachher) sollen ihre tapfersten Krieger seyn.

Wiewohl wild und grausam im Kriege, sind doch übrigens diese Menschen leicht und frohsinnig, und wechseln in ihren Empfindungen wie Kinder. Sie gehen von der tiefsten Traurigkeit, in welcher sie ihr Gesicht mit Haizähnen zerfleischen, zu der ausgelassensten Freude, ja selbst zur zügellosen Wollust über, der sie überhaupt so unglaublich ergeben sind, daß vornehme Frauen, und selbst Königinnen, mit der Menge ihrer Liebhaber sehr groß thun. Der Tahseiter ist unter diesen Insulanern der gutmüthigste, aber auf mehrern Inseln sind die Bewohner wild und verrätherisch. Der Diebssinn ist auch dem Tahseiter eigen; aber lobenswerth ist ihre Freigebigkeit, ihre Höflichkeit, und die Bereitwilligkeit sich mit Feinden zu versöhnen. — Man sieht, daß dieses Volk in vielen Stücken von andern rohen Völkern abgeht. Näher noch

wird der Charakter dieses Volks aus mehrern folgenden
Angaben sich zeigen.

Das Weib, wenn auch nicht so ganz unterbrückt, wie
bei andern rohen Völkern, lebt doch in Erniedrigung.
Es darf mit dem Manne nicht essen, und mehrere Spei-
sen sind ihm verboten (tabu). Man hält jedoch nur eine
Frau, die man von dem Schwiegervater um Schweine,
Zeug, Kanots u. dgl. erhandelt. Die Ehe wird aber
erst dann für festgeschlossen gehalten, wenn er das erste
Kind nicht tödtet, sondern als das seinige annimmt.
Uebrigens ist jede Ehe ohne alle Umstände getrennt.

Die Großen halten sich neben der Frau mehrere Bei-
schläferinnen, selbst der Oberpriester. Vor der Ehe
scheint man keine Keuschheit zu kennen, aber die Ehe-
frauen sollen treue Gattinnen und sehr zärtlich sorgsame
Mütter seyn.

Schändlich und scheußlich ist die Gesellschaft oder
vielmehr der Orden der Arreoys. Vornehme junge
Leute beiderlei Geschlechts begeben sich in der Absicht zusammen, um allen möglichen Ausschweifungen sich zu
widmen. Mehrere Hundert an der Zahl, ziehen sie von
einer Insel zur andern, und Alles, was ihnen ansteht,
dürfen sie nehmen. Sie dürfen nur mit der Hand an
die Brust schlagen und Harre! (gieb) rufen, so haben sie
es. Unzüchtige Tänze, Faustkämpfe, Essen und Trinken machen ihr Leben aus, und um keine Art Sorge zu
haben, ist es ein Ordensgesetz, alle Kinder zu tödten, die
von einer Arreoy geboren werden *). — Acht Kinder
hatte, diesem Gesetz nach, einer der Vornehmsten umgebracht, indem er, nach Landesgebrauch, den Kindern
mit einem in Wasser getränkten Tuche Mund und Nase
verstopfte. Schändlicher als diese sind die Mahus —

*) Merkwürdig genug findet sich eine ähnliche Gesellschaft unter dem
ähnlichen Namen Urritaos auf den Carolinen.

Ungeheuer, die sich bestreben, in allen Stücken, Kleidung, Gebehrden, Koketterie u. s. w. den Weibern zu gleichen, so wie sie auch unter Weibern leben, wie diese arbeiten, und seltsam genug, selbst von diesen nicht mit Abscheu angesehen werden.

Auch diejenigen Kinder werden getödtet, die eine vornehme Frau mit einem Liebhaber der geringern Volksklassen erzeugt. — Die Königin Jbbiah auf Tazeiti tödtete ein solches Kind, ohne die Vorstellungen der Engländer zu achten.

Knabe und Mädchen werden früh, aber mit Liebe zu den ihnen zukommenden Kenntnissen und Arbeiten angewöhnt.

Der Reiche schläft und schlemmt, und bewährt seinen Adel dadurch, daß er sich von seinen Bedienten die Speise in den Mund stecken und die Getränke einflößen läßt. Nach der Mahlzeit hält er Ruhe.

Des Nachts schlafen sie untereinander, oft 60 bis 70 Menschen in einer Wohnung; die Mädchen zunächst den Eltern. Oftmals erzählen sich einige wach Gebliebene Geschichten, ohne daß die andern dadurch gestört werden. Sind Fremde da, so läßt man ein Nachtlicht (eine Oehlnuß auf ein Stöckchen gesteckt) brennen.

Ein Volk, das die Natur so beglückt hat, hat Zeit genug zu Spielen und Vergnügungen. In ihren Ring- und Faustkämpfen, in welchen auch Weiber auftreten *), kommt Alles darauf an, den Gegner zu Boden zu werfen. Man ist dabei fast gänzlich nackt, und ein Vornehmer macht den Kampfrichter. Den Sieger besingen die Chöre der Zuschauer. Oftmals folgen Tanz und ein großes Mahl nach solchem Kampf.

Ein anderes Vergnügen ist, mit leichtem Kanot sich auf den höchsten Punkt einer Welle hinaufzuarbeiten,

---

*) Die Königin Jbbiah war als die größte Kämpferin berühmt.

Der König Otu, und eine Tahoiterin im Gewande
einer Tänzerin.

dann das Ruder hinzulegen, und sich nun von der Welle
aufs Land tragen zu lassen.

Die feierlichen Tänze — Heiwa oder Hiwa —
sind das beliebteste Vergnügen (s. die Freundschaftsinseln. Man hat größere und kleinere Heiwas; man hält
sie am Tage und des Nachts bei Fackeln. Bei einem
kleinen Heiwa (Boxarre) traten zwei Tänzerinnen in den
Kreis der Zuschauer. Hals, Arme und Hände waren
blos, die Brüste mit Federsträußen geschmückt, das Gewand lag knapp an Leib und Hüften an; in der Mitte des
Leibes waren an beiden Seiten zwei gefaltete Zeugstücke
wie Flügel angebracht, und ein weißes weites Faltenge-
wand hing vom Unterleib bis zu den Füßen herab. Ein
eigener in drei Quasten auf die Knie endigender Gürtel
hielt die Kleidung fest. Der Kopf war mit dem Turban
von Haarflechten mit dazwischen gesteckten Blumen bedeckt. Ein Alter rührte von Zeit zu Zeit seine Trommel,
und die Tänzerinnen sangen dazu. Zwei andere Alte,
die niedergehockt waren, begleiteten die Bewegungen der
Tänzerinnen harmonisch mit ihren Armen. Der Tanz
besteht auch hier in Stellungen, in Bewegungen der
Arme, besonders in unnachahmlich schnellen Bewegungen
der Finger und Hände. Ein sehr unanständiges Schau-
keln der Hüften, und die niedrigsten Verzerrungen des
Mundes sind bei diesem Tanze das Beifallswürdigste.

Die feierlichsten Heiwas gibt man, um Gäste zu
ehren, meistens des Nachts bei Fackeln. Sie beginnen
mit einer Rede, und Männer und Frauen treten darin
auf. Diese sind mehr eine Art dramatischer Vorstellungen. Ein Cerimonienmeister leitet die Bewegungen,
und sind die Tänzer abgetreten, so erscheint ein Chor, der
zu der Musik singt, oder man führt Pantomimen auf,
wobei die Satyre selbst der Oberhäupter nicht schont.
In einer solchen Vorstellung war es auf ein unter den Zu-
schauern mit anwesendes Mädchen gemünzt, das als

ihrem Liebhaber entflohen war; in einer andern wurde ein listiger Diebstahl entdeckt, und die Thäter wurden tüchtig abgeprügelt. — Ist ein Oberhaupt gegenwärtig, so werden ihm nach geendigtem Feste die Kleider geschenkt.

Die Musik wird durch Trommel und Flöte gemacht, und die letztere durch die Nase geblasen. Die Tonleiter ist sehr beschränkt, und die Vokalmusik hat nicht über 4 Töne.

Sehr schamlos ist der Tanz Timorodi, zu dessen Erlernung man die Mädchen aus fernern Gegenden hierher sendet. Er wird von 8 bis 10 jungen Mädchen aufgeführt, die anfangs, wie jene zuvor beschriebenen Tänzerinnen, bekleidet sind, zuletzt aber in völliger Nacktheit den Tanz fortsetzen, und vielen Beifall einerndten.

Uebrigens giebt es herumziehende Gesellschaften von Schauspielern und Musikern, die meistens zur Nacht spielen, und eine Art Improvisatoren sind.

Daß hier eine große Verschiedenheit der Stände obwaltet, hat man schon aus manchen Umständen entnehmen können.

Taheiti ist in 41 Distrikte eingetheilt, und jeder Distrikt hat seinen Erih oder Oberhaupt. Besitzen diese Wohnungen oder Ländereien in andern Distrikten, so lassen sie dieselben durch Vasallen — Meduahs — verwalten. Tiefer als die Meduahs stehen die Towhas, jüngere Brüder der Erihs, die von ihnen einige Landesportionen zu Lehen erhalten. Einen weit kleinern Distrikt erhält der Rattira, unter ihnen stehen die Mahounas, die sich mit unsern Häuslern vergleichen lassen, den untersten Stand bilden die Tautaus, die nicht viel besser als Sklaven sind.

Ueber alle diese Stände herrscht erblich und monarchisch der König, der durch einen rothen Leibgürtel, durch-

Ein Veib und eine Frau, auf den
Sandwichsinseln.

irkt mit rothen und gelben Federn, ausgezeichnet ist:
auch läßt der König, wo er auch sey, sich nach Gefallen
uf den Schultern tragen, und Jedermann, selbst die
ächsten Verwandten müssen sich in seiner Gegenwart
Schultern und Brust entblößen. Wird dem König der
rste Sohn geboren, so ist dieser sogleich König, der
Vater aber nur Vormund; stirbt der König, so fällt die
Regentschaft auf die Mutter; stirbt der König unbeerbt,
o fällt die Regierung dem ältesten Bruder zu. Ein sonderbares Recht (ob wirklich Recht? oder nur durch die
Beschreiber dazu aus Scherz gemacht??*) hat die Königin, nämlich das Ungeziefer von den Köpfen ihrer Trä-
ger abzulesen, und zu verzehren. Sie wird nämlich
eben sowohl als die Brüder des Königs, auf den Schultern getragen,

Wohin der König tritt, Haus oder Land, das ist
sein eigen, daher bleibt er meistens auf seinen Domänen,
und daher ist es für die Unterthanen sehr gut, daß er sich
auf den Schultern tragen läßt, wenn er wohin will.

Ein Gefäß, woraus er getrunken, muß zerbrochen
werden, damit Niemand nach ihm daraus trinke.

Uebrigens hat der König einen großen Hofstaat, und
setzt auf abhängige Inseln Vicekönige.

Auf die Grenzen des Grundeigenthums wird sehr gehalten. Die Armuth ist nicht schimpflich, wohl aber
der Geiz, der so sehr gehaßt wird, daß reiche Geizige
mehrmals vom Volke ausgeplündert wurden. Die Tautaus leben in tiefer Verachtung; sie müssen alle schwere
Arbeiten verrichten, müssen anderes Holz zum Brennen
nehmen, als die Vornehmen, die ihnen noch obenein
ohne Ersatz alles wegnehmen, was ihnen ansteht, und
um jeder Kleinigkeit willen, z. B. wenn einer nicht so-

*) Die Tahaiter behaupten, mit den Läusen erst durch die Europäer
bekannt geworden zu seyn.

gleich Plaß macht, auf sie hinein prügeln. Sie müssen
den Großen die Kawa kauen, und die Glieder kneten,
wozu man vorzüglich Mädchen nimmt. Dieses Kneten
soll in rheumatischen Zufällen treffliche Dienste thun.

Der Diebstahl, vor dem sich selbst die Großen nicht
sichern können, wird mit Schlägen, der Todtschlag eines
Geringeren am Eigenthum gestraft, und den Mord eines
Gleichen rächen die Verwandten mit Blutrache.

Die Sprache der Tahaiter kennt keine rauhen, harten Laute; kein ch, k, z, g, s — Cook hieß bei ihnen
Tuti. Uebrigens ist sie begreiflicherweise eine noch sehr
unvollkommene Sprache, in ihrer Bildung sowohl, als
in Ansehung der Begriffe, an deren Ausdruck sie sehr
arm ist. Dagegen hat sie einen unnützen Reichthum,
und für den Schweif eines Vogels, für einen Hundel
schwanz, für den verschiedenen Zustand der Reife der
Brodtfrucht ganz eigene, und für letztere allein an 20 Namen. — In ihren Liedern spielt der Mond die Lieblings-
rolle.

Die Priester sind auch hier die Aerzte, und das
Schwißbad wird, wie bei den Nordamerikanern, häufig
gebraucht. An Gaukeleien fehlt es dabei nicht. In der
Wundarzneikunst scheint man vorzüglich weit zu seyn.

Sie zählen nach dem Zehnzahlensystem, theilen Tag
und Nacht in 12 Theile, das Jahr in 13 Monate, kennen die Planeten und einige Gestirne, und richten sich
bei ihren Fahrten nach Stand und Lauf derselben.

Jede Familie hat ihren Schußgott (Eatua) und
Hausgötter (Tih), aber sie scheinen auch eine oberste
Gottheit zu haben, wo nicht drei oberste Gottheiten, de-
ren Tempel zu Oparre, wo der König sich aufhält, be-
findlich ist. Sie haben Gottheiten für das Meer, für
Winde, Erdbeben und für jede einzelne Insel.

Eine alte Sage sagt, die 3 obersten Götter hätten
einst das feste Land zertrümmert, und Taheiti und die

übrigen Inseln seyen davon übrig gebliebene Stücke. — Die Seele, die in den Eingeweiden wohne, werde von dem Gottesvogel, der sich bei den Morais aufhält, verschlungen, und es gebe für die Seelen zwar keine Bestrafung, aber verschiedene Stufen der Glückseligkeit. — Der böse Geist (auch Tih) schliche sich mit den Speisen ein und errege Krankheiten.

Bei feierlichen Gebräuchen sind sie sehr andächtig, selbst bei dem Sonntagsgottesdienste der in den neuesten Zeiten hierher gesandten Missionare. — Der König ist mehrmals auch Oberpriester. Die übrigen Priester haben theils bei den Morais zu thun, theils machen sie die Propheten und Inspirirten, tragen auffallende Kleidung, machen viele Gaukeleien, verhüllen das Gesicht, fallen in Zuckungen, und sprechen in einem quikenden Ton u. s. w., damit sich die Gottheit in Gestalt eines Vogels auf dem Morai niederlasse, und in den Priester fahre, welcher, wenn ihn die Gottheit wieder verläßt, sich stellt, als erwache er aus einem tiefen Schlafe, und wisse nicht, was um ihn her vorgegangen sey.

Die Morais, deren fast jede regierende Familie ein eignes hat, sind den Gottheiten geheiligt, und zugleich die Grabmähler der Großen. Meistens liegen sie in der Nähe des Strandes. Eins derselben bestand aus einer 40 Fuß hohen Pyramide von gehauenem Korallenstein und hielt an der Grundfläche 270 Fuß länge und 94 F. Breite. 11 Stufen führten zu der Spitze desselben. Neben den Morais finden sich etwas erhöhete Bühnen, die Opfer darauf zu legen, und aufgerichtete, an einer Seite mit grob eingeschnitzten Menschenfiguren versehene Pfähle, in welchen die Geister wohnen. Die Opfer, Schweine, Schildkröten, Früchte, liegen auf Pisangblättern. Daneben ist ein großes Haus, und in diesem ein Schuppen, als der eigentliche Wohnsitz der Gottheit. An beiden Enden desselben finden sich Büschel

von rothen und gelben Federn. Das Innere, welches
kein Fremder sehen darf, soll rothe Federn, eine junge
Pisangpflanze und ein Bündel junger Kokosnüsse enthalten.

Bei diesen Morais wird in lauten oder stillen Gebeten
der Gottesdienst gehalten, namentlich bei Kriegen, Land-
plagen, beim Tode eines Oberhaupts u. s. w., wobei
man denn auch Menschen opfert, und überhaupt viele
Ceremonien dabei beobachtet, die oft mehrere Tage lang
dauern. Man erwählt zum Opfer oftmals Fremde, die
man hinterlistig erschlägt, wo möglich mit einem Schlage,
denn das Opfer muß unbeschädigt bleiben, oder man
nimmt vorgebliche Gotteslästerer u. s. w., allemal aber
einen Mann. Kann man keinen Menschen schaffen, so
muß man mit einem Schwein zufrieden seyn. Es versteht sich, daß die Priester bei diesen Opfern das Meiste
zu thun haben. Uebrigens sind die Morais ein geheilig-
ter Zufluchtsort der Verbrecher.

Auch beim Aufschlitzen der Vorhaut des Knaben und
bei Beerdigungen haben die Priester zu thun. Sie erhalten für die erstere Operation ein Schwein, Pisangs
u. s. w.

Stirbt Jemand, so versammeln sich die Verwandten
in der Wohnung des Verstorbenen, und unter lautem
Klagen und Heulen ritzen sie sich mit einem Haizahn Gesicht und Körper blutig. Man nimmt die Eingeweide
aus, trocknet den Körper, und salbt ihn innerlich und
äußerlich mit Oehlen. Wer dies verrichtet, ist unrein,
und darf einen Monat lang nicht Speise und Trank anrühren, sondern muß sich füttern lassen. Der Leichnam
wird angekleidet und mit wohlriechenden Blumen umgeben, und, wenn es ein Oberhaupt ist, in allen seinen
Besitzungen umhergetragen, worüber oft ein Monat ver-
geht. Der Priester betet murmelnd dabei, die Verwandten ritzen sich.

Hierauf wird der Leichnam in der Nähe des Morais in ein weißes Tuch geschlagen und unter einen Schuppen gesetzt. Höchst seltsam ist der erste Leidtragende gekleidet. Der kegelförmige Kopfputz hat obenauf einen Kranz von glänzenden Tauben- oder andern rothen und gelben Federn, über welchen verschiedene Schnüre hinlaufen. Ein Stück Zeug läuft von der Mütze bis zur Achsel herab. Zum Anzug gehört eine große abgeschliffene Perlmuschel, besetzt mit Taubenfedern, aus welchen die langen Schwanzfedern des Tropikvogels hervorstrahlen. Eine ähnliche, aber mit einer Spalte zum Sehen zugerichtete Muschel bedeckt das Gesicht. Unter dieser Maske kommt ein halbmondförmiges, mit den Spitzen aufwärts gerichtetes, schwarzes Bret, mit 5 polirten Austerschalen besetzt, deren äußerste ebenfalls mit Taubenfedern besetzt sind und von welchen Quasten herabhangen. Hierunter folgt eine aus lauter Perlmutterstückchen, oft aus 2000 in 20 Reihen höchst künstlich zusammengesetzte Brustdecke. Der Unterleib ist mit einem braunen und einem rothgefärbten Kleide bedeckt, über welche ein gewöhnliches Kleid, vorn mit runden Scheiben der Kokosschale besetzt, herabhängt. Alles wird durch einen Gürtel zusammengehalten. Der Leidtragende führt in der einen Hand eine aus 2 Perlmutterschalen bestehende Klapper, in der andern einen Stock mit einem Haizahn, mit welchem er alle zerritzt, die dem Leichenzuge nicht schnell genug ausweichen. — Uebrigens wird der Körper auf einer Bahre getragen und unfern des Morais unter einen Schuppen gestellt, bis das Fleisch von den Knochen fault, während welcher Zeit die Verwandten Fleisch, Früchte u. s. w. bringen und bei dem Schuppen hinlegen. Man schabt zuletzt die Knochen rein, und beerdigt sie dann. Der Schädel eines Erihs aber wird besonders in einem Kasten beigesetzt. Mancherlei andere Gebräuche, die noch Statt haben, zu erzählen, würde viel zu weitläuftig werden.

Das Tabuh oder Raa ist auf mehrern Südseeinseln üblich — es ist eine feierliche Erklärung der Unver-
letzbarkeit einer Sache.   Ein allgemeines Tabuh, wodurch z. B. das Wasser, oder gewisse Speisen, auf einige Zeit außer Gebrauch gesetzt werden, können nur
Priester auflegen; Privatleute können aber auch ihr Eigenthum mit Tabuh belegen, indem sie erklären, der
Geist ihres Vaters, oder wohl gar des Königs, ruhe
darin.   Wer ein solches Tabuh verletzte, würde als der
größeste Verbrecher verabscheut, und die Priester würden
suchen, ihm ans Leben zu kommen.

Einige Einzelnheiten mögen das bisher Angeführte
ergänzen.

Man erstickt die Hunde und Schweine, die man essen
will.   Dem Schweine werden die Borsten abgesengt, die
Haut mit Kokosschalen gesäubert, und dann die Eingeweide herausgenommen.   Feuer macht man durch Aneinanderreiben zweier Hölzer, gräbt dann ein Loch in die
Erde, legt es auf dem Boden mit Steinen aus, und
zündet darauf gelegtes Holz an.   Sind die Steine heiß
genug, so nimmt man Kohlen und Asche heraus, bedeckt die Steine mit Kokosblättern, wickelt das Thier in
Palmblätter, legt es hinein und schüttet oben die heiße
Asche darauf.   So wird das Thier geschmort.

Man ißt hier zu allen Zeiten und Stunden, denn die
Taheiter sind starke Esser.   Selbst des Morgens um zwei
Uhr steht man auf, um zu essen, und legt sich dann wie-
der nieder.

———

Kommt eine Wöchnerin nieder, so wird im Hause
eine Hütte von Matten errichtet, und heiße Steine werden mit wohlriechenden Kräutern belegt, und mit Wasser besprengt, und in diesem Dampfbade muß die Frau,
so lange sie kann, aushalten.   Dann geht sie hinaus,
wäscht sich, und trägt das Kind nach dem Morai, wo

der Väter ein Ferkel, ein Huhn und einen Platanenbaum
opfert, und von dem Priester, gegen ein Schwein und etwas Zeug, die Nabelschnur ablösen läßt. Hierauf wird
nahe am Morai eine Hütte errichtet, in welcher Mutter
und Kind einige Wochen lang wohnen, und dann, nach
einigen Opfern, wieder nach Hause zurückkehren.

Sich zur Begrüßung zu küssen, scheint ihnen widrig,
weil man sich dabei das Gesicht naß macht; sie berühren
sich statt dessen, wie in der ganzen Südsee, sanft mit
den Nasenspitzen.

Mit denjenigen, mit welchen man die innigste Freundschaft errichten will, wechselt man die Namen, daher
man denn denselben Menschen nach einiger Zeit unter
ganz andern Namen findet. Ein auf diese Weise gewählter Freund heißt Tayo, und hat selbst bei der Frau
des andern alle Rechte des Mannes. Außer dem, daß
man die Namen wechselt, zieht man auch seine Kleider
aus, und legt sie dem neuen Tayo an.

Die Milch von einer Kuh wollten sie anfangs durchaus nicht trinken. Sie sahen dieselbe für den Harn des
Thieres an. Nachmals fand doch die Königin Iddiah
die Milch zum Thee sehr wohlschmeckend. Eine muth-
willige Ziege auf Wallis Schiffe, die einem Taheiter einen tüchtigen Stoß gab, setzte alle so in Schrecken, daß
sie eiligst über Bord sprangen.

Der König von klein Taheiti hatte mit Cooks Ta-
schenuhr gespielt, die Bewegung ihrer Räder aufmerksam
betrachtet, und das Geräusch derselben bemerkt. Er gab
sie mit der Aeußerung zurück: sie spräche. Mit vieler Mühe hatte man ihm einigermaßen Zweck und Gebrauch der Uhr verständlich zu machen gesucht; da sagte

Australien.   Ll

564

er: es sey eine kleine Sonne. Auf einem andern Schiffe hatte man eine Kukuksuhr. Der Kukuk
rief seine Stunden; aber die Taheiter fürchteten, das arme
Thier möchte verhungern, und streueten ihm Futter hin.

Von Dankbarkeit weiß der Taheiter nichts, wenigstens hat er dafür kein Wort in seiner Sprache. Ihre
Freigebigkeit ist aber grenzenlos, und sie theilen das letzte
mit, was sie haben, und beherbergen Fremde Wochen lang,
und bewirthen sie aufs beste, ohne etwas dafür zu erwarten. Aber die Kunst zu betteln und bitten verstanden sie
sehr wohl. Alte Greise drückten die Hand der Engländer
recht herzlich, und flüsterten ihnen dann ihr Anliegen leise
ins Ohr. Aeltere Damen nahmen die Engländer gleich
zu ihren Söhnen an, und nach vielen Schmeicheleien
kann dann die Frage, ob denn für das liebe Mütterchen
kein Korallchen da wäre? — Sahen die Engländer
freundlich aus, so meinten sie, jetzt sey die rechte Zeit zu
bitten. Tayo poe (Freund! ein Korallchen!) sagten
sie. Wurde die Bitte abgeschlagen, so blieben sie eben
so gutwillig als zuvor, ja wenn die Engländer ihr Betteln nachäfften, so entstand bei allen ein Gelächter, bei
keinem ein Verdruß.

Als Wilson die Missionare nach Taheiti brachte
(1797), wunderten sich die Insulaner, daß man mit ihnen keinen Tauschhandel eingehen wollte, es war Sonn-
tag, und als man den Gottesdienst auf dem Schiffe anfing, erstaunten sie über den Gesang. Wollten sie zuweilen sprechen und lachen, so war ein Wink hinreichend,
sie zur Ruhe zu bringen.

Pomarre, des damaligen Königs Großvater, war
schon ein 70jähriger Greis. Er wollte Raketen und

änze, vor allen Dingen aber den schottischen Dudelsack,
essen er sich noch recht gut von Cooks Besuch her erin-
nerte, und den er dadurch kenntlich machte, daß er ein
Bündel Zeug unter den Arm nahm, und seinen Körper
wie ein Sackpfeifer hin und her wiegte. Flötenstücke,
die man aufspielte, wollten ihm nicht behagen.

Eines Tages kam Pomarre mit einer großen Kiste an
Bord. Man that nicht, als merke man seine Absicht,
und fragte ihn, was er mit der Kiste wolle? Er war
verlegen, und gab vor, er wünsche das Schloß daran
ausgebessert. Er wurde noch verlegener, da man ihn
um Lande wies, wo jetzt die Schmiede sey, und gestand
endlich lächelnd, er wolle die Geschenke hineinlegen, die
ihm etwa der Kapitain geben würde. Er wußte aber auf
Befragen selbst nicht, was er wünschte; ein alter Priester
half ihm zurecht, und forderte Aexte, und zwar Ahau-
uh Ahauruh, d. i. zweimal zehn; und zweimal fünf
Hemden, 8 Spiegel, 5 Scheeren, 6 Messer, 5 Kämme,
50 Nägel. Er erhielt alles, und war sehr damit zufrieden, wollte aber nachmals alles haben, was er auf dem
Schiffe sahe. Pomarre hatte überhaupt wohl mehr europäische Waaren, als die meisten Engländer auf dem
Schiffe hatten *).

Als man das H. Abendmahl feierte, wobei man sich
der Brodfrucht statt des Brodes bediente, war Manne-
Manne, Ulietea's verjagtes Oberhaupt sehr aufmerksam,
setzte sich unter die Brüder, die hier das Missionsgeschäft
betreiben sollten, und rückte, wie die Vordersten ihre
Stelle verließen, immer weiter zu, in der Hoffnung,
Brod und Wein zu bekommen, worin er sich freilich be-
trog.

*) Es ist zu bemerken, daß Pomarre den Engländern den ganzen Di-
strikt Matavai für ihre Mission abgetreten hatte.

Ll 2

Man hatte eine Schmiede am Lande errichtet. Die Insulaner erschraken vor dem Sprühen und dem Zischen des Eisens im Wasser. Pomarre aber kam vor Entzücken so außer sich, daß er den rußigen Schmidt umarmte, ihn benaßete, und auf alle Art sein Vergnügen ausdrückte.

Mit den Belehrungen der Missionare auf Taheiti ist es nicht zum besten ergangen, freilich griff man auch das Geschäft sehr ungeschickt an. Ein Insulaner äußerte gegen einen Missionar: der Eatuah von Pritani (der britische Gott) möchte wohl dort alle Dinge gemacht haben, aber keinesweges auf Taheiti. Hier habe einer von ihren Göttern den Arm ausgestreckt, und die Sterne am Himmel befestigt. Der starke Mauwa halte die Sonne mit Stricken, und darum könne sie nicht schneller gehen. Als die Missionare die Arreoys zum neuen Glauben und zur Entsagung ihrer lasterhaften Lebensweise ermahnten, unter Androhung, daß sie sonst der neue Eatuah (Gott) strafen werde, meinten diese, sie wollten erst sehen, ob sie gestraft würden, und sich dann zum neuen Glauben wenden, und fragten überdies, wer denn ihre Vorfahren bestraft habe?

Ein Beispiel von Liebe und Treue der Insulanerinnen führen wir an. Stewart, einer der Aufrührer auf Blighs Schiffe, hatte sich mit der Tochter eines Oberhaupts verheirathet. Als Stewart von einem andern engländischen Schiffe ergriffen wurde, kam seine unglückliche Gattin mit ihrem Kinde an Bord, und konnte nur mit Gewalt von ihrem Gatten getrennt werden. Im tiefen lautlosen Gram wurde sie ans Land gebracht. In zwei Monaten hatten sie Gram und Schmerz aufgerieben, und ihre Schwester nahm sich des Kindes mit einer Treue an, als ob es ihr eigenes wäre.

Auffallend ist es, daß bei diesem Volke das Alter in Verachtung steht: Selbst dem Großvater des jungen Königs wollten sie nicht erlauben, an Bord zu kommen; er mußte draußen in seinem Kahne warten, bis ihn der Kapitain rief. Ein alter Matrose war oft der Gegenstand ihres Spottes, und wollten sie etwas recht Widriges bezeichnen, so nannten sie es einen alten Mann.

Anmerk. Einige einzelne westliche, ziemlich unbekannte Inseln pflegt man hier gleich mit zu erwähnen — Manaea, Watiu, Orakutaja, Herreys-Insel, die kleine Palmerstons-Insel und Savage Island.

13.

Die „niedrigen oder gefährlichen Inseln, oder Bougainvilles gefährliches und Schoutens böses Meer.

Die Pfingst-Insel und Königin Charlotten-Insel sind sandig, liegen sehr niedrig, und haben frisches Wasser, Kokospalmen und antiskorbutische Kräuter. Sie sind beide bewohnt. Dies ist auch der Fall mit der Egmontsinsel und mit der Glocesterinsel. Erstere ist bewaldet, doch sahe man keine Kokosbäume.

Die vier Facardins und Isle des Lanciers sind niedrige, gut begrasete, dicht bewaldete Inseln, auf welchen man viele Kokospalmen und Vögel fand.

Die starken, wohlgebaueten Menschen waren kupferbraun, hatten lange schwarze Haare, und schwenkten drohend ihre Lanze gegen die Fremden. Sie waren nackt, und ihre Wohnungen standen auf erhabenem bewaldeten Grunde.

Mehrere andere hierher gehörige unbedeutende Inseln waren ebenfalls niedrig und sandig, und an den Küsten

vieler fand man mit dem Senkblei keinen Grund.　Daß
die Einwohner Kanots hatten, braucht kaum erwähnt zu
werden.

Die Dog- oder Hundeinsel scheint in der Mitte
vom Meer überschwemmt (Laguninsel).　Sie ist sehr
klein.　Man fand nur Regenwasser, einige Kräuter, die
sehr scharf waren, und drei stumme Hunde.

Auf einer von den beiden König Georgs-In-
feln fand man einiges Quellwasser, Kokosbäume, Löffelkraut, Hunde, sehr zahme Papagaien, Tauben und
unendlich viel Fliegen. — Die Einwohner kamen an
Bau und Bildung den Societätsinsulanern gleich, grüß-
ten, wie diese, hatten Morais, und sprachen wie auf
Taheiti.

Mehrere andere Inseln übergehen wir, da sie ohnedies nur für den Seefahrer allein merkwürdig sind.

14.

* Die Marquesasinseln,

dem Vicekönig von Peru, Marquesas de Mendoza
zu Ehren also genannt, wurden in neuesten Zeiten von
Cook und Marchand zum zweitenmale entdeckt.

Man kann die 11 hieher gehörigen Inseln, deren einige blos nackte unbedeutende Felsen sind, in eine nördliche und südliche Gruppe zertheilen.　Die wichtigsten
darunter sind O-Hiwara oder Dominica und
Waitahu oder St. Christina.　1813 wurde die
größeste Insel dieser Gruppe, die Insel Madison von
einem nordamerikanischen Kapitain entdeckt und in Besitz
genommen.　Es ist die unter dem Namen Nukahiwa
bekanntere Insel. — Auf mehrern ist der Boden vul-

kanischer Natur, fast überall aber dürr und wenig fruchtbar. — Das Klima' kennen wir nur aus der Insel
Madalena ein wenig, wo die Hitze sehr beträchtlich ist,
und zuweilen ein mäßiger Regen fiel. Regen mögen jedoch häufig und stark fallen.

Die wichtigsten Gewächse, die auf den Societätsinseln der Ernährung dienen, finden sich auch hier — der
Brobfruchtbaum, der Kokos, der Pisang, Yams, Bataten; auch Zuckerrohr und Bambusrohr, der Taumelpfeffer, Kürbisse, Portulak, Kresse; ferner eine Art
Nuß- und Kastanienbäume, der Papiermaulbeerbaum,
der Kasuarinenbaum, Nadelhölzer u. a. m. — Unter
den Landthieren fand man nur das Schwein, das hier
sehr klein ist, und die Ratten, die man so weit zähmt,
daß sie aus der Hand fressen. Die Waldungen sind reich
an schöngefiederten Singvögeln. Man hält sich Haus-
hühner.

Die Zahl sämmtlicher Bewohner wird von Einigen auf 50,000, von Andern nur auf 20,000, angegeben. Man beschreibt beide Geschlechter als die schönsten Menschen der Erde; die kräftigen, muskulösen,
breitgebrüsteten Männer maßen fast alle 5 Fuß 8 Zoll,
ja manche 6 Fuß 2 Zoll pariser Maaß. Das Gesicht ist
jedoch etwas breit, und das lichte Braun wird durch Tättowiren dunkler.

Das Haar ist schwarz, die Zähne schneeweiß, die
schwarzen Augen sind groß und die Züge regelmäßig.

Gegen die Europäer waren sie gutmüthig und zuvorkommend, übrigens überaus diebisch, leichtsinnig und
sehr sinnlich. Die verschiedenen Inseln leben unter sich
selbst in beständigen Kriegen. Die erschlagenen Feinde
werden gebraten und gefressen, und Schädel und abgeschnittene Haare als Siegeszeichen auf Stangen getragen.

Welche Nahrungsmittel sie haben, braucht kaum angeführt zu werden. Ob die Männer in Hungersnoth ihre

eigenen Weiber fressen, können wir nicht ausmachen, ist aber kaum glaublich. Ihr Getränk ist Wasser.

Ihre Kleidung ist ein Stück Matte um die Lenden geschlagen, und die Weiber trugen oft nur einen leichten Blätterschurz, und kümmerten sich auch nicht, wenn sie denselben verloren. Einige Oberhäupter trugen eine größere Matte, und bei feierlichen Gelegenheiten hatten die Vornehmen einen Mantel von Maulbeermatten und ein Diadem um die Stirn, mit schönen Federn vom Hahn oder vom Tropikvogel und mit Schildkrötenplatten geschmückt. Andere trugen einen Kranz von Kokosfasern, auch oft einen halbzirkelförmigen Ringkragen aus Holzstückchen mit Harz zusammengeklebt und mit rothen Bohnen besetzt, in den Ohren flache, 3 Zoll lange, mit Kalk angestrichene Holzstückchen.

Die Insulaner auf Nukahiwah hatten bis auf zwei hörnerartig aufgerollte Schöpfe den Kopf geschoren. Auch hat man Halsschnüre und Beinschmuck von Menschenhaaren, Menschenzähnen, Perlmutter und von Allem, was ihnen schön scheint.

Man tättowirt sich hier auf die künstlichste und regelmäßigste Weise den ganzen Leib, nur bleibt das Gesicht bei den Weibern verschont. Man bedient sich desselben Instruments, wie auf den Societätsinseln, eines kammartig eingezähnelten Stücks Schildpad, welches in den Ruß der Oehlnuß eingetaucht und dann in die Haut eingetrieben wird.

Ihre Wohnungen, die sehr reinlich gehalten werden, sind etwa 15 Fuß lang und 8 Fuß breit, einige sind 25 Fuß lang. Der Grund ist eine Erhöhung von Steinen, der mit überlegten Matten zur Schlafstäte dient, und durch die dort einfallenden Regenzeiten vielleicht nothwendig gemacht ist. Die Wände aus Bambusrohr halten 8 F. Höhe. An jeder Ecke ist ein starker Pfeiler. Das aus dünnen Stöcken verfertigte Dach wird mit Baumblättern bedeckt.

Man muß sich hier ohne Zweifel eben der Ueberschwemmungen wegen der Stelzen bedienen, die nicht unkünstlich gemacht und an dem Theil, der den Fuß trägt, mit kleinen halben Menschenfiguren ausgeschnitzt sind. Man hat Kalebassen zum Wasser, verschiedene Arten Netze, Angelschnüre aus Kokosfasern oder Brennnesseln, Angelhaken aus Perlmutter, dieselben Werkzeuge wie auf Taheiti, Matten zu Kleidern zu bereiten, Fächer aus einer Art Gras gewebt, Aexte von hartem schwarzen Stein, wie unsere Erdhacken gestaltet und an einem starken Stiel befestigt; die Zähne und Kinnladen der Fische und scharfe Muscheln dienen als Säge und Polirwerkzeuge.

Ihre Waffen, Speere, Spieße, Säbel und Keulen sind sämmtlich aus Kasuarinenholz gearbeitet, und mit Figuren geziert. Bogen und Pfeil kennt man nicht, wohl aber die Schleuder. Man hat Trommeln und Seeschnecken, um die Streiter zusammenzurufen.

Ihre Piroguen sind, obwohl mit Schnitzwerk geziert, doch grob gearbeitet, nicht recht wasserdicht, und tragen 3 bis 7 Mann. Doch soll es auch Fahrzeuge geben, die 30, ja 40 Ruderer fordern.

Der Frauenstand mag hier nicht viel anders, als auf den andern Inseln seyn; doch ist dies eben so unausgemacht, als das, ob wirkliche festgeschlossene Ehen Statt finden. Einige Reisende behaupten, die Insulaner hätten ohne Unterschied alle Weiber den Fremden angeboten — selbst Mädchen von 9 Jahren. Das weibliche Geschlecht gab sich in der That schaamlos und ohne Umstände hin. Doch findet man Beispiele von großer gegenseitiger Zärtlichkeit zwischen Kindern und Eltern. Menschenfresserei ist sehr üblich.

Regierungsform und Sprache sind in den Hauptstücken, wie auf den Societätsinseln. Auch die Sitte, sich die Nasen zu reiben, findet sich hier. Das größere Freundschaftszeichen jedoch ist, Backen an Backen zu legen. — In der Wundarzneikunde schienen sie nicht ungeschickt. Von der venerischen Seuche, die man fast überall findet, wo sich Europäer gefunden haben, und die in Taheiti ganz gewöhnlich ist, war hier im J. 1797 noch keine Spur.

Von der Religion dieser Insulaner wissen wir nichts Bestimmtes. Indessen fand man in früherer Zeit auf der Insel Christina ein eigenes Gebäude mit grob geschnitzten Bildern, vor welchem Schweine hingelegt waren, welche sie den Spaniern nicht erlaubten hinwegzunehmen. In neuern Zeiten hat man nichts Aehnliches gefunden, aber man hat sich auch hier nicht lange aufgehalten, und ist nicht ins Innere gekommen.

15.

Die Sandwichinseln

sind erst von Cook mit Gewißheit entdeckt. Es können ihrer, ein Paar Felsen mit eingerechnet, 14, wo nicht gar vielleicht 15, seyn; angenommen zu 320 Q. M.

Die größte aller dieser Inseln, und größer, als alle übrigen zusammengenommen, ist Owaihi, berechnet zu 216 Q. M. Sie hat 3 hohe, oben abgeplattete Gebirge, unter welchen zwei zu den höchsten zu gehören scheinen. Sie sind vulkanisch, und der ganze südliche Theil der Insel ist mit vulkanischer Asche bedeckt. Mehrere kleine Quellen und Flüsse strömen von den Gebirgen herab.

Die ganze Insel ist in 6 Hauptdistrikte getheilt, und der nordöstliche Theil derselben am meisten angebaut. Man rechnet ihre Bevölkerung zu 150,000 Einwohnern.

Mooi hält etwa 31 Q. M., mit angenommenen 65,000 Einwohnern, und hat ebenfalls hohe zertrümmerte Gebirge, von welchen Quellen und Bäche herabkommen, die die Einwohner in Kanälen zur Bewässerung des Landes sammeln.

Woahu hält fast 25 Q. M. mit 60,000 E., und ist die reizendste, bestbebauteste aller Inseln dieser Gruppe, und reichlich bewässert.

Atuai ist so groß, wie die vorige, und mit 54,000 E. bevölkert. Sie ist nicht ohne beträchtliche Gebirge und an der Südspitze gut bebauet und bewässert.

Unter den übrigen Inseln soll Morotai 36,000 E., Onihau 10,000, und Ranai 20,000 E. *) haben.

Das Klima dieser Inseln ist mit denen in Westindien ziemlich gleich.

Die Europäer fanden hier fast alle wichtigere Gewächse der Societätsinseln, den Brodfruchtbaum zwar nicht so häufig, aber bei weitem tragbarer, und das Zuckerrohr an 12 Zoll Durchmesser; auch sind die vierfüßigen Thiere, unter welchen vorzüglich Schweine häufig gezogen werden, und die Vögel die nämlichen, wie dort.

Die Einwohner

sind starke, gutgebauete, nußbraune Menschen, von mehr als mittlerer Größe, aber das weibliche Geschlecht sieht

*) Diese Angaben sind von King vom Jahre 1779. Sämmtliche Bevölkerung wird auf 400,000 Einwohner berechnet. — Wenigstens, das bestätigen alle Reisende, haben diese Inseln eine viel stärkere Bevölkerung, als die übrigen Südseeinseln.

dem männlichen in seinen Zügen sehr ähnlich. Die Nasenlöcher sind hier so weit, als nicht leicht bei einer andern Nation; das nicht krause Haar ist schwarz.

Man tättowirt einzelne Theile des Körpers — oftmals zum Andenken großer Männer, oftmals zum Zeichen, welchem Herrn man angehöre.

Bis ins 8te Jahr gehen alle Kinder nackt. Männer tragen ein 1 Fuß breites Zeugstück um die Hüften; bei den Frauen bedeckt das Zeug den Körper von der Brust an bis auf die Füße. Den Kopf bedeckt, die Ohren schmückt man nicht mit Gehängen, und die Männer lassen den Bart wachsen. Doch haben diese bei gewissen Gelegenheiten einen Helm auf, über dessen Mitte sich ein Kamm erhebt. Der ganze Helm ist mit schönen, besonders mit rothen Federn durchwebt, und schwarze, oder auch andersgefärbte Zeugstreifen laufen darüber hin. — Die Frauenzimmer tragen auch Halsbänder von solchen Federn, und haben auf einigen Inseln ein drei Zoll langes, knöchernes Menschenbild daran hangen.

Sie putzen sich überhaupt mit Schnüren von Muscheln, Knochen und Zähnen, stecken rothe und gelbe Vogelfedern in die Haare, oder bilden bei Feierlichkeiten sehr schöne Mäntel aus denselben, die oft bis auf die Füße reichen, und einen sammtartigen Glanz haben*). Die Federn sind reihenweise und mit großer Sorgfalt auf ein Stück dünnes Zeug, oder vielmehr auf ein netzartiges Gewebe aufgesetzt. Ueberdies haben sie noch viel und mancherlei Putz.

Der Adel oder die Erihs haben immer ein großes Gefolge von höhern und geringern Bedienten um sich, und selbst eine Art Pagen, der ihnen mit Wedeln, aus Kokosfasern oder Federn gemacht, die Fliegen abwehren und frische Luft zuwehen muß.

*) Ein solcher dem Könia Georg gesendeter Mantel wurde in London sehr prächtig und schön gefunden.

Die Lebensweise dieser Insulaner kommt in vielen Stücken der taheitischen gleich. Man nährt sich, man kocht wie dort, berauscht sich in der ekelhaften Kawu, versteht oder auch schon aus Zucker einen starken Geist zu ziehen.

Die Wohnungen sind nicht besonders. Auf sehr niedrigen Seitenwänden ruhet ein im spitzen Winkel zusammenlaufendes Dach von Stroh, und der niedrige Eingang, vor welchen eine Thür gesetzt wird, ist zugleich das Lichtloch; aber die Wohnungen stehen hier, wiewohl ohne Ordnung, doch in eigentlichen Dörfern dicht beisammen. Man siehet (meistentheils nur an den Küsten) Ortschaften, die aus 200 Häusern bestehen, zwischen welchen sich der Weg hinschlängelt.

Das einfache Hausgeräth besteht in Matten, einer Pritsche zur Schlafbank und einer Bank, auf welche hölzerne Schüsseln und Schalen, oder auch Kalebassen zum Aufbewahren trockner und flüssiger Sachen hingestellt werden.

Der Sandwichinsulaner ist heiter und offen, nahm die Fremden mit großer Gastfreundschaft auf, und übertrifft an Thätigkeit, Geschick und Ausdauer in Unternehmungen die meisten Australier. Ihre Steinäxte, Messer, Speere, Angeln sind sehr dauerhaft und trefflich polirt. Ihre Matten setzen durch Form und Farbe in Verwunderung, und sehen wie seidene Zeuge aus; ihre Trinkkalebassen sind wie lackirt, ihre Zeuge wissen sie durch Kokosöhl wasserdicht zu machen; und sie verstehen unter allen Australiern allein die Kunst zu nähen. Selbst Salz wissen sie aus dem Meerwasser zu bereiten. Auf einem Steinlager wird eine kleine Pfanne von Erde gemacht, und inwendig mit Thon ausgefüttert. Man leitet das Seewasser in diese Pfannen, und läßt es an der Sonne verdampfen.

Ihre Pflanzungen werden sehr sorgfältig bebaut, mit Steinmauern eingefaßt und mit Kanälen bewässert; ja man hat selbst zu diesem Behuf Wasserleitungen von Stein. Auch bauen sie jetzt schon Mais. — Uebrigens sind sie zwar Menschen, die das Verlangen nach euro= päischen Waaren zu Dieben macht, die aber streng Wort halten. Sie hatten Vancover versprochen, das zurück= gelassene Hornvieh nicht zu tödten, und sie hielten es, obwohl das Vieh verwilderte und ihren Pflanzungen un= gemein nachtheilig war.

Mit vieler Ueberlegung wissen sie die nützlichen euro= päischen Waaren den glänzenden vorzuziehen, und ließen sich selbst von unserer Regierungsform, Kriegen, häus= lichem und geselligen Leben u. s. w. unterrichten.

Die Sandwichsinsulaner scheinen die besten Schwim= mer der Südsee. Kleine Kinder spielen schon in den großen Wellen, und Mütter stürzen sich mit Säuglingen ins unruhige Meer und schwimmen ans Land. Sie kön= nen 3 bis 4 Minuten unter dem Wasser aushalten, wo= bei aber freilich das Blut aus Nasen und Ohren vor= dringt. Selbst einen Ambos holten einige Taucher aus der Meerestiefe herauf.

Ihre Kanots sind die besten der Südsee, und sind mit dreieckigen Segeln und Auslegern *) versehen. — Ja, sie haben in neuesten Zeiten, seitdem ihnen Van= cover 1794 zum Bau eines engländischen Schooners verhalf, bereits 25 Schiffe von 25 bis 30 Last erbauet, worunter einige mit Kupfer beschlagen waren. Auch hat der König Tamahama auf Owaihi ein regelmäßiges Mi=

---

*) Ausleger — Balanciers, Outriggers — sind in der ganzen Südsee sehr häufig, und bestehen aus einem viereckigen Rahm, der mittelst starker Stangen an der Luvseite des Kahns (der dem Winde entgegengesetzten Seite) hervortritt, und mit einem kleinen kahnähnlichen Holze in Verbindung steht. Es wird durch diese Einrichtung das Gleichgewicht erhalten, und das Um= schlagen der schmalen Kähne verhütet. Auch segeln dieselben bei einem Seitenwinde äußerst schnell.

litär errichtet, und verfolgt konsequent den Gedanken, Alleinherrscher der ganzen Inselgruppe zu werden. Es heißt: der König dieser Inseln, Tamahama, sey 1809 etwa 50 Jahr alt gewesen; habe mit den meisten Insulanern englische Sprache und Sitte angenommen; wohne in einem Palast von Ziegelsteinen mit Fenstern, bewacht von 200 Soldaten; habe eine stehende Macht von 2000 Mann, und 30 Schiffe (unter 40 Tonnen Last). Ein Schiff von 200 Tonnen hat er von den Nordamerikanern erkauft. Seine Residenz Hanaraora, am Ufer, ist an der Landseite mit Pallisaden geschützt, und mit einer Batterie Sechszehnpfünder.

Die Rohheit wilder Naturen wacht bei alledem in diesen Menschen, zumal, wenn sie gereizt werden, fürchterlich auf, wie Cooks und anderer Engländer Ermordungen beweisen, und gegen ihre Verwegenheit im Diebstahl mußte Vancover scharfe Maaßregeln ergreifen *).

Das Weib steht hier, wie auf Taheiti, in großer Abhängigkeit von dem Manne, darf nicht mit demselben, und manche ausgesuchte Speisen gar nicht essen. Die Großen halten mehrere Frauen.

Die unterste Volksklasse sind auch hier die Tautaus; die mittlere Klasse bilden die Länderbesitzer, und die Erihs oder Oberhäupter und Befehlshaber die erste. Vor dem obersten Erih (König) muß Jedermann niederfallen. Die Distriktsoberhäupter wagten es kaum, in Gegenwart dieses Erih, des Tamahama, sich niederzusetzen oder zu essen. Die Oberhäupter überhaupt behandeln das Volk mit Uebermuth.

Die Königswürde ist erblich und monarchisch; doch ist das Privateigenthum der Unterthanen unverletzbar. —

---

*) Es ist merkwürdig, daß sie zu glauben schienen, Cook werde, wie ein Gott, wieder aufleben, und ganz unbefangen fragten, ob er nicht bald wiederkäme? Sie gaben ihm auch den Namen ihres Gottes — Orono.

Bei großen Vergehen werden die Oberhäupter an ihrem Grundeigenthum gestraft. Einen Mörder hing man auf, nachdem man ihm die Augen ausgerissen hatte.

Ihre Kriege sind Seekriege, und ihre Waffen, außer den schon oftmals bei andern Inseln angeführten, auch beim Handgemeinwerden Dolche von hartem Holze. Zweipfündige Steine schleudern sie mit großer Gewißheit sehr weit, und feindliche Speere fangen sie sehr geschickt auf. — Zur Kriegsmusik haben sie große Seeschnecken. Hölzerne Masken, die den Kopf bis zu den Augen und das Untertheil des Gesichts bedeckten, und wie ein Helm aussahen, waren vielleicht auch nur für den Kriegsgebrauch.

Nicht ganz ausgemacht ist es, ob sie die erschlagenen Kriegsgefangenen fressen, obwohl mehrere Zeugnisse dafür vorhanden sind.

Ihre Religion ist ganz, bis auf das Tabu, dieselbe, wie auf Taheiti, und ihre Sprache nur eine Mundart von jener, und noch mehr von der Neuseeländischen.

Bei ihren großen Schauspieltänzen (Hurahs, Heiwas) dienen Klappern aus Kürbißschalen, eine Art schlechter Trommeln, und selbst aneinander geschlagene Stäbe als Musik. Dagegen soll ihr Gesang viel ordentlicher und musikalischer seyn, und ihre Hurahs werden mit demselben begleitet. Bei großen Schauspielen finden sich zuweilen einige Hundert Spieler.

Die Schnitzkunst gehört hier den Männern, aber die Zeichenkunst den Frauen, welche ihre Matten mit mancherlei Figuren zieren. Ihre Malerei hielten sie mit unserer Schreibkunst für einerlei, und ein beschriebenes Blatt sahen sie für ein nach ihrer Art mit Figuren versehenes Stück Zeug an.

Ihre Zeit scheinen sie nach dem Mondenlauf einzutheilen.

Einer Art Bretspiel, auf 238 Feldern mit schwarzen und weißen Kieseln gespielt, sind sie sehr ergeben. Es soll sehr künstlich seyn. Bei einem andern Spiel errathet man den Platz, wo Jemand einen Stein unter einem Stück Zeug verborgen hat. Uebrigens haben sie Faustkämpfe, Wettlaufen und Wurfspiele mit runden und flachen Steinen. Bei allen ihren Spielen stellen sie oft bedeutende Wetten an.

Zu den übrigen Sitten und Gebräuchen gehört das Ausschlagen der Vorderzähne.

Uebrigens nahm Vancover von der Insel Owaihi, nach dem eigenen Wunsch der Einwohner, für Großbritannien, unter vielen Feierlichkeiten, Besitz. Wie weit nun aber die brittische Hoheit sich hier erstreckt, wagen wir nicht zu bestimmen.

Wir erwähnen zum Schluß des Morais auf Atuai. Der länglichte, mit lockern Steinen belegte Platz desselben war mit einer 4 Fuß hohen Steinmauer umgeben. An einem Ende stand eine 20 Fuß hohe Pyramide aus dünnen, mit Reisern und Zweigen durchflochtenen Stangen gemacht, inwendig hohl, oben offen und mit grauem Zeug überzogen. Zu beiden Seiten standen andere Stücken von Flechtarbeit, und daneben zwei dünne Stangen, deren Spitzen aneinander stießen, und zwischen den Spitzen ein Bret hielten, worauf Pisangs und andere Früchte lagen. Vor der Pyramide standen übelgeschnitzte Menschenfiguren, und ein 2 Fuß hoher, mit Zeug bedeckter Stamm. An der gegenüberstehenden Seite war ein Schuppen mit hölzernen Bildern an der Wand, die nicht übel gearbeitet waren. Eine Figur hatte einen geschnitzten Helm, die andere eine cylindrische Mütze, auf. Beide waren mit Zeug umgürtet, und ein Haufen Farrenkraut lag vor ihnen. In der Mitte des Schuppens war ein mit Steinen eingeschlossener und

Australien.   M m

mit Zeuglappen belegter Platz. Dies war das Grabmal von 7 Oberhäuptern. Vor der Hütte aber waren mehrere Plätze, wo andere Oberhäupter und geopferte Menschen und Thiere begraben lagen.

16.

Die Mulgraves= oder Marschalls= Inseln

sind eine von den Kapitains Marschall und Gilbert entdeckte Inselkette. Die Zahl dieser Inseln, die alle zu den sogenannten niedrigen gehören, setzt man auf 70. Mehrere derselben hatten ein frisches, grünes Ansehen, und man fand Kokos, Kohlpalmen und Pomeranzen. Wahrscheinlich ist auch der Papiermaulbeerbaum vorhanden, denn man hatte hier Matten. — Mehr als dies Angeführte weiß man von der Beschaffenheit dieser Inseln nicht.

Der Bewohner dieser Inseln schienen nicht wenige. Es sind starke, wohlgewachsene, schwarzhaarige und schwarzäugige, kupferfarbne Menschen, voll Munterkeit und Frohsinn, und ihre Proas oder Kähne waren sehr gut gebauet, und trugen 16 Mann; ihre Wohnungen waren hoch und gut gedeckt; die Mitte des Leibes war umschürzt, bei manchen das Gesicht weiß bemalt, und der Hals mit Schnüren von Korallen und Zähnen behängt. Bei Ankunft der Engländer sang ein Greis mit langem weißen Barte ein eintöniges Lied, und hielt dann eine Einladungsrede.

17.

Die Osterinsel und Christmeßinsel.

Nur diese zwei Inseln heben wir unter mehrern zum Theil kaum der Lage nach bekannten einzelnen und gruppirten Inseln noch heraus.

Die Osterinsel

ist die östlichste dieses ganzen Oceans, liegt in Form eines Dreiecks, ist sehr gebirgig, und hat höchstens 12 Seemeilen Umfang (29 Q. M.??). Der Boden hat ein vulkanisches verbranntes Ansehen, und ist mit schwarzen Steinen bedeckt. Es fehlt an Flüssen und Quellen, und nur in Felsenritzen sammelt sich einiges Wasser. Man fand in neuesten Zeiten Pisangs, den Papiermaulbeerbaum, einige Arten Arum, Yams, Bataten, Zuckerrohr, welche nebst noch einigen andern Pflanzungen von den Einwohnern angebaut wurden; auch fand man eine Mimose, den Seifenbaum, Sellerie u. a. m. — Von vierfüßigen Thieren waren nur Ratten vorhanden, und das Huhn, was sonst sehr häufig schien, ist jetzt sehr selten.

Die Einwohner

sind von mittlerer Statur, nicht einnehmenden Gesichtszügen, hager, aber proportionirt gebaut, und die Farbe ist gelbbraun. Die Weiber mögen nicht besonders lieblich seyn, und werden als höchst frech geschildert. Sie werden als gütige, zuvorkommende und mitleidige Menschen, aber auch als die künstlichsten Diebe beschrieben, die auch aus Habgier den Fremden ganz junge Mädchen zuschleppten. Einem derselben schenkte Herr de Langles Bock und Ziege. Mit einer Hand nahm er das Geschenk, mit der andern stahl er dem Geber das Schnupftuch.

Mm 2

Wiewohl sie eine Art Oberbekleidung haben, gehen sie doch meistens, bis auf einen Schurz um die Hüften, nackt. Um den Kopf, dessen Haar sie beschneiden, trugen die Männer Binden von Gras, oder große Mützen von Mövenfedern, manche auch einen mit Federn besteckten Holzreif. Frauen hatten oft das Haar auf dem Scheitel zusammengeschlagen, und trugen auch einen weiten, vorn spitzlaufenden Hut von Matten. Halsbänder und Ohrringe von Muscheln, und einen zungenförmigen Knochen auf der Brust, trugen beide Geschlechter. Der losgetrennte, mit Ringen beschwerte Ohrenrand hing bis zur Achsel herab. Man hat Blätter und Holzstücke hineingesteckt. Uebrigens waren sie tättowirt, und das Gesicht der Weiber hochroth bemalt.

Sie bauen hölzerne, 300 Fuß lange, aber nur 10 F. breite Häuser, die wie umgekehrte Boote aussehen, und keine Abtheilungen weiter haben; aber sie führen auch aus rohem Stein und Lavastücken steinerne, 7 Fuß hohe, starke, gewölbte Gebäude auf, vor welchen sie 30 F. tiefe Magazine haben, zu denen eine Treppe hinabführt, und neben welchen Backöfen sind für Pisangs und Bataten.

Bei ihren Morais aber traf man große menschliche Figuren von Stein, aus welchen man, vielleicht zu voreilig, hat vermuthen wollen, daß hier ehedem vielleicht ganz andere Menschen gewohnt haben mögen. Die Morais sind von Stein, haben 8 Fuß Höhe, und sind oben auf der Platteforme 80 Fuß lang, und 12 Fuß breit. Auf dieser nun erheben sich die kolossalen, an 15 Fuß hohen Steinbilder aus Lava. Alles war ziemlich unförmlich, sonderlich die 2 Fuß langen Ohren, die aber freilich zur hiesigen Schönheit gehören. Genau unter den Bildern fanden sich im Morai Höhlen mit Knochen, und Gerippen von Menschen. — Ungern erlaubte man Fremden den Zutritt zu diesem Orte. — Außer diesen

Morais fanden sich längs der Küste pyramidalische Stein-
haufen, die auch als Grabmonamente dienen sollen. Im
Innern der Inseln fand man hölzerne geschnitzte Men-
schenbilder, unter welchen eine Frauensperson fast in le-
bensgröße mit langen Nägeln.

Von ihrer Religion, Regierung u. s. w. konnte man,
bei völliger Urkunde in der Sprache, und bei sehr kurzem Aufenthalt, nichts Bestimmtes erfahren. Sie scheinen aber Oberhäupter zu haben.

Ihre Boote waren schlecht gebaut, aber sie betrachteten sich die europäischen Schiffe sehr genau, und nahmen sogar das Maaß davon.

Wiewohl rings umher von andern Inseln weit entfernt, hatten sie doch Lanzen und Keulen von hartem
Holze.

Ob einer eine Frau besonders habe, oder ob die
Frauen Allen gemeinschaftlich angehörten, ließ sich nicht
ausmitteln.

Von der ganzen Insel ist kaum ein Zehntheil angebaut, das Uebrige aber mit dickem Grase überwachsen. —
Die Einwohner hatten sich an das sonst Erbrechen erre-
gende Seewasser gewöhnt.

Die Christmeß- oder Weihnachtsinsel,

von Cook am Weihnachtstage entdeckt, hält 15 bis 20
Seemeilen Umfang, und liegt zwischen den Sandwich-
und Freundschaftsinseln.

Sie gehört zu den sogenannten niedrigen Inseln, und
ist uns deswegen merkwürdig, weil sie recht geschickt ist,
uns auf die Entstehung mehrerer Inseln des Südmeers
hinzuführen. Sie ist nämlich ganz sichtbar durch An-
häufung von Meeresschlamm, vermoderten Seekräutern,

zertrümmerten Korallen und Muscheln, und durch den Auswurf der Seevögel entstanden. Die Steinkorallen, Muscheln und andere Erzeugnisse der See liegen einiger Orten in langen schmalen Furchen, gleichlaufend mit der Küste. Das Ganze ist in der That nur ein gekrümmter, schmaler Rand, oder eine Einfassung einer Lagune, die bei der ersten Entdeckung 1778 noch in offener Verbindung mit dem Meere stand, und in deren Mitte sich bereits ein Inselchen zeigte. Verlängern sich mit der Zeit die Enden des Randes, so werden sie sich vereinigen und die Lagune vom Meere gänzlich abschneiden, wie es bei mehrern der erwähnten niedrigen Inseln der Fall ist. — An frisches Wasser ist hier nicht zu gedenken; von Pflanzen fand man 30 Kokosbäume, Portulak, noch 2 andere Pflanzen und einige Gräser; von Landthieren nur die Ratte; aber dagegen vielartige Seevögel und Strandläufer, und einen dem Sperlinge ähnlichen Vogel in Menge. Uebrigens traf man Landkrabben, kleine Eidechsen und viele Schildkröten.

Cook ließ hier Kokos und Yams pflanzen, und Melonenkerne säen.

Zusätze und Berichtigungen.

Man hat bisher die Bevölkerung der Erde zu 1000 Mill. angenommen. Eine neuere Berechnung gibt nur 707 Mill., worunter 7 Mill. Juden (nach Andern weit mehr) sich finden sollen.

Frankreichs Bevölkerung wird jetzt fast immer näher 30 Mill. angegeben.

Der Pacht vom Kartenspiel in Paris wird zu 6 Mill. Franks angegeben, wozu noch um das 6te Jahr eine Mill. Fr. an Trinkgeldern kommt. Die Pächter machen einen jährlichen Gewinn von 1,880,000 Fr.

Im Jahr 1818 rechnete man in Paris 98,000 Findelkinder, 8000 Wahnsinnige, 10,000 Verbrecher, 28 Mill. Fr. Hospitaleinkünfte.

Die Bevölkerung des Kirchenstaats wird zu 2,370,000 angegeben.

In Neapel rechnet man 120 Fürsten, 150 Herzoge, 200 Marchesen und eine unglaubliche Zahl Barone ꝛc.

In den östreichschen Staaten rechnet Liechtenstern 11½ Mill. Slaven, 5 Mill. Deutsche, 5 Mill. Italier, 4 Mill. Ungarn, 1½ Mill. Walachen, 400,000 Juden.

S. 242 1ter B. ist durch einen Zufall auch Eger ein Brunnen zugeschrieben. Es hat keinen. Dahingegen quellen in dem Kesselthale, worin Franzesbad liegt, und im nahen Baierschen sehr viele Sauerbrunnen, keine aber an der sächsischen Grenze.

S. 305 statt dehnt sich l. fällt.

Sachsen gab seine Bevölkerung bey dem Bunde 1,200,000 E. an.

Preußens Bevölkerung wird 10½ Mill. angegeben.

Niederlande — die Schulden derselben rechnet
man 1600 Mill. Gulden. Die Abgaben sind ungeheuer.

England mit Wales Einwohn. wollen Einige
nur 5½ Mill. annehmen.

London hat, im Winter wenigstens, so viel Einwohner, als das ganze Königreich Sachsen. Die Einkünfte des Lord Major betragen 50,000 Thlr., reichen
aber nicht zu.

Königreich Polen. Die Bevölkerung desselben
wird auch zu 3 Mill. angegeben.

Die sogenannte freie St. Krakau soll ein Gebiet von etwa 22 Q. M., 90,000 E. und 300,000 Con-
vent. Gulden Einkünfte haben.

Rußlands Bevölkerung nehmen doch noch Einige weit unter 40 Mill. an.

Asien.

S. 71. Die neuesten Begebenheiten der Wecha-
biten sind noch im frischen Andenken. Besiegt sind sie
noch keineswegs.

Die Hptst. Dreyiheh soll nach andern Angaben zwölf
Tagreisen von Bagdad und nur 6 von Balsora oder
Baßra liegen.

S. 204. Die Einwohner Batavia's werden sogar
zu 200,000 angegeben. Die Zahl der gesammten Insel-
bewohner möchte wohl schwerlich an anderthalb Mill.
kommen.

Die Niederländer sollen in den meisten ihnen von
Großbrittanien wieder abgetretenen Besitzungen wenig
guten Willen bei den Eingebornen finden; am wenigsten
auf den Molukken und auf Celebes. — Folge des Drucks
der Regierungsbeamten.

Afrika.

S. 105. Die Pferde in Dongola sollen die besten auf Erden seyn — wahrscheinlich in der Meinung der dortigen Einwohner.

S. 149. Das in neuern Zeiten so viel erwähnte Tombuktu hat noch kein Europäer gesehen — jetzt soll es nahe daran seyn. Nach der Angabe eines Maurenkaufmanns haben Stadtmauer und Palast Steinmauern (Backsteine? lehmpatzen?), und die Häuser sind Rohrhütten; der Einwohner wären 216,000 (??? — Mauren-Nachricht). Von hier komme man in vielen Tagreisen nach Wassanah, die noch stärkere Mauern habe, und deren Umfang eine Tagreise betrage. Sie liege am Flusse Zolibib oder Zadi.

Unter neuen Thieren fänden sich hier der Heirie, ein kleines kameelartiges Thier, das nur zum Reiten tauge und täglich 11 deutsche Meilen zurücklege. Ein anderes Thier, Korfu genannt, gleiche einem großen Hunde, fresse Kokos, Thiere und kleine Kinder, und habe eine große Tasche auf dem Rücken, worin es seine Beute fortbringe.

Ist es nicht wahr, so klingt es doch artig!

Amerika.

S. 83. Die Angaben von dem Flächeninhalt der Freistaaten sind außerordentlich schwankend und verschieden.

Die Angabe von 8 Mill. E. wird immer allgemeiner. Der Einwanderungen sind viel gewesen, und sie dauern noch und werden, bey dem Stand der Dinge in Europa, noch lange fortdauern. Ob die Staaten, die so schnell wachsen, sich nicht in einem halben Jahrhundert möchten überwachsen haben? —

laut Nachricht des Präsidenten betrug 1817 die Einnahme 24⅔ Mill. Dollars, mit Einschluß 2¼ Mill. für verkaufte Ländereien. Die Ausgabe für Armee und Marine betrugen 11,300,000 Doll: *). Der sinkende Fonds hatte 10 Mill. gekostet. Die sämmtliche aber nicht zur Hälfte bewaffnete Miliz betrug 800,000 Mann.

Die St. Lynchburg in Virginien, die kaum erst zwölf Jahr angelegt ist, zählt schon über 5000 E.

Ost- und Westflorida sollen nun wirklich beide an die Freistaaten abgetreten seyn.

Man ist, wie im ehemaligen Mutterstaate, allgemein patriotisch, daher auch im J. 1817 317 politische Blätter im Gange waren.

Südamerika, das spanische, liegt bekanntlich noch in Geburtswehen, die Gebärerin scheint aber eine kräftige Natur zu haben, und Spanien wird bei seiner jämmerlichen Kraft, trotz seiner abscheulichen Natur, die ganz ohnmächtig ist, die schöne Frucht nicht ersticken können. — Welch eine Umgestaltung der Staaten und ihrer Verhältnisse wird nach einem Menschenalter Statt haben! — Und Europa? — —

Die südamerikanische Republik am la Plata, mit Einschluß von Buenos Ayres, soll 3 Mill. Piaster Einkünfte, 30,000 Mann Truppen und 10,000 Miliz, und Buenos Ayres, die St., 60,000 E. haben. Das herrliche Mexiko wird auch nicht im Joche bleiben, wenn erst die Schwesterlande frei sind.

***

Der Verfasser ist, in seiner jetzigen Kränklichkeit und Abgespanntheit, nicht im Stande, jeden Druckfehler oder jeden kleinen Irrthum, der sich etwa finden möchte, zu berichtigen. Aber er hat ja Gebildete zu seinen Lesern, und wer weiß, wie bald die Zeit einen bedeutenden Nachtrag mit vielen Aenderungen nöthig macht. Die Zeit ist wie=== . — Der Aenderungen viel, der Berichtigungen wenig.

***

*) Ein mäßiger europäischer Staat zahlt 11 Mill. Gulden für das Militär und 600,000 für die Schulanstalten. Aehnliche Verhältnisse finden sich in andern Staaten auch.

Sach- und Namenregister.

(a. b. c. d. bedeutet 1. 2. 3. 4r B. B. Berg. F. Fort oder Festung. Fl. Fluß. G. Gebirge. J. Insel. M. Meer. Nz. Nation. Pr. Provinz. R. Reich. S. See. Spr. Sprache. V. Vorgebirge.)

A.

Aa, Fl. a. 588.
Aachen (Aaken), a. 419
Aaen a. 533
Aalborg a. 538
Aar, Fl. a. 103, 306, 44
Aarau a. 124
Aarburg a. 125
Aardei a. 394
Aargau a. 124
Aarhus a. 539
Ababbe, Nz. c. 111.
Abaco d. 429
Abaddah, Nz. c. 105
Abakan b. 330
Abadioten a. 662, 75
Abaujwer-Gesp. a. 261
Abavi, Fl. c. 118
Abbeville a 73
Abchasten b. 282
Abdera a. 653
Abenberg a. 321
Aberbrothik a. 502
Aberdeen a. 502
Aberystwith a. 492
Abiponer, Nz. c. 366, 96.
Abo a 603. c. 59.
Abohus a. 603
Abomei c. 387
Abscheron b. 293
Abukir c. 28
Abuna in Habesch. c. 129. 32. 35
Abuschaer b. 87.
Abutis c. 24.
Abyla, B. c. 69.

Abyssinien c. 117
Acapulco d. 224
Acca b. 24
Achambone c. 184
Achelous, Fl. a. 656
Achmin o. 24
Achtermannshöhe a. 350
Achtjar a. 622
Achtyrka a. 620
Ackerfest in China b. 247.
Ackiermann a. 623
Aconguana d. 338
Acqui a. 151
Acuracu d. 406
Ada, Fl. c. 112. J. c. 180
Adamsberg, - pic. b. 170. 180
Adanes, Fl. d. 204
Adba, Fl. a. 103. 208
Adel c. 8. 119. 323
Adelaja, Nz. c. 111
Adelsberg a. 220
Aderbacher Gestein a. 220
Adersbach a. 241
Adigar in Candy b. 180
Adige, Fl. a. 141
Adima d. Japan. b. 233
Adirbeitschan b. 85.
Adlersberg a. 220
Adlersbergerhöhle a. 124
Adlersee b. 271
Admiralitäts-Insf. d. 470
Adorf a. 344. 373

Adour a. 82
Adowa c. 125
Abrah c. 186
Adrianopel a 652
Afghanen, Nz. b. 85. 88. 107
Afghanistan b. 85. 88
Afnu c. 144. 150
Africa c. 3
Nord-, Mittel-, Süd-
africa a. 192. 206
Agades c. 150
Aegadische Ins. a 181
Agagis, Nz. c. 201
Aegäische Meer a. 662.
Agatha delle Galine a. 175
Agaus, Nz. e. 140
Agawi, Nz. c. 140
Agazi c. 117
Agen a 83
Aggerhuus a. 574
Aggtelecker Höhle a. 254
Aegina a. 664
Aegypten c. 8. 10. Ober- 23. Nieder- 11. 23. 27. Mittel a3. 24.
Agnam c. 162
Agnano, See a. 169
Agona c. 184
Agouty, Wurm d. 251
Agows, Land der, c. 15 - Nz. c. 140. 142.
Agone c. 250
Agra b. 112. 13. 15. 17. 20
Agram a. 267

Nn

Do

Do 2

Pp

Qq

610 Sach- und Namenregister.

Qq 2

eethäuser in Amer- - - Ligre c. 136 | Steinhausen a. 318
dam a. 449 | - - Tscherkaß. b. 280 | Steinhuberske a. 347
eier a. 323 | - - Baßt a. 7 | Steinklee, blauer a.
eterbach, Fl. a. 311. | - - in Africa c. 7 | 132
22 | Spree, Fl. a. 307. 65. | Steinseifen a. 424
eik a. b. Alpen a. | 73 95 | Steinwein, b. a. 319.
234 | Spreewald a. 397. 403 | 20
eſſart, Geb. a. 306. | Spröe, J. a. 538 | Stekenitz, Fl a. 389
11 | Sqamp, b. Canad. J. | Stecknitz in Böhm. a.
ezzia a. 153 | d. 139 | 242
hantraten, Nz a. 675 | Sriner, Geb. a. 200 | Stellenboſch c. 277. 78
bing c. 26 | Srednaja Orda b. 311 | Stendal a. 409
ickgänſe, Rügenſche | Sſered a. 654 | Steppe, b. Aſtrachan-
a. 399 | Sſewst a. 616 | b. 306
iegelsberge a. 410 | Stabin a. 583 | - - b. Barabinz b. 304
iele in Jtal. n. 191 | Stade a. 355 | - - b. Chorin b. 315
ira mundi c. 4 | Stadt am Hof a. 317 | - - b. Kaimück. b.
irbing, See a. 396 | Stadthagen a. 246. 47 | 304. 54.
ithead a. 488 | Stäfa a. 111 | - - b. Kirgiſ. b. 304.
itß a. 231 | Staſſa, J. a. 509. 43 | 6. 19
itzbergen a. 600. d. | Staffelſtein a. 318 | - - b. Kuman b. 304.
18. 22. | Staffis a. 126 | 306
ilügen, B. a. 108 | Stafford a. 480 | - - b. Tauriſche b.
soleto a. 165 | Stahlberg, B. a. 343 | 304
rache, Abaſiſche b. | Stalimene, J. a. 663 | - - b. Terecſch. b. 304
280 | Stambul a. 651 | - - b. Ural b. 305
- Altäthiop. c. 105 | Stampalia, J. a. 667 | Sternberg a. 245
- Ambar. c. 136 | Stanchio, J. a. 667 | Stettin a. 406
- Armor. a. 7 | Stängfluß a. 556 | Steyer a. 232
- Arnaut. a. 7 | Stanislow a. 252 | Stiergefecht a. 18. 39
- Basbreton a. 92 | Stanitzen b. Koſak. a- | Stiltonkäſe a. 480
- b. Baſken a. 7. 92 | 624 | Stinkberg a. 268
- Bengal. d. 146 | Stanz a. 119 | Stinkſeen a. 589
- Blumenſprache b. | Staraja Ruſſa a. 614 | Stirling a. 498
Morgenländer b. 54 | Stargard a. 407 | Stockböhmen a. 285
- celtiſche a. 7 | Starkenburg a. 337 | Stockholm a. 560
- cymbriſche a. 7 | Starſchinen b. Baſch. | Stolberg a. 412. 20
- Dſchit c. 105 | b. 332 | - - Roſla a. 412
- Galiſche a. 7 | - - b. Koſak. a. 624. | Stolpe a. 408
- Geez a. 105 | b. 321 | Stolpen a. 369
- Gregor c. 105. 36 | - - b. Ural. Koſ. b. | Stonehaven a. 502
- Hindoſtan b. 146 | 307 | Stonehenge a. 489
- Jnguſchen b. 280 | Staubbach, Fl. a. 103 | Stonehouſe a. 488
- Kymriſche a. 92 | Stawrepol b. 280 | Stör, Fl. a. 539
- Leʒabiſche b. 280 | Stebbe Liöbing a 538 | Stormarn a. 541
- Lettiſche a. 7 | Steben a. 318 | Stourbridge a. 477. 79
- Midſchegiſche b. | Stege a. 337 | Stow a. 477
280 | Stein in Oeſtr a. 231 | Stratouitz a. 242
- Oſſetiſche b. 280 | Steinach a. 318 | Stralſund a. 407
- Sanskrit b. 130 | Steieralpen a. 233 | Straßburg a. 89
- Suaniſche b. 280 | Steiermark a. 239 | - - in Kärnth. a. 221
- Talengu b. 146 | Steiermärker, Nz. a. | - - in b. Uckerm. a. 404
- Tamul. b. 146 | 231 | - - in b. Wallach. a.
- Tartar. b. 280 | Steinberg a. 330 | 672
| Steinfurt a. 414. 15 |

Druckfehler.

2r Bd. S. 6. Z. 3. lese man das für

2r Bd. S. 271. Z. 2. l. Chowaresm.

3r Bd. S. 118. Z. 2., l. Samen.

4r Bd. S. 569. Z. 8. l. Dibbih.

4r Bd. S. 577. Z. 3. v. u. l. Haane.

4r B. S. 592. Z. 6. l. Merun.

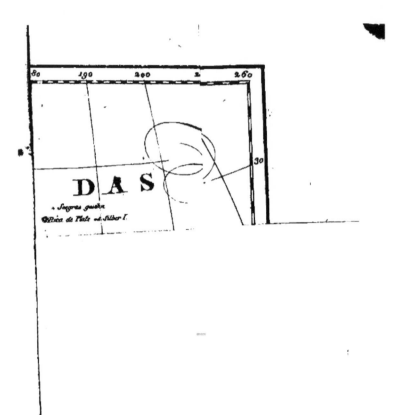